Reader's Digest
Auswahlbücher

Reader's Digest Auswahlbücher

Verlag DAS BESTE
Stuttgart · Zürich · Wien

480
PRINTED IN GERMANY
ISBN 3870701536

Inhalt

STURMWIND DER ZEIT

EINE KURZFASSUNG DES BUCHES VON

PHILLIP ROCK

INS DEUTSCHE ÜBERTRAGEN VON
GISELA GEISLER

ILLUSTRATIONEN VON
CECIL VIEWEG

Vierzig Dienstboten, vier Automobile, zahlreiche edle Reitpferde, bedeutende Ländereien – es läßt sich leben auf Schloß Abington im zauberhaften Surrey –, zumindest, wenn man sich zur Familie des neunten Grafen Stanmore zählen darf.

Nichts scheint das friedliche Idyll im südlichen England je trüben zu können. Steckt man in finanziellen Nöten – wie der mit Lord Stanmore eng befreundete Hauptmann Wood-Lacy –, so hilft ein Geldgeschenk des Grafen oder eine Heirat mit einer wohlhabenden Schönheit aus allen Schwierigkeiten. Sucht man einen würdigen Gemahl für die schöne junge Lady Alexandra, so kann man sicher sein, daß sich dieser während der Londoner Ballsaison einstellen wird.

Gute Zeiten auch für die Dienstboten – für die schüchterne Ivy Thaxton aus Norwich, für den in Ehren ergrauten Butler Coatsworth und den stets schnippischen Chauffeur Jamie Ross.

Es ist eine Welt, die sich so sicher, so zufrieden, so unzerstörbar darbietet, daß ein Ende dieser unbeschwerten Zeit unvorstellbar ist.

Und dann kommt der Krieg, der mörderische Erste Weltkrieg. Sicherheit, Zufriedenheit und Illusionen zerplatzen wie Seifenblasen. Die Welt, die die Bewohner von Schloß Abington liebten, versinkt in Schutt und Asche.

ERSTER TEIL

1

Bei Tagesanbruch standen die Holzfäller schon auf dem Gipfel des Burgate Hill. Nach dem Aufstieg brauchten die Männer eine Atempause. Sie zündeten die Pfeifen an und schauten zu, wie die Sonne hinter den roten Ziegelschornsteinen von Schloß Abington am blaßgrünen Himmel aufging. Der Herrensitz selbst war nicht zu sehen; er lag versteckt unter dem dichten Laubdach hoher Eichen und Birken. Dahinter, im sanft gewellten Heideland, zeichnete sich die dünne Rauchfahne eines Güterzuges ab, der auf Londons Märkte trug, was Surreys fruchtbarer Boden hervorgebracht hatte.

Anthony Greville, der neunte Graf Stanmore, hörte im Halbschlaf das Rattern der Güterwagen. Er wendete den Kopf und versuchte, das Zifferblatt seiner Nachttischuhr auszumachen: erst fünf Uhr dreiundzwanzig, doch im Schloß wurde es schon lebendig. Lord Stanmore dehnte und streckte den schlanken, sehnigen Körper unter der leichten Bettdecke und horchte auf die dumpfen Geräusche, die aus den Wirtschaftsräumen bis in den Schlafzimmertrakt heraufdrangen. In irgendeiner Leitung gurgelte Wasser: Das Küchenmädchen füllte wohl schon die Kessel für die Köche. Dann schepperten Kohleneimer, und eilige Schritte in den Korridoren zeigten an, daß den Frühaufstehern im Hause heißes Wasser für die Morgentoilette gebracht wurde. Zur Dienerschaft von Schloß Abington gehörten im Juni 1914 nicht weniger als vierzig Personen, Reitknechte und Stalljungen einbegriffen. Kein Wunder also, daß der Tagesanbruch mit Geräusch verbunden war, doch auf Lord Stanmore wirkte dieses allmorgendliche Rumoren eher beruhigend als störend.

An diesem schönen Junimorgen hielt er es nicht mehr länger im Bett aus. Er rief seinen Kammerdiener, stellte sich in Unterzeug und Socken vor den Spiegel und begann eigenhändig mit der Rasur. Fisher stand hinter ihm und hielt Handtücher und ein Rasierwasser bereit.

Lord Stanmore musterte sich kritisch im Spiegel. Er zwirbelte seinen Schnurrbart und sagte: „Sieht ziemlich forsch aus, wie?“

„Mit Verlaub zu sagen: ein bißchen martialisch, Mylord.“

Lord Stanmore legte das Messer im Rasierbecken ab. „Das bringen wir später in Ordnung, Fisher. Und jetzt die Reithose... den braunen Tweedanzug für tagsüber... zum Dinner dann den Smoking.“

„Sehr wohl, Mylord.“

Der Morgenausritt war für Lord Stanmore ein unentbehrlicher Bestandteil des Tagesablaufes; weder sommerliche Hitze noch winterliche Kälte und Dunkelheit konnten ihn davon abhalten. Er zog eine abgetragene Reithose aus Cord und eine lange Norfolk-Jacke an und wählte unter den dreißig Paar Reitstiefeln im Ankleidezimmer ein Paar irische Jagdstiefel. Ihr Leder war so schmiegsam wie feines Handschuhmaterial und von Fältchen durchzogen wie das wettergegerbte Gesicht eines alten Landmannes.

Fisher half seinem Herrn noch beim Anziehen der Stiefel, als diskret an die Zimmertür geklopft wurde. Butler Coatsworth erschien auf der Schwelle, hinter ihm trat ein Zimmermädchen mit dem großen silbernen Frühstückstablett ein. Es war wie üblich bestückt mit Teekanne, Milchgefäß und Zuckerdose, dazu einem Korb voll ofenwarmer Brötchen, Butter und Orangenmarmelade. Der betagte Butler kam langsam und würdevoll näher. Seine dunklen Beinkleider reichten bis zum Boden und verdeckten die Füße, die in bequemen Hausschuhen steckten.

„Guten Morgen, Mylord.“

„Morgen, Coatsworth. Was macht die Gicht?“

„Bessert sich, Mylord. Habe gestern abend ein heißes Essig-Fußbad genommen. Mr. Banks hatte es mir empfohlen. Bewirkt wahre Wunder bei Pferden, meint Mr. Banks.“

„Was Sie nicht sagen!“

Der Butler machte auf einem Tischchen Platz für das Teegeschirr und befahl dem Mädchen durch einen kurzen Wink, das Tablett dort abzusetzen. Das junge dunkelhaarige Ding war schlank, hatte auffallend hohe Backenknochen und eine kleine Stupsnase. Während des Tischdeckens sah es sich verstohlen im Zimmer um. Hübsch! dachte Lord Stanmore, und freundlich lächelnd sagte er: „Vielen Dank, Mary.“

„Ivy, Mylord“, hauchte das Mädchen.

„Richtig! Ivy!“ Also eine von den Neuen.

„Sie können jetzt gehen, Ivy“, sagte Mr. Coatsworth fast unhörbar.

Dann schenkte er den Tee ein, schnitt eines der warmen Brötchen auf und bestrich es mit Butter. „Heute morgen sind die Brötchen besonders gut, Mylord. Mrs. Dalrymple hat ein neues Rezept ausprobiert. Ross sagt, jetzt schmecken sie wie zu Hause bei seiner Mutter in Aberdeen."

„Der Bursche scheint an ziemlich vielen Orten zu Hause zu sein, Coatsworth. Ich denke, er stammt aus Perth?"

Der Butler erlaubte sich ein Lächeln. „Sagen wir Glasgow, Mylord. Das kommt der Wahrheit am nächsten."

Jamie Ross war ein dreister junger Mann; aber als erstklassiger Chauffeur und Automechaniker stand er bei seinem Dienstherrn in hohem Ansehen; die Stanmores verfügten immerhin schon über vier Automobile.

Lord Stanmore verschwendete an diesem herrlichen Junimorgen nicht viel Zeit auf das Frühstück; ihn zog es hinaus ins Freie. Schade nur, daß ihn niemand beim Ausreiten begleiten würde, aber William war noch in Eton, und Charles bekundete nicht die geringste Lust am Reiten. Der Gedanke an seinen ältesten Sohn raubte ihm einen Augenblick lang die gute Laune. Gewiß, man hatte dem Jungen in Cambridge blendende Zeugnisse ausgestellt, aber jetzt sollte er sich gefälligst mit seiner eigentlichen Aufgabe befassen; es wurde Zeit, daß er sich als Erbe des Titels und der Ländereien in die Verwaltung des Familienbesitzes einarbeitete. Die Stanmores besaßen nicht nur Schloß Abington mit seinen zahlreichen Pachthöfen; sie hatten auch Landgüter in Wiltshire, Kent und Northumberland und waren an mehreren Londoner Handelsunternehmen beteiligt. Den Sohn erwartete also eine Aufgabe, die einen Mann mehr als genug ausfüllen konnte, doch Charles wich allen Gesprächen über dieses Thema beharrlich aus.

„Ich gehe jetzt", sagte Lord Stanmore und erhob sich abrupt vom Frühstückstisch. Auf Zehenspitzen ging er bis zu der Tür, die seine eigenen Räume mit den Zimmern seiner Frau verband. Voller Genugtuung konnte er sich sagen, daß Lady Hanna in fünfundzwanzig Ehejahren kein einziges Mal abgeschlossen hatte – Zeichen einer unverbrüchlichen Liebe, die alle düsteren Prophezeiungen seiner Freunde Lügen strafte. „Eine Amerikanerin heiraten!" hatten sie kopfschüttelnd gesagt. „Du wirst im Handumdrehen wieder geschieden sein, Tony. Amerikanerinnen bleiben Amerikanerinnen!" Doch bis zu diesem Tag rätselte Lord Stanmore, was der letzte Satz wohl bedeuten mochte.

Die Ausstattung der beiden Wohntrakte spiegelte bis ins Detail den Unterschied zwischen Mann und Frau – oder das, was Lord Stanmore darunter verstand. Seine eigenen Zimmer waren mit dunkler Eiche getäfelt und fast spartanisch eingerichtet, während Lady Stanmores Räume verrieten, daß ihre Bewohnerin eine warmherzige, sinnenfreudige Frau war. Hanna Rilke Greville liebte üppige Teppiche, goldgerahmte Gemälde, Spiegel und Rokokomöbel. Auch die Seidengardinen, die das Tageslicht weich filterten, unterstrichen die sanfte feminine Note dieser Räume.

Lord Stanmore blieb auf der Schwelle zum Schlafzimmer seiner Frau stehen. Lady Hanna schlief noch. Ihr langes, blondes Haar war in zwei schweren Flechten zusammengefaßt, die das Kopfkissen wie ein dichtes Goldgespinst bedeckten. Lord Stanmore betrachtete die Schlafende einen Augenblick lang; dann zog er die Tür leise wieder ins Schloß und lief mit energischen Schritten die Treppe hinunter in die große Eingangshalle.

Durch den Wintergarten mit der hohen Glaskuppel gelangte er auf die Terrasse an der Westseite des Gebäudes. Zwei Gärtnerburschen, die dort die Steinplatten fegten, lüfteten höflich grüßend die Mützen. Lord Stanmore dankte mit einem knappen Kopfnicken und durchquerte den anschließenden mauergeschützten Rosengarten. Dahinter lag eine lange Reihe von Gewächshäusern; dann folgte der ausgedehnte Küchengarten, hinter dem mehrere Gärtnerhäuschen standen. An diesen Häusern entlang führte ein baumbeschatteter Kiesweg, der bei den Stallungen und Sattelplätzen endete.

Hier lag das wahre Reich Lord Stanmores – sein ganzer Stolz! Die erst kürzlich errichteten Gebäude hatten Schieferdächer, und die Holzwände waren in seinen Lieblingsfarben gestrichen: in sattem Lederbraun, das nur hier und da von matten Orangetönen aufgehellt wurde. Lord Stanmores Reitstall hatte in England nicht seinesgleichen; die fünfundzwanzig Jagdpferde und Steepler waren das Feinste, was sich auf dem Pferdemarkt käuflich erwerben, erhandeln oder ersteigern ließ. Sein Liebling Jupiter, der siebenjährige kastanienbraune Wallach, wurde von einem Reitknecht auf und ab geführt, während ein untersetzter, säbelbeiniger Mann das Tier mit erfahrenem Blick beobachtete. „Morgen, Banks!" rief Lord Stanmore gut gelaunt. „Sie haben Jupiter schon satteln lassen?"

George Banks, der Stallmeister, nahm die knotige Bruyèrepfeife aus dem Mund, klopfte die Asche in den linken Handteller und sagte bedächtig: „Ist wieder kreuzfidel, Mylord – wie neugeboren."

Lord Stanmore ließ Jupiters linkes Vorderbein nicht aus den Augen, während der Reitknecht den Wallach auf ihn zuführte.

„Stimmt", sagte er endlich, „wenigstens scheint er das Bein nicht mehr zu schonen."

„Nicht die Spur, Mylord", erwiderte Banks. „Die heißen Umschläge haben Wunder gewirkt. Glauben Sie mir: Er ist wieder ganz der alte Draufgänger. Als Tinker vorhin vorbeitrabte, war er kaum noch zu halten."

„Tinker? Wer, wenn ich fragen darf, hat Tinker..."

„Hauptmann Wood-Lacy, Mylord. Er kam gestern abend sehr spät aus London an, aber heute morgen war er schon mit den Hühnern aufgestanden und konnte gar nicht früh genug im Sattel sitzen."

„Das hätte ich wissen sollen! In welche Richtung ist er geritten?"

„Richtung Burgate", sagte der Stallmeister.

„Danke, Banks. Vielleicht hole ich ihn noch ein." Lord Stanmore schwang sich in Jupiters Sattel und gab dem mächtigen Tier die Sporen. Der Wallach setzte sich augenblicklich in Bewegung und trug seinen Reiter in leichtem Galopp den Feldweg hinunter.

FENTON WOOD-LACY, Hauptmann im vornehmen Regiment der Coldstream Guards, ritt langsam und in düsterer Stimmung durch ein Buchenwäldchen, dessen Blätterdach ein locker gesprenkeltes Muster aus Licht und Schatten auf den Boden warf.

Der hochgewachsene, breitschultrige Offizier war fünfundzwanzig Jahre alt. Sein Gesicht mit den tiefliegenden dunklen Augen, der gebogenen Nase und dem schmallippigen Mund konnte im Zustand der Wut, besonders auf dem Exerzierplatz, furchterregend wirken. Doch es verwandelte sich in Gegenwart von Freunden, Frauen und Kindern; dann wurde der Mund weich, und in die Augen trat Wärme.

An diesem Morgen schaute der junge Offizier allerdings ausgesprochen trübsinnig drein. Wer ihn in seinen eleganten Reitkleidern auf dem prächtigen Braunen reiten sah, mußte ihn zwar für einen reichen Landedelmann halten, doch in seiner Brusttasche steckte ein unangenehmer Brief: Das Bankhaus Cox hatte sich genötigt gesehen, Hauptmann Wood-Lacy auf sein stark überzogenes Konto hinzuweisen.

Der strahlende Morgen mit seinen Licht- und Schattenspielen sprach Fentons Stimmung hohn. Auf irgendeine Weise mußte er seine finanzielle Lage verbessern, doch wie, das wußte er beim besten Willen nicht. Sicher, seine gegenwärtigen Schulden wären mit einer Hundertpfundnote schon beglichen, und die konnte er, wie so oft zuvor, ohne Schwierigkeiten von Lord Stanmore bekommen, doch die unumgängliche Entscheidung über seine Zukunft wäre damit nur einmal mehr aufgeschoben und nicht aufgehoben. Die Rechnung war fatal: Das väterliche Erbe brachte ihm jährlich sechshundert Pfund ein, und dazu kam sein Hauptmannssold. Beides zusammen reichte für eine standesgemäße Lebenshaltung bei den Coldstream Guards bei weitem nicht aus. Die rasche Beförderung zum Hauptmann hatte seinen Ruin nur beschleunigt. Von einem unverheirateten Offizier erwartete man, daß er in Knightsbridge, wenn nicht Belgravia wohnte; je höher der Rang, desto feiner hatte die Adresse zu sein. Daß man sich außerdem ebenso elegant wie teuer kleidete, war selbstverständlich, und so bewegten sich Fentons Schneiderrechnungen in astronomischer Höhe.

„Hol's der Teufel!" knurrte er wütend zum grünen Blätterdach hinauf. Er gab Tinker einen Klaps, und der hübsche Braune galoppierte aus dem Wald hinaus auf eine Wiese, die um diese Jahreszeit von goldgelben Butterblumen übersät war. Der Reiter hielt an und ließ den Blick über die weite Ebene schweifen. Am Horizont lag, halb verdeckt von einer Weidengruppe, Burgate House – die Lösung seiner Probleme! Nur konnte er sich mit dem Preis für diese Lösung noch nicht befreunden.

In dem alten Herrenhaus lebten Archie Foxe und seine Tochter Lydia. Das protzige Gebäude mit seiner pseudogotischen Fassade war von einem Herzog in der Regierungszeit der Königin Anne erbaut worden. Es glich eher einer Kathedrale als dem Wohnsitz einer Familie, aber ungeachtet seiner architektonischen Mängel war es der ganze Stolz des derzeitigen Besitzers Archie Foxe – Archie Foxe aus Londons Eastend, was seinen unfeinen Cockney-Akzent erklärte; Foxe, Hersteller von Büchsendelikatessen und Erfinder und Besitzer der White-Manor-Restaurantkette. Archie stand noch heute zu dem Angebot, das er Fenton Wood-Lacy schon vor Jahren gemacht hatte: eine Stellung in der Firma bei eintausend Pfund Anfangsgehalt im Jahr – weiß Gott ein verlockendes Angebot, aber es setzte voraus, daß Fenton den Dienst in der königlichen Garde quittierte.

Sollte er diesen Rubikon überschreiten? Eintausend Pfund im Jahr! Und Lydia? Die Antwort auf diese kleine heikle Frage schenkte er sich; sie würde – so oder so – von Lydia selbst kommen. Archie Foxe ließ sich von seiner Tochter, einer einundzwanzigjährigen ausgesprochenen Schönheit, buchstäblich um den Finger wickeln. Natürlich war es auch Lydias Idee gewesen, Fenton in „Daddys Laden" unterzubringen; Lydia liebte diese schelmisch untertreibende Bezeichnung für die mächtige Foxe GmbH. Sie hatte auch Fenton bei der Einrichtung seiner Londoner Junggesellenwohnung beraten, und das war ihn teuer zu stehen gekommen. Lydias anspruchsvoller Geschmack war der Ruin seiner Finanzen! „Fenton, zu dir passen einfach keine häßlichen, vulgären Dinge“, hatte sie gesagt und hinzugefügt: „Außerdem bist du für die Armee zu schade.“

„Blödsinn!“ sagte er zähneknirschend. Lydia vereinfachte die Dinge allzusehr. Sie würde nie begreifen, daß das Regiment für einen Offizier fast heilig war – erst recht ein so vornehmes Regiment wie die Coldstream Guards. Was Fenton empfand, wenn der Musikzug losschmetterte und die lange Kolonne in den prächtigen blau-roten Uniformen aus der Wellington-Kaserne marschierte und in den Birdcage Walk einschwenkte, das konnte er gar nicht mit Worten beschreiben. Pfeifenklang und Trommelwirbel, die wehende Regimentsfahne – das Ganze ein Kindertraum: königlicher Gardeoffizier werden! Etwas Besonderes darstellen! Und diesen Wahrheit gewordenen Traum sollte er zerstören? Eintauchen in die graue Masse der Durchschnittsbürger als schlichter Mr. Wood-Lacy, Repräsentant der Foxe GmbH, Hersteller feiner Konserven und Besitzer einer Kette von Restaurants und Teestuben an allen strategisch wichtigen Punkten der Großstädte Britanniens? Und sich womöglich diesen Schritt von seinen Freunden als Snobismus ankreiden lassen!

Fenton beugte sich seitwärts hinab und köpfte eine unschuldige hohe Staude mit einem einzigen Peitschenhieb. Als er sich wieder aufrichtete, hörte er hinter sich in großer Entfernung Rufe. Ohne sonderliche Neugier schaute er sich um: Lord Stanmore ritt querfeldein in forschem Galopp auf ihn zu.

Stanmores kastanienbrauner Wallach setzte mit unvergleichlicher Leichtigkeit über die Hecken. Anthony Greville in seinem Element! dachte Fenton. Schon als Neunjähriger, bei seinem ersten Aufenthalt auf Schloß Abington, hatte er gespürt, daß Lord Stanmore und Pferde einfach zusammengehörten, und es war letztlich auch Lord Stanmore, dem der junge Offizier die vorbildliche Haltung im Sattel verdankte. Fentons Vater war Architekt gewesen und hatte im Sommer 1898 den Auftrag zum Aus- und Umbau der Abington-Priorei erhalten. Seither war der Herrensitz ein zweites Zuhause für Fenton und seinen jüngeren Bruder Roger geworden. Besonders zwischen dem jungen Fenton und dem viel älteren Grafen Stanmore hatte sich ein Verhältnis entwickelt, in dem sich freundschaftliche Gefühle mit gegenseitigem

Respekt mischten. Fentons Stimmung besserte sich beim Anblick des Reiters.

„He, Fenton!“ rief Lord Stanmore. „Was fällt Ihnen ein, ohne mich loszureiten?“ Er brachte den Wallach Kopf an Kopf mit Tinker zum Stehen.

„Verzeihung, Sir! Ich dachte, Sie wollten noch schlafen.“

„Schlafen? Um diese Zeit? Sie sollten mich besser kennen.“

Fenton lächelte. „Ich bitte um Vergebung, Sir.“

„Schon gewährt. Hauptsache, ich habe Sie noch erwischt. Konnten Sie erkennen, wie der alte Bursche die letzte Hecke genommen hat?“ Er tätschelte Jupiter anerkennend den Hals und fuhr fort: „Ich liebe diese Frühsommermorgen. Die Langschläfer bei mir im Haus ahnen nicht, was sie versäumen. Übrigens ist Ihr Bruder auch hier. Charles hat ihn aus Cambridge mitgebracht. Ehrlich gesagt verstehe ich kein Wort von ihrem Studentenkauderwelsch. Zu meiner Zeit war Cambridge dazu da, uns zu einer glasklaren Vorstellung von unserer eigenen Zukunft zu verhelfen. Und heute? Roger und Charles haben keinen blassen Schimmer, was sie mit sich selbst anfangen sollen.“

„Das ist nur eine Übergangsphase“, sagte Fenton geistesabwesend.

„Ich wünschte es! Gestern abend haben die beiden die umwerfende Idee ausgeheckt, eine Zeitschrift für neue Lyrik herauszugeben. Mitherausgeber: Rupert Brooke. Rupert Brooke! Kennen Sie den Burschen? Schulterlanges Haar; barfuß. Barfuß, Fenton!“ Lord Stanmores Tonfall verriet echte väterliche Verzweiflung.

„Können Sie mir noch einmal hundert Pfund leihen, Sir?“

Lord Stanmore war in Gedanken noch bei seinem ältesten Sohn. „Ob ich was kann?“ fragte er und zwirbelte die Enden seines Schnurrbarts.

„Mir noch einmal hundert Pfund leihen.“ Fenton starrte geradeaus und fügte rasch hinzu: „Ich weiß natürlich, wieviel ich Ihnen ohnehin schon schulde, aber...“

„Papperlapapp! Kein Wort mehr darüber, mein Lieber. Selbstverständlich bekommen Sie das Geld – falls Sie es gar so nötig haben.“

Fenton lächelte kläglich. „Ich fürchte, ich werde es mein ganzes Leben lang nötig haben, Sir.“

„Stimmt. Die Coldstream Guards sind ein denkbar ungeeignetes Regiment für einen Mann mit Ihren finanziellen Mitteln, Fenton. Wenn ich Ihnen einmal einen guten Rat geben darf..., aber Sie dürfen ihn mir nicht verübeln...“

„Gewiß nicht."

„Die Sache ist doch ganz einfach, mein Junge: Machen Sie eine gute Partie! Ehrlich gesagt halte ich es auch nicht für unehrenhaft, wenn ein junger Gardeoffizier die Tochter eines Fabrikanten aus Manchester vor der Ehe mit irgendeinem langweiligen Anwalt bewahrt."

Fenton lachte herzlich – das erstemal seit Wochen. „Unter diesem Gesichtspunkt wäre eine Geldheirat also eine gute Tat."

„Zweifellos. Und nun hören Sie, was ich Ihnen vorzuschlagen habe: Nächste Woche siedelt die ganze Familie nach London über; die Saison beginnt. Hanna wird diesmal im Haus an der Park Lane ein halbes Dutzend Bälle geben, denn Alexandra muß unter die Haube gebracht werden. Warum sollten wir nicht zwei Fliegen mit einer Klappe schlagen? Meiner Tochter suchen wir einen passenden Ehemann und Ihnen die passende Ehefrau. Fenton, was halten Sie von dieser Idee? Vielleicht macht Ihnen das Ganze sogar Spaß!" Lord Stanmores Peitschengriff zeigte plötzlich auf das Herrenhaus hinter den Weiden. „Den hübschen Schmetterling dort drüben sähe ich auch gern unter der Haube; so bald wie möglich. Sie verstehen sicher, warum mir daran liegt."

„Ich glaube schon", sagte Fenton mit unbewegter Miene.

Die Stirn Lord Stanmores legte sich in Zornesfalten. Er wandte den Kopf ab, um das häßliche Haus am Horizont nicht länger sehen zu müssen. Dann polterte er los: „Jahrelang bin ich mehr als nachsichtig gewesen, Fenton. Ich hatte nichts dagegen, daß Charles als Sechzehnjähriger für den Backfisch in Burgate House entflammt war, aber ich bitte Sie: Inzwischen sind sieben Jahre vergangen, Zeit genug, um so eine Kinderliebe zu verwinden und eine passende Partnerin zu finden." Er gab dem Wallach die Sporen. „Auf jetzt!"

Passend? Ja, passend in Lord Stanmores Augen, dachte Fenton bitter und gab Tinker ebenfalls die Sporen. So war das also: Alle Pariser Kleider und der teuerste Benz konnten nichts daran ändern, daß Lydias Vater Archie Foxe hieß und daß sie selbst infolgedessen dazu bestimmt war, jemanden zu heiraten, der weit weniger erlaucht war als ein Greville. Wie wäre es denn mit einem Offizier, zum Beispiel dem Sohn des verstorbenen Architekten Sir Harold Wood-Lacy? Immerhin hatte Königin Victoria den alten Herrn zu den Restaurierungsarbeiten in Schloß Sandringham herangezogen, und auch der neunte Graf Stanmore hatte ihm für seine Bemühungen um Abington höchstes Lob gezollt. Aber woher stammte das Geld, mit dem der Graf den Architekten bezahlt hatte? Aus der Mitgift seiner

Frau – den Dollarmillionen, die Sebastian Rilke mit seiner Bierbrauerei in Chicago verdient und die er leichten Herzens hergegeben hatte, weil seine Tochter dafür einen leibhaftigen englischen Lord bekam. Und diese Verbindung erregte sonderbarerweise keinerlei Anstoß; amerikanischer Reichtum galt fast soviel wie europäischer Adel, und eine amerikanische Dollarprinzessin durfte sich einer Habsburger Prinzessin ebenbürtig fühlen. Man weigerte sich einfach, einen Archie Foxe einem Sebastian Rilke gleichzustellen, und die Scheinheiligkeit, die hinter solchen feinen Unterscheidungen stand, reizte Leute wie Fenton zu zornigem Lachen.

2

„Mr. Coatsworth war heute morgen sehr zufrieden mit dir, Ivy. Nur das Anstarren deiner Dienstherren und das Trödeln mußt du dir noch abgewöhnen."

„Ja, Mrs. Broome", flüsterte Ivy Thaxton.

Durch ihre imposante Gestalt und ihr königliches Auftreten wirkte Mrs. Broome einschüchternd, aber sie hatte ein gutes Herz. Ihr größter Stolz war eine Dienerschaft, die sie so straff am Zügel führte, daß Tadel und Strafen überflüssig waren. Nein, Mrs. Broome gehörte nicht zu den berüchtigten Wirtschafterinnen großer Häuser, die sich wie wahre Drachen aufführten und das übrige Personal nach allen Regeln der Kunst schikanierten. So bedachte sie auch Ivy jetzt mit einem aufmunternden Blick, gab ihr einen leichten Klaps und sagte: „Fort mit dir! Du hast ja noch gar nicht gefrühstückt. Nachher hilfst du beim Bettenbeziehen."

„Vielen Dank, Mrs. Broome." Das schlanke, dunkelhaarige Mädchen knickste wohlerzogen und verschwand im Korridor, der zu den Räumen der Dienerschaft führte. Ivy Thaxton war siebzehn Jahre alt. Sie stammte aus einer ordentlichen, kinderreichen Familie in der Nähe von Norwich, und sie absolvierte gerade ihre erste Woche in fremden Diensten. „Wer flügge ist, muß das Nest für die junge Brut frei machen", hatte ihr Vater gesagt, als sich das sechste Kind ankündigte. Die ersten Tage auf Schloß Abington hatten Ivy verwirrt. Sie war nicht gerade unglücklich, aber sie litt darunter, daß sie oft nicht ausführen konnte, was man ihr auftrug; es gab gar zu viele Korridore, Treppen und Türen in dem riesigen Haus. Kein Wunder, daß sie sich ständig verirrte.

Im Gesindezimmer saß ein gutes Dutzend Dienstboten um einen langen Tisch: Kammerdiener und -zofen, Lakaien und Küchenmädchen. Auch nach einer Woche staunte Ivy noch immer über die Üppigkeit der Frühstückstafel. Auf ihrem Teller häuften sich gebratene Speckscheiben, Spiegeleier und goldgelber Toast. Gewiß, auch zu Hause hatte es stets genug zu essen gegeben, aber immer nur schlichte Hausmannskost, deren Grundpfeiler Kohl, Karotten und Suppen bildeten. Sie fand am unteren Tafelende einen freien Platz und begann, fast verbissen den vollbeladenen Teller zu leeren. Plötzlich spürte sie, daß sie jemand amüsiert beobachtete. Sie schaute auf und geradewegs in das sommersprossige Gesicht ihres Gegenübers. Der junge rotblonde Mann hielt eine Zigarette lässig zwischen den Lippen, während seine Hände den Teebecher umklammerten. Er trug eine knappe schwarze Jacke mit perlgrauen Knöpfen.

„Sie sind wohl ein schlechter Futterverwerter, Mädchen", sagte er zu Ivy. „Mehr als eine halbverhungerte junge Katze bringen Sie doch kaum auf die Waage."

„Es ist ungehörig, andere Leute anzustarren", sagte Ivy mit flammendroten Wangen.

„Nimm's nicht gleich krumm, Kleines. Wen soll ich denn sonst angucken? Vielleicht die alten Vogelscheuchen dort oben am Tisch? Nein, danke, ich ziehe allemal ein hübsches junges Mädchengesicht vor. Übrigens: Ich heiße Jamie Ross. Und Sie?"

„Ivy. Ivy Thaxton."

Er lächelte ihr freundlich zu. „Sie sind erst eine Woche hier, habe ich recht? Aus London?"

„Nein. Aus Norwich. Aber Sie sind wohl Londoner?"

Er warf den Kopf in den Nacken und blies makellose Rauchkringel gegen die Zimmerdecke. „Ich bin überall und nirgendwo zu Hause; Liverpool, Leeds, London – wie Sie wollen. Ich liebe nun mal die Bewegung, und deswegen bin ich auch Chauffeur geworden."

„Ach so, Chauffeur sind Sie."

„Das müßten Sie an meiner Uniform gesehen haben. Jawohl, Jamie Ross ist Privatchauffeur Seiner Lordschaft, des Grafen Stanmore, und seiner Gemahlin, Lady Stanmore. Ohne den lieben Jamie wären die guten Leutchen verraten und verkauft; sie müßten immerfort zu Hause sitzen."

Einer der älteren Kammerdiener, ein großer, stattlicher Mann, der am oberen Tafelende saß, schickte einen strafenden Blick zu Jamie Ross hinunter. „Halten Sie die Luft an, Ross!"

Der Chauffeur beugte sich jetzt weit über den Tisch und sagte zu Ivy: „Nichts als Neid! Ärgert sich, weil ich einen richtigen Beruf habe und er nichts weiter gelernt hat, als dreckige Stiefel zu wichsen." Er hatte diese Sätze zwar geflüstert, aber vernehmlich genug, daß man sie am oberen Tafelende hören konnte. Und mit normaler Stimme fuhr er fort: „Ich verstehe wirklich was von einem Automotor. Ich kann solch ein Ding auseinandernehmen, alle Teile durcheinanderbringen und sie tipptopp wieder zusammensetzen – sogar mit verbundenen Augen."

„Das können Sie wirklich?" sagte Ivy ehrfürchtig.

„Und ob! Hinterher läuft das Maschinchen sogar besser als vorher. Ich bin schon fast ein Erfinder, ja, wirklich: Ich habe mir schon alles mögliche ausgedacht."

„Dann erfinden Sie doch endlich einen Maulkorb für Ihr loses Mundwerk", rief der Kammerdiener, und am oberen Tischende brachen alle in höhnisches Gelächter aus.

Ivy stand vom Tisch auf. „Ich muß mich beeilen", sagte sie. „Ich soll beim Bettenbeziehen helfen." Der Chauffeur erhob sich ebenfalls und begleitete das junge Mädchen zur Wäschekammer. Im Gesindezimmer schien man froh zu sein, daß der Aufschneider endlich verschwand, doch auf Ivy hatte er tiefen Eindruck gemacht, allein schon wegen seiner schwarzen Kniehosen und hohen Ledergamaschen.

„Und wie gefällt es Ihnen hier?" fragte sie.

„Oh, ganz gut. Die Automobile sind richtige kleine Schönheiten, und Lord Stanmore ist auch in Ordnung."

Sie waren vor der Wäschekammer angekommen, und Ivy reichte dem jungen Mann die Hand. „Es war nett, daß Sie sich mit mir unterhalten haben, Mr. Ross . . ."

„Jamie, bitte." Er drückte ihre Hand ein bißchen fester als nötig und setzte hinzu: „Wann ist denn Ihr nächster freier Nachmittag?"

„Am Mittwoch."

„Fein. Falls ich auch frei habe, setzen wir uns auf mein Motorrad und fahren nach Guildford ins Kino. Sie sind mein Gast." Und damit machte er kehrt und verschwand ohne sonderliche Eile.

Roger Wood-Lacy wanderte geistesabwesend durch die langen Gänge von Abington zum Frühstückszimmer. Er war schon vor Tagesanbruch aufgewacht und hatte auf dem Fensterbrett seines Zimmers gesessen und den Sonnenaufgang betrachtet. Und dabei hatte die fünfte Stanze seines neuesten Gedichts in seinem Kopf feste

Formen angenommen: „Laß deinen Spott das brüchige Gewand der Nacht zerfetzen und deinen Hohn den strahlendschönen Tag verätzen..." Gut, befand der junge Poet, sogar sehr gut. Er hörte Stimmengemurmel, das aus dem Frühstückszimmer zu kommen schien. Deshalb blieb er vor einem hohen Spiegel mit geschnitztem Rahmen stehen und betrachtete sich kritisch, aber nicht ohne Wohlgefallen: Ja, er sah genauso aus, wie er sich einen Dichter vorstellte – groß, schlank und mit wilder dunkler Haarpracht, die die edle Blässe des Gesichts nur noch betonte. Schließlich öffnete er die Tür zum Frühstückszimmer und sagte noch auf der Schwelle: „Guten Morgen allerseits." Doch am Tisch saß niemand außer seinem Bruder Fenton.

„Oh, Roger!" rief der junge Offizier. „Wie geht es dir?"

„Ausgezeichnet. Seit wann bist du denn hier?"

„Seit gestern abend." Fenton musterte den jüngeren Bruder. „Du solltest mal zum Friseur gehen."

Roger drehte sich abrupt zum Buffet um und begann, sein Frühstück zusammenzustellen. Er konnte unter einem Dutzend verschiedener Speisen wählen, die in silbernen Schüsseln auf kleinen Spiritusstövchen warm gehalten wurden. Er häufte gebratene Nieren, Rührei und eine Scheibe Räucherschinken auf seinen Teller.

„Viele Gäste hier?" fragte Fenton.

„Ausnahmsweise nicht; nur diese Gackerhenne Lady Dexford samt Töchterlein, du weißt schon: Winifred Sutton. Außerdem soll morgen Charles' Vetter aus Chicago eintreffen."

„Und sonst ist niemand hier?"

Roger kaute angestrengt und konnte nur den Kopf schütteln. Endlich sagte er: „Irgend etwas führen sie im Schilde. Der hohe Herr und Lady Hanna scheinen versessen darauf zu sein, die Grevilles mit den Suttons zu verkuppeln. Armer Charles! Er bekommt jeden Abend Gelegenheit, mit Winifredchen im Rosengarten den Mond anzuhimmeln. Aber sie täuschen sich: Nichts wird daraus! Charles hat doch..., nun ja, er hat etwas anderes im Kopf."

Die Tür ging auf, und herein rauschte die Marquise von Dexford, in ihrem Kielwasser die dralle kleine Winifred.

„Oh, die Brüder Wood-Lacy! Welch angenehme Überraschung! Fenton, Sie Schwerenöter! Mein Neffe Albert erzählt schlimme Geschichten über Sie; der Junge ist in Ihrem Regiment. Und jetzt stehen Sie mir leibhaftig gegenüber. Da können wir der Sache gleich auf den Grund gehen. Ach, Winifred, sag Fenton guten Tag!"

„Guten Tag, Fenton“, sagte Winifred fast unhörbar. „Wie schön, daß Sie auch hier sind.“ Sie hielt sekundenlang ihren sanften, unglücklichen Blick auf das Gesicht des jungen Offiziers gerichtet, schlug dann aber sofort wieder die Augen nieder.

Ganz niedlich, dachte Fenton, nur noch zuviel Babyspeck, aber der wächst sich aus. Ist ja auch erst achtzehn Jahre alt – aber immerhin reif fürs Ehejoch. Er lächelte sie freundlich an und sagte: „Nett, daß Sie sich noch an mich erinnern, Winifred.“

„Lieber Fenton, wie könnte das Kind Sie jemals vergessen!“ rief die Marquise mit gespielter Empörung. „Winifreds erster Kuß... und gerade erst süße sechzehn! Ich sage es ja: Fenton, der Schwerenöter!“

Fenton hatte den kleinen Vorfall längst aus dem Gedächtnis verloren: ein brüderlicher Kuß auf Winifreds runde Wange bei einer Geburtstagsparty – du lieber Himmel! Die Kleine tat ihm aufrichtig leid. Die Mondscheinspaziergänge im Rosengarten mußten für beide eine Qual sein, für das junge Mädchen, das sich vielleicht nach Liebe sehnte, und für Charles, der stumm und schlecht gelaunt neben ihr her lief und gar nicht daran dachte, sich in sie zu verlieben, weil er in Gedanken ausschließlich mit Lydia Foxe beschäftigt war.

„Ein hübsches Kleid, Winifred“, sagte Fenton ablenkend. „Es steht Ihnen sehr gut.“

„Das... das freut mich“, stammelte Winifred.

Fenton verstand durchaus, weshalb Lord Stanmore die Verbindung mit den Suttons anstrebte. Winifred Suttons Vater, der Marquis von Dexford, war steinreich und trug außerdem einen uralten Adelstitel. Fenton lächelte Winifred noch einmal aufmunternd zu, und sie lächelte dankbar zurück. Leicht zu pflücken, diese Frucht, dachte er, aber natürlich erst, wenn Charles seinen Eltern klargemacht hatte, daß er dieses Mädchen niemals heiraten werde.

Er verabschiedete sich mit einer knappen Verbeugung. „Ich will die Damen nicht beim Frühstück stören. Aber vielleicht können wir nachher gegen Charles und die anderen eine Partie Krocket spielen.“

Ivy schleppte einen großen Stapel Bettwäsche über die Dienstbotentreppe zum ersten Stockwerk hinauf. Die Stufen waren steil, und die Last lag wie ein Zentnergewicht auf ihren schmächtigen Armen. Sie stieß die Tür zum Korridor vor den Schlafzimmern auf und blieb einen Augenblick unschlüssig stehen. Wie hieß das eiserne Gesetz, das ihr Mr. Coatsworth eingehämmert hatte? Sofort zurückziehen, wenn Mitglieder der Familie oder Hausgäste in Sicht sind! Einen Gang oder ein Zimmer erst betreten, wenn die Luft rein ist! Ihr war schon fast schwindlig vor Anstrengung, nur nichts falsch zu machen.

Der Korridor lag an der Rückfront des Hauses und hatte zur Gartenseite hin hohe Sprossenfenster. Wenigstens an diese imposante Fensterreihe konnte sich Ivy erinnern. Tags zuvor hatte sie Doris beim Bettenbeziehen in Lady Alexandras Zimmer helfen müssen. Jetzt sollte sie ganz allein im daneben liegenden Gästezimmer arbeiten. Tapfer marschierte sie auf ihr Ziel zu, doch im selben Augenblick flog Lady Alexandras Zimmertür auf, und Lord Stanmores Tochter streckte den Kopf heraus. „Velda?"

„Nein, Mylady."

„Als wenn ich das nicht selber sähe!" sagte die junge Dame spitz. „Wo steckt Velda?"

„Ich weiß es nicht, Mylady." Ivy hörte den Namen zum erstenmal.

Lady Alexandra trat vor die Zimmertür und schaute sich nervös im Korridor um. „Zu blöd!"

Ivy starrte die Tochter des Hauses ehrfürchtig an. So schön zu sein! Mit ihrem schmalen, ovalen Gesicht, den großen blauen Augen und dem dichten blonden Haar erinnerte Alexandra Greville an die Damenbildnisse, mit denen so häufig Konfektschachteln geschmückt waren.

„Dann werden Sie mir eben helfen!" sagte Lady Alexandra kurz angebunden. „Stehen Sie doch nicht so herum! Ich brauche jemanden zum Zuknöpfen . . ." Grelles Autohupen schnitt ihr das Wort ab. Sie wirbelte ins Zimmer zurück und rief: „Schnell doch! Sie ist schon da! Legen Sie endlich das Zeug aus der Hand. Sie sollen mein Kleid zumachen."

„Sehr wohl . . . Mylady", stotterte Ivy verstört. Der Wäschestapel polterte zu Boden, und im nächsten Augenblick stand sie schon hinter der ungeduldig zappelnden Alexandra vor dem Ankleidespiegel.

„Machen Sie die Knöpfe zu, und lassen Sie ja keinen aus!"

„Sehr wohl, Mylady." Ivy begann, mit fliegenden Fingern den Rückenverschluß des Kleides zuzumachen – eine schier endlose Reihe winziger Elfenbeinknöpfchen. Trotz der Eile fand sie noch Zeit, die feine spitzenbesetzte Unterwäsche Lady Alexandras und den seidenweichen Wollstoff des beigefarbenen Kleides zu bewundern.

Als die Knöpfe endlich geschlossen waren, drehte sich Alexandra zu ihrer Retterin um. „Sie sind neu bei uns, stimmt's? Wie heißen Sie denn?"

„Ivy, Mylady, Ivy Thaxton."

„Nun gut, Ivy. Sie können..." Wieder unterbrach sich Lady Alexandra. Diesmal wurde sie durch ihre Kammerzofe gestört, die eilig ins Zimmer gelaufen kam. „Sie kommen reichlich spät, Velda. Wo, um alles in der Welt, haben Sie gesteckt?"

„Ich bitte um Verzeihung, Mylady, ich war..." Die Zofe hatte Ivy entdeckt und bedachte den Neuling mit einem vernichtenden Blick.

„Ist mir auch gleichgültig", sagte Lady Alexandra und zuckte die Achseln. „Der Verschluß ist jedenfalls zu. Sie brauchen nur noch meinen Hut zu holen, Velda, aber rasch, wenn ich bitten darf."

„Jawohl, Mylady."

Alexandra neigte sich dem eigenen Spiegelbild entgegen und kniff sich in die Wangen, um eine frischere Gesichtsfarbe zu erzeugen. Dann sagte sie zu Ivy: „Bitte, laufen Sie so schnell Sie können zur Auffahrt hinunter, und sagen Sie der Dame im Auto – Miß Foxe –, ich käme gleich. Wir müssen dann sofort abfahren; sonst verpassen wir den Zug nach London."

Ivy ging rückwärts knicksend zur Tür. „Eine... Miß Foxe?"

„Ja, ja, nur schnell."

Ivy jagte den Korridor hinunter zur Haupttreppe. Kein Gedanke daran, jetzt noch den Umweg über die Dienstbotentreppe zu machen! Während sie die Stufen mehr hinuntersprang als lief, hielt sie das Häubchen mit der Hand krampfhaft auf dem Kopf fest. Um ein Haar wäre sie mit einem Kammerdiener zusammengeprallt, der auf dem ersten Treppenabsatz stand. „Entschuldigung!" rief sie und hastete schon durch die Eingangshalle, in der zwei weitere Diener und der Butler beschäftigt waren.

Mr. Coatsworth trat Ivy empört in den Weg. „Was erlauben Sie sich?" schimpfte er, und Ivy stammelte atemlos: „Miß Foxe! Ich muß doch Miß Foxe benachrichtigen. Wo finde ich sie nur?"

Mr. Coatsworth wies mit dem Finger in die Richtung der geöffneten Haustür. Jetzt sah auch Ivy das spiegelblanke blaue Automobil in der Auffahrt stehen. Hinter dem Steuer saß eine rothaarige junge Dame, und ein dunkelhaariger junger Mann in Reithosen lehnte am Wagenschlag und unterhielt sich mit ihr.

„Danke, Mr. Coatsworth!" rief Ivy und stürzte aus der Tür.

„Ich muß doch sehr bitten... sehr bitten...", sagte der Butler aufgebracht, doch Ivy war längst fort. Die letzten Meter vor dem Auto zwang sie sich zu einer gesitteteren Gangart. „Miß Foxe?" fragte sie höflich.

Die junge Frau reckte ein wenig den Hals, um dem hochgewachsenen Hauptmann Wood-Lacy über die Schulter schauen zu können. „Ja, bitte?" sagte sie.

„Ich soll Ihnen etwas ausrichten, gnädiges Fräulein, nämlich von Miß Alexandra. Sie hat gesagt, daß ich Ihnen sagen soll, sie käme gleich... ja, und daß Sie nachher sehr schnell fahren müßten, sonst wäre der Zug weg."

„Was Sie nicht sagen!" Miß Foxe lachte heiser, und zu Hauptmann Wood-Lacy gewendet fügte sie hinzu: „Die liebe Alex würde auch noch ihren Kopf vergessen, wenn er nicht angewachsen wäre! Ich habe ihr mehrmals gesagt, daß wir mit dem Auto nach London fahren."

„Eine anstrengende Fahrt", sagte Fenton.

„Aber nicht in meinem Benz! Und hinter Dorking ist auch die Straße recht ordentlich."

„Wollt ihr Einkäufe machen?"

„Alex ist zur Anprobe bei Ferris angemeldet, und ich will währenddessen Daddy besuchen."

Ivy wußte beim besten Willen nicht, wie sie sich jetzt zu verhalten hatte. Sollte sie stehenbleiben und die Unterhaltung zwischen der jungen Dame und dem Herrn ungebeten mitanhören? Oder durfte sie sich einfach umdrehen und fortgehen? Um die Wahrheit zu sagen: Sie wäre gern noch ein bißchen stehengeblieben. Lydia Foxe war eine faszinierende Schönheit, von der eine nahezu hypnotische Wirkung ausging. Das üppige rote Haar trug sie für die Autofahrt zu einem losen Knoten geschlungen, den ein grünes Samtband zusammenhielt. Das Gesicht war verhältnismäßig schmal und wurde von strahlendgrünen Augen über sehr hohen Wangenknochen beherrscht.

Ivy erwachte aus der Verzückung und stotterte: „Soll ich... soll ich Miß Alexandra etwas ausrichten, gnädiges Fräulein?"

Wieder lachte die junge Dame so seltsam rauh: „Meine Güte, nein, natürlich nicht. Sie kommt ja gleich selbst."

„Danke, gnädiges Fräulein. Vielen Dank." Ivy trat endlich den Rückzug an.

„Drolliges kleines Ding", sagte Lydia, die ihr nachschaute. „Hast du gemerkt, wie sie mich anstarrte, Fenton?"

„Nein, aber ich selbst muß dich ja auch dauernd anstarren, Lydia. Die Kleine ist somit entschuldigt."

Lydias Hände spielten nervös mit dem schweren hölzernen Steuerrad. „Bitte, Fenton, halte dich an unsere Abmachung: Von persönlichen Dingen wird zwischen uns nicht mehr gesprochen."

Er legte ihr die Hand auf die Schulter. Obwohl sie einen Reisemantel über dem Seidenkleid trug, glaubte er, ihre warme Haut durch den groben Stoff zu spüren. „Ich bringe es nicht fertig, mich daran zu halten, Lydia."

Sie wendete den Kopf ab. „Du machst es uns nur schwer, Fenton. Daß ich dich sehr mag, weißt du doch. Du bist immer wie ein Bruder zu mir gewesen ..."

Der Druck seiner Finger wurde stärker. „Lydia, hör auf! Das ist mehr, als ich ertragen kann. Aber es ist schon gut; ich will dich nicht bedrängen. Ich weiß, was du durchzusetzen versuchst, und ich wünsche dir dazu viel Glück. Du wirst es brauchen."

So SCHNELL Ivy aus dem Haus gestürzt war, so langsam ging sie jetzt zurück. Diesmal benutzte sie vorschriftsmäßig die Dienstbotentreppe zum ersten Stock. Vor Lady Alexandras Zimmertür sah sie einen kleinen Menschenauflauf: Mr. Coatsworth war da, ein Kammerdiener, eine Zofe und – Mrs. Broome!

„Da kommt ja das unverschämte Ding!" rief Velda und schniefte. „Oh, wenn es nach mir ginge, bekäme sie eine Tracht Prügel!"

Mrs. Broome seufzte nur verdrießlich. „Schluß jetzt, Velda", sagte sie. „Gehen Sie bitte wieder an Ihre Arbeit."

„Ja, Mrs. Broome", sagte Velda, bedachte Ivy noch einmal mit einem giftigen Blick und verschwand in Lady Alexandras Zimmer.

„Falls Sie Unterstützung brauchen, stehe ich Ihnen natürlich zur Verfügung, Mrs. Broome", sagte der Butler mit würdevoller Miene.

„Vielen Dank, Mr. Coatsworth. Es wird nicht nötig sein."

„Wie Sie meinen, Mrs. Broome. Kommen Sie, Peterson."

Ivy war jetzt mit der Wirtschafterin allein. Mrs. Broomes Zeigefinger richtete sich auf den Wäschestapel, der noch immer am Boden lag. „Wäsche wird in diesem Haus niemals auf den Fußboden gelegt, Ivy. Heb sie auf!"

„Ja, Mrs. Broome", flüsterte Ivy. Sie beugte sich nieder und hob den schweren Stapel wieder auf. „Entschuldigung, Mrs. Broome ... ich bitte vielmals um Entschuldigung ... es war doch nur, weil ... weil mir Lady Alexandra gar keine Zeit gelassen hat, die Wäsche in einem Zimmer abzulegen." Wie sollte sie nur Mrs. Broome begreiflich machen, was sich vorhin hier im Korridor abgespielt hatte?

„Du hattest lediglich Anweisung, ein Bett frisch zu beziehen, mein Kind. Willst du diese Arbeit jetzt bitte erledigen? Ich werde dabeibleiben und feststellen, ob du nicht *alles* vergessen hast."

Ivy ging schamrot den Korridor entlang, und Mrs. Broome folgte ihr gemessenen Schrittes. Im Gästezimmer mußte ein breites Himmelbett frisch bezogen werden. Ivy gab sich große Mühe, alle Handgriffe zur Zufriedenheit der Wirtschafterin auszuführen.

„Gut gemacht, mein Kind", sagte Mrs. Broome endlich. „Du bist ja auch als Stubenmädchen hier im Hause eingestellt worden – und keineswegs als Kammerzofe oder Laufmädchen."

Ivy öffnete den Mund, als wollte sie eine Erklärung abgeben, doch Mrs. Broome gebot ihr mit einer Handbewegung Schweigen und fuhr fort: „Es täte mir sehr leid, wenn ich dich entlassen müßte, Ivy. Leider fehlt dir noch vollkommen das Gefühl für den Platz, auf den du gestellt bist. Jeder hat im Leben einen festen Platz, und es gäbe ein böses Durcheinander, wenn wir alle Dinge tun wollten, die uns nicht zukommen. Du bist, wenigstens im Augenblick, Stubenmädchen in Abington und nichts anderes. Kannst du dir vorstellen, daß Mr. Coatsworth die Betten machte oder ich selbst die Nachtgeschirre leerte? Unseren armen Mr. Coatsworth traf fast der Schlag, als er dich die Haupttreppe herunterrennen sah."

„Aber Lady Alexandra hatte doch gesagt, ich müßte . . ."

Mrs. Broomes Gesicht wurde zu einer starren Maske. „Lady Alexandra ist noch sehr jung; sie neigt zu Übertreibungen. Selbstverständlich kann ich eine Lady Alexandra nicht tadeln, aber ich kann und muß dich tadeln. In Zukunft wirst du jeden Auftrag, der nicht in deinen Pflichtenbereich fällt, höflich ablehnen und augenblicklich an die Person weitergeben, der er zukommt. Hast du mich verstanden, Ivy?"

Ivy war sprachlos. Sie zitterte am ganzen Körper und konnte nur zustimmend nicken. Doch Mrs. Broome tätschelte ihr nun die Wange und fuhr in freundlicherem Ton fort: „Ich werde dich nicht entlassen, Ivy; ich setze aber voraus, daß du in Zukunft nicht mehr gegen die Hausordnung verstößt. Und jetzt wieder an die Arbeit! Richte das Zimmer hier so ordentlich und hübsch wie möglich her. Lady Stanmores Neffe aus Amerika kommt morgen zu Besuch her; er wird in diesem Raum wohnen."

Mrs. Broome schritt majestätisch aus dem Zimmer, und Ivy wagte erst wieder richtig zu atmen, als die Haushälterin außer Sicht war. Man hatte also daran gedacht, sie zu entlassen! Nicht auszudenken. Was hätte sie dann tun sollen? Nach Hause reisen? Ausgeschlossen. Dort rechnete man ja jeden Tag mit der Ankunft des Babys. Vater hatte ohnehin schon Mühe genug, die große Familie satt zu bekommen und die jüngeren Geschwister mit Kleidung und ordentlichem Schuhwerk für den Schulbesuch zu versorgen. Ivy hockte sich auf die Fensterbank und vergrub das heiße Gesicht in den Händen. Am liebsten hätte sie losgeheult, doch dann preßte sie die glühende Stirn an die kühle Fensterscheibe und starrte hinaus. Plötzlich fuhr sie zusammen: das blaue Auto! Es fuhr mit hohem Tempo die Auffahrt hinunter. Miß Foxe hielt das Steuerrad fest umklammert, während Lady Alexandra sich noch einmal umwandte, mit der linken Hand den bändergeschmückten Hut vor dem Fortfliegen bewahrte und mit der rechten Hand zum Haus hinaufwinkte. „Auf Wiedersehen!" rief sie ausgelassen irgendeinem Daheimbleibenden zu. „Auf Wiedersehen! Auf Wiedersehen!"

Und plötzlich durchfuhr es Ivy wie ein schmerzhafter Stich: *Das* war also der Platz, der einer Lady Alexandra und einer Miß Foxe zukam! Eine sonderbare Weltordnung, wenn man es recht bedachte.

3

Hanna Greville, Gräfin Stanmore, arbeitete in ihrem Salon. Der Schreibtisch stand vor einem Erkerfenster, das den Blick auf den Rosengarten freigab. Die buchsbaumgefaßten Blumenbeete waren in streng geometrischen Mustern angelegt. Lady Stanmore trug einen grünseidenen Morgenmantel. Da sie noch nicht frisiert war, fiel ihr üppiges blondes Haar in weichen Wellen über die Schultern, und sie wirkte ausgesprochen jugendlich.

Auf dem ovalen Schreibtisch lagen Zettel verstreut, die alle mit Namen in Hanna Grevilles winziger Handschrift bedeckt waren; es galt, die Gästelisten für die zahlreichen Gesellschaften zusammenzustellen, die die Stanmores in den nächsten Wochen in London zu geben gedachten. Während der Saison, die Mitte Juni begann und erst in den letzten Julitagen zu Ende ging, würde man im Londoner Stadthaus der Familie an der Park Lane residieren. Lord Stanmore wäre zwar allzu gern auf dem Land geblieben – und in früheren Jahren hatte er diesen Wunsch auch öfter verwirklicht –, doch diesmal mußte Alexandra in die Gesellschaft eingeführt werden, und Hanna bestand darauf, daß er sich auf sämtlichen Bällen zeigte und die Gäste persönlich empfing. Schließlich stand der Name seines zukünftigen Schwiegersohnes auf einer der umfangreichen Gästelisten, um deren Zusammenstellung sich Lady Stanmore gerade bemühte.

Ja, in welcher Liste mochte sich dieser Name wohl verstecken? Lady Hannas Zeigefinger glitt langsam von einem Namen zum andern. Könnte es der ehrenwerte Percy Holmes sein? Paget Lockwood? Oder Thomas Duff Wilson? Sie verweilte ein wenig länger bei diesem Namen: Thomas Duff Wilson, Anwalt, Erbe eines großen Vermögens und ein hervorragender Reiter!

„So fleißig, Darling?"

Lady Hanna zuckte überrascht zusammen und wandte den Kopf. „Oh, du bist es, Anthony! Mich so zu erschrecken!"

Er beugte sich nieder und drückte einen leichten Kuß auf ihren Nacken. „Im Einschleichen in Damenzimmer bin ich sehr erfahren."

„Solcher Erfahrungen rühmt sich kein Gentleman!" Sie lachte, drückte ihm flüchtig die Hand und wendete sich sofort wieder ihren Listen zu. „Hol dir einen Sessel, und setz dich zu mir. Ich muß diese Einladungen unbedingt mit dir besprechen."

„Bitte, Hanna, verschone mich mit den Gästelisten. Das ist ein für allemal dein Ressort."

„Du weißt doch, wie wichtig sie diesmal sind."

Lord Stanmore runzelte die Stirn, trat ans Fenster und schaute gedankenverloren in den Garten hinaus. Endlich sagte er: „Um Alexandras Zukunft mache ich mir überhaupt keine Sorgen. Ich bin überzeugt, daß du für sie in der Meute den richtigen Mann entdeckst und daß sie mit ihm auch glücklich wird. Charles hingegen . . ."

Hanna trommelte mit ihrem goldenen Stift gegen die Schreibtischkante. „Ach, Tony", sagte sie, „der Junge steckt in einer Übergangsphase."

Lord Stanmore lächelte gequält. „Fenton hat heute früh genau denselben Ausdruck gebraucht. Fenton . . . merkwürdig: Mit ihm kann ich so gut reden. Warum nicht mit meinem eigenen Sohn?"

„Ihr habt euch doch gestern beim Dinner so lebhaft unterhalten?"

„O ja, wir machen den Mund auf und bringen sogar Wörter hervor, aber die ganze Zeit über spüren wir, daß zwischen uns eine Wand steht. Und wir wissen beide, was, genauer gesagt, wer daran schuld ist."

Hanna erhob sich und stellte sich neben ihren Mann ans Fenster. „Ich mag diesen Rosengarten", sagte sie. „Er ist so klar und übersichtlich angelegt. Ich wünschte, wir könnten unser Leben auch nach so einfachen Linien ausrichten. Aber das ist offenbar unmöglich. Und das Leben unserer Kinder? Wir können sie allenfalls ein wenig lenken und so gut wie möglich vorbereiten. Im übrigen glaube ich, daß wir uns auch auf Charles' Vernunft verlassen dürfen. Zugegeben, er ist geradezu vernarrt in Lydia, und das schon seit Jahren, aber im entscheidenden Augenblick wird er sich besinnen und die richtige Wahl treffen."

„Hoffen wir es." Lord Stanmores Blick blieb starr auf das geometrische Muster der Rosenbeete gerichtet.

„Wir dürfen ihn nur nicht drängen. Zum Beispiel war es falsch, Mary mit Winifred einzuladen. Ich hatte dich gewarnt, Tony."

„Aber Winifreds Vater ist ein ..."

„... ehrenwerter Edelmann. Ich weiß es, und es wäre geradezu ideal, wenn sich Charles in Winifred verliebte und sie heiratete. Wenn ich aber die Situation mit – entschuldige den Ausdruck – nüchternen Yankee-Augen betrachte, so muß ich feststellen, daß unser Sohn für Winifred nicht die leiseste Zuneigung empfindet. Ich werde mit Mary offen darüber sprechen, und sie wird es Charles wahrscheinlich nicht einmal verübeln."

„Wie du meinst", sagte er müde, „vielleicht ist es das vernünftigste."

„Das einzig mögliche, Anthony." Sie legte ihm die Hand auf die Schulter und fügte hinzu: „Im Augenblick verstehe ich Charles besser als du, und vor allem kann ich mich auch in Lydia hineinversetzen."

„Oh, ich finde das Leben so herrlich!" rief Alexandra ein Mal ums andere. Sie hüpfte ausgelassen auf dem Beifahrersitz auf und nieder und konnte ihren Hut bei der hohen Fahrtgeschwindigkeit nur mit Mühe vor dem Davonfliegen bewahren.

„Sitz endlich still!" rief Lydia ärgerlich. „Du fällst noch hinaus!" Die Straße führte in langgezogenen Kurven bald durch dunkle Waldstücke, bald durch helle, sonnenbeschienene Felder, die zum Straßenrand hin von hohen Hecken eingefaßt waren. Der ständige Wechsel von Licht und Schatten war irritierend, und Lydia mußte sich auf das Fahren konzentrieren.

„Aber wenn ich doch so glücklich bin!" schrie Alexandra in den donnernden Fahrtwind. „O Lydia, stell dir vor, daß ich nächstes Jahr um diese Zeit vielleicht schon ein Baby habe! Mutter hat diesmal eine ganze Heerschar toll aussehender Junggesellen zu unseren Bällen eingeladen."

„Woher weißt du denn, daß sie *toll* aussehen?"

„Ich weiß es eben. Keiner ist kleiner als einen Meter achtzig, alle haben natürlich eine großartige Zukunft vor sich, und einer von ihnen wird mich auf seinen starken Armen davontragen. Ach, Lydia, ich bin ganz verrückt auf Kinder! Fünf will ich mindestens haben. Und jeden Abend besuche ich mit meinem toll aussehenden Mann das Kinderzimmer, und die Kinderschwester führt uns die süßen Kleinen vor."

„Demnach willst du alle fünf auf einmal bekommen?"

„Gott bewahre, du Schäfchen; natürlich immer eins nach dem anderen. Aber Spaß beiseite: Ehe und Kinder sind für mich so etwas Ähnliches wie ein Sakrament – ehrlich!"

Bald schoben sich die ersten Häuserzeilen der Londoner Vororte Merton und Wimbledon in die offene Landschaft, und je näher sie dem Stadtzentrum kamen, desto dichter wurde der Verkehr. Lydia lenkte den großen Wagen geschickt durch das Gewühl von Omnibussen, Automobilen und schweren Pferdefuhrwerken. Am Hanover Square hielt sie vor einem eleganten Gebäude, das aus dem frühen neunzehnten Jahrhundert stammte. *Ferris, Couturier* stand über dem Eingang: Alexandra war am Ziel. Ein Pförtner kam herbeigestürzt, legte die Hand an die Mütze und riß den Wagenschlag auf. Alexandra stand im nächsten Augenblick schon auf dem Bürgersteig. „Bis drei Uhr also, Lydia. Und auf keinen Fall früher. Ich hasse es, wenn man mich in neuen Kleidern sieht, in denen die Heftfäden noch nicht gezogen sind."

„Einverstanden", sagte Lydia nur. Der Portier schlug die Wagentür zu, und Lydia brauste davon Richtung Oxford Street. Sie wollte ihren Vater im Büro besuchen.

Foxe House lag nahe beim Oxford Circus. Das riesige Gebäude mit der hellen Kalksteinfassade gehörte zu Englands größten und modernsten Bürohäusern. Archie Foxe hatte es erst vor zwei Jahren errichten lassen, um die Verwaltung all seiner Unternehmenszweige unter einem Dach zu vereinigen – „Yankee-Methode" nannte er das.

Lydia stieg auf dem Parkplatz aus, und der Wagen wurde sofort von einem Pagen in hübscher blauer Livree übernommen. Sie zog den Mantel aus, ließ ihn auf dem Fahrersitz liegen und ging zum Fahrstuhl. In Sekundenschnelle wurde sie in die Chefetage hinaufbefördert.

„Ist mein Vater da?" fragte sie die junge Empfangsdame.

„Er ist gerade in die unteren Etagen gegangen, Miß Foxe. Ich kann ihn aber benachrichtigen." Archie Foxe liebte es, überraschend in den Büros aufzutauchen, jeden seiner zahlreichen Angestellten persönlich zu überwachen und nach Bedarf zu loben oder zu tadeln.

„Es wäre mir lieb, wenn Sie ihn bald finden könnten", sagte Lydia. „Ich möchte hier nicht allzuviel Zeit vertrödeln."

„Selbstverständlich, Miß Foxe."

Lydia genoß die Atmosphäre im Büro ihres Vaters. Die Wände waren eichengetäfelt, und auf dem mattglänzenden Parkett lag ein kostbarer alter Perserteppich, der dem Raum Wärme verlieh. Die Möblierung bestand aus bequemen Ledersesseln und einem mächtigen Schreibtisch aus dem Besitz des Herzogs von Wellington, und an den Wänden hingen wenige, aber gute Bilder: eine Landschaft von Constable und zwei moderne Londoner Stadtansichten von Sickert. Auf dem Schreibtisch standen zwei Fotografien in Silberrahmen: Herbert Asquith und David Lloyd George. Die beiden schwungvoll signierten Porträts nötigten Lydia jedesmal ein Lächeln ab. Das nahezu unerschöpfliche Bankkonto ihres Vaters hatte den Liberalen vor den Parlamentswahlen von 1906 großzügig zur Verfügung gestanden, und der Premierminister und sein Schatzkanzler erinnerten sich auch später noch solcher Freundschaftsdienste. Was würde wohl Lord Stanmore sagen, wenn er sich mit den Fotografien *dieser* Männer konfrontiert sähe? Wahrscheinlich geriete sein Tory-Blut so heftig in Wallung, daß er die Bilder mit einem einzigen Peitschenhieb zerfetzte!

Archie Foxe war 1854 im Londoner Eastend zur Welt gekommen. „Hart arbeiten und unentwegt verdammt gute neue Ideen haben", so lautete seine Devise. Über seine Kindheit sprach er mit niemandem, auch nicht mit seiner Tochter. Selbst seine Frau, eine Dame aus besseren Kreisen, die er bald nach Lydias Geburt verloren hatte, war nur in wenige Einzelheiten eingeweiht worden. Was gab es über diese düsteren Jahre auch zu erzählen? Übelriechende Elendsquartiere und Arbeitshäuser, einen Vater, der aus Verzweiflung dem Gin verfiel und im Schwachsinn endete, eine Mutter, die sich in der eiskalten Dachkammer zu Tode hustete – er brauchte im Foxe House nur aus einem der Fenster im obersten Stockwerk zu schauen, um den Schauplatz dieser elenden Kindheit vor Augen zu haben. Aber diese Kindheit lag längst hinter ihm – so endgültig, daß es keinerlei Verbindung mehr dazu gab, auch nicht in der Erinnerung.

Als Neunjähriger war er zu einem Schlächtermeister in die Lehre gegangen. Seine erste Aufgabe hatte darin bestanden, schon fast verdorbene Rindfleischreste fein zu hacken, damit sie sein Meister zu Fleischpasteten verarbeiten konnte. Diese minderwertigen Pasteten brachten Archie auf eine Idee, der noch viele andere folgten: Pasteten, ja, aber erstklassige! Als er mit siebzehn Jahren ausgelernt hatte, tat er sich mit einer Witwe mittleren Alters zusammen, die in der Nähe von Covent Garden eine winzige Bäckerei betrieb. Gemeinsam stellten sie in den Nachtstunden die guten Pasteten her, die Archie tagsüber in kleinen Restaurants und Kneipen absetzte. Ein Jahr später arbeiteten zehn Fleischer- und Bäckergesellen für das junge Unternehmen. 1880 verkaufte die Witwe ihren Firmenanteil an Archie und zog sich für einen geruhsamen Lebensabend aufs Land zurück.

„Von diesem Augenblick an lief die Kiste", sagte Archie, als ihn Journalisten viele Jahre später einmal über seine Karriere befragten. Die „Kiste", das waren sehr bald saubere, modern beleuchtete kleine Restaurants an verkehrsreichen Straßenkreuzungen – an Ecken, wo der kleine Angestellte oder Arbeiter eine kurze Pause machte, um eine Tasse Tee zu trinken und für wenig Geld eine ordentliche Kleinigkeit zu essen, serviert obendrein von einer hübschen jungen Kellnerin in blauem Kleid mit gestärkter Schürze und weißem Häubchen. Die erste von mehreren hundert White-Manor-Teestuben wurde am 3. Juli 1883 an der Nordwestecke des Ludgate Circus eröffnet.

„Der Mensch muß essen; das liegt in seiner Natur", pflegte Archie zu sagen und auch gleich hinzuzufügen: „Also kommt man gar nicht umhin, Geld zu machen, wenn man in diese Branche geht. Allerdings ist ein Trick dabei: Man muß gewöhnlichen Leuten, dem kleinen Mann auf der Straße, ein anständiges Essen zu annehmbaren Preisen bieten. Schließlich sind sie zahlreicher als reiche Leute. Natürlich hat sich die ‚Kiste' im Laufe der Jahre ein bißchen gemausert. Mehr Schick ist heute schon drin. Manche White-Manor-Teestuben sind das geblieben, was sie waren: Anlaufhäfen, in denen der Straßenarbeiter schnell mal eine Tasse Tee hinuntergießen kann. In anderen fiedelt aber schon eine Sechsmannkapelle, und nicht mal ein Herzog hätte Grund, über unsere Dover-Seezunge zu meckern. Und die Preise sind trotzdem nie unverschämt geworden – das ist der ganze Trick!"

Auf einem Tischchen lag ein Zeitungsstapel, und Lydia begann, in den *Illustrated London News* zu blättern. Fotos zeigten den König und die Königin bei der Regatta in Cowes, und gleich mehrere Seiten waren den deutschen Manövern in Ostpreußen gewidmet: Endlose Reihen von Soldaten in feldgrauen Uniformen und komischen Pickelhauben liefen über irgendwelche Äcker. Reichlich operettenhaft, dachte Lydia und blätterte weiter.

„Das nenne ich eine angenehme Überraschung!"

Lydia blickte von der Zeitung auf: Archie Foxe stand vor ihr, wie stets außer Atem und vor Energie berstend. Er trat einen Schritt zurück und betrachtete seine Tochter voller Wohlgefallen. Lydia dagegen musterte ihren Vater mit kritischem Blick. Er war klein und stämmig und sah jünger aus, als er war. Das rötliche Haar trug er so sorgfältig frisiert, daß es alle kahlen Stellen abdeckte. Seine koboldhaften Gesichtszüge gaben ihm das Aussehen eines Straßenjungen, der durch lange Lebenserfahrung weise geworden war.

„Du hattest mir versprochen, keine karierten Anzüge mehr zu tragen, Daddy", sagte Lydia vorwurfsvoll. „Du siehst darin aus wie ein Buchmacher auf dem Rennplatz."

Er strich mit der kräftigen Hand über den auffallend gemusterten Jackettärmel. „Ich liebe nun mal Karos . . . und Buchmacher."

„O Daddy, du bist unmöglich!" seufzte Lydia. Sie stand auf und küßte ihn herzhaft auf beide Wangen. „Du hast mir so gefehlt. Kannst du nicht wenigstens für ein paar Tage ins Burgate House kommen?"

„Ich habe sehr viel zu tun. Aber ich werde sehen, was sich machen läßt. Und was treibst du den lieben langen Tag?"

„Oh, ich bin auch beschäftigt. Heute habe ich zum Beispiel Alexandra zum Schneider gefahren. Sie will so rasch wie möglich unter die Haube kommen."

„So? Und wer ist der Erwählte?"

„Alex kennt ihn noch gar nicht, aber ihr ist jeder recht, vorausgesetzt, er ist groß und hübsch – und ein Traumtänzer wie sie selbst."

„Traumtänzer? Darauf verstehst du dich ja auch recht gut."

Lydia wandte sich brüsk ab und trat ans Fenster. London war ihr noch nie so schön vorgekommen wie an diesem Junitag: ein Bilderbuchanblick, dieser unwirklich blaue Himmel mit den weißen Lämmerwolken, die die Kuppel der St.-Pauls-Kathedrale zu umschweben schienen. „Daddy, die Eile, mit der du mich verheiraten willst, macht mich krank."

„Ach nein! Und wie alt dein Daddy ist, hast du wohl vergessen?" schnaubte er mit gespielter Empörung. „Ein Mann meines Alters darf sich doch wohl noch Enkel wünschen!"

Er trat hinter sie und strich zärtlich über ihren Nacken. Sie drehte sich lächelnd zu ihm um und legte die Arme um seinen Hals. Dabei stieg ihr der feine Duft seines teuren Tuchanzuges und seines guten Tabaks in die Nase. „Du bist ein Goldstück, Daddy", sagte sie herzlich, „und du bekommst auch deine Enkel – eine ganze Schar süßer kleiner Quälgeister; großes Ehrenwort!"

„Daran habe ich nie gezweifelt, Lydia. Aber du solltest bald damit anfangen."

„Ich verfolge schon einen Plan", sagte sie ganz ruhig, „einen Plan, so schön wie ein Traum."

Lady Hanna beschäftigte sich in Gedanken mit ihrem Neffen, während die Zofe ihr das Haar kämmte und bürstete. Mitten auf dem Toilettentisch lag das Telegramm:

EINTREFFE SOUTHAMPTON FREITAG 12. JUNI AN BORD „S. S. LACONIA"/CUNARD LINE STOP GRÜSSE AN ALLE STOP MARTIN RILKE STOP

Hanna lächelte: Das Telegramm klang so amerikanisch, so unbefangen herzlich. Grüße an alle! Nur ein Mann aus dem Mittleren Westen konnte so vermessen sein, auf diese Art Leute zu grüßen, mit denen er zwar verwandt war, die er aber noch nie gesehen hatte. Hanna selbst brachte Verständnis für so viel Unbefangenheit auf, obwohl sie Chicago schon als Neunzehnjährige verlassen hatte, doch Lord Stanmore und seine Kinder wären sicherlich schockiert. Und deshalb hatte sie das Telegramm niemandem gezeigt, sondern nur Charles gebeten, den Vetter in Southampton abzuholen.

Sobald sie mit ihrer Frisur zufrieden war, ließ sie sich von der Zofe in das weiße Morgenkleid helfen und machte sich auf den Weg zum Frühstückszimmer. Als sie an der Schlafzimmertür ihres ältesten Sohnes vorbeiging, zögerte sie. Dann klopfte sie kurz entschlossen an und trat ein. Charles saß angekleidet mit einem Buch in der Hand auf dem Bett. Auf dem Nachttisch stand das Frühstückstablett, doch er hatte kaum etwas angerührt. „Guten Morgen, Mutter", sagte Charles lächelnd und ließ das Buch sinken.

„Ist dir nicht gut, Charles? Du siehst blaß aus."

„Ich bin aber nicht krank."

Wie hager der Junge in letzter Zeit geworden ist, dachte Hanna. Er war ihr Erstgeborener, und mehr als bei den beiden anderen Kindern litt sie unter allem, was ihn quälte.

„Charles, ich möchte gern mit dir reden."

„Worüber?" sagte er mit abgewandtem Gesicht.

„Über Winifred Sutton und anderes."

„Ach, Winifred!" Er lächelte schwach.

„Ich habe deinen Vater heute früh davon überzeugt, daß aus Winifred und dir nie ein Paar wird, und ich werde mit Winifreds Mutter ebenso offen darüber sprechen."

„Großartig, Mutter! Das ist der erste Schritt auf dem richtigen Weg!" Er hockte jetzt auf der Bettkante und stützte die Hände auf die Knie, eine Haltung, die Lady Hanna an ihren Mann erinnerte. Vater und Sohn waren sich in ihrer Schlankheit, in den klaren Gesichtszügen und selbst noch in den Bewegungen auffallend ähnlich, doch ihre Charaktere hätten nicht unterschiedlicher sein können. So wie Lord Stanmores Zimmer das Wesen ihres Bewohners spiegelten, so trug dieser Raum den Stempel des Sohnes: Bücher, Bücher überall, in Stapeln, in ungeordneten Haufen – Geschichtsbücher und Gedichtbände vor allem.

„Du siehst schon ein wenig besser aus als vorhin", sagte Lady Hanna.

„Mir geht es auch schon besser!" Charles strahlte geradezu, als er hinzufügte: „Und du wirst sehen, daß auch Winifred aufatmet. Ich flöße ihr nämlich Angst ein. Unter all ihrem Babyspeck schlummert ein schlichtes, aber leidenschaftliches Seelchen. Nur bin ich nicht der richtige Mann, um es freizulegen. Winnie weiß das inzwischen."

„Trotzdem finde ich es bedauerlich."

Charles nickte. „Ich weiß: die dynastische Verbindung zweier großer Häuser ... Ich finde es sogar ein bißchen gemein von mir, alle Welt so zu enttäuschen; nur Winnie wird nicht enttäuscht sein. Ich will ihr die schreckliche Wahrheit sogar höchstpersönlich mitteilen, und in ein, zwei Tagen wird sie mit ihrer Mutter abreisen und andernorts einen neuen, aussichtsreicheren Fischzug beginnen. Bestimmt verfügt Lady Dexford über eine Kandidatenliste, neben der sich deine Aspirantenliste für Alex kümmerlich ausnimmt."

„Wie häßlich du von deiner Mutter redest, Charles!" Ihre Empörung war so offensichtlich gespielt, daß beide zu lachen begannen.

Sie ging noch ein paar Schritte im Zimmer auf und ab und schaute sich mit bedrückter Miene um. „Früher hast du dein Zimmer immer so hübsch in Ordnung gehalten, Charles", sagte sie. „Jetzt spiegelt es deinen Gemütszustand wider: ein unentwirrbares Durcheinander."

Die Blicke von Mutter und Sohn begegneten sich eine Sekunde lang; dann schaute Charles beiseite. „Das war also der Eröffnungssatz einer mütterlichen Lektion", sagte er. „Mir wäre es lieber, du wolltest nicht erst fortfahren. Ich weiß ja doch nicht, was ich zu meiner Verteidigung vorbringen soll."

Lady Hanna sah plötzlich müde aus. „Ach, Charles, im Geist höre ich jedes Wort, das du sagen könntest, und ebenso höre ich die Antworten deines Vaters. Er ist ein stolzer, unbeugsamer Mann. Ich gehe jetzt, aber zuvor stelle ich dir eine Frage, die du dir bitte vollkommen ehrlich selbst beantworten sollst. Kann ich mich darauf verlassen?"

„Selbstverständlich, Mutter."

„Ich habe Lydia schon kennengelernt, als sie noch ein kleines Mädchen war, und ich mag sie. Falls du sie heiratest, mußt du damit rechnen, daß dein Vater ihr die öffentliche Anerkennung als Schwiegertochter versagt. Die gesellschaftlichen Komplikationen, die sich aus dieser Situation ergeben, sind verheerend. Und nun meine Frage, Charles: Würde Lydias Zuneigung zu dir unverändert bleiben, wenn ihr beide mit gesellschaftlicher Ächtung rechnen müßtet?"

HINTER Lord Stanmore lag ein anstrengender, arbeitsreicher Tag. Er lehnte sich zurück und wartete, daß Coatsworth endlich die Zigarrenkiste herumreichte. Die Damen waren schon ins Wohnzimmer gegangen, und die jungen Mädchen hatten sich in den Musiksalon zurückgezogen, in dem auch das Grammophon stand. Er war zufrieden, wenn auch nicht glücklich über die unkomplizierte Art, in der sich die vertrackte Geschichte zwischen Winifred und Charles aufgelöst hatte. Wenigstens hatte sich Charles' Laune spürbar gebessert, und Winifred sah aus, als hätte man sie von einer schweren Last befreit. Offenbar wußten die jungen Leute heute sehr genau, was für sie gut oder schlecht war. Aber ein Jammer war es doch: Die Verbindung der Grevilles mit den Suttons wäre ideal gewesen!

Coatsworth stellte die Portweinkaraffe vor Mr. Cavendish auf den Tisch. Der Gast, ein Gutsherr aus der Nachbarschaft, saß zur Linken des Hausherrn und schenkte sich als erster ein, bevor er sie an Fenton weiterreichte. Dann kam die Reihe an einen pensionierten Brigadegeneral, der zu den besten Pferdezüchtern Englands zählte, und so machte die Karaffe weiter die Runde, bis alle zehn Herren mit Wein versorgt waren.

„Ich hätte überhaupt nichts dagegen, wenn die Regierung meine Steuern verdoppelte", sagte der General, „Hauptsache, wir können uns noch ein Schlachtschiff wie die *Dreadnought* leisten, oder besser noch zwei."

„Unsinn", sagte der konservative Abgeordnete für Caterham. „Sollen die Deutschen Millionen für Kriegsschiffe ausgeben! Was zählt, ist letztlich doch nur die Handelsmarine, und da haben wir keine Konkurrenz zu befürchten. Wir verfügen über mehr Handelsschiffe als jedes andere Land der Welt und bauen noch unentwegt neue."

Ein älterer Herr, Arzt in Guildford, räusperte sich. „Es geht doch längst nicht mehr nur um Handelsschiffe. Viel gefährlicher ist, daß die Deutschen uns in der Stahl- und Chemieindustrie den Rang ablaufen."

„Ich muß Ihnen zustimmen, Doktor", sagte Lord Stanmore. „Ein Verwandter meiner Frau, Baron Heinrich von Rilke, ist Chemiker. In seinem Labor in Koblenz haben sie ein paar höchst bemerkenswerte Sachen ausgeheckt. Wir sollten die Deutschen wirklich nicht unterschätzen."

Fenton war nicht recht bei der Sache; er lauschte den gedämpften Grammophonklängen, die aus dem Musiksalon herüberdrangen. Die Mädchen hatten einen flotten Twostep aufgelegt, und seine rechte Fußspitze klopfte – tapp, tapp, tapp – lautlos den Takt auf den Teppich. Die Frage, ob England ausreichend oder ungenügend industrialisiert wäre, ließ ihn kalt, und er hatte Mühe, das Gähnen zu unterdrücken. Um dem Gespräch eine andere Wendung zu geben, sagte er in eine kleine Pause hinein: „Ich habe von Roger gehört, daß Lady Stanmore morgen einen amerikanischen Verwandten erwartet, Sir."

„Stimmt", sagte Lord Stanmore. „Junger Mann aus Chicago. Hat irgend etwas mit der Presse zu tun, glaube ich jedenfalls. Kenne ihn gar nicht." Seine Auskunft verriet keine sonderliche Begeisterung über den Besuch. Er erhob sich abrupt und sagte: „Meine Herren, es ist Zeit, daß wir zu den Damen hinübergehen."

Der kleine Troß bewegte sich zum Salon und hinterließ im Korridor eine schwere Zigarrenrauchfahne. Nur Roger, Fenton und Charles waren im Eßzimmer zurückgeblieben. Charles warf einen Blick auf seine Taschenuhr und sagte anerkennend: „Ein Meisterstreich, Fenton! Wir hätten noch mindestens eine halbe Stunde mit den alten Herren hier hocken müssen."

„Ich verstehe nicht, wovon du sprichst", sagte Fenton verblüfft.

„Natürlich von meinem Vetter aus Chicago! Vater hatte Angst, daß irgend jemand Fragen über den lieben Verwandten stellen könnte."

„Und wäre das schlimm?"

„Ach, in Mutters Familiengeschichte gibt es einen wunden Punkt. Der Vetter ist der Sohn von Mutters Bruder William. Von diesem Onkel weiß ich nur, daß er vor etlichen Jahren gestorben ist. Aber lassen wir das Thema. Und jetzt nichts wie fort! Sonst holen sie uns noch zum Bridge."

Sie traten durch die Flügeltür auf die Terrasse hinaus. Hier draußen dröhnte die Grammophonmusik ohrenbetäubend: Die Mädchen hatten einen wilden „Texas Tommy" aufgelegt, und Alex und Lydia tanzten miteinander, während Winifred neben dem Grammophon stand und eine Hand auf die Kurbel gelegt hatte.

„Entzückend!" sagte Fenton leise mit einem Blick auf die wild umherhüpfenden Mädchen.

Im selben Augenblick brach die synkopische Melodie ab, und die beiden Tänzerinnen trennten sich lachend und erhitzt. „Mir macht das einen Mordsspaß", sagte Alexandra. „Den Texas Tommy könnte ich nächtelang tanzen."

„Mir sind Walzer lieber", sagte Roger.

„Kein Wunder", rief Alexandra. „Du bist ja auch ein schrecklich unsinnlicher Langweiler!"

„Unsinnlich!" Vor Empörung richtete sich Roger kerzengerade auf. „Sucht mal eine Tangoplatte. Dann werde ich dir zeigen, wie *sinnlich* ich tanzen kann."

Fenton half Winifred beim Auflegen der Platte, während Alexandra Roger die Arme entgegenstreckte und ungeduldig sagte: „Nun zeig mal, was du kannst. Aber wehe, du trittst mir auf die Zehen!"

Charles machte vor Lydia eine übertrieben tiefe Verbeugung. „Miß Foxe, darf ich um diesen Tanz bitten?"

Lydia kicherte. „Sie dürfen, Lord Amberley!"

Er legte ihr den Arm um die Taille, und sie trat so dicht an ihn heran, daß er den Druck ihrer Hüfte spürte. „Nicht so verkrampft, Charles", flüsterte sie ihm beim Einsetzen der Musik ins Ohr. Tatsächlich stolperte er beim ersten Takt, so daß sie die Führung übernehmen mußte, bis er sich endlich in den pulsierenden Tangorhythmus hineingefunden hatte.

Fenton nahm Winifred bei der Hand. „Versuchen wir es auch einmal?"

„Ich kann gar nicht Tango tanzen..., nein, es geht bestimmt nicht", sagte sie erschrocken.

„Unsinn", sagte er, „das ist alles nur Übungssache. Ich bringe es Ihnen schon bei." Mit festem Griff umfaßte er die kleine Gestalt und führte sie sicher durch die vertrackten Tangofiguren. Sie ist wirklich ganz hübsch, dachte er und lächelte zu ihr hinunter. Winifreds Wangen und Hals überzogen sich mit einem feinen Rot, während sie Fentons Lächeln schüchtern erwiderte.

„Das geht doch wunderbar", sagte er. „Sie brauchen sich nur meiner Führung zu überlassen." Sonderlich anmutig wirkte sie nicht auf ihn, doch vielleicht war sie nur durch ihre Befangenheit so verkrampft. Immerhin hatte sie reizende haselnußbraune Augen und schönes hellbraunes Haar. Ja, doch, Winifred war bei genauerer Betrachtung sogar sehr hübsch, und wenn sie erst ihre kindlichen

Rundungen verlor, kam vielleicht eine attraktive Figur zum Vorschein. Lady Winifred Sutton; einzige Tochter des Marquis von Dexford; Mitgift schätzungsweise . . . zehntausend Pfund!

„Sind Sie während der Saison in London, Winifred?"

„Ja, natürlich", stotterte sie und starrte auf ihre Fußspitzen. „Mama will schon nächste Woche den ersten Ball in unserem Stadthaus geben . . . Dexford House am Cadogan Square. Das ist doch nicht allzu weit entfernt von Ihrer Kaserne, nicht wahr?" Sie schaute fragend zu Fenton auf.

„Richtig. Und ganz in der Nähe meiner Wohnung."

Er spürte, daß ihr Atem unregelmäßig ging. „Vielleicht möchten Sie gern an einem unserer Bälle teilnehmen? Mein Debütantinnenball ist am zweiundzwanzigsten Juli. Mama wäre sehr erfreut, wenn Sie kämen."

Er gab vor, erst einmal nachdenken zu müssen. Endlich sagte er: „Ich glaube, es läßt sich einrichten. Ja, Sie können Ihrer Frau Mutter sagen, daß es mir eine Ehre wäre, eine Einladung zu erhalten."

In der entgegengesetzten Zimmerecke tanzten Charles und Lydia eng umschlungen. „Komm, wir entwischen ihnen", flüsterte er ihr zu, und tanzend lenkte er sie durch die Flügeltür und über die Terrasse in den dunklen Garten. Vor einer steinernen Bank machte er halt und zog sie neben sich nieder. „Du bist heute abend schöner denn je, Lydia . . . dein Kleid . . . deine Frisur, und du hast genau gespürt, daß ich mit dir allein sein wollte. Wir haben so viel miteinander zu bereden. Aber du? Du verschanzt dich absichtlich hinter den anderen!"

„Es wäre unfair gewesen, sich von den anderen abzusondern", erwiderte Lydia.

„Aber heute ist so viel passiert!" Charles fuhr sich nervös mit der Hand durchs Haar. „Ich habe Winnie erklärt, daß sie in mir niemals mehr als freundschaftliche Gefühle wecken würde, und sie hat es ziemlich tapfer hingenommen."

„Das war nicht zu übersehen", sagte Lydia kühl.

„Aber damit ist noch nichts gewonnen, Darling", fuhr Charles sorgenvoll fort. „Ich fürchte, Vater ist so unansprechbar wie bisher."

Sie strich ihr Kleid über den Knien glatt. Es war aus schöner blaßgrüner Seide und mit Perlen bestickt und hatte einen dezenten Ausschnitt. „Charles", sagte sie ernst, „es ist Zeit, daß wir offen miteinander reden. Ich liebe dich, und ich glaube auch, daß du mich liebst."

Er starrte sie mit offenem Mund an. „Du *glaubst*, daß ich dich liebe? Großer Gott! Ich bin besessen von dir! Tag und Nacht denke ich an nichts anderes. Alle anderen Frauen dieser Welt sind mir völlig gleichgültig.“ Er schlang die Arme um ihre Schultern und drückte sie stürmisch an sich.

Lydia machte sich vorsichtig aus der Umarmung frei, legte ihre schlanke, kühle Hand auf Charles' Wange und sagte: „Charles, hast du mit deinem Vater auch nur ein einziges Mal offen über uns beide gesprochen?“

Er wandte das Gesicht ab und schaute zum Haus hinauf. In den meisten Zimmern brannte jetzt Licht, und die hellgelben Quadrate der Fenster zeichneten sich auf der dunklen Terrasse ab. „Ich . . . ich habe jedenfalls die Absicht, ernsthaft mit ihm darüber zu reden.“

„Gut, Charles. Dann solltest du ihn zunächst darauf hinweisen, daß wir im zwanzigsten Jahrhundert leben. Seine gesellschaftliche Stellung wird keinen Schaden nehmen, nur weil ich in die Familie einheirate. Außerdem weiß jedermann, daß ich dich liebe und daß ich mich nicht in eure Adelsklasse einkaufe. Wenn es mir nur um den Titel ginge, könnte ich morgen schon irgendeinen verarmten Grafen oder sonstigen Adligen bekommen.“

Er starrte sie erschrocken an. „Lydia, du würdest doch nicht etwa . . .“

„Aber Charles! Natürlich nicht!“ Jetzt schlang sie die Arme um seinen Nacken und drückte seinen Kopf zärtlich gegen ihre Schulter. „Mein herzallerliebster Charles, wenn ich jemals die Freuden der Ehe erfahren will, dann nur mit dir allein und mit keinem anderen.“

Er küßte ihre Lippen, ihre Kehle, ihren Nacken, und er spürte unter ihrem Seidenkleid deutlich ihre festen Brüste. „Lydia“, flüsterte er, „Lydia . . .“

Ihre Fingerspitzen spielten zärtlich mit seinem Ohrläppchen. Wie knabenhaft er noch ist, dachte sie, und ständig hin- und hergerissen zwischen Pflicht und Neigung. „Ich habe schon einen Plan, wie wir mit deinem Vater ins Gespräch kommen können, Charles“, sagte sie plötzlich ganz ruhig. „Aber wir müssen das alles gründlich besprechen. Richte es so ein, daß wir morgen den ganzen Tag zusammen verbringen können. Wir nehmen einen Picknickkorb mit und fahren in den Wald von Leith.“

„Fein“, sagte er, „einverstanden.“ Doch plötzlich zuckte er zusammen und machte sich aus ihren Armen frei. „O Gott! Das hatte ich vergessen! Ich muß morgen nach Southampton fahren und meinen amerikanischen Vetter abholen. Verd–! Ach, Liebling, es tut mir schrecklich leid, aber ..."

„Ich verstehe schon." Lydias Lächeln war schwer zu deuten. „Du brauchst dich nicht zu entschuldigen. Ich verstehe schon ..."

4

Ross mußte den großen Lanchester-Tourenwagen ziemlich weit entfernt von der Anlegestelle der Cunard Line parken. Der schmale Zugang zum Kai hinunter war um diese Stunde schon hoffnungslos verstopft mit Lastwagen, Taxis und schwerbeladenen Pferdefuhrwerken. Charles und Roger Wood-Lacy machten sich daher zu Fuß auf den Weg zum Landesteg, und Jamie Ross folgte ihnen in respektvollem Abstand.

„Weißt du überhaupt, wie der Bursche aussieht, den du abholen sollst?" fragte Roger plötzlich.

„Nicht im geringsten", erwiderte Charles. „So alt wie ich, und wirkt wahrscheinlich ziemlich deutsch." Er sah unglücklich, verbittert aus. Ohne diesen verdammten Martin Rilke säße er jetzt auf einer Lichtung im schattigen Wald von Leith und ließe sich von Lydia mit Sandwiches aus dem Picknickkorb füttern! Verdammt noch mal!

Die Anhäufung großer Hallen im Hafenbezirk von Southampton war verwirrend. Schließlich entdeckten Charles und Roger jenseits einer Reihe von Dächern den hoch aufragenden Schornstein der *Laconia*, die noch unter Dampf stand. Ross schloß sich jetzt den beiden jungen Männern an und schlug vor, zu einer Halle zu gehen, die durch ein Schild als Gepäckausgabe gekennzeichnet war. Hunderte von Menschen drängten sich dort unter Metallschildchen, die an Ketten von der Decke hingen und in alphabetischer Reihenfolge beschriftet waren.

„Kluger Einfall, Ross", sagte Charles. Zum Buchstaben R schienen sich besonders viele Passagiere zu drängen. Sie liefen nervös in der engen Schlucht zwischen den hochgetürmten Koffermauern hin und her.

„Wie wäre es denn mit dem dort?" fragte Roger und zeigte auf einen breitschultrigen, mittelgroßen jungen Mann, der eine zusammenklappbare Kodakkamera umgehängt hatte. Er war blond, hatte ein kantiges Kinn und den breiten, stets zum Lächeln aufgelegten Mund der Rilkes. Tatsächlich winkte er jetzt in Charles' Richtung.

„'schuldigung, Sie sind nicht zufällig Lord Amberley?" rief er ziemlich laut über die Köpfe der Reisenden hinweg.

„Richtig geraten", entgegnete Charles.

Martin streckte dem Vetter schon von weitem die Hand entgegen. „Du siehst haargenau so aus, wie ich mir meinen englischen Cousin vorgestellt habe." Er schüttelte Charles heftig die Hand. „Du bist ein Pfundskerl... mich hier abzuholen! Ist Tante Hanna auch mitgekommen?"

„Nein", sagte Charles, „aber mein Freund Roger Wood-Lacy. Roger – mein amerikanischer Vetter Martin Rilke."

Roger machte einen Schritt auf Martin zu. „Guten Tag. Wie war die Überfahrt? Hoffentlich angenehm?"

„Fabelhaft. Manchmal 'n bißchen stürmisch, aber die Leutchen an Bord waren ganz große Klasse; haben sich tapfer gehalten."

„Das freut mich", sagte Roger. Sieht ganz nett aus, dachte er, ist nur ein bißchen laut, aber das sind wohl die meisten Amerikaner.

Martins Koffer waren bald gefunden. Ein Gepäckträger schaffte sie zum Lanchester und half, sie auf dem Heck festzuschnallen.

„Hübsche Gegend", sagte Martin immer wieder, sobald Southampton hinter ihnen lag. „Ihr habt doch nichts dagegen, wenn ich den Fahrer ab und zu anhalten lasse? Ich muß das einfach knipsen!"

„O Gott!" stöhnte Charles fast unhörbar, und laut sagte er: „Die Fahrt ist ziemlich lang, Martin, und wir wollen noch vor dem Dunkelwerden zu Hause sein. Aber wir halten zum Lunch in Taverhurst. Die ‚Three Talbards' sind ein hübscher, uralter Gasthof, gerade richtig, um Fotos zu machen."

„Einverstanden. Und wo sind wir jetzt? In Thomas Hardys Heimat?"

„Dorset liegt weiter westlich. Dies ist Hampshire."

Roger zog interessiert die Augenbrauen hoch. „Demnach gehört Hardy auch jenseits des Großen Teichs zur Pflichtlektüre? Vermutlich mit ‚Tess von D'Urbervilles' und ‚Juda der Unberühmte'?"

Martin nickte. „Genau, aber mir ist, offen gestanden, Hardys Poesie lieber."

Roger war entzückt. „Mir geht es ebenso. Haben Sie schon ‚Channel Firing' gelesen?"

„Ja, kurz vor meiner Abreise. Die Verse über Stonehenge finde ich besonders gut." Er ließ den Blick sehnsüchtig über die grüne Hügellandschaft der südlichen Downs schweifen. „Ich gäbe was drum, wenn ich das Ding mal mit eigenen Augen sehen könnte!"

„Aber selbstverständlich, mein Lieber!" rief Roger. „Das läßt sich doch irgendwann einmal einrichten, nicht wahr, Charles? Also nein, ich kann es einfach nicht fassen: Die Gedichte von unserem guten alten Hardy werden in Chicago gelesen!"

Die manierierte Aussprache und Ausdrucksweise der beiden jungen Engländer gingen Martin allmählich auf die Nerven. Charles und Roger kamen ihm schrecklich affektiert vor, obwohl sie natürlich, um es im Journalistenjargon auszudrücken, „hundertprozentig echt" waren. Er wußte genug über die Engländer, um das zu erkennen. Setzte man den Vetter und seinen Freund in schäbige Lumpen gehüllt mitten in der arabischen Wüste aus, dann wüßte immer noch der simpelste Beduine, daß es sich nur um englische Gentlemen handeln könne. Das roch man! Auch die junge Kellnerin in den „Three Talbards" schien die Gäste sofort richtig einzuschätzen. Sie haben eben das, was man unter Engländern „Klasse" nennt, dachte Martin, und Klasse läßt sich nicht exportieren.

„Ich wünsche den Herren guten Appetit", sagte die Kellnerin und stellte zwischen die Krüge mit dunkelbraunem Bier eine dampfende Nierenpastete.

„Ist mein Fahrer versorgt worden?" fragte Charles.

„O ja, Sir. Er wartet jetzt hinter dem Haus."

Ein paar Minuten lang widmeten sich die drei jungen Leute schweigend der Pastete. Endlich sagte Roger: „Soviel ich weiß, arbeiten Sie bei einer Zeitung, Mr. Rilke?"

„Ja, beim *Chicago Express*. Ich habe dort voriges Jahr, gleich nach dem Studium, angefangen. Ich möchte später Romane schreiben und habe mir gedacht, ein, zwei Jahre unter harten Arbeitsbedingungen wären dafür eine nützliche Erfahrung."

„Und was planst du für die nächsten Wochen?" fragte Charles.

„Wenn es klappt, drei Wochen England; dann Paris, Berlin und Rom; insgesamt sechs Wochen. Ich weiß, das ist noch längst keine klassische Bildungsreise, aber mehr ist für mich nicht drin."

„Wir beide wollen im Juli nach Griechenland reisen", sagte Roger. „Schade, daß Sie nicht genug Zeit haben, ein, zwei Wochen von Italien aus zu uns herüberzukommen."

SIE trafen noch rechtzeitig zum Tee in Abington ein. Die erste Begegnung zwischen Neffe und Tante gestaltete sich für beide anstrengend. Martin versuchte verzweifelt, die Namen von einem Dutzend Gästen zu behalten, die ihm die Tante genannt hatte, und

Lady Hanna wiederum hatte Mühe, dem Besuch aus Übersee die gebührende Aufmerksamkeit einer Tante zu schenken und doch die anderen Gäste nicht zu vernachlässigen. Zwei von ihnen wollten offenbar gerade nach London abreisen: eine Lady Sowieso und ihre Tochter Winifred. Der Aufbruch der beiden Damen schuf neue Unruhe.

„Wir beide leisten uns nachher ein ausgiebiges Plauderstündchen", flüsterte Lady Hanna dem Neffen zu. Sie drückte seinen Arm mit einer liebevollen Geste. „Du willst dich jetzt sicher ausruhen. Bis zum Dinner hast du noch ein wenig Zeit."

Er zog sich dankbar zurück und ließ sich von einem Diener in sein Zimmer führen. Inmitten der echten alten Möbel nahmen sich seine Koffer und die Reisetasche schäbig aus, doch fürs erste interessierte ihn nur das Bett. Er ließ sich in die Kissen fallen und schloß die Augen, aber ein, zwei Minuten später richtete er sich schon wieder erschrokken auf. Von der Tür her kam ein diskretes Hüsteln. Ein ältlicher Kammerdiener in schwarzer Leinenjacke und grau-schwarz gestreifter Hose trat ins Zimmer.

„Wenn Sie gestatten, Sir: Mein Name ist Eagles – Ihr Kammerdiener. Darf ich um die Kofferschlüssel bitten? Ich möchte auspacken."

Am liebsten hätte Martin den Mann fortgeschickt und das Auspacken selbst besorgt, doch offenbar kam der Diener auf Geheiß von Lady Hanna. So schwang er sich vom Bett und angelte in der Jackentasche nach dem Schlüsselbund.

„Danke, Sir. Es dauert nicht lange. Leider setzen Seereisen der Kleidung ungemein zu. Knitterfalten, die der Salzluft ausgesetzt waren, lassen sich kaum noch ausbügeln."

Martin beobachtete voller Unbehagen, wie sich dieser wildfremde Mann an seinem Reisegepäck zu schaffen machte. Natürlich ließ der Diener keinen einzigen mißbilligenden Laut hören, doch sein gespitzter Mund während des Auseinandersortierens von getragener und noch sauberer Wäsche sprach Bände. Die zerknitterten Anzüge und Jacketts legte er gleich beiseite; nur den Smoking behielt er in der Hand. „Ich werde ihn sofort feucht bürsten und bügeln, Sir", sagte er, und dann fügte er rasch hinzu: „Zum Dinner ist zumindest Smoking erwünscht."

Zumindest? Das klang schon wieder beunruhigend! Und der Smoking war auch schon zwei Jahre alt – Martins einziges Stück annähernd gesellschaftsfähiger Kleidung. „Vielen Dank... äh... Eagles?"

„Eagles; ganz recht, Sir. Wie gesagt: Den Smoking nehme ich mit. Die übrigen Sachen lasse ich bis morgen herrichten."

Sobald der Diener gegangen war, setzte sich Martin auf die Bettkante und überlegte: Vielleicht würde ihn eine heiße Dusche wieder auf die Beine bringen. Dusche? Ja, eine gute Idee, aber zu seinem Zimmer gehörte offenbar kein Bad. Ihm fielen sofort alle Schauermärchen ein, die er in Amerika über die primitiven englischen Wasserleitungssysteme gehört hatte. Ein englischer Herrensitz konnte durchaus dreißig Schlafzimmer, aber nur zwei Bäder und einige wenige WCs haben. Er überlegte noch immer, wie er wohl zu einem Bad käme, als schon wieder angeklopft wurde.

„Herein!" rief er diesmal laut.

Die Tür ging auf, und herein kam ein schlankes, dunkelhaariges Zimmermädchen mit einer großen blumengefüllten Vase. Die Kleine huschte wie ein scheues Reh durchs Zimmer und wagte kaum noch, den Blick zu heben, sobald sie die Vase auf dem Boden abgesetzt hatte. Sie wollte sofort wieder gehen, doch Martin hielt sie zurück.

„So warten Sie doch", sagte er, „vielleicht können Sie mir helfen."

„Ich? Ihnen helfen?" flüsterte das Mädchen erschrocken.

„Nun ja ... ich möchte gern duschen. Können Sie mir sagen, wo ich ein Bad finde?"

„Ja, Sir, selbstverständlich, Sir. Das Badezimmer ist die dritte Tür links ... nein ... natürlich rechts, wenn Sie aus dem Zimmer treten ..."

Ein süßes Ding, dachte Martin, höchstens siebzehn oder achtzehn Jahre alt. Haut wie Milch und Blut, und Augen so blau, daß man schon von Veilchenfarbe reden könnte. Dazu diese unwahrscheinlich dichten, langen Wimpern ...

„Ich heiße Martin Rilke", platzte er heraus. „Und Sie?"

„Ivy, Sir, Ivy Thaxton."

„Thaxton!" Er wiederholte den Namen, ließ ihn auf der Zunge zergehen. „Thaxton! Das nenne ich einen echten englischen Namen!"

Jetzt schaute sie Martin zum erstenmal richtig an, und ein ganz schwaches Lächeln schien über ihr Gesicht zu huschen. „Ja, Sir." Wieder lächelte sie tapfer, fast schon verwegen. „Und Sie kommen aus Amerika, nicht wahr?"

„Stimmt. Aus Chicago."

Sie nickte und sagte mit ernsthafter Miene: „Chicago, Bundesstaat Illinois, am Michigansee gelegen; Eisenbahnknotenpunkt und Viehmärkte ..."

„Donnerwetter! Sie haben aber in der Schule gut aufgepaßt!“

„Ich war in Geographie sehr gut, Sir. Es war mein Lieblingsfach. Und Rechnen.“

„Rechnen? Bis jetzt ist mir noch nie ein Mädchen begegnet, das so hübsch war und obendrein noch gern rechnete.“

Ivy errötete tief. Sie senkte den Blick sofort wieder und lief an Martin vorbei zur Tür.

Das Badezimmer war ein Raum, dessen riesige Ausmaße in krassem Mißverhältnis zu dem schlichten Zweck standen. Selbst die mächtige emaillierte Badewanne wirkte darin verloren. Sonst gab es nur noch ein Eichenholzschränkchen, in dem Seifenstücke und frische Handtücher aufbewahrt wurden. Dafür war das WC nebenan in einem schäbigen dunklen Kämmerchen untergebracht, und eine Dusche gab es überhaupt nicht. Seufzend entschloß sich Martin, ein Wannenbad zu nehmen.

Die Rohrleitung ächzte und rülpste und stieß kleine, zischende Dampfwölkchen aus; dann erst schoß heißes Wasser stoßweise in die Wanne; Martin ließ sich dankbar in die warme Flut sinken. Na schön, dachte er, die Engländer sind eben ein komisches Volk; aber das wußte ich ja sowieso.

Als er in sein Zimmer zurückkam, lag der Smoking schon bereit. Der Kammerdiener hatte sich gewiß redlich bemüht, das gute Stück wieder vorzeigbar zu machen, aber viel schöner war es trotzdem nicht geworden. Martin quälte sich noch mit seiner Schleife ab, als zum drittenmal geklopft wurde. Ein livrierter Diener meldete, daß der Sherry um halb sieben in der Bibliothek genommen werde, und Martin machte sich auf den Weg.

Dicht hinter ihm steuerte ein hochgewachsener Herr mit eisengrauem Haar und auffallend frischer Gesichtsfarbe auf die Bibliothekstür zu.

„Nett, daß wir uns endlich kennenlernen, mein Lieber“, sagte er und streckte Martin die Hand zur Begrüßung entgegen.

Martin mußte annehmen, daß er seinem Onkel gegenüberstand. „Guten Tag, Sir“, sagte er und erwiderte den kräftigen Händedruck.

Lord Stanmore legte seinem Gast den Arm um die Schultern und schob ihn vor sich her in die Bibliothek. „Meinen Sohn Charles und seinen Freund Roger kennst du ja schon. Jetzt möchte ich dich meiner Tochter Alexandra vorstellen, und das ist Hauptmann Fenton Wood-Lacy.“

Ihre Dinner-Jacketts sind makellos, konstatierte Martin neiderfüllt.

Im nächsten Augenblick hatte ihn schon Lady Hanna mit Beschlag belegt. „Du ahnst gar nicht, wie viele Bälle und Gesellschaften für die nächsten Wochen auf unserem Programm stehen", sagte sie. „Du möchtest sicher nicht alle besuchen, aber ich habe dich überall dort eingetragen, wo Scharen hübscher Mädchen unter den Gästen sind."

„Das ist lieb von dir, Tante Hanna, aber ich kann nur drei Wochen in England verbringen, und in dieser kurzen Zeit wollte ich... also, ehrlich gesagt, ich wollte soviel wie möglich herumreisen und Land und Leute kennenlernen." Er stammelte aus Angst, seine Gastgeberin zu enttäuschen, doch Lady Hanna lächelte sogar, offenbar erleichtert. „Das ist ein guter Vorsatz, Martin."

„Ja, vernünftige Idee", ließ sich auch Lord Stanmore vernehmen, während er bekräftigend mit dem Kopf nickte. „Die Saison in London mag ja ‚himmlisch' für unsere Damen sein; für uns Männer ist sie die reine Hölle."

„Ich muß doch sehr bitten, Tony!" schalt Lady Hanna, aber sie lachte dazu. „Wann möchtest du denn aufbrechen, Martin?"

„Je eher, desto besser. Vielleicht kann ich morgen mit dem Zug nach London fahren und mich bei Cook's nach einer Gesellschaftsreise erkundigen."

„Dann fahren wir morgen früh zusammen", sagte Fenton. „Ich werde beim Regiment gebraucht."

„Sind Sie in London stationiert?"

„Ja. Coldstream Guards."

„Ach? Dann kommen Sie sicher auch öfter nach Indien?"

„Soviel Glück ist uns nicht beschieden. Als königliche Gardetruppe sind wir direkt dem Hof attachiert. Seine Majestät will uns nicht an der Nordwestfront in Indien verheizen."

„Mein Bruder kommt erst dran, wenn es wirklich ernst wird", rief Roger.

„Du sagst es!" murmelte Fenton. Seine Miene hatte sich verdüstert.

Nach dem Essen spielte Martin mit Fenton noch eine Partie Billard. Dann entschuldigte er sich und ging in sein Zimmer hinauf. Ein dienstbarer Geist hatte bereits die Tagesdecke vom Bett abgenommen und die Schlafdecke an einer Ecke zurückgeschlagen. Martins letzter sauberer Schlafanzug lag ausgebreitet auf einem Stuhl. Wie lautlos dieser große Haushalt funktionierte! Er war von Stunde zu Stunde mehr beeindruckt.

Die Nachttischlampe gab sogar helles Licht. Martin setzte sich aufs

Bett, stellte sein geöffnetes Aktenköfferchen neben sich und suchte nach einem leeren Schreibheft. „Notieren Sie jeden Tag, was Ihnen begegnet ist“, hatte ihm Theodore Dreiser geraten, „Sie können es irgendwann einmal beim Schreiben verwenden.“ Der berühmte Schriftsteller war zu einer Gastvorlesung in die Universität eingeladen worden, und Martin hatte es gewagt, den düster dreinblickenden Mann mit der seltsam langsamen Sprechweise auf ihre gemeinsame deutsche Herkunft hinzuweisen. So war der erste Kontakt hergestellt, und er verdankte auch Dreisers Rat die Stellung in der Zeitungsredaktion.

Martin schlug das Schreibheft auf, öffnete seinen Füllfederhalter und notierte:

Beobachtungen und Gedanken. Freitag abend, 12. Juni 1914: Sitze auf dem Bett und komme mir wie der sprichwörtliche arme Vetter aus der Provinz vor, der bei den reichen Verwandten zu Gast weilt. Schloß Abington ist beeindruckend, wenn auch eine Mischung aus vielerlei Baustilen. Das zusammenfassende Element bildet die vollkommen restaurierte Fassade – das Werk des verstorbenen Vaters der Brüder Wood-Lacy. Charles sagt, die Normannen hätten hier schon im elften Jahrhundert eine Priorei errichtet, die im Domesday Book von 1085 verzeichnet wurde. Dieses Gebäude hat man im vierzehnten Jahrhundert durch einen neuen Herrensitz ersetzt.

Tante Hanna hat drei Kinder: William, nach meinem Vater benannt, ist sechzehn Jahre alt und noch Schüler in Eton. Charles ist ebenso alt wie ich. Offenbar ein netter Bursche, aber seltsam unentschlossen. Kann mir nicht vorstellen, für welchen Beruf er geeignet wäre, aber das ist auch belanglos. Er erbt ja eines Tages den Titel und braucht sich dann nur noch um seine Pferde, seine Ländereien und Pächter zu kümmern. Etwas anderes erwartet man gar nicht von einem Mann seines Standes.

In dieser Klassengesellschaft gibt es tausend Tabus, aber ich werde es noch lernen, nicht unentwegt anzuecken.

Alexandra ist achtzehn Jahre alt und unglaublich hübsch. Aber hinter ihrer engelhaften Fassade scheint nicht allzuviel zu stecken. Junge Männer, Kleider und Bälle, das ist alles, was ihr Herz begehrt.

Tante Hanna nahm mich nach dem Dinner kurz beiseite und sprach über Vater, ihren heißgeliebten Bruder William, dem ich angeblich so ähnlich sehe. Mag sein, daß er mir wirklich noch ähnelte, als sie ihm das letzte Mal begegnet ist. In ihrer Erinnerung ist er immer noch der flotte Bohemien, dessen Ausbruch aus dem Elternhaus so recht in ihr romantisches Bild vom Künstler paßt. Sie hätte Vater während seiner letzten Tage in Paris sehen sollen! Vergiftet vom Absinth, die Wohnung vollgestopft mit verrückten, unverkäuflichen Bildern. Gott verzeihe mir, aber sein Tod war eine Erlösung . . .

Die Buchstaben verschwammen Martin vor den Augen. Er klappte das Heft zu, löschte das Licht und beobachtete noch ein Weilchen die Gardine, die sich vor dem offenen Fenster im Nachtwind blähte. Diese ländliche Stille ging ihm geradezu auf die Nerven! Er war allzusehr an den Verkehrslärm Chicagos gewöhnt, an die Clark Street, an Billard und Poker und vor allem an den kaltschnäuzigen Umgangston der Kollegen von der Presse.

Der Entschluß zu dieser Europareise war ihm nicht leichtgefallen. Schließlich setzte er für diesen sechswöchigen Ausflug in die Alte Welt seine gesamten Ersparnisse und vielleicht sogar seine Stellung beim *Express* aufs Spiel, denn Briggs hatte es offengelassen, ob er ihn danach weiterbeschäftigen würde. Andererseits waren vielleicht Angst und Unsicherheit Erfahrungen, die seiner Entwicklung als Schriftsteller zugute kamen.

Zu Hause, in Chicago, glich ein Tag dem andern. Alles war in Bewegung; selbst die Stadt wuchs täglich ein Stückchen in die Breite und in die Höhe. Europa dagegen schien stillzustehen, seiner eigenen Vergangenheit verhaftet und selbstzufrieden in der Erinnerung an vergangene Größe.

5

Hauptmann Fenton Wood-Lacy marschierte, mit Flinte und Jagdtasche ausgerüstet, über das Stoppelfeld. „Vielleicht erwische ich ein paar Tauben“, hatte er zu Lord Stanmore bei der Rückkehr vom Morgenausritt gesagt. Das Wildtaubenschießen war unter der Würde eines leibhaftigen Grafen, aber als Gutsherr hatte Anthony Greville nichts dagegen, wenn die jungen Leute seine Getreidefelder von den gefräßigen Vögeln befreiten.

Fenton hatte aber, um die Wahrheit zu sagen, überhaupt keine Patronen eingesteckt. Er ließ sich Zeit und kam erst gegen neun Uhr am Burgate House an, das von einem parkartigen Garten in französischem Stil umgeben war. Er fand eine offene Pforte und ließ Gewehr und Jagdtasche auf einer steinernen Bank am Eingang liegen. Dann ging er auf das Haus zu, um das eine breite Terrasse lief. In einem der oberen Stockwerke putzte ein Hausmädchen Fenster. Sie winkte Fenton fröhlich zu, und er winkte zurück. Die Dienstboten im Burgate House waren das Spiegelbild ihres Brotgebers: Londoner – kesse, selbstbewußte Großstadtpflanzen.

Fenton schaute durch das Flügelfenster des kleinen Damensalons. Er hatte richtig spekuliert: Lydia saß beim Frühstück. Sie trug einen blaßgelben Morgenmantel, und das offene Haar fiel ihr auf die Schultern. Er klopfte leise an die Scheibe, und Lydia stand auf und öffnete das Fenster.

„Guten Morgen, Lydia!"

„Um Himmels willen, Fenton! Haben sie dir in Abington das Frühstück verweigert?"

„Das nicht, aber ich frühstücke lieber in deiner Gesellschaft. Darf ich hereinkommen?"

Sie trat einen Schritt vom Fenster zurück. „Natürlich, aber sieh zu, daß dich Harker nicht mit einem Einbrecher verwechselt und dir eine Ladung Schrot verpaßt."

„*Das* Risiko will ich eingehen." Er zwängte sich durch die schmale Fensteröffnung und landete ziemlich geräuschvoll auf dem Fußboden. „Voilà!" rief er triumphierend. „Wozu doch die Übungen in der Armee gut sind!"

Fenton machte sich keine Illusionen: Lydias Freude über seinen unerwarteten Besuch hielt sich in Grenzen, doch sie war ein höfliches Mädchen, selbst dann noch, wenn ihre eigene Stimmung einem Tiefpunkt zusteuerte. Er setzte sich rittlings auf einen Stuhl, legte die Arme auf die Lehne und sagte: „Ich kam zufällig hier vorbei und dachte ..."

„Fenton, dein Auftritt hier ist schon lächerlich genug. Mach ihn nicht durch solche Reden noch lächerlicher." Sie schnitt ihm ein Stück Gewürzkuchen ab und trank einen Schluck Kaffee, ohne ihn eines Blickes zu würdigen. Endlich sagte sie: „Und was ist mit diesem Vetter Rilke? Ist er wirklich da?"

„Ja. Netter Kerl; offen und ehrlich – also nicht dein Typ."

Sie trank ihren Kaffee aus und setzte die Tasse klirrend nieder. „Eine ungehobelte Bemerkung, Fenton! Einfach unter deiner Würde."

„Liebe Lydia, ich habe heute meinen ungehobelten Tag. Konnte die ganze Nacht nicht schlafen. Ist dein Vater hier?"

„Deine Gedankensprünge sind abenteuerlich, Fenton. Was hat Daddy mit deiner Laune zu tun?" Sie faßte ihn scharf ins Auge.

„Ich wollte ihm nur sagen, daß es mir ernst ist mit dem Eintritt in seine Firma. Ich habe ein schriftliches Entlassungsgesuch an die Armee aufgesetzt; die Schreiberei hat mich die Nachtruhe gekostet." Er hielt ihrem scharfen, musternden Blick stand und fuhr lächelnd fort: „Mir ist natürlich bewußt, daß man leichter aus dem Garderegiment austritt als hineinkommt. Onkel Julian hat seinerzeit sechs Bittgesuche schreiben und ich weiß nicht wie viele Leute zum Essen in den Club einladen müssen, damit ich von Sandhurst in die Garde versetzt wurde."

Irgendwo im Haus, ziemlich weit vom Frühstückszimmer entfernt, schrillte das Telefon. Lydia saß reglos am Tisch; sie spielte mit dem Kaffeelöffel. Plötzlich hörte das Läuten auf, und kurz darauf meldete der Butler: „Lord Amberley am Apparat, Miß Lydia."

Lydia spielte weiter mit dem Kaffeelöffel. „Vielen Dank, Spears. Sagen Sie ihm, ich schliefe noch."

„Sehr wohl, Miß Lydia."

Als die Schritte des Butlers nicht mehr zu hören waren, stand Fenton auf. „Du läßt ihn also an der Leine zappeln."

„Drück dich nicht so ordinär aus, Fenton."

„Vielleicht klingt es ordinär, aber ich durchschaue dein Spielchen, Lydia. Gestern abend hat er mindestens fünfmal versucht, dich am Telefon zu erreichen. Wann geruhst du denn, mit ihm zu sprechen?"

„Ich werde ihn heute abend zum Essen einladen. Außerdem wüßte ich nicht, was dich das angeht."

„Schon gut! Schon gut! Was sind wir doch heute morgen empfindlich! Und ich Ärmster nehme in aller Herrgottsfrühe den weiten Fußmarsch auf mich, um dir einen Heiratsantrag zu machen."

Er stand jetzt dicht vor ihr und sah, daß ihre Hand leicht zitterte.

„Nein, Fenton", sagte sie leise, „nein. Und geh jetzt, bitte."

Er legte ihr die Hände zärtlich auf die Schultern und sagte eindringlich: „Lydia, du mußt dir Charles aus dem Kopf schlagen. Daraus wird nie etwas, und du wüßtest es auch, wenn du dir nur die Wahrheit eingestehen wolltest."

„Charles wird mich heiraten." Sie hatte so leise gesprochen, daß die Worte kaum zu verstehen waren.

Er seufzte. „Lydia, ich bin sogar überzeugt, daß Charles dich heiraten möchte, aber sein alter Herr ist ein unüberwindliches Hindernis. Und Charles wird niemals gegen den ungeschriebenen Ehrenkodex der Stanmores verstoßen. Warum bist du nur so versessen darauf, in den Hochadel einzuheiraten? Ein kleiner verarmter Lord, dem du aus der finanziellen Klemme hilfst, wäre doch jederzeit zu bekommen. Aber nein, ich verstehe schon: So einfach macht es sich eine Lydia Foxe nicht. Außerdem könnten ja die Leute sagen, in White-Manor-Teestuben sei einfach alles zu haben."

Lydia fuhr zurück, als sei sie von einer Viper gebissen. Sie holte aus, doch sie kam nicht dazu, Fenton eine Ohrfeige zu geben. Er fing ihr Handgelenk ab, sie strauchelte und riß ihren Stuhl polternd um.

„Du Schuft!" zischte Lydia mit schmalen, blutleeren Lippen.

Fenton dachte nicht daran, den harten Griff zu lockern. Er zog Lydia noch näher an sich heran, beugte sich über sie und küßte sie. Sie wehrte sich nicht – das hatte er auch nicht erwartet –, und er spürte, wie ihr Körper langsam den Widerstand aufgab.

„Heirate mich", sagte er und beugte ihren Oberkörper ein wenig rückwärts, so daß er sie besser betrachten konnte. Sie hielt die Augen immer noch geschlossen und die Lippen leicht geöffnet. Doch sie schüttelte den Kopf, und Fenton sagte bitter: „Du liebst mich und weißt es auch. Aber Liebe zählt ja nicht! Was zählt, ist allein der richtige Mann."

Der weiche Ausdruck auf Lydias Gesicht erlosch. Sie machte sich frei und sagte mit wütend funkelnden Augen: „Faß an deine eigene Nase! Du und Winnie Sutton, das war doch eine erstklassige Komödie: Fentons Vorspiel zum Verführungsakt!" Lydia ahmte seine Stimme nach: „Sie brauchen sich nur meiner Führung zu überlassen."

„Das Mädchen tat mir einfach leid."

„Fenton, stell nicht meiner Intelligenz ein Armutszeugnis aus. Du überlegst doch genau, wann es sich lohnt, den barmherzigen Samariter zu spielen. Hast du nicht jedes Gramm dieses langweiligen Backfischs im Kopf in Pfund Sterling aufgewogen? Aber vielleicht machst du es mit mir ebenso?"

„Ich leugne ja gar nicht, daß ich im Augenblick auf dem trockenen sitze. Trotzdem bin ich nicht auf das Geld deines Vaters aus. Wenn du nur mit meinem Armeesold zufrieden sein wolltest, brauchte ich den guten Archie um keinen Penny anzugehen. Aber du bist damit nicht zufrieden, und deshalb habe ich mich entschlossen, den bunten Rock an den Nagel zu hängen und braver Zivilist zu werden. Das ist alles. Außerdem werde ich dir ein verdammt guter Ehemann sein – im Bett und außerhalb; das weißt du auch."

Sie nickte beinahe feierlich. „Ja, das weiß ich."

Er legte die Hände auf ihre Hüften und spürte den geschmeidigen Körper unter dem Morgenmantel. „Ach, Lydia, wir sind uns so ähnlich. Beide greifen wir nach Trauben, die für uns zu hoch hängen.

Ich bin in einem Regiment, das ich mir nicht leisten kann; du willst eine gesellschaftliche Stellung haben, die du dir für alles Geld dieser Welt nicht kaufen kannst. Aber es gibt im Leben etwas Wertvolleres als den Titel einer Gräfin oder das Recht, in einem schönen roten Rock im Buckingham-Palast umherzustolzieren. Weißt du noch, was du damals gemacht hast, als mein Vater am Schloß Abington arbeitete? Du warst erst neun Jahre alt und hattest doch kein bißchen Angst, hinter mir her auf die hohen Baugerüste zu klettern. Ich wünschte, du wolltest mir auch jetzt folgen."

Er sah so stark, so düster verwegen, so hinreißend attraktiv aus! Es wäre so leicht gewesen nachzugeben. Aber nein, Lydia Foxe wollte etwas anderes – sie wollte mehr. „Es tut mir leid, Fenton, aber das kleine Mädchen gibt es nicht mehr", erklärte sie.

Er löste die Hände von ihren Hüften, nicht etwa zögernd, mit spürbarem Bedauern, sondern ganz ruhig, und dabei sagte er: „Du brauchst dich nicht zu entschuldigen. Ich habe wohl von Anfang an eine aussichtslose Position gehabt. Aber jetzt muß ich schleunigst nach Abington zurückmarschieren. Ich soll den Vetter aus Amerika um zehn Uhr nach London begleiten. Leb wohl, Lydia. Bleiben wir Freunde?"

Sie drückte ihm flüchtig die Hand. „Bis in alle Ewigkeit, Fenton. Übrigens: Steckst du sehr tief in Schulden?"

„So könnte man es ausdrücken. Aber mach dir um mich keine Sorgen; ich habe schon Pläne."

Sie zuckte zusammen und wandte den Blick ab. Im Geist sah sie Fenton und irgendeine langweilige Debütantin als Brautpaar durch das Spalier gezogener Degen schreiten – ein unerträgliches Bild.

„Also wünschen wir einander Glück", sagte sie tonlos, „viel Glück."

Der Zug hatte schon die Hälfte der Strecke nach London zurückgelegt, als Fenton immer noch dumpf vor sich hin brütete. So blieb Martin Rilke nichts weiter übrig, als angelegentlich die vor den Fenstern vorbeihuschende Landschaft zu betrachten. Erst kurz vor dem Ziel schien Fenton aus seiner Betäubung zu erwachen. Er seufzte abgrundtief, suchte in der Rocktasche nach dem Zigarettenetui und fragte: „Rauchen Sie, Rilke?"

„Ja, danke." Martin hätte zwar eine Zigarre vorgezogen, doch er war froh, daß das eisige Schweigen endlich gebrochen wurde, und so nahm er eine Zigarette aus der angebotenen Packung.

„Ziemlich scheußlicher Anblick, nicht wahr?" fragte Fenton und deutete mit vager Geste aus dem Fenster. „Vermutlich sieht ganz England eines Tages so aus: Einfamilienhäuser, alle aus dem gleichen roten Backstein, so weit das Auge reicht. Ich hasse diesen Fortschritt."

„Mir geht es nicht anders, manchmal wenigstens. In Chicago wuchern die Neubauten auch wie Unkraut."

„Das kann ich mir gut vorstellen. Trotzdem haben Sie in Amerika noch viel freies Land ... allein die Prärien." Fenton zog ein paarmal hastig an seiner Zigarette, faßte Martin schärfer ins Auge und sagte übergangslos: „Nichts für ungut, Rilke, aber wer, um alles in der Welt, ist Ihr Schneider? Ihr Jackett sitzt einfach unmöglich!"

„Marshall Field", sagte Martin wie aus der Pistole geschossen. Marshall Field hieß eine der großen amerikanischen Kaufhausketten.

„Den Mann sollte man erschlagen! Wenn Sie gestatten, mache ich Ihnen einen Vorschlag: Ich habe einen exzellenten Schneider, der Ihnen in kürzester Zeit eine komplette Ausstattung anfertigt. Wir sollten nachher einmal bei ihm vorbeigehen."

Martin wand sich innerlich, doch der Hauptmann hatte ja recht: Das Jackett war scheußlich! Und so erwiderte er lahm: „Eine gute Idee. Aber ich dachte, Sie werden in der Kaserne erwartet?"

„Ich habe ein bißchen geflunkert. Ich wollte nur unbedingt nach London zurückfahren ... aus einem besonderen Grund."

Vom Waterloo-Bahnhof bis zur Strand fuhren sie mit einem Taxi. Ihr erster Besuch in dieser lebhaften Geschäftsstraße galt Cook's Reisebüro. Martin buchte eine zehntägige Rundreise zu den interessantesten Punkten des britischen Inselreiches. Dann gingen sie zum Lunch, und danach standen Purdy & Beame, Herrenausstatter in der Savile Row, auf dem Programm. Die beiden Firmenchefs hielten Martins Erscheinung für eine Zumutung. Stumm, aber mit beredten Blicken und hochgezogenen Augenbrauen fällten sie ihr vernichtendes Urteil über amerikanische Stoffqualitäten und Schneiderkünste. Schon am kommenden Mittwoch sollten drei komplette Anzüge fertig sein – „das Minimum für einen Gentleman, der mit Anstand durch den Tag kommen will", sagte Fenton.

„Zwei Anproben am Dienstag, Mr. Rilke; die erste am Vormittag, die zweite nachmittags. Grundsätzlich arbeiten Purdy & Beame nicht unter Zeitdruck, aber in diesem Ausnahmefall werden wir uns trotzdem bemühen, den Auftrag pünktlich und zu Ihrer vollen Zufriedenheit auszuführen."

„Das wäre überstanden", sagte Fenton im Hinausgehen. „Jetzt noch einen passablen Bowler und einen Schirm, und Ihnen kann nichts mehr passieren, Rilke. Mein Hutmacher ist in der Old Bond Street." Er schwieg plötzlich und betrachtete voller Interesse die Auslage eines Tabakladens.

„Lieber Gott, mach, daß er vorbeigeht", flüsterte er fast unhörbar.

Ein junger Mann steuerte geradewegs auf ihn zu. Er war schlank, genauer gesagt, gertenschlank. Schwarzes, lockiges Haar umrahmte ein elfenbeinfarbenes Gesicht mit hohen Wangenknochen. Die unverkennbar jüdische Nase war schmal, aber gebogen, und im Ausdruck der dunklen mandelförmigen Augen lag etwas Faunisches. Aus dem übermäßig breiten Mund schienen unablässig sarkastische Redensarten zu quellen.

„Hauptmann Wood-Lacy, wenn mich nicht alles täuscht; Hauptmann Wood-Lacy und Co.", sagte er, und Fenton erwiderte mit schlechtgespielter Überraschung: „Golden! Welch ein Zufall, Sie hier zu treffen!"

Die Lippen des jungen Mannes kräuselten sich nur noch spöttischer, als er in Fentons Tonfall fortfuhr: „Ja, welch ein Zufall! Ich wußte gar nicht, daß Sie sich für Pfeifen interessieren."

„Tue ich auch nicht, aber im Sturm läuft man eben den nächsten Hafen an."

Golden warf den Kopf in den Nacken und lachte. „Fenton, Ihre Ehrlichkeit ist imponierend. Aber wollen Sie mich nicht vorstellen?"

„Darf ich die Herren bekannt machen: Jacob Golden, der bestgehaßte Schmierfink der Fleet Street – Martin Rilke, Besucher aus Chicago. Rilke ist übrigens ein Kollege von Ihnen, Golden."

„Ach nein! Darf ich fragen, von welchem Blättchen?" Golden musterte Martin interessiert.

„Chicago Express."

Golden schloß für Sekunden die Augen. Dann legte er los: *„Express* ... republikanisch ... in Opposition zu Präsident Wilson ... mißtrauisch gegenüber Gewerkschaften ..."

„Halt!" rief Martin amüsiert, „ich schreibe ja nur Buchrezensionen."

„Das wäre auch für Sie zuträglicher, Golden", sagte Fenton in schulmeisterlichem Ton. „Sie könnten damit jedenfalls nicht soviel Unruhe stiften."

Golden seufzte. „Sie reden wie mein Vater: Keine politischen Artikel mehr, schon gar keine über die Balkankrise. Dafür Sensationsgeschichten ... ein schöner Mord. Man muß sich doch nach dem

Geschmack des Publikums richten oder ihm einen Geschmack einreden, den man auch gleich selbst befriedigt." Er blinzelte Martin zu und schloß ernsthafter: „Nun ja, mein Vater wird schon wissen, wovon er redet. Er ist zufällig der Besitzer meines Blättchens."

„Echt Golden!" rief Fenton. „Kein Wunder, daß sich Ihre Freunde in Geschäftseingänge flüchten, wenn Sie in Sicht sind." Er warf einen Blick auf seine Taschenuhr und fuhr fort: „Höchste Zeit für den Tee. Wir nehmen ein Taxi und fahren in meinen Club."

„Darf ich daran erinnern, daß Juden im Gardeclub unerwünscht sind?"

„Daran habe ich nicht gedacht", sagte Fenton. „Eine ärgerliche Regel. Sie dürfte nur für bestimmte Juden gelten. Was schlagen Sie denn vor, Golden?"

„Ein White-Manor-Restaurant. Eines von der Zwei-Shilling-de-luxe-Kategorie", sagte Golden, und mit unschuldsvoller Miene fügte er hinzu: „Dabei fällt mir ein, daß ich vor etwa acht Wochen die allerliebste Lydia Foxe in Paris getroffen habe. In der Oper. Sie hing am Arm eines Majors der Kürassiere. Scheint eine Vorliebe für das Militär zu haben ..."

Er unterbrach plötzlich seinen Redefluß, sprang hektisch winkend auf die Straße und rief: „Da kommt schon ein Taxi! Hallo! Taxi!"

Um halb elf Uhr abends war Martin endlich wieder in Abington. Ein klappriges Taxi hatte ihn vom Bahnhof zum Schloß gebracht. Der Butler teilte ihm mit, daß sich Seine Lordschaft und auch Lady Stanmore bereits zur Ruhe begeben hätten. Er könne aber gern noch zu Abend essen.

„O nein, vielen Dank", sagte Martin hastig, „höchstens ein Sandwich ... in meinem Zimmer, wenn es möglich ist."

„Gewiß, Sir." Coatsworth zeigte Verständnis für Martins Müdigkeit. „Ein Ausflug nach London ist stets sehr anstrengend."

Martin hätte nicht genau sagen können, was schuld war an seiner Erschöpfung: die Weltstadt oder seine Begleiter. Ein irrsinniger Tag, dachte er, während er in den Pyjama schlüpfte. Er stürzte sich auf den Krug helles Bier und die Sandwiches, die ein Diener gebracht hatte. Dann setzte er sich aufs Bett, legte sich das Aktenköfferchen als Schreibunterlage auf die Knie und begann mit seinen Tagebucheintragungen:

Beobachtungen und Gedanken. Samstagabend, 13. Juni 1914. Zum Tee in einem White-Manor-Restaurant am Marble Arch gewesen. Riesiges Gebäude mit Restaurationssälen in mehreren Stockwerken. Tanzorchester, Konditorei. Das Angebot an Backwaren und Sandwiches erstaunlich gut und preiswert. Erstklassige Bedienung: ein ganzes Geschwader junger Kellnerinnen in steif gestärkten blauen Uniformen, alle sehr hübsch und zuvorkommend. Ob Ivy Thaxton schon mal in einem White-Manor-Restaurant war? Sollte lieber dort als Kellnerin arbeiten. Stubenmädchen auf Schloß Abington ... einfach grauenhaft!

Jacob Golden ist erst vierundzwanzig Jahre alt, aber „weit über seine Jahre gereift", wie es so schön heißt. Einziger Sohn des großen Lord Trewe, des Besitzers der *London Daily Post;* Tageszeitung mit der größten Auflage der Welt, Boulevardblatt reinsten Wassers, gekonnte Mischung aus Hurrapatriotismus und Sensationsmache.

Jacob und Fenton haben die gleiche Schule besucht. Offenbar gab es dort nur wenige Juden, und Golden hatte einen schweren Stand, bis ihn Fenton unter seine Fittiche nahm. Lord Trewe schickte seinen Sohn zuerst nach Oxford und dann als Auslandskorrespondenten in die ganze Welt. Ich wurde richtig neidisch, als Jacob so sachkundig über die Balkanprobleme loslegte. Hat mir angeboten, ein halbes Dutzend Artikel über England zu schreiben, Titel: „Ein Yankee in Großbritannien". Ich soll mich kurz fassen, viel loben, aber auch ein bißchen kritisieren, humorvoll kritisieren, natürlich. Dann wäre es schon O. K., sagte Jacob, und sie würden mir fünf Pfund pro Artikel zahlen. Das deckt zwar nicht meine Reisekosten, stopft aber das Loch, das meine Schneiderrechnung verursacht hat...

Ein leises Klopfen an der Tür bewog Martin, das Heft zu schließen. Charles, im Abendanzug und mit einer Champagnerflasche im Arm, stand auf der Schwelle. „Ich störe doch nicht?"

„Überhaupt nicht." Martin schraubte seinen Federhalter zu und steckte das Heft in den Aktenkoffer.

„Als ich aus der Garage kam, habe ich bei dir noch Licht gesehen", sagte Charles. „Kann ich dir einen Schlaftrunk anbieten?"

Martin kletterte aus dem Bett und warf sich den Morgenrock über. Charles hatte auf der Kommode schon zwei Gläser entdeckt, eins davon mit Martins Zahnbürste. „Fein; gerade richtig als Quirl", sagte er und zog den Draht über dem Korken ab. Es gab einen leisen, satten Knall, und die bernsteinfarbene Flüssigkeit schoß in die Glasbecher.

„Wie hat dir dein Ausflug in die Stadt gefallen?"

„Danke, gut", sagte Martin und nahm eines der beiden Gläser.

„Nächste Woche mache ich mit Cook's eine Rundreise. Am Donnerstag geht es los."

„Und am Ende kennst du unser gutes altes England besser als ich. Aber so ist es immer: Der Tourist bekommt mehr zu sehen als der Einheimische."

Martin spürte, daß Charles bedrückt war, aber er konnte beim besten Willen nicht erraten, worüber sein Vetter zu so später Stunde mit ihm reden wollte.

„Komisch", sagte Charles, „da sind wir nun so nahe miteinander verwandt, und ich weiß so gut wie nichts über dich."

„Mir geht es nicht anders", erwiderte Martin.

„Von mir ist auch nichts Wissenswertes zu vermelden: erst Eton, dann Cambridge, und jetzt würde ich gern Historiker werden. Ich mag auch klassische Musik, und ich bin viel in Frankreich und Italien herumgereist. Du bist in Paris geboren, nicht wahr?"

„Mitten im Montparnasse-Viertel."

„Ist deine Mutter Französin?"

„Ja, sie war Französin. Sie ist seit vier Jahren tot."

„Entschuldige; das hätte ich eigentlich wissen müssen."

„Ich wüßte nicht, weshalb. Ihr Tod hat niemanden in der Familie sonderlich berührt."

„Du meinst, wegen ... der Enterbung?"

Darüber wenigstens weiß er Bescheid, dachte Martin, aber er spürte keine Bitterkeit gegenüber Charles. Das mitternächtliche Gespräch kam ihm immer seltsamer vor, doch er ging bereitwillig auf die Fragen des Vetters ein. „Ja, wegen der Enterbung", sagte er ruhig. „Ich weiß aber kaum etwas darüber. Es passierte schon alles, ehe ich geboren wurde. Unseren Großvater habe ich nie kennengelernt. Er muß ein hartgesottener alter Bursche gewesen sein, äußerst altmodisch und puritanisch in seinen Ansichten."

Charles hing förmlich an Martins Lippen, der gelassen fortfuhr: „Mein Vater rebellierte gegen soviel Sittenstrenge. Großvaters Firma interessierte ihn nicht im geringsten; er wollte malen. Und Großvater hat ihn deswegen vom Erbe ausgeschlossen."

Charles netzte seine trockenen Lippen mit Champagner. „Wie grausam, enterbt zu werden, nur weil man Künstler sein möchte!"

„Nun ja, aber mein Vater hatte auch in anderer Hinsicht ein Talent, die Leute vor den Kopf zu stoßen. Sein Ruf in Paris war denkbar schlecht, und ich fürchte, niemand hat ihm eine Träne nachgeweint."

„Wie ist er denn gestorben?"

Diesmal ließ sich Martin Zeit mit der Antwort. Er füllte erst sein Glas zum zweitenmal und leerte es zur Hälfte, ehe er sagte: „Vater hat sich die Pulsadern aufgeschnitten."

„Wie entsetzlich!" Charles war sichtlich erschüttert, und er begann, unruhig im Zimmer auf und ab zu gehen. „Und niemand aus der Familie hat sich für deinen Vater eingesetzt?"

„Niemand, aber es ist sinnlos, nach so vielen Jahren zu überlegen, wie man ihn hätte retten können. Lassen wir das Thema. Jetzt möchte ich dir eine Frage stellen; du nimmst sie mir hoffentlich nicht übel. Ich habe das Gefühl, daß dich etwas bedrückt, oder täusche ich mich?"

Charles blieb wie angewurzelt stehen und hielt die Augen starr auf die Fenster gerichtet. Dann drehte er sich sehr langsam um und ließ sich in einen Sessel fallen. „Ich habe vor wenigen Stunden einem Mädchen einen Heiratsantrag gemacht."

„Gratuliere! Und warum siehst du trotzdem so unglücklich aus?"

Charles hatte die Hände ineinander verkrampft und starrte vor sich hin. Endlich sagte er: „Wir wünschen uns beide nichts sehnlicher als diese Ehe, aber ob es dazu kommt, hängt von mir ab, das heißt von einer Unterredung mit Vater. Ich habe furchtbare Angst, daß er seine Einwilligung verweigert. Und dabei mag er das Mädchen! Er findet nur die Art und Weise, in der ihr Vater Geld verdient, vollkommen unmöglich – jedenfalls, wenn er zu diesem Mann in verwandtschaftliche Beziehungen treten müßte. Es gäbe zu viele gesellschaftliche Schwierigkeiten." Charles richtete sich auf und fügte in fest entschlossenem Tonfall hinzu: „Aber ich rede mit Vater... sehr bald schon... an meinem einundzwanzigsten Geburtstag."

Martin bückte sich nach der Champagnerflasche. „Ich glaube, ich weiß jetzt, worauf du hinauswillst. Du fürchtest, dein Vater könnte dich enterben?"

„Nein, das ist nach dem Gesetz unmöglich. Aber nichts kann ihn daran hindern, jede persönliche Verbindung mit mir abzubrechen, es sei denn, Mutter hält ihn davon ab. Sie hat großen Einfluß auf ihn."

„Großer Gott!" sagte Martin leise. „Und wie wäre es, wenn du zunächst mit ihr sprichst?"

„Auch zwecklos. Sie würde mir raten, die Angelegenheit noch einmal gründlich zu überdenken. Insgeheim hofft sie, meine Gefühle für Lydia würden im Laufe der Zeit erkalten oder, besser gesagt, Lydia würde mich aufgeben. Aber sie irrt: Nichts davon wird geschehen." Er leerte sein Glas bis zum letzten Tropfen und ließ den Kopf wieder hängen. „Sobald du von deiner Reise zurückkommst, möchte ich dich mit Lydia bekannt machen. Erst dann wirst du mich richtig verstehen. Lydia ist das hübscheste, das bezauberndste Geschöpf auf Erden; sie ist einmalig!"

Martin wich dem Blick des Vetters aus; der Champagner schmeckte plötzlich schal. Ihm fiel ein, wie Jacob Golden seine Begegnung mit Lydia in der Pariser Oper geschildert hatte. Und so sagte er ein wenig hilflos: „Ach, Charles, es wird gewiß alles ein gutes Ende nehmen."

„Ja, Martin, daran glaube ich jetzt auch... ganz fest." Charles' Stimme klang bei diesen Worten fast krankhaft erregt.

Als er gegangen war, ging Martin sofort zu Bett, doch trotz seiner Müdigkeit konnte er nicht einschlafen. Er warf sich ruhelos von einer Seite auf die andere, und schließlich stand er wieder auf und trat an das offene Fenster. Dort unten lag der französische Garten, wundervoll anzuschauen in seiner streng geometrischen Anlage und makellosen Gepflegtheit. Aber seine stille Schönheit paßte nicht zu den Bewohnern des Hauses! Martin hatte plötzlich das Gefühl, Abington könne als Symbol für ganz England stehen: eine sorgsam erhaltene Fassade der Anmut und Seelenruhe, hinter der die Leidenschaften nicht weniger heftig brodelten als im modernen New York oder Chicago.

6

Jamie Ross genoß die vorübergehende Übersiedlung nach London. London, das bedeutete für ihn in erster Linie Autos und in zweiter Linie die angenehme Gesellschaft von Kollegen, mit denen man bei einem Glas Bier stundenlang über Magnetzündung, Vergaser, Benzinpumpen und Pferdestärken fachsimpeln konnte. Und London bedeutete darüber hinaus auch noch hübsche Mädchen, ganze Schwärme attraktiver Stenotypistinnen, Köchinnen und Hausmädchen, die den Hyde Park, den Piccadilly Circus und die Strand bevölkerten. Ja, für einen Kerl seines Zuschnitts war London eine Wucht! Jamies Absätze klapperten selbstbewußt auf den Kopfsteinen, mit denen der Hof zwischen dem Stanmore House und den dahinterliegenden Stallungen gepflastert war. Der Chauffeur trug eine neue Uniform aus taubengrauer Serge, dazu schwarze Stiefel und Gamaschen, eine graue Mütze mit schwarzem Lederschirm und hautenge schwarze Lederhandschuhe. Er spreizte sich ein bißchen in der berechtigten Hoffnung, das eine oder andere Stubenmädchen könnte hinter einer Gardine im Vorderhaus stehen und ihn bewundern. Ivy Thaxton hatte er längst wieder vergessen. Auf und ab stolzierte er, auf und ab, immer entlang den alten Stallungen, in denen früher Pferde und Kutschen untergebracht waren, die man aber neuerdings in Garagen mit darüberliegenden Personalwohnungen umgewandelt hatte. Auf diesen Garagentrakt fiel der Schatten des hohen, vierstöckigen Stanmore-Hauses, dessen marmorverkleidete Vorderfront an der vornehmen Park Lane lag.

Eines der Garagentore war schon geöffnet und gab den Blick auf den silberfarbenen Rolls-Royce der Stanmores frei. Ross blieb einen Augenblick lang vor dem Fahrzeug stehen: guter Wagen; tüchtiger Motor unter der Haube, aber kein erstklassiger. Und deshalb hatte er neulich einen Brief an die Rolls-Royce-Leute geschickt und für das Vergasersystem einen Verbesserungsvorschlag gemacht. Ob sie darauf eingingen?

„Morgen, Ross. Zigarette?" Ein älterer Hausdiener in Hosenträgern und Hausschuhen trat auf den Chauffeur zu und bot ihm eine Woodbine an.

„Bißchen spät dran, wie?" fragte Ross.

Der Diener schaute verdrießlich drein. „Bin erst nach drei Uhr in die Falle gekommen. Fünfunddreißig Dinnergäste waren gestern da." Er setzte sich auf eine Steinstufe und schlug die Morgenzeitung auf.

Ross schaute ihm über die Schulter. „Sieh mal nach, was gestern in Newmarket los war", sagte er.

Der Diener überschlug die ersten Seiten. „Mal sehen . . . aha! Kennymore wie zu erwarten Sieger im Kronprinzessinnen-Rennen. Aber hast du von der Geschichte mit dem Erzherzog gehört?"

„Was ist denn mit ihm?"

„Umgebracht haben sie ihn, und seine Gnädige auch. Anarchisten. Mit einer Bombe ist es erst schiefgegangen, aber eine Pistole hat es dann geschafft. Die beiden armen Teufel waren gleich tot."

„Wer das glaubt!" sagte Ross.

„Steht ja in der Zeitung: hier! Erzherzog Franz Ferdinand, der österreichische Thronanwärter, und seine Gemahlin in Sarajevo ermordet."

„Wo ist denn Sarajevo?"

„In Bosnien."

„Nie davon gehört. Ist wohl so ein komisches Operettenländchen. Bei uns zulande könnte so was jedenfalls nicht passieren; viel zu zivilisiert." Ross zog an seiner Woodbine und seufzte ein bißchen. Die

Mauern der alten Stallgebäude begannen schon, sich unter der intensiven Junisonne aufzuheizen, und die Hände in seinen engen Handschuhen wurden feucht. Na ja, was sollte man auch anderes von einem neunundzwanzigsten Juni erwarten? Schneeflocken jedenfalls nicht. Die Kirchturmuhr in der South Audley Street begann zu schlagen: zehn Uhr! Dienstbeginn!

Ross warf die Zigarettenkippe aufs Pflaster, verschwand in der Garage und sprang auf den Fahrersitz. Mit dem zehnten Glockenschlag bog der Wagen bereits vom Hofeingang in die Park Lane ein. Im gleichen Augenblick trat Lord Stanmore aus der Vordertür seines Hauses. Ross lenkte den Rolls-Royce dicht an die Bordsteinkante, ein Diener riß die hintere Wagentür auf, und Lord Stanmore stieg ein.

„Guten Morgen, Ross."

„Guten Morgen, Mylord."

Lord Stanmore ließ sich mit einem deutlich hörbaren Seufzer in die Polster sinken. „Schöner Morgen, Ross."

„Ja, sehr schön, Mylord." Ross konzentrierte sich darauf, den Wagen in den Verkehrsstrom einzufädeln, der vom Marble Arch her kam.

„Muß ins Oberhaus, Ross. Wird nicht lange dauern. Beileidstelegramm ... wegen der Ermordung des österreichischen Thronfolgers. Scheußliche Sache."

„Habe es gerade in der Zeitung gelesen, Mylord. Habe zu Mr. Picker gesagt, bei uns in England wäre so etwas ausgeschlossen."

Lord Stanmore beugte sich ein wenig vor, um Ross im Verkehrslärm besser verstehen zu können. Er mochte den jungen Mann. Ein richtiger Rohdiamant. Aufgeweckt, intelligent. Gutes Beispiel für die positiven Kräfte in den Unterschichten.

„Das haben Sie vollkommen richtig erkannt, Ross", sagte er. „In England gibt es vielleicht auch Anarchisten, aber sie haben noch ein Gefühl für Fairneß. Außerdem: Den Mann an einem Sonntag zu erschießen! Wie geschmacklos!"

Sobald Lord Stanmore im Parlamentsgebäude verschwunden war, mischte sich Ross unter seine Kollegen auf dem Parkplatz. Er liebte diese Wartestunden mit ihren Fachgesprächen. Diesmal erzählte er von seinem Brief an das Rolls-Royce-Werk.

„Hast du auch gleich ein Patent angemeldet?" fragte Lord Curzons Chauffeur.

„Nein, weshalb denn?"

„Weshalb? Weil sonst jeder Nichtsnutz deine Idee stehlen kann!

Hoffentlich hast du wenigstens die Zeichnungen noch zurückbehalten.“

Ross beschlich leises Unbehagen. „Die Entwürfe habe ich noch. Ich habe mich ziemlich allgemein ausgedrückt, aber deutlich genug, um ihnen den Mund wäßrig zu machen.“

„Nicht schlecht.“ Lord Curzons Fahrer holte Zettel und Bleistift aus der Manteltasche, lehnte sich gegen den Kotflügel seines Wagens und sagte: „Ich schreibe dir die Adresse meines Schwagers auf. Der arbeitet in einer Anwaltskanzlei. Er erklärt dir, wie du zu einem Patent kommst.“

Einen Augenblick lang fragte sich Ross, ob sich der Mann über ihn lustig machte. Doch in den Augen des Chauffeurs lag keinerlei Spott, als er dem jüngeren Kollegen den Zettel reichte.

„Vielen Dank auch, Kollege“, murmelte Ross.

„Keine Ursache ... und ich halte dir die Daumen.“

„Auf, Jungs! Sie kommen!“ zischte einer der Fahrer.

Lord Stanmore und ein Dutzend anderer Oberhausmitglieder überquerten den Innenhof des Parlamentsgebäudes. Alle rauchten Zigarren und plauderten angeregt miteinander. Reichlich fröhlich für Leute, die soeben ein Beileidsschreiben verfaßt haben, dachte Ross. Er rückte seine Mütze zurecht und riß die Wagentür auf.

Lord Stanmore nahm wieder im Fond des Wagens Platz. „Pall Mall, Ross. Und dann machen Sie sich auf die Socken und erledigen Ihre Besorgungen für Mylady und meine Tochter.“ Er schnitt eine Grimasse und fügte hinzu: „Ich fürchte, meine Damen haben Sie in den letzten zehn Tagen weidlich in der Gegend herumgejagt.“

Ross schätzte, daß er seit Beginn der Saison täglich vierzehn Stunden Dienst gemacht hatte. Leider hielt es Lady Hanna für schick, Einladungen nicht mit der Post zu versenden, sondern durch einen Diener überbringen zu lassen. Und so kutschierte Jamie Ross Tag für Tag kreuz und quer durch London, auf dem Beifahrersitz einen Lakaien in voller Montur – Livree, Perücke und was sonst noch dazugehörte –, ein Anblick, der bei vorüberfahrenden Lastwagenchauffeuren jedesmal wahre Lachstürme hervorrief. Lady Alexandra wiederum war auf Bälle versessen, und das bedeutete endlose nächtliche Wartestunden vor eleganten Häusern in Mayfair und Belgravia. Den Chauffeuren blieb nichts weiter übrig, als schwatzend und dösend das Ende des Festes abzuwarten, während die Tanzmusik aus den geöffneten Fenstern in die dunkle Nacht hinausdrang. Verdammte Zeitverschwendung! Aber irgendwann einmal würde

Jamie Ross schon eine Freistunde für den Besuch bei dem Kanzleischreiber herausschlagen; das hatte er sich geschworen. Ein Patent mit seinem eigenen Namen darauf: Die Vorstellung war atemberaubend. Natürlich würde das eine Stange Geld kosten, und vielleicht mußte er dafür sogar sein Motorrad versilbern. Aber wenn schon ...

Sie waren am Trafalgar Square angekommen, als Lord Stanmore plötzlich rief: „Nicht in die Mall! Rasch, biegen Sie in die Strand ein!"

Ross gehorchte widerspruchslos, obwohl er eine ganze Reihe anderer Wagen schneiden mußte, was prompt wildes Bremsenquietschen und wütendes Hupen von allen Seiten zur Folge hatte.

Lord Stanmore beugte sich zu Ross vor und zeigte auf Cook's Reisebüro. „Dort drüben; ja, es ist Martin. Halten Sie mal."

Ross lotste den Rolls-Royce geschickt durch das Verkehrsgewühl und brachte ihn direkt vor Cook's Eingang hinter einem geparkten Reisebus zum Stehen. Lord Stanmore kurbelte die Scheibe herunter. „Martin!" rief er, „hallo, Martin!"

Martin, der auf dem Bürgersteig stand und sich gerade vom Reiseleiter verabschiedete, drehte sich verblüfft um.

„Hallo, Sir! Das ist eine Überraschung!" rief er.

„Und nicht mal eine unangenehme", entgegnete Lord Stanmore. „Wieso ist deine Rundreise schon beendet?"

„Auf dem Programm stehen noch zwei Tage Besichtigungen in London. Doch die möchte ich gern allein absolvieren. Ich habe mich bereits beim Reiseleiter abgemeldet."

Lord Stanmore öffnete die Wagentür. „Steig ein, Junge, wir setzen dich am Stanmore House ab. Deine Sachen aus Abington sind sowieso schon hier, und dein Zimmer ist auch fertig."

„Vielen Dank, Sir, aber ich muß noch zur *Daily Post* fahren. Ich nehme ein Taxi. Während der Rundreise habe ich ein paar Artikel für die Zeitung geschrieben."

„Fleißiger Junge! Steig trotzdem ein. Ich fahre jetzt zu meinem Club, und Ross setzt dich danach bei der Redaktion ab." Er machte Martin den Sitz neben sich frei und fügte lächelnd hinzu: „Deine Chancen bei der *Daily Post* können nur steigen, wenn du so stilvoll vorfährst."

DAS Zeitungshaus in der Fleet Street glich einer Mischung aus gotischer Kathedrale und viktorianischem Bahnhof. Schlanke, rußgeschwärzte Säulen mit schmutziggrüner Kupferkannelierung, zwischen denen zahllose Bürofenster saßen, unterstrichen nur den erdrückenden Eindruck, den diese architektonische Scheußlichkeit machte.

„Soll ich warten, Sir?“ fragte Ross, als er vor dem Haupteingang hielt.

„Nein, vielen Dank“, sagte Martin. „Ich nehme nachher ein Taxi. Park Lane siebenundfünfzig, das ist doch die Adresse?“

„Ja, Sir, Stanmore House.“

Martins Hand umklammerte ein wenig krampfhaft den Griff des Aktenköfferchens, als er die palastartige Vorhalle des Zeitungsgebäudes betrat. Ein Page geleitete ihn in den ersten Stock und führte ihn in einen großen Saal mit zahllosen eichenen Arbeitstischen, zwischen denen Männer in Hemdsärmeln hin und her eilten. Über ihren Köpfen waren straffe Drahtseile kreuz und quer zwischen den Wänden verspannt, und an diesen Drähten flitzten Körbe, die mit Manuskriptseiten beladen waren, wie Artilleriegeschosse hin und her. Schreibmaschinen klapperten, Redakteure brüllten Nachrichten ins Telefon oder riefen lauthals nach einem Botenjungen, und der tickende Fernschreiber setzte dem Getöse die Krone auf.

Dagegen nimmt sich die Redaktion des *Chicago Express* so still wie eine Leichenhalle aus, dachte Martin neidisch.

„Mr. Golden sitzt dort hinten, Sir ... vierter Tisch“, sagte der Page.

Martin dankte dem Jungen und watete durch die knöchelhohe Papierflut den Hauptgang hinunter.

„Hallo, Rilke!“ rief Golden mit schallender Stimme. Er stand über ein Pult gebeugt und hatte eine grüne Augenblende tief in die Stirn gezogen. „Holen Sie einen Papierkorb und setzen Sie sich drauf.“

„Hoffentlich störe ich nicht. Ihre Jungen scheinen mächtig fleißig zu sein.“

„Die schon; ich nicht.“ Er richtete sich auf und legte den Nacken in die gefalteten Hände. „Ich gebe bloß rasch der Geschichte hier ein bißchen Pfiff: Buchhalter, der mit fünftausend Pfund Firmengeldern durchgebrannt ist. Im übrigen täuscht der Eindruck: Die Jungen hier sind heute eher konfus als bienenfleißig. Die österreichisch-ungarische Innenpolitik ist weiß Gott nicht ihre Stärke, und plötzlich verlangt mein alter Herr von ihnen, daß sie für das Heer der politisch unbedarften Leser sonnenklare Prosa über die verzwickten bosnischen Verhältnisse verfassen. Ich habe so meine eigenen Ansichten über diesen finsteren Erdenwinkel, aber die will ja niemand hören.“

„Ja, der Mord von Sarajevo war ein Schock, aber er scheint keine ernsthaften Folgen zu haben.“

Goldens breiter Mund verzog sich zu einem verächtlichen Lächeln. „Bißchen schwach auf der Brust, wenn's um unseren europäischen Ameisenhaufen geht?"

„Ehrlich gesagt: ja."

„Das kommt leider häufig vor, aber nicht verzweifeln; Professor Golden wird es schon hinkriegen." Jacob griff nach einem blechernen Zigarettenetui. „Hier, das ist die österreichisch-ungarische Monarchie: eine ganze Schachtel voll blauem Dunst und obendrein ein schlechter Verschnitt aus deutschen, magyarischen und slawischen Bestandteilen. Und in diesem Völkermischmasch machen sich arrogante Dummheit und Korruption in einem Maß breit, daß ihm nur noch der östliche Nachbar, Rußland, das Wasser reichen kann." Er schob sein Tintenfaß neben die rechte obere Ecke des Zigarettenetuis. „Das riesige russische Tintenfaß mit seiner schmutzigschwarzen Brühe aus Leibeigenschaft, Kosakentum, Mystizismus und Verschwörungssucht."

„Also, ein bißchen kenne ich mich auch in europäischen Verhältnissen aus", murmelte Martin.

„Das glaube ich Ihnen sogar, Rilke, aber Sie beobachten diese Vorgänge naturgemäß aus großer Entfernung. Ich habe sie dagegen aus der Rinnsteinperspektive sämtlicher europäischer Hauptstädte studiert. Haß ... Haß ist im Augenblick noch das einzige gemeinsame Element aller europäischen Staaten. Und wenn Sie einmal abgrundtiefen Haß kennenlernen wollen, brauchen Sie nur nach Serbien zu gehen. Setzen Sie sich in Belgrad in ein kleines Café, und bringen Sie beim Sliwowitz das Gespräch auf Österreich. Fragen Sie die Leute, was sie davon halten, daß Habsburg immer noch slawische Völker unter seine Fittiche zwingt. Ich garantiere Ihnen, daß Sie Haß erleben werden, Haß in seiner elementarsten Form. Die Leute dort neigen ohnehin zu Gewalttätigkeiten. Vor neun Jahren haben die Serben aus einem ihrer eigenen Könige buchstäblich Hackfleisch gemacht. Wir mögen Serbien trotzdem: Es nimmt sich so winzig und so tapfer aus vor dem riesigen Tyrannen Österreich."

Golden schob ein kleines Kästchen mit Büroklammern an eine Kante des Zigarettenetuis. „Serbien ... an Österreichs Südflanke. Deswegen ist es bei Rußland so beliebt. Zwingt die Österreicher, das militärische Schwergewicht an ihre Südgrenze zu verlagern, und die Russen bekommen Luft. Betrachten wir nun die gegenwärtige Lage: ein toter habsburgischer Erzherzog! Das ist noch kein schwerer Verlust. Aber die Tat liefert den Österreichern den Vorwand, das kleine Serbien zu zermalmen. Sie müssen nur noch beweisen, daß der Mörder ein Serbe war, und das wird sich zweifellos in Kürze herausstellen."

Jacob schnippte das Zigarettenetui gegen das Büroklammernkästchen. „Die Österreicher marschieren also in Serbien ein, allerdings hübsch vorsichtig, und die Donau überschreiten sie überhaupt erst, wenn Deutschland versichert, notfalls die Russen in Schach zu halten. Dieses Versprechen wird nicht mehr lange auf sich warten lassen, und natürlich reizt es die Russen nur noch mehr: Tintenfaß stößt jetzt auf Zigarettenschachtel vor. Und jetzt kommen die Franzosen ins Spiel. Die haben ja einen Freundschaftsvertrag mit den Russen und benutzen die Gelegenheit, für 1870 Rache zu nehmen und Elsaß-Lothringen zurückzuholen. Während der russische Bär auf Ostpreußen losgeht, setzt der Franzose über den Rhein und marschiert in Richtung Berlin."

Jacob beugte sich über den Tisch und schmunzelte geradezu vergnügt. „Die Deutschen sind aber verteufelt kluge Burschen. Sie haben längst einen Plan, um den Franzosen zuvorzukommen. In einer weiten Umfassungsbewegung, bei der sie von Nordosten her durch Belgien nach Süden vorstoßen, geht ihnen die ganze französische Armee ins Netz, ehe der russische Bär überhaupt aus seinem Käfig herausgetapst ist. Der Plan könnte gelingen, weil die Franzosen einfach nicht glauben wollen, daß die Deutschen die belgische Neutralität zu verletzen wagen. Wir nehmen übrigens denselben Standpunkt ein: Neutralitätsverletzung? Das wäre ja wider die guten Sitten! Belgien ist unverletzlich; so steht es schwarz auf weiß in einem Dokument, das vor -zig Jahren von den Großmächten unterzeichnet wurde. Noch so eine Reliquie, die demnächst auf der großen Müllkippe landen wird!"

Jacob Golden schob das Tintenfaß an seinen Platz zurück und verstaute das Büroklammernkästchen in einem Schubfach; die europäische Bühne war wieder in Ordnung. Dann sagte er: „Und jetzt reden wir nur noch von erfreulicheren Dingen. Wie hat denn Kleinbritannien unserm Yankee-Touristen gefallen?"

„Großartig." Martin lachte und stellte sein Aktenköfferchen auf Goldens Arbeitstisch. „Ich habe ein halbes Dutzend Artikel mitgebracht."

„Fein. Her mit dem Zeug; Papi will's sich mal anschauen. Und für den kleinen Bubi ist dort unten am Korridorende eine Kantine. Bis nachher!"

Martin setzte sich dicht neben der Theke an ein kleines Tischchen und starrte aus dem Fenster, das den Blick auf die Grünanlagen im Temple und auf ein Stück der Themse freigab. Er hatte schon zwei Becher Tee getrunken und drei Brötchen gegessen, als Golden endlich auftauchte. Martins Reiseberichte hatte er zu einer festen Rolle zusammengedreht, mit der er kräftig auf die Tischkante schlug.

„Erstklassige Texte, Rilke“, sagte er. „Ich mußte laut lachen über Ihren ‚Viehzüchter-Wettbewerb in Yorkshire‘. Die Preisrichter hätten aus einem Roman von Charles Dickens sein können. Genau das, was das Publikum liebt.“ Er setzte plötzlich eine geschäftliche Miene auf und fügte hinzu: „Müssen Sie unbedingt schon nächste Woche auf den Kontinent hinüberreisen?“

„Nicht unbedingt, aber was soll die Frage?“

„Vielleicht könnten Sie die Fahrt noch aufschieben. Unsern Lesern wird Ihr Schreibstil bestimmt gefallen: ‚Ein Yankee erlebt die Briten!‘; Akzent auf der oberen Mittelklasse; Tonart leicht satirisch, genauso, wie Sie die Yorkshire-Gutsherren beschrieben haben. Reiseberichterstatter für die *London Daily Post* – Rilke, das *muß* Ihren Marktwert einfach heben! Oder haben Sie sich verpflichtet, zu einem bestimmten Termin wieder in Chicago zu sein?“

„Keineswegs. Es kann mir sogar passieren, daß man mir bei meiner Heimkehr bereits den Stuhl vor die Tür gesetzt hat.“

„Sie wären also nicht abgeneigt...?“

„Durchaus nicht.“

Goldens harter Mund konnte plötzlich ganz freundlich jungenhaft lächeln. „Fein. Dann hüpfen wir eins, zwei, drei die Treppe hinauf und stellen uns beim großen Häuptling vor.“

Die ehrfurchtgebietende Stille in der Chefetage stand in krassem Kontrast zu dem geschäftigen Treiben der unteren Stockwerke. Hier oben unterdrückten dicke Teppiche und die Eichentäfelung der Wände jedes Geräusch. Der breite Korridor endete vor einer Doppeltür, hinter der das Vorzimmer des Zeitungskönigs lag. Von hier aus führte eine zweite Doppeltür aus schwerer Eiche in das Allerheiligste.

„Arbeitet er?“ fragte Golden.

„Selbstverständlich“, sagte der Sekretär gedehnt und musterte Jacob und seinen Begleiter. „Ist es denn so wichtig?“

„Und ob! Der Kerl dort hat nämlich die bewußten tödlichen Schüsse abgegeben, und jetzt ist er bereit, seine Geschichte für lausige fünfzig Pfund an uns zu verhökern.“ Golden hatte im Bühnenflüsterton gesprochen, und der Sekretär ging auf den Scherz ein. Er gähnte gelangweilt und sagte: „Nun geh schon hinein, Jacob, und vergiß nicht, deinen Mörder mitzunehmen."

Jenseits der zweiten Doppeltür lag ein hallenartiger Raum, der teils Büro und teils Museum zu sein schien. Glasvitrinen mit ägyptischen Ausgrabungsfunden standen unmittelbar neben einem Fernschreiber. Echte Gainsboroughs und Turners an den Wänden mußten die Nachbarschaft mit schlichten Landkarten aller Erdteile hinnehmen. Stenotypistinnen arbeiteten in kleinen verglasten Kabinen, die an den Längswänden entlang aufgestellt waren. Ab und zu sprangen sie auf und huschten mit einem Schriftstück zum unteren Ende des Saals, denn dort endlich thronte hinter einem schweren eichenen Schreibtisch Harry Golden Lord Trewe, der Zeitungskönig.

„Chef", sagte Jacob, „das ist Martin Rilke vom *Chicago Express*; erstklassiger Journalist."

Zwischen Vater und Sohn bestand nicht die geringste Familienähnlichkeit. Wenn Jacob an eine schlanke Weide erinnerte, dann war sein Vater einer Eiche, besser gesagt, einem alten, dunklen Eichenstamm vergleichbar. Die Hand, die er Martin über die breite Tischplatte hinweg zum Gruß reichte, war hart und schwielig.

„Rilke, wenn ich richtig verstanden habe?" Die tiefe Stimme paßte zu dem Mann. „Dann sind Sie Hanna Stanmores Neffe. Ja, die Ähnlichkeit ist unübersehbar."

Jacob beugte sich über den Schreibtisch und legte Martins fest zusammengerollte Manuskripte mitten auf die Platte. „Rilke hat mit den Cook-Leuten eine Rundreise durch unser liebes altes England gemacht und darüber eine sehr amüsante Artikelserie verfaßt; pro Stück etwa tausend Wörter. Du solltest sie unbedingt lesen."

Lord Trewe warf nur einen flüchtigen Blick auf die Papierrolle. „Wenn du sie für gut hältst, kannst du sie an Blakely weitergeben."

Jacob fischte die Rolle augenblicklich wieder vom Tisch und klemmte sie unter den Arm. „Wird gemacht. Ich schlage vor, daß wir Rilke eine tägliche Spalte reservieren. Thema: Unvoreingenommene Schilderungen der Londoner Szene. Schwerpunkt: gesellschaftliche und sportliche Ereignisse. Er wohnt bei den Stanmores, ist also Insider bei den oberen Zehntausend und braucht gerade deshalb ein Pseudonym. Schließlich will er sich nicht nachsagen lassen, daß er die Hand beißt, die ihn füttert."

„Wird selbst für sein Futter aufkommen können", polterte Lord Trewe. „Unsere Korrespondenten haben noch nie über Unterbezahlung zu klagen gehabt."

Ein Redakteur mit gehetztem Blick kam in den Saal gestürzt. In der Hand schwenkte er ein Bündel Blätter. „Die Berichte aus Berlin und Petersburg, Sir!" rief er schon von weitem.

Lord Trewe riß dem Mann die Blätter aus der Hand und überflog sie. In seinem Gesicht regte sich während des Lesens kein Muskel; es glich dem Antlitz einer hölzernen Galionsfigur.

Nach beendeter Lektüre warf er die Blätter achtlos auf den Tisch und wendete sich an seinen Sohn. „Siehst du, Jacob", sagte er, und ein feines ironisches Lächeln spielte um seine Lippen, „alle deine Befürchtungen waren aus der Luft gegriffen. Nichts rührt sich im europäischen Teich."

„Aber stille Wasser sind bekanntlich tief", sagte Jacob.

Lord Trewe lehnte sich zurück. „Kümmere dich um deine Arbeit, Jacob." Offenbar war das Gespräch beendet.

Jacob führte seinen Gast zurück in die Nachrichtenredaktion, die vor Unruhe wie ein Tollhaus vibrierte. „Na, wie fühlt man sich als Korrespondent der weltgrößten Tageszeitung?" Sein Tonfall klang schon wieder ironisch.

„Großartig, nur kann ich nicht bei den Stanmores bleiben. Es wäre einfach unfair."

„Und wo wollen Sie mitten in der Saison eine passende Bleibe finden? Passen Sie auf, ich habe eine Idee: Sie wohnen vorläufig bei mir. Meine Behausung ist viel zu groß für eine Einzelperson. Liegt allerdings in Soho, dafür aber direkt über einem ungarischen Restaurant . . . diesseits der Donau."

Wenn sich Ivy Thaxton weit genug aus dem Fenster ihrer Dachkammer lehnte, hatte sie einen herrlichen Blick auf das vornehme Mayfair. Ein bißchen schief war die Perspektive schon, und genaugenommen sah sie von dort oben aus auch mehr Dächer als Straßen, aber was machte das schon: Hauptsache, sie durfte in London sein!

Ein Stück unter dem Dachkammerfenster, am Fuße eines hohen Schornsteins, gab es eine kleine Plattform, und dort verbrachte Ivy, das Gesicht der Sonne zugewandt, die wenigen freien Minuten, die sie ihrem langen Arbeitstag ablisten konnte. Freie Zeit war rar für sie, seit man Velda gleich nach der Ankunft in London wegen irgendwelcher merkwürdiger Anfälle auf einer Bahre aus dem Haus getragen hatte. Lady Alexandra brauchte natürlich sofort eine neue Zofe, und Mrs. Broome hatte Ivy mit dem Posten betraut.

„Das ist ein großer Schritt vorwärts, mein Kind", hatte sie gesagt, aber der große Schritt bedeutete auch viel mehr Arbeit. Lady Alexandra war so schrecklich ruhelos. Ein Ball jagte den anderen, und dazwischen gab es noch Einladungen zum Lunch, Ausritte in Rotten Row, Gartenpartys, Teegesellschaften, Modenschauen und Theaterbesuche. Für jede dieser Gelegenheiten mußte sie natürlich passend angezogen sein, und was das schlimmste war: Nie wußte sie, was sie anziehen wollte! Und dazu noch ihr pausenloses Geplapper. Was hielt Ivy wohl von diesem oder jenem jungen Mann? Ob es gescheiter war, den Anwalt zu heiraten oder den schicken jungen Husarenoffizier, zumal der ja jüngster Sohn eines Herzogs war?

Ivy genoß die Stille auf ihrem sonnenbeschienenen Dachplätzchen. In das einschläfernde Dröhnen des weit entfernten Verkehrslärms mischte sich nur das Gurren einer Taube, die auf der Schornsteinkappe saß und ihr Gefieder putzte. Ein großer Schritt vorwärts? Hatte Mrs. Broome wirklich recht? Ivy begann zu grübeln. Kammerzofe: das hieß von früh bis spät und neuerdings auch noch nachts bügeln und nähen, Wäsche in die Schubfächer einräumen, Kleider bereitlegen oder wieder in den Schrank hängen. Lady Alexandra legte nicht mal einen Strumpf an seinen Platz zurück. Aber wer hielt sich schon einen Hund, um dann doch selber bellen zu müssen?

An ihrem ersten freien Nachmittag war Ivy in den Hyde Park gegangen und hatte von einer Bank aus den Bootsfahrern auf dem schlangenförmigen Teich, der Serpentine, zugeschaut. Sie hatte ein schlichtes braunes Kleid getragen und ihr flaches rundes Strohhütchen dauernd mit der Hand auf dem Kopf festhalten müssen, denn über das Wasser blies ein kräftiger Wind. Schließlich hatten sich drei Mädchen kichernd, schwatzend und Süßigkeiten naschend zu ihr auf die Bank gesetzt. Alle drei waren so hübsch angezogen gewesen, und zum Schluß hatte eine von ihnen eine Uhr an einer langen Silberkette aus ihrem Täschchen gezogen und erschrocken gesagt: „O weh, ich fürchte, wir kommen zu spät ins Büro zurück. Mister Parrot wird wieder ein furchtbares Theater machen."

Aber ihre Freundinnen waren völlig gelassen geblieben, und eine hatte mit frecher Miene gesagt: „Pah, was Mister Parrot uns tun kann, wissen wir doch wohl, oder ...?" Und dann waren sie endlich ganz gemächlich in die Richtung vom Stanhope Gate fortgeschlendert – wahrscheinlich Stenotypistinnen aus einem Büro in der Nähe.

Ivy hatte in der Schule weder Maschinenschreiben noch sonst etwas Nennenswertes gelernt; ihre wahre Schule war die Stadtbücherei von

Norwich geworden. Eines Tages hatte sie beschlossen, sich systematisch durch das Alphabet zu lesen, und folglich begann sie mit den Autoren unter dem Buchstaben A: Jane Austen, die historischen Romane von William Harrison Ainsworth und die Essays von Addison.

„Das ist doch zu schwierig für dich, Ivy", hatte der Bibliothekar gesagt; der alte Herr hatte feste Vorstellungen von der Lektüre, die jungen Mädchen zuträglich war. Doch Ivy war beharrlich auf dem einmal eingeschlagenen Weg geblieben und hatte sich weiter durch das Alphabet gearbeitet: Dickens ... Galsworthy ... Shakespeare und so fort. Ein sehr belesenes junges Mädchen, aber leider ohne jede nützliche Ausbildung!

„Ivy! Jane, wo steckt denn schon wieder Ivy Thaxton?" Das war Mrs. Broomes Stimme.

„Draußen auf der Plattform, Mrs. Broome. Ich habe sie aber gewarnt. Ivy, habe ich gesagt, das ist ..."

Ivy seufzte, hob den Kopf und schaute geradewegs in Mrs. Broomes ungläubige Augen, die aus dem Kammerfenster auf sie herabstarrten.

„Ivy, komm augenblicklich herauf! Du stürzt dich noch zu Tode!"

„Hier kann man gar nicht hinunterfallen, Mrs. Broome."

„Mag sein. Aber es ist ganz unmöglich, daß das Personal Seiner Lordschaft wie gewöhnliche Schornsteinfeger auf den Dächern herumklettert."

Ivy zwängte sich durch das Fenster in die stickige kleine Dachkammer, die sie mit vier anderen Mädchen teilte.

Mrs. Broome war empört. „Du bist unverbesserlich, Ivy. Laß dich nicht noch einmal dort draußen erwischen."

„Ich werde es nicht wieder tun, Mrs. Broome."

Die Haushälterin war von diesem Versprechen nicht sonderlich überzeugt. „Das wird sich zeigen", sagte sie streng. „Wenigstens bin ich für die nächsten Tage nicht mehr für dein Betragen verantwortlich. Lady Alexandra ist nach Somerset eingeladen. Du begleitest sie selbstverständlich. Lauf sofort hinunter und packe ihre Koffer."

„Ja, Mrs. Broome."

„Vergiß nicht, für dich ein Kleid zum Wechseln und reichlich Schürzen und Häubchen einzupacken."

Lady Alexandra teilte Ivy mit, daß sie schon den Frühzug nehmen würden, der um halb neun Uhr in Paddington abfuhr. Die junge Dame war aufgeregt und geschwätzig wie selten zuvor, und die

Auswahl der Reisegarderobe wurde zur Qual. Immerhin handelte es sich um einen Ball im alten Schloß des Herzogs von Avon!

Um elf Uhr nachts war endlich die Plackerei für Ivy beendet. Die cremefarbenen Lederkoffer mit dem goldgestanzten Wappen der Grevilles konnten geschlossen werden; ein Lakai brauchte sie am nächsten Morgen nur noch zum Portal hinunterzutragen.

„Gute Nacht, Ivy. Und daß Sie morgen auch rechtzeitig aufstehen!"

„Ja, Mylady."

Ivy schleppte sich müde den Korridor hinunter zum Dienstbotenaufgang. Sie hatte die Treppe noch nicht erreicht, als eine Zimmertür aufging und Martin Rilke auf den Gang heraustrat. Er war schon im Schlafrock und hielt eine Zahnbürste in der Hand.

„Ivy ... Ivy Thaxton?" fragte er lächelnd.

„Ja, Sir", erwiderte Ivy und schlug die Augen nieder.

„Erkennen Sie mich denn nicht mehr wieder?"

„Doch, Sir: Mister Rilke aus Chicago."

„Richtig! Eisenbahnknotenpunkt und Viehmärkte."

Sie schaute ihn jetzt neugierig an, und plötzlich befiel Martin Verlegenheit. Verrückte Idee, der Kleinen in diesem Aufzug mitten in der Nacht aufzulauern! Am liebsten hätte er ihr gesagt, wie hübsch er sie fand und daß er sehr froh sei, sie endlich wiederzusehen, doch er spürte, daß ihr solche Erklärungen nur peinlich wären. In England konnte ein Herr dergleichen Dinge nicht zu einem Dienstmädchen sagen; soviel hatte er schon gelernt.

„Reisen Sie bald nach Amerika zurück?" fragte Ivy.

Martin war dankbar, daß sie ihm aus der Verlegenheit half. „Nein", sagte er und fügte rasch hinzu: „Ich bleibe sogar noch ein paar Monate in England. Ich darf für die *Daily Post* eine ganze Artikelserie schreiben. Aber aus diesem Haus ziehe ich morgen schon aus. Ich werde bei einem Freund in Soho wohnen."

„Wie schön für Sie, Sir. Ich fahre morgen auch fort ... nach Somerset; mit Lady Alexandra."

„Jetzt ist es an mir, ‚wie schön für Sie' zu sagen."

„Ja, Sir, und gute Nacht, Sir." Sie verschwand im dunklen Dienstbotenaufgang. Oben in der Kammer trat sie ans Fenster. Der Verkehrslärm war verstummt; die Stadt schien zu schlafen oder doch wenigstens den Atem anzuhalten, ehe der erste Julitag anbrach.

„Verdammt ...", sagte Ivy leise, während sie auf die schwarzen Dächer der schlafenden Stadt hinunterstarrte, „verdammt ... verdammt!"

7

Charles Amberley trat aus dem angenehm kühlen Foyer des Carlton Clubs hinaus in die hochsommerliche Hitze und ließ sich vom Portier ein Taxi herbeiwinken. Zu seinem eleganten Äußeren paßte die gelangweilte Miene, die er zur Schau trug, doch innerlich kochte er. Sein Vater hatte ihm im Club ein opulentes Geburtstagsmahl spendiert: schottischen Lachs, einen ausgezeichneten Rheinwein, die üblichen Desserts und schließlich einen hundertjährigen Cognac, mit dem der Vater auf den Sohn angestoßen hatte.

„Auf den 23. Juli! Möge er für dich auch in Zukunft stets nur ein Tag voller Sonnenschein sein, Charles!" hatte Lord Stanmore gesagt. Er war an diesem Tag ausgesprochen heiter gestimmt, denn die Saison näherte sich dem Ende, und er konnte, wie andere Familienväter auch, in Kürze mit Anstand wieder auf seinen Landsitz zurückkehren.

„Du glaubst nicht, wie mir die Pferde fehlen, Charles", hatte er gesagt und hinzugefügt: „Ich habe das Gefühl, daß du auch lieber heute als morgen aus London abreisen möchtest. Was wird aus der Griechenlandfahrt mit Roger?"

„Abgeblasen. Roger will demnächst einen Gedichtband veröffentlichen, und die Vorbereitungen machen noch viel Arbeit."

„So bringt also jeder seine Ernte ein, wie? Weißt du schon, daß Alexandra ihre Wahl getroffen hat?"

„Nein, aber darf ich erfahren, wie sie dabei vorgegangen ist? Vermutlich hat sie einfach mit der Nadel in Mutters Namenslisten gepiekt."

„So ähnlich. Der Glückliche heißt Saunders. Auswärtiges Amt; Neffe von Lord Esher. Jedenfalls ist er diese Woche ihr Erwählter, aber ich hoffe, daß sie dabei bleibt."

„Ja, Vater, das wäre zu wünschen. Übrigens habe ich auch meine Wahl getroffen: Ich werde Lydia heiraten."

In seinen Ohren klangen diese schlichten Worte ganz natürlich; sie waren ihm eine heitere Zukunftsmusik. Doch auf Lord Stanmore mußten sie wie ein Donnerschlag wirken. Trotzdem ließ er sich nichts anmerken. Er schwieg, nippte von seinem Cognac und zündete eine Zigarette an. Endlich sagte er ruhig: „Meine Meinung zu dieser Angelegenheit kennst du, Charles. Der Gedanke, daß du der Schwiegersohn von Archie Foxe werden könntest, ist mir unerträglich."

„Weil er . . . Geschäftsmann ist?"

Lord Stanmores Hände spielten einen Augenblick lang mit dem Cognacglas. „An seinem Beruf stoße ich mich nicht, um so mehr aber an seiner Verachtung für das englische Klassensystem und unsere ehrwürdigen Traditionen. Mir kann der Mann nichts vormachen; er ist, seinem Auftreten nach, vielleicht nicht nur Liberaler, sondern sogar Sozialist. Seine Verbindung mit Lloyd George und dem ganzen schäbigen liberalen Pack widert mich an. Es tut mir leid für dich, Charles. Lydia ist in meinem Hause als Gast stets willkommen gewesen. Aber als Schwiegertochter? Niemals."

„Und wenn ich sie trotzdem heirate, Vater?" Charles Stimme hatte in dem hohen Raum plötzlich blechern und dünn geklungen.

„Für mich ist das Thema abgetan, Charles." Lord Stanmore hatte sein Glas auf den Tisch niedergesetzt, die Flasche herangezogen und hinzugefügt: „Du solltest noch ein Glas von diesem köstlichen Napoleon trinken, Charles. Es wird dir guttun."

Das Taxi hielt knapp am Bordstein, und Charles ließ sich auf den Rücksitz fallen. Großer Gott! Was sollte er jetzt tun? Natürlich konnte ihn der Vater nicht daran hindern, Lydia zu heiraten, aber er würde der Öffentlichkeit zu verstehen geben, daß diese Ehe für ihn nicht existierte. Und ob es Mutter gelang, ihn umzustimmen? Ihre Argumente wären gegenüber der Unbeugsamkeit Lord Stanmores sicher wirkungslos. Charles verkrampfte die Hände ineinander, bis ihn die Knöchel schmerzten. Nichts war also entschieden; alles blieb in der Schwebe wie bisher. Seine Eltern setzten offensichtlich auf die Wirkung der Zeit. Und Lydia? Welche Frau heiratete schon gern einen Mann, der von seinem eigenen Vater in Acht und Bann getan war? Denn daß es ihr ganz allein um seine Person ging, mochte nicht einmal Charles glauben. Zumindest war ihr die Anerkennung durch die Gesellschaft wichtig, und sie hatte damit gerechnet, daß einer Lydia Amberley alle jene Türen offenstehen würden, die die Millionen eines Archie Foxe niemals hatten sprengen können. Mit dem Namen Amberley würde Lydia in die allerhöchsten Ränge der Gesellschaft aufsteigen ... vorausgesetzt, diese Gesellschaft gab der Verbindung mit Charles den Segen.

„Großer Gott", flüsterte Charles. Wie würde Lydia reagieren, wenn sie erfuhr, daß man ihr diesen begehrten Segen verweigerte? Würde sie einfach lachen, ihn küssen und erklären, daß ihr das Verhalten der Gesellschaft ganz gleichgültig sei? Er wußte tief im Inneren, wie sie reagieren würde. Lydia liebte ihn, aber ihre Liebe gründete sich zu einem nicht geringen Teil auf seiner gesellschaftlichen Stellung. Und selbst wenn sie – Segen hin, Segen her – hartnäckig auf der Heirat bestand, wäre Charles' Problem noch nicht gelöst, denn konnte er sich seinem Vater derart widersetzen? Sein tiefes Pflichtgefühl gegenüber der Familie einfach über Bord werfen? In seinem Kopf begann sich alles zu drehen: Er saß in der Falle!

Das Taxi hielt vor Fenton Wood-Lacys Wohnung, in der auch Roger übernachtete, wenn er in London war. Fentons Bursche öffnete und führte den Besucher ins Wohnzimmer. Roger saß dort auf dem Teppich und hatte die Druckfahnen seines Gedichtbandes um sich herum verteilt. Ein Gast rekelte sich neben Roger auf dem Fußboden: Rupert Brooke, wie fast immer im weit geöffneten Tennishemd, das den Blick auf seine sonnengebräunte Brust freigab.

„Hallo, Rupert", sagte Charles, „schön, dich mal wiederzusehen."

Damals, als Charles Amberley und Roger Wood-Lacy in Cambridge Einzug hielten, hatte Brooke seine Studien am King's College bereits beendet. Doch eine Zeitlang wohnte er noch in der Nähe – im alten Pfarrhaus von Grantchester –, und die beiden jungen Studenten besuchten ihn häufig. Man ging gemeinsam zum Schwimmen im Stausee und unterhielt sich stundenlang über Bücher und Dichtkunst.

„Hallo, Charles", erwiderte Brooke mit müdem Lächeln. „Und herzlichen Glückwunsch, alter Junge!"

„Roger hat also geplaudert."

Brooke nickte. „Allerdings, und natürlich in der Hoffnung, du würdest uns in einem kleinen, aber erlesenen Restaurant ein Festmahl spendieren."

„Es soll mir ein Vergnügen sein", sagte Charles mit dumpfer Stimme.

Roger schaute auf und merkte, wie unnatürlich bleich der Freund war. „Ist dir nicht gut, Charles?"

„O doch, keine Sorge. Ich vertrage nur nicht die Hitze und die schlechte Stadtluft. Mein Gott, Roger, laß doch dein Buch ein, zwei Monate liegen, und fahre mit mir nach Griechenland."

„Um diesen Erdenwinkel solltet ihr in den nächsten Monaten lieber einen Bogen machen", sagte Brooke. „Wahrscheinlich gibt es bald einen neuen Balkankrieg. Österreich hat gerade völlig unannehmbare Forderungen an Serbien gestellt."

NIEMAND könnte mir einen Verstoß gegen die Etikette vorwerfen, dachte Fenton Wood-Lacy, als er langsam auf die Nummer vierundzwanzig am Cadogan Square zuschritt. Tags zuvor hatte Winifred

Suttons Debütantinnenball stattgefunden, und es war eine Geste der Höflichkeit, wenn er sich heute persönlich bei der Gastgeberin für die Einladung bedankte – und auch noch ein wenig mehr tat: Während des Balls hatte ihm Winifred nur einen einzigen Walzer reservieren können – allerdings den letzten –, und eine Dame hatte Winifreds Mutter zugeflüstert, „welch ein herrliches Paar" die jungen Leute abgäben. Lady Dexford hatte gestrahlt, und Fenton war so kühn gewesen, bei einem letzten Glas Punsch Winifred um einen Spaziergang am nächsten Nachmittag zu bitten, „falls Sie nach den Anstrengungen des Balls nicht allzu müde sind".

„Von Herzen gern", hatte Winifred gesagt und rasch hinzugefügt: „Mama hat sicher nichts dagegen einzuwenden."

Dennoch war ihm ein wenig unbehaglich zumute, als er, eine Konfektschachtel von Fortnum & Mason unter den Arm geklemmt, vor Dexford House haltmachte. Fast wie auf Freiersfüßen, dachte er, als ihn der Butler ehrerbietig in den Salon führte, wo Winifred schüchtern wie immer auf dem Sofa saß und den Gast erwartete.

„Ihr Ball war ein gesellschaftliches Ereignis, Winifred!" sagte Fenton zur Begrüßung.

„Mutter hat sich so gefreut, daß Sie daran teilnehmen konnten ..." Sie starrte auf ihre Hände, die gefaltet in ihrem Schoß lagen. „Und sie findet es auch nett, daß Sie mich heute besuchen."

Fenton räusperte sich. „Es ist mir doch ein ausgesprochenes Vergnügen, Winifred, und es gibt uns auch Gelegenheit, einmal zu ... zu plaudern."

„Wollen wir gleich aufbrechen? Hier drinnen ist es heute so stickig", sagte Winifred hastig.

Kurz darauf verließen sie Seite an Seite das Haus. Winifred legte die Hand leicht auf Fentons Arm und schlug einen Spaziergang durch Chelsea bis zum Fluß hinunter vor. „Aber wir wollen ganz langsam gehen", sagte sie. „Ich liebe Chelsea über alles. Und Sie?"

Er bestätigte, daß auch ihm Chelsea ausnehmend gut gefiele, und er sagte ferner, daß Winifred an diesem Nachmittag ganz besonders reizend aussehe.

Sie errötete heftig, und der Druck ihrer Hand auf seinem Arm verstärkte sich. „Vielen Dank für das Kompliment. Ist es ungehörig, wenn ich gestehe, daß auch Sie sehr gut aussehen? Ich weiß, ein Mädchen darf solche Sachen nicht zu einem Mann sagen, aber es ist doch die Wahrheit. Ich bin sehr stolz darauf, mit Ihnen spazierengehen zu dürfen."

Mit jedem Schritt, den sie sich von Dexford House entfernten, verlor sie auch ein wenig von ihrer gewohnten Schüchternheit. Sie sprach offenherzig über sich selbst und auch über ihre Schwächen.

„Ich bin geradezu verrückt nach Süßigkeiten", sagte sie, „aber wenn man schlank werden will, muß man Widerstandskraft gegen alle Verführungen entwickeln. Ich werde Ihre Konfektschachtel wie einen Schatz aufbewahren, aber essen werde ich den Inhalt nicht."

„Ich bitte um Vergebung. Mein nächstes Geschenk wird gewiß nicht eßbar sein."

„Wie lieb von Ihnen, Fenton. Ich habe wahrhaftig Angst, an Übergewicht zu sterben. Und auf meinem Grabstein wird stehen: ‚Hier ruht Lady Winifred Sutton, endlich zum Fasten gezwungen.'"

Sie hakte sich vertrauensvoll bei Fenton ein. Mein Gott, wie kindlich sie noch wirkt, dachte er; ich komme mir wie der Lieblingsonkel der jungen Dame vor.

Die Themse wälzte sich in der Julihitze träge dahin, und das Gespräch zwischen den beiden jungen Leuten verebbte allmählich. Doch Winifred schien schon zufrieden zu sein, wenn sie nur weiter an Fentons Seite daherschreiten durfte. Ein kleiner Schlepper mit mehreren Kohlenleichtern tuckerte flußaufwärts, ein paar graue Seevögel flogen kreischend aus dem Schlick unter der Albert-Brücke auf und nahmen Kurs auf Battersea am gegenüberliegenden Ufer. Fenton und Winifred bogen von der Uferpromenade ab und schlugen den Weg zum Sloane Square ein. Eine Schildwache vor der Duke-of-York-Kaserne stieß den Gewehrkolben mehrmals kurz auf den Boden, als das Paar vorüberschritt.

„Was soll das bedeuten?" fragte Winifred.

„Er hat in mir einen Offizier erkannt", erklärte Fenton, nachdem er mit leichtem Kopfnicken für die Ehrenbezeigung gedankt hatte. „Wahrscheinlich hat er mich schon einmal in Uniform gesehen."

„Nein", sagte Winifred, „ich weiß, was es war: Sie sehen selbst in Zivil wie ein Hauptmann der Coldstream Guards aus. Die Art, wie Sie den Hut tragen, verrät Sie. Ich könnte mir vorstellen, daß Kitchener ihn genauso aufsetzt."

Fenton beugte sich zu ihrem Ohr nieder. „Ich verrate Ihnen jetzt ein Geheimnis", flüsterte er. „Lord Kitchener hat gar keinen Strohhut – er trägt nur Uniform. Selbst sein Schlafanzug ist scharlachrot und mit zahllosen Medaillen besetzt."

Sie lachte aus vollem Halse.

Fenton begann, sich in Winifreds Gesellschaft wohl zu fühlen.

Gewiß, ein eleganter Typ war sie nicht, aber im Sonnenschein sah man, daß sie hübsches Haar und einen klaren, rosigen Teint hatte. Dazu schöne Zähne, weiche Lippen – zum Küssen wie geschaffen. Außerdem war der Umgang mit ihr nicht sonderlich anstrengend; man fühlte sich geradezu ... entspannt; ja, das war wohl der richtige Ausdruck.

Er winkte eine Droschke heran und befahl dem Kutscher, auf möglichst großen Umwegen zum Cadogan Square zu fahren.

„Das war der schönste Nachmittag meines Lebens", sagte Winifred zum Abschied.

„Es freut mich, daß Sie unseren Spaziergang genossen haben."

Sie wandte sich um, schaute Fenton geradeheraus an und fragte: „Könnten wir ihn wiederholen?"

Er konnte sie also mühelos haben! Sie hatte angebissen; ja, sie zappelte schon ungeduldig im Fischkorb. Ein bißchen schämte er sich, daß er diese Herzensangelegenheit so kaltblütig betrachtete, aber warum eigentlich? Die Kleine gefiel ihm ja sogar!

„Darf ich Ihren Vater in aller Form um die Erlaubnis bitten, Ihnen Besuche abzustatten?"

Einen Augenblick lang schien Winifred der Atem zu stocken. Dann stieß sie einen kleinen Schrei aus, sank an seine Schulter und berührte dabei seine Wange ganz leicht mit den Lippen. „O bitte, ja, mein lieber, lieber Fenton. Gott segne dich und behüte dich ... bis in alle Ewigkeit."

Martin Rilke hatte seinen Artikel bei der *Daily Post* in allerletzter Minute abgeliefert und kam erst um Mitternacht nach Hause. Er wohnte jetzt bei Jacob Golden in der Beak Street in Soho. Die Wohnung roch nach Möbelpolitur; offenbar war die Putzfrau dagewesen. Allzuviel Arbeit hatte sie diesmal sicher nicht gehabt, denn Jacob war schon vor einigen Tagen zum serbischen Krisenherd abgereist, und so blieb die weitläufige Wohnung sauber und aufgeräumt. Martin begann sogar schon, Jacobs rastloses Wesen zu vermissen, den blauen Rauch seiner starken türkischen Zigaretten, seinen Wortschwall, diese sarkastischen, zum Widerspruch reizenden, aufwieglerischen, lästerlichen Reden, in denen doch soviel Wahrheit steckte.

Die Küche hatte nichts Nennenswertes zu bieten: nur einige Büchsen Straßburger Gänseleberpastete, salzige Kekse, ein paar dickwandige Gläschen mit russischem Kaviar und einen Flaschenständer, der mit Champagner bestückt war. Ordentliche Mahlzeiten nahmen die beiden jungen Männer meist irgendwo in der Stadt ein, oder sie wurden auf einem Tablett aus dem ungarischen Restaurant im Erdgeschoß heraufgebracht. Der Bestellvorgang war ja so bequem: Jacob schrie einfach seine Wünsche in das Hinterhöfchen hinunter, in dem die Kellner und Köche während ihrer Freizeit auf umgekippten Flaschenkisten Karten spielten. Doch leider schloß das Restaurant um elf Uhr abends, und Martin mußte sich mit den Vorspeisen begnügen, die Jacobs Küche zu bieten hatte.

Er schenkte sich Champagner ein, legte eine dicke Scheibe Gänseleberpastete auf einen trockenen Keks und begann kauend, die Post durchzublättern: fast alles nur Zahlungsaufforderungen an Jacob. Doch ein Billett war an ihn selbst gerichtet – Briefpapier des Gardeclubs! Das knappe Schreiben lautete:

> Lieber Rilke,
> ich habe das Pech, am kommenden Feiertag das Kommando über die Leibwache Seiner Majestät übernehmen zu müssen. Wäre das Innenleben der königlichen Wachstube nicht ein reizvolles Thema für Ihr Groschenblatt? Falls Sie nichts Besseres vorhaben, betrachten Sie sich bitte als herzlich eingeladen zum Abendessen im Gardequartier; St.-James-Palast, Dienstag, den 4. August 1914, 7 Uhr abends; Smoking. Außer uns werden nur einige Freunde anwesend sein.
>
> Ihr Fenton Wood-Lacy

Martin nahm sich vor, die Einladung gleich am Morgen schriftlich zu bestätigen. Ein interessanter Vorschlag: Vielleicht würden dabei sogar zwei Artikel für die *Daily Post* abfallen.

Die Notizbücher stapelten sich vor ihm auf dem Tisch, aber er war zu müde, um noch seine gewohnten Tagebucheintragungen vorzunehmen. Andererseits fühlte er sich so aufgedreht, daß an Schlaf nicht zu denken war. Ihm ging Jacobs jüngste Nachricht aus Serbien durch den Kopf. Der Freund hatte geschrieben: „Österreichische Kanonenboote auf der Donau, so weit das Auge reicht." Und diese Worte lösten jetzt in Martin die Erinnerung an ein anderes Bild aus, das sich ungewöhnlich tief in sein Gedächtnis eingegraben hatte. Die Szene lag schon einige Wochen zurück. Damals hatten die Stanmores während der Regatta von Henley-on-Thames Freunde zum Picknick am Flußufer eingeladen, und Martin hatte sich in eine längst vergangene Zeit zurückversetzt gefühlt: unten der stille, grüne Strom mit den schimmernden, frisch lackierten Booten, die lautlos wie königliche

Schwäne über die Wasserfläche glitten; am Ufer lauschige Plätzchen unter mächtigen Trauerweiden, deren tief herabhängende Zweige ins Wasser eintauchten; oben auf der Böschung weißgekleidete Damen mit breitrandigen Hüten, die auf und ab spazierten und gelegentlich stehenblieben, um der Kapelle im reichverschnörkelten Musikpavillon zu lauschen.

In Martins Phantasie schob sich vor die heitere, sonnenüberflutete Regattaszene jetzt das brutale Bild der gedrungenen, stählernen Kriegsschiffe auf der Donau. Damals, als man so fröhlich im Gras lagerte und Erdbeeren und Schlagsahne naschte, war noch nicht einmal von einer ernsthaften Krise die Rede, und heute drohte Österreich schon mit Krieg! Wie würde Rußland reagieren? Und Frankreich? England? Verträge und Bündnisse hielten die Staaten wie mit stählernen Fesseln aneinandergekettet und bestimmten ihr Verhalten.

Noch einmal wanderten Martins Gedanken zurück zum Picknick am Themse-Ufer, zu Erdbeeren mit Schlagsahne, zum Weißwein, den Butler Coatsworth in einem silbernen Weinkühler bereithielt, denn selbstverständlich mußte die Dienerschaft auch bei einem Ausflug ins Grüne ihres Amtes walten. Martin hatte damals Lydia Foxe kennengelernt – in der Tat eine faszinierende Schönheit. Er konnte jetzt gut verstehen, daß Charles das Mädchen anbetete. Lydia war an diesem Tag gelöst und charmant, aber Martin hatte den entschlossenen, eiskalten Blick aufgefangen, mit dem sie Lord Stanmore und Lady Hanna maß, die arglos ihre Erdbeeren löffelten; ein Blick zum Fürchten.

ALLE Anwesenden schienen nur Augen für die Wanduhr zu haben. Roger Wood-Lacy, der auch zu den Gästen seines Bruders gehörte, versuchte vergeblich, das versickernde Gespräch durch ein paar Witze wiederzubeleben. Ordonnanzen räumten die Tafel bald wieder ab, denn außer Martin Rilke hatte niemand rechten Appetit gezeigt.

„Die Armee scheint eine gute Küche zu haben“, sagte Martin.

Fenton saß am oberen Ende des Tisches in seiner scharlachroten Uniformjacke, deren Messingknöpfe das Kerzenlicht reflektierten. „Die Burschen in der Messe sind ganz tüchtig“, sagte er, „aber diese Hammelrippchen stammen aus der Palastküche. Großzügiges Vermächtnis von Georg IV., dem notorischen Liebhaber guter Speisen und schlampiger Weiber. Leider wurde nur dem jeweiligen Hauptmann der Garde das Essen aus der königlichen Küche zugestanden.“

Charles schaute schon wieder auf die Uhr. „Zehn Uhr dreißig."

„Also genau zwei Minuten später als bei deiner letzten Zeitansage", bemerkte Fenton trocken.

Galesby, ein rotgesichtiger Anwalt und Bergsteigerfreund Fentons, schüttelte stirnrunzelnd den Kopf. „Du nimmst die Sache zu leicht, Fenton. Was in den nächsten anderthalb Stunden geschieht oder unterlassen wird, betrifft dich mehr als jeden anderen hier am Tisch."

Eine Ordonnanz reichte Rauchwaren herum. Fenton wählte eine Zigarre und führte sie, genießerisch daran schnüffelnd, unter der Nase hin und her. „Mein lieber Galesby, an dieser Tafel gilt eine Regel: Über Berufliches wird nicht gesprochen. Und der Krieg ist mein Beruf."

„Für dich vielleicht, aber ich habe nie in des Königs Diensten gestanden, und folglich darf ich auch meine Meinung sagen. Fenton, ich bitte dich um eine ehrliche Antwort: Glaubst du, daß Deutschland bis Mitternacht einen Rückzieher macht und den Einmarsch in Belgien abbläst?"

Fenton zündete seine Zigarre an. Es war so still im Raum, daß man das Zischen des Streichholzes bis in den entferntesten Winkel hörte. „Alle beteiligten Nationen sind längst über den Punkt hinaus, an dem sie noch Rückzieher machen könnten. Die Deutschen stehen vor Lüttich, und nicht einmal der liebe Gott wäre in der Lage, ihre vorwärts rollenden Truppentransporte heimzuschicken. Die Politiker, die Staatsmänner, die Kaiser und Könige haben gesprochen; jetzt sprechen die Kanonen. Daran ist nichts mehr zu ändern."

Im Geist sah Martin die Truppentransportzüge, die zu Hunderten aufeinander zurollten, die einen von Osten her, aus Deutschland kommend, die anderen von Westen, aus Frankreich. Welch ein Wahnsinn: Der Krieg an der Donau hatte nur sechs Tage gedauert, und es könnte durchaus bei der internen Auseinandersetzung zwischen Österreich und Serbien bleiben, wenn beide keine Unterstützung bei ihren Verbündeten fänden!

Der Minutenzeiger rückte unaufhaltsam vorwärts, und in der lastenden Stille war das Ticken des Uhrwerks ganz deutlich zu hören. Inzwischen machte schon die Portweinkaraffe die Runde, und man füllte immer aufs neue die Gläser.

Um vierundzwanzig Uhr hatte Fenton die Wachen im Buckingham-Palast zu inspizieren, und so brachen die Gäste eine halbe Stunde vor Mitternacht auf. Im kahlen Innenhof des St.-James-Palastes nahmen sie stumm voneinander Abschied.

Charles atmete die kühle Nachtluft in vollen Zügen ein. „Ein Spaziergang wäre jetzt das richtige", sagte er.

„Gute Idee", erwiderte Galesby. „Ich begleite Sie . . . doch wohl in Richtung Whitehall?"

„Ja, ich will es aus erster Hand erfahren", sagte Charles.

Die kleine Gesellschaft bog in die Mall ein. Drüben, jenseits der breiten, baumgesäumten Prachtstraße, lag der St.-James-Park im nächtlichen Dunkel.

„Ist es nicht ein Irrsinn?" sagte Galesby so leise, daß es wie ein Selbstgespräch klang. „Man sollte meinen, die Menschheit wäre inzwischen intelligent genug geworden, um ihre Streitigkeiten am Konferenztisch zu bereinigen."

„Falsch", sagte Roger in seltsam erregtem Tonfall. „Das hieße, dem Schicksal ins Handwerk pfuschen. Krieg ist eine Art Wiedergeburt, ein Ritus, so alt wie die Menschheit selbst. Ich habe heute früh erst mit Rupert darüber gesprochen. Er ist hellauf begeistert. ‚Dem kleinen Belgien in schimmernder Rüstung zu Hilfe eilen – das ist fast so wie ein Kreuzzug des Mittelalters, eine ritterliche Tat', hat er gesagt."

„Das kann ich nicht beurteilen", sagte der Anwalt trocken und warf seine nur halb gerauchte Zigarre in den Rinnstein. „Aber eines weiß ich genau: Danach wird nichts mehr so sein, wie es bisher war."

„Und das wäre vielleicht ein Segen", sagte Charles ruhig.

Am Ende der Mall blieben sie stehen. Durch die Baumkronen in der Nordostecke des Parks blinkten die hellerleuchteten Fenster der Admiralität. Big Ben schlug Mitternacht, zwölf hohle, eherne Schläge. Aus der Ferne hörten sie einen vielstimmigen wilden Aufschrei, dem der Lärm von Hunderten rennender Füße folgte. Schattenhafte Gestalten drängten über den Paradeplatz der Horse Guards – zumeist junge Männer, die offenbar von einem Freudentaumel erfaßt waren.

Martin und Galesby traten beiseite, um nicht über den Haufen gerannt zu werden, denn die tobende Menge hatte jetzt den Weg zum Buckingham-Palast eingeschlagen. In dem großen Gebäude waren mit einem Schlag alle Lichter angegangen. Roger packte Charles am Ellenbogen. „Los! Komm schon!" rief er aufgeregt, und im nächsten Augenblick waren sie in die rasende Menge eingetaucht und ließen sich mit dem Strom fortreißen.

Am Waterloo Place lief ihnen ein atemloser älterer Mann vor die Füße. „Ist Krieg?" keuchte er, „ist wirklich Krieg?"

„Ja, du Idiot!" rief Galesby, „es ist Krieg!"

ZWEITER TEIL

1

Das Schloß von Longueville schimmerte im Mondlicht wie ein silberweißer Feenpalast. Vorübergehend mußte es den Stab der 3. Division vom II. Korps des britischen Expeditionsheeres beherbergen. Auf dem Kopfsteinpflaster des Innenhofes standen Autos der Stabsoffiziere, Pferde, Fahrräder und Motorräder dicht beieinander. Hauptmann Fenton Wood-Lacy schritt steifbeinig die Schloßtreppe hinauf und betrat die Eingangshalle. Dort war die Hölle los. Leute vom Fernmeldetrupp richteten in fieberhafter Eile eine provisorische Telefonzentrale ein; Stabsoffiziere rannten die Marmortreppe hinauf und hinunter; Bataillonskommandeure standen in kleinen Gruppen zusammen und erwarteten voll unruhiger Spannung ihre Einsatzbefehle.

Der junge Hauptmann hatte das Gefühl, unter so vielen Majoren, Obristen und Stabsoffizieren aufzufallen, und es war ihm geradezu peinlich, daß ihn Oberst Blythe, der Adjutant seines Onkels, im Gewühl entdeckte und lauthals begrüßte.

„Hallo! Hauptmann Wood-Lacy!“ rief Blythe und schüttelte Fenton offenbar hoch erfreut die Hand. „Daß ich Sie endlich gefunden habe! Der General will Sie sofort sprechen. Ich führe Sie hinauf.“

Im zweiten Stock bat der betagte Oberst Fenton, sich einen Augenblick zu gedulden. „Der hohe Herr wird gleich dasein“, meinte er augenzwinkernd. Und als Fenton einen Versuch machte, sich den Schmutz von der Uniform zu klopfen, fügte er rasch hinzu: „Bloß nicht saubermachen! Dreck gehört bei dieser Division zur Etikette. Und Ihr Onkel würde den Offizier, der in piekfeiner Uniform erscheint, glatt vor ein Kriegsgericht stellen lassen.“ Er schlug Fenton auf die Schulter. „Und jetzt bekommen Sie erst einmal einen Whisky.“

Fenton spazierte in dem hohen Raum, der offenbar die Schloßgalerie gewesen war, auf und ab und betrachtete die zurückgelassenen Rokokogemälde und Kunstgegenstände. Eine Ordonnanz erschien mit zwei Karaffen, und Fenton mixte sich einen Drink aus viel Whisky und wenig Wasser. Dann ließ er sich vorsichtig auf einem sehr zerbrechlich wirkenden Louis-Quatorze-Stuhl nieder. Er hatte seit der

WAR
DECLARED
The Globe
CITY SPECIAL

Morgendämmerung im Sattel gesessen und war vollkommen übermüdet. Als der General ziemlich geräuschvoll die Galerie betrat, sprang Fenton auf und machte hastig die korrekte militärische Ehrenbezeigung.

„Danke, mein Junge, danke." Sir Julian Wood-Lacy, Träger des Viktoriakreuzes und des Kriegsverdienstordens, betrachtete den Neffen wohlgefällig. „Donnerwetter, du gefällst mir: dreckig wie ein Kohlentrimmer!" Er schlug Fenton mit beiden Händen auf die Schultern. „Und was macht das Brüderchen?"

„Roger hat sich gerade freiwillig gemeldet, als ich abreiste."

Der General zupfte an seinem Schnauzbart. „Ehe der Junge seine Uniform verpaßt bekommen hat, ist hier alles vorbei. Glaub mir: Noch bevor die Bäume kahl sind, haben sich unsere teutonischen Freunde wieder über den Rhein verzogen."

„Sind Sie davon überzeugt, Sir?"

Der General beugte sich ein wenig vor und senkte die Stimme. „Überzeugt? Ich weiß es! Die Verluste der Deutschen bei Lüttich waren sehr hoch. Ich wünschte, wir könnten sie noch ordentlich verdreschen, aber was wird passieren? Sie ziehen die Fühler ein und weichen nach Osten zurück, um sich auf eigenem Grund und Boden zu verschanzen. Die Belgier kämpfen übrigens zäh wie Terrier, und die Franzosen sind heute früh zum Angriff angetreten. Morgen um diese Zeit müßten sie schon mitten in Lothringen stehen."

Sir Julian war vor seinem Neffen stehengeblieben und wippte auf den Füßen. „Um es kurz zu machen, Fenton: Du bist ab sofort meinem Stab zugeteilt."

Fenton wich dem durchdringenden Blick der hellen Augen aus. „Das riecht ein bißchen stark nach Vetternwirtschaft, Sir", sagte er tapfer.

„Großer Gott! Das riecht nicht nur, es stinkt danach!" polterte der General. „Aber hör jetzt zu: Wir bewegen uns nordwärts in Richtung Belgien; wir, das heißt die gesamte Armee: neunzigtausend Mann. Und dabei haben wir kaum eine einzige brauchbare Landkarte, nach der wir uns orientieren könnten. Ich brauche deshalb dringend einen zuverlässigen Offizier, der dafür sorgt, daß die Divisionskommandeure ihre Leute überhaupt in die richtige Richtung schicken. Es macht dir doch nichts aus, für mich den Botenjungen zu spielen?"

„Nein, Sir, es macht mir nichts aus."

Oberst Blythe erschien auf der Schwelle und hüstelte diskret. „Die Bataillonskommandeure warten unten, Sir."

„Ich komme. Und nehmen Sie bitte diesen jungen Mann unter Ihre Fittiche. Er ist unser neuer Verbindungsoffizier."

Er drehte sich abrupt um und stiefelte zur Tür. Vom Treppenhaus her hörte man noch ein Weilchen das energische Klappern seiner Sporen.

Oberst Blythe lächelte ein wenig. „Beruhigendes Geräusch."

„Ja", sagte Fenton, „der General verbreitet Zuversicht."

„Und etwas Besseres könnte er gar nicht tun. Die Truppe ist zwar geradezu kampfwütig, aber das Oberkommando benimmt sich nervös wie eine alte Jungfer, die sich in den Rauchsalon eines Herrenclubs verirrt hat." Er kippte einen Whisky pur hinunter. „Irgendwo rechts von uns ist die französische 5. Armee zum Angriff angetreten, aber wir haben nicht die geringste Verbindung zu ihr. Niemand hier weiß, was der andere gerade treibt; und was die Fritzen vorhaben, ahnen wir nicht einmal."

Er zog eine zusammengefaltete Landkarte aus der Ledertasche, die an seinem Gürtel hing, und gab sie Fenton. „Unsere Division bewegt sich an dem Kanal entlang, der Condé und Mons verbindet. Der Stab der 5. Armee liegt angeblich in Élouges. Sie müssen morgen dorthin fahren und mit ihrer Vorhut Verbindung aufnehmen. Die Karten sind übrigens einen Dreck wert." Er fuhr sich mit der Hand durch das spärliche Haar und schloß leise: „Großer Gott! Wie kann man nur so einen Krieg führen!"

FENTON ging in sein Quartier, konnte aber lange nicht einschlafen. In seinem Kopf jagten sich Gedanken und Erinnerungen. Nicht zu glauben: Vor sechs Tagen war er noch in Southampton gewesen und hatte auf seine Einschiffung nach Frankreich gewartet. Und Lord Dexford hatte es sich nicht nehmen lassen, dem zukünftigen Schwiegersohn ein Liebesgabenpäckchen zu überbringen: Delikatessen von Harrods, türkische Zigaretten, eine Flasche Whisky . . . und einen Brief von Winifred. Sie schrieb:

> Liebster Fenton,
> Gott schütze Dich in diesen Stunden der Gefahr. Ich weiß, daß Du kühn und tapfer dazu beitragen wirst, daß wir bald den Sieg erringen. Alle Zeitungen sagen das Kriegsende noch vor dem Weihnachtsfest voraus. Ich bete, daß sie recht behalten, denn ich möchte mit Dir beim Silvesterball unseren Sieg feiern.
>
> In Liebe,
> Deine Winifred

Meine Winifred! Fenton stöhnte. Es machte ihm nach einer Woche schon Mühe, sich ihr Gesicht in Erinnerung zu rufen.

Gegen zwölf Uhr mittags ging er zur Straßenkreuzung hinunter, an der ihn das Auto erwartete. Webber, sein Bursche, trottete mit dem Gepäck pfeifend hinter ihm her. *Der* wenigstens würde strahlen, wenn er erfuhr, daß sein Hauptmann in den Stab versetzt war: Schluß mit dem täglichen Dreißigmeilenmarsch, Schluß mit dem Schlafen auf der nackten Erde.

„Was war das, Sir?" Webber lauschte mit geneigtem Kopf zum Waldrand hinüber. Dort drüben, jenseits des Ackers, hatte es eine Bewegung gegeben, einen Luftstoß, aber doch keine Windbö. Und dann hörten sie auch den Lärm: dumpfes, nicht mehr abreißendes Donnergrollen.

„Gottverdammich! Dabei liegt doch gar kein Gewitter in der Luft!" sagte Webber und hob schnüffelnd die Nase.

Fenton ging wortlos weiter. Das schwere Geschützfeuer mußte noch viele Meilen entfernt sein. Kam es aus französischen Rohren? Aus belgischen? Und schlug es die Deutschen wirklich in die Flucht? Zweifel begannen sich in seiner Brust zu regen.

„VERZEIHUNG, Sir, ich muß die falsche Straße genommen haben." Der Fahrer brachte den Wagen an einer Kreuzung zum Stehen.

„Es ist nicht Ihre Schuld", sagte Fenton. „Diese Karte stimmt hinten und vorn nicht."

Es war ein verdammt unangenehmes Gefühl, in einem Auto herumzukurven und nicht im geringsten zu wissen, wo man sich befand. Vielleicht führte die Straße dort vorn geradewegs in die deutschen Linien? Soviel er wußte, standen immerhin dreißigtausend britische Soldaten auf belgischem und französischem Boden, und doch war von diesem riesigen Haufen hier nicht eine Seele zu sehen. Die Lage war mulmig. Fenton starrte wieder auf die Karte, nahm die Feldmütze ab und trocknete sich die schweißbedeckte Stirn mit dem Taschentuch. Diese elende Hitze, und immer noch kein Wölkchen am Himmel! Der arme Webber hatte schon fast einen Sonnenstich. Er hing wie ein schlaffer, schweißgetränkter Khakisack auf seinem Sitz. Der Fahrer, der Gefreite Ackroyd, machte einen zuverlässigeren Eindruck. Der dürre, drahtige Londoner gehörte dem Middlesex-Regiment an.

Fenton suchte in seiner Rocktasche nach dem Zigarettenetui. „Zigarette, Ackroyd?"

„Ja, gern, Sir", sagte der Mann und nahm geradezu Haltung an. „Lechze schon nach einem Glimmstengel. Sehe ich richtig? Eine echte Abdullah!"

„Sie wird Ihnen noch den Geschmack an der Woodbine verderben."

„Soll sie doch, Sir!"

Fenton lächelte, und der Mann griente. Eine gewisse Vertraulichkeit war in Extremsituationen nicht zu umgehen. Schließlich saßen sie ja, wenn auch das Bild nicht ganz paßte, im selben Boot.

„Trostlose Gegend", sagte Fenton.

„Ja, Sir; ziemlich dreckig."

Die Landschaft wirkte trotz des strahlenden Augustwetters abweisend kalt. Kleine feuchte Wäldchen wechselten ab mit unbestellten Äckern, unkrautüberwucherten Schutthalden und riesigen Bergen verrottender Holzbalken. Sie befanden sich im Gebiet aufgegebener Kohlenbergwerke.

Fenton faltete die Karte wieder zusammen und steckte sie in die Kartentasche. „Fahren Sie noch ein paar Meilen ostwärts. Irgendwann müssen wir doch auf ein Dorf stoßen. Das wird uns dann einen Anhaltspunkt geben."

Ackroyd gab Gas und fuhr auf der schmalen Straße geradeaus weiter. Plötzlich trat er auf die Bremse und zeigte nach vorn. „Achtung, ein Flugzeug, Sir!" rief er. „Es kommt direkt auf uns zu!"

Die Maschine schob sich schräg über eine Allee hoher Pappeln und folgte dann der Straße. Sie flog nun in kaum zehn Meter Höhe und zog über Fentons Wagen eine scharfe Kurve. Der Pilot lehnte sich aus der Kanzel und winkte.

„Einer von unseren Jungen", sagte Fenton, der das Manöver des Flugzeugs aufmerksam verfolgt hatte. „Eine Avro, wenn ich mich nicht täusche. Möchte wissen, wie sich solch eine Kiste in der Luft hält!"

„Sieht eher aus wie der Wagen der chinesischen Wäscherei bei uns zu Hause", sagte Ackroyd.

Der winzige Flugzeugmotor tuckerte noch ein bißchen; die ganze jammervolle Konstruktion aus Leinwand, Holz und Drähten begann beängstigend zu taumeln, fand aber dicht über dem Boden das Gleichgewicht wieder und setzte zu einer perfekten Landung an.

Fenton und der Fahrer sprangen aus dem Auto und rannten zum Flugzeug. Der Pilot stieg vorsichtig aus dem Cockpit und schlüpfte mit artistischer Gewandtheit durch das Gewirr von Drähten, die die unteren Flügel mit dem Rumpf der Maschine verbanden.

„Hallo, Jungs!" rief der Pilot, „könnt ihr mir ein bißchen Sprit spendieren? Ich sitze auf dem trocknen."

„Im Kofferraum haben wir einen Fünfundzwanzigliterkanister", sagte Fenton.

„Fein. Damit komme ich bis Le Cateau."

Der Gefreite lief zum Auto zurück, während der Pilot bei seinem Flugzeug stehenblieb und sich lässig an den unteren Flügel lehnte. „Nett, daß Sie mir aushelfen wollen, Hauptmann. Als Gegenleistung gebe ich Ihnen einen guten Rat: Drehen Sie schleunigst um! Dort vorn gibt es nichts als Hunnen. Riesige Horden von Hunnen . . . keine zehn Meilen von hier. So etwas habe ich in meinem Leben noch nicht gesehen."

Fenton zog die Karte heraus. „Geben Sie mir die genaue Position der Deutschen!"

„Du lieber Himmel! Die sind doch überall!" Der Finger des Fliegers wischte über die Karte und hinterließ eine dünne Ölspur. „Ich sage es doch: Von Charleroi bis nördlich von Mons nichts als Hunnen. Könnten gut und gern zweihunderttausend Mann sein. Aus der Luft sieht das wie ein mächtiger grauer Fluß aus. Artillerie ist auch dabei, meilenlange Pferdekolonnen, die die Kanonen transportieren. Heute früh gab es ein großes Gefecht – am ganzen Kanal entlang. Wenn Sie mich fragen: Wir haben uns tapfer geschlagen, aber unsere Leute müssen sich trotzdem zurückziehen. Ich muß jetzt fort. Im Hauptquartier warten sie auf meinen Bericht; ich kann es bloß nicht finden."

„Ja", sagte Fenton trocken, „ich kann mir gut vorstellen, wie dringend man Ihren Bericht erwartet. Haben Sie nach rechts hin französische Einheiten gesehen?"

„Bloß ein bißchen Kavallerie mit prächtigem Federbusch und spiegelblankem Harnisch . . . als wollten sie auf einen Kostümball gehen. Infanterie war auch da, aber auf dem Marsch nach Süden. Wenn unsere Jungen noch in Mons stecken, ist ihre Flanke völlig ungedeckt."

„Und wie komme ich jetzt weiter? Ich versuche, Élouges zu erreichen."

„Dann können Sie auch die Straße nach Süden nehmen. Aber Sie werden Schwierigkeiten haben. Die Strecke ist völlig verstopft mit Truppentransporten . . . alle auf dem Weg zurück nach Frankreich."

Der Pilot stopfte rasch noch ein wenig Brot und Käse aus Fentons Vorratskorb in sich hinein, während Ackroyd den Flugzeugtank auffüllte. Dann erklärte der Flieger dem Gefreiten, wie er den

Propeller anwerfen müsse, ohne sich dabei zu köpfen, und wenige Augenblicke später erhob sich das kleine Flugzeug schon mühelos wie eine Schwalbe in die Luft. Fenton und Ackroyd standen auf der Landstraße und schauten ihm nach.

„Angenehme Art zu reisen", sagte Fenton.

„Und in welche Richtung reisen wir jetzt, Sir?"

„Nach Süden. Nun fahren Sie doch endlich los!"

Die Straße verlief zunächst südwärts und bog dann nach Westen ab, so daß der untergehende Sonnenball das schmale Asphaltband zu berühren schien. Plötzlich huschten Schatten über die Straße.

„Pferde . . . das sind ja Pferde!" stammelte Ackroyd und bremste scharf.

Fenton konnte flüchtig einzelne Gestalten erkennen, die sich vor dem roten Sonnenball als Silhouetten abzeichneten. Kleine Helme mit einem flachen Buckel auf dem Oberkopf: „Ulanen!" sagte er. Seine Stimme klang bei der Nennung des gefürchteten Namens bemerkenswert kaltblütig. „Umdrehen! Sofort umdrehen!"

Webber war zwar Offiziersbursche, aber wie jeder Gardesoldat hatte auch er eine gründliche Schießausbildung erhalten. Er erhob sich plötzlich zu voller Größe, brachte seine kleine Enfield in Anschlag und drückte ab. Eine der Schattengestalten stürzte auf die Straße, und ein reiterloses Pferd galoppierte im nächsten Augenblick an Fentons Auto vorüber. Webbers zweiter Schuß ging fehl, denn Ackroyd hatte gewendet, und der Wagen raste jetzt wild schleudernd auf der Straße zurück. Dann knatterte am Waldrand ein Maschinengewehr, und Kugeln durchsiebten das Autoblech. Ein Vorderreifen platzte; der Wagen schlitterte in den Straßengraben. Fenton sah noch, wie Webber mit blutüberströmtem Gesicht in seinem Sitz rückwärts kippte, und in der nächsten Sekunde flog er selbst in hohem Bogen durch splitterndes Astwerk und landete mit hartem Aufprall in einem Laubhaufen. Ihm wurde schwarz vor Augen.

Als er wieder zu sich kam, sah er nichts als tanzende rote Lichter. Er kämpfte um Atem, aber irgend etwas drückte mit aller Gewalt auf sein Gesicht. Dann flüsterte Ackroyd über ihm: „Nicht bewegen, Sir, nicht bewegen!" Es war die Hand des Gefreiten, die ihm den Mund verschloß. Allmählich wurde sein Blick wieder klarer, und er erkannte, was in etwa zehn Meter Entfernung vor ihnen geschah: Das Auto war nur noch eine riesige wabernde Flamme! Er selbst mußte wohl versteckt im Buchenwäldchen neben der Straße liegen, denn das Bild des brennenden Wagens war teilweise verdeckt durch schlanke, dunkle Baumstämme. Also hatte ihn Ackroyd in Sicherheit gebracht! Das schwor sich Fenton: Für die Beförderung des Mannes würde er sorgen. Er machte eine leichte Kopfbewegung und gab Ackroyd zu verstehen, daß er sich wieder in der Gewalt hatte. Der Gefreite nahm die Hand vom Mund des Hauptmanns.

„Wo stecken sie?“ flüsterte Fenton.

„Einfach überall, Sir. Verdammte Scheiße...“

Fenton konnte die Deutschen sogar hören: das Pferdegetrappel auf dem federnden Waldboden, das Krachen und Splittern junger Bäume und kehlige deutsche Flüche. Dann rief ein Ulan: „Achtung! Die Engländer kommen!“, und weiter hinten auf der Straße wurde ein Signalhorn geblasen. Die Ulanen, die noch den Wald nach den Autoinsassen abgesucht hatten, preschten zurück zur Straße. Wieder bellte ein Maschinengewehr; es mußte dicht neben dem Auto postiert sein, das noch immer brannte – ein Scheiterhaufen, dachte Fenton, denn wahrscheinlich wurde der arme Webber darin von den Flammen verschlungen.

„Können Sie laufen, Sir?“

„Ich ... ich weiß nicht...“

„Sie müssen es versuchen, Sir ... bitte!“ In Ackroyds Stimme schwang Verzweiflung, und Fenton richtete sich mühselig auf. Im Kreuz spürte er einen dumpfen Schmerz, aber er schien keinen Knochenbruch davongetragen zu haben.

„Bücken, Sir, so tief wie möglich, und laufen Sie, was das Zeug hält!“

Die Richtung schien im Augenblick keine Rolle zu spielen; Hauptsache, sie gelangten zunächst außer Reichweite der Ulanen. Mehr kriechend als laufend zogen sie sich in das Wäldchen zurück. Ackroyd hatte die Führung übernommen, und Fenton folgte ihm keuchend. Fast gleichzeitig stürzten beide schließlich erschöpft zu Boden. Fenton erbrach sich und blieb flach auf dem Rücken unter einem Weißdornbusch liegen. Ackroyd warf sich bäuchlings auf die Erde; er sah aus wie ein Toter. Sie steckten inzwischen schon tief im Wald, und außer dem Rascheln der Blätter, dem schmelzenden Gesang einer Nachtigall und ihrem eigenen rasselnden Atem war kein Laut zu hören.

TAGSÜBER versteckten sie sich, und nachts setzten sie ihren Marsch fort. Langsam, aber stetig bewegten sie sich südwärts. Das gesamte Gebiet war von der deutschen Armee besetzt, aber nur so lückenhaft, daß sie immer wieder einen Durchschlupf fanden. Sie ernährten sich von Äpfeln und Beeren und den spärlichen Speiseresten, die die Bauern bei der Flucht in ihren Häusern zurückgelassen hatten. Das Wetter war gut: tagsüber heiß, aber mild in der Nacht, und das Mondlicht am wolkenlosen Himmel reichte aus, um ihnen den Weg zu beleuchten. Nur während der zweiten Nacht gab es ein Gewitter, vor dem sie in einer Scheune Schutz fanden. Der Regen hörte gegen Morgen wieder auf, aber das Donnergrollen hielt an – nur stammte es jetzt von den Kanonen, die im ungefähr sechzehn Kilometer entfernten Le Cateau standen.

Bei Einbruch der Dunkelheit setzten sie den Marsch fort. Sie kamen gut voran, und noch vor Mitternacht stießen sie auf eine Eisenbahnlinie. Am nördlichen Horizont flackerte Feuerschein; es sah aus, als wollte mitten in der Nacht gewaltsam der Morgen anbrechen. Sie folgten nun dem Schienenstrang und erreichten um vier Uhr früh die verstreut liegenden Häuser am Rand einer kleinen Ortschaft. Militärtransporter parkten an der schmalen Straße, die in den Ortskern führte, und Zugpferde grasten daneben auf einem Feld.

„Unsere Leute“, sagte Fenton, als er eine typisch englische Feldküche entdeckte. Sie blieben einen Augenblick stehen und versuchten, den ärgsten Schmutz von ihren zerfetzten Uniformen abzuklopfen. Im Weitergehen pfiff Ackroyd den Tipperary-Marsch. Er hoffte wohl, damit eine Wache auf sich aufmerksam zu machen, doch alles blieb gespenstisch still. Ungehindert marschierten sie über den Bahnsteig, durch die verlassene Bahnhofshalle und in die Hauptstraße des Ortes.

„Merkwürdig“, sagte Fenton, „nirgendwo ein Wachtposten!“

„Ja, Sir, ziemlich ausgestorben, das Nest.“

Ihre Schritte in den schweren Stiefeln hallten laut auf dem Kopfsteinpflaster. Die Straße führte in einem leichten Bogen zum Marktplatz. Und dort endlich stießen sie auf Menschen. Dicht an dicht um einen Brunnen gelagert und buchstäblich auf jedem Quadratzentimeter des Platzes schliefen Soldaten, insgesamt dreihundert, wenn nicht mehr. Sie lagen so, wie sie vor Erschöpfung zu Boden gesunken waren. Fenton konnte auf den Uniformen die Hoheitsabzeichen von mindestens einem halben Dutzend Regimentern ausmachen. Ein Feldwebel der Gordon Highlanders lag auf dem Rücken im Rinnstein, den Kopf auf den Tornister gebettet. Seine linke Hand steckte in einem schmutzigen, blutverkrusteten Verband. Fenton stieß dem Mann die Stiefelspitze in die Seite.

„Los! Aufstehen, Feldwebel!“

Der Soldat stierte Fenton einen Augenblick lang verständnislos an; dann erhob er sich stöhnend.

„Was, zum Teufel, geht hier vor?“ schrie Fenton mit schneidender Stimme. „Ihr seht aus wie eine Bettlerarmee!“

Die rotgeränderten Augen des Mannes wanderten von Fentons Gesicht zu den Hauptmannssternen auf den Schulterklappen. Er riß sich zusammen und nahm Habachtstellung ein.

„Die Jungen sind einfach erledigt, Sir.“

„Das verstehe ich, Sergeant. Aber warum sind keine Feldwachen aufgestellt? Großer Gott, Mann! Die Deutschen werden im Morgengrauen hiersein!“

„Jawohl, Sir. Aber Oberst Hampton hat nur gesagt, wir sollten die Gewehre zusammentragen und erst mal schlafen. Außerdem hat er gesagt, für uns ist der Krieg zu Ende, Sir.“

„Euer Oberst ...?“

„Nein, Sir. Oberst Hampton vom Winchester-Regiment.“

„Wo steckt der Mann?“

„Im Rathaus, Sir, dort drüben.“

„Und glauben Sie vielleicht auch, daß der Krieg für Sie zu Ende ist, Feldwebel?“

Der hoch aufgeschossene junge Soldat knirschte hörbar mit den Zähnen. „Ich darf einem Oberst nicht widersprechen, Sir ... nicht mal, wenn er von den verdammten Winchestern ist.“

Die Eingangshalle des Rathauses war mit Verwundeten belegt, denen zwei Sanitäter und ein französischer Zivilist Erste Hilfe leisteten. Die Leute wurden rasch verbunden und bekamen bei Bedarf schwere Betäubungsmittel. „Ihr leistet gute Arbeit“, sagte Fenton anerkennend.

„Danken Sie dem dort, Sir“, sagte einer der Sanitäter und zeigte auf den Franzosen. „Ist der Viehdoktor des Ortes. Hat uns einen ganzen Haufen Pferdeverbandszeug gebracht und ’ne ordentliche Ladung Morphium.“

„Wie viele Verwundete sind transportfähig?“

Der Mann kratzte sich hinter dem Ohr. Unter seinen Augen lagen tiefe, dunkle Schatten. „Vielleicht ein Dutzend, wenn man sie flach hinlegen könnte. Alle anderen sind in hundsmiserablem Zustand. Diese elenden Granaten machen Hackfleisch aus einem Mann.“

„Suchen Sie alle transportfähigen Leute heraus, und einigen Sie sich mit Ihrem Kollegen, wer bei den anderen zurückbleibt. Einer von euch muß hierbleiben; es geht nicht anders. Die Deutschen sollen nicht sagen können, daß wir unsere Verwundeten sich selbst überlassen." Der Mann nickte mit düsterer Miene, und Fenton fuhr fort: „Aber jetzt suche ich Oberst Hampton. Wo steckt er?"

„Dort hinten, Sir." Der Sanitäter zeigte auf eine Tür am Ende des Korridors.

„Sind noch andere Offiziere dort?"

„Ja, Sir, zwei Leutnants." Der Sanitäter beugte sich ein wenig zu Fenton herab und schaute ihn fest an. „Mit dem Oberst stimmt irgend etwas nicht, Sir. Ich glaube, er hat die Nerven verloren."

Beschissene Situation, dachte Fenton. Der Anblick der halbbetäubten Soldaten draußen unter den Fenstern des Rathauses machte ihm erst die eigene Erschöpfung bewußt. Sich einfach hinlegen, die Augen schließen und schlafen, nichts als schlafen, selbst auf die Gefahr hin, in ein paar Stunden durch unsanfte deutsche Fußtritte geweckt zu werden ... Und dann dieser Regimentskommandeur, der bestimmt schon auf eine lange Reihe ehrenhaft absolvierter Dienstjahre zurückblickte und vielleicht auch nur vor Erschöpfung versagt hatte.

Die drei Offiziere befanden sich im ehemaligen Amtszimmer des Bürgermeisters. Die zwei Leutnants lagen auf dem Fußboden und der Oberst auf einem Ledersofa. Auf dem Schreibtisch brannte eine blakende Petroleumlampe. Fenton schraubte den Docht höher; der Raum war plötzlich in helles Licht getaucht, doch in den eingesunkenen Gesichtern der Männer zuckte kein Muskel. Fenton stieß die beiden jungen Offiziere so lange mit der Stiefelspitze an, bis sie sich ächzend und wirres Zeug stammelnd erhoben. Dann schüttelte er den Oberst mit aller Kraft. Es war ein weißhaariger Mann mit hohlwangigem Gesicht, der am Uniformrock eine ausgeblichene Ordensspange vom Burenkrieg trug. Mindestens sechzig, dachte Fenton, und längst schon Reserveoffizier; und jetzt herausgerissen aus seinem behaglichen Londoner Club und beauftragt, ein Regiment in die Schlacht zu führen! Der Mann tat Fenton leid.

„Wachen Sie auf, Sir! Aufwachen! Ihr Regiment muß sofort den Ort räumen!"

Der Oberst starrte Fenton mit glasigen Augen an. „Wie? Räumen?" Er versuchte angestrengt, sich wenigstens aufzusetzen. „Was, zum Teufel, reden Sie da? Sehen Sie nicht, daß die Männer eine Ruhepause brauchen? Zweiundfünfzig Stunden ohne Schlaf: Die Jungen haben, weiß Gott, getan, was in ihrer Kraft stand."

„Noch nicht alles, Sir", sagte Fenton mit eisiger Ruhe.

Den Leutnants wurde unbehaglich zumute; sie spürten, daß es zwischen den beiden Vorgesetzten gleich einen Zusammenstoß geben würde, und machten Anstalten, sich zurückzuziehen. „Bleiben Sie hier“, sagte Fenton. „Ich brauche Sie als Zeugen. Ich bestehe darauf, daß sich Oberst Hampton sofort auf eigenen Wunsch krank meldet.“

Das Gesicht des alten Herrn verfärbte sich. Die Leichenblässe ging in ein scheckiges Violett über. „Krank melden? Wofür halten Sie mich? Sie können mir keine Befehle erteilen! Ich bin nicht krank, Sir. Nehmen Sie das zur Kenntnis!“

„Dann müssen Sie aus einem anderen Grunde nicht mehr zurechnungsfähig sein. Wie konnten Sie Ihren Leuten Erlaubnis zum Schlafen geben, wenn der Feind unmittelbar vor diesem Ort steht? Sie sind entweder krank, Sir, oder Sie sind . . . ein Feigling!“

Dem Oberst stockte der Atem. Seine Augäpfel verdrehten sich; der dürre Körper sackte vornüber.

„Den Sanitäter! Schnell!“ rief Fenton einem der Leutnants zu.

Der zweite Leutnant wankte wie ein Betrunkener zum Sofa hinüber und lallte: „Lebt er noch? Lebt er denn überhaupt noch?“

„Ja; und jetzt zu Ihnen: Sie wecken augenblicklich die Leute auf dem Marktplatz, wie, das ist Ihre Sache. Lassen Sie meinetwegen die Hörner blasen oder die Glocken läuten, oder treten Sie die Männer in den Arsch, Hauptsache, sie kommen hoch.“

„Ich will es versuchen, Sir.“

„Ich habe nicht gesagt, daß Sie es *versuchen* sollen.“

Der vernichtende Blick des Hauptmanns genügte, um den jungen Offizier aus dem Zimmer zu treiben. Dann kümmerte sich Fenton um den Oberst. Er prüfte den Puls des alten Herrn: Die Haut am Handgelenk fühlte sich feuchtkalt an, aber ein schwacher Puls ließ sich ertasten. Er würde es wohl überstehen. Wirklich überstehen? Nein. Oberst Hampton mochte noch seinen hundertsten Geburtstag erleben – tot war er jetzt schon; genauso mausetot wie der arme Webber.

Unten auf dem Platz war inzwischen etwa ein Viertel der Männer auf den Beinen. Alle sahen aus wie Landstreicher, die man von ihrem Schlafplatz verscheucht hatte. Die beiden Leutnants rannten verzweifelt zwischen den Männern hin und her, fluchten, zerrten die Schläfer am Koppel oder Schulterriemen, rüttelten sie und traktierten sie mit Fußtritten. Einige Soldaten gehorchten, andere stellten sich taub gegen Verwünschungen und Drohungen und blieben einfach liegen. Die Zeit drängte. Die Deutschen würden wohl schon im Morgengrauen angreifen. Fentons Blick blieb an drei Männern vom I.

schottischen Schützenbataillon hängen, die neben dem Brunnen an ihrem Gepäck hantierten. Einer der drei hängte sich gerade einen Leinensack um, aus dem die Mundstücke eines Dudelsacks herausragten. Ein Dudelsack! „He, Sie da!" schrie Fenton aus dem Fenster. „Blasen Sie mal einen Marsch!"

„Der hat nicht mehr genug Luft zum Blasen, Sir!" rief ein anderer Schotte zurück.

„Dann soll er sich welche beschaffen, aber schnell, sonst passiert was!"

Der Pfeifer griente dümmlich, stellte sich aber in Positur. Es gab einen langgedehnten, heulenden Ton, dann setzte die hohe, näselnde Dudelsackmelodie ein und erfüllte den Platz bis in den letzten Winkel. „Blue Bonnets Over the Border" spielte der Mann, und es klang so durchdringend und zugleich melancholisch wie alle Dudelsackmusik.

„Mann, bewegen Sie sich doch! Laufen Sie doch herum! Vorwärts!" schrie Fenton dem Pfeifer zu. Er atmete auf: Seine Methode hatte Erfolg. Ein Soldat nach dem andern erhob sich schwerfällig. In der Ferne hörte man Pferdegewieher und das Rattern und Quietschen der Transportfuhrwerke. Ein paar Männer stießen sogar Hurrarufe aus, aber sie klangen ziemlich kläglich. Dann bildeten sich Viererreihen, und die Marschkolonne setzte sich langsam in Bewegung. Über die Richtung gab es keinen Zweifel: Nach Süden! hieß die Parole; zuerst über die Eisenbahnschienen, dann die pappelgesäumte Landstraße geradeaus.

Fenton blieb auf dem Marktplatz, bis der letzte Mann, das letzte Pferd und der letzte Wagen außer Sicht waren. Die Morgendämmerung brach an und übergoß das dunkle Kirchturmgemäuer mit einem zarten Rosa. Schwalben schossen um den bereits hell besonnten Glockenstuhl und verschwanden im dunklen Laubwerk einer mächtigen Kastanie. Wie an einem Sommermorgen in Abington, dachte Fenton. Er wollte schon selbst aufbrechen, als sein Blick auf den Sanitäter fiel, der bei den Schwerverwundeten zurückbleiben mußte. Der Mann stand auf der Rathaustreppe; sonderlich besorgt sah er nicht aus. Vielleicht fühlte er sich erleichtert, daß der Krieg für ihn tatsächlich vorbei war. „Alles Gute, Sir!" rief er.

Fenton hob den Arm zu einer Abschiedsgeste. Dann marschierte er los, dem unüberhörbaren Quäken des Dudelsacks hinterher. Er hinkte, denn das Kopfsteinpflaster tat seinen durchgelaufenen Füßen weh. Wie hatten sie doch alle gesagt? Zu Weihnachten ist der Krieg längst vorbei, und ihr seid wieder zu Hause. Ein verdammt blöder Witz!

2

DIE gefrorene Grasnarbe knirschte unter Jupiters Hufen, als Lord Stanmore über die kahle Koppel galoppierte. An diesem düsteren Februarmorgen hingen die schiefergrauen Wolken so niedrig, daß sie den frostharten Boden fast zu berühren schienen. Der Reiter spürte, wie ihm die Kälte in die Glieder drang, und er lenkte den Wallach bald zurück zum Schloß. Auf dem Sattelplatz nahm ihm ein betagter Reitknecht das Tier ab.

Lord Stanmore hielt sich nicht länger als nötig bei den Stallungen auf. Der Anblick der leeren Boxen tat ihm allzu weh. In der Marneschlacht hatte die Kavallerie besonders hohe Verluste erlitten, und die Grevilles hatten daraufhin alle Pferde bis auf zwei der Armee zur Verfügung gestellt. Das ist doch noch das Geringste, was man tun kann, hatte Lord Stanmore gesagt, aber der Krieg verlangte von ihm immer mehr Opfer. Banks war als Freiwilliger in die Veterinärmannschaft eingerückt, und sämtliche Stalljungen hatten sich ebenfalls zur Armee gemeldet. In Abington gab es nur noch Personal der mittleren und älteren Jahrgänge. Selbst die jungen Hausmädchen waren dem Ruf des Vaterlandes gefolgt und hatten die Arbeitsplätze der eingerückten Männer übernommen. Soldaten, immer mehr Soldaten forderte dieser Krieg. Kitchener verlangte einhunderttausend Freiwillige, und mehr als eine Million hatten sich gemeldet.

Zwei Drittel der Räume des Schlosses waren geschlossen worden. Weiße Leinenbezüge schützten das Mobiliar – ein Haus unter Leichentüchern, das auf seine Wiederauferstehung wartete.

Lord Stanmore litt unter dem Mangel an Komfort. „Aber wir sind doch im Krieg, Tony“, pflegte Lady Hanna auf seine Beschwerden zu antworten. Als wenn er das nicht selber wüßte! Charles in der Armee; Roger Wood-Lacy ebenfalls. Allerdings noch nicht in Frankreich – noch nicht. Frankreich: Wie schrecklich dieser Name jetzt klang, denn er war verbunden mit den endlosen Verlustlisten auf der Titelseite der *Times*. Allein nach der Schlacht um Ypern waren es achtundfünfzigtausend Namen von Toten, Verwundeten und Vermißten gewesen, so viele darunter, die man gut kannte. Nein, Hanna brauchte ihn weiß Gott nicht daran zu erinnern, daß Krieg war.

Coatsworth kam mit dem Frühstückstablett hereingeschlurft. Er hob den silbernen Deckel von der Platte, auf der die warmen Brötchen lagen. „Ross verläßt uns nun auch, Mylord“, sagte er.

„Ross? Das ist wirklich ein Schlag! Schicken Sie ihn nach dem Frühstück zu mir."

Als sich Lord Stanmore die erste Zigarre des Tages anzündete, meldete sich der Chauffeur.

„Sie wollen also auch des Königs Rock anziehen, Ross?"

Jamie Ross sah bedrückt aus. „Das würde ich ja gern, Mylord, aber es ist etwas dazwischengekommen. Heute früh habe ich einen Brief von Rolls-Royce bekommen. Ich hatte ein Patent auf eine Vergaserverbesserung angemeldet, und nun meinen sie, daß man mit meiner Erfindung aus ihren Flugzeugmotoren mehr herausholen könnte."

Lord Stanmore nahm die Zigarre aus dem Mund und starrte Jamie Ross verständnislos an. „Flugzeugmotoren?"

„Ja, Mylord", sagte Ross ohne jedes Anzeichen von Ungeduld. „Die Armee hat eine Menge Flugzeuge bestellt, aber das sind alles viel zu schwerfällige Kisten, und wenn man so eine Maschine auf den Kopf stellt, setzt einfach der Motor aus. Denselben Ärger haben wir ja auch, wenn der Rolls-Royce den steilen Box Hill hinauffährt. Der Motor blockiert, wenn der Neigungswinkel zu groß ist."

„Kopfstehen? Wozu, um alles in der Welt, muß ein Flugzeug kopfstehen?"

„Das ergibt sich manchmal so, auch wenn's der Pilot nicht gern macht, Mylord. Jedenfalls glauben die Rolls-Royce-Leute, daß ich den Hunnen mit Kopfarbeit mehr schaden kann als mit dem Gewehr in der Hand."

Lord Stanmore musterte den jungen Mann nachdenklich durch den graublauen Schleier des Zigarrenrauchs. Komisch! Ausgerechnet Ross! Natürlich hatte es immer schon geheißen, der Bursche verstehe sich auf solchen technischen Kram, aber ziemlich ungebildet war er doch. Und jetzt hielt man diesen Mann höheren Orts für zu wertvoll, um ihn in Frankreich zu verheizen. Und Charles? Der Junge hatte sein Cambridge-Studium mit Auszeichnung beendet, aber man wußte nichts Besseres mit ihm anzufangen, als ihn zum Leutnant der Füsiliere zu ernennen.

„Trotzdem paßt es mir gar nicht, daß Sie fortgehen, Ross", sagte er verdrossen. „Können Sie mir verraten, wo ich einen neuen Chauffeur auftreiben soll?"

Jamie Ross trat unruhig von einem Fuß auf den anderen. „Wenn ich einen Vorschlag machen dürfte, Mylord: Fahren Sie selbst. Ich könnte es Ihnen in wenigen Stunden beibringen. Es ist wirklich nicht schwierig."

Lord Stanmore setzte eine unnachgiebige Miene auf. „Das will ich Ihnen gern glauben, Ross", sagte er, „aber ich ziehe es nun einmal vor, mich fahren zu lassen."

Lord Stanmore traf seine Frau in der Bibliothek. Lady Hanna telefonierte mit Mary Dexford, die soeben ihren ältesten Sohn verloren hatte. Hanna hängte den Hörer ein und betupfte sich die Augen mit einem spitzenbesetzten Taschentuch.

„Sie trägt es großartig", sagte sie. „Andrew soll schrecklich tapfer gewesen sein. Er hat seine Leute direkt in das feindliche Maschinengewehrfeuer geführt. Mary klang so gefaßt, so schicksalsergeben, als hätte sie es vorhergeahnt. Und um ihre anderen Söhne hat sie gar keine Angst. Sie sagt, daß um diese Jungen ein Schutzmantel der Unverwundbarkeit liege. Für sie gibt es noch mächtigere Kräfte als den Gott unserer Kirche, zum Beispiel den uralten Weltgeist, an den die Druiden glaubten."

„Blühender Unsinn", murmelte Lord Stanmore.

„Mag sein", entgegnete Hanna, „aber wenn es sie doch tröstet!" Ihre nervösen Hände drehten das Taschentuch zu einem dünnen Strick zusammen. „So viele sind gefallen ... in so kurzer Zeit; auf unserer Seite und auch auf der unserer Gegner. Ob wohl auch deutsche Rilkes ...?"

Sie brachte den Satz nicht zu Ende. Mitleid mit dem Schicksal ihrer deutschen Verwandten hatte sie von ihrem Mann nicht zu erwarten. Antideutsche Gefühle breiteten sich in England mit der Geschwindigkeit einer Seuche aus. Mr. Koepke, ihr Bäcker, der seit zwanzig Jahren in Guildford seine Brote und Kuchen verkaufte, war wie ein gemeiner Verbrecher in einem Polizeiauto abgeholt worden. Armer Adolf Koepke! Jahraus, jahrein hatte er die Kinder mit Kuchen- und Gebäckresten beschenkt, und dieselben Kinder waren jetzt johlend hinter dem Polizeiauto hergelaufen, das ihn fortbrachte.

Lady Hanna zog und zerrte geistesabwesend an ihrem Taschentuch. Sie war immer ein wenig stolz auf ihre deutschen Vorfahren gewesen, diese gottesfürchtigen Frühaufsteher und fleißigen Arbeiter. Natürlich waren auch sie keine Menschen ohne Fehl und Tadel, aber blutrünstige Ungeheuer waren sie nicht. Das behaupteten nur die Greuelmärchen der Propaganda, doch sie wurden geglaubt und erhielten neue Nahrung durch die Brutalität des deutschen Einmarsches in Belgien. Martin, der seit Kriegsbeginn als Europakorrespondent für den *Chicago Express* arbeitete, war in Louvain Augenzeuge solcher Ausschreitungen geworden. Deutsche Soldaten, die von Heckenschützen beschossen wurden, verloren die Nerven und liefen Amok. Sie töteten unschuldige Zivilisten und setzten Gebäude in Brand. Ein schrecklicher Vorfall, aber es war eben Krieg. Im übrigen hatte es sich Lady Hanna längst abgewöhnt, sachliche Diskussionen über den Krieg oder über die Deutschen zu erzwingen; die Sachlichkeit war mit den zahllosen englischen Toten der Schlacht um Ypern begraben worden.

„Mama, Papa, die Augen zumachen!" rief Alexandra vom Korridor her. Hanna konnte dieser Bitte leicht Folge leisten: Sie hielt die Augen ohnehin geschlossen, während ihre Lippen sich in einem stummen Gebet bewegten.

Die Bibliothekstür ging auf. „Jetzt dürft ihr gucken!" Alexandra in Schwesterntracht kam ins Zimmer getänzelt. Der lange weiße Rock wirbelte um ihre Hüften, und der weiße Schleier, den ein Stirnband mit eingesticktem Rotem Kreuz auf dem Kopf festhielt, wehte hinter ihr her.

Lord Stanmore starrte seine Tochter verständnislos an. „Willst du mir bitte erklären, was ..." Weiter kam er nicht.

„Ich bin freiwillig in den Weiblichen Krankenhilfsdienst des Roten Kreuzes eingetreten", verkündete Alexandra strahlend. „Jennifer, Cecily, Jane und ich, wir haben uns alle zusammen gemeldet." Wieder drehte und wendete sie sich wie ein Mannequin. „Gefällt euch das? Es ist nur die Sommertracht. Im Winter tragen wir hellblaue Serge mit roten Paspeln, aber meine Wintertracht sitzt nicht gut. Ich werde sie zu Ferris bringen. Sie müssen ein paar Änderungen vornehmen."

„Darf ich fragen, was du von Krankenpflege verstehst?" fragte Lord Stanmore bissig.

„Ach was, für diesen scheußlichen Nachttopfkram sind die richtigen Schwestern zuständig. Wir kümmern uns nur um die Genesenden: Briefe schreiben, Rollstühle schieben und natürlich den armen Jungen, die erblindet sind, ein bißchen vorlesen."

„Du wirst also auch von zu Hause fortgehen?" fragte Hanna zögernd.

„Ja. Aber ich bin in eurer Nähe stationiert. Die Hargreaves haben ihr Schloß in Roehampton als Genesungsheim für Offiziere zur Verfügung gestellt." Sie drehte eine letzte Pirouette. „Nun sagt doch schon, ob ich euch gefalle!"

„Großartig", sagte Lord Stanmore, aber es klang hohl. „Bist du dieser Arbeit auch wirklich gewachsen, Alex? Manche Patienten werden ziemlich böse zugerichtet sein."

Alexandra betrachtete sich im Spiegel. Kopfband und Schleier ließen sie fast wie eine ungewöhnlich hübsche junge Nonne aussehen, aber eben nur fast: Ihr schönes blondes Haar war nur teilweise verdeckt. Sie richtete sich kerzengerade auf. „Der Anfang mag schwer sein, Papa, aber wir sind im Krieg, und da werden nun einmal Opfer von jedermann verlangt."

AUF dem Exerzierplatz des Windsor-Depots wurde aus dem Rasen allmählich Morast, und darin watete knöcheltief ein Zug Infanteristen. Kaum die Hälfte der Männer steckte in Uniformen; die anderen trugen Regenmäntel. Ein paar Bowler gab es sogar auch, aber im übrigen nur Sportmützen. Ausbildung zu einem Shilling pro Tag! Nur zehn Männer hatten ein Gewehr.

„Das Ganze haaalt! Wegtreten!" Der durchgeweichte Haufen strebte geschlossen auf die Unterkunft zu.

Vicomte Charles Amberley schaute ihnen hinterher. Wenigstens der junge Leutnant war so gekleidet, wie es sich für einen Verteidiger von König und Vaterland gehörte. Er trug eine gutsitzende Uniform, feste Stiefel und den kurzen Offiziersmantel. Nur stammten die Sachen nicht aus der königlichen Kleiderkammer. Charles hatte seine Ausrüstung von Hanesbury & Peake, Militärschneider, bezogen.

Sein Ziel war das Offizierskasino. Die Aussicht auf einen Whisky und heißes Wasser beschleunigte seine Schritte. Im Kasino herrschte schon drangvolle Enge, denn die königlichen Windsor-Füsiliere mußten den Raum neuerdings mit den neu zusammengestellten Londoner Bataillonen teilen. „Vor dem Krieg wäre so etwas undenkbar gewesen", hatte der Adjutant der Windsor-Leute spitz bemerkt. Doch die jungen Offiziere beider Regimenter scherten sich wenig um solche geheiligten Traditionen. Sie waren alle Reservisten und hatten erst vor kurzem Oxford, Cambridge, Eton oder ihre Ausbildungsplätze in den Inns of Court und den großen Londoner Handelshäusern verlassen. Das gemeinsame Kasino gab ihnen Gelegenheit, sich über das auszusprechen, was jedermann unter ihnen bewegte.

„Ich wünschte, mir stünde wenigstens ein einziger Unteroffizier zur Verfügung, der alle Kniffe kennt", sagte ein verbitterter junger Leutnant von den Londonern. „Ich komme mir wie ein Idiot vor, wenn ich die Männer mit dem Buch in der Hand drillen muß."

Roger Wood-Lacy von den königlichen Windsor-Füsilieren schlürfte seinen Whisky. „Meine Leute nehmen es mir gar nicht übel. Ich habe ihnen offen gesagt, daß ich vom Exerzieren keinen blassen Dunst habe. Zusammen werden wir das aber schon hinkriegen."

„Und wann lernen wir etwas über die Schützengrabentechnik?" fragte ein milchbärtiger Leutnant.

„Sobald wir in Frankreich sind", sagte Charles, der sich zu der Gruppe am Tresen gesellt hatte. „Soviel ich weiß, richten sie in Harfleur ein Ausbildungslager ein, und dort schleusen sie uns durch, ehe es an die Front geht ..."

„... hinter uns unsere Rekruten in Bowlerhut und Regenmantel, den Regenschirm in der Faust! Die Fritzen werden sich über uns totlachen!" rief Roger verbittert.

„Unsinn! Schon nächste Woche werden unsere Leute eingekleidet, und eine Lee-Enfield kriegen sie auch. Ich weiß es von meinem Oberst", sagte ein junger Offizier.

„Dein Wort in Gottes Ohr", entgegnete ein anderer Leutnant. „Wer fühlt sich schon wie ein Soldat, wenn er nicht so aussieht?"

Roger hatte sich zu Charles durchgedrängt. „Was hast du heute nachmittag vor?" fragte er.

Charles schaute auf die Armbanduhr. „Verabredung mit Lydia; vorausgesetzt, ich erwische noch den Zug nach London. Ich habe heute bis Mitternacht frei."

„Glückspilz! Und wohin werdet ihr gehen?"

„Vermutlich in irgendein Restaurant. Aber ich mache mir nichts daraus. Zu Hause mit einem Glas Brandy gemütlich auf dem Sofa sitzen wäre mir lieber."

„Du redest wie ein erschöpfter Rekrutenausbilder. Übrigens hat Fenton geschrieben. Er ist zum Major befördert worden und liegt jetzt im Schützengraben. Er behauptet, es sei ganz gemütlich dort unter der Erde, und sie trieben auch eine Menge Wintersport. Typisch Fenton ... dieser Galgenhumor."

„Hm", machte Charles und schaute wieder unruhig auf die Uhr. „Wir kennen ja deinen Bruder."

KANNTEN sie Fenton wirklich? Charles versuchte, sich die Frage ehrlich zu beantworten, während sein Zug an der allmählich zufrierenden Themse entlang London entgegenratterte. Und vor allem: Würde Fenton noch der alte sein, falls er aus dem Krieg zurückkehrte? Im Schützengraben! Diese beiden Worte trennten ihn von der übrigen Menschheit so vollständig, als lebte er auf der Rückseite des Mondes. Die wenigen Leute vom I. Bataillon, die Ypern überlebt hatten und jetzt wieder im Windsor-Ersatzbataillon Dienst taten, sprachen niemals über ihre Erfahrungen an der Front, auch nicht miteinander. Und Fenton würde es nicht anders machen. Mit seiner Neigung zum Sarkasmus und zur Untertreibung würde er die Schreckensbilder auslöschen. Charles versuchte vergeblich, sich vorzustellen, wie das Grauen der Schützengräben wirklich aussah; in dieses schreckliche Geheimnis würde er erst eingeweiht, wenn seine Zeit gekommen war.

„Charles, du siehst phantastisch aus", sagte Lydia, als sie ihn auf dem Bahnhof begrüßte.

„Und du nicht weniger", erwiderte er strahlend. Sie war so hinreißend schön in ihrem russischen Zobelmantel, daß er sie sofort in die Arme nahm und küßte – schüchtern küßte, obwohl überhaupt niemand von ihnen Notiz nahm. Überall standen Soldaten und hielten ihr Mädchen im Arm: ein Bataillon, das auf dem Bahnsteig auf die Verladung wartete und Tornister und Gewehre noch einmal abgelegt hatte.

„Charles, du bist ja geradezu überschwenglich", sagte Lydia lächelnd. „Habe ich dir gefehlt?"

„Und ob!" Zum Beweis seiner Aufrichtigkeit drückte er heftig ihre behandschuhte Rechte. „Leider bleibt mir überhaupt keine Zeit, dir zu schreiben. Wir sind jeweils achtzehn Stunden hintereinander im Dienst, denn wir müssen selbst erst das Soldatenhandwerk erlernen und das Erlernte sofort an unsere Rekruten weitergeben. Aber allmählich bekommen wir Boden unter die Füße, und ich werde öfter nach London fahren können." Ehe sie uns nach Frankreich schicken, hatte er noch sagen wollen, aber wozu sollte er sich und Lydia unnötig den Tag verdüstern?

Sie gingen zum Essen ins Café Royal, das bis zum letzten Platz besetzt war: Uniformierte, zumeist Stabsoffiziere, wohin man schaute, und dazwischen Geschäftsleute, Regierungsbeamte und elegant gekleidete Frauen. Es war kein Ort, an den ein kleiner, schlechtbesoldeter Leutnant seine Freundin ausführte, aber diese Rolle hatte Charles mitsamt den schmutzigen Stiefeln in Windsor zurückgelassen. Im Café Royal war er der Vicomte Amberley, Erbe eines Grafentitels.

Nach dem ewigen Einerlei des Kasernenessens schmeckten ihm die erlesenen Speisen wie ein Göttermahl und der Pouilly-Fuissé wie purer Nektar. Aber der Lärm der Tanzkapelle machte ihn nervös. „Zu laut, um vernünftig miteinander reden zu können", rief er, kläglich lächelnd.

„Du hast recht; gehen wir lieber", sagte Lydia.

Sie fuhren in das Haus ihres Vaters am Grosvenor Square, ein elegantes Regency-Gebäude mit zwanzig Zimmern. „Bißchen eng hier", sagte Charles ironisch, als sein Blick über die marmorverkleideten Wände und die hohe, farbig verglaste Kuppel der Eingangshalle glitt.

Lydia ging sofort in die Verteidigung. „Wir geben hier sehr oft Einladungen", sagte sie, während ihr ein Hausmädchen den Mantel abnahm. „Im Grunde ist das Haus mehr für Daddys Gäste vom Ministerium da als für unser Privatleben."

„Archie Foxe in der Regierung! Ich traute meinen Augen nicht, als es in der *Times* stand. Und wozu braucht man ihn dort?"

„Er wendet das Foxesche Evangelium auf das Kriegsgewerbe an: Werbung – Effektivität – Qualität! Es fing im Grunde damit an, daß er die Werbeplakate der Armee kritisierte: Lord Kitchener, der dem Passanten vom Plakat herab seinen dicken Zeigefinger ins Gesicht bohrt – das lockt keinen einzigen Freiwilligen in die Armee. Vater wird ihnen Motive vorschlagen, die mehr unter die Haut gehen. Punkt zwei: die Verpflegungsprobleme der Armee. Das gegenwärtige Verteilersystem ist völlig unzureichend. Und da ist natürlich Daddy der richtige Mann für die Neuorganisation. Langhams Kriegsministerium wird sich vor allem damit beschäftigen müssen, Fachleute zu finden, die etwas von Planung und Organisation verstehen."

„Redest du von David Langham?"

„Ja, ich meine den liberalen Kampfhahn. Seine scharfe Zunge ist gefürchtet. Zuckerbrot und Peitsche, das sind seine Waffen im Parlament."

Im Kamin des Salons brannte ein Feuer, und die Flammen spiegelten sich in den polierten Edelhölzern der Möbel, in Glas und Silber. Der große Raum war im Stil des achtzehnten Jahrhunderts ausgestattet und wirkte anheimelnd. Der Butler brachte Brandy in einer Kristallkaraffe.

„Und womit vertreibst du dir die Zeit?" fragte Charles.

„Ich kümmere mich um Daddys kleine Arbeitsessen; du verstehst schon: Wohnzimmerpolitik. Und Kapital und Arbeiterklasse ziehen dabei ausnahmsweise am selben Strang. Vielleicht findest du es frivol oder kindisch, wenn ich behaupte, daß viele der wirklich wichtigen

Entscheidungen bei einem Glas Portwein gefällt werden, aber es ist die Wahrheit."

Charles rückte näher an Lydia heran. „Du weißt, was ich mir vorgenommen habe, und ich werde es jetzt auch durchsetzen – du kannst es mir glauben."

Sie betrachtete ihn aufmerksam, nachdenklich. „Bitte, Charles, verdirb uns nicht diesen wunderbaren Tag mit unerfüllbaren Versprechungen. Es wäre unfair mir gegenüber ... und dir gegenüber auch."

Er trank seinen Brandy in einem Zug aus und stellte das bauchige Glas hart auf einem Seitentischchen ab.

„Damit ist es vorbei, Lydia. Spürst du nicht, daß große Veränderungen in der Luft liegen? Natürlich habe ich Angst davor, nach Frankreich geschickt zu werden und mir die Kugeln um den Kopf pfeifen zu lassen. Trotzdem bin ich froh, an etwas Neuem mitzuwirken. Die alte Welt ist müde und verbraucht; nach diesem Krieg beginnt ein neues Leben, ein besseres, auch für die Unterschichten. Und nur, weil sie das selber spüren, leisten ihre Männer ohne Murren Kriegsdienste." Er ergriff Lydias Hand und drückte seine Lippen auf die Innenfläche. „Ich verspreche es feierlich, Lydia: Wenn ich diesen Krieg überlebe, werde ich dich heiraten. Und wenn mein Vater dich nicht als meine Frau anerkennt, biete ich ihm und seiner ganzen Klasse Paroli. Mein Gott, wir Jungen müssen doch diesen Krieg auf unserm Buckel austragen. Also ist es nur gerecht, wenn wir auch hinterher vom Sieg profitieren. Das schwöre ich: *Meine* Rechte wird mir niemand mehr streitig machen."

Charles wollte pathetisch vor Lydia auf die Knie sinken, verlor aber das Gleichgewicht und saß plötzlich zu ihren Füßen auf dem Teppich. Das schwere Essen im Café Royal, der Brandy, die Hitze des Kaminfeuers und dazu die Übermüdung der letzten Wochen: In seinem armen Kopf begann sich alles zu drehen; er lehnte die Stirn gegen Lydias Knie.

„Großer Gott, ist mir schwindlig", murmelte er.

„Armer Charles", sagte Lydia und drückte einen Kuß auf sein Haar. „Du bist überanstrengt. Möchtest du dich ein bißchen hinlegen?"

„Vielleicht wäre es vernünftig; aber nur ein Stündchen. Ich muß spätestens um Mitternacht wieder in der Kaserne sein."

„Ich weiß, und Daddy ist einverstanden, daß Simmons dich nach Windsor bringt. Die Fahrt mit dem Nachtzug ist so schrecklich deprimierend."

Er bettete seinen Kopf in ihren Schoß und seufzte vor Behagen. „Ach, Lydia, in deiner Nähe bin ich so ruhig und glücklich."

„Und ich bei dir, Darling."

Sie half ihm beim Ausziehen des Uniformrocks und amüsierte sich über die komplizierte Verbindung des Sam-Browne-Koppels mit dem Schulterriemen. Endlich konnte er sich niederlegen.

„Idiotisch!" murmelte er schlaftrunken. „Da ist man beim hübschesten Mädchen von Großbritannien zu Gast und muß auf ihrer Couch ein Nickerchen machen." Er hatte den Satz kaum ausgesprochen, als er auch schon eingeschlafen war. Lydia blieb noch einen Augenblick neben der Couch stehen. Wie knabenhaft und verletzlich er noch wirkte! Mit mütterlicher Geste strich sie ihm eine Haarsträhne aus der Stirn. Dann ging sie auf Zehenspitzen aus dem Zimmer und schloß lautlos die Tür.

Im Frühstückszimmer setzte sie sich an ein Tischchen, zündete sich mechanisch eine Zigarette an und starrte gedankenverloren auf die hohe Fensterfront. Ob Charles seinem Vater wirklich Widerstand leisten würde? Doch, diesmal durfte sie ihm glauben, und das lag allein an der Uniform. Endlich tat Charles etwas, woran sein Vater nicht teilhatte: Er war Soldat, er ging ins Feld. Die Rangordnung von Vater und Sohn war mit einem Schlage vertauscht.

Aus der Eingangshalle hörte sie lebhafte Stimmen, und im nächsten Augenblick betrat ihr Vater in Begleitung von David Langham das Frühstückszimmer.

„Sauwetter", schimpfte Archie Foxe. „Darf ich erfahren, wer da in meinem Wohnzimmer schläft? Charles? Hat er etwas angestellt?"

„Aber nein, der Gute ist nur übermüdet", sagte Lydia und drückte ihre Zigarette aus. Archie Foxe konnte rauchende Frauen nicht ausstehen.

„Ich muß noch ein paar Telefonate führen", sagte er. „Kümmere dich bitte inzwischen um Mister Langham."

„Gern, Daddy. Guten Tag, Mister Langham. Hoffentlich sind Sie nicht allzu naß geworden."

„Naß, Miß Foxe? Triefend naß!"

Was reichlich übertrieben war, denn man hatte ihn unter einem großen Schirm vom Auto zur Haustür geleitet. David Selkirk Langham, in Cut und graugestreifter Hose eine blendende Erscheinung, wurde von den Karikaturisten der konservativen Presse häufig als Fürst der Hölle dargestellt, der dem Premierminister Asquith seine teuflischen Ratschläge ins Ohr flüsterte. Und der durchdringende

Blick seiner dunklen Augen wirkte auf Lydia tatsächlich ein bißchen satanisch. Langham hatte ein schmales, kantiges Gesicht, Augenbrauen, so scharf und dünn wie Bleistiftstriche, und einen sehr gepflegten Van-Dyck-Bart. Seit dieser Emporkömmling, der kleine Anwalt aus Cheshire, 1908 ins Parlament eingezogen war, hatte man nicht aufgehört, anrüchige Geschichtchen über ihn zu verbreiten. Frauen, so hieß es, seien geradezu hypnotisiert von seiner Männlichkeit. „Alles nur Tory-Lügen", hatte Archie Foxe gesagt, doch seine Tochter war skeptisch. Sie brauchte nur in diese Augen zu schauen, um die Herausforderung zu spüren.

„Bei dem jungen Mann auf Ihrer Couch handelt es sich wohl um Charles Amberley?"

„Ganz recht."

„Sein Vater hat mich in einer Oberhausrede als Lump bezeichnet. Ist der Sohn genauso konservativ wie der alte Herr?"

„Nein, er ist politisch völlig desinteressiert."

„Wie töricht von ihm! Er sollte eigentlich gemerkt haben, daß die Politik den Lauf der Welt bestimmt. Wenn man die jungen Männer reden hört, meint man, sie wollten in schimmernder Ritterrüstung über den Kanal fahren, um den König von Frankreich zu schlagen! Aber dieser Krieg ist politischer Natur, und er wird lange dauern und sehr hart sein . . ."

Lydia unterbrach seinen Redefluß. „Sie sind hier nicht im Parlament, Mister Langham!" sagte sie lachend.

„Ich bitte um Verzeihung. In der Tat ist die europäische Außenpolitik nicht das richtige Thema für die Unterhaltung mit einer entzückenden jungen Dame." Seine Augen musterten Lydia ziemlich unverfroren, und sie fühlte eine leise Erregung in sich aufsteigen. Ihr Blick wurde unsicher, und sie strich sich mit der Hand nervös über die Kehle. Gegen die Fensterscheiben trommelte jetzt starker Regen.

„Und wo haben Sie heute nachmittag mit Vater gesteckt?" fragte sie hastig.

Langham lächelte. „Beim Premierminister. Lord Kitchener war auch anwesend. Es ging um unsere Haltung in der Dardanellenfrage."

„Und wie stehen Sie dazu?"

„Der Ansatz ist brillant; genauso, wie wir es vom jungen Churchill erwartet haben. Persönlich hege ich allerdings noch Zweifel, denn ein Fehlschlag des Unternehmens hätte katastrophale außenpolitische Folgen."

„Ich halte Sie aber nicht für den Mann, der die Gefahr scheut."

Aus seiner Kehle kam ein Laut, der wie ersticktes Gelächter klang. Seine Hand berührte ganz leicht Lydias Arm. „Manchmal lohnt es sich, mit dem Feuer zu spielen ... und manchmal nicht; habe ich recht, Lydia Foxe?"

Sie übersah die Hand auf ihrem Arm und sagte: „Ich weiß es nicht, Mister Langham. Das Spiel an sich interessiert mich überhaupt nicht – nur der Gewinn."

3

Jacob Golden lag in seinem Wohnzimmer auf der Couch und starrte an die Decke. Es war eine Stellung, die er seit seiner Rückkehr aus Serbien im Januar vorzugsweise einnahm. Über seine Erfahrungen in Südosteuropa hatte er wenig gesprochen und noch weniger geschrieben.

„Na? Im Aprilsonnenschein spazieren gewesen?" sagte er in seinem schleppenden Tonfall zu Martin, der gerade nach Hause kam.

„Erraten. War im Park ... Enten füttern."

„Und was noch? Entschluß gefaßt?"

An diesem Morgen hatte Martin einen Brief vom *Express* aus Chicago bekommen. Er enthielt einen Scheck über einen kleinen Betrag und einen Vorschlag des Herausgebers. Comstock Harrington Briggs schrieb:

> Lieber Rilke,
> die Höhe des beigefügten Schecks sagt nichts aus über Ihren tatsächlichen Wert; sie entspricht nur dem Wert Ihrer gegenwärtigen Arbeit für unser Blatt. Ihre Skizzen aus Belgien waren gut und auch objektiv, aber Ihre Berichte aus dem mit dem Krieg konfrontierten England sind für den Geschmack unserer Leser allzu britenfreundlich. Unseren Leutchen im Mittelwesten liegen England, Frankreich und Rußland ein bißchen im Magen – und ganz besonders England, das ihrer Meinung nach nichts anderes als die Ausschaltung der deutschen Handelskonkurrenz im Sinn hat. Ich wüßte also nicht, warum Sie noch in London bleiben sollten. In der Sparte „Polizeiberichte" ist eine Stelle neu zu besetzen. Ich erwarte Ihre telegraphische Zusage.

Martin warf sich in einen Sessel. „Fahre wahrscheinlich zurück nach Chicago."

Jacob gähnte und setzte sich auf. Er hatte im letzten Jahr noch mehr Gewicht verloren und war nur noch Haut und Knochen. „Warum gehst du nicht für mich zur *Daily Post?* Du könntest doch für mich einspringen und den Dardanellenfeldzug bearbeiten. Ich höre auf."

Martin schluckte. Nach einem Weilchen sagte er: „Jacob, erzähle endlich, was in Serbien passiert ist."

Jacob strich sich mit der Hand durchs Haar. „Im Grunde nur das, was ich ohnehin erwartet hatte. Ich habe gesehen, was Österreicher serbischen Bauern angetan haben und was Serben mit Österreichern getrieben haben: Vergewaltigungen, Folterungen, Metzeleien. In meinen Berichten habe ich die Ausschreitungen beider Seiten beschrieben, aber gedruckt wurde natürlich nur das, was die Österreicher belastet." Er lächelte zynisch. „Mit diesem Krieg stimmt etwas nicht, mein Lieber. Er wird in einem völlig sinnlosen unerhörten Blutbad enden, und ich habe nicht die Absicht, dabei mitzutun."

„Das dürfte schwierig sein. Wohin willst du denn verschwinden?"

„Natürlich zum Militär. Nirgendwo sonst bist du so gut dagegen geschützt, gefühlsmäßig in diese Schweinerei hineingezogen zu werden. Ein früherer Kommilitone ist beim Nachrichtenwesen; er wird mich einschleusen. Hinterstubenstelle im Ministerium ... Kodierabteilung."

„Du siehst plötzlich viel munterer aus."

„Fühle mich auch erleichtert. Martin, du bist Goldes wert. Bei dir können sich die Leute ausheulen, ohne daß du einen Mucks von dir gibst. Du wärst selbst noch zum Beichtvater für den Hunnenkönig Attila geeignet gewesen."

„Ist das nun ein Kompliment?" fragte Martin unsicher. „Du tust geradeso, als hätte ich überhaupt keine festen Ansichten über gewisse Dinge."

„Aber ja. Du bist nur so wahnsinnig objektiv, viel mehr noch als ich. Und vielleicht wäre es gut, wenn es für diesen Krieg ein paar unvoreingenommene Zeugen deines Kalibers gäbe. Möchtest du zu den Dardanellen reisen?"

„Und ob! Aber wäre es möglich?"

„Ich denke doch. Ich hänge mich jetzt gleich an die Quasselstrippe und mache die Sache fest für dich. Und während ich mit dem großen Meister die Klingen kreuze, besorgst du uns ein Fläschchen Blubberwasser aus der Küche."

Als Martin mit der Champagnerflasche und zwei Gläsern ins Zimmer zurückkam, telefonierte Jacob noch immer mit seinem Vater. Seine Ausdrucksweise war merkwürdig salbungsvoll, patriotisch:

„Ich tue doch nur meine Pflicht und Schuldigkeit, Vater", säuselte er. „Jeder einigermaßen gesunde junge Engländer zieht heute den Uniformrock an, und so habe ich beschlossen ... wie? Ich danke dir für dein Verständnis, Vater, und für die Mittelmeer-Spalte kann ich dir auch einen geeigneten Ersatzmann empfehlen: Martin Rilke wird seine Sache hervorragend machen."

DIE Kollegen von den anderen Zeitungen gingen auf Distanz zu Martin Rilke. Sie waren meist sehr viel älter und arbeiteten schon seit dem Burenkrieg, wenn nicht noch länger, als Kriegsberichterstatter. Für sie war der Neuling ein Außenseiter, überdies noch ein Amerikaner, den sie nur mit schlecht verhohlener Abneigung duldeten. Die Zahl der Korrespondenten beim Expeditionskorps war auf ein knappes halbes Dutzend beschränkt worden – Befehl des Kommandierenden Generals Sir Ian Hamilton.

Das Kriegsministerium hatte es zunächst nicht für ratsam gehalten, einen neutralen Beobachter mitzuschicken, doch Lord Trewe war es gelungen, Martin den Posten gerade wegen seiner Neutralität als Amerikaner zu verschaffen. Er argumentierte, daß das amerikanische Verständnis für die britischen Kriegsanstrengungen gegenwärtig denkbar schlecht wäre, daß es sich aber bessern ließe, wenn man die Amerikaner durch einen Landsmann über die Großartigkeit und die Tragweite der Dardanellen-Unternehmen unterrichtete. Und so befand sich Martin Rilke nun im Troß des Expeditionskorps, das zunächst in Ägypten stationiert war.

Von allem, was Martin dort schrieb, ging nur das wenigste unbeanstandet durch die Zensur des Oberkommandos, und keine einzige seiner Fotografien erhielt den Genehmigungsstempel des Zensors.

Martin fand es unbegreiflich, daß man um Nachrichten, die für London bestimmt waren, soviel Wesens machte. In Ägypten wußte selbst der jüngste Schuhputzer, daß die Briten Ende April nach Gallipoli übersetzen wollten, und den Türken war diese Absicht gewiß auch schon zu Ohren gekommen.

Beobachtungen und Gedanken. Alexandria, 10. April 1915. Die Atmosphäre läßt sich schlecht beschreiben. Die Soldaten sind regelrecht aufgekratzt, als ob sie dort hinten am Horizont große militärische Ehren zu erwarten hätten. Gallipoli ist offenbar eine wasserlose, öde Halbinsel, eine gebirgige Landzunge, die Europa und Asien voneinander trennt. Ob es dort überhaupt Strände gibt, die zur Landung geeignet sind? Niemand scheint es zu wissen. Landkarten über das Gebiet existieren wohl auch nicht. Ob die Türken Gallipoli verteidigen werden? Wahrscheinlich. Vor etwa einem Monat haben britische und französische Schiffe einen Durchbruchsversuch bei den Dardanellen gemacht. Es gab Verluste, und man beschloß, zunächst die Halbinsel zu erobern und damit die türkischen Küstenbatterien auszuschalten. Ich verstehe nichts von militärischer Strategie, aber der Plan leuchtet mir ein.

Charles Amberley ist hier! Traf ihn zufällig im Foyer des Shepheard-Hotels in Kairo. Roger Wood-Lacy und Rupert Brooke sind auch hier. Haben einen ganzen Tag gemeinsam verbracht. Ich mag Brooke. Er kann stundenlang reden, ohne die Zuhörer zu langweilen, und er gewinnt noch den gewöhnlichsten Erscheinungen eine poetische Seite ab – den schmutzigen Gassen Kairos, den Fellachen, die ihre Äcker bestellen und sich überhaupt nicht um das Getöse scheren, das die Artillerie beim Übungsschießen in der Wüste veranstaltet. „Gott sei gedankt, der Seine Stunde zu der unseren gemacht ... der unsere Jugend aus dem Schlaf gerüttelt hat ...", Zeilen, die einfach alle jungen Leute hier kennen. Ich mag sie eigentlich nicht; sind mir im Kern zu romantisch; ich kann den Krieg einfach nicht als Segen empfinden.

12. April 1915. Rupert Brooke ist erkrankt. Offenbar Hitzschlag. Er liegt im Lazarettschiff und wird die Landung auf Gallipoli verpassen; ein schwerer Schlag für ihn. Ich war mit Charles und Roger im Dock. Haben das Schiff besichtigt, mit dem die königlichen Windsor-Füsiliere nach Gallipoli gebracht werden sollen: rostiger alter Kohlenkahn, diese *River Clyde.* Zweitausend Mann soll sie an Bord nehmen.

Im ganzen werden mindestens zweihundert Schiffe am Feldzug teilnehmen. Erste Station ist Limnos, eine Insel, fünfzig Meilen vor der Südwestspitze von Gallipoli. Die Bucht von Mudros öffnet sich dort weit genug, um sämtlichen Schiffen Platz zu bieten. Wahrscheinlich nimmt der englische Angriff auf Gallipoli von Mudros aus seinen Anfang. Es ist alles so perfekt geplant und vorbereitet, daß gar nichts schiefgehen kann.

DIE *River Clyde* lag in sengender Sonne im stillen Wasser der Bucht von Mudros und zerrte an ihren Ankerketten. Charles Amberley stand auf dem Vorderdeck und beaufsichtigte seine Leute. Sie bauten aus zahllosen Sandsäcken einen Schutzwall mit Schießscharten, hinter dem später noch zwölf Maschinengewehre postiert werden sollten.

Einen Augenblick lang lehnte sich Charles gegen den Sandsackwall und ließ den Blick über die Bucht schweifen. Die friedlich vor Anker liegenden Schiffe boten ein geradezu heiteres Bild. Homer hat recht, dachte er: Das Meer ist wirklich „dunkel wie Wein", und er dankte seinem Schicksal, daß er hier sein durfte und nicht in einem französischen Schützengraben liegen mußte.

„Ach, Sie sind es, Charles", sagte Oberstleutnant Askins. Der hochgewachsene Offizier hielt sich kerzengerade, aber seine große, braungebrannte Hand spielte nervös mit dem sonnengebleichten Schnurrbart. „Ihre Leute haben verdammt gute Arbeit geleistet, mein Junge."

„Vielen Dank, Sir."

„Ich weiß nicht, was mit Hauptmann Talbot los ist. Eigentlich ist er doch für die Schanzarbeiten hier auf Deck zuständig. Behauptet, er hätte Krämpfe. Glaube ihm keine Silbe. Drückebergerei ist es, nichts anderes. Wissen Sie, was ich vorhabe, Charles? Ich werde Talbot an Land schicken und Ihnen das Kommando über die Maschinengewehre übergeben."

„Danke, Sir."

Der Oberstleutnant wendete sich ein wenig von Charles ab und fuhr mit ausdrucksloser Miene fort: „Soviel ich weiß, sind Sie doch auch mit diesem Dichter befreundet . . . Rupert Brooke meine ich."

Charles spürte einen Druck in der Magengrube. „Jawohl, Sir."

„Wood-Lacy mehr als Sie, nicht wahr?"

„Ja, Sir."

„Der arme Kerl ist gestern gestorben. Entschuldigen Sie, wenn ich mit der Nachricht so herausplatze. Halte es aber für besser, Sie zu informieren. Sie können es dem jungen Wood-Lacy mitteilen, sobald die Landungsaktion vorüber ist. Er hat morgen eine schwierige Aufgabe vor sich und soll nicht unnötig belastet werden. Es tut mir leid, Charles; ich weiß, was der Verlust eines Freundes bedeutet."

Charles hatte auf einmal das Gefühl, als sei die Sonne gar nicht mehr heiß; ihn schauderte. Alle Lichter waren erloschen, und das Meer sah nur noch ölig-trübe aus. Sein Blick blieb an den dichtbesetzten Leichtern hängen, die jetzt an der *River Clyde* festmachten: Die Einschiffung der Truppen begann – allein zweitausend Mann für die Küste von Gallipoli. Und wie viele mochten es für die insgesamt sechs Landepunkte sein? Nur General Hamilton kannte die genaue Zahl – jedenfalls Tausende. Die Trauer um einen einzigen toten Dichter war wohl unangemessen.

IRGENDWO dort vorn lag sie, ein fester Punkt nur in der Phantasie, dem Auge noch durch die Dunkelheit entzogen: die halbkreisförmige Bucht von Sidd-el-Bahr, V-Küste im militärischen Jargon. Im Geist wiederholte er das wenige, was die Landkarte verraten hatte: ein schmaler, etwa vierhundert Meter langer Sandstrand; östlich davon die Ruinen einer mittelalterlichen Burg; das Land dahinter in Terrassen leicht ansteigend; ein einziges Dorf nur mit steinernen Häusern jenseits der alten Festung.

Er lag, die Wange an das Vickers-Maschinengewehr gepreßt, hinter einer Schießscharte im Sandsackwall und spähte angestrengt nach vorn. Nichts zu sehen außer der dunklen Landmasse; nichts zu hören außer dem Maschinenlärm der *River Clyde* und dem Rauschen der Bugwelle. Er richtete sich auf und blickte nach achtern. Der Kohlendampfer hatte zwei Leichter in Schlepp genommen, die beim Landemanöver als Pontons zwischen der *River Clyde* und dem Strand dienen sollten. Hinter den beiden Leichtern, unsichtbar vom Vorderdeck aus, folgten noch zwanzig Kutter, besetzt mit Dubliner Füsilieren. Diese Männer sollten den Strandstreifen sichern, während die *River Clyde* vor Anker ging und die Leichter vom Heck zum Bug gezogen wurden. Nur fünfzehn Minuten später würde sich das provisorische Ausfalltor öffnen, das man in den Schiffsrumpf geschnitten hatte, und auf ein Pfeifensignal sollte der Sturm der zweitausend Füsiliere auf den Strand von Gallipoli beginnen.

Noch eine Stunde bis Sonnenaufgang. Eine Schiffsglocke läutete; die *River Clyde* verlangsamte die Fahrt, und gleich darauf eröffnete die nachfolgende Flotte das Feuer auf die Küste. Die schweren Geschosse zogen jaulend über die *River Clyde* hinweg und detonierten auf dem Küstenstreifen. Es dauerte nicht lange, und Gallipoli stand von der Bucht von Sidd-el-Bahr bis zur Spitze von Kap Helles in Flammen.

„Gebt's ihnen!“ brüllte eine Stimme bei jedem Schuß im Halbdunkel.

Fast sechzig Minuten lang dauerte die Kanonade. Schwarzbraune Rauchwolken trieben in Fetzen über die See, Ruß setzte sich auf dem Schiffsdeck ab, und drüben auf dem Festland bebte die Erde. Bei jedem Einschlag folgte auf den gleißendhellen Blitz der Explosion eine hohe gelbliche Erdfontäne.

Charles versuchte, die Zeit auf seiner Armbanduhr abzulesen: sechs Uhr. Kein Lebewesen, nicht einmal eine Maus, konnte dieser Höllenglut dort drüben entkommen sein. „Gott sei ihnen gnädig“, murmelte er.

Wieder schepperte die Glocke. Der schwere Schiffsrumpf bebte, und die *River Clyde* rauschte mit Volldampf auf die Bucht zu, die sich jetzt im Morgendunst deutlicher abzeichnete.

„Alle Maschinengewehre laden!“ brüllte Charles. „Die Visiere auf! Distanz neunzig Meter!“

Blecherne Munitionskisten knirschten beim Aufreißen, Munitionsgurte klapperten, und Verschlußstücke schnappten mit hartem Klicken ein.

Auf wen würden sie schießen? Auf Gespenster? Auf das, was der Feuersturm übriggelassen hatte?

Die Kanonade hörte ebenso abrupt auf, wie sie begonnen hatte. Der Strand rückte zusehends näher, ein Sandstreifen, über dem Totenstille lastete.

„Die Leinen los!“ schrie ein Fähnrich. Seine knabenhafte Stimme klang schrill wie der Schrei eines Brachvogels. „Übersetzen!“

Die zwanzig Kutter nahmen in breiter Front Kurs auf die Küste. Ihre Besatzungen, die Dubliner Füsiliere, standen sprungbereit in den Booten, und die Strahlen der Morgensonne brachen sich in ihren blanken Bajonettspitzen. Fünfhundert Meter trennten sie noch von dem schmalen Sandstreifen.

„Verdammter Mist!“ zischte einer der Männer hinter dem Sandsackwall im Vorderdeck. Er spähte angestrengt über den Lauf seines Maschinengewehrs zum Strand hinüber. „Verdammter Mist! Unsere Artillerie hat den Stacheldraht nicht erwischt! Die Jungen haben zu weit geschossen!“

Charles preßte die Augen an eine der Schießscharten im Schutzwall. Der Mann hatte recht: Dichte, unbeschädigte Stacheldrahtverhaue überzogen den Strand und die dahinterliegende Küste.

„Die Dubliner müssen die Verhaue erst kappen“, sagte er. „Hoffentlich haben sie ...“ Ein lautes Knirschen unter dem Kiel der *River Clyde* schnitt ihm die Rede ab. Im nächsten Augenblick wurden die Maschinen gestoppt: fünfundzwanzig Meter noch bis zum Strand. Matrosen rasten zum Heck, um die Leichter nach vorn zum Bug zu ziehen und als Pontons in Position zu bringen. Charles verfolgte diese Manöver durch die Schießscharte. Es war jetzt so still, daß er die Kommandos der Offiziere in den Kuttern deutlich verstand. Dreißig Meter noch bis zum Strand ... zwanzig ... zehn. Eine Blaujacke im ersten Kutter packte den Bootshaken mit den Fäusten, sprang in die Brandung.

Was war das? Charles horchte auf: ein schwaches Hornsignal –

immer zwei Töne in stetem Wechsel. Woher kam es? Aus dem zerschossenen Dorf? Unmöglich; dort lebte niemand mehr.

„Hat noch jemand das Signal gehört?“ Eine Antwort bekam er nicht mehr, denn im selben Augenblick verwandelte sich der weite Bogen der Bucht in einen einzigen grellen Blitz. Rauch hing über dem Strand, und die eben noch stille Wasserfläche war zu weißem Schaum hochgepeitscht: Die Türken hatten das Feuer aus Hunderten von Maschinengewehren eröffnet. Die Schulter an Schulter stehenden Füsiliere in den Kuttern schrien auf, als die türkischen Kugeln sie niedermähten.

„Feuer!“ brüllte Charles. Die Vickers tackerten ohrenbetäubend und übertönten die Schreie der sterbenden Dubliner. Wieder spritzten Sandfontänen am Strand und am Abhang auf, aber das türkische Abwehrfeuer ließ keine Sekunde nach. Mein Gott, worauf sollen wir denn zielen? dachte Charles in wilder Verzweiflung. Kein einziger Türke war zu sehen. Wahrscheinlich war die ganze Küste mit gut getarnten Schützengräben durchzogen, und die Verteidiger hatten das britische Artilleriefeuer weiter hinten in den Hügeln abgewartet, um gleich darauf in die Gräben zu laufen und die Stellungen zu besetzen. Auf der ganzen Halbinsel gab es nur fünf oder sechs Strandabschnitte, die sich für eine Landung eigneten, und das wußten die Türken natürlich auch. Offenbar hatten sie während der letzten Monate überall Befestigungen angelegt und ihre Leute für den Abwehrkampf trainiert. Die Verteidiger hatten ihre Lektion gut gelernt.

Kugeln knallten gegen die stählerne Außenhaut der *River Clyde*; sie blieben in den Sandsackwällen am Vorderdeck stecken oder mähten die Matrosen in den Laufgängen nieder, die sich abmühten, die Leichter vom Heck zum Ausfalltor zu ziehen. Immer neue Leute nahmen den Platz der Gefallenen ein, zerrten ein paar Sekunden an den Tauen und stürzten tödlich getroffen über die Reling.

Charles hieb mit den Fäusten auf einen Sandsack ein. Er fluchte leise. Warum, zum Teufel, setzte die *River Clyde* nicht zurück, so daß die Kriegsschiffe noch einmal die Küste unter Beschuß nehmen konnten? Er tippte einem Feldwebel auf die breiten Schultern. „Ich muß auf die Brücke. Sie übernehmen die Maschinengewehre . . .!“

Im nächsten Augenblick raste er schon über das Deck, vorbei an schweißüberströmten Munitionsträgern. Auf dem verdeckten Brunnendeck knieten Hampshire-Füsiliere hinter der hohen Bordwand. Pausenlos zischten Kugeln über ihre Köpfe hinweg, und jeder Einschlag klang wie ein Peitschenknall.

Die hölzerne Rampe der Brücke war herabgelassen, und oben stand, völlig ungeschützt, Oberstleutnant Askins, Kommandeur der Landeoperation. „Was haben Sie hier zu suchen?“ schrie er wütend, als Charles unten an der Brücke auftauchte. Er ließ den Küstenstreifen keine Sekunde aus den Augen. Seine Lippen waren schmal und blutleer.

„Unsere Maschinengewehre richten nichts aus gegen das türkische Abwehrfeuer, Sir. Wir brauchen Artillerieunterstützung ... die Flotte ...“

„Zu spät! Wir können es nicht mehr abblasen: Dieser verdammte Kasten ist auf Grund gelaufen.“ Mit dem rechten Daumen wies er hektisch über seine linke Schulter: „Sehen Sie denn nichts?“

Charles schaute in die angegebene Richtung. Eine lange Kette von Kuttern und Barkassen steuerte in breiter Front auf den Strand zu.

„Die zweite Welle!“ schrie Askins. „General Napiers Jungs. Wollen sich alle heute noch das Viktoriakreuz verdienen!“ Der Oberstleutnant starrte Charles mit leerem Blick an. „Ich weiß, Amberley, das Ganze ist eine gottverdammte Scheiße, aber wir müssen da durch. Die Leute ans Ufer schaffen und die Türken mit dem Bajonett die Küste hinauftreiben ..., das ist mörderisch, aber unsere einzige Chance, wenn wir ...“

Dann war er tot.

Charles sank auf die Knie und preßte die Fäuste in die Augenhöhlen. Es war nicht Feigheit, was ihn umwarf – Todesgefahr erzeugt ihre eigene Form der Tapferkeit –, ihn hatte nur der Tod des Oberstleutnants so vollkommen überrascht. Er hob auch gleich wieder den Kopf, warf noch einen Blick auf den lang hingestreckten, blutüberströmten Körper und stand auf.

Inzwischen war es den Matrosen doch gelungen, die beiden Leichter vor den Bug der *River Clyde* zu ziehen und sie miteinander zu vertäuen. Das Ausfalltor in der Schiffswand wurde aufgerissen: Der erste Zug der 1. Kompanie des Hampshire-Regiments machte sich zum Sturm auf den Strand bereit.

Dann erblickte Charles auch seinen Freund. Roger Wood-Lacy stürmte, die Trillerpfeife zwischen den Zähnen, den Revolver in der Hand, seinen Männern voran über die Rampe und auf die Leichter zu. Kugeln zischten, schlugen krachend in die stählerne Bugwand ein und gingen als tödlicher Schauer aus Eisen und Blei auf die rennenden Männer nieder. Sekunden später war die Rampe leergefegt: Der erste Zug der 1. Kompanie existierte nicht mehr. Ein paar Soldaten, die schneller als ihre Kameraden gelaufen waren, lagen als blutige Menschenknäuel in den Leichtern; die meisten aber trieben als reglose braune Masse noch ein Weilchen auf der Wasseroberfläche und zogen eine scharlachrote Blutspur hinter sich her, bis sie endlich in der Flut versanken.

Wieder ein Pfeifensignal: Der zweite Zug der 1. Kompanie stürzte sich über die Rampe und war binnen Sekunden bis auf sechs Mann vernichtet.

Tot. Roger war also tot. Eine der Leichen auf den Pontons oder einer der braunen Khakisäcke im Wasser. Fort, ohne ein Abschiedswort für den Freund. Dieser Gedanke ließ Charles erstarren. Er machte nicht den geringsten Versuch, vor dem türkischen Feuer in Deckung zu gehen. Hoch aufgerichtet, wie ein Nachtwandler, ging er langsam zu seinen Männern zurück und übernahm wieder seinen Posten in der Reihe der rauchenden, knatternden Maschinengewehre. Hier kann uns nichts passieren; hier sind wir sicher, dachte er dumpf, während seine Vickers ziellos den gegenüberliegenden Strand bestrich und die türkischen Kugeln in den dicken Säcken steckenblieben, aus deren Löchern feiner, weißer ägyptischer Sand rieselte.

Ein Major vom Hampshire-Regiment kam vom Brunnendeck aufs Vorderdeck gekrochen und versuchte, sich im Lärm der Maschinengewehre verständlich zu machen. „Landeoperation bis zur Dunkelheit aufgeschoben!“ brüllte er. „Feuer fortsetzen!“

Charles nickte und lehnte die Stirn gegen die sonnenwarmen Sandsäcke. Durch den Sehschlitz sah er die Bucht mit den dahintreibenden Kuttern voll toter Soldaten und den zahllosen Leichen, die in der Brandung hin und her rollten. Ja, Homer hatte recht gehabt: Die Gewässer hier waren wahrhaftig „dunkel wie Wein“.

4

LONDON ächzte unter der Julisonne, doch Martin Rilke empfand die Temperatur nach der Gluthitze von Gallipoli als angenehm kühl.

In der Redaktion der *Daily Post* ging noch alles seinen gewohnten Gang. Wie eh und je glitten die Körbe mit den neuesten Nachrichten an ihren surrenden Deckendrähten entlang, die Botenjungen flitzten wie stets zwischen den Arbeitstischen hin und her, und das Rumpeln der Druckerpressen im weit entfernten Maschinensaal erinnerte an den Lärm in einem Schiffsbauch. Auch in Lord Trewes Allerheiligstem hatte sich nichts verändert: Wie schon vor Monaten hingen billige Landkarten an den Wänden; eine Karte von der Westfront neben einer Landschaft von Constable.

„Rilke!" rief Lord Trewe erfreut, „wie schön, Sie wiederzusehen!"

„Und ich freue mich auch, wieder einmal hier zu sein, Sir. Ich habe eine Menge Lesestoff mitgebracht ... meine Tagebücher aus dem Nahen Osten."

Der Zeitungskönig faltete die plumpen Hände über dem Bauch. „Ich lese nicht gern Tagebücher, Rilke. Was ich dagegen gern lese, sind Ihre einschlägigen Artikel auf der vierten Seite meiner *Daily Post*. Und eines müssen Sie sich klarmachen: Leute, die sich über die komplizierten strategischen Probleme dieses Krieges informieren wollen, lesen die *Times*, aber Leute, die etwas über die Männer erfahren wollen, die das gefährliche Kriegshandwerk ausüben, kaufen die *Daily Post*. Und besonders gierig stürzen sie sich auf Artikel wie die ‚Gallipoli-Skizzen' von Martin Rilke. Das gleiche gilt für die Leser von fünf amerikanischen, drei kanadischen und zwei australischen Zeitungen. Rilke, Sie kommen als berühmter Mann nach London zurück! Ich behaupte sogar, daß Sie eine neue Form der Kriegsberichterstattung erfunden haben. Der Mensch, genauer gesagt, das Individuum ist Ihre Stärke. Nun zum nächsten Punkt: Ich möchte, daß eine neue Serie unter dem Titel ‚Westfront-Skizzen' von Martin Rilke anläuft."

Lord Trewes Hand schlug auf den Stapel von Tagebüchern, die noch auf dem Schreibtisch lagen. „Sie brauchen mir nicht zu erzählen, was darin steht: alles das, was die Zensoren zurückgewiesen haben." Er faßte Martin scharf ins Auge und fuhr fort: „Natürlich weiß ich auch, was draußen vorgeht – wie ein brillanter Plan von Stümpern kaputtgemacht wird, zum Beispiel dieser Wahnsinn mit dem ANZAC-Korps: Leute in Scharen auf eine Klippe zu schicken, auf der sich nicht mal Ziegen halten können! Glauben Sie wirklich, Ihre Tagebücher könnten mir noch neue Einsichten vermitteln?"

„Ihnen offenbar nicht, Sir, aber was weiß schon der Mann auf der Straße über solche Vorgänge? Er braucht meine Informationen." Martins Zeigefinger klopfte auf den Stapel. „Hier drin steht die wahre Geschichte von Gallipoli, die Geschichte einer riesengroßen Sauerei. Ich meine, die Öffentlichkeit hat das Recht, diese Wahrheit zu erfahren. Wenn Sie den Krieg gewinnen wollen ..."

Lord Trewes Faust fuhr krachend auf die Tagebücher nieder. „Wollen? Sagten Sie wollen? Wir *werden* ihn gewinnen, und zwar, weil der kleine Mann auf der Straße dazu entschlossen ist. Er weiß genau, wie viele Leute in Aubers oder in Neuve Chapelle gefallen sind und wie viele jetzt in Gallipoli sterben. Und er würde jedem Zeitungsschreiberling den Hals umdrehen, der ihm einzureden versuchte, daß diese Opfer umsonst waren. Aus diesem Grund wird meine Zeitung auch in Zukunft so über den Krieg berichten, daß die Leser glauben können, die Armee werde es schon schaffen."

Er lehnte sich zurück und begann geistesabwesend, seine goldene Uhrkette um die Finger zu winden. „Ich verrate Ihnen noch etwas, Rilke: Für das Fiasko von Gallipoli werden Köpfe rollen ... Asquith, Churchill, Kitchener. Die Kriegführung wird sich grundlegend wandeln. Lloyd George und David Langham – so heißen die Männer der Zukunft. Im übrigen sind wir alle etwas verunsichert. Einen Krieg dieser Art hat es noch nie gegeben, und er wird erst aufhören, wenn die eine oder die andere Seite völlig kaputt ist. Wie gesagt, Rilke: Ihre Art, den Krieg aus der Schützengrabenperspektive zu beschreiben, gefällt mir. Ich möchte, daß Sie weiter für mich arbeiten. Einverstanden?"

„Dann bleibt mir wohl nichts weiter übrig. Irgend jemand muß doch darüber schreiben."

„Richtig. Vielleicht verschweigen sogar Sie manchmal die volle Wahrheit, aber was Sie schreiben, genügt schon, um Ihnen Ehre zu machen. Sie haben die Tapferkeit und die Tragödie unserer Jungen in Gallipoli so treffend geschildert, daß kein Leserauge trocken geblieben ist." Er schob die Tagebücher Martin zu. „Und das behalten Sie als private Aufzeichnungen. Aber setzen Sie bitte nicht solch eine Trauermiene auf. Es genügt schon, wenn jeder seinen Beitrag zum Ganzen – und sei er noch so klein – leistet."

MARTIN stieg in den Bus zur Strand und kletterte auf das Oberdeck. Daß England Krieg führte, verriet die große Zahl Uniformierter im Straßenbild, und auch die Werbeplakate der Armee waren unübersehbar. Aber die Menschenmassen, die sich dort unten in den Straßen drängten, trugen keineswegs Trauermienen zur Schau. Lord Trewe hatte wohl recht: Irgendwie würde der Krieg schon weitergehen, wenn er auch im Augenblick dank der allzu großen Zahl unfähiger Kommandeure ins Stocken geraten war. Die Front und das Hauptquartier schienen wie durch ein Vakuum voneinander getrennt zu sein. So wurden zum Beispiel im Hauptquartier auf Limnos an Hand von Landkarten große Operationen entwickelt, ohne daß man die

Gegebenheiten vor Ort kannte. Fünfzig Meter waren auf der Karte eine unerhebliche Distanz; sie waren eine absolut tödliche Entfernung, wenn sie aus ungedecktem Gebiet bestanden, das den Türken als freies Schußfeld diente. Der Stab sprach auch nie von Soldaten, von läuse- und fliegengeplagten Männern; für ihn gab es nur Regimenter. „Das Windsor- oder das Hampshire-Regiment führt diese oder jene Aktion durch", hieß es, als wären die in schlichtes Khakibraun gekleideten Männer eine in scharlachrote Uniformen gehüllte Phalanx von Unsterblichen. Martin litt unter Schuldgefühlen, als er jetzt mit dem Bus durch London spazierenfuhr, während die Männer, über die er geschrieben hatte, noch immer dort draußen sein mußten, halbverdurstete Infanteristen, die sich verzweifelt an ihren winzigen Brückenkopf in der Ägäis klammerten, wenn sie nicht schon als verweste Leichname in der toten Erde von Achi Baba oder Chunuk Bair lagen – unter ihnen vielleicht auch ein Charles Amberley.

Der Bus bog von der Strand Richtung Charing Cross Road ab, und Martins Blick streifte das Gesicht einer jungen Frau unten im Fußgängerstrom, ein schmales, elfenbeinfarbenes Gesicht, das von schwarzem Haar umrahmt wurde. Bei ihrer letzten Begegnung hatte das Mädchen auch Tracht getragen, die Schürze und das weiße Häubchen der Hausmädchen; jetzt steckte es in einer blau-roten Schwesterntracht. Im nächsten Augenblick mußte der Bus halten, um eine Schar Fußgänger über die Fahrbahn zu lassen. Geistesgegenwärtig griff Martin nach seinem Aktenköfferchen, rannte durch den Mittelgang des Oberdecks, hetzte die steile Treppe hinunter und sprang vor der Nase des verblüfften Schaffners hinaus auf den Bürgersteig.

„Wohl lebensmüde, Mann!" schrie der Schaffner hinter Martin her.

Die Gestalt in der blau-roten Tracht stand vor einem Kleidergeschäft und war in den Anblick der Auslagen vertieft.

„Ivy Thaxton?"

Sie schaute ihn verständnislos an; dann lächelte sie.

„Doch nicht Mr. Rilke ... Chicago, Illinois?"

„Ebender", sagte Martin und lachte herzlich. „Eisenbahnknotenpunkt und Viehmärkte. Ich habe Sie vom Bus aus gesehen. Wie geht's?"

„Gut. Und Ihnen?"

„Mir geht es großartig. Einfach großartig."

„Sie sehen auch so aus!" Die veilchenblauen Augen musterten ihn unschuldsvoll, und doch beschlich ihn ein leises Unbehagen.

„Sie meinen doch nicht, es sei unrecht, wenn ein gesunder Kerl wie ich in Zivil herumläuft?"

Sie berührte flüchtig seine Hand und lächelte wieder. „Ich habe doch nur Spaß gemacht. Im Krankenhaus lesen wir jeden Artikel, den Sie in der *Daily Post* schreiben. Die Verwundeten sagen, Sie wären der einzige Mensch, der begreift, was die Frontsoldaten durchmachen. Ich bin sogar furchtbar stolz auf Sie, Mr. Rilke, und ich gebe ein bißchen damit an, daß ich Sie kenne. Zu denken, daß ich mal Ihr Zimmermädchen war ..."

Er strich über den weichen Stoff ihres Ärmels. „Jedenfalls haben Sie inzwischen eine sinnvollere Verwendung für Ihre Zeit gefunden."

„Ja. Ich bin schon seit September beim Weiblichen Hilfsdienst; Schwesternschülerin im All-Souls-Hospital."

„Und wie lange haben Sie heute Ausgang?"

„Bis acht Uhr."

„Fein. Jetzt ist es erst halb fünf. Darf ich Sie zum Tee einladen? Stellvertretend für das gute Dutzend Schwestern auf Limnos, denen ich allen eine Tasse Tee schulde. Wie wäre es mit einem White-Manor-Restaurant? Ich kenne eines gleich hier in der Charing Cross Road."

„Das ist aber ziemlich vornehm", sagte sie, „mit Kapelle und so. Ich möchte nicht, daß Sie sich für mich in Unkosten stürzen."

„Für Sie ist mir nichts zu teuer, Ivy. Aber zu Ihrer Beruhigung kann ich Ihnen versichern, daß in meiner Jackettasche die Honorare von ganzen drei Monaten klimpern."

Seite an Seite schlenderten sie gemächlich zur Charing Cross Road. „Werden Sie auch nach Frankreich geschickt, Ivy?" fragte Martin.

„Erst wenn ich als Operationsschwester ausgebildet bin, und das dauert noch ein ganzes Jahr. Hoffentlich ist der Krieg bis dahin vorbei. Glauben Sie daran?"

„Nein, Ivy, das kann ich leider nicht glauben."

„Schrecklich", seufzte sie, „die meisten Verwundeten glauben es nämlich auch nicht. Einer der Jungen hat aber ein Täfelchen an seinem Bett aufgehängt, und darauf steht: ‚Friede sei mit uns – 1916!' Für den Ärmsten würde sich allerdings nicht viel ändern; er hat bei Festubert beide Beine und einen Arm verloren."

Ihre ernste, nachdenkliche Stimmung wich augenblicklich kindlicher Begeisterung, als sie in die plüschige Atmosphäre des Restaurants eintauchten. Im Teesalon spielte die Tanzkapelle einen Tango, und hübsch gekleidete Paare füllten die kleine Tanzfläche.

„Das ist einfach toll!“ seufzte Ivy. Die Speisekarte bot eine riesige Auswahl an süßen Sachen: Petits fours, Eclairs, Sandkuchen mit kandierten Früchten und verschiedene Eissorten.

Martin stocherte in seinem Kuchen herum und beobachtete Ivy beim Essen. „Wie alt sind Sie jetzt, Ivy?“

„Ich bin im März achtzehn geworden. Ja, man wird älter und . . ., ach, bitte, lachen Sie mich nicht aus: Das ist meine erste Einladung in ein Restaurant.“

„Dann sollten Sie diesen Nachmittag auch richtig genießen. Wollen wir tanzen?“

„Das habe ich nie gelernt“, sagte sie traurig, „aber ich könnte es ja versuchen.“

Martin führte sie auf die Tanzfläche und legte den Arm um ihre schlanke, kindliche Gestalt. Schon bei den ersten Takten durchfuhr es ihn: Es war fast unglaublich, mit welcher Einfühlung sich ihr Körper seiner Führung anpaßte.

Sie tanzten, bis die Kapelle um halb sieben Uhr die Instrumente einpackte. Für Martin waren es seit Monaten die angenehmsten Stunden gewesen – für Ivy sogar die schönsten ihres Lebens. Das beteuerte sie immer wieder, als sie später durch den St.-James-Park schlenderten. „Und wie elegant manche Damen ausgesehen haben!“ sagte sie verträumt. „Ich bin noch nie bei einem Tanztee gewesen; Vater mag es nicht.“

„Was ist er von Beruf?“

„Arbeiter in einer Schuhfabrik in Norwich. Es ist schon verrückt: Vor dem Krieg hatten wir kaum genug zum Beißen, und jetzt, seitdem Stiefel für die Armee gebraucht werden, verdient er sich eine goldene Nase.“

Es war ein schöner, heiterer Sommerabend. Die Strahlen der tiefstehenden Sonne fielen schräg in die Baumkronen und vergoldeten die lange Gebäudefront von Whitehall. Im Park wimmelte es von jungen Paaren – Soldaten mit ihren Mädchen.

„Ich komme mir komisch vor mit meinem Aktenkoffer“, sagte Martin. „Wie ein Hausierer.“

Doch Ivy widersprach ihm heftig. „Im Gegenteil“, sagte sie, „Sie sehen damit richtig vornehm aus. Die Leute glauben, Sie kämen aus dem Parlament und wären auf dem Weg zum König.“ Plötzlich breitete sie die Arme aus, holte tief Luft und rief überschwenglich: „Ich liebe Parks über alles!“

Martin nahm sie an der Hand und führte sie vom Hauptweg fort zu einer kleinen Baumgruppe. „Ach, Ivy, Sie sind so heiter und unkompliziert!"

„Das täuscht. Meist bin ich sogar ziemlich trübsinnig. Ich arbeite auf der Station, wo nur Amputierte liegen, und dort gibt es so viel Jammer und Elend. Und trotzdem muß ich immer ein fröhliches Gesicht machen; die Oberschwester verlangt es. Aber jetzt ist meine Fröhlichkeit echt; es ist so schön hier mit Ihnen."

Er ließ den Aktenkoffer fallen und nahm Ivy in die Arme. Überall waren Paare, hier, unter den Bäumen, auf den Wegen und unten am dunkelgrünen See, und niemand drehte sich nach ihnen um, als er sie fest auf die Lippen küßte. Alles Grauen von Gallipoli lag in dem Lederkoffer zu seinen Füßen, aber durch die Süße dieses Kusses schwand für einen Augenblick lang die Erinnerung daran.

Hanna Stanmore konnte sich noch nicht entschließen, vom Frühstückstisch aufzustehen. Sie saß auf der Terrasse und beobachtete über die Balustrade hinweg ihren Sohn William, der mit vier Freunden am Tennisplatz Unsinn trieb. Die jungen Leute schlugen die Bälle mit aller Kraft auf den Boden, um zu sehen, wie hoch sie wohl springen würden.

William war in letzter Zeit sehr gewachsen. Der Liebling seines Vaters und auch sein Ebenbild: wie Lord Stanmore ein hervorragender Reiter und guter Schütze. Siebzehn Jahre – ein schwieriges Alter; kein Kind mehr und noch kein Mann.

Als sie Coatsworth auf die Terrasse heraustreten sah, krampfte sich ihr Herz zusammen. Die starre Miene des alten Butlers verhieß nichts Gutes, und der hellblaue Briefumschlag auf dem silbernen Tablett bestätigte ihre düsteren Vorahnungen.

„Vielen Dank, Coatsworth", sagte sie und wartete, bis der Butler gegangen war. Erst dann riß sie hastig den Umschlag auf: ein amtliches Schreiben vom Kriegsministerium, an sie selbst adressiert. Das war so üblich: *Diese* Briefe wurden immer an die Mütter adressiert. Als sie den Briefbogen entfaltete, war ihre Hand ganz ruhig, aber ihr Herz hämmerte, und Stiche durchzuckten ihren Kopf. Sie überflog die kurze Mitteilung:

17. Juli 1915

Sehr verehrte Lady Stanmore,

zu unserem Bedauern wurde uns mitgeteilt, daß Ihr Sohn, Hauptmann Vicomte Amberley, während des letzten Gefechts bei Kap Helles verwundet worden ist. Er befindet sich an Bord eines Lazarettschiffes. Über Art und Schwere der Verletzung sind wir verständlicherweise noch nicht informiert. Wir wünschen ihm baldige Genesung.

Hochachtungsvoll,
T. Pike, Brigadegeneral

IM JULI hatte es viele Verwundete und Kranke gegeben, und es war nahezu ausgeschlossen, Genaueres über einen einzelnen Mann in Erfahrung zu bringen. Lord Stanmore lief unermüdlich ins Kriegsministerium, und Martin benützte die geheimen Kanäle der Presse, um vielleicht in Alexandria etwas über Charles' Verbleib zu erfahren. Vergebens. Es dauerte üblicherweise schon volle zwei Wochen, ehe aus dem Nahen Osten Nachrichten nach England gelangten. Und diese Zeitspanne wurde für Hanna Stanmore zu einem einzigen Alpdruck. Lord Stanmore versicherte ihr ein Mal ums andere, daß Charles gewiß nur eine Fleischwunde davongetragen hätte, doch seine Stimme klang nicht sehr überzeugend. Schließlich flüchtete sich Hanna tagsüber in eine Petit-point-Stickerei: Das Zählen ließ ihr keine Zeit zum Nachdenken. Aber nachts, wenn sie schlaflos im Bett lag, stellte sie sich unablässig den verstümmelten Körper ihres Sohnes vor. Sie glaubte schon, den Verstand zu verlieren, als endlich die erlösende Nachricht eintraf. William stürmte mit Freudengeheul ins Nähzimmer und schwenkte einen Brief in der Hand.

„Von Charlie! Keine Angst, Mutter! Der alte Junge hat bloß einen Beckenbruch. Vater hat's von einem Burschen aus dem Ministerium. Sie haben ihn angerufen."

Hanna weinte noch immer hemmungslos, als Lord Stanmore ihr Zimmer betrat.

ENDLICH kam auch von Charles selbst ein Brief mit dem Datum des 9. August 1915. Er schrieb:

Liebste Mutter, lieber Vater, William und Alex,
diese wenigen Zeilen sind für Euch gemeinsam bestimmt. Mich hat um Haaresbreite ein türkisches Geschoß verpaßt. Das scheußliche Ding ging unmittelbar neben mir herunter, explodierte aber nicht, und so sind nur rechtsseitig der Hüftknochen und die Beckenknochen gebrochen. Alles heilt gut, und in etwa vier Monaten müßte ich wieder meinen Dienst antreten können.

Ich liege im französischen Marinespital von Toulon. Sehr hübsche Schwestern und ein Arzt, der meint, ein halber Liter Wein pro Tag habe noch keinem Menschen geschadet. Man könnte uns gar nicht besser betreuen. In etwa drei Wochen soll ich nach England verlegt werden. Ich kann mir gar nicht vorstellen, wie das sein wird: nach Hause kommen! Sicher ist vieles verändert – ich aber auch. Warum, kann ich nicht richtig ausdrücken; wir werden darüber nach meiner Heimkehr reden.

Herzliche Grüße auch an Coatsworth, Mrs. Broome und das übrige Personal. Ihr könnt dem Pfarrer sagen, daß der liebe Gott offenbar ein Nachsehen mit mir gehabt hat, daß ich es aber trotzdem bereue, als Elfjähriger Birnen im Pfarrgarten gestohlen zu haben.

In Liebe,
Euer Charles

Lord Stanmore köpfte sein Frühstücksei und starrte finster auf die zerbrochene Schale. „Was soll wohl das Gerede über Veränderungen? Natürlich hat er sich verändert! Schließlich kann man nicht fast totgeschossen werden, ohne daß es einen berührt."

„Ich glaube, er meint damit ... vieles zugleich", sagte Hanna. Schweigend überflog sie nochmals die Zeilen ihres Sohnes. Dann sagte sie: „Ich könnte weinen, wenn ich ..."

William schaute gereizt zu ihr hinüber. „O Mutter, bitte!"

Lord Stanmore ließ diese Ungehörigkeit seines Jüngsten durchgehen; wie sein Sohn haßte er Gefühlsausbrüche.

„Entschuldigt", sagte Hanna, „mir war nur gerade Roger eingefallen. Warum hat der liebe Gott nicht auch mit diesem armen Jungen ein Nachsehen gehabt!"

Sie war nicht vollkommen ehrlich. Natürlich trauerte sie aufrichtig um Roger Wood-Lacy, aber was sie in diesem Augenblick aus der Fassung gebracht hatte, war Charles' Bemerkung, daß er ungeduldig darauf wartete, seinen Dienst wieder antreten zu können.

Später, als sie mit ihrer Stickerei im Musikzimmer saß, versuchte sie, sich das Verhalten ihres Mannes zu erklären. Anthony hatte während der letzten vierzehn Tage nicht weniger gelitten als sie selbst; der Ausdruck seiner Augen verriet ihn. Aber er war um keinen Millimeter von seinem gewohnten Tagesablauf abgewichen: Ausritt am Morgen, Inspektion der Ländereien, dann und wann eine Fahrt nach London. Ein oberflächlicher Beobachter mußte ihn für herzlos halten, aber Hanna wußte, daß er mit seinen Gefühlen nur fertiggeworden war, indem er sie leugnete. Sie fragte sich aber, ob diese geheimen Ängste um Charles nicht auch die Haltung ihres Mannes zu seinem Ältesten verändert hatten.

„Miß Foxe am Apparat, Mylady."

„Danke, Coatsworth."

Lady Hanna beendete sorgfältig den begonnenen Kreuzstich, ehe sie zum Telefon ging. Offenbar hatte Lydia ebenfalls einen Brief von Charles bekommen, und Hanna ahnte, was darin stand. Veränderungen? Ja, Veränderungen in jeder Beziehung.

„Ich wollte Sie nicht stören, Lady Stanmore", sagte Lydia. „Aber es freut Sie sicher zu hören, daß Charles geschrieben hat."

„Wir haben auch einen Brief bekommen, mein Kind."

„Das habe ich vermutet. Falls Sie selbst und Lord Stanmore Charles in Frankreich besuchen möchten, könnte ich Ihnen behilflich sein. Aus diesem Grund rufe ich auch an: Es ließe sich arrangieren, daß Sie bereits an diesem Wochenende mit einem Truppentransporter von Portsmouth abreisen und dann in Frankreich bis Marseille mit der Eisenbahn weiterfahren. Vielleicht könnten wir uns treffen und die Reise besprechen."

Hannas Hand hielt den Hörer fest umklammert. „Wie geschickt Sie solche Angelegenheiten handhaben, Lydia! Wir sollten uns morgen beim Lunch darüber unterhalten. Im Savoy? Um halb zwei?"

In der Telefonleitung blieb es einen Augenblick lang still. Dann nahm Lydia die Einladung dankend an. Ihre Stimme klang sehr kühl, sehr selbstsicher – es war die Stimme eines Schachspielers, der genau weiß, daß er seinen Gegner bald matt setzen wird.

HANNA war seit Monaten zum ersten Mal wieder in London, und sie betrachtete kopfschüttelnd den starken Publikumsandrang im Savoy. Welch ein Irrenhaus war aus dem ruhigen, distinguierten Hotel geworden! Am auffälligsten waren die vielen kanadischen Offiziere, meist hochgewachsene junge Männer, die sich lauthals unterhielten, einander auf die Schulter klopften und ihren ordinären, fast schon amerikanischen Akzent keineswegs zu verbergen suchten. Beinah konnte man meinen, in Chicago zu sein. Endlich konnte sie Lydia Foxe ausmachen. Hocherhobenen Hauptes, jeder Zoll eine Gräfin, bahnte sich Lady Hanna den Weg durch die lärmende Menge. „Sie sehen entzückend aus, mein Kind!" sagte sie statt jeder Begrüßung zu Lydia. „Das Kleid steht Ihnen ausgezeichnet. Von Ferris ist es wohl nicht?"

„Nein, von Worth. Es freut mich, daß es Ihnen gefällt, Lady Stanmore."

„Sehr sogar. Diese modernen kurzen Röcke stehen Ihnen ausgezeichnet."

Das Kompliment war ehrlich gemeint. Lady Hanna begegnete Lydia Foxe zwar mit mancherlei Vorbehalten, doch am Geschmack der jungen Dame hatte sie nichts auszusetzen. „Ich finde es hier entsetzlich heiß. Wahrscheinlich ist die Überfüllung schuld daran."

Lydia lachte. „Als Sie das Savoy vorschlugen, hätte ich Sie am liebsten gewarnt. Hier geht es jetzt ständig so zu wie am Waterloo-Bahnhof zur Hauptverkehrszeit. Aber das macht nichts: Ich habe uns einen Tisch im Teesalon reservieren lassen. Dort ist es verhältnismäßig ruhig."

Ein Kellner stand augenblicklich an ihrem Tisch bereit und erwartete die Bestellungen. Lady Hanna und Lydia entschlossen sich zu Hummer und einer Flasche Liebfrauenmilch – neuerdings mit dem Etikett „Elsässer Wein" versehen, wie der patriotisch gesinnte Kellner stolz verkündete.

„Ich habe Charles' Brief mitgebracht", sagte Lydia. „Sie können ihn gern lesen."

„Ich *soll* ihn lesen, nicht wahr?"

„Ja", sagte Lydia ruhig, „mir liegt viel daran. Ich glaube, er erklärt manches . . ."

„. . . was Sie und Charles angeht? Wenn das zutrifft, ist er aber nicht für die Augen Dritter bestimmt."

Der Hummer wurde aufgetragen, und während des Essens plauderten die beiden Damen nur noch über Gemeinplätze. Erst beim Kaffee sagte Lydia: „Hat sich Lord Stanmore über die Aussicht gefreut, Charles bald besuchen zu können?"

„Mein Mann weiß gar nichts von Ihrem Vorschlag", sagte Lady Hanna und nippte an ihrem Kaffee. „Er würde eine bevorzugte Behandlung dieser Art rundweg ablehnen. Nein, wir müssen uns gedulden, bis Charles mit seinem Transport nach England gebracht wird. Trotzdem bin ich Ihnen für Ihre Bemühungen dankbar. Darf ich erfahren, bei wem Sie in unserer Sache vorgesprochen haben?"

„Bei David Langham."

Lady Hanna wich Lydias Blick aus und betrachtete angelegentlich den Schiffsverkehr unter der Waterloo-Brücke. „Mr. Langham spielt neuerdings eine prominente Rolle in der Regierung. Das ist jedenfalls den Zeitungen zu entnehmen."

„Ja", sagte Lydia. „Sein Ministerium hat alle Hände voll zu tun. Und der mangelhafte Munitionsnachschub in der Schlacht von Neuve Chapelle hat gezeigt, daß es mit noch größeren Kompetenzen ausgestattet werden muß. Solche Pannen dürfen sich nicht wiederholen. Wenn die Armee am ersten September eine Million Patronengurte braucht, sorgt das Ministerium jetzt dafür, daß die Munition zum genannten Termin zur Verfügung steht."

„Faszinierend", murmelte Lady Hanna. „Ich könnte mir denken, daß man gerade in diesem Ministerium sehr viel Personal braucht." Ihr Blick löste sich jetzt von der Themse und blieb so aufmerksam an Lydias Gesicht haften, als sähe sie es zum erstenmal. Sie verstand nur zu gut, daß Charles von dieser Schönheit betört war, aber sie bezweifelte, daß der gute Junge schon jemals hinter diese makellose Fassade geschaut hatte. Lydias herrliche grüne Augen verrieten Abgründe, die er nie erfassen würde.

„Lydia, Charles hat sich entschlossen, Sie zu heiraten – komme, was da wolle. Das steht doch in diesem Brief, nicht wahr?"

„Ja."

„Ich kann meinen Sohn verstehen." Sie blickte auf ihre Tasse nieder und fuhr mit der Fingerspitze über den dünnen Porzellanrand. „Wir beide – Lord Stanmore und ich – möchten, daß Charles glücklich wird. Ich weiß, daß mein Mann heute eher geneigt ist, Charles' Heiratswünschen Gehör zu schenken ..., sofern ich ihn ein wenig in diesem Sinne beeinflusse."

„Und Sie wären bereit, sich für uns zu verwenden?"

„Nicht wenn Charles gleich nach der Hochzeit an die Front zurückkehren müßte. Ihnen wäre dieser Gedanke sicher ebenso schrecklich wie mir."

„Ja ... das wäre er." Lydia setzte die Tasse nieder und schaute sich suchend nach dem Kellner um. „Darf ich Ihnen noch einen Brandy bringen lassen, Lady Stanmore? Vater verfügt im Savoy über einen kleinen privaten Vorrat. Es ist ein wunderbarer, sechzig Jahre alter Cognac."

„Demnach kommt Ihr Vater oft her?"

„Meist zu späten kleinen Arbeitsessen mit Mr. Langham."

„Ich glaube, ein Glas würde mir guttun, Lydia. Brandy beruhigt so wunderbar die Nerven."

Der Kellner hatte Lydias Blick aufgefangen und eilte an ihren Tisch. Sie trug ihm auf, den Weinkellner eine Flasche vom 1865er Otard holen zu lassen. Zu Lady Hanna gewendet fuhr sie fort: „Mr. Langham hat mir erst heute vormittag von einer neu einzurichtenden Abteilung im Ministerium erzählt. Sie soll sich mit der Erprobung neuen Materials und neuer Waffen befassen. Der Leiter ist Generalmajor Sir Thomas Haldane. Er sucht noch ein paar tüchtige junge Leute, möglichst mit Fronterfahrung. Ich habe sofort an Charles gedacht."

„Ja ... aber glauben Sie, Charles würde einen solchen Posten annehmen?" Lady Hanna hatte betont langsam gesprochen, um das Zittern ihrer Stimme zu verbergen.

„Wahrscheinlich stellt man ihn gar nicht vor die Wahl. General Haldane ist befugt, jeden Frontoffizier, den er braucht, in seine Abteilung zu berufen."

„Nach Ihrer Darstellung handelt es sich um eine wichtige und befriedigende Aufgabe."

„Zweifellos. Der Premierminister und Lord Kitchener haben dieser Abteilung ihre volle Unterstützung zugesagt. Charles könnte für sein Land in Whitehall viel mehr bewirken als im Schützengraben."

Vorbei waren alle Ängste, alle Spannungen der letzten Monate! Lady Hanna wurde plötzlich schwindlig, und sie war froh, daß der Kellner den Brandy brachte. Ehe sie das Glas an die Lippen führte, sog sie gierig den Duft des kostbaren Getränks ein.

„Auf Charles", sagte sie, „und auf Sie, Lydia!"

„Danke, Lady Stanmore", sagte Lydia lächelnd. „Es wird alles gutgehen. Und ich werde Charles eine gute Ehefrau sein."

„Davon bin ich überzeugt", entgegnete Lady Hanna unmerklich lächelnd. „Das Schicksal meint es gut mit Charles."

Und diese Worte kamen ihr aus dem Herzen.

5

DAS Rote-Kreuz-Hospital in Chartres war in einem Schloß am Ufer der Eure untergebracht. Während der Frühjahrsoffensive hatte man dort alle nur erdenklichen Verletzungen schweren und schwersten Grades behandeln müssen. Danach war glücklicherweise ein wenig Ruhe an der Westfront eingetreten. Aber nun hatte man dem Chefarzt, Dr. Gilles Jary, aus Paris mitgeteilt, er solle sich auf eine größere Zahl von Neuzugängen einstellen.

„Beginnt der Wahnsinn von neuem?" brüllte er und lief wie ein gefangenes Tier in seinem vollgestopften winzigen Büro auf und ab. „*Merde!* Das ist alles, was mir dazu noch einfällt! *Merde!*"

Die Oberschwester, eine stämmige Engländerin mittleren Alters, beobachtete ihn teilnahmslos.

„Schießen Sie endlich los, Schwester! Welche Probleme haben Sie mir heute aufzutischen?"

„Keine ... nur eine kleine Annehmlichkeit. Aus England sind drei Schwesternhelferinnen eingetroffen ... Freiwillige."

„Ah!" seufzte er, „Engländerinnen! Vermutlich allesamt blond und graziös."

„Blond ist bloß eine und außerdem eher sinnlich als graziös, wenn Sie mich fragen. Wann soll ich Ihnen die Mädchen schicken?"

„Die können in Saal D auf mich warten und mich gleich bei der Visite begleiten."

Alexandra Greville folgte mit würdevoller Miene der englischen Oberschwester. Die beiden anderen Hilfsschwestern hielten sich dicht hinter Dr. Jary und notierten eifrig seine Angaben. Für soviel Fleiß hatten sie bereits ein großes Lob ihres neuen Chefarztes eingeheimst. Plötzlich wendete er sich an Alexandra. Ja, dachte er, in der Tat sinnlich. Eine Sekunde lang bedauerte er, nicht dreißig Jahre jünger zu sein. „Miß Greville", sagte er, „Sie machen ein Gesicht, als ob Ihnen irgend etwas an unserem Hospital mißfiele."

„Aber nein, Herr Doktor", erwiderte Alexandra hastig. „Ich hatte nur gehofft, nach Toulon geschickt zu werden. Mein Bruder liegt dort im Lazarett."

„Wir müssen die Dinge nehmen, wie sie kommen, mein Kind; *c'est la guerre*. Und jetzt gehen wir gemeinsam in den Saal C: fünfzig Schwerverwundete, alle durch Hunderte Kilometer von ihren Lieben getrennt." Er blieb neben einem Bett stehen. „Das hier ist Rialland. Neunzehn Jahre alt. Ihn sollten Sie vorläufig als Ihren Bruder betrachten."

Der junge Soldat starrte Alexandra an, als hätte er eine Erscheinung. „*Quel ange!*" flüsterte er.

„*Merci*", murmelte Alexandra verlegen.

„Sehen Sie?" Dr. Jary klopfte ihr auf die Schulter. „Für Rialland sind Sie ein Engel, und irgendeine französische Schwester ist in diesem Augenblick für Ihren Bruder ein Engel. Es wird Ihnen bei uns gefallen, und wir sind für Ihre Hilfe dankbar."

ALLE hatten den Absturz erwartet. Es war ein Samstagmorgen. Das Flugzeug kurvte mit stotterndem Motor über dem Hospital und flog dabei schon so niedrig, daß die Fensterscheiben in den Krankensälen erzitterten. Wer laufen konnte, rannte ins Freie und wurde Augenzeuge, wie die zerbrechliche Maschine eine Baumspitze abrasierte und zu Boden torkelte – ein Vogel mit gebrochenen Schwingen.

„Der ist tot; armer Kerl", sagte die Oberschwester. Sanitäter rasten zur Absturzstelle und brachten den Piloten ins Hospital. Er war bewußtlos, beide Beine waren gebrochen, aber er lebte. Dr. Jary machte sich sofort an die Arbeit.

„Junge Knochen sind wahre Wunderdinge", sagte er, als er zwei Stunden später den Operationsraum verließ. Alexandra half ihm beim Ablegen des blutbefleckten Kittels und füllte heißes Wasser in ein Waschbecken.

„Wirklich ein Wunder, Miß Greville: Bruchstellen, so glatt wie bei gutem Holz."

„Wird er wieder laufen können, Herr Doktor?"

„Laufen? Der wird wieder rennen, fliegen! Ich muß jetzt aber das königliche Fliegerkorps anrufen. Sie sollen wissen, daß ihr Leutnant Mackendric lebt und in ein paar Wochen wieder bei ihnen sein wird – so gut wie neu."

Binnen kurzem hieß der zwanzigjährige Leutnant bei allen Schwestern nur noch „der lustige Dennis". Er war Schotte, hatte sandfarbenes Haar und rote Wangen und zeigte gern seinen athletischen Oberkörper; jedenfalls weigerte er sich, das Oberteil des Pyjamas zu tragen. Alexandra verliebte sich in ihn wie alle anderen Schwestern auch.

Eine Woche nach dem Absturz saß sie frühmorgens beim Bindenwickeln an einem Tischchen in der kühlen Eingangshalle des Schlosses. Sie träumte ein bißchen und bemerkte den Besucher nicht, der durch den Haupteingang hereingekommen war. Seine Stimme schreckte sie auf: „Major Mackendric. Ich suche meinen Bruder, Leutnant Dennis Mackendric."

Der hochgewachsene Offizier trug die Abzeichen des königlichen Sanitätskorps. Er mochte dreißig Jahre alt sein, hatte ein schmales Gesicht und volle Lippen. Seine schwarzbraunen Augen lagen tief in den Höhlen und wirkten seltsam alterslos.

„Ich bringe Sie zu ihm", sagte Alexandra. In ihrer Stimme schwang Überraschung. Ein krasserer Gegensatz als dieses Brüderpaar war kaum denkbar.

„Vielen Dank", sagte der Major. „Wie heißt Ihr Chefarzt?"

„Doktor Jary."

„Gilles Jary? Das höre ich gern. Manche dieser Rote-Kreuz-Chirurgen können nicht mal einen Nagel in die Wand schlagen, geschweige denn einen Knochenbruch richten."

Er wirkte arrogant. Selbst sein Bruder zeigte keine übermäßige Freude, als er im Krankensaal auftauchte. „Großer Gott! Robbie!" Mehr fiel Dennis zur Begrüßung nicht ein.

„Hallo, Dennis! Kleinen Salto gemacht, wie?“ Major Mackendric musterte den Aufzug seines Bruders säuerlich und wendete sich an Alexandra. „Erlauben Sie allen Patienten, hier halbnackt herumzuliegen, Schwester?“

„Nein ... natürlich nicht“, stotterte sie verwirrt. „Es ist doch nur wegen ...“

„... wegen der verdammten Hitze, Mann“, knurrte Dennis.

„Man holt sich an einem heißen Tag ebenso leicht eine Lungenentzündung wie an einem kalten. Wer dir das erlaubt, muß den Verstand verloren haben. Schwester, wo ist Doktor Jary?“

„In seinem Büro ... den Gang hinunter, letzte Tür links.“

„Was willst du denn von unserm Doktor? Du wirst dem guten Jary doch nicht wegen dem blöden Pyjama den Marsch blasen wollen?“

„Ich will die Röntgenaufnahmen sehen.“

„Herrgott, hast du in Ypern nicht genug zu tun gehabt?“

„Doch“, sagte der Major scharf, „mehr als genug.“

Der junge Mackendric bereute schon seine lose Zunge. „Entschuldige, Robbie; es war nicht so gemeint. Und ich freue mich auch ehrlich, deine häßliche Visage wiederzusehen.“

„Ganz meinerseits. Und jetzt bist du ein braver Junge und ziehst sofort etwas an.“ Er verließ den Krankensaal mit energischen Schritten, und seine Stiefelabsätze klickten laut auf den Fliesen.

„So was!“ sagte Alexandra; in der Betonung der Worte machte sie ihrer angestauten Wut Luft. „So eine Nervensäge!“

„Das ist der liebe Robbie weiß Gott“, sagte Dennis, fröhlich grienend. „Bei dem wird noch ein Heiliger aus Verzweiflung zum Alkoholiker. Was mich an ihm besonders stört, ist, daß er immer recht hat.“

Dennis setzte sich auf und streckte Alexandra die Arme entgegen. „Also ziehen Sie mir mal das stinkige alte Flanelljäckchen über. Es tut nicht gut, mein Brüderchen in Weißglut zu versetzen.“

Alexandra traf Major Mackendric später noch einmal, als er neben Dr. Jary den Korridor entlangging.

Er lächelte ihr zu, aber sie übersah die freundliche Geste mit voller Absicht. Dann hörte sie, wie Dr. Jary sagte: „Bei zwei oder drei Fällen könnten Sie uns gleich behilflich sein; Bauchverletzungen und so weiter ...“

„Ich habe aber nur ein paar Tage Urlaub.“

„Wir würden die Leute sofort zur Operation vorbereiten lassen und gleich nach dem Mittagessen zu operieren beginnen“, sagte Dr. Jary.

Und dann fügte er hinzu: „Immerhin waren Sie ein Schüler von Sir Osbert."

Der Major protestierte. „Lieber Kollege, ich bin auf Urlaub! Aber ach, was soll's..."

DER letzte Patient wurde erst um ein Uhr morgens aus dem Operationsraum gerollt. Das erzählte die Oberschwester den Helferinnen beim Frühstück.

„Dr. Mackendric muß sehr müde gewesen sein", sagte Alexandra.

Die Oberschwester nickte. „Und ob! Käsebleich sah er aus. Dr. Jary hat ihm einen großen Whisky aufgenötigt und gesagt, er solle sich in der Stadt vergnügen."

Alexandra verspürte plötzlich den Wunsch, ihn wiederzusehen. Ein interessantes Gesicht, dachte sie, das Gesicht eines Mannes, der schon viel erlebt hat. Sie übernahm zusätzlich eine Nachmittagsschicht, um ihn nicht zu verpassen, wenn er Dennis wieder besuchte.

Er kam nachmittags müde und blaß aus der Stadt zurück. Alexandra fing ihn im Treppenhaus vor dem Krankensaal ab. „Ihr Bruder schläft", sagte sie, „... im Pyjama."

„Entschuldigen Sie, daß ich gestern soviel Wesens darum gemacht habe." Er wischte sich mit einem Taschentuch den Schweiß von der Stirn. „Gibt es bei Ihnen etwas Kaltes zu trinken, Miß... Verzeihung, wie heißen Sie?"

„Alexandra Greville."

„Robin Mackendric, um mich noch einmal korrekt vorzustellen." Er reichte ihr die Hand, eine schweißnasse Hand mit eiskalten Fingern.

„Ist Ihnen nicht gut, Herr Major?"

„Mir ist nur ein bißchen flau. Das kalte Getränk wird mich wieder auf die Beine bringen ... vielleicht eine Limonade mit ein paar Aspirintabletten." Sie brachte ihm ein Glas Limonade und die Tabletten. Er nahm das Aspirin ein und trank den kühlen Saft.

„Wann haben Sie heute abend frei?" fragte er.

„Frei?" wiederholte sie verwirrt. „Um halb sieben."

„Möchten Sie mit mir in der Stadt essen?"

Die Einladung kam so unerwartet, daß Alexandra den Major verblüfft anstarrte. Der Mann war doch mindestens zehn Jahre älter als sie! Sie wollte schon nein, danke sagen, doch dann sah sie, was in seinen Augen stand: Erschöpfung, Qual ... und eine flehentliche Bitte.

„Einverstanden“, sagte sie. „Wollen Sie mich abholen, oder treffen wir uns irgendwo?“

„Es ist ein schöner Spaziergang in die Stadt. Treffen wir uns doch um sieben Uhr unten am Fluß.“

SIE schlenderten den Treidelpfad entlang, während die Abendsonne die schlanken Pappeln in messingfarbene Säulen verwandelte. Schwer atmende Pferde zogen Lastkähne stromaufwärts, und die Schiffer saßen mit gekreuzten Beinen auf dem Deck ihrer Schiffe und genossen die Ruhepause.

„Frankreich ist ein herrliches Land“, sagte Alexandra.

„Ja, es ist sehr schön.“

„Und überall begegnet man seiner Geschichte. Die Kathedrale hier in Chartres ist eines der hervorragendsten Beispiele gotischer Architektur. Sie müssen wissen, daß ich schon als Elfjährige in alles, was gotisch aussah, vernarrt war. Diese Begeisterung war natürlich nicht von Dauer...“ Herrgott, ich rede zu viel und zu schnell, dachte Alexandra. Sie holte tief Atem, um ruhiger zu werden, doch der schweigsame Mann an ihrer Seite hatte sie aus der Fassung gebracht.

Einen Augenblick lang blieb Major Mackendric stehen, um seine Bruyère-Pfeife anzuzünden. Dabei sah sie, daß seine Hand zitterte, und das machte sie nur noch unsicherer. Und sie plapperte weiter, plapperte, was ihr in den Sinn kam. „Ihr Bruder ist ein lieber Kerl“, sagte sie, „ein waschechter lustiger Schotte. Sie ... Sie sind wohl ein bißchen älter als Dennis?“

„Ich bin zweiunddreißig; Dennis ist zwanzig.“

„Und ich bin neunzehn, aber ich fühle mich viel älter. Wahrscheinlich liegt es am Krieg. Sind Sie schon lange an der Front, Herr Major?“

„Seit letzten Oktober ... Ypern.“

„Die Kämpfe müssen furchtbar gewesen sein. Und Sie haben auf dem Verbandplatz gearbeitet?“

„Ja.“ Er schwieg einen Augenblick, sah sie fest an und sagte: „Aber heute wird darüber nicht gesprochen.“

„Worüber möchten Sie denn gern reden?“

„Über Sie, über gutes Essen ... und die Treidelpferde hier am Fluß; in genau dieser Reihenfolge.“

„Also Essen!“ Sie lachte, doch ihre Heiterkeit wirkte gekünstelt. „Seit Wochen bekommen wir nur Linsen und irgendein undefinierbares graues Fleisch mit Steckrüben. Die Oberschwester sagt aber, in Chartres gäbe es ein paar wirklich gute Restaurants.“

Es gab in der Tat eine Reihe eleganter Restaurants in der Stadt, und vor allen parkten zahlreiche Wagen des Oberkommandos. Major Mackendric zog es vor, in ein ländliches Gasthaus mit schönem Garten zu gehen, der sich bis zum Fluß hinunter erstreckte. Die Tische standen unter alten Bäumen, und das Licht der Laternen, die in den unteren Zweigen schaukelten, spiegelte sich in der stillen Wasseroberfläche. Er bestellte junge Ente und eine Flasche Montrachet, danach frisch gepflückte Erdbeeren.

Nach dem Essen gingen sie gemächlich zum Hospital zurück. Noch immer waren Lastkähne unterwegs, und die Lampen in den Kajüten blinkten durch die Finsternis.

„Ich danke Ihnen vielmals für die Einladung, Herr Major", sagte Alexandra, als sie an der Schloßauffahrt haltmachten. „Das Restaurant am Fluß hat mir sehr gut gefallen ..."

„Und mir Ihre Gesellschaft." Er trat dicht an sie heran und legte die Hand auf ihren Arm, eine Hand, die jetzt kraftvoll, vertraueneinflößend wirkte. „Miß ... Alexandra", fuhr er fort, „ich rede nicht gern um den Brei herum: Ich bin verrückt nach Ihnen; war es sofort, als wir uns zum ersten Mal in der Eingangshalle begegnet sind."

„Herr Major, ich möchte nicht ..." Er verschloß ihr den Mund mit einem Kuß. Lieber Gott, dachte sie, als ihr die Knie weich wurden, das ist doch wahrlich nicht mein erster Kuß ...

Er gab sie gleich wieder frei und sagte: „Morgen früh fahre ich nach Paris. Kommen Sie mit?"

„Sind Sie ... sind Sie verrückt geworden, Major Mackendric?"

Er küßte ihr Haar. „Ja, verrückt wie ein Auerhahn während der Balz", sagte er. „Und wenn es morgen nicht geht, kommen Sie eben am Freitag mit dem Mittagszug. Mit dem Sonntagabendzug fahren Sie zurück nach Chartres."

Sie versuchte zu lachen, brachte aber nur einen seltsam rauhen Ton heraus. „Ich sagte doch, daß es nicht geht, Herr Major. Ich bin doch hier ..."

„Doktor Jary hat gar nichts dagegen, daß seine Leute gelegentlich Urlaub machen. Er hat es mir selbst gesagt." Diesmal packte er ihren Arm mit hartem Griff. „Sie können ja noch über meinen Vorschlag nachdenken."

„Ja ... ich werde darüber nachdenken."

Seine Hand lockerte den Griff. „Danke, Alexandra. Ich stehe am Montparnasse-Bahnhof, wenn der Mittagszug aus Chartres ankommt."

RATTATA ... rattata ... rattata ... drei Stunden brauchte der Zug für die Strecke Chartres–Paris, aber Alexandra kamen sie vor wie eine Ewigkeit.

Während der letzten Tage hatte sie Dennis Mackendric möglichst unauffällig über seinen Bruder ausgefragt. „Wir haben uns nie sehr nahegestanden", hatte Dennis gesagt. „Robbie hat sich schon immer so onkelhaft mir gegenüber betragen. Und seit seiner Heirat..."

„Wie? Er ist verheiratet?" hatte sie beiläufig gefragt, und er hatte nicht gemerkt, wie sie erschrak.

„Aber ja. Nur hat die schmallippige Dame aus Aberdeen so gar kein Verständnis für Robbies verrückte Ideen. Er ist nämlich Mitglied des königlichen Ärztekollegiums, aber er arbeitet aus Überzeugung in einem Armenkrankenhaus in Liverpool. Seit er in Frankreich ist, kommt er mir vor wie eine übermäßig gespannte Stahlfeder, die jeden Augenblick zerspringen kann. Als ich ihn im Mai in Ypern traf, sah er selber aus wie der Tod. Ich habe zu ihm gesagt: ‚Robbie, du bist nicht der einzige Knochenflicker in ganz Flandern. Mach mal vier Wochen Urlaub!' Aber das war in den Wind gesprochen. Robbie nimmt keine Ratschläge an. Den ändert niemand."

Rattata ... rattata ... rattata; endlich tauchten die Außenbezirke der Metropole auf. Als Kind war Alexandra oft genug mit ihrer Mutter in Paris gewesen; im Louvre, in den eleganten Läden der Rue St-Honoré. Und heute? Heute kam sie allein, um einen verheirateten Mann zu treffen, der noch dazu dreizehn Jahre älter als sie war!

Wie eine Schlafwandlerin ließ sie sich mit dem Menschenstrom über den Bahnsteig treiben. Dann sah sie ihn: Er lehnte an einem Kiosk und musterte voll nervöser Spannung die Gesichter der Passanten. Und in diesem Augenblick wußte sie, daß sie die richtige Entscheidung getroffen hatte, als sie den Zug nach Paris bestieg.

„Guten Tag, Major Mackendric!"

Ein Seufzer der Erleichterung entfuhr ihm. Er hatte sie nicht kommen sehen. „Herzlich willkommen in Paris, Alexandra! Wie hübsch Sie heute aussehen!" Sie trug über dem hellblauen Schwesternkleid einen dunkelblauen kurzen Umhang mit roten Borten – Extraanfertigung von Ferris. Und plötzlich schämte sie sich; sie kam sich verkleidet vor wie eine Schauspielerin im Schwesternkostüm.

„Überrascht es Sie, daß ich gekommen bin?"

„Ein bißchen schon, aber vor allem freut es mich. Darf ich Ihr Gepäck tragen?"

Sie gab ihm die kleine lederne Reisetasche und sagte: „Dennis und ich haben lange über Sie gesprochen. Er hat auch erwähnt, daß Sie verheiratet sind."

„Ja", sagte er ruhig, „schon ziemlich lange."

„Dennis sorgt sich um Sie. Er meint, Sie wären fast am Ende Ihrer Kräfte. Als ich Sie das erste Mal sah, kamen Sie mir vor wie ein Mann, der sich nur noch mit den Fingerspitzen an einer Klippe festkrallt..."

„Sehr plastisches Bild!"

„Ich glaube, Sie sind sehr einsam. Sie brauchten jemanden, mit dem Sie reden können, mit dem Sie gelegentlich ausgehen."

„Sie sind sehr verständnisvoll, Alexandra."

„Ich will Ihnen gern helfen. Doktor Jary hat mir sogar bis Sonntagabend freigegeben. Wir könnten vielleicht in den Louvre gehen. Ich ... ich werde beim Christlichen Verein Junger Mädchen wohnen."

„Ja", sagte er gedehnt, „warum auch nicht?"

Während der ganzen Reise hatte sie diese Sätze geprobt und überlegt, was er antworten würde. Mit dieser gleichmütigen Zustimmung hatte sie am allerwenigsten gerechnet!

In der Rue de Vaugirard machten sie vor einem Straßencafé halt. Grüngestrichene eiserne Tischchen und Stühle standen unter buntgestreiften Sonnenschirmen, doch alle Plätze waren besetzt. Während sie noch zögernd stehenblieben, sprangen drei junge Männer in fleckigen weißen Leinenjacken auf, und einer sagte in fehlerhaftem Englisch: „Dürfen wir Ihnen unseren Tisch anbieten, Sir?"

„Merci."

Als die jungen Leute fortgingen, schaute ihnen der Major nach. „Medizinstudenten", sagte er. „Gleich um die Ecke ist das Klinikum. Ich habe dort 1910 an einem Seminar teilgenommen. Ihr Doktor Jary war übrigens der Leiter."

Die beiläufige Bemerkung machte ihr den Altersunterschied schmerzlich bewußt. 1910: Damals hatte sie noch auf der Schulbank gesessen und mit der lateinischen Konjugation gerungen, während er schon ein qualifizierter Arzt war.

Der Kellner hatte Chablis und Sodawasser gebracht, und Alexandra beobachtete Robin Mackendric, der das kühle Glas nervös zwischen den Handflächen drehte. Es war sinnlos, ihn mit irgendeinem jungen Mann aus ihrem früheren Freundeskreis vergleichen zu wollen; es gab keine Ähnlichkeit. Er stellte sich weder als Kricket-Champion noch als fabulösen Geländereiter dar; er versuchte nicht einmal, sie mit albernen Geschichtchen zum Lachen zu bringen. Robin Mackendric gab sich so, wie er war: schwerblütig, selbstkritisch, aber höflich genug, um von Zeit zu Zeit ein Gespräch mit seinem Gast in Gang zu bringen. Er war ein gebildeter Mann, der über Architektur, Technik, Musik und Literatur gleichermaßen fesselnd zu sprechen verstand. Gegen Abend führte er Alexandra in ein Restaurant an der Seine.

„Ein Thema haben Sie kein einziges Mal erwähnt", sagte Alexandra, während sie eine Trüffel auf die Gabel schob. „Die Medizin. Manchmal habe ich das Gefühl, Sie schämten sich Ihres Berufes."

„Ich schäme mich für die Menschen, die mir und meinen Kollegen seit einem Jahr eine so furchtbare Last aufgebürdet haben; besser gesagt: Ich hasse sie!"

Im Licht der flackernden Kerze auf ihrem Tisch betrachtete sie das zerquälte Gesicht. Das ist es! dachte sie; nicht Scham, nicht Schmerz, sondern Wut, eine tief in seiner Seele schwelende Wut. Und diese Erkenntnis entsetzte sie. Sie war so bestürzt, daß sie nicht weiteressen konnte. Er kam ihr zu Hilfe. „Wollen wir gehen?" fragte er. „Ich rufe ein Taxi."

„Brauchen wir wirklich ein Taxi?"

„Du meine Güte, ja! Ihr Christlicher Verein Junger Mädchen liegt am anderen Ende von Paris."

Sie schob eine Tomate mit der Gabel auf dem Teller hin und her. „Ich möchte gar nicht dort wohnen. Ihr ... Ihr Hotel ist sicher viel hübscher."

„Ja. Es ist ein nettes altes Hotel."

„Und dorthin könnten wir zu Fuß gehen?"

„Ich glaube schon. Alexandra, haben Sie es sich gut überlegt? Ist es Ihr eigener Wunsch mitzukommen?"

Sie nickte, schaute zu ihm auf und hielt seinem prüfenden Blick stand, ohne mit der Wimper zu zucken. „Ja", sagte sie, „nur nicht in einem Taxi. Es käme mir so ordinär vor, zu einem ... einem Rendezvous im Taxi zu fahren."

Er lächelte ein wenig melancholisch. „Es ist doch kein Rendezvous, wenn wir zusammen hingehen, Alexandra."

Sie hatte nicht die geringste Vorstellung, was sich nun abspielen würde. In ihrer Romanlektüre endeten Verführungsszenen stets mit einer Reihe von Pünktchen. Sie lag nackt und sehr verletzlich in einem breiten Bett, tapfer darauf gefaßt, daß sie ein ebenfalls nackter Mann nun gleich überwältigen werde. Aber er war nicht gewalttätig, und insgeheim hatte sie es auch nicht erwartet. Er nahm sie nicht einmal

„leidenschaftlich in die Arme“, wie es wohl ein Romanautor ausgedrückt hätte. Es war soviel einfacher: Seine Hand glitt im Dunkeln über ihren Körper, streichelte ihre Kehle, ihre Brüste. „Wie schön du bist, Alexandra“, flüsterte er.

Und sie wollte ihm danken; danken für die Sanftheit seiner Berührungen, für die Lust, die ihr sein Körper schenkte, aber sie brachte kein Wort heraus. Jetzt streichelte sie seinen Körper, zog ihn näher an sich heran.

„Ich werde dir nicht weh tun“, sagte er leise.

Erst als sie ihrer Sinne wieder mächtig war, nahm sie den hellen Lichtfleck an der Zimmerdecke und den ohrenbetäubenden Autolärm unter den Hotelfenstern wahr. Ihre Finger glitten spielerisch über den ausgestreckten Körper an ihrer Seite. „Robbie“, flüsterte sie, „Robbie, Robbie.“

Sie fürchtete sich vor dem Gedanken, daß er sie bald verlassen müßte, und als sie am Sonntag morgen vom hellen Sonnenschein geweckt wurde, kam ihr die Welt grau und kalt vor.

„Nimm mich mit“, bat sie.

„Nein“, sagte er und küßte sie. „Ausgeschlossen.“

„Aber ich bin doch Krankenschwester“, sagte sie schmollend, „ich könnte an deiner Seite arbeiten.“

„Du bist Schwesternhelferin, die die Kissen aufschüttelt und den Patienten den Schweiß von der Stirn wischt.“

„Und den Sterilisationsapparat bedient! Ich wäre dir wirklich eine Hilfe . . ., und ab und zu könnten wir vielleicht in einem Dorfgasthof übernachten.“

Er rückte von ihr ab und setzte sich auf. „Bei Ypern gibt es keine Gasthöfe mehr; nur zerschossene Dörfer, zerschossene Wälder, zerschossene Straßen. Und Soldaten, Soldaten, wohin du blickst. Nein, du fährst nach Chartres zurück, und ich nehme den Nachtzug nach Saint-Omer.“ Er nahm ihr Kinn in seine Hände, beugte sich über ihr Gesicht und küßte es sanft. „Alex, das waren die zwei herrlichsten Tage meines Lebens. Die Erinnerung an dich wird mich davor bewahren, den Verstand zu verlieren.“

„Darf ich dir wenigstens schreiben? Ich schreibe wunderbare Briefe!“

„Ich kann dich nicht daran hindern, aber hältst du es für klug?“ Er ergriff ihre Hände und sagte ernst: „Du bist eine sehr schöne und sehr leidenschaftliche Frau von neunzehn Jahren, Alex. Wenn du heute in

Chartres aus dem Zug steigst, begegnet dir vielleicht schon ein hübscher zwanzigjähriger Mann, in den du dich verliebst. Und bald wirst du ihn feierlich, wie es sich gehört, unter Glockengeläute heiraten und mich vergessen haben. Und das ist ganz in Ordnung. Du hast mir zwei Tage deines Lebens geschenkt, aber es wäre schon zuviel verlangt, wenn du begreifen solltest, was sie mir bedeuten."

„O Robbie", flüsterte sie und küßte seine Hände. „Wir müssen uns wiedersehen. Vielleicht ist dieser schreckliche Krieg morgen schon vorüber."

SIE dachte unausgesetzt an ihn. Vielleicht wäre es leichter zu ertragen gewesen, wenn sie sich irgend jemandem hätte mitteilen können, aber auch Dennis Mackendric war inzwischen nach Rouen verlegt worden. Die Tage schleppten sich dahin; die Nächte waren Ewigkeiten. Sie versuchte, die Erinnerung an Robbie durch harte Arbeit zu verdrängen, aber nicht einmal dazu war Gelegenheit: Das Hospital stand im Augenblick halb leer. Eine neue große Offensive hatte zwar in dieser letzten Septemberwoche begonnen, aber es würde noch einige Zeit dauern, bis die transportfähigen Verwundeten in Chartres eintrafen.

Zu guter Letzt siegte ihre Leidenschaft über das Pflichtgefühl; sie verabschiedete sich „auf französisch"; mit anderen Worten: Sie verließ Chartres ohne Erlaubnis, fuhr nach Paris und stieg dort um in den Zug nach Saint-Omer. In ihrem Winterumhang konnte man sie durchaus für eine richtige Krankenschwester halten, und der Feldgendarm in Saint-Omer warf nur einen flüchtigen Blick auf ihre Papiere.

„Zur Nummer vierzehn unterwegs, Schwester?"

„Nein, zum Feldlazarett Nummer zwanzig, bei Kemmel."

Er pfiff leise durch die Zähne. „Dürfte Schwierigkeiten machen, Schwester. Die Straßen sind völlig verstopft. Versuchen Sie's doch mal bei dem Offizier, der für die Ambulanzen zuständig ist ... Rue Héricart. Kleines weißgekalktes Haus; nicht zu verfehlen."

Die schmale, schmutzige Straße war wirklich verstopft – englische Soldaten auf dem Wege zur Front, ein schweigender, nicht endender Menschenstrom. Die khakibraunen Gestalten waren vom Regen durchgeweicht und buckelten schwere Tornister und militärische Ausrüstungsgegenstände. Wie Vieh, dachte Alexandra, Vieh, das durch ein Landstädtchen trottet.

Ein Konvoi aus dreißig leeren Krankenwagen wurde gerade für die Fahrt nach Flandern abgefertigt; sechs der Ambulanzen waren für

Kemmel bestimmt. Der Transportoffizier drückte den Gummistempel auf ihre Papiere, ohne Fragen zu stellen.

Furcht überfiel sie erst, als der Ambulanzwagen losfuhr, eine Furcht, die fast unerträglich wurde, als sie sich der Front näherten. An diesem Abend sah sie zum erstenmal am Horizont Flammengarben auflodern, und als sie in einem Dorf haltmachten, um Tee zu trinken und Brote mit Büchsenfleisch zu essen, hörte sie auch zum erstenmal aus der Ferne das Grollen des Kanonendonners.

Ein Offizier des königlichen Pionierbataillons kam durch den Schlamm herangewatet und warnte den Fahrer vor der Weiterfahrt nach Kemmel. Die Straße nach Kemmel und Ypern hatte an diesem Tag unter starkem Beschuß gelegen und würde erst in zwölf Stunden wieder passierbar sein. Alexandra kauerte die Nacht über schlaflos hinten im Wagen, während der Fahrer auf seinem Sitz schnarchte. Ihre Angst wuchs von Stunde zu Stunde.

Um acht Uhr morgens hielt der Krankenwagen vor dem Feldlazarett in Kemmel: mehrere Reihen primitiver Baracken mit Segeltuchabdeckung und dazwischen Laufbretter, die im morastigen Boden zu versinken drohten, dahinter die Reste eines Obstgartens, das war alles.

Eine Schwester mit scharfen Gesichtszügen musterte Alexandra unfreundlich. „Schwesternhelferin? Was haben Sie hier zu suchen?"

„Ich . . . ich möchte Doktor Mackendric sprechen."

Der Schwester fiel auf, wie unglücklich das junge Mädchen aussah. „Er operiert jetzt. Haben Sie schon gefrühstückt?" fragte sie.

„Nein, Schwester."

Die Schwester schien ein wenig milder gestimmt. „Na gut, kommen Sie mit ins Verpflegungszelt. Sind Sie mit dem Major befreundet?"

„Ja. Ich . . . ich habe seinen Bruder gepflegt."

Ein dünnes Lächeln zuckte um den harten Mund der Schwester. „So? Seinen Bruder? Das Glück war mir allerdings nicht beschieden."

Alexandra umklammerte ihren Teebecher fest mit beiden Händen. In nur zwei Kilometer Entfernung war eine Batterie schwerer britischer Geschütze aufgefahren, und die Pfeffer- und Salzstreuer tanzten und schlitterten bei jeder Salve quer über den Tisch.

Und plötzlich saß er ihr gegenüber. Seine Uniformjacke hatte er nur flüchtig zugeknöpft; die Krawatte saß schief. Er blickte sie fassungslos an. „Alex, was soll ich bloß mit dir anfangen?"

Sie starrte in die trübe Teebrühe; ihn anzusehen wagte sie plötzlich nicht mehr. Sie war den Tränen nahe, aber sie sagte verbissen: „Ich gehe nicht mehr fort."

„Du mußt hier verschwinden. Begreifst du es nicht?"

Sie schüttelte den Kopf wie ein aufsässiges Kind. „Ich werde mich nützlich machen."

„Alex, hier gibt es nur Vollschwestern. Viele haben zwanzig Jahre Erfahrung auf dem Buckel. Hilfsschwestern sind ab Saint-Omer gar nicht zugelassen. Du hast nicht die geringste Vorstellung, wie es hier zugeht."

Sie setzte den Becher nieder und schaute Robin Mackendric zum erstenmal an. Die Sehnsucht nach ihm stand ihr so deutlich ins Gesicht geschrieben, daß er nachgiebiger wurde.

„O Alex ... Alex!" Er streckte die Hand über den Tisch und berührte ihren Arm. „Du machst es mir so schwer!"

„Verzeih, Robbie; das habe ich nicht gewollt. Aber ich habe so gar keine Erfahrung in ... in Liebesaffären. Vielleicht gibt es Mädchen, die ein Verhältnis so schnell wieder vergessen, wie sie es begonnen haben. Ich habe mir ja große Mühe gegeben, aber ich kann dich ... ich kann dich ..."

Seine Finger schlossen sich mit schmerzendem Druck um ihr Handgelenk, und er schaute an ihr vorbei. Zwei Sanitäter am Nachbartisch hatten das seltsame Paar schon längere Zeit aus den Augenwinkeln beobachtet. Im Feldlazarett wußte jeder über jeden Bescheid, und was man nicht ganz genau wußte, gab zu endlosen Spekulationen Anlaß.

„Bloß jetzt nicht weinen", sagte er mit fester Stimme.

„Ich weine gar nicht. Ich bin nur so glücklich, dich wiederzusehen. Und ich will bei dir bleiben. Ich kann euch bestimmt helfen."

Er nahm die Pfeife aus der Rocktasche und stopfte sie auffallend langsam: Er wollte Zeit zum Überlegen gewinnen.

„Alex", sagte er schließlich, „mir geht es wie dir: Ich kann so eine Affäre nicht einfach aus dem Gedächtnis streichen. Trotzdem müssen wir jetzt vernünftig sein. Deine romantische Vorstellung von der Schwester als ‚rechte Hand des Arztes' gilt hier nicht. Hier gibt es auch keine Kissen zum Aufschütteln. Wenn es dir mit dem Schwesternberuf so ernst ist, dann fange eine richtige Ausbildung an ... O Gott! Da kommt Vale!"

Ein schlanker junger Offizier, der über der Uniform einen weißen Kittel trug, trat an ihren Tisch, während er mit dem Zeigefinger den Bart glättete. Unaufgefordert zog er sich einen Stuhl heran und setzte sich. „Major, es ist dringend. Parsons braucht sofort Ihre Hilfe für den Gurkha-Sergeanten auf Nummer sechs: Gasbrand im rechten Bein."

„Verfluchter Mist..."

„Tja, was sein muß, muß sein: Hacke, hacke ab das Bein, sonst ist der arme Kerl gleich ganz hinüber."

Robin Mackendric stand auf, machte aber kein Hehl daraus, wie schwer es ihm fiel. „Ich sollte Sie wohl vorstellen, Vale", sagte er.

Vale griente. „Aber gewiß doch, alter Junge."

„Also: Darf ich vorstellen: Hauptmann Vale – Miß Alexandra Greville." Er klopfte seine Pfeife in eine leere Munitionsschachtel aus. „Sie führen doch Miß Greville ein bißchen herum, Vale? Ich werde eine Stunde beschäftigt sein."

„Mit Vergnügen; mit dem allergrößten Vergnügen."

Ihre Verzagtheit kehrte wieder, als sie an Hauptmann Vales Seite die provisorischen Krankensäle besichtigte. Die kahlen Räume enthielten, ihrem Zweck entsprechend, nur das nötigste Mobiliar: segeltuchbespannte Feldbetten und Wägelchen, auf denen Verbandmaterial, Starrkrampfserum und Injektionsspritzen bereitlagen.

„Ziemlich leer im Augenblick", sagte Vale. „Heute morgen haben wir klar Schiff gemacht – für die nächste Ladung. Ist fast wie auf dem Waterloo-Bahnhof: ein ständiges Kommen und Gehen." Die Laufplanken führten an einem primitiven Gebäude vorüber, das wahrscheinlich einmal ein Stall gewesen war. „Und da wird operiert. Bahre rein – Bahre raus – der nächste bitte! Tommy nennt den Stall da Ausbesserungswerk und das Lazarett in Hazebrouck Endstation."

Eine Glocke läutete: vier Schläge – Pause – wieder vier Schläge. Hauptmann Vales Gesichtszüge wurden plötzlich härter und die Lippen schmaler. „Große Morgenbesprechung. Da erfahren wir, was uns bevorsteht. Ziemlich schweres Artilleriefeuer seit dem Morgengrauen. Ich fürchte, es wird kein angenehmer Tag."

Alexandra blieb im Hintergrund des Verpflegungszeltes sitzen, während Ärzte, Schwestern und Sanitäter kleine Gruppen bildeten. Als letzter trat Dr. Mackendric ein. Er trug über der Uniform noch den Chirurgenkittel.

„Heute morgen waren das Bedford- und das Suffolk-Regiment im Einsatz", sagte er. „Etwa die Hälfte ihrer Verwundeten wird bei uns eingeliefert, ich schätze, dreihundert bis vierhundert Mann. Sie haben unter schwerem Beschuß gelegen. Stellen Sie sich also auf üble Mehrfachverletzungen ein. Außerdem haben die Träger noch dreißig Leute vom I. schottischen Schützenbataillon gefunden, die schon seit Mittwoch im Drahtverhau liegen. Wir müssen für sie reichlich Chloroform bereithalten."

Die Schwester, die Alexandra am Morgen in Empfang genommen hatte, sah, wie verlassen und niedergeschlagen die junge Helferin im hintersten Zeltwinkel hockte. „Sie kommen sich ziemlich überflüssig vor, wie?“ sagte sie.

„Ja, ein wenig schon.“

„Hm. Das können wir uns hier nicht leisten. Haben Sie irgend etwas Nützliches gelernt? Könnten Sie auf meine Anweisung ein Anästhetikum spritzen oder eine Carrel-Tropfinfusion anlegen?“

„Nein, ich habe ... ich habe leider nur ...“ Alexandra wand sich unter dem bohrenden Blick der Schwester, und Schamröte stieg ihr ins Gesicht.

„Sehen Sie!“ sagte die Schwester in etwas milderem Ton, „Major Mackendric hat mich gefragt, ob wir Sie einsetzen könnten, aber wir haben hier einfach keine Verwendung für Sie. Sie müssen morgen nach Saint-Omer zurückfahren. Allerdings können Sie uns heute nachmittag zur Hand gehen. Unsere Sanitäter sind für jede Hilfe dankbar.“

Unter den Sanitätern herrschte nervöse Spannung, aber die Männer waren freundlich zu Alexandra. Sie brachten ihr Tee und gaben ihr gute Ratschläge.

„Fixigkeit heißt hier die Devise“, sagte Korporal Hyde, die Zigarette im Mundwinkel. „Wenn's erst mal losgeht, ist es reine Fließbandarbeit. Wir müssen die Jungen so sauber wie möglich machen, ehe wir sie an die Schwestern weitergeben: altes Verbandzeug herunterschneiden und allzuviel Dreck mit Seife und Antiseptikum beseitigen.“

Um drei Uhr fünfundvierzig hielt die erste schlammverkrustete Ambulanz vor dem Registrierzelt. Sanitäter rasten zum Auto, rissen die Tür auf und hoben die Verwundeten heraus. Von den Bahren kam unterdrücktes Wimmern und Stöhnen, Laute, die Alexandra noch nie in ihrem Leben gehört hatte. Alle Männer waren schon von Sanitätern direkt hinter der Feuerlinie provisorisch verbunden worden. Man hatte ihnen auch morphiumhaltige Tabletten gegeben, aber deren betäubende Wirkung ließ jetzt nach.

„Los, an die Arbeit, Mädchen“, sagte eine der beiden Schwestern, die mit ihren Verbandwagen bereitstanden.

Natürlich war Alexandra an den Anblick von Verwundeten gewöhnt, aber sie hatte die Männer immer nur sauber gewaschen und frisch verbunden gesehen, so, wie sie in das Hospital eingeliefert wurden. Doch hier gab es nichts als Bilder des Grauens: einen Mann mit ausgeschossenen Augen, dem man die leeren Höhlen mit schmutziger Watte ausgestopft hatte; Leute ohne Arme, ohne Beine, die Stümpfe unter schmutzigen Wickelgamaschen verborgen; einen Bauchverletzten, der wie ein Tier schrie und die Hände auf den Leib preßte, während zwischen seinen Fingern ein Klumpen blutiger Därme hervorquoll.

Ihre Beine gaben nach; sie sackte neben einer Bahre auf die Knie und starrte hilflos auf den blutgetränkten Verband, der um den Oberschenkel des Mannes gewickelt war. Mit unsicherer Hand begann sie, die Binden herunterzuschneiden. Plötzlich fing der Mann zu schreien an. Er bäumte sich auf, doch Korporal Hyde kam ihr zu Hilfe.

„Schnell doch, runter mit den Lumpen, Fräuleinchen!" rief er und drückte den Verwundeten auf die Bahre nieder.

Sie schnitt in das Verbandzeug hinein, aber ihre Hand zitterte so stark, daß sie kaum die Schere halten konnte. Dann kam eine blutige Masse zum Vorschein, aus der der zersplitterte Hüftknochen herausspießte. Sie biß die Zähne aufeinander, um nicht brechen zu müssen.

„Herrgott! Schneller doch!" schrie eine wütende Schwester.

Der Brechreiz kam in Wellen. Und das Grauen nahm kein Ende: Bahre um Bahre schob man ihr vor die Füße, jede mit einem Mann belegt, der sich krümmte und tierische Schmerzenslaute ausstieß. Ihr Entsetzen wuchs mit jeder Minute.

„Schottisches Schützenbataillon", sagte der Sanitäter, als die nächste Bahre mit einer lehmbeschmierten Gestalt darauf vor ihr abgesetzt wurde. Er stellte gleich eine Flasche Chloroform daneben auf den Boden. „Los, schick den armen Teufel erst mal ins Reich der Träume", sagte er.

Der Soldat hatte vier Tage und Nächte in einem Granattrichter zwischen den Drahtverhauen gelegen, vier Tage und Nächte in Sonnenschein, Dunkelheit und Nässe. Er hatte sich selbst einen dicken Stoffballen unter die rechte Achsel geklemmt, um damit eine schwärende Wunde abzudecken. Alexandra mühte sich, die Stoffetzen mit der Schere aus dem zerfransten, eiternden Wundkrater zu lösen. Und dann quoll es ihr entgegen: Massen fetter weißer Maden, die sofort über die Scherenklinge und ihre Finger krochen.

Sie begann zu schreien. Sie schrie und schrie und hörte auch nicht auf, als sie schon würgend und taumelnd davonzulaufen versuchte. Eine Schwester sprang auf die Schreiende zu und ohrfeigte sie mit aller Kraft. Alexandra spürte die Schläge gar nicht. Ihre Knie gaben nach; sie stürzte; um sie her wurde es dunkel.

IM AMBULANZWAGEN war es friedlich. Die stillen Gestalten neben und über ihr hatten so viele Narkotika bekommen, daß sie keinen Laut von sich gaben. Und plötzlich meinte sie eine Stimme zu hören, die ihren Namen rief. „Alex! Alex!“ Sie heftete den Blick starr auf die Bahre über ihrem Kopf. Und wieder: „Alex! Alex!“ Dann sprang der Motor an, und der Krankenwagen verließ schlingernd und quietschend den morastigen Vorplatz des Feldlazaretts. Er bringt die Verwundeten fort, dachte Alexandra, ja, so ist es: Er bringt die Verwundeten ins Hospital, und ich gehöre zu ihnen ... oder auch zu den Toten.

DRITTER TEIL

1

DIE blasse Dezembersonne war kraftlos, und durch die Straßen Londons fegte ein eisiger Wind. Dennoch war Lady Winifred Sutton für zwei Stunden aus dem Elternhaus am Cadogan Square geflüchtet und in Chelsea und am Flußufer spazierengegangen.

Eine halbe Million englischer Familien war nun schon vom Krieg schwer betroffen. Eine Lawine von Telegrammen hatte sich in die Briefkästen ergossen, und in jedem war einer Frau, einer Mutter oder Tochter mitgeteilt worden, daß der Mann, der Sohn, der Vater tot sei, vermißt, verwundet oder gefangen. In der Nummer vierundzwanzig am Cadogan Square waren schon zweimal Hiobsbotschaften eingetroffen: Zwei Söhne der Dexfords waren tot.

Winifred fürchtete sich vor dem Heimkommen. Sie haßte London, aber der Vater hatte den Landsitz der Familie für die Dauer des Krieges dem Roten Kreuz überlassen. Sie sehnte sich nach den stillen Feldern in Dorset, und sie wußte, daß auch ihre Mutter dort weniger hektisch gewesen wäre und sich eher mit dem Gedanken vertraut gemacht hätte, daß zwei ihrer Söhne nicht mehr heimkehren würden. Hier in London fand sie zu viele Leidensgefährtinnen, die wie sie selbst überzeugt waren, daß man die Geister der Toten zurückholen konnte, wenn man es nur richtig anstellte.

Die spiritistische Sitzung war gerade beendet, als Winifred das Haus betrat. Sie unterhielt sich mit den Gästen ihrer Mutter nur so lange, wie es die Schicklichkeit verlangte; dann lief sie hinauf in ihr Schlafzimmer, ihre einzige private Zuflucht. Sie setzte sich vor die Frisierkommode und starrte in den Spiegel. Sie empfand dumpfes

Mitleid mit den Frauen im Salon ihrer Mutter, die so verzweifelt versuchten, die geliebten toten Männer und Söhne ins Diesseits zurückzuholen.

Ein Hausmädchen klopfte leise an die Tür und streckte den Kopf ins Zimmer. „Oberstleutnant Wood-Lacy am Telefon, Mylady. Soll er lieber später noch einmal anrufen?"

„Vielen Dank, Daphne. Sagen Sie ihm, er möchte in einer halben Stunde wieder anrufen."

Fenton in London! Seit Kriegsbeginn – vor fünfzehn Monaten – hatte sie ihn nicht mehr gesehen. Keinen einzigen Tag hatte er in England Urlaub gemacht, nur gelegentlich hatte er geschrieben. Die wenigen Briefe lagen in der Kommodenschublade. „Heute sind wir in die vordersten Stellungen eingerückt. Haben die Franzosen in den Gräben abgelöst. Ziemlich unangenehme Lage." Nein, das waren weiß Gott keine persönlichen Worte, und doch hatte sie diese Mitteilungen so sorgfältig aufbewahrt, als wären sie Liebesbriefe. Alle begannen mit einem förmlichen „Liebe Winifred", und sie endeten stets mit „herzlichen Grüßen" – als hätte sie ein Onkel an seine Nichte gerichtet!

Er war inzwischen Oberstleutnant – Oberstleutnant Fenton Wood-Lacy, Träger des Kriegsverdienstordens. Seine Beförderung und die Auszeichnung hatte sie einer Zeitungsmeldung entnommen. Jeder las am Morgen als erstes die Listen – Listen mit den Namen der Toten, Vermißten, Verwundeten – und Beförderten.

Seine Stimme am Telefon kam ihr vertraut vor. „O Winifred, ich störe doch hoffentlich nicht."

„Überhaupt nicht, Fenton. Wie schön, deine Stimme wiederzuhören."

„Bin erst gestern abend angekommen. Wohne im Gardeclub."

„Hast du lange Urlaub?"

„Ein paar Wochen." Es entstand eine kleine Pause. Dann sagte er: „Ich hätte dich gern zum Tee eingeladen ... natürlich nur, wenn du frei bist."

„Gern, Fenton."

„Wäre dir halb fünf Uhr recht?"

Der perfekte Gentleman, dachte sie bitter, als sie den Hörer aufgelegt hatte. Sein Pflichtgefühl zwang ihn, diese Einladung auszusprechen. Andererseits war es doch Fenton gewesen, der in jenem längst vergangenen Juli 1914 die ersten Schritte gemacht und um sie zu werben begonnen hatte! Pflichtgefühl? Das war auch so ein

Überbleibsel aus alten Zeiten, das inzwischen fast antiquiert wirkte. Aber Fenton, der so überaus auf Formen bedachte Fenton, brachte es noch nicht fertig, solche geheiligten Traditionen gänzlich über Bord zu werfen. Und deshalb hatte er sie auch zum Tee eingeladen; nicht etwa zum Abendessen oder ins Theater, o nein, zum Tee.

Fenton starrte seine Begleiterin noch immer fassungslos an, als sie schon im Taxi nach Mayfair saßen. Ihre Veränderung war überwältigend! Wie oft hatte er sich in Gedanken das dralle Schulmädchen vorzustellen versucht, dessen Dankbarkeit für seine Aufmerksamkeiten ihm nachgerade peinlich war. Er erkannte das unreife Mädchen in dieser schlanken hübschen Frau an seiner Seite nicht mehr wieder.

„Warum siehst du mich so an?" fragte Winifred.

„Verzeih, ich versuchte gerade, mich an die Winifred vom Sommer 1914 zu erinnern."

„Habe ich mich denn so sehr verändert?"

„Aus dir ist eine sehr schöne junge Frau geworden, Winifred."

„Danke." Sie blickte aus dem Seitenfenster. Es wurde schon dunkel, und am Hyde Park Corner herrschte wie immer am Spätnachmittag großes Gedränge.

„Müssen wir wirklich zum Tee gehen?" fragte sie. „Madame Tussaud wäre mir lieber. Ich habe mir schon immer gewünscht, einmal die Schreckenskammer kennenzulernen. Eine Schulfreundin ist mit ihrem Onkel schon mehrmals dort gewesen."

Fentons Gehör war durch den Kanonendonner noch nicht so sehr geschädigt, daß es den Sarkasmus ihrer Redeweise überhört hätte.

„Hast du das Gefühl, daß ich mich onkelhaft betrage?"

„Nein, Fenton, nur wie ein perfekter Gentleman. Ein Mann von weniger ausgeprägtem Ehrgefühl hätte sich einfach nicht mehr bei mir gemeldet."

Er klopfte an die gläserne Trennscheibe und bat den Fahrer, jetzt schon anzuhalten. Zu Fuß gingen sie die elegante Piccadilly hinunter. Beide schwiegen, und der Wind trieb ihnen Eiskörnchen ins Gesicht. Er nahm ihren Arm und führte sie in das gutgeheizte Foyer des Torrington-Hotels.

„Hat der Onkel dem Nichtchen jemals einen Gin mit Angostura spendiert?"

„Vielleicht", sagte sie gedankenverloren.

„Darf ich dir auch einen spendieren, oder würde er deinen Entwicklungsprozeß hemmen?"

„Du bist wütend, habe ich recht?"

„Aus gutem Grund, oder bist du anderer Meinung?"

„Ja und nein; sagen wir, wir sind beide im Recht."

In der Hotelbar drängten sich Offiziere und elegant gekleidete Frauen. Es gab auch eine winzige Tanzfläche – jede Hotelbar hatte inzwischen Platz zum Tanzen frei gemacht –, und eine mit vier Musikern besetzte Ragtime-Band spielte den „Castle Walk". Fenton bestellte einen Gin für Winifred und für sich einen Whisky mit Soda.

Winifred nippte an ihrem Glas. „Komisch, da befinde ich mich mit dir in aller Öffentlichkeit in einer Bar, und niemand findet etwas dabei. Noch vor einem Jahr wäre das undenkbar gewesen."

„Die Zeiten ändern sich, Winifred, aber unsere Gefühle nicht. Wenn ich dich verletzt habe, bitte ich aufrichtig um Verzeihung."

„Es gibt nichts zu verzeihen, Fenton. Aber stell dir vor, die Deutschen wären damals nicht in Belgien einmarschiert! Wir hätten schon längst geheiratet, aber wären wir auch glücklich? Ich hätte immerhin einen gutaussehenden Ehemann bekommen, aber du? Fenton, was hättest du in mir gesehen? Du hast doch nicht aus Liebe um mich geworben. Dieser Illusion habe ich mich nicht einmal in meiner Verliebtheit hingegeben. Warum also? Aus finanziellen Gründen? Oder tue ich dir unrecht?"

„Winifred, du verdienst es, die Wahrheit zu hören. Ja, ich brauchte Geld, um bei der Garde bleiben zu können. Aber es war natürlich nicht nur das Geld; ich war so gern mit dir zusammen – wie jetzt auch."

Sie starrte geistesabwesend ins Leere, und ihre Finger spielten mit dem schlanken Glas. „Manchmal weiß ich nicht mehr, was für Menschen wir im vergangenen Sommer waren. Wir haben uns so verändert. Ich weiß nur, daß ich schrecklich in dich verliebt war und daß ich mich unbedingt verloben wollte. Ich glaubte, meiner Mutter die Verlobung zu schulden, weil ich in Abington versagt hatte. Und in diesem Augenblick kamst du, die Konfektschachtel unter dem Arm, wie vom Himmel gesandt, in mein Leben hereinspaziert. Einen günstigeren Moment hättest du nicht wählen können."

Er nahm einen kräftigen Schluck. „Heute brauchst du jedenfalls keinem Mann mehr dankbar zu sein, wenn er Notiz von dir nimmt."

„Und du brauchst keine reiche Frau mehr, um in der Armee bleiben zu können. Es ist, als wären wir zwei völlig neue Menschen."

„Du hast vollkommen recht, Winifred. Und wie wäre es, wenn wir uns daraufhin einen richtig hübschen Abend machten? Abendessen bei Romano oder oben im Café Royal?"

„Klingt zwar sehr gut, aber mir ist heute nicht nach Feiern zumute. Bist du längere Zeit in London?“

Er war enttäuscht und verletzt. Hatte sie ihm diesen Korb mit voller Absicht gegeben? Wie tief saß denn ihr Groll?

„In den nächsten vierzehn Tagen werde ich viel hin und her reisen“, sagte er. „Am Wochenende bin ich in Abington. Darf ich dich nächste Woche wieder anrufen?“

„Ja“, sagte sie und sah ihn prüfend an. Dann nickte sie kaum merklich. „Aber nur, wenn dir wirklich etwas daran liegt.“

AUCH draußen, auf dem Lande, spürte Fenton Veränderungen. Es sah alles so schäbig aus, und das lag nicht am Wetter. Da waren reparaturbedürftige Dächer, Mauern, die längst einen frischen Anstrich gebraucht hätten, und Obstgärten, die vergebens auf den Baumschnitt warteten. Am Eisenbahnknotenpunkt Abbotswood mußte der Zug lange halten, weil ein großer Trupp Rekruten die Schienen überquerte. Ihr Ausbilder, ein grauhaariger Offizier zu Pferde, überwachte den Vorgang mit schlecht verhohlener Ungeduld. Man sah ihm an, daß er innerlich diesen lahm dahintrottenden Rekrutenhaufen verfluchte. Für ihn waren sie nichts als eintausend grüne Jungen, die er auf Vordermann zu bringen hatte. Fenton sah statt dessen eintausend junge Männer, Tischler-, Bäcker-, Schlachterlehrlinge, das teuerste Gut des Landes, das hier in die nebelverhangenen, mit Schneematsch bedeckten Äcker gescheucht wurde.

In Abington fühlte er sich an vergangene Zeiten erinnert. Nur das Heer der Kammerdiener und Hausmädchen fehlte. Wie früher spiegelten sich die Kerzen der Silberleuchter im mattglänzenden, edlen Holz des Tisches, und selbst die Speisenfolge ließ vorübergehend den Krieg vergessen. Noch immer schnitt Lord Stanmore eigenhändig den Braten, während Coatsworth die Flaschen entkorkte. Einen Augenblick lang meinte Fenton, er brauche nur kurz die Augen zu schließen und sie wieder zu öffnen, und schon säßen Roger und Charles neben ihm an der Tafel und debattierten über ihr Lieblingsthema, die moderne Poesie. Doch diese Zeiten waren unwiederbringlich vorbei. Roger war tot. Alexandra hatte während des Essens kein einziges Wort gesprochen. Charles war verheiratet, und Lydia hieß . . . Lydia Amberley.

Fenton saß ihr gegenüber, so daß sich ihre Blicke begegneten. Als Toasts ausgebracht wurden, hatte er ihr zugetrunken, und sie hatte zurückgelächelt, als wollte sie sagen: „Siehst du, und du hast es nicht für möglich gehalten!“ Lydia, die zukünftige Gräfin Stanmore! Nicht zu glauben, und doch wahr, und obendrein sah sie so aus, als wäre sie von Geburt an zur Gräfin bestimmt gewesen.

„Soso; die Gefechtstätigkeit hat also im Winter nachgelassen“, sagte Lord Stanmore. „Aber haben wir etwas Vorzeigbares geschafft?“ Sein Löffel schlug leicht gegen das Weinglas. „Ein zweites 1915 möchte ich jedenfalls nicht erleben.“

Lady Hanna erhob sich würdevoll. „Tony, du kannst mit den Herren, so lange du möchtest, über den Krieg reden. Aber erspar den Damen bitte dieses Thema.“

Alexandra stand ebenfalls auf.

Sie trat neben ihren Vater, gab ihm einen Kuß und sagte: „Gute Nacht, Papa. Ich gehe schlafen.“

Dann wandte sie sich zu Fenton, legte ihm die Hand auf die Schulter und fügte hinzu: „Gute Nacht, Fenton. Es hat mir gutgetan, dich wiederzusehen.“

Er gab ihr die Hand. Ihre Finger waren eiskalt, und ihr Gesicht sah schneeweiß aus.

„Ist Alexandra krank?“ fragte er, als die Damen hinausgegangen waren.

„Alex hat beim Roten Kreuz in Frankreich gearbeitet“, sagte Charles. „Sie ist im Oktober ziemlich krank zurückgekommen.“

Lord Stanmore zündete sich eine Zigarre an. „Sir John French ist also fort, und dafür haben wir Haig. Im Oberkommando rührt sich etwas! Charles, du steckst doch selbst in Whitehall: Was sagt eure Gerüchteküche?“

„Ich erfahre nicht viel, Vater. Ich gehöre doch zu den Neulingen. Soweit ich es durchschaue, möchte Haig den Krieg 1916 mit einem einzigen großen Schlag beenden, und zwar bei Ypern. Joffre will die Offensive aber an die Somme verlegen. Auf jeden Fall kommt etwas in Bewegung, und vielleicht bringt uns das neue Jahr tatsächlich den Sieg.“

„Meinen Kopf würde ich dafür nicht verwetten“, sagte Fenton. „Ich fürchte, das Oberkommando wird leichtsinnig, weil wir so viele neue Bataillone haben: eine Million Männer unter Waffen! Sie sind von der Zahl berauscht, aber Zahlen ändern noch nichts an der Lage. In Loos hätte uns auch die hundertfache Stärke nichts genutzt. Die Deutschen hatten einfach zu gute Maschinengewehrschützen und zu dicke Stacheldrahtverhaue. Die Verteidigungsmethoden der Fritzen sind höchst simpel, aber wirksam wie ein alter Zauber. Wir müßten unsere Strategie vollkommen ändern, und dafür ist Haig nicht der richtige Mann."

Charles hüstelte und fragte hastig: „Wollen wir nicht noch eine Partie Billard spielen? Mutter hat recht: Wir reden dauernd vom Krieg."

Um Mitternacht waren nur noch Charles und Fenton im Billardzimmer. Fenton beobachtete Charles, der einen einfachen Stoß verpatzte.

„Du hast noch gar nichts von Whitehall erzählt."

Charles starrte auf die Queuespitze. „Ich kann wirklich noch nichts darüber sagen, nur dies: Wir sind ein buntgemischtes Völkchen, darunter viele Londoner Universitätsprofessoren – meist Naturwissenschaftler mit Wiener Akzent. Alles überspannte Typen. Und dann kommen Leute zu uns, die die ausgefallensten Ideen haben, wie sie uns zum Sieg verhelfen könnten: mit Todesstrahlen und dergleichen Blödsinn!"

Fenton nahm die Kugel ins Visier. „Du untertreibst, Charles. Ich halte deine Stellung für wichtig."

„Mag sein, aber ich ... ich komme mir so verdammt fehl am Platze vor. Ich sollte lieber Rekruten ausbilden. Statt dessen quatsche ich mit Bauern über Raupenfahrzeuge! Kürzlich hatten wir einen Besucher, der uns zum Bau eines Schlachtschiffes zu Lande überreden wollte ... eine Art Traktor, bloß viel größer. Alles vergebliche Liebesmüh. Selbst wenn wir das verrückte Ding bauen ließen, könnten die Generäle nichts damit anfangen."

„Wenn dir deine Stellung so zuwider ist, hättest du dich lieber nicht darum bewerben sollen."

Charles patzte wieder. „Mein Befehl lautete: Vorstellung bei General Haldane, sobald der Gips herunter ist. Und der General sagte mir, daß ich in Whitehall gebraucht würde, und schon saß ich in der Falle."

„Wenigstens hast du eine schöne junge Frau, zu der du am Abend nach Hause gehen kannst. Genieße doch, was dir beschieden ..."

„Das tue ich doch", sagte Charles, „aber ich schäme mich, daß es mir so gut geht."

„O Charles! Ich werde dir ein härenes Büßergewand schenken! Sei vernünftig, alter Junge. Ich habe dich beobachtet: Du hast mit dem Gehen noch ziemlich große Mühe."

Charles wurde sofort gereizt. „Die Bruchstellen sind alle hervorragend verheilt."

„Mag sein, aber beim Geländemarsch wärst du bestimmt noch kein großes Vorbild für deine Rekruten. Arbeite nur weiter an deinem Schlachtschiff zu Lande, und denke immer daran: In Berlin sitzt genauso ein Tüftler wie du, der versucht, uns in die Pfanne zu hauen."

FENTON war schon vor dem Morgengrauen wach – die Macht der Gewohnheit! Im Schützengraben hatte er um diese Zeit bereits seinen ersten Kontrollgang absolviert, und seine Männer beobachteten hellwach den Sonnenaufgang hinter den deutschen Linien; der Augenblick der größten Spannung. Sein Herz hämmerte; er begann unter der Daunendecke zu schwitzen. Kurz entschlossen setzte er sich auf die Bettkante und zündete sich eine Zigarette an. Ob er jemals wieder mit Genuß die Morgendämmerung erleben oder auch nur entspannt schlafen könnte? Er hatte in der letzten Nacht schlecht geträumt, und seine rechte Hand zitterte. Er schlug sie wütend gegen das Schienbein. Seine größte Angst war, daß das unkontrollierbare Zittern eines Tages auf den ganzen Körper übergreifen könnte.

Im Erdgeschoß bereiteten die Köche schon das Frühstück für die Bedienten zu – für nur noch zwölf Personen anstelle der einst vierzigköpfigen Dienerschaft. Sie saßen in der Küche, als Fenton eintrat.

Coatsworth zwängte die schmerzenden Füße in ein Paar Hausschuhe und fragte: „Soll ich Seiner Lordschaft mitteilen, daß Sie bereits angekleidet sind, Sir?"

„Ja, bitte. Sagen Sie ihm, daß ich in den Stallungen zu finden bin."

Der alte Pferdeknecht freute sich über Fentons Besuch, und die Pferde schienen ungeduldig auf den Ausritt zu warten. Fenton und der Stallknecht hatten die Sattelgurte gerade festgeschnallt, als Lord Stanmore erschien.

„Warum, zum Teufel, haben Sie mir gestern nicht gesagt, daß Sie so früh aufstehen wollten?" rief er. „Ich dachte, ein Krieger auf Urlaub schliefe bis in den hellen Tag hinein."

„Das hätte ich mir auch gewünscht", entgegnete Fenton.

Für kurze Zeit genügten der scharfe Ritt in der kalten Morgenluft und das Hufegeklapper auf dem hartgefrorenen Boden, um für Fenton das Rad der Zeit zurückzudrehen: Es war wieder wie früher. Doch die schöne Illusion zerrann rasch; es gab nichts, was sie aufrechterhielt. Die Pferde waren alt und in erbärmlicher Form, und Graf Stanmore war auch sichtlich gealtert und verbittert. In einer tief ausgefahrenen Wagenspur ritten sie schon bald wieder heimwärts. Als Schloß

Abington in Sicht kam, zügelte Lord Stanmore sein Pferd und zündete sich eine Zigarette an.

„Damit ist nun auch Schluß, Fenton", sagte er. Seine Zigarettenspitze zeigte auf den Herrensitz. „Habe es der Armee zur Verfügung gestellt. Siedeln nach London über. Nun ja, sonderlich fehlen wird es uns nicht. Ein Herrenhaus ist es ohne das Personal und unseren gewohnten Lebensstil ohnehin nicht mehr. Geblieben ist nur ein verdammt großer Kasten. Komme erst wieder, wenn der Krieg vorbei ist." Er schwieg und zog an seiner Zigarette. Dann fügte er hinzu: „Fenton, ich mache mir nichts vor: Auch wenn der Krieg aus ist, wird nichts mehr so sein wie früher."

Sie ritten zu den Stallungen und gaben die Pferde in die Obhut des Stallknechts.

Lord Stanmore ging zum Frühstück hinein, während Fenton in trüber Stimmung auf der Terrasse hin und her lief. In den Spalten zwischen den Steinplatten wucherte Unkraut, und der französische Garten war nur noch ein Wirrwarr ungeschnittener Hecken. Abington war genauso heruntergekommen wie das Land ringsum! Nein, hier ließ sich die Vergangenheit auch nicht wiederbeleben. Es war ein Fehler gewesen, in dieser Hoffnung herzukommen.

Die Wintergartentür ging auf, und Charles kam mit gehetztem Blick auf die Terrasse herausgelaufen. Er war in Uniform. „Ich muß den Zug um acht Uhr vierzig nach Salisbury erreichen", rief er. „Mein hoher Chef hat mich nach Wiltshire beordert. Soll bei einem Bauern so einen idiotischen Traktor requirieren und das Ding zum Umbau nach Newbury transportieren lassen. Bringst du mich zum Bahnhof?"

Während Fenton den Rolls-Royce nach Abington zurücklenkte, überlegte er, unter welchem Vorwand er nach London zurückfahren könnte; es war sinnlos, länger hierzubleiben.

Lady Hanna und Lydia saßen beim Morgenkaffee im Frühstückszimmer. „Hat Charles den Zug noch bekommen?" fragte Lydia.

„Nur mit Mühe. Ich soll dir ausrichten, daß er erst Montag nachmittag wieder in London sein wird." Er schaute ein wenig zu auffällig auf seine Armbanduhr und fuhr beiläufig fort: „Ich muß übrigens heute schon mit dem Zug um drei Uhr zweiundvierzig nach London fahren. Unaufschiebbare Angelegenheiten. Es tut mir sehr leid."

„Du brauchst nicht mit dem Zug zu fahren", sagte Lydia. „Ich fahre sowieso in etwa einer Stunde mit dem Wagen in die Stadt."

„So?" fragte Lady Hanna.

„Ja. Hat Charles dir nicht gesagt, daß heute nachmittag der Dekorateur kommt, um die Fenster auszumessen?“ Sie wandte sich an Fenton und fügte hinzu: „Wir haben ein Haus in der Bristol Street gekauft. Ich bin noch mitten beim Einrichten.“

Damit war es schon ausgestanden; der Weg nach London war frei.

Lydia wagte es nicht mehr, ihren deutschen Benz zu fahren, aber der Napier Six war immer noch schnittig und schnell genug. Erst als Schloß Abington schon weit hinter ihnen lag, begann sie zu sprechen. „Ich halte es dort ohne Charles nicht aus“, sagte sie.

„Demnach war der Dekorateur ...“

„... eine Notlüge. Es wäre noch erträglich, wenn ich mit Alexandra reden könnte, aber sie liegt meistens im Bett. Sie muß in Frankreich Schreckliches erlebt haben, aber sie schweigt eisern. Komisch, früher hat sie mir mehr Geheimnisse anvertraut, als mir lieb war.“ Lydia schwieg; sie mußte sich auf den Straßenverkehr konzentrieren. Es gab zwar kaum noch Privatautos, aber um so mehr Militärfahrzeuge. Unablässig wurden Truppen hin- und hertransportiert, obendrein meist in schwerfälligen Pferdefuhrwerken. Erst auf dem nächsten ruhigen Streckenabschnitt nahm sie die Unterhaltung wieder auf.

„Dich finde ich auch ein bißchen komisch“, sagte sie. „Du hast noch keine Silbe über mich und Charles verlauten lassen.“

„Soll ich vielleicht fragen, ob du glücklich bist?“

„Ja“, sagte sie gedehnt, „ja, ich bin glücklich.“

„Liebst du ihn denn ein klein wenig?“

„Charles liebt mich; das genügt.“

„Hast du ihm die Stellung in Whitehall verschafft?“

„Ich habe einige Gespräche geführt. Ist das anrüchig?“

„Nein, aber wenn er es jemals erfährt, wird er dich dafür hassen.“

„Er wird auf diese Weise überleben, und allein das zählt für mich.“

„... abgesehen vom Adelskrönchen.“

Sie strich sich eine Haarsträhne aus der Stirn. „Das war unter deiner Würde, Fenton“, sagte sie lächelnd.

Sie parkte vor einem schmalen dreistöckigen Haus aus der Regierungszeit Georgs II. Die Fensterbänke waren bereits weiß gestrichen, und die Haustür hatte man, wie die Fensterläden, schwarz lackiert.

„Hübsch“, sagte Fenton.

„Innen ist es auch reizend. Darf ich dich auf einen Drink einladen?“

„Ja, danke. Einen Whisky könnte ich gut vertragen."

Im Treppenhaus standen Leitern, und es roch nach Terpentin.

„Oben sieht es schon ordentlicher aus", sagte Lydia. Sie führte ihn die sanft geschwungene Treppe hinauf und in ein Zimmer, das in orientalischem Stil eingerichtet war. Er sah rote und schwarze Lackschränkchen und Sofas, die mit blaßgrüner Seide bezogen waren.

„In dem Schränkchen dort drüben ist der Whisky. Bediene dich nur selbst. Ich muß mich noch umkleiden."

Ein ältliches Hausmädchen zündete das Kaminfeuer an, während sich Fenton den Whisky einschenkte. Merkwürdig! Plötzlich war ihm Winifred eingefallen, und er dachte sogar noch an sie, als Lydia zurückkam. Sie trug jetzt ein Seidenkleid in blauen und grünen Farbtönen. Diese natürliche Eleganz wird Winifred niemals erreichen, dachte Fenton. Er schenkte für Lydia einen Brandy ein und setzte sich neben sie auf das Sofa vor dem Kamin. Die Glut der Flammen ließ ihr offenes Haar wie Kupfer schimmern.

„Wie lange bleibst du in England?" fragte sie.

„Vier bis fünf Monate. Anfang Januar soll ich oben in Leeds mit einem der neuen Bataillone exerzieren. So eine Versammlung alter Kameraden, die sich alle zusammen freiwillig gemeldet haben. Da bin ich von vornherein der Außenseiter."

„Unsinn! Sie werden stolz sein, einen Gardeoffizier zum Ausbilder zu haben. Ich wäre es jedenfalls."

„Eine herrliche Vorstellung: Ich kommandiere dich herum . . . und du gehorchst?"

„Das hinge von der Art der Befehle ab", sagte sie. Es klang, als spräche sie mit angehaltenem Atem.

Sie setzte ihr Glas auf einem niedrigen Tischchen ab und wandte sich Fenton zu. Er legte die Arme um ihre Schultern und spürte die Wärme ihrer Haut durch den Seidenstoff des Kleides.

„Fenton, nimm mich . . ."

„Dafür hast du Charles!"

Sie machte die mittleren Knöpfe an seinem Hemd auf und schob die Hand durch die Öffnung. „Charles' Liebe ist ätherisch. Leidenschaft schockiert ihn."

„Du mußt ihm eben eine gute Lehrmeisterin sein, Lydia. Hab doch Geduld mit ihm."

Sie küßte ihn. „Im Augenblick bin ich aber ungeduldig. Bitte, Fenton . . ."

Ihr Körper strahlte Wärme aus. Er war leidenschaftlich erregt und fand sie unendlich begehrenswert. Doch die Sache hatte für ihn einen üblen Beigeschmack; sie war schmutzig.

„Nein." Er schob sie sanft von sich fort und erhob sich. „Damit hätten wir früher anfangen sollen. Der Zug ist für uns abgefahren."

Lydia ließ sich rückwärts sinken und sah Fenton fest an. „Charles würde es doch nie erfahren!"

Er knöpfte sein Hemd wieder zu und rückte die Krawatte zurecht. „Ich habe nicht an Charles gedacht, Lydia. Ich denke an mich. Heutzutage geschieht so viel Schäbiges, Gemeines, und ich habe keine Lust, in dieselbe Kerbe zu schlagen."

„Du Schuft!" sagte sie ganz ruhig, als er sie verließ.

2

MARTIN RILKE kämpfte sich die Oxford Street hinunter. Der Sturm drohte ihm den Schirm aus der Hand zu reißen, und eine ältere Frau an der Bushaltestelle beobachtete seine Ausweichmanöver mit hämischer Genugtuung.

„So ein kräftiger junger Kerl wird doch noch mit einem Schirm fertigwerden!" rief sie mit starkem Cockneyakzent. „Drückeberger!"

Beschimpfungen junger Männer in Zivil waren inzwischen an der Tagesordnung, und selbst Martin hatte sich angewöhnt, sie zu überhören.

Er betrat das White-Manor-Restaurant am Marble Arch und legte Hut und Mantel ab. Aus dem ersten Stock kamen Walzerklänge und Tellergeklapper. Er schaute sich um und entdeckte Ivy an einem kleinen Tischchen neben einer Säule. Ivy! Am liebsten hätte er den Namen laut durch das Restaurant gerufen; er hatte sie seit drei Wochen nicht mehr gesehen. „Ivy, wie schön, dich endlich wiederzusehen!" Er setzte sich an ihren Tisch und drückte ihr die Hand.

Sie lächelte freundlich, erwiderte den Druck seiner Finger und sagte besorgt: „Du siehst sehr blaß aus."

„Ich weiß ja, daß du jetzt Krankenschwester bist, aber bitte, Ivy, vergiß es, wenn wir zusammen sind! Mir ist bloß schwach vor Hunger."

„Mir auch."

Unglaublich, wieviel das Mädchen essen konnte! Mit beinahe väterlichen Gefühlen schaute er zu, wie sie zuerst eine Schweinefleischpastete, dann Schinkensandwiches und schließlich noch ein großes Stück Kuchen in sich hineinstopfte und dazu eine Tasse Tee nach der anderen trank. Und trotzdem war sie dünn wie eine Hopfenstange. Ivy war ihm ein Rätsel! „Ich habe zu Hause etwas Feines für dich; mein Weihnachtsgeschenk."

Sie setzte eine strenge Miene auf. „Du bist unfair. Keine Geschenke, hieß unsere Abmachung."

„Okay, dann war ich eben unfair. Als ich diese Kleinigkeit in der Regent Street im Schaufenster sah, wußte ich sofort, daß sie zu dir paßt." Seine Hand spielte mit der Teetasse. „Du wirst jetzt bald eingesetzt, nicht wahr?"

„Ja." Sie zerkrümelte einen Kuchenrest zwischen den Fingern. „Am dritten Januar. Militärhospital Boulogne."

„Können wir uns vor deiner Abreise noch einmal treffen?"

„Ich glaube kaum, Martin. Es tut mir leid; das hier ist unser letztes ... *date*, so sagt ihr doch in Amerika? Ich will mir das Wort merken."

„Und wenn ich dich nun begleite und einen schönen Artikel schreibe über das Militärhospital und seine Schwester Ivy Thaxton, Mitglied der Königin-Alexandra-Schwesternschaft?"

„O bitte, nein! Die ersten Wochen dort werden mir schwer genug fallen, und ich darf nicht abgelenkt sein."

„Ich könnte dich ablenken?"

„Martin, schau nicht so selbstgefällig drein! Aber du wirst mir schrecklich fehlen."

„Und du mir noch viel mehr. Während all der Monate in Frankreich hat es mir so gut getan, zu wissen, daß du hier in London bist. Soll ich dir etwas verraten? Ivy, du bist ... mein Mädchen!"

Sie errötete. „Unsinn, du lernst doch so viele Mädchen in ... Paris und andren Städten kennen."

„Trotzdem bist du mir die liebste von allen. Mir schlägt schon das Herz bis zum Hals, wenn ich dich nur von weitem sehe. Genügt dir das?"

„Wenn es dich beruhigt: ja!" Sie wirkte seltsam nervös. Furcht vor dem Kommenden, beruhigte er sich selbst. Außerdem war es ihre erste Auslandsreise, und allein die Vorstellung, über den Kanal nach Frankreich zu fahren, jagte ihr wohl Angst ein.

„Komm, wir gehen. Ich muß dir doch noch mein Geschenk überreichen."

Ausnahmsweise waren die Zimmer aufgeräumt; Jacob benutzte sie nur noch selten. Bei ihrem ersten Besuch hatte Ivy trotz Martins Protesten erst eine halbe Stunde lang Ordnung gemacht.

„Wie wäre es mit einem Sherry?"

„Nein, danke." Sie saß steif auf der Sofakante. „Sherry macht mich immer beschwipst."

„Wie du willst", sagte er. Seine Stimme klang müde. Dann klatschte er voll gezwungener Fröhlichkeit in die Hände und rief: „Der Nikolaus ist da. Mach schön die Äuglein zu, und erst gucken, wenn ich es erlaube!"

Er rannte in die Garderobe und holte eine große Schachtel, die mit Geschenkpapier und einer roten Schleife hübsch ausstaffiert war. Er stellte sich dicht vor Ivy und rief: „Augen auf!"

Sie hatte noch nie ein Geschenk bekommen, das so pompös verpackt war; zu Hause gab es allenfalls ein Stoffpüppchen und für drei Pence Bonbons im Weihnachtsstrumpf. Sie betrachtete das Paket mit ehrfürchtig aufgerissenen Augen.

„Mach es doch auf, Ivy! Nun fang schon an!"

Sie begann, den Karton vorsichtig auszuwickeln, um nur nicht das Papier zu beschädigen. Dann öffnete sie die Schachtel mit spitzen Fingern und starrte ungläubig auf die lederne Umhängetasche mit dem goldenen Namenszug IVY THAXTON.

„Du meine Güte!" flüsterte sie und streichelte das herrlich weiche Leder. „Die Tasche muß ein Vermögen gekostet haben; sie ist wunderschön, Martin."

Er küßte ihren Nacken. „So schön wie du, Ivy."

Sie drehte sich zu ihm um und wollte etwas entgegnen, doch er verschloß ihr den Mund mit seinen Lippen. Zuerst sträubte sie sich; dann erwiderte sie seine Küsse mit solcher Leidenschaft, daß beide danach außer Atem waren.

„O Ivy, Ivy", flüsterte er, während seine Lippen ihre Wange liebkosten und seine Hand über dem dicken Stoff der Wintertracht nach ihrer Brust tastete.

Sie schob die Hand sanft beiseite. „Nein, Martin, das dürfen wir nicht..."

„Heirate mich, Ivy!"

Sie wich zurück. „Warum sagst du so etwas, Martin?"

„Warum denn nicht? Du weißt doch, was du mir bedeutest. Ich habe es dir auf alle erdenkliche Weise zu verstehen gegeben. Muß ich erst in die Zeitung setzen, daß ich dich liebe?"

Ivy hatte den Kopf abgewendet. „Ich liebe dich auch, Martin", sagte sie leise. „Aber es gehört sich einfach nicht. Was würde wohl Lady Stanmore dazu sagen?"

Der bittere Unterton in ihren letzten Worten war nicht zu überhören. Das war es also: die Kammerzofe! Er legte den Arm um ihre Schulter und zog sie an sich. „Tante Hanna hätte dich genauso gern wie ich selbst. Unter ihrem ganzen englischen Gehabe ist sie noch immer die Hanna Rilke aus der Prairie Avenue. Sie würde mit keiner Wimper zucken, wenn ich ihr eröffnete, daß du meine Zukünftige bist."

„Ich bin ihr heute morgen begegnet", sagte Ivy ruhig. „Sie verteilte Geschenke in unserer Genesenden-Abteilung. Ich wollte unauffällig verschwinden, aber sie hat mich sofort entdeckt."

„Und?"

„Oh, sie war sehr liebenswürdig, gab mir die Hand und fragte, ob ich beruflich gut vorankäme. Ich weiß nicht, was ich geantwortet habe. Lady Alexandra stand hinter ihr und starrte mich die ganze Zeit über an, ohne ein Wort zu sagen. Vielleicht hat es sie schockiert, daß mir ihre Mutter die Hand gegeben hat. Ihr Augenausdruck war ganz merkwürdig ... so kalt."

Er versuchte, Ivy noch näher an sich zu ziehen, aber sie setzte sich zur Wehr. „Ivy", sagte er eindringlich, „meine Verwandten haben doch gar nichts mit uns zu tun."

„Mag sein. Trotzdem heiratest du Lady Alexandras Kammerzofe. Kannst du dir Mr. Coatsworth' Gesicht vorstellen, wenn er mich bei Tisch bedienen soll?" Über diese Vorstellung mußte sie sogar lachen. Sie lehnte den Kopf an Martins Schulter. „Ich weiß selbst, wie dumm es von mir ist, mich von solchen Sachen stören zu lassen. Wir würden doch sowieso in Amerika leben, nicht wahr, Martin? In Chicago, Illinois, Eisenbahnknotenpunkt und Viehmärkte!"

„Wo du willst, Ivy", sagte er und strich ihr über das Haar. „Die Leute von Associated Press haben mich schon gefragt, ob ich nicht die *Daily Post* verlassen und für sie arbeiten könnte. AP-Korrespondenten werden in der ganzen Welt herumgeschickt, und ich würde dich überallhin mitnehmen."

Sie schmiegte sich fester an ihn und schwieg eine Weile. Endlich sagte sie: „Solange dieser grauenhafte Krieg dauert, kann ich nicht heiraten."

„Das verstehe ich, Ivy."

„In den letzten Wochen habe ich Gasvergiftete gepflegt. Man kann ihnen nur so wenig helfen, und sie haben so furchtbare Angst."

„Pst", flüsterte er und zog sie wieder fester an sich, „sprich nicht darüber."

Doch Ivy war in Gedanken bei ihren Pfleglingen. „Nur vierzig Prozent von ihnen bringen wir durch, und ob es für sie immer ein Glück ist, weiß ich nicht. Die allerschwersten Fälle bleiben dabei noch in Boulogne, und dorthin werden wir Schwestern geschickt. Diese armen Jungen brauchen mich im Augenblick mehr als du, Martin."

Ihm fielen die taumelnden, heftig würgenden Soldaten ein, die er in Hulluch gesehen hatte. Die Messingknöpfe an ihren Uniformen waren durch die Gaseinwirkung leuchtend grün angelaufen gewesen. „Ich sehe es ein, Ivy", sagte er und nahm sie in die Arme.

Obwohl es längst dunkel und auch sehr kalt war, wollte sie zu Fuß zum Krankenhaus zurückgehen. Es war kein weiter Weg, und sie genossen es, Seite an Seite mit festem Schritt durch die abendlichen Straßen zu marschieren. Der ausgedehnte Hospitalkomplex grüßte schon von weitem mit seinen vielen hellerleuchteten Fenstern – keine Verdunklung an diesem Abend! Keine Angst vor Zeppelinangriffen! Der Wind war zu stark.

Die Ledertasche hing an ihrem breiten, mit Schaffell ausgelegten Gurt über Ivys Schulter. Aus dem Augenwinkel sah Martin, wie gut sein Geschenk Ivy stand und wie stolzgeschwellt sie damit einherschritt. Er war zufrieden: Sie hätte über einen diamantenen Verlobungsring nicht glücklicher sein können, wobei er ihr den allerdings noch viel lieber geschenkt hätte.

„Da wären wir schon", sagte sie und blieb stehen. Das All-Souls-Hospital türmte sich vor ihnen wie ein Fels auf. „Ich schreibe dir, sobald ich mich drüben eingerichtet habe und eine genaue Adresse angeben kann."

Er wollte sie im Haupteingang des Hospitals noch einmal umarmen, doch bei dem lebhaften Kommen und Gehen um sie herum wurde daraus nur ein leichter Kuß auf ihre Nasenspitze. „Paß gut auf dich auf", flüsterte er ihr zu, und im nächsten Augenblick war er schon fort.

Einen Augenblick lang sah sie ihm nach. Dann wendete sie sich hastig um und betrat die Eingangshalle. Eine Gruppe junger Schwestern ging an ihr vorbei, und eines der Mädchen hielt an und tippte auf ihre Tasche. „Donnerwetter! Woher hast du denn dieses Prachtstück?"

„Ein Weihnachtsgeschenk. Von meinem Freund. Toll, wie?"

„Hinreißend! Übrigens wartet deine Freundin schon seit einer Ewigkeit auf dich. Sitzt im Schwesternzimmer; Abteilung D."

Freundin? Welche Freundin denn nur? Ivy riß die Tür zum Schwesternzimmer auf, und da saß sie: Lady Alexandra!

Einen Augenblick lang war Ivy sprachlos. „Guten Abend, Mylady." Mehr fiel ihr nicht ein.

Alexandra schaute auf. Ihr Blick war genauso ausdruckslos wie am Vormittag. „Hallo, Ivy", sagte sie leise. „Sie haben mich sicher nicht hier erwartet."

„Nein, bestimmt nicht", stammelte Ivy hilflos. Zögernd fügte sie hinzu: „Hoffentlich mußten Sie nicht allzu lange auf mich warten."

„Ein paar Stunden schon."

„Mein Nachtdienst beginnt um neun Uhr."

Alexandra sah auf die Wanduhr. „Dann bleibt uns noch eine halbe Stunde, vorausgesetzt, Sie wollen mir Ihre Freizeit opfern."

„Eine halbe Stunde – wofür, Mylady?"

„Zum Reden." Alexandra ergriff Ivys Hand; ihre Finger waren eiskalt. „Und, bitte, Ivy, nennen Sie mich nicht immer Mylady; Sie sind nicht mehr meine Zofe."

Nein, dachte Ivy, Zofe bin ich nicht mehr, aber immer noch ziemlich linkisch, wenn ich meiner früheren Herrschaft gegenüberstehe. Im Geist hörte sie sogar Mrs. Broomes Mahnung: „Geradestehen, Ivy, und um des Himmels willen nicht stammeln!" Ihr wurde beinahe übel vor Aufregung. Martin hatte so gar nichts von diesen komplizierten Dingen begriffen, aber wie sollte er auch; er war ja Amerikaner!

Sie blieb auf der äußersten Sofakante sitzen, während Alexandra immer noch ihre Hand hielt, als sie endlich zu sprechen begann. „Ich war heute morgen nicht darauf gefaßt, Ihnen zu begegnen, Ivy", sagte sie. „Ich wußte nicht, daß Sie auch eine Schwesternausbildung begonnen hatten. Sie können sehr stolz auf sich sein." Endlich gab sie Ivys Finger frei und faltete die Hände im Schoß. „Ich war in letzter Zeit oft krank und wollte auch meine Mutter nicht herbegleiten, aber sie hat darauf bestanden."

Das ist nicht mehr die alte Alexandra Greville aus Schloß Abington, dachte Ivy. Hübsch und elegant war sie zwar immer noch, aber sie betrug sich so seltsam! Aus dem geschwätzigen, lebenslustigen Schulmädchen war eine in sich gekehrte, melancholische junge Frau geworden. Was mochte sie nur so schwer bedrücken?

„Nach dem Besuch bei den Verwundeten war Mutter entsetzlich niedergeschlagen", sagte Alexandra. „Wir waren zum Lunch im Claridge, aber es war schrecklich; sie weinte dauernd. Möchte wissen, was sie so verstört hat. Dieser Krankensaal war doch gar nicht schlimm.“ Ihre Stimme klang unverhohlen bitter.

„Nicht schlimm?“

„Ivy, Sie wissen genau, was ich meine: ein Krankensaal zum Vorzeigen; alle Verwundeten schon recht munter; alle Verletzungen schön sauber verbunden und nicht lebensgefährlich.“

„Die Krankenhausleitung will ... hochgestellte Besucherinnen nicht verschrecken.“

„Sie sind wütend, daß ich noch einmal hergekommen bin, stimmt's?“

O weh, dachte Ivy, eine ehrliche Frage, die eine ehrliche Antwort verdient.

Und so sagte sie tapfer: „Ich will Sie nicht verletzen, Miß Greville, aber ich weiß nicht, worüber wir reden sollten.“

„Ich habe eine ganz einfache Frage an Sie, Ivy. Ich möchte wissen, wie man eine richtige Krankenschwester wird.“

Ivy starrte Alexandra so ungläubig an, daß es fast beleidigend wirkte. „Sie wollen ...? Ich weiß nicht, ob Sie die harte Ausbildung ertragen könnten; nichts als schwere und schmutzige Arbeit. Aber beim Roten Kreuz gibt es doch einen Hilfsschwesterndienst für ... für Damen der Gesellschaft; Binden wickeln, Briefe schreiben, mehr verlangt man nicht. Vielleicht versuchen Sie es lieber dort.“

„Puh“, sagte Alexandra und zog hörbar die Luft ein. „Sie sind ein entsetzlicher kleiner Snob geworden, Ivy.“ Im nächsten Augenblick war sie schon an der Tür.

Ivys Groll schlug sofort in Scham um. „So warten Sie doch!“ rief sie und zog Alexandra am Ärmel zurück in das Schwesternzimmer. „Es ist nicht wahr; ich bin kein Snob!“

Alexandra blieb stocksteif, mit leichenblassem Gesicht stehen. „Natürlich sind Sie ein Snob. Wie würden Sie mich denn nennen, wenn ich sagte, Sie wären wegen Ihrer Herkunft nur zum Bettenmachen geeignet?“

Sie musterten sich jetzt wie zwei Fremde, doch plötzlich schien so etwas wie Sympathie füreinander zwischen ihnen aufzukeimen.

„Miß Greville“, sagte Ivy, „Sie haben gewiß nicht stundenlang auf mich gewartet, um mir zu erzählen, daß Sie Schwester werden möchten. Sie wollten reden.“

„Ja, Ivy, vielen Dank. Ich sollte damit beginnen, daß ich schon beim Roten Kreuz gearbeitet habe; sogar in Frankreich. Dort ist irgend etwas mit mir passiert: ein Nervenzusammenbruch. Aber ich will doch so gerne eine richtige Schwester werden. Nur habe ich furchtbare Angst, daß ich wieder versage."

Es war so still, daß Ivy das eigene Herz klopfen hörte. „Erzählen Sie, was passiert ist", sagte sie.

Während Alexandra von ihren Erlebnissen im Feldlazarett von Kemmel berichtete, beobachtete Ivy ihr Gesicht. Es verriet die Mühe, die ihr das Sprechen machte, aber auch ihre Aufrichtigkeit. Ja, Ivy konnte sich gut vorstellen, wie Alexandra in ihrer maßgeschneiderten, eleganten Tracht in Kemmel aufgetreten war! „Sie brauchen nicht weiterzusprechen", sagte sie. „Was dann kam, weiß ich schon."

„Dabei brauchten sie so dringend Hilfe", flüsterte Alexandra. „Männer ohne Arme, ohne Beine, Männer ohne Gesicht . . . und ich? Ich habe sie im Stich gelassen!"

„Sie haben niemanden im Stich gelassen", sagte Ivy streng. „Wenn man für eine Aufgabe gar nicht vorbereitet ist, kann man auch nicht von Versagen sprechen."

In der Nähe schlug eine Kirchturmuhr neun Mal. Ivy begleitete ihre Besucherin zum Haupteingang. Schwestern und Ärzte liefen an ihnen vorüber, und manche grüßten Ivy mit einem leichten Kopfnicken; alle aber starrten neugierig Alexandra in ihrem teuren Zobelmantel nach.

„In diesem Aufzug passe ich nicht hierher", sagte sie.

„Und glauben Sie, daß Sie sonst hierherpassen . . ., ich wollte sagen, daß es Ihnen in der Schwesternschule gefallen wird? Oder möchten Sie sich nur selbst etwas beweisen?"

„Ich möchte helfen, Ivy; das ist alles."

Ivy blieb stehen und schaute Alexandra fest an. „Wir alle brauchen ein gewisses Maß an Mut, ehe wir einen Krankensaal betreten, Miß Greville. Was Sie aber zunächst brauchen, ist der Mut, die zwölf harten Ausbildungsmonate durchzustehen. Vielleicht können wir uns morgen weiter darüber unterhalten. Für mich beginnt jetzt der Dienst."

Alexandra beugte sich impulsiv zu Ivy nieder und gab ihr einen Kuß auf die Wange. „Morgen? Morgen melde ich mich in der Schwesternschule an. Gute Nacht, Schwester Ivy."

„Du meine Güte, wer hätte das geglaubt!" murmelte Ivy und rieb sich die Backe. Alexandra war bereits in dem Strom der heimgehenden Besucher durch das Haupttor verschwunden. Über dem Tor war ein Spruchband aufgespannt, das ein paar Genesende gemalt hatten: FRIEDE AUF ERDEN UND DEN MENSCHEN EIN WOHLGEFALLEN!

FENTON WOOD-LACY hatte das Weihnachtsfest bei seinen Eltern in Suffolk verbracht und kehrte am Donnerstag vor Neujahr nach London zurück. Es war längst dunkel, als der Zug im King's-Cross-Bahnhof einlief. Er nahm ein Taxi zum Haus Nummer 24 am Cadogan Square.

Falls der Butler über den späten Besuch erstaunt war, ließ er es sich nicht anmerken. Mit unbewegter Miene sagte er: „Lady Winifred, Sir? Ich glaube, sie hat sich schon zur Nachtruhe begeben."

„Was gibt es denn dort an der Tür, Peterson?" rief Lord Dexford. Er trat in kastanienbrauner Hausjacke und Hausschuhen aus dem dunklen Treppenhaus ins helle Licht der Eingangshalle. „Fenton! Was, um alles in der Welt, führt Sie zu nachtschlafender Zeit hierher?"

„Ich war zufällig in der Nähe. Ich ... ich habe nicht geahnt, daß es schon so spät ist. Offenbar habe ich den halben Haushalt aus dem Schlaf geholt."

„Unsinn!" Lord Dexford entließ den Butler mit einer knappen Handbewegung. „Ich freue mich sogar über Gesellschaft. Wollte mir gerade einen Schlaftrunk genehmigen."

Im ersten Stock ging eine Tür auf, ein schmaler Lichtstrahl fiel ins dunkle Treppenhaus, und eine Gestalt beugte sich über das Geländer.

„Winifred, entschuldige. Ich hätte natürlich anrufen müssen ..."

Lord Dexford bedachte zuerst Fenton und dann seine Tochter mit einem grimmigen Blick. „Entweder kommst du sofort herunter, Winnie, oder du gehst wieder ins Bett. Wenn ihr mich braucht: Ich bin in der Bibliothek."

Sie kam in einem langen Morgenmantel und mit offenem Haar herunter und setzte sich auf eine der unteren Stufen. „Fenton, du bist wirklich reichlich exzentrisch", sagte sie leise.

„Ich bin eben ein Freund rascher Entschlüsse ... aber manchmal werde ich nachdenklich." Fenton lehnte am Geländer, die Hände in den Taschen seines Mantels. „Ich habe in den letzten Tagen viel nachgedacht, Winifred. Du sagst, wir seien ganz andere Menschen als vor anderthalb Jahren. Ich behaupte: Wir sind im Kern gleichgeblieben."

Sie umfaßte die Knie mit ihren Armen.

„Du bist doch hergekommen, weil du um meine Hand anhalten wolltest?"

„Ja."

„Vater wird sich darüber sehr freuen."

„Es geht mir nicht darum, deinen Vater glücklich zu machen."

„Es wird auch mich glücklich machen, Fenton. Ich liebe dich. Ich habe mich schon als Sechzehnjährige in dich verliebt. Vielleicht war ich auch nur verschossen in deinen roten Rock. Heute ist mir die Uniform gleichgültig." Sie schwieg und zog die Knie noch enger an den Körper heran. Ihre Augen waren fragend auf Fentons Gesicht gerichtet. „Merkwürdig", sagte sie, „einen Punkt haben wir noch nie berührt, Fenton: Liebst du mich auch?"

„Wenn es Liebe ist, daß ich den Wunsch habe, immer bei dir zu sein, wenn es Liebe ist, daß ich in deiner Gegenwart Ruhe und Frieden finde, ja, dann liebe ich dich, Winifred."

Sie nickte feierlich. „Du bist ungeheuer ehrlich, Fenton. Wo wollen wir heiraten?"

„Am liebsten möchte ich morgen früh nach Gretna Green fahren und uns sofort trauen lassen . . . vorausgesetzt, du bist einverstanden."

„Du lieber Himmel, was wird Mutter dazu sagen!" Winifred mußte bei der Vorstellung sogar ein wenig lachen.

„Mutter geben wir gar keine Gelegenheit, sich dazu zu äußern!" Lord Dexford stand plötzlich vor ihnen, in jeder Hand eine Champagnerflasche. „Wußte doch gleich, woher der Wind weht, als Sie hier aufkreuzten, Fenton. Steckt die beiden Flaschen ins Reisegepäck. Der Nachtpostzug geht um vierundzwanzig Uhr vom Euston-Bahnhof ab. Den erreicht ihr ohne weiteres, wenn Winnie beim Packen nicht zu sehr trödelt."

3

In Yorkshire regnete es seit Tagen, und das Fabrikgelände am Rand von Huddersfield versank buchstäblich im Schlamm.

Charles kam aus Leeds. Er fuhr in einem Militärauto vor und stieg an der Treppe des Hauptgebäudes aus. An der Tür war ein kleines Schild angebracht: Rolls-Royce-Motorenwerke; Versuchsabteilung. Das Kriegsministerium hatte befunden, daß das Schlachtschiff zu Lande, inzwischen zum Tank Mk 1 namens „Big Willie" herangereift, immer noch einen viel zu schwachen Motor hatte. Charles war gekommen, um sich eine Neuentwicklung vorführen zu lassen.

Ein junger Mann in blauer Montur nahm ihn draußen in Empfang. „Lord Amberley? Mein Name ist Wilson. Ich bin hier der Leiter. Mr. Ross arbeitet an Ihrem Projekt in Halle vier."

Big Willie stand in einer hohen Werkhalle aus verrostetem Eisen. An den stahlgepanzerten Außenwänden des rhomboidförmigen

Monstrums waren für die Arbeiter helle elektrische Lampen angebracht. Im Innern wurde heftig gehämmert. Charles und Wilson kletterten auf den Tank und schauten in die geöffnete Luke.

„Ist Ross da?" schrie Wilson. Das Hämmern hörte auf, und ein junger Mann in ölbeflecktem Overall steckte seinen zerzausten Haarschopf aus der Öffnung.

„Sie ... Sie sind ja *unser* Ross!" Charles wollte seinen Augen nicht trauen.

Jamie Ross griente und hangelte sich langsam aus der Luke. „Nicht mehr so ganz *Ihr* Ross, Mylord." Er wischte sich die Finger an einem Lappen ab und reichte Charles die Hand. „Trotzdem ist es nett, Sie mal wiederzusehen."

„ich bin sprachlos, Ross. Ich wußte zwar, daß Sie für Rolls-Royce arbeiten, aber daß Sie hier stecken ...?"

„Erst seit drei Monaten." Ross verschränkte die Arme und musterte Charles von Kopf bis Fuß. „Major inzwischen; gratuliere. Und Sie gehören zu den Leuten, die diese rasselnde Höllenmaschine ausgeheckt haben?"

„Ich bin nur so eine Art Oberaufseher für das Projekt."

„Neulich war einer Ihrer Londoner Kollegen hier; meinte, der Motor in Big Willies Bauch sei nur noch ein klein wenig zu schwach. Das ist noch stark untertrieben. Dieses Ding wiegt ungefähr dreißig Tonnen, und mit seinen einhundertfünf Pferdestärken macht es bestenfalls fünf Kilometer in der Stunde ... auf ebenem, hartem Boden, versteht sich."

„Haben Sie denn hier einen besseren Motor?"

„O ja. Wir testen gerade einen 350-PS-Motor für Flugzeuge. Aber es dauert noch vier Monate, ehe er in die Produktion gehen kann."

„Vier Monate! So lange wird sich das Ministerium nicht gedulden wollen. Können Sie nicht aus dem vorhandenen Motor noch ein bißchen mehr herausholen?"

Jamie Ross schloß die Augen, verschränkte die Hände hinter dem Rücken und wiegte sich auf den Hacken. Endlich sagte er: „Wenn Sie meinen Jungen drei Tage geben ... Tag- und Nachtschichten natürlich ..."

„Selbstverständlich", sagte Charles.

„... dann sollte es schon möglich sein, die vorhandenen Teile so umzubauen, daß sie eine ganze Menge mehr hergeben."

„Klingt hoffnungsvoll", sagte Charles.

„Am besten fangen wir gleich an. Möchten Sie Tee?"

„Ja . . . ja danke, gern."

Es war schon seltsam, so Seite an Seite mit Jamie Ross in das winzige Büro zu gehen, sich von ihm Tee einschenken zu lassen und schließlich vor seinem Arbeitstisch Platz zu nehmen.

„Tut mir leid, daß es Mr. Wood-Lacy in Gallipoli erwischt hat", sagte Ross. „Hab's aus der Zeitung; schade um den netten Jungen. Und wie geht es Seiner Lordschaft und Mylady?"

„Danke, gut."

„Und Lady Alexandra?"

„Ist in London; Schwesternschülerin im All-Souls-Hospital."

„Was Sie nicht sagen! Als ich sie das letzte Mal sah, war sie doch noch ein tangobesessener Backfisch. Tja, die Zeiten haben sich geändert, und die Leute auch."

„Ja, Ross, das ist wahr."

„Für mich hat sich übrigens auch allerlei geändert. Habe schon sieben Patente auf den neuen Motor angemeldet. Ende des Monats gehe ich für die Firma nach Amerika. Die Yankees wollen die Massenproduktion aufnehmen; natürlich mit unserer Lizenz." Er nahm ein paar Schlucke Tee; dann fuhr er nachdenklich fort: „Ich wußte gar nicht, daß Sie sich auch für technischen Kram interessieren."

„Ich bin gar nicht sonderlich daran interessiert."

Ross lächelte. „Verstehe schon, Mylord: Die Herren von der Armee stellen sich taub, wenn ihnen ein Mann im Overall und mit ölverschmierten Händen was erzählen will. Und da müssen Sie einspringen und die Sache den hohen Tieren plausibel machen."

„So ungefähr, Ross."

CHARLES blieb noch zwei Tage in der Fabrik und kam für achtundvierzig Stunden praktisch nicht zum Schlafen. Er machte von jedem Vorgang peinlich genaue Aufzeichnungen. Als Ross endlich mit den Verbesserungen zufrieden war, wurde der Tank durch Männer vom Forschungszentrum in Hatfield auf die Eisenbahn verladen. Er war so sorgfältig mit Planen abgedeckt, daß kein Quadratzentimeter sichtbar blieb.

„Geschafft", sagte Ross zu Charles. „Und was werden Sie jetzt tun?"

„Big Willie hinterherreisen und ihn ein paar Generälen und Herren vom Kriegsministerium vorführen. Komme mir vor wie ein Vertreter, der Leuten ein sehr teures Auto aufschwatzt, das sie gar nicht haben wollen. Und das wichtigste ist, daß ich Vertrauen und Zuversicht ausstrahle, auch wenn das verdammte Ding immer noch aus der Spur läuft."

Ross schüttelte nachdenklich den Kopf. „Komische Art, Krieg zu führen."

„Das finde ich auch." Charles gab Ross die Hand. „Viel Glück in Amerika! Sie wissen genau, wo Ihre Fähigkeiten liegen, Ross. Die Dinge, von denen Sie etwas verstehen, tun Sie mit höchster Perfektion. Ich bewundere solche Leute. Sie müßten doch ein sehr glücklicher Mensch sein."

Ross runzelte die Stirn. „Glücklich? Ich weiß nicht, wann man glücklich ist, aber zufrieden . . . ja, das bin ich. Und das haben Sie doch wohl gemeint."

„Ja, Ross, das habe ich wohl gemeint."

Lydia kleidete sich für eine Abendeinladung an, als Charles mit schmutzverkrusteten Kleidern und Stiefeln ins Zimmer trat.

„du hättest dich wenigstens telefonisch ankündigen können, Charles!"

Er ließ sich erschöpft in einen kleinen samtbezogenen Sessel fallen, und sie warf ihm über die elfenbeinfarbene Schulter einen prüfenden Blick zu. „Hast du getrunken, Charles?" fragte sie.

„Großer Gott, nein! Bin bloß hundemüde. Big Willie war ausnahmsweise großartig in Form. Hat sogar ein Bäumchen umgelegt und ist über zehn Kilometer mit sechs Stundenkilometern herumgerattert, ohne daß ihm ein einziges Mal der Atem ausgegangen wäre. Selbst General Haldane hat er ein Lächeln abgenötigt. Jedenfalls hielt ich es für ein Lächeln. Und als sich der General bei mir bedankte, habe ich ihm mitgeteilt, daß ich Whitehall verlassen werde. Er war nicht im geringsten überrascht."

„Du bist unmöglich, Charles! Wie konntest du diesen Posten einfach hinwerfen! Die Ärzte werden dich noch lange nicht gesund schreiben. Das ist doch eine leere, großtuerische Geste."

„Es ist keine leere Geste. Ich will endlich wieder etwas tun, was meinen Fähigkeiten und Neigungen entspricht; etwas Männlicheres. Ich möchte wieder Kompanieführer sein und mein Bestes geben – wie andere junge Männer auch."

Sie wandte sich zu ihm um und sah ihn fest an. „Wenn du den Wunsch, dich töten zu lassen, für männlich hältst, so fassen wir den Begriff unterschiedlich auf."

„Ich will mich nicht töten lassen. Ich will lediglich eine Weile in den vordersten Linien Dienst tun und dann, wie Fenton, ein Bataillon zur Ausbildung übernehmen."

„Verzeih, Charles, aber dein Pflichtbegriff stammt aus einem anderen Jahrhundert. Hast du mir gegenüber gar keine Pflichten? Es gibt doch schon genug Witwen. Warum willst du unbedingt noch eine produzieren?"

„Es wäre zwecklos, dir meine Beweggründe zu nennen. Du könntest sie doch nicht verstehen."

„Und warum nicht? Weil ich nicht deiner Klasse entstamme? O Charles, ich flehe dich an. Mach aus deiner hochwohlgeborenen Herkunft nicht so eine lächerliche Posse."

Er verließ ganz ruhig das Zimmer. Er schlug auch nicht die Haustür krachend ins Schloß, und dennoch lag in seinem Fortgehen etwas Endgültiges. Sie starrte ihr Spiegelbild an: Lydia Amberley, die zukünftige Gräfin Stanmore, sofern die deutschen Kugeln ihr Ziel verfehlten; ein Kindheitstraum und Traum auch einer ganzen Epoche, die jetzt rasend schnell zu Ende ging. Nein, nicht zu Ende ging, dachte sie, die schon zu Ende war.

4

Beobachtungen und Gedanken. 24. Juni 1916. Mit Fenton Wood-Lacy bei einem der vordersten Beobachterposten gewesen. Heute Beginn des Sperrfeuers; ein Mann für je fünfzehn Meter deutscher Schützengräben. Eine Woche lang ununterbrochenes Artilleriefeuer, ehe der Großangriff an der Somme beginnt. Hier liegen fast nur neue Bataillone, alles Jungen, die sich freiwillig gemeldet haben, ein richtiges Volksheer.

Das Sperrfeuer läßt sich kaum mit Worten beschreiben. Vögel stehen in Schwärmen über dem Wald von Aveluy; der Lärm hat sie aufgeschreckt. „Die Erde bebt, und die Luft riecht schweflig", diese abgedroschene Beschreibung steht in der Kampfmeldung Nr. 346, und diese Erde hier bebt wirklich, diese Luft hier ist wirklich verpestet. Das Wetter? Wolkenlos, sengende Hitze. Am Himmel immer wieder aufblitzende Punkte: Haubitzengeschosse, die auf ihrer bogenförmigen Bahn anzuhalten scheinen, ehe sie zu Boden gehen. Über den deutschen Gräben stehen lodernde Feuersäulen. Ausgeschlossen, daß dort auch nur eine Ratte überlebt hat.

27. Juni. Fenton hat mit anderen Offizieren die Auswirkungen unseres Feuers auf die deutschen Stacheldrahtverhaue überprüft. Die Verhaue sind an manchen Stellen einhundert Meter breit, ein undurchdringliches, stählernes Brombeergestrüpp. Schwere Geschütze werden eingesetzt; sollen mit ihren Schrapnells die Drähte zerstören. Nicht sehr wirksam. Und das Schlimmste: Ein Gewitterregen hat den aufgewühlten Boden durchweicht. Die Infanterie wird es schwer haben vorwärts zu kommen.

1. Juli. Knapp fünfhundert Meter vor mir, in einem zerschossenen Wald, sind unsere vordersten Gräben. Sperrfeuer die ganze Nacht; um halb acht Uhr morgens wird das Feuer eingestellt. Die Stille nimmt einem den Atem. Die Pfeifensignale in den dichtbesetzten Gräben sind deutlich zu hören. Einhundertfünfzigtausend englische Soldaten klettern aus den Gräben und bewegen sich langsam vorwärts. Sonnenstrahlen brechen sich in Bajonettspitzen, so weit das Auge reicht. Die Männer sind schwer beladen. Sie marschieren nicht, sie gehen fast zwanglos in lang auseinandergezogenen Linien, Schulter an Schulter. Ein schottisches Hochlandbataillon zu meiner Rechten wird von Dudelsackpfeifern angeführt.

Das deutsche Maschinengewehrfeuer hört sich nicht allzu gefährlich an: ein weit entferntes metallisches Geknatter, wie das Rollen von Murmeln in einer Blechschüssel. Aber es erreicht unsere ersten Linien. Die Schützenkette bricht auseinander. Einige Leute stürmen vorwärts, auf die deutschen Gräben zu. Sie kommen nicht weit. Andere zögern, wollen zurücklaufen, stürzen getroffen zu Boden. Die zweite Linie drängt vorwärts; ihr folgt die dritte. In den zermalmten deutschen Gräben gibt es sicher nicht viele Überlebende, aber doch genug, um unser voranschreitendes Mittelfeld niederzumähen. Britische Soldaten brechen zusammen und sterben. Die Generäle haben sich geirrt: Die Somme-Schlacht wird heute noch nicht gewonnen, morgen nicht und übermorgen auch nicht.

Oberst Robin Mackendric trat seinen Dienst im Feldlazarett in Corbie an. An diesem Tag fiel ihm die Aufgabe zu, die Verwundeten zu sortieren in Schwerverletzte, die durch sofortige Operation vielleicht zu retten waren, in Schwerverletzte, für die jede Hilfe zu spät kam, und in transportfähige Leute, die nach Rouen weitergeschickt werden konnten. Die zweite Gruppe schien mit jedem Tag größer zu werden.

Er untersuchte seinen sechzigsten Fall, als Major Vale eintrat. Der jüngere Kollege war nicht gerade betrunken, aber nüchtern war er auch nicht. Er ließ sich schwer auf einen Feldstuhl fallen. „Habe in Corbie ein paar Australier getroffen. Tolle Burschen. Sind zusammen in einer Kneipe am Bahnhof gewesen. Da gab es echtes englisches Bier! Haben eine Menge gequatscht und den Zügen nachgeschaut."

„Hauptsache, du hast dich entspannt."

Vale erhob sich ächzend, gähnte. „Ach ja, und dann habe ich eine umwerfende Schwester gesehen. Kam mit einem Lazarettzug. Das reinste blonde Gift. Mir kam sie gleich bekannt vor. Ich möchte schwören, es war das Mädchen, das damals in Kemmel verrückt gespielt hat. Erinnerst du dich?"

„Ja."

„War doch 'ne Freundin von dir oder so etwas Ähnliches."

„So etwas Ähnliches."

In dieser Nacht fand Robin Mackendric keinen Schlaf. In den Korridoren ratterten die Verbandwagen, und aus der Richtung des Waldes von Delville kam Kanonendonner, doch die Geräuschkulisse störte ihn nicht. Er war in Gedanken weit fort; er schlenderte Hand in Hand mit ihr durch die Rue Saint-Honoré. Wie lange lag das schon zurück? Er fühlte sich furchtbar alt und müde. Der Schmerz in seinen Fingern ließ überhaupt nicht mehr nach: Überanstrengung vom fortwährenden Operieren. Er würde bald ausgebrannt sein. Dreiunddreißig erst, und er kam sich vor wie ein Greis. Wie alt war sie denn inzwischen? Zwanzig? Jedenfalls hatte sie seinen Rat befolgt und sich zur Krankenschwester ausbilden lassen. Ob sie auch seine zweite Empfehlung beherzigt und einen Mann ihres Alters geheiratet hatte? Das würde er erst wissen, wenn er mit ihr gesprochen hatte.

Die Züge liefen leer in Corbie ein und wurden auf ein Gleis geleitet, an dem die Sanitätsautos mit den gehfähigen Verwundeten warteten. Er entdeckte sie in einer Schwesterngruppe, die zweihundert Neuseeländer zu betreuen hatte. Die Männer lagen still auf ihren Bahren, und sie bewegte sich mit der Sicherheit der erfahrenen Schwester zwischen ihnen, gab Spritzen, kontrollierte Verbände und wies die Träger an, ihre Patienten in bestimmte Waggons zu verladen. Regen troff währenddessen ununterbrochen vom verrosteten Dach der Bahnhofshalle.

„Sie leisten gute Arbeit, Schwester."

Sie hielt eine Sekunde inne, schaute aber nicht auf. „Tag, Robbie", sagte sie und entfernte mit sicherer Hand den Verband von einem blutverkrusteten Bein. Er sah zu, wie sie die Ränder der Rißwunde sorgfältig reinigte und das Bein frisch verband. Mit einer kurzen Handbewegung forderte sie die Träger auf, die Bahre in den Waggon zu bringen. „Der nächste", sagte sie und richtete sich für eine Sekunde auf. Zum ersten Mal trafen sich ihre Blicke. Es war wie eine Umarmung.

„Es tut gut, dich wiederzusehen, Robbie", sagte sie.

„Meinst du das wirklich?" Seine Stimme klang ernst.

Sie nickte heftig. „Ja, wirklich. Aber geh jetzt, bitte. Ich muß meine Gedanken beisammenhalten. Vielleicht ... vielleicht kannst du dich am Sonnabend freimachen?"

„Bestimmt", sagte er tonlos.

„... UND ab und zu könnten wir vielleicht in einem Dorfgasthof übernachten", hatte sie damals in Paris gesagt, und er hatte geantwortet: „Bei Ypern gibt es keine Gasthöfe mehr." Aber das hier war nicht die Ypern-Front; es war die Normandie; Apfelbäume und fruchtbare Äcker in den weiten Schleifen der Seine, hier und da kleine Dörfer mit heilen Häusern, auch Gasthöfe mit sauber bezogenen Betten. Er zog sie an sich, und seine Hand streichelte spielerisch ihren nackten Rücken, während er durch das Fenster den Sonnenuntergang beobachtete. Sie bewegte sich ein wenig in seinen Armen, und ihre Lippen glitten über seine Brust.

„Ich werde dich niemals aufgeben, Robbie", flüsterte sie.

„Ich will dich auch nicht dazu überreden, obwohl ich es versuchen sollte."

„Es wäre ohnehin nur eine leere Geste. Du brauchst mich, Robbie."

„Ja, Alex, ich brauche dich, das ist wahr." Er schwieg einen Augenblick, hielt sie aber noch immer fest in den Armen. Endlich fuhr er zögernd fort: „Dennis hat geschrieben ... aus Ottawa. Ist dort Fluglehrer. Kanada muß herrlich sein ... eine andere Welt. Wenn dieser Krieg jemals enden sollte, wandere ich dorthin aus. Ich will ein neues Leben beginnen. Ich habe auch schon meine Frau um die Scheidung gebeten, aber sie kann sich natürlich widersetzen."

„Und wenn schon", sagte sie mit rauher Stimme, „mir ist es egal. Ich bleibe auf jeden Fall bei dir, Robbie, ob du verheiratet bist oder nicht."

„Und eines Tages wirst du es bereuen, Alex."

„Nie ..."

Der Meldegänger des Regimentskommandeurs hastete gebückt, aber behende wie ein Wiesel durch den „Ale"-Graben. Dann bog er in den „Stout"-Graben ein: Eine Kugel pfiff über den schmalen Laufgang hinweg. „Heckenschützen-Ecke" nannten die Melder diesen Winkel, aber er war schon öfter hier gewesen und kannte die gefährlichsten Punkte.

„Stout" war ein schlimmer Graben: stellenweise schon eingestürzt, voll schlammiger Wasserlöcher und zersplitterter Laufplanken. Er verlief in wildem Zickzack, schlug hier einen Bogen um einen verkohlten Baumstumpf und zerschnitt dort einen riesigen umgestürzten Baumstamm. Leichen, auf die die Schipper beim Ausheben des Grabens gestoßen waren, steckten jetzt im Sand der Brustwehrböschung. Immer wieder fand man Finger- oder Beinknochen, vermischt mit Erdklumpen und krummen Wurzelstücken. An heißen Tagen stank die Gegend bestialisch, aber inzwischen war es September geworden und ziemlich kalt; der Geruch ließ sich ertragen.

Der Melder warf sich zu Boden und krallte die Finger in die Grabenwände: Eine 15-cm-Granate jaulte über ihn hinweg und detonierte knapp zehn Meter jenseits des Grabens. Er sprang auf, rannte weiter, bog scharf nach rechts ab und landete im „Watling"-Graben. Er gönnte sich eine Atempause. „Watling" war okay: tief genug und durch sorgfältig instand gehaltene Sandsackwälle geschützt. Ein Posten lehnte sich über ihm gegen die Rückenwehr. Der Melder sah den schlammüberkrusteten Mann erst, als der eine Kopfbewegung machte. „Hast du 'ne Zigarette für mich, Kamerad?"

Der Melder reichte seine angerauchte Woodbine zum Posten hinauf und zündete sich eine neue an. „Zweites Windsor-Bataillon?" fragte er.

„Erraten, Kamerad. Und welche Kompanie suchst du?"

„Keine; muß zum Bataillonskommandeur."

„Major Amberley. Erster Verbindungsgang; dann fünfzig Meter rückwärts. Müßtest schon ziemlich dämlich sein, wenn du den verfehlst. Vielen Dank für den Glimmstengel."

„Geschenkt, Kamerad!" Der Melder huschte schon wieder weiter. Er wunderte sich keineswegs, daß der Bataillonskommandeur nur ein Major war. Nach der Schlacht am Delville-Wald hatte angeblich ein Gefreiter das Kommando übernommen, weil alle ranghöheren Leute tot waren.

Charles schlitzte den dünnen Briefumschlag auf, den ihm der Melder ausgehändigt hatte. Er hielt den Briefbogen in das Licht der zischenden Grubenlampe, die von der Unterstanddecke herabbaumelte.

„Keine Antwort", sagte er zum Melder. Dann fügte er hinzu: „Der Verpflegungsunteroffizier soll Ihnen einen doppelten Rum geben."

Sein Adjutant, der auf der Pritsche gedöst hatte, rührte sich. „Was gibt's denn?" fragte er.

Charles starrte auf das Stück Papier in seiner Hand. „Morgen früh um acht greifen die 1. und 2. Kompanie die Hannoveraner Schanze an. Ich rede keinen Quatsch; es ist blutiger Ernst! Wir sollen Feuerschutz geben, wenn die Neuseeländer vorrücken."

Der Adjutant ließ sich ächzend auf die Pritsche zurücksinken. „Irrsinn!" stöhnte er, „verdammter Irrsinn!"

Charles setzte sich wieder und kippte seinen Tee hinunter, ein eiskaltes Gebräu, das nach Kerosin schmeckte. Vor Wut über diesen wahnwitzigen Befehl zitterte seine Hand. Das Bataillon hatte erst beim letzten Unternehmen neun Offiziere und zweihundert Mann verloren. Und die Hälfte davon war schon beim Durchbruch durch die eigenen Stacheldrahtverhaue umgekommen. Nur ein Unteroffizier hatte fast die deutschen Gräben erreicht, und dem war die eigene Granate in der Hand explodiert. Und jetzt verlangte das Oberkommando einen Angriff auf die völlig uneinnehmbare Hannoveraner Schanze, noch dazu bei Tageslicht!

Der Adjutant schwang die Beine von der Pritsche und kratzte sich unter dem Hemd. „Soll ich dir mal was verraten, Charles?" fragte er. „Seit dem ersten Juli haben wir die Deutschen ganze sechs Kilometer zurückgedrängt. Der junge Baker hat es gestern abend ausgerechnet: Bei *dem* Tempo stehen wir 1938 am Rhein!"

„Gut, daß ich nicht dabei war", zischte Charles wütend. „Ich hätte den Idioten zum nächsten Sturmangriff eingeteilt."

DIE Morgendämmerung brach mit Nebel und Regen an. Charles klemmte die Trillerpfeife zwischen die Zähne und starrte auf die Armbanduhr. Sieben Uhr siebenundfünfzig ... achtundfünfzig ... neunundfünfzig – falls er den Krieg überlebte, würde er nie mehr eine Armbanduhr tragen! – acht Uhr null: ein schrilles Pfeifensignal; zweihundert Mann der 1. Kompanie kletterten über Leitern aus dem Graben und zwängten sich in dichten Trauben durch die Öffnungen, die ein Voraustrupp in den eigenen Drahtverhau geschnitten hatte. Zehn Meter, zwanzig Meter; sie rutschten in alte Granattrichter, tauchten wieder auf, liefen weiter auf die deutschen Linien zu. Dreißig

Meter jetzt, vierzig; das Blinken der Bajonettspitzen war selbst noch durch den Nebelschleier zu sehen. Jetzt mußten sie gleich den deutschen Stacheldrahtverhau erreicht haben, und der war noch einmal fünfzig Meter breit. Da stiegen Signalraketen aus den feindlichen Gräben auf, hingen als gelbe und grüne Lichtkugeln unter der niedrigen Wolkendecke.

„Verdammter Mist ... verdammter Mist!" flüsterte Charles verzweifelt, als er das tiefe Dröhnen der ersten deutschen Haubitzengeschosse hörte; ein Dröhnen, das in schrilles Pfeifen überging; ein Pfeifen, das jäh mit dem hellen Blitz der Detonation verstummte. Fontänen aus Sand und Feuer schossen an den Einschlagstellen aus dem Boden. Bruchteile von Sekunden sah man Erdklumpen und verstümmelte Menschenleiber unter dem grauen Himmel schweben. Was von der 1. Kompanie noch übrig war, rannte fort von den deutschen Drahtverhauen und warf sich in die frischen Granattrichter.

Acht Uhr zehn; Charles' Mund war trocken, als er die Pfeife zum zweitenmal ansetzte. Die 2. Kompanie ließ sich Zeit beim Aufbruch. Pfeifen schrillten wütend; Zugführer brüllten und fluchten. Die Männer krochen zögernd die Leitern hinauf und kämpften sich gebückt durch den englischen Stacheldraht. Dann begannen die deutschen Maschinengewehre zu bellen. Sie waren hinter Schießscharten in dicken Splitterschutzwällen aus Beton postiert. Ihre Geschosse trafen die angreifenden Engländer in Bauchhöhe und fegten haarscharf über die Sandsackbarriere der Rückenwehr weg.

„Du widerlicher kleiner Feigling!" Das war Leutnant Bakers Stimme, so schrill, daß sie sich fast überschlug. „Dich sollte man auf der Stelle umlegen!"

Charles verließ seinen Beobachtungsposten im vordersten Graben und rannte zu Baker zurück, der mit dem Revolver herumfuchtelte.

„Was gibt's?"

Bakers Revolverlauf zeigte auf einen Soldaten, der am Boden hockte und sich gegen die Grabenstufe stützte. „Das Schwein hat sich in den Fuß geschossen! Ich schicke den Kerl die Leiter rauf, und der dreht sich um und verpaßt sich den Heimatschuß!" Er hielt dem Mann den Revolver unter die Nase: „Auf dich wartet das Erschießungskommando, Freundchen!"

„Zum Sanitätsposten schaffen", sagte Charles.

„Unter ... Bewachung?"

Charles sah den Soldaten am Boden an. Höchstens achtzehn Jahre. Sein Blick war getrübt, weit weg. Der spürte nicht einmal mehr die

Schußwunde. „Ja“, sagte Charles mit dumpfer Stimme, „natürlich unter Bewachung.“

Sie würden ihn wohl an den nächstbesten Pfosten binden und erschießen. So ein Idiot! dachte er, während sich seine Hände wie im Krampf schlossen und öffneten, so ein Idiot! Sich unter den Augen des eigenen Leutnants einen Schuß zu verpassen! Andererseits: ein Toter mehr – was zählte das noch?

Die Deutschen stellten das Maschinengewehrfeuer ein. Draußen im Drahtverhau schrie ein Mann; es waren seltsam abgehackte Schreie, fast schon Schluchzer. Und das Geschrei hörte und hörte nicht auf; es schwoll an, verebbte, setzte von neuem ein. Acht Uhr dreißig. Bei Einbruch der Dunkelheit sollten die Sanitäter den Mann suchen gehen. Charles betete, daß er bis dahin längst tot wäre.

Paris (AP), 12. Dezember 1916. Martin Rilke vom Pariser AP-Büro, der im September an der Somme schwer verwundet wurde, ist aus dem St-Antoine-Hospital entlassen worden. Seine Genesung macht gute Fortschritte. Er erholt sich gegenwärtig in Saint-Germain-en-Laye bei Paris.

Das Haus, das Martin gemietet hatte, stand in einem gepflegten Garten unter Buchen und Kiefern. Sein Besitzer hatte es bei Kriegsbeginn, als ein deutscher Angriff auf Paris drohte, verlassen.

Ivy Thaxton traf vier Tage vor Weihnachten ein. Sie hatte die drei Kilometer vom Bahnhof bis zu Martins Haus zu Fuß zurückgelegt. Die große Ledertasche hing am Riemen über ihrer Schulter. Martin kam vors Haus, um sie zu begrüßen. Er ging noch steif und mit Hilfe von zwei Stöcken. „Warum hast du kein Taxi genommen?“ rief er Ivy entgegen. „So weit zu laufen!“

„Ich laufe gern, und es waren auch nur ein paar Kilometer.“ Sie machte vor ihm halt, strich sich eine dunkle Haarsträhne aus der Stirn und sagte: „Laß dich anschauen: der verwundete Krieger!“

„Bloß ein Schreiberling mit einem kleinen Kratzer“, sagte Martin. In ihrer Gegenwart vergaß er sogar den Schmerz in der Hüfte. „Ivy, du bist meine beste Medizin!“

Sie streckte ihm die Hände entgegen. „Und jetzt ins Haus mit dir! Gleich ins Bett, und die Hose herunter!“

„Waaas?“

„Du hast dich nicht verhört. Ich will mir die Wunde ansehen.“

Er protestierte noch ein Weilchen, führte sie aber doch in sein Schlafzimmer im Erdgeschoß und legte sich aufs Bett. Während Ivy ihm die Hose herunterzog, hielt er den Blick starr auf die Zimmerdecke gerichtet. Die rote Narbe verlief schräg über die Hüfte und endete im Oberschenkel. Er schloß die Augen und biß die Zähne zusammen, als ihre Fingerspitzen sanft über den Fleischwulst fuhren.

„Keine Entzündung“, sagte sie. „Martin, du hast ein unwahrscheinliches Glück gehabt: drei Zentimeter weiter links, und du wärst entmannt worden. Die Narbe sieht ziemlich schuppig aus und müßte scheußlich jucken.“

„Mich juckt es überall – vor Sehnsucht nach Ivy Thaxton. Aber dagegen gibt es ein Mittel.“

„Wo ist die Heilsalbe?“ sagte sie rasch, und er erklärte ihr, wo sie die Tube finden würde. Sie massierte das gelbliche Medikament in die Narbenränder. „So, nun darfst du die Hose wieder anziehen“, sagte sie. Er atmete erleichtert auf, als die Prozedur beendet war.

„Ivy“, sagte er, „der Zeitpunkt ist schlecht gewählt, aber ich möchte dir trotzdem einen Heiratsantrag machen. Sag nicht gleich nein; denk erst darüber nach. Ich verlange nicht, daß du deine Arbeit aufgibst, und ich werde natürlich auch wieder Kriegsberichterstatter sein. Aber du hast jetzt zwei Wochen Urlaub, und zwei Wochen Glück sind eine Ewigkeit in diesen Zeiten.“

„Wenn du dich wirklich mit einer Ehefrau belasten willst...“

„Du ahnst nicht, wie gern ich mich damit belasten möchte!“ Er richtete sich mit Anstrengung auf. „Rasch! Besorge ein Taxi! Und der Bürgermeister soll sich für eine Trauung bereithalten.“

„Ob das überhaupt rechtsgültig ist?“ fragte Ivy besorgt.

„Natürlich. Wofür hältst du mich denn? Und was Monsieur le Maire betrifft: Der darf jeden trauen. In die Kirche können wir auch später noch gehen, wenn dir daran liegt.“

Sie beugte sich über ihn und küßte ihn. „Das ist mir wirklich egal, Martin. Hauptsache, ich kann Vater und Mutter mit reinem Gewissen von uns schreiben.“

Es gab kein Taxi, aber dafür fanden sich ein Rollstuhl und viele hilfsbereite Arme, die den *bon Américain* in die Stadt transportieren wollten, noch dazu aus solchem Anlaß! Ivy ging neben dem Rollstuhl, den zwei Pferdeknechte schoben. Nach einer kurzen Trauungszeremonie und einer kleinen Feier im Rathaus fuhr sie der Bürgermeister selbst in seinem alten, keuchenden Renault heim.

„Ich bin so glücklich“, seufzte Martin, „trunken vor Freude!“

„... und Champagner!“ sagte Ivy lachend.

„Warum nicht?“ rief er. „*Füll jedes Glas, denn Wein beflügelt uns, erfüllet uns mit Liebe, Mut und Freude* ... Dreigroschenoper, und dann geht es so ähnlich weiter über Frauen, *das begehrenswerteste Gut auf Erden*; für mich aber gilt das nur für eine Frau, Ivy!"

Beobachtungen und Gedanken. Zu Hause, 25. Dezember 1916. Zu Hause, in unserem Haus! Ivy hat ein kleines Tannenbäumchen abgesägt und durch den Schnee zum Haus geschleift. Der erste richtige Schnee dieses Winters; sanfte, feuchte Flocken, die aus dem grauen Himmel rieseln. Wir haben den Baum in ein sandgefülltes Fäßchen gestellt und geschmückt mit roten und gelben Bändern, winzigen silbernen Teelöffeln, roten Beeren vom Stechpalmenbusch im Garten und Silberpapier aus Zigarettenschachteln. Er sieht wunderschön aus. Nach dem Mittagessen bin ich ohne allzu große Anstrengung die Treppe hinaufgestiegen. Ich legte mich aufs Bett, um mein Bein auszuruhen, und Ivy setzte sich zu mir.

Wir haben miteinander geschlafen, obwohl sie behauptete, es sei sündhaft, so etwas bei hellichtem Tage zu tun. Blasse Dezembersonne vor den hohen Fenstern. Gibt es etwas Schöneres als Ivys Körper, in dieses sanfte Licht getaucht?

Irgendwo in großer Entfernung gab es ein Wintergewitter. Der Donner rumpelte über den ganzen Horizont. Uns fiel sofort das Sperrfeuer an der Somme ein. Im Augenblick herrscht dort aber Ruhe; die Schlachten an der Somme sind in Schlamm, Schnee und Eisregen erstickt. Außerdem sind die Soldaten vollkommen erschöpft; erschöpfter, als es die leidenschaftlichsten Liebenden je sein könnten.

Sie muß sich nun bald zurückmelden. Wird einem neuen Hospital zugeteilt; vielleicht in London? Das wäre Pech für mich, aber kein allzu großes. Ich könnte es schon so einrichten, daß ich einmal im Monat in London sein müßte, und Jacob stellte uns sicher die Wohnung zur Verfügung.

CHARLES AMBERLEY las aufmerksam die Namenslisten, die der Adjutant vor ihm auf den Tisch gelegt hatte. Namen von Lebenden, Namen von Toten. Nur wenige waren ihm noch vertraut. In seinem Bataillon hatten viele Leute – viel zu viele – ersetzt werden müssen! Neue Namen ... Namen ohne Gesichter.

Namensverzeichnis – II. königl. Windsor-Füsilierbataillon:
Bataillonsstärke 18. 7. 1916: Offiziere 36; Mannschaften 1005
Bataillonsstärke 3. 1. 1917: Offiziere 8; Mannschaften 325

Er setzte seinen Namen auf das maschinengeschriebene Blatt. „Damit ist für mich alles erledigt, nicht wahr?“ Die Unterzeichnung der Listen war der letzte amtliche Akt, den er als Bataillonskommandeur vollzog. Sein Nachfolger sollte in zwei bis drei Tagen aus Saint-Omer eintreffen.

„Leb wohl, Charles“, sagte der Adjutant und reichte ihm die Hand. „Du warst ein großartiger Kommandeur.“

Und das war schon alles. Die Urlaubspapiere mit der Fahrtroute steckten in seiner Rocktasche: Armeelastwagen bis Amiens, Eisenbahn nach Rouen, Fähre nach Southampton, Zug bis London. Vierundzwanzig Stunden nachdem er dem Adjutanten die Hand geschüttelt hatte, stieg er im Waterloo-Bahnhof mit tausend anderen Heimaturlaubern aus dem Zug.

„Charles! Charles!“ Ihre Stimme konnte sich in dem Scharren von mehreren tausend genagelten Stiefeln kaum durchsetzen.

Charles hatte nicht damit gerechnet, daß sie ihn abholen würde. Aber nun war sie da, so schön wie immer in ihrem dunklen Pelzmantel, und winkte ihm vom äußersten Ende des Bahnsteigs zu.

„Hallo! Lydia!“

„Charles!“

Sie berührte seine Wangen flüchtig mit den Lippen, doch er nahm sie in die Arme und küßte sie fast grob auf den Mund.

„Richtig so! So wird's gemacht, Kamerad!“ rief ein vorbeigehender Feldwebel beifällig.

„Wie schön, daß du wieder da bist, Charles.“ Ihre behandschuhte Rechte streichelte seine Wange. „Und du bist ganz gesund?“

„Vollkommen. Habe nicht mal einen Kratzer.“

Wie ihm wirklich zumute war, vermochte er nicht auszudrücken. Es war ein seltsames Gefühl der Körperlosigkeit; er meinte, zwei Gestalten zugleich zu sein, die Seite an Seite gingen – die eine aus Fleisch und Blut, die andere ihr Schatten. Und er konnte einfach nicht sagen, welche der beiden er selbst war.

Als sie das Haus in der Bristol Street betraten, kam es ihm vor wie das Haus eines Fremden. Er hatte Angst, etwas anzufassen: Es war alles so sauber und zerbrechlich. Das Bad bereitete ihm ein Hausmädchen, an das er sich beim besten Willen nicht erinnern konnte, während sie ihn gut zu kennen schien.

„Wie schön, daß Sie wieder bei uns sind, Mylord.“

Bei uns? Wen meinte sie nur?

Das Badewasser war wohltuend warm und duftete angenehm. Er

saß verkrampft in der Wanne und strich mit den Handflächen ganz leicht über das Wasser. Sanftes, durch Gardinen gefiltertes Tageslicht brach sich in den spiegelnden Kachelwänden. Er war gar nicht da; er schwebte irgendwo, in einer anderen Zeit, einem anderen Raum. Lautlose Geschosse explodierten in einem Ödland voll gekappter Bäume. Ein Mann krümmte sich zwischen aufgeschlitzten Sandsäkken und stieß stumme Schreie aus, und er selbst war nichts als ein fühlloser Beobachter. Ja, er war jenseits aller Gefühle. Die Schatten seiner Männer tauchten ein in die Regenschleier, verloren sich in der Ferne, erschienen wieder hinter den Drahtverhauen – ein halbes Dutzend gebückter Gestalten. Und wo waren die anderen geblieben?

„Mein Gott! Wo sind denn die anderen?"

Wer hatte das gerufen? Er wußte es nicht; es war ja auch gleichgültig. Die Männer waren sowieso tot, alle. Wie töricht von dem Burschen, nach ihnen zu fragen!

„Charles? Ist dir nicht gut?" Das war Lydias Stimme. Sie klopfte an die Badezimmertür.

„Aber ja doch, ich finde es herrlich", antwortete er müde.

Als Lord Stanmore bei Tisch den Lendenbraten aufschnitt, mußte Charles an das Gleichnis vom verlorenen Sohn denken.

„Ist denn Alex nicht zu Hause?" fragte er.

Lord Stanmore wetzte das Messer an einem Stahl. „Nein, deine Schwester hat beschlossen, ihren Urlaub in Paris zu verbringen. Und William ist beim Ausbildungsbataillon. Nächste Woche bekommt er sein Leutnantspatent."

„Kaum zu glauben", murmelte Charles, als sich Coatsworth zu ihm niederbeugte und ihm eine Scheibe Fleisch auflegte. Rinnsale scharlachroten Bratensaftes überzogen den weißen Porzellanteller.

Lady Hanna gab Charles verstohlen ein Zeichen mit den Augen, und als sie sich nach dem Essen unter dem Vorwand von Kopfschmerzen in ihr Zimmer zurückzog, begleitete er sie als wohlerzogener Sohn die Treppe hinauf.

„Sind deine Kopfschmerzen wieder besser?" fragte er, sobald sie Lady Hannas Zimmer erreicht hatten.

„Viel besser." Sie wandte ihm ihr blasses Gesicht zu. „Charles, ich möchte offen mit dir reden."

„Bitte, Mutter."

„Ich sorge mich unbeschreiblich um William. Natürlich habe ich Verständnis dafür, daß er sich so bald wie möglich freiwillig melden will. Er ist achtzehn, kräftig, groß, ein glühender Patriot. Dagegen ist doch nichts einzuwenden...?"

„Nein." Ihm fiel der junge Baker bei der Auseinandersetzung mit dem Infanteristen ein, der sich selbst verstümmelt hatte. Baker lag jetzt im Lazarett; ein deutsches Geschoß hatte ihm das Augenlicht geraubt. „Der Krieg wird immer mehr zu einem Kinderfeldzug, Mutter."

Ihre Hand fuhr zur Kehle, zerrte an der Halskette. „William ist doch ein hervorragender Reiter. Vater wäre sehr stolz, wenn er in das 2. Dragonerregiment eintreten wollte. Er hatte auch schon ein Angebot..."

„... und hat es selbstverständlich ausgeschlagen."

„Was heißt selbstverständlich? Es ist ein hochangesehenes Regiment."

„Mutter, die Kavallerie ist heutzutage nur noch ein Witz: Pferde... schöne Uniformen... und nirgendwo zu gebrauchen."

„Wenn er aber... wenn er nun zu den Gardedragonern einberufen würde?"

„So, wie ich damals nach Whitehall berufen wurde?" Er schüttelte lächelnd den Kopf. „So etwas geht nie gut. Du und Lydia, ihr solltet es inzwischen besser wissen."

„Was hat denn Lydia damit zu tun?" fragte sie vorsichtig.

„Das weißt du sehr gut, Mutter. Lydia hat überall Zutritt. Sie geht mehr denn je zuvor in der Downing Street bei Lloyd George und David Langham aus und ein; aber als was? Sagen wir, als eine Art graue Eminenz. Jedenfalls könnte sie gewiß dafür sorgen, daß William zu den Dragonern kommt... zu ihnen einberufen wird, falls dir dieser Ausdruck besser gefällt. Aber William würde ihnen entwischen. Er gäbe einfach sein Offizierspatent zurück und ginge als schlichter Freiwilliger zum nächstbesten Infanterieregiment. Und noch am gleichen Tag würde er in diesem Regiment wieder zum Offizier befördert. Mit diesem Trick ist schon so mancher Offizier, der vom Kampfgeist besessen war, der Kavallerie entkommen."

„Kampfgeist! William ist zu jung, um Kampfgeist zu haben. Er hält den Krieg für ein Räuber-und-Gendarm-Spiel." Ihr Lachen klang wie Wehklagen.

„Es tut mir leid, Mutter, aber ein Leben ohne Risiko gibt es für keinen von uns."

Es WAR ein schöner, klarer Wintermorgen. Die Geschäftsleute zogen die Rolläden vor den Schaufenstern hoch. Der Schnee lag noch stellenweise auf dem Pflaster oder war schon zu schmutziggrauen Haufen im Rinnstein zusammengefegt.

Charles ging langsam bis zum Ende der Conduit Street. Erst dann wagte er, stehenzubleiben und sich verstohlen umzuschauen: Niemand zu sehen, und doch hätte er schwören können, daß ihm jemand gefolgt war! Da waren sie wieder: die Gestalten aus Fleisch und Blut und ihre Schatten. Und wozu gehörte er selbst? Er ging weiter, diesmal schneller, und jetzt gab es keinen Verfolger mehr. Nein, hier ging nur noch Charles Amberley in Majorsuniform, den Mantel wegen der Kälte hochgeschlossen. Er machte eine Rechtswendung – so exakt, als wäre er auf dem Exerzierplatz – und bog in die Burlington Street ein. An der Ecke Savile Row dasselbe Rechts-schwenkt-marsch-Manöver. Dann steuerte er auf ein Geschäft zu, in dessen Schaufenster ein kleines, in zierlichen Buchstaben gedrucktes Schildchen lag: AUSRÜSTUNGSZUBEHÖR FÜR DEN FRONTOFFIZIER stand darauf. Er stieß die Tür auf und setzte damit eine Ladenglocke in Bewegung.

Seinen Einkauf tätigte er mit Bedacht und erntete dafür das Lob des Verkäufers. „Sie haben eine ausgezeichnete Wahl getroffen, Sir, wenn ich das sagen darf. Kann ich Ihnen auch noch einen erstklassigen Grabenkompaß anbieten?"

„Nein, danke, das hier genügt. Vielen Dank für Ihre Geduld."

„Ich bitte Sie, Herr Major! Es ist unsere Aufgabe, Sie zu bedienen."

Er sprang in einen Bus, der gerade am Piccadilly Circus abfuhr, und stieg erst in Wimbledon wieder aus. Er ging bis zur weiten Rasenfläche des Stadtparks, auf der in ordentlichen Reihen mit Zeltplanen gedeckte einfache Baracken aufgestellt waren. Eine Schildwache des Ausbildungsbataillons präsentierte das Gewehr, als er den Lagereingang passierte.

„Wirklich nett von Ihnen, mal bei uns hereinzuschauen, Major", sagte der stellvertretende Kommandeur im Hauptbüro. „Ich glaube, wir sind uns im August in Frankreich begegnet – in Albert."

„Kann sein ... oder auch in High Wood. Dort gab es ja noch ein Ausbildungsbataillon."

Charles starrte aus dem Fenster. Draußen marschierten Jungen in langer Schützenlinie über die Wiese, und weiter hinten attackierte eine andere Gruppe Strohpuppen mit dem Bajonett.

Ein forsches Klopfen an der Tür: William trat ein. Seine Stiefel und

Wickelgamaschen waren über und über lehmbespritzt. Er salutierte vorschriftsmäßig vor seinem Kommandeur. Dann griente er Charles an und sagte zackig: „Major Lord Amberley – melde mich zur Stelle!"

„Hallo, Willie!" sagte Charles. „Sieh mal: Ich habe dir für den Schützengraben etwas Nützliches mitgebracht."

Die Schreibstubengefreiten im Nebenraum hörten die schnell aufeinanderfolgenden Pistolenschüsse und kamen in das Hauptbüro gestürzt. Beißender, bläulicher Rauch hing im Raum und senkte sich langsam auf die Gestalt, die sich am Boden wälzte und das von Kugeln durchsiebte Knie mit den Händen umklammerte. Die Gefreiten warfen sich auf den Mann im Mantel, der die Pistole immer noch in der Hand hielt. Er ließ die Waffe fallen und leistete nicht den geringsten Widerstand.

„Herrgott, Mann! Was haben Sie nur angerichtet!" schrie jetzt der stellvertretende Kommandeur, der einen Augenblick lang wie gelähmt dagestanden hatte.

„Ich habe ihm nur den Heimatschuß verpaßt", sagte Charles ganz ruhig. „Er hat es nicht selbst getan! Nein . . . er hätte es nicht getan!"

5

Der Regen hatte endlich aufgehört, aber schwarze Wolkenbänke lagerten um die Gipfel der walisischen Berge und senkten sich wie Rauchschwaden in die Täler. Die efeuumrankten Außenmauern des Militärhospitals in Llandinam hüllte dichter Nebel ein.

„Scheußlicher Kasten", murmelte Fenton, als das Taxi durch das hohe Eisentor in die Auffahrt zum Hospital einbog.

„Ein ehemaliges Schloß?" fragte Martin, der neben Fenton auf dem Rücksitz saß.

„O nein, nur das, was ein viktorianischer Kohlenbaron für einen angemessenen Wohnsitz hielt. Wales ist übersät mit solchen architektonischen Mißgeburten – und alle eignen sich hervorragend zur Einrichtung als Irrenanstalten." Diese Worte klangen bitter, fast zynisch.

Das riesige Gebäude wirkte allerdings ein wenig freundlicher, sobald sie vor dem Haupteingang standen. Jetzt hätte es auch das Vereinshaus eines vornehmen Golfclubs sein können, doch die davor geparkten Ambulanzen zerstörten sofort wieder diese Illusion.

„Ich soll sicher auf Sie warten", sagte der Taxichauffeur in eigentümlich singendem Tonfall.

„Ja. Wir möchten um achtzehn Uhr dreißig in Llangollen den Zug nach London erreichen. Sehen Sie zu, daß Sie in der Küche eine Tasse Tee bekommen."

Martin brauchte zum Gehen nur noch einen Stock, denn seine Genesung hatte gute Fortschritte gemacht, aber jetzt hatte er Mühe, mit Fenton Schritt zu halten. Ein Sanitätsunteroffizier empfing die beiden Besucher und entriegelte für sie eine Sicherheitstür, hinter der ein langer Gang lag. Er bat sie, sich beim Stationsarzt zu melden. Dann fiel die schwere eiserne Tür hinter ihnen ins Schloß.

„Schauderhaft, das Ganze ...", murmelte Fenton.

Der Arzt war ein jovialer, wohlbeleibter Fünfziger, der sich als Major Wainbearing vorstellte, „Neurologe und Psychoanalytiker, eifriger Ausbeuter der zahlreichen Fälle von Nervenkrankheiten, die uns dieser Krieg beschert hat – eine wahre Goldmine für unsereinen!" Er ließ sich in seinem bequemen Sessel zurücksinken, lächelte wie ein ältlicher Cherub und fügte hinzu: „Und Sie sind also Mister Rilke, Lord Amberleys Vetter."

„Ja, ganz recht."

„Und dann sind Sie Oberst Wood-Lacy." Der Doktor faltete die Hände über dem Bauch, und plötzlich war jede Spur von Leutseligkeit aus seinem Gesicht verschwunden. Er dozierte mit professioneller Stimme: „Lord Amberleys Erkrankung wurde bei der Einlieferung eindeutig als Neurasthenie diagnostiziert. Er tobte nicht, halluzinierte aber. In seinen Selbstgesprächen tauchte häufig ein gewisser Leutnant Baker auf; es ging um Selbstverstümmelung und Erschießungskommandos. Ist der Name Baker den Herren bekannt?"

Die Besucher schüttelten den Kopf, und der Arzt fuhr fort: „Tut auch nichts zur Sache. Der Patient verhielt sich bereits nach einer Woche wieder völlig normal. Sein Zustand hat sich auch nicht wieder verschlechtert. Vorigen Monat hat er mit mir eine Runde Golf gespielt – außerhalb der Anstaltsmauern."

„Wie schön", murmelte Fenton.

„Er hat sich prächtig geschlagen, zumal der Platz in beklagenswertem Zustand ist. Ich habe ihm gesagt, daß wir seine Entlassung aus dem Hospital ins Auge gefaßt haben und seine Freistellung vom Militär aus gesundheitlichen Gründen beantragen werden: geheilt wohl, aber seelisch ... nun, sagen wir: zu unausgeglichen, um militärische Aufgaben erfüllen zu können. Ich habe ihm ferner geraten, sich an einen ruhigen Ort zurückzuziehen und seelische Belastungen jeder Art zu vermeiden."

„Ein sehr vernünftiger Rat", sagte Fenton mit kaum verhülltem Sarkasmus.

„In seiner freundlich-bestimmten Art hat mir Lord Amberley entgegnet, daß er im Fall seiner Entlassung auf irgendeine nicht näher beschriebene Weise Selbstmord begehen werde."

„Und er meint es ernst?" fragte Martin.

„Aber natürlich; vollkommen ernst."

„Und wenn wir nun mit ihm redeten?" sagte Fenton.

„Dagegen ist nichts einzuwenden. Im Gegenteil: Er hat sich sogar auf Ihren Besuch gefreut. Sie sind die einzigen Menschen, die er zu sprechen wünscht. Seine Mutter und seine Frau waren letzten Monat hier, aber er hat jedes Gespräch mit ihnen abgelehnt."

Doktor Wainbearing drückte einen Klingelknopf auf seinem Schreibtisch. „Ein Sanitäter wird Sie jetzt zu dem Patienten führen. Er ist im Aufenthaltsraum. Und bitte, bleiben Sie doch zum Tee hier. Die Pastetchen unseres Küchenchefs sind wahre Gedichte."

Der Aufenthaltsraum erwies sich als ein großer, luftiger Saal, in dem ziemlich willkürlich Sofas, Stühle, Spieltischchen und Bänke verteilt waren. Etwa ein Dutzend Männer in Schlafanzug und grauem Morgenrock saß untätig herum oder spielte Whist. Die Hände mancher Spieler zitterten so stark, daß ihnen fast die Karten entglitten.

„Lord Amberley sitzt dort drüben am Ecktisch", sagte der Sanitäter.

Charles trug Uniform. Vor ihm lag ein Briefblock, und er war so sehr in seine Schreibarbeit vertieft, daß er erst aufschaute, als die beiden Besucher unmittelbar vor ihm standen.

„Hallo, Martin! Fenton! Nett, daß ihr gekommen seid!" Seine Stimme klang vollkommen normal.

„Aber, Charles, das ist doch selbstverständlich", entgegnete Fenton in unnatürlich munterem Tonfall.

„Du siehst gut aus, Charles", sagte Martin.

„Ich fühle mich auch sehr wohl", entgegnete Charles mit todernster Miene. „Die Ärzte meinen, ich sei geheilt – wovon, sagen sie natürlich nicht. Aber auf ihre ruhige Art erreichen sie bemerkenswert viel. Sie lassen uns einfach reden und hören zu. Vielleicht hilft schon das Reden, wieder klarer zu sehen."

Fenton zog zwei Stühle an das Tischchen heran. „Und diesmal sind nicht die Ärzte, sondern Martin und ich deine Zuhörer. Sei mir nicht böse, Charles, aber es wäre mir lieb, wenn du bald zur Sache kommen wolltest."

„Schon gut, Fenton“, sagte Charles. „Ich verstehe, daß es euch hier nicht sonderlich gefällt.“ Er schraubte seinen Federhalter zu und legte ihn neben den Schreibblock. „Ich wollte euch beide nur um einen Gefallen bitten.“ Er zog ein paar sauber adressierte Briefumschläge aus einem kleinen Stapel von Briefen, der vor ihm auf dem Tisch lag. „Ich habe schon einmal zwei ausführliche Briefe geschrieben, einen an meinen Vater, den anderen an William, der im Charing-Cross-Hospital liegt. Beide kamen ungeöffnet zurück. Ich werde an William kein zweites Mal schreiben. Er kann meine Tat weder verstehen noch verzeihen; dazu ist er noch zu jung. An meinen Vater habe ich hier einen zweiten, kürzeren Brief geschrieben und zu erklären versucht, warum ich so handeln mußte. Martin, ich wollte dich bitten, ihm das Schreiben persönlich zu übergeben. Vielleicht nimmt er es dir ab. Der andere Brief ist an Lydia gerichtet – eine Bitte um Verzeihung für ... für vieles; aber ich will euch nicht mit meinen Privatangelegenheiten langweilen. Und nun zu dir, Fenton. Dich muß ich um einen sehr großen Gefallen bitten ...“

„Du weißt, daß du dich auf mich verlassen kannst, Charles.“

Charles begann, mit seinem Federhalter zu spielen. „Ich bin ohne ein Gerichtsverfahren eingewiesen worden. Williams Bataillonsarzt hatte mich kurzerhand für geistesgestört erklärt und hier einliefern lassen. Und nun soll ich als geheilt, aber dienstuntauglich entlassen und zur langfristigen Erholung geschickt werden, eine Patentlösung, über die das Kriegsministerium sehr glücklich ist. Ebensowenig wie mein Vater wollen sie wissen, warum ich auf William geschossen habe. Ein Akt vorübergehender geistiger Umnachtung – schon vergeben und vergessen.“

Fenton beugte sich vor und stützte die Ellbogen auf den Tisch. „Ich glaube nicht an diese geistige Umnachtung; niemand, der an der Front war, wird daran glauben. Du warst nur vollkommen erschöpft, Charles, und dir sind für einen kurzen Augenblick die Nerven durchgegangen. Das ist alles, und jetzt solltest du vernünftig sein, die Dienstuntauglichkeitserklärung annehmen und dich erholen.“

„Ruhe habe ich hier, weiß Gott, genug gehabt, Fenton. Was sich aber keineswegs beruhigt hat, ist mein Gewissen. Vielleicht habe ich nach den Schüssen auf William wirklich wie ein Verrückter ausgesehen, aber ich wußte in jedem Augenblick, warum ich die Tat verübt hatte. Es war ein wohlüberlegtes Vorgehen, und ich möchte, daß die Motive für meine Tat im Protokoll festgehalten werden.“

„In welchem Protokoll?“

„Im Protokoll, das die Grundlage für mein Kriegsgerichtsverfahren wegen der Verstümmelung eines Offiziers bilden soll."

Fenton starrte Charles mit weit aufgerissenen Augen an, und Martin tippte nervös mit dem Gehstock auf den Fußboden. Im nächsten Augenblick baute sich ein hochgewachsener rotwangiger Mann mit einem zerzausten Schnauzbart vor Charles auf. Er bohrte die Fäuste in die Taschen seines Morgenrocks und brüllte: „Randall! Blasen Sie der Artillerie den Marsch! Diese Idioten schießen fünfzig Meter zu kurz und ballern in unsere eigenen Leute. Machen den ganzen Sturmangriff zur Sau!"

„Wird sofort erledigt, Herr Oberst", sagte Charles müde.

„Das will ich auch hoffen. Verdammte Hornochsen!"

„Das ist hier Alltag", sagte Charles, als der offenbar beruhigte Patient weitergegangen war. „Ein junger Mann in meinem Zimmer steckt fast den ganzen Tag den Kopf unter die Bettdecke. Er glaubt, im Unterstand zu sitzen, und will erst herauskommen, wenn das Schießen aufhört. Er ist kaum älter als William. Willie hätte allerdings keinen Nervenzusammenbruch bekommen. Der wäre wie der Blitz aus dem Graben geschossen, hätte unseren Drahtverhau glatt geschafft und wäre noch zehn, fünfzehn Meter weit gekommen ... und gestorben, völlig sinnlos gestorben ... genau wie Roger."

Fenton fuhr mit der Zunge über die trockenen Lippen und packte Charles am Handgelenk. „Das mußt du alles Martin erzählen, Charles, alles, was dir durch den Kopf gegangen ist, ehe du abgedrückt hast. Und auch alles, was an der Somme passiert ist, das ganze Grauen des Grabenkrieges. Er schickt den Bericht nach Amerika, und die Zeitungen werden ihn drucken. Das genügt vollkommen; das ist viel wirksamer als ein Protokoll. Und das Kriegsgerichtsverfahren gegen dich selbst solltest du gar nicht erst beantragen; es wird doch nicht genehmigt."

Charles schüttelte hartnäckig den Kopf. „Das wäre aber der falsche Weg, Fenton. Erstens werden sich nur wenige Zeitungen finden, die so etwas drucken – das wäre ja Defätismus, verstehst du? –, und zweitens ist jeder Zeitungsartikel doch schon nach kurzer Zeit vergessen; Schnee vom letzten Jahr, ein Papierfetzen, der im Rinnstein verschimmelt. Ich verlange wenigstens eine Anhörung. Die Anhörung wird zeigen, ob mein Antrag auf ein Kriegsgerichtsverfahren gerechtfertigt ist. Und auf jeden Fall würde mein Bericht – das Protokoll – in einer Kopie im Kriegsministerium als Akte Nummer soundsoviel erscheinen."

Fenton saß jetzt steif aufgerichtet Charles gegenüber. „Das ist doch unmöglich, Charles", sagte er eindringlich. „Kein Mensch kann gegen sich selbst ein Kriegsgerichtsverfahren beantragen."

„Natürlich nicht. Deswegen sollst du es ja tun. Theoretisch warst du zum Tatzeitpunkt einer meiner Vorgesetzten. Das Windsor-Bataillon gehört schließlich zu deinem Regiment."

„Großer Gott! Du verlangst reichlich viel von mir!" Fenton war aufgesprungen und hatte seinen Stuhl heftig zurückgeschoben.

„Das weiß ich, Fenton."

„Als Soldat sollte ich dein Ansinnen rundweg abschlagen. Als dein Freund und weil dein Seelenfrieden davon abhängt, werde ich den Antrag stellen. Aber mach dir keine Illusionen: Nichts wird dabei herauskommen. Das Ganze bleibt eine hohle Geste, über die niemand glücklich ist."

„Vielen Dank", sagte Charles, „ich wußte, daß ich mich auf dich verlassen kann."

WÄHREND der Rückfahrt nach London brütete Fenton dumpf vor sich hin. „Du hattest gar keine andere Wahl", sagte Martin schließlich. „Hättest du seine Bitte abgeschlagen ..."

„... mußte ich damit rechnen, daß er sich umbringt. Natürlich hat dieser Gedanke meine Entscheidung beeinflußt."

„Und was nun?"

Fentons Finger trommelten nervös auf dem schmalen Fenstersims. Er starrte sein verschwommenes Spiegelbild in der regennassen Scheibe an. „Ich werde meinen Antrag auf den Amtsweg schicken, und es wird wahrscheinlich zu der von Charles gewünschten Anhörung kommen. Aber vorher werde ich etliche kollegiale Telefonanrufe aus Whitehall bekommen: Generäle, die mich bitten, meinen Schritt doch noch einmal in Ruhe zu überdenken. Ich muß dann ihren Argumenten entgegenhalten, daß jeder hinterhältige Angriff auf einen Offizier Seiner Majestät ein ehrenrühriger Akt ist. In der Anhörung bekommt Charles dann Gelegenheit, seine Tat so ausführlich zu erläutern, wie er es sich wünscht. Der Ausschuß wird sich ein, zwei Augenblicke lang beraten und verkünden, daß meinem Antrag nicht stattgegeben werden kann. Grund: der geistige Zustand des Beschuldigten. Charles muß ins Hospital zurückkehren und wird ohne Aufhebens aus dem Militärdienst entlassen. Reine Zeitverschwendung für alle Betroffenen."

„Charles sucht seinen Seelenfrieden. Und wenn er ihn in dieser

Anhörung findet, war die Zeit eben nicht für alle Betroffenen vertan."

„Du magst recht haben."

„Bitte, laß mich wissen, wie die Sache ausgegangen ist: Postlagernd AP, Rue Chambord, Paris. Ich fahre morgen nach Frankreich zurück."

DIE Reise nach Wales hatte an seinen Nerven gezehrt, und die Beantragung des Kriegsgerichtsverfahrens gegen Charles Amberley war nicht weniger aufreibend gewesen. Beides lag nun hinter Fenton, der mit Winifred in seinem Elternhaus in Suffolk Urlaub machte. Es war so tröstlich, neben ihr im Bett zu liegen und ihren mächtig gewölbten Leib zu streicheln.

„Mein Gott, das wird ja ein Elefantenbaby", sagte er.

„Zwillinge", sagte Winifred ruhig. „Ich spüre ganz deutlich die Bewegungen von zwei Babys."

„Kluges Mädchen", flüsterte er und küßte sie.

„Wünschst du dir Söhne?" fragte sie.

„Ich wünsche mir Kinder – Söhne oder Töchter; ich lasse mich von dir überraschen."

Sie hielten einander fest in den Armen, während die Märzwinde über den Fluß strichen und an den Fensterflügeln rüttelten.

„Du hast noch kein Wort über Charles gesagt, Fenton."

„Da gibt es nicht viel zu sagen: eine traurige Gestalt an einem traurigen Ort; eines der vierhunderttausend Opfer der Somme."

Er erzählte ihr nichts von seinem Antrag auf ein Kriegsgerichtsverfahren und nichts von Charles' Selbstmorddrohungen. Winifred hatte wegen ihrer Schwangerschaft schon genug Sorgen.

„Fährt Lydia oft nach Wales?"

„Er empfängt sie nicht; nicht einmal seine Mutter. Außer dem Krieg gibt es für ihn kein Gesprächsthema."

Auch wenn Fenton über den Krieg kein Wort mehr verlieren wollte, konnte er diesem Thema nicht entkommen. Bereits am nächsten Morgen rief ein Brigadegeneral Tynan aus London an. „Ich möchte mit Ihnen über Ihren Antrag auf ein Kriegsgerichtsverfahren gegen Lord Amberley reden. Eine heikle Angelegenheit; wußten Sie das nicht? Es wäre besser, den Antrag zurückzuziehen."

„Das kann ich nicht, Sir."

„Wie? Das können Sie nicht? So überlegen Sie doch: Amberley, Sohn eines Oberhausmitgliedes und dergleichen mehr..."

„Verzeihung, Sir, dann muß ich auf einer Anhörung bestehen."

„Wie Sie wünschen. Persönlich kann ich Ihren Schritt nicht gutheißen, aber ich will Ihre Rechte als Vorgesetzter dieses unseligen jungen Mannes nicht beschneiden. Die Anhörung kann nächsten Donnerstag in Llandinam stattfinden."

„Und sorgen Sie bitte für die Anwesenheit eines Stenographen."

„Wir sind durchaus in der Lage, eine formal einwandfreie Anhörung durchzuführen", sagte der General spitz. „Guten Morgen, Sir."

Jacob Golden verließ seine Wohnung in der Rue Pigalle mit einem Reisekoffer in der Hand. Die Fahrt bis zu Martins Haus legte er in einem Taxi zurück. Der Chauffeur schimpfte wegen der langen Strecke, doch Jacob fischte aus der Manteltasche ein paar Geldstücke und zahlte im voraus den doppelten Fahrpreis. Geld war noch kein Problem für ihn; das würde sich erst ändern, sobald er seine eigene Zeitung herausgab. Doch wozu schon jetzt jammern! Er ließ sich behaglich in die Polster sinken und schaute hinaus in die vorbeihuschenden Winterwälder.

Martin war gleichermaßen überrascht und erfreut, als Jacob unangemeldet hereinschneite. Er versuchte, vom Sofa aufzustehen, doch Jacob drückte ihn in die Kissen nieder.

„Um Gottes willen, du wirst doch nicht meinetwegen aufstehen!" rief er. „Sag mir bloß, wo der Champagner steht."

„In der Speisekammer."

„Fein, dann werden wir heute ein, zwei Flaschen das Genick brechen." Jacob legte den Mantel ab und zog sich einen Stuhl an das Sofa heran.

Martin musterte den Freund von Kopf bis Fuß. „Wieso bist du in Zivil?" fragte er.

„Ich bin aus der Armee ausgeschieden."

„Das ist möglich? Als Offizier . . . und mitten im Krieg?"

„Nach und nach verstopfen sie alle Schlupflöcher, aber mir ist es gelungen, sie noch einmal beim Wort zu nehmen: Offiziere dienen König und Vaterland auf freiwilliger Basis, aus Überzeugung. Und das System funktioniert, weil ein Offizier und Gentleman nicht im Traum daran denken würde, um seine Entlassung zu bitten. Nun ja, ich habe eben daran gedacht und mich, ebenfalls aus Überzeugung, als Kriegsgegner registrieren lassen. Die Gesetze dazu haben sie ja selbst gemacht. Allerdings bin ich jetzt hierher getürmt, damit sie mich nicht ersatzweise zum Arbeitsdienst auf irgendeine Zuckerrübenfarm in Suffolk schicken können."

„Ich wußte gar nicht, daß du dich von moralischen oder religiösen Beweggründen leiten läßt."

„Tue ich auch nicht. Aber ich habe starke und wohlüberlegte Einwände gegen diesen Krieg. Ich glaube, hier wird der Menschheit ein sehr übler Scherz gespielt. Es ist ein grandioser Betrug an uns allen. Und dagegen wehre ich mich. Ich gründe eine Zeitung, die das Kind beim Namen nennen wird."

Martin pfiff durch die Zähne. „Daraus wird nichts. Bisher haben sie noch jedes pazifistische Blatt nach kurzer Zeit verboten. Das ist in Frankreich so und in England nicht anders. Denk noch einmal darüber nach, Jacob."

„Das habe ich schon tausendmal getan, und ich bleibe dabei. Wenn ich erreiche, daß nur ein einziger Mensch nicht mehr „Rule Britannia" oder die Marseillaise schmettert, wenn Frontnachrichten verlesen werden, wenn nur ein paar Leute über den Krieg nachzudenken beginnen, dann hat es sich schon gelohnt, und ich will gern dafür ins Kittchen gehen."

Zwei Tage lang hockte Jacob noch unschlüssig und mit düsterer Miene im Hause herum. Am dritten Tag kam ein junger Mann namens Danny auf seinem verbeulten Motorrad nach Saint-Germain-en-Laye herausgeknattert. Der aufgeweckte junge New Yorker machte Botendienste für das Pariser AP-Büro und hatte ein dickes Paket und einige Briefe für Martin mitgebracht. „Von einem Tommy, Mister Rilke; im Auftrag eines Oberst Wood-Lacy. Ich darf es nur Ihnen selbst aushändigen."

„Danke, Danny. Irgendwelche Neuigkeiten aus dem Fernschreiber?"

„O ja, Mister Rilke. Deutsche U-Boote haben wieder ein amerikanisches Schiff versenkt, und der Kongreß ist bald reif für den Kriegseintritt. McGraw sagt voraus, daß die amerikanischen Streitkräfte noch dieses Jahr zu den Fahnen eilen werden."

„Hätte ich McGraw gar nicht zugetraut. Offenbar ist in der Welt doch noch ein bißchen Verstand übriggeblieben."

An dem braunen Packpapier des Pakets war ein Brief von Fenton befestigt. Er schrieb:

Lieber Martin,
ich habe mir eine Kopie des Protokolls beschaffen können, das bei Charles' Anhörungsverfahren angefertigt wurde. Das Schriftstück enthält seine unter Qualen gewonnenen, zutiefst beeindruckenden

Erkenntnisse über den Krieg. Es verdient ein besseres Schicksal, als in den Aktenschränken von Whitehall zu verschwinden. Ich habe zwar keine Vorstellung, was Du mit den Aufzeichnungen anfangen könntest, aber auf jeden Fall sollst Du sie haben.

Die Verhandlung verlief, wie ich es vorausgesehen habe: Charles hat über zwei Stunden vor drei ungerührten Whitehall-Kriegern geredet, deren Entscheidung schon vorher feststand. Ergebnis: kein Kriegsgerichtsverfahren; Charles hat im Hospital zu verbleiben.

Alles Gute, Fenton

„Was ist das?" fragte Jacob und schaute Martin über die Schulter. „Die Kopie einer Prozeßakte . . .?"

„Ich möchte es fast eine Anklageschrift nennen. Charles Amberley hat bei einem Heimaturlaub auf seinen Bruder geschossen."

„Großer Gott! Warum denn?"

Martin tippte auf die Protokollblätter, die er bereits gelesen hatte. „Hier drin steht es. Lies selbst!"

Jacob schob sich einen Stuhl an Martins Schreibtisch. Schon Charles' einleitende Worte faszinierten ihn mehr als alles, was er bisher über den Krieg gelesen hatte:

„Ich bin voll hoher Ideale in den Krieg gezogen, im festen Glauben an die Berechtigung meiner patriotischen Gefühle . . ."

Sie lasen das Dokument mehrere Male hintereinander. Martin lag dabei auf dem Sofa, während Jacob mit den Blättern in der Hand auf und ab marschierte.

„Fenton war sehr mutig, das Verfahren zu beantragen", sagte Jacob. „Ich verstehe schon, warum sich Whitehall dagegen sträubte. Was Charles sagt, ist doch ein glattes Verdammungsurteil aller für den Krieg Verantwortlichen."

„Aber ich kann die Papiere nicht hier veröffentlichen; Charles geht allzusehr mit dem Oberkommando ins Gericht. Er gibt ihm die Schuld daran, daß die Somme-Schlacht in einen reinen Zermürbungskrieg ausgeartet ist. Und in den Staaten fände ich auch keinen Abnehmer. Dort sind sie gerade erst vom Kriegsfieber gepackt, und kein Verleger möchte seinen Lesern eine kalte Dusche verpassen."

Jacob rannte immer aufgeregter im Zimmer auf und ab. „Und warum, um alles in der Welt, bringen wir den Bericht nicht selbst heraus? Tausend Exemplare oder auch mehr, ordentlich gedruckt und gebunden? Und dann verschicken wir sie an sämtliche Parlamentsmitglieder und Geistliche, überhaupt an alle denkenden Menschen."

„Bist du an der Brandyflasche gewesen?"

„Nein, aber ich bin berauscht ... berauscht von meiner Idee! Es kommt mir vor, als ob man einen schmutzigen, dunklen Winkel plötzlich mit einer hellen Lampe ausleuchtet. Stell dir vor, ein mutiges Parlamentsmitglied steht mit dem Buch in der Hand mitten in einer Sitzung auf und schreit: ‚Was geht, um Gottes willen, dort drüben in Frankreich vor? Wir brauchen neue Generäle, die nicht schon vom Kinn an aufwärts total verkalkt sind!'"

Martin starrte noch immer an die Decke. „Und wo willst du den Bericht drucken lassen?"

„Hier nicht; dann könnte ich tatsächlich bald französische Gefängnisse von innen kennenlernen. Aber in England geht es."

„Wieso?"

„Mein Onkel Ben druckt fremdsprachige Bücher in seiner kleinen Druckerei in Whitechapel. Habe noch heute den Geruch von Druckerschwärze in der Nase."

„Aber es ist gefährlich für dich, nach England zurückzufahren."

„Schlimmstenfalls stellen sie mich vor die Wahl, wieder in die Armee einzutreten oder in ein Straflager zu gehen. Das Risiko ist mir die Sache wert; Fenton hat mehr aufs Spiel gesetzt. Wie hart werden sie es den Ärmsten büßen lassen?"

Martin setzte sich schwungvoll auf, beugte sich über das Tischchen, raffte die verstreut liegenden Blätter zusammen und sagte ohne jede weitere Erklärung: „Hätte sich Fenton vor den Auswirkungen seines Tuns gefürchtet, wären diese Blätter nie in meine Hände gelangt. Auf, Jacob! Wir erreichen den Nachtzug nach Le Havre noch!"

Beobachtungen und Gedanken. London, 25. März 1917. Ich liebe die Arbeit in der Druckerei, sie ist ungeheuer befriedigend. Kann an meine ersten Druckversuche anknüpfen, als wir mit der 10-Punkt-Baskerville-Schrift den mickrigen Jahresbericht unseres Lincoln-Gymnasiums in Chicago produzierten. Und jetzt liegt das erste Exemplar des schmalen Pappbändchens vor mir auf dem Tisch. Wir haben viel Mühe und Arbeit darauf verwendet. Die Titelseite lautet:

NACH DER SOMME-SCHLACHT
Eine Untersuchung über die Nützlichkeit der Anhörung des Majors
Vicomte Amberley
II. königl. Windsor-Füsilierbataillon
durchgeführt im Militärhospital zu Llandinam
Mit einer Einleitung von Martin Rilke, Associated Press

Wenn Gott will, werde ich eines Tages Enkelkinder haben, und sie fragen sich vielleicht, warum der Großvater damals das Risiko eingegangen ist, seinen Namen unter das Dokument zu setzen: Jacob hat den Anstoß dazu gegeben. Ihm lag daran, daß sich jemand in diesem Buch für die Wahrheit verbürgt, und so schrieb ich die Einleitung. Ich erzählte, wie ich den Krieg bisher aus meiner Sicht erlebt hatte und daß es sich um die Geschichte meines Vetters handelte, der ebensogut der Vetter, Bruder oder Sohn des Lesers sein könnte.

28. März, Hyde Park. Ivy hat über Nacht Urlaub vom All-Souls-Hospital bekommen, und Jacob hat sich diskret in ein Hotelzimmer zurückgezogen. Ivy war neugierig; wollte wissen, was wir plötzlich in London zu tun hätten. Ich habe ihr das Buch gegeben. Sie kennt das ja alles: die Selbstverstümmelungen oder die Erleichterung eines eben noch gesunden, kräftigen Mannes, der endlich mit einem zerschmetterten Bein oder Arm ins Hinterland gebracht wird. Sie sagte gar nichts, obwohl sie weiß, daß wir Schwierigkeiten bekommen können, wenn wir das Buch erst unter die Leute bringen. Vielleicht nehmen sie mir mein englisches Visum und die Aufenthaltsgenehmigung für Frankreich weg. Man ist ja allerorts sehr empfindlich geworden. Die Engländer haben schon über siebenhunderttausend Mann verloren, die Franzosen noch mehr. Und die Amerikaner sind auf dem Sprung, sich blindlings in den Krieg zu stürzen. Ein schlechtgewählter Zeitpunkt, die Gleichgültigkeit anzuklagen, mit der wieder Hunderttausende auf die Schlachtbank geführt werden sollen.

Meine Ivy ist tapfer. Sie drückt es so aus: „Ich habe meinen Beruf, und du hast deinen Beruf; wir tun beide, was unsere Pflicht ist." Echt Norfolk: so schlicht und vernünftig. Vielleicht wird sie bald wieder in einem Lazarettzug eingesetzt. Ich gebe ihr vorsichtshalber den Schlüssel zum Rilkeschen „Herrenhaus" bei Paris. Könnte ja sein, daß mich AP nach Timbuktu abschiebt...

Harold Davidson, liberaler Abgeordneter für Coventry, öffnete das Buch beim Frühstück, und er las es während der Unterhausdebatte über die Erweiterung des Eisenbahnnetzes zu Ende. Als vielbeschäftigter Parlamentarier konnte er es nur überfliegen, aber selbst die oberflächliche Lektüre genügte, um sein bereits schwelendes Mißtrauen gegen General Sir Douglas Haig kräftig zu verstärken. Er nutzte eine Pause in der ziemlich unbefriedigend verlaufenden

Eisenbahn-Debatte, um eine donnernde Anklagerede gegen Haigs Versäumnisse bei der Somme-Offensive loszulassen.

„Mir liegt ein Buch vor...“, so begann seine fünfunddreißig Minuten dauernde Rede, aber leider hatten sich die Sitzbänke inzwischen fast vollkommen geleert.

David Langham ließ sich nach der üblichen Nachmittagsbesprechung beim Premierminister in die Bristol Street fahren. Lydia mixte ihm einen Gin mit französischem Wermut und setzte sich neben ihn aufs Sofa.

„Charles' Buch hast du sicher auch schon bekommen“, sagte sie. „Wolltest du mir etwa ein Exemplar bringen?“

„Ja. Möchtest du es lesen?“

„Nicht, wenn es sich vermeiden läßt. Seit heute früh steht das Telefon nicht mehr still. Einfach jeder will mir etwas dazu sagen.“

Seine Hand fuhr flüchtig über ihre Wange. „Du siehst erschöpft aus ... und sehr schön. Am Montag fahre ich nach Paris. Privatgespräch mit Georges Clemenceau. Wir könnten uns danach im ‚Crillon‘ treffen. Sagen wir: Donnerstag.“

„Eine gute Idee“, sagte Lydia. „London geht mir auf die Nerven.“

Generalleutnant Sir Julian Wood-Lacy stapfte in seinem winzigen Büro in Whitehall erregt auf und ab und versetzte seinen gestiefelten Beinen immer wieder Hiebe mit dem Spazierstöckchen. „Ich kann gar nicht ausdrücken, wie unangenehm mir diese Affäre ist, Fenton“, schnaubte er wütend.

„Das verstehe ich vollkommen, Sir.“

„Ich zermartere mir das Hirn und finde einfach keine Erklärung dafür, warum du dieses idiotische Kriegsgerichtsverfahren beantragt hast. Na schön, was geschehen ist, ist geschehen. Aber ich wüßte doch gern, wie dieser Zeitungsschmierfink an das Protokoll gelangt ist.“

„Ich habe es ihm gegeben, Sir.“

Der alte General nickte. Er sah dabei fast melancholisch aus. „Habe immer gesagt, dein Onkel würde dir für eine Lüge eigenhändig den Hintern versohlen. Das habe ich nun davon: Deine Wahrheiten tun verdammt weh.“

„Und was geschieht jetzt?“ fragte Fenton. „Wird gegen mich ein Verfahren eröffnet?“

„Großer Gott, nein! Das fehlte noch! Aber eines steht fest: Deine Karriere wird unter dieser Affäre leiden.“

Jacob Golden schleppte den schweren Pappkarton durch die Straßen von Whitechapel. Dann bestieg er einen Bus zum Charing-Cross-Bahnhof. Er setzte sich auf das Oberdeck und genoß Wind und Sonnenschein. Den schweren Karton hatte er auf dem Nebensitz abgestellt. An der Strand herrschte starker Verkehr, denn auf dem Trafalgar Square war eine Werbeaktion für die neueste Kriegsanleihe im Gang. Jacob stieg aus dem Bus und bahnte sich einen Weg durch das Gedränge. Er folgte den Trommelwirbeln und schrillen Pfeifentönen, mit denen der Musikzug der Londoner Schützenbrigade die Menschen in Scharen anlockte. Die Sonnenstrahlen blitzten von den blanken Pfeifen und dem Stock des Tambourmajors, und als die „British Grenadiers" erklangen, brach das Publikum in Beifallsgeschrei aus. Winzige britische Fähnchen wurden zu Tausenden im Rhythmus des Marsches geschwenkt. Vor dem Podium der Kapelle waren in einem weiten Geviert Artilleriegeschütze aufgefahren, und an jedem hing eine Karte, auf der dem Steuerzahler mitgeteilt wurde, wie viele Pfund, Shilling und Pence er aufbringen müßte, damit noch mehr davon produziert werden könnten.

„Zeichnet die neue Kriegsanleihe!" brüllte eine Stimme aus dem Lautsprecher. „Dein König und dein Vaterland brauchen dich!"

Jacob lehnte an einem hohen, olivgrün gestrichenen Eisenrad; das Rohr der Haubitze ragte drohend über seinem Kopf. Mit einem kräftigen Schwung stemmte er den schweren Karton auf das Trittbrett am oberen Rand des Rades. Dann kletterte er selbst blitzschnell über die Radspeichen hinauf auf das Haubitzenrohr und setzte sich rittlings auf das Verschlußstück.

„He! Was soll das? Runter da!" brüllte ein Feldwebel. Doch Jacob hatte schon den Karton gepackt und drückte ihn fest an sich. Der Soldat versuchte, ihn herunterzuzerren, aber Jacob robbte mit affenartiger Geschicklichkeit bis zur Rohrmündung vor. Dann langte er in den Karton und warf die Bücher, Stück für Stück, ins Publikum. Ein halbes Dutzend Polizisten kämpfte sich rücksichtslos durch die Menschenmenge bis zur Haubitze vor. Inzwischen war der Karton längst leer, und Jacob wartete seelenruhig darauf, daß ihn die Gesetzeshüter verhafteten.

Der Anruf überraschte Martin nicht. Er hatte sich schon vor einer halben Stunde mit Bradshaw, dem Leiter des Londoner AP-Büros, am Telefon auseinandersetzen müssen.

„Martin Rilke?"

„Am Apparat."

„Hier spricht Davengarth vom Informationsministerium. Sie haben einen schönen Wirbel verursacht. Hätten Sie sich doch nur die Mühe gemacht, das Buch vorher von der Zensur genehmigen zu lassen. Jetzt ist es leider zu spät, Mr. Rilke. Es tut mir leid. Ihr Mister Bradshaw hat mir übrigens schon heute früh mitgeteilt, daß Sie nach Hause beordert worden sind. Zurück nach Amerika ... oder wie soll ich das verstehen?"

„Richtig; nach New York."

„Dann *bon voyage*, Mister Rilke. Wir würden Sie gern einmal in England wiedersehen. Vielleicht nach dem Krieg ..."

„Ja", sagte Martin, als er schon eingehängt hatte, „nach dem Krieg."

Er ließ sich von einem Taxi ins All-Souls-Hospital fahren. Noch nie war ihm das Gebäude so riesig vorgekommen; noch nie hatte er das Menschengewimmel in den Sälen und Gängen als so beängstigend empfunden. Wenn er nun Ivy gar nicht fand? Seine Panik verflog gleich wieder, und er ging zielbewußt zum Saal der Mehrfachamputierten – Ivys Saal. Sie war doch seine Frau, und er wollte, daß sie mit ihm nach Amerika käme, aber er wußte auch, daß es ein unerfüllbarer Wunsch war.

Sie konnten nicht einmal mehr richtig miteinander reden, als sie, die Hände ineinander verkrampft, zwischen den endlosen Bettenreihen Abschied nahmen. Die verstümmelten Männer standen unter dem Einfluß starker Betäubungsmittel und starrten das seltsame Paar aus glasigen Augen an. Er küßte Ivy auf die Wange, während die Oberschwester ungeduldig nach ihr rief.

Noch im Taxi spürte er Ivys zarte Haut auf den Lippen. Der Fahrer versuchte, sich im Irrgarten der Haupt- und Nebenstraßen auf dem schnellsten Weg zum Waterloo-Bahnhof durchzuschlagen, doch plötzlich blockierte eine riesige Menschenmenge, die vom Trafalgar Square fortströmte, die Fahrbahn.

„Tut mir leid, Sir", sagte der Fahrer, „wir müssen warten, aber Ihren Zug erreichen Sie trotzdem noch."

Martin war es im Grunde gleichgültig, ob er den Zug erreichte oder verpaßte. „Nach Hause" hatte der Mann vom Informationsministerium gesagt. Ein schlechter Witz: Martin fühlte sich längst hier zu Hause, und jetzt war er auf dem Weg in ein fremdes Land, ins Ausland. Er saß wie erstarrt auf dem Rücksitz des Taxis, blind für alles, was sich dort draußen abspielte. Er sah weder die Menschenmenge noch die Kanonen, die vorsichtig abtransportiert wurden; er sah erst recht nicht, daß die Kanonenräder viele kleine in Pappe gebundene Bücher zermahlten und der Wind die Fetzen über den Platz trieb – wie Herbstlaub, unbemerkt, unbeachtet.

Epilog

Beobachtungen und Gedanken. Hazebrouck, 11. November 1920. Man hat, weiß Gott, lange genug gewissenhafte Seelenerforschung betrieben, ehe man sich *dazu* entschloß. Nun ist es geschehen, und die Geschichte wird auch über diesen Akt ihr Urteil fällen. Gut, daß man noch den zweiten Jahrestag abgewartet hat. Vor einem Jahr – das wäre zu früh gewesen: die Armee kaum demobilisiert, der Kriegsschock noch viel zu stark, als daß man ruhig und besonnen über die Ereignisse der letzten vier Jahre nachzudenken vermochte.

Doch, wie gesagt, nun ist es geschehen. Vor zwei Tagen standen hier in einer Hütte in Flandern nebeneinander aufgereiht die schlichten Holzsärge mit den Überresten von sechs namenlosen gefallenen Engländern. Man hatte sie aus dem endlos weiten Gräberfeld ausgewählt, das sich von Ypern bis zur Marne erstreckt. Ein britischer Offizier wurde mit verbundenen Augen in die Hütte geführt. Den Sarg, den er zuerst berührte, transportierte man später nach Boulogne. Dort wurde er in einen riesigen eichenen Sarkophag eingeschlossen, und auf dem Deckel befestigte man eine Plakette mit der Inschrift:

Ein britischer Krieger
der im großen Krieg von 1914–1918
für König und Vaterland gefallen ist

Ein Krieger also, den nur Gott allein kennt. Heute, am zweiten Jahrestag des Waffenstillstands, wird sein geschundener Körper durch die Straßen Londons zur Westminster Abbey geleitet, und die Lafette ziehen Admiräle, Feldmarschälle und des toten Mannes König.

AP wollte mich zur offiziellen Berichterstattung nach London schicken, aber ich bin lieber diesseits des Kanals geblieben, um Material für eine persönliche Totenklage zu sammeln.

Impressionen. Lastwagenkolonne auf der Straße nach Albert; alle Autos beladen mit Ziegelsteinen, Kies und Zementsäcken. Ihr Ziel: ein Ödland, eine Mondlandschaft voller Krater und eingestürzter Schützengräben. Bergungstrupps räumen unzählige Kilometer von Stacheldraht fort, und Feuerwerker zünden oder entschärfen Munition und Blindgänger.

Die Baumstümpfe sind schon gerodet und durch Jungpflanzen ersetzt; die Zeit wird vergehen, und auf den verwüsteten Hügeln wird es wieder Wälder mit schattigen Pfaden geben, und über den Flecken aus rotem Ziegelstaub, dort, wo ganze Dörfer dem Erdboden gleichgemacht wurden, werden sich neue Bauernhäuser erheben. Wie gering mir die Entfernungen heute vorkommen – und wie groß waren sie damals! Jeder Pfad schon konnte ein Weg in die Ewigkeit sein. So ein winziges Stück Erde nur, und hat doch das Leben so vieler Menschen furchtbar verändert.

Seltsam, dieser tiefe Friede um mich herum. Nein, hier finde ich keinen Stoff mehr für künftige Bücher. Das schreckliche Unwetter ist abgezogen. Und Jacob ist ihm gefolgt: Sonderberichterstatter für eine Agentur des Völkerbundes. Er beobachtet politische Entwicklungen in den jungen Staaten, die man aus den alten Staaten herausgeschnitten hat. Ist ständig unterwegs zwischen Westeuropa und Sibirien, um zu registrieren, „wie überall neuer Haß wächst" – so drückt er es jedenfalls aus.

Der alte Freundeskreis ist in alle Winde zerstoben. Ich kann es kaum glauben: Alexandra lebt in Kanada. Ist Schwester in einer Klinik für Kriegsversehrte und einem Arzt verbunden, mit dem sie verheiratet oder auch nicht verheiratet ist. Alexandra, die ich mir doch nur in Abington oder im Park-Lane-Haus vorstellen kann! Aber das Schloß ist verkauft. Nichts ist mehr, wie es einstmals war.

Fenton soll im Irak stationiert werden. Er bekommt nur noch unbeliebte Posten, und die Armee wäre froh, wenn er seinen Abschied nähme. Aber er sagt, dazu sei es zu spät. Immerhin geben sie ihm ein Bataillon, und er hat ja auch noch Winifred und die Zwillinge.

Lydia ist in Paris. Offenbar war es David Langham, der sie überredet hat, dort ein Haus zu kaufen. So steht ihm während der nicht enden wollenden „Friedenskonferenz" in Versailles ein privates Refugium zur Verfügung. Man redet schon über die beiden. In der Nachkriegsgesellschaft ist Geld zwar ein begehrtes Gut, doch einflußreiche Stellungen werden noch höher veranschlagt.

Charles konnte nicht als geheilt entlassen werden. Er lebt noch immer in der Anstalt in Wales. Er sagt, er müsse dort bleiben und die Schatten hinten auf den Hügeln im Auge behalten; vielleicht kämen ja seine Männer doch noch zurück.

Doch Charles und auch die Toten, die aus Flandern nicht mehr heimkehren können, sind nicht vergessen. Ihre Friedhöfe mit den niedrigen Mauern, den Bäumen und Büschen erinnern an englische Gärten, und sie werden liebevoll von den Wärtern gepflegt. Diese Männer brauchen nur wenige Minuten, um für einen Besucher ein bestimmtes Grab ausfindig zu machen – ein Grab in den endlosen Reihen weißer Kreuze, die alle mit Namen beschriftet sind. Auf einem Kreuz steht: IVY THAXTON-RILKE. Unter dem Namen sind die Initialen der Königin-Alexandra-Schwesternschaft eingemeißelt und das Datum: 9. Oktober 1917.

Es gibt noch über einhunderttausend andere Kriegsgräber in Passchendaele, aber das ist kein Trost. Die Granate tötete sie zusammen mit zwanzig ihrer Pfleglinge. Alle einundzwanzig Gräber liegen in einem abgesonderten Eckchen des Friedhofs; dafür hat Alex gesorgt.

Ein Grab in Flandern. Weit fort von den fremden Städten, die sie so gern kennengelernt hätte; vor allem Chicago, Illinois, Eisenbahnknotenpunkt und Viehmärkte . . .

Nein, die pompöse Zeremonie, die in dieser Stunde in der Westminster Abbey stattfindet, hätte ich nicht ertragen. Ich wollte bei ihr bleiben, auf dieser Seite des Kanals.

Ein stilles Fleckchen Erde. Nichts als der Wind und eine Amsel, die sich in den Zweigen einer Zypresse wiegt. Und dann, um elf Uhr, von weit her das Läuten einer Totenglocke.

Phillip Rock

„Den ersten Anstoß zu dieser Familiensaga erhielt ich an einem 11. November", berichtet der Autor Phillip Rock. „Ich war damals noch ein Kind und ging an der Hand meines Vaters durch London. Da schlug es elf Uhr. Totenstille breitete sich aus. Am Jahrestag des Waffenstillstandes vom 11. November 1918 gedachte eine ganze Nation schweigend ihrer Toten. Diese trauererfüllte Minute verfolgte mich, bis ich erwachsen war, und dann begann ich, das Schicksal Großbritanniens im Ersten Weltkrieg aufzuzeichnen."

Phillip Rock kam 1934 mit seinen Eltern aus den Vereinigten Staaten nach England. Sein Vater, ein bekannter Filmproduzent, leitete ein Filmstudio in Elstree. Die Familie lebte in Stanmore, und Phillip ging auf ein Internat in Hertford. „Ich hatte eine typisch englische Kindheit", erzählt er lächelnd. „Im Kricket war ich einfach nicht zu schlagen – jedenfalls was meinen Eifer betraf."

Während des Zweiten Weltkrieges wurde der Junge und seine Schwester zu Verwandten nach Amerika geschickt. Seine Eltern, die amerikanischen Hilfsorganisationen beitraten, blieben in London – auch als während eines deutschen Luftangriffs ihre Wohnung zerstört wurde.

Nachdem Phillip Rock seinen Militärdienst in der US-Marine abgeleistet hatte, führte ihn der Wunsch, Schriftsteller zu werden, nach Hollywood, wo er schon bald sein erstes Drehbuch schrieb – und verkaufte. Seitdem ist der Name Phillip Rock ein Gütezeichen für gut recherchierte, spannende Romane, Kurzgeschichten und Drehbücher.

Auch heute noch lebt die Familie Rock in Hollywood. Phillip hat eine Engländerin aus Surrey geheiratet, der Grafschaft, in der ein Großteil seines Romans *Sturmwind der Zeit* spielt. Ihren Sohn zog es in das Heimatland seiner Mutter. Er ist zur Zeit in der britischen Filmindustrie tätig. Einsam ist das Ehepaar Rock aber trotzdem nicht. Ein Hund, eine Katze und eine Taubenschar sorgen in ihrem Heim stets für genügend Aufregung.

Die Dachse von Summercombe

EINE KURZFASSUNG
DES BUCHES VON
EWAN CLARKSON

INS DEUTSCHE ÜBERTRAGEN VON
ULLA H. DE HERRERA

ILLUSTRATIONEN
VON EDWARD MORTELMANS

Nachts, wenn in den menschlichen Behausungen die letzten Lichter verlöschen, wird es lebendig im Wald von Summercombe. Tief unter der Erde poltert es eigentümlich, und plötzlich tritt er ins silberne Mondlicht: Borun, der Dachs, Abkömmling des uralten, stolzen Dachsgeschlechts, Erbe der Festung von Summercombe.

Voller Abenteuer, Gefahren und wunderlicher Begegnungen ist das Leben von Meister Grimbart. Schon als Dachskind trifft ihn das Schicksal hart. Das unbekümmerte Tollen und Spielen endet für Borun jäh, als der Erzfeind aller Dachse, der Mensch, brutal in sein Leben eingreift.

Doch eine seltsame Bekanntschaft reißt Borun bald aus seiner Einsamkeit. Mit Vandal, der übermütigen Katze, die stets zu Späßen aufgelegt ist, streift der Dachs durch Feld und Flur, begegnet dabei einem Menschen, der es gut mit den Tieren des Waldes meint, trifft aber auch auf andere, die ihn am liebsten als geräucherten Schinken sähen.

Viel List, Geduld und Gewandtheit gehören dazu, alle Gefahren zu bestehen – und eine große Portion Glück, die das Schicksal an dem Tag für Borun bereithält, als sich sein Weg mit dem der hübschen Dächsin Handa kreuzt.

Tobar

Es regnete wieder. Tobar lag direkt hinter dem Höhleneingang unter dem Baum, lauschte dem gleichmäßigen Fall der Tropfen von den kahlen Ästen und hob schnüffelnd die Nase, als warmer, feuchter Wind vom Atlantischen Ozean herüberwehte. Irgendwo brachte eine Amsel diesem vermeintlichen Frühlingserwachen ein gutturales Ständchen, aber sie täuschte sich. Zwar waren die Februartage nun schon länger und die Sonnenstrahlen fühlbar wärmer, doch der Winter konnte immer noch zurückkehren, konnte das Land mit Frost überfallen und die Felder mit Schnee bedecken.

Vor zwei Tagen hatte sich Tobars Gefährtin Mela in einen abgeschiedenen Winkel der unterirdischen Dachsbehausung zurückgezogen und dort auf einem Lager aus trockenem Farn und welken Eichenblättern ihre Jungen zur Welt gebracht. Bis jetzt hatte Tobar die Freuden der Elternschaft noch nicht mit ihr teilen dürfen, aber das war für ihn nichts Neues, denn er war bejahrt und hatte seine Gefährtin schon viele Würfe aufziehen sehen.

Tobar war alt, und er war mager, denn die langen Wintermonate hatten ihm arg zugesetzt. Aber er wog immer noch über dreißig Pfund, und sein knapp ein Meter langer Körper, den eher Kraft als Behendigkeit auszeichnete, war durch die Mühsal des Winters in keiner Weise geschwächt.

Als jetzt das Tageslicht verlosch und die Amsel sich zur Ruhe begab, trat er, wachsam die Ohren gespitzt und schnuppernd, ins Freie. Nachdem er sich überzeugt hatte, daß alles in Ordnung war, machte er sich in munterem Trab auf den Weg durch den Wald hinunter ins Tal.

Auf halber Höhe des Hangs ging der Wald in einen Teppich aus kleinen Feldern über, den Gräben und dichte Hecken durchzogen. Tobar liebte es, in diesen Gräben nach Nahrung zu suchen. Er arbeitete sich langsam voran, und seine Rüsselnase spürte Regenwürmer auf, eine einsame Eichel, die die Tauben im vergangenen Herbst übersehen hatten, und hin und wieder die süßen Zwiebeln von blauen

Hyazinthen, aus denen bereits grüne Keime sprossen. Tobar holte sie mit seinen kräftigen Vorderfüßen aus der feuchten Erde und zerkaute sie mit lautstarkem Wohlbehagen, ehe er sich zu seinem eigentlichen Ziel, einem weiter unten gelegenen Feld, begab.

Im vergangenen Jahr hatte der Bauer dort Kartoffeln angebaut, und Tobar hatte eine Vorliebe für die schmackhaften Knollen entwickelt. Obwohl das Feld bereits abgeerntet und für das Auspflanzen der neuen Saat vorbereitet war, waren noch viele Kartoffeln, entweder an der Oberfläche oder nur knapp unter der Erde verborgen, zurückgeblieben.

Unglücklicherweise lag das Feld auf der anderen Seite einer Straße. Früher waren auf dieser Straße, abgesehen von den Fahrzeugen der einheimischen Bauern, kaum Autos unterwegs gewesen. Dann wurde ein paar Kilometer weiter nördlich eine neue Autobahn gebaut, und was einst eine ruhige Chaussee gewesen war, wurde zu einer Zufahrtsstraße, auf der der Verkehr fast unaufhörlich dahinströmte.

Tobar zögerte lange, ehe er die Straße überquerte. Der Motorenlärm verwirrte ihn, und das grelle Licht der Scheinwerfer war außerordentlich schmerzhaft für seine Augen, die an kaum etwas Helleres als das Halbdunkel des Waldes gewöhnt waren. Trotzdem ließ er von seinem Vorhaben nicht ab und lungerte wartend am Straßenrand herum. Als im Verkehrsfluß plötzlich eine Lücke entstand, konnte Tobar zwar das dumpfe Dröhnen eines schweren Lastwagens hören, der den Hügel heraufkeuchte, aber er schien noch weit entfernt zu sein. Als Tobar sich aufmachte, die Straße zu überqueren, sah er nicht, daß sich von der anderen Seite ein Sportwagen näherte.

Der Wagen kam mit rasender Geschwindigkeit um die Kurve geprescht, gerade als Tobar die Mitte der Straße erreicht hatte, und schien ihn mit den Strahlen seiner Scheinwerfer an den Boden zu nageln.

Instinktiv wandte sich Tobar von dem grellen Licht ab und lief die Straße hinunter, geradewegs auf den entgegenkommenden Lastwagen zu.

Für einen kurzen Augenblick war die Welt ein Meer von blendendem Licht, voll von dem dröhnenden Lärm des Dieselmotors. Er spürte einen schweren Schlag auf seinem Rücken, und dann umgab ihn nur noch tiefe, endlose Dunkelheit.

Die Erben von Summercombe

Fünfhundert Jahre vor Christi Geburt war eine Schar wilder, kriegerischer Menschen, die Waffen und Eisengeräte mitführte und Herden von Schafen, Ziegen und mageren Rindern vor sich hertrieb, aus dem Sumpfland von Somerset nach Norden in das Tal von Summercombe gezogen. Hier fanden sie gut entwässertes, fruchtbares Land, auf dem sie ihr Vieh weiden lassen und Getreide anbauen konnten. Über diesem freundlichen, sonnigen Tal ragten kahle, verwitterte Kalksteinfelsen empor, und dort, nahe einer Quelle, errichteten sie ihre Festung, ein massives Bauwerk aus Holz und Stein, von einer Mauer und einem Graben umgeben.

Drunten an den bewaldeten Hängen des Hügels, wo die Felsen so dicht an der Oberfläche lagen, daß ihre Spitzen hervortraten, gab es eine andere Feste, die schon Jahrhunderte vor dem Erscheinen der Menschen bestanden hatte und so alt war, daß ihr Ursprung sich in den ungeschriebenen Annalen der prähistorischen Zeit verloren hat: ein Labyrinth unterirdischer Gänge, von den Dachsen von Summercombe tief in den Berghang gegraben.

Die Menschen der Eisenzeit gehören längst der Vergangenheit an; von ihrer Existenz ist heute kaum noch eine Spur zu finden. Doch in der Festung unter der Erde ist das Leben geblieben, wie es war. Die Dachse haben an den alten Gewohnheiten festgehalten, an Gewohnheiten, die für sie stets nützlich waren und es immer noch sind.

Hier, tief in der Dunkelheit des Hügels, hegte Mela, die Dächsin, ihr einziges Junges. Sie hatte ursprünglich drei Junge zur Welt gebracht, aber eines war zu schwach gewesen, um Atem zu holen, und das zweite hatte einen Herzfehler und war in eine tiefe Bewußtlosigkeit gesunken, aus der es kein Erwachen gab. Sobald ihre Körper kalt geworden waren, hatte Mela sie gefressen und so ihre Überreste ebenso säuberlich beseitigt wie die Nachgeburten. Ohne die sanften, zitternden Bewegungen, die um Mutterliebe baten, bedeuteten die Jungen ihr nichts. Statt dessen konzentrierte sie sich auf ihr lebendes Kind.

Dieses dritte Junge, Borun, war bei seiner Geburt elf Zentimeter lang und wog fünfundachtzig Gramm. Sein dünnes Fell war schmutzig weiß, und die später so typischen schwarzen Streifen auf seinem Gesicht waren bisher nur schwach angedeutet. Er war blind und zahnlos und daher völlig von seiner Mutter abhängig, aber da ihm jetzt eine mehr als reichliche Nahrungszufuhr sicher war, hatte er gute Aussichten, ein außergewöhnlich kräftiger Dachs zu werden.

Während Mela seinen pummeligen, sich windenden Körper mit ihrer glatten rosa Zunge ableckte, wurde sie von einer wachsenden Unruhe ergriffen. Der Tag ging zur Neige, und sie war sicher, daß ihr Gefährte nicht zurückgekehrt war. Sie hätte den schnurrenden Begrüßungsruf hören müssen, den er jedesmal ertönen ließ, wenn er auf dem Weg zu seiner eigenen Behausung an der Kinderstube vorbeikam. Sein langes Ausbleiben war ihr unerklärlich. Kurz vor Einbruch der Dunkelheit ließ sie Borun, der in einen warmen, satten Schlummer versunken lag, zurück und schlüpfte hinaus.

Es war ein schöner Abend, aber ein kalter Nordwind fegte schwarze Wolkenfetzen über den Hügelkamm, und die Baumwipfel stöhnten und ächzten. Mela stand in einem Amphitheater aus nackter, zertrampelter Erde. Über ihr lagen die dunklen Öffnungen ihrer Zitadelle. Die Dachse machten nicht den Versuch, ihren Bau zu verbergen. Es waren sieben Löcher zu sehen, manche so klein, daß es unmöglich schien, daß ein Dachs sich durch sie hindurchzwängen konnte, andere so groß, daß ein ausgewachsener Mann leicht hätte hineinkriechen können. Am Eingang zu jedem von ihnen zeugte ein großer Erdhaufen von der Wühlarbeit, die innerhalb des Hügels stattgefunden hatte. Die Dachse hatten im Lauf der Jahre viele Tonnen Erde ausgegraben, und tatsächlich war die Arena, in der Mela stand, mit gelbem, sandigem Untergrund bedeckt, der zum Teil vor Jahrhunderten ausgehoben worden war.

Mela ging geradewegs zu einem Eingang unter einer großen Eiche, wo sie und Tobar zuletzt vor der Geburt der Jungen gemeinsam gehaust hatten. Sie zwängte sich zwischen den Wurzeln der Eiche durch und folgte mit dem sicheren Gespür, das lange Vertrautheit erzeugt, dem unterirdischen Gang, duckte sich hin und wieder oder preßte sich flach auf den Boden, um unter einem mächtigen Felsen hindurchzukriechen, dessen Grundfläche das Dach des Ganges bildete. So gelangte sie zum Schlafraum, aber die Streu fühlte sich kalt an, und der Geruch ihres Gefährten auf dem zerdrückten Adlerfarn war nicht frisch.

Sie ging weiter und durchforschte den ganzen Bau. Die Suche dauerte lange, und als sie schließlich wieder ins Freie trat, war sie mit Besorgnis erfüllt.

Unterdessen wurde sie sich anderer Bedürfnisse bewußt. Sie war hungrig und durstig, und es war jetzt stockdunkel. Zuerst suchte sie jedoch den Abort auf, eine Reihe von kleinen, offenen Gruben, die, von Holunderbüschen abgeschirmt, in einem Teil des Waldes lagen, den die Dachse für diesen Zweck vorgesehen hatten. Dann ging sie, einem breiten, ausgetretenen Pfad folgend, durch den Wald zu einer Stelle, wo eine kleine Quelle unter einem Kalksteinfelsen hervorsprudelte. Dort löschte sie ihren Durst.

Der Wind wurde jetzt stärker, zerrte an den Bäumen und zerzauste das Fell auf Melas Rücken, als sie aus dem Wald auf die Felder trat. Der Wind und das Mondlicht, das zeitweise durch die tieftreibenden Wolkenfetzen schien, übten eine seltsame Wirkung auf die Erscheinung der Dächsin aus. Einen Augenblick war sie dunkel, beinahe schwarz, und im nächsten schien sie so weiß wie ihr neugeborenes Junges zu sein.

Die Erklärung hierfür lag in der Färbung ihres Fells. Jedes der langen Haare auf ihrem Rücken und ihren Flanken war an der Spitze weiß, die Mitte war dunkelbraun, fast schwarz, und das untere Drittel bis zur Wurzel war wieder weiß. So schien sie die Farbe zu wechseln, wenn der Wind durch ihr derbes Fell fuhr.

Sie hatte sehr bald Glück bei ihrer Nahrungssuche. Ein Maulwurf, der auf der Jagd nach Regenwürmern zwischen den Graswurzeln wühlte, kam so dicht an die Oberfläche, daß sich der Boden hob. Mela sprang sofort hinzu, zerrte am Gras, um den Gang freizulegen, und steckte ihre lange Schnauze in die kalte, feuchte Erde.

Sie verschlang ihr Opfer vollständig mit Haut, Fell und Knochen und sogar die zähen, breiten Grabhände. Dann zog sie eilig weiter, denn sie hatte Angst, ihr Junges allzu lange unbeschützt zu lassen, obwohl wenig Gefahr von anderen Raubtieren drohte. Die Marder und Wiesel hatten zuviel Respekt vor ihrem Verwandten, dem Dachs, und selbst ein Fuchs würde sich schwerlich in den Bau wagen, solange ihr Geruch um den Zugang herum noch frisch war. Die größte Gefahr für Borun war die Kälte, denn er war noch nicht alt und lebhaft genug, um sich warm zu halten.

Sie schnappte sich ein paar Mundvoll Gras und entdeckte hinter der Rinde eines morschen Baumstumpfes eine Kolonie von überwinternden Schnecken. Als ihr Hunger gestillt war, eilte sie zum Bau zurück. Die Wolken hatten sich zusammengezogen, und es begann zu schneien.

Der blinde Borun wachte auf, als sie die Kinderstube betrat; er kroch zu ihr hinüber, stieß die Nase in ihre Flanke und knetete sie mit begierigen Pfoten. Entspannt sank Mela in einen leichten Schlummer, während draußen der Schnee, den starker Nordwind durcheinanderwirbelte, die Erde bedeckte.

Es schneite die ganze Nacht und den größten Teil des folgenden Tages, aber bei Einbruch der Dunkelheit war der Schneesturm vorüber. Der Wind legte sich, und der Mond erstrahlte über einer weißen, stillen Welt. Mela kam kurz heraus, aber als sie sah, daß sie immer noch allein war, kehrte sie in die Wärme des Kinderzimmers zurück. In Zeiten wie diesen konnte man nichts anderes tun als schlafen und Kräfte sparen. Obgleich die Fettreserven, die sie im vergangenen Herbst angesammelt hatte, jetzt allmählich schwanden, konnte sie leicht noch ein paar Tage davon zehren, ohne Schaden zu erleiden.

Drei Tage und Nächte hielt der Frost an. Die Kaninchen kamen im hellen Mondlicht aus ihren Höhlen, um sich durch den Schnee zu wühlen und an der Rinde der jungen Haseltriebe zu nagen. Manche von ihnen starben, von den scharfen Zähnen der Rotfüchse gepackt, die hinter den Schneewehen auf der Lauer lagen. Unter dem Schnee, in dem Labyrinth von Gängen zwischen den Stengeln und Wurzeln der keimenden Kräuter, verfolgten Wiesel die Mäuse und Wühlmäuse, während die Schnee-Eule vergebens über den Feldern schwebte und sich schließlich gezwungen sah, mit den Katzen bei den Mieten zu konkurrieren, wo Ratten und Mäuse dem Bauern das Getreide stahlen.

Dann frischte der Wind wieder auf. Diesmal war er warm und feucht und kam von Süden. Er brachte Regen, der den Schnee fortwusch. Zwei Tage lang war das Leben eine fröstelnde, durchnäßte Trübsal für die kleinen Lebewesen der Wiesen, die am Morgen beim Erwachen ihre Behausungen und Wege von eisigem Wasser überschwemmt sahen. Dann schien die Sonne, die Amsel sang, und es wurde wieder einmal Frühling.

Borun, der es warm und behaglich in seinem Bau hatte, entwickelte sich prächtig. Am dreißigsten Tag öffneten sich seine Augen, und im Alter von einem Monat fing er nun an, die Kinderstube zu erforschen. Seine Mutter verließ ihn jetzt an den meisten Abenden, aber nie für lange Zeit. Als er älter und kräftiger wurde, spielte er oft stundenlang mit ihr, zerrte an ihrem Fell und versuchte, sie mit seinen Babyzähnen zu zwicken. Mela ließ es sich geduldig gefallen, denn sie wußte offenbar, daß diese Spielereien unerläßlich für seine Entwicklung waren.

An einem schönen, warmen Abend im April bekam er zum erstenmal die Außenwelt zu sehen. Er hatte schon mehrmals die Kinderstube verlassen und war zögernd den unterirdischen Gang entlanggekrochen, aber jedesmal hatte er am Ende den Mut verloren und war in sein sicheres Nest zurückgeeilt. An diesem Abend stieß seine Mutter ihn jedoch sanft mit der Schnauze aus der Stube und den Gang entlang. So kam er ins Freie, schnupperte die süß duftende Frühlingsluft und hockte zitternd vor Angst und Erregung zwischen den kräftigen Vorderfüßen seiner Mutter. Mela war ebenso nervös wie er, und nach etwa zehn Minuten trieb sie ihn wieder hinein. Aber am nächsten Abend blieb er länger draußen und unternahm einige kurze Streifzüge in der Nähe des Eingangs. Mela ließ ihn gewähren, knurrte jedoch warnend, wenn er sich ihrer Meinung nach zu weit entfernte.

Sie hatte schon lange aufgehört, nach ihrem Gefährten zu suchen. Aber als sie einmal im April im grauen Licht der Morgendämmerung das vom Tau benetzte Tal durchquerte, hörte sie deutlich ein leises Tappen, das das Herannahen eines anderen Dachses ankündigte. Sie blieb regungslos stehen und stieß einen Begrüßungsruf aus, denn sie war sicher, daß es Tobar war. Dann erkannte sie ihren Irrtum. Der Dachs war ein Fremder, und er hielt sich fern; er respektierte ihr Geschlecht und ihr Recht, sich im Tal aufzuhalten, bot ihr jedoch keine Freundschaft an. Nach einer Weile zog sie weiter, und der junge Dachs, ein Junggeselle, kehrte in sein eigenes Schlupfloch zurück, das er in einen alten Kaninchenbau auf der anderen Seite des Tals gegraben hatte.

WÄHREND der folgenden Wochen, in denen der Frühling zum Sommer heranreifte, nahm Borun stetig an Kraft, Größe und Weisheit zu. Jeden Abend, wenn die Sonne unterging und das letzte Tageslicht noch unter den Bäumen schimmerte, tauchte er, ein kleines, stumpfnäsiges Ebenbild seiner Mutter, aus den muffigen Gängen des Baus auf, um die vom Duft grüner Pflanzen durchtränkte Luft einzuatmen. Die scharfen Gerüche berauschten ihn, und seine aufgestaute Energie entlud sich in einer wilden Ausgelassenheit, einem ungestümen Galopp durch die Gegend, die ausgetretenen Pfade hinauf und hinunter und quer durch die Büsche, bis er schließlich erschöpft neben seiner Mutter niedersank.

Während dieses Ausbruchs gab Mela sich damit zufrieden, ruhig und entspannt in der kühlen Abendluft zu liegen. Aber wenn die erste

Woge der Überschwenglichkeit vorüber war und Borun sich ein wenig beruhigt hatte, begann die ernste Angelegenheit seiner Erziehung.

Mela führte ihn die uralten Dachspfade entlang, die kreuz und quer über den bewaldeten Berghang verliefen, lehrte ihn, den Abort zu benutzen, und zeigte ihm die Quelle. Sie ermutigte ihn, Rinde von morschen Baumstümpfen zu reißen, um nach Käfern und Staubläusen zu suchen, und zeigte ihm, wo die Waldwühlmäuse ihre Nester bauten. Er lernte, nach den Zwiebeln der blauen Hyazinthen zu graben, die fetten weißen Engerlinge zwischen den Graswurzeln zu finden, sich an Regenwürmer heranzuschleichen, die bei Sternenlicht in dem kurzen, von Schafen abgefressenen Gras der Weiden schimmerten, und nach ihnen zu schnappen, ehe sie Zeit hatten, sich in ihre Erdlöcher zurückzuziehen. Und was das Beste von allem war, sie lehrte ihn, wie man junge Kaninchen aufstöberte.

Überall im Tal wimmelte es von Wildkaninchen. Sie durchlöcherten die Hänge mit ihren Höhlen und raubten den Bauern das Gras. Fünf Kaninchen verzehren soviel, wie ein Schaf für seine Ernährung braucht! Vor einigen Jahren waren sie durch Myxomatose, eine Viruskrankheit, die zu ihrer Bekämpfung nach England eingeführt worden war, praktisch ausgerottet worden; aber einige Tiere hatten sich als immun erwiesen, und diese Überlebenden genügten, das Land abermals mit Kaninchen zu bevölkern. Da ein Kaninchenweibchen unter günstigen Bedingungen von Januar bis Juni jeden Monat einen Wurf von fünf oder sechs Jungen zur Welt bringen kann, hatten sie bald wieder ihre alte Zahl erreicht.

Vor der Geburt seines Wurfes gräbt jedes Kaninchenweibchen eine unterirdische Höhle am Rand des Baus, scharrt eine Vertiefung und legt sie mit Haaren aus, die es von seiner eigenen Brust zupft. Wenn es die Höhle aus irgendeinem Grund verläßt, versperrt es den Zugang gegen Räuber. Viele dieser Nestkammern liegen dicht unter der Erdoberfläche, und Mela lehrte Borun, lauschend umherzustreifen, bis er das gedämpfte Quieksen der Jungen vernahm. Wann immer sie solch ein Nest entdeckten, begann Mela hastig zu graben, riß mit ihren starken Klauen das Gras aus und kratzte die Erde fort, bis sie zur Nestkammer durchgedrungen war. Borun, von heftiger Erregung gepackt, versuchte angestrengt, ihr beim Graben zu helfen. Er war zu Anfang eher ein Hindernis als eine Hilfe, aber seine kleinen Vorderfüße wurden im Lauf der Wochen zusehends kräftiger.

Die Dachse sind echte Gelegenheitsfresser, bereit, von allem eine

Kostprobe zu nehmen, was in Reichweite ihrer suchenden Schnauze kommt. Von Zeit zu Zeit stießen Mela und Borun auf Vogelnester mit Eiern oder Jungvögeln und fraßen sie, ebenso wie sie Schlangen und Frösche fraßen, wenn sie auf diese stießen. Dies verleitete Borun zu einem Trugschluß, als er eines Abends eine Kröte fing. Das Sekret der warzigen Krötenhaut verbrannte ihm den Gaumen und die Zunge und ließ ihn zornig den Kopf schütteln. Die Kröte kroch unversehrt von dannen, und Borun war fortan ängstlich darauf bedacht, ihresgleichen zu meiden.

Ein andermal machte Borun einen schwerwiegenderen Fehler, als er auf ein Nest mit jungen Hasen traf. Er wußte nicht, daß im Gegensatz zu einem Mutterkaninchen, das oft in Schrecken floh, eine zornige Häsin gefährlich werden konnte. Als er auf die jungen Hasen losstürzte, wurde er durch einen heftigen Schlag übers Ohr zur Seite gestoßen. Noch ehe er sich von dem Schreck erholt hatte, hagelte es neue Schläge, und wenn seine Mutter ihm nicht zu Hilfe gekommen wäre, indem sie die Häsin ablenkte, hätte er möglicherweise eine ernste Verletzung davongetragen.

Mit ihrer Jagd auf die Kaninchen und die unersättlichen Engerlinge, die die Graswurzeln fraßen und manchmal in so großer Zahl auftraten, daß sie ganze Felder zerstörten, halfen die Dachse unwissentlich den Bauern. Da sie jedoch ihren Angelegenheiten im geheimen und bei Nacht nachgingen, blieben ihre Bemühungen größtenteils unbemerkt. Viel offenkundiger war der Schaden, den sie gelegentlich anrichteten, wenn sie zum Beispiel bei der Verfolgung von Kaninchen eine Hecke zerstörten oder Getreide auf den Feldern umlegten. Sowohl Mela als auch Borun liebten die süßen, milchigen Körner von jungem Weizen und Hafer, und Borun konnte es sich nie versagen, zwischen den Halmen umherzutollen und sich zu wälzen. Manchmal wurde Mela von seinem Übermut angesteckt und spielte mit ihm. Beide zusammen konnten in sehr kurzer Zeit ein beträchtliches Stück Feld umlegen. Es war kein ernster Verlust für den Bauern, aber es war ein Ärgernis und brachte die Dachse in Verruf.

Oft beschränkten sich die Dachse jedoch bei ihrer Nahrungssuche auf den Wald. Aus der Ferne sah der Wald wie ein Mantel aus, der lässig über die Schulter des Hügels geworfen worden war und sich etwa anderthalb Kilometer weit erstreckte. An manchen Stellen war er an die vierhundert Meter breit, ein winziger Überrest der riesigen Laubwälder, die nach dem Ende der Eiszeit Südengland bedeckt hatten. Er war erhalten geblieben, weil die Hänge des Hügels zu steil und steinig waren, als daß es sich gelohnt hätte, sie zu roden, um sie als Viehweiden zu nutzen. Bis vor verhältnismäßig kurzer Zeit war Waldland ein wichtiger Faktor für jeden Besitz gewesen. Holz wurde für vielerlei Zwecke gebraucht, als Reisigbündel für Küchenherde, als Holzkohle für Hochöfen, man verwendete es für Dielen und Leiterwagen, für Werkzeuggriffe, Stühle, Tische und Betten. Eiche und Esche waren sehr geschätzt wegen ihres geradlinig gemaserten, harten Holzes und ihrer guten Brenneigenschaften, und die glatten, geraden Haselstöcke dienten als Hürden, die den Schafen zur Zeit des Lammens Schutz boten. So wurden Gestrüpp und totes Holz entfernt, um den wertvolleren Bäumen Luft und Licht zu geben. Im Herbst ließ man Schweineherden durch das Waldland streifen, damit sie sich von den Eicheln mästeten und den Boden mit ihren Exkrementen düngten.

Dann kam eine Zeit, in der man die Wälder verwildern ließ. Die Bäume wuchsen schief und so dicht, daß sie beim Kampf ums Licht schneller wuchsen als ihre Wurzeln und einer gegen den anderen fiel. Unter ihnen wucherten Holunderbüsche und Brennesseln und ein undurchdringliches Dickicht von Dornengestrüpp, aus dem die Kletterranken des Geißblattes und Efeus sprossen.

Die fruchtbare, feuchte Lauberde des Waldbodens bot Nahrung für eine Vielzahl von blühenden Pflanzen. Die ersten, die blühten, waren die zarten Buschwindröschen; wie Tropfen von erstarrtem Mondlicht leuchteten sie im Frühling unter den Baumstämmen. Dann kamen violette Veilchen und Schlüsselblumen, blaßgelb wie Sterne. Im Mai, wenn der Kuckuck rief und die Mauersegler schreiend über die Wiesen flogen, waren die sonnenbeschienenen Lichtungen von blauen Hyazinthen übersät, deren glockenförmige Blüten einen Duft aussandten, der so stark war, daß er alles andere überdeckte. Im Hochsommer war das Gewirr von Adlerfarn und Dorngebüsch so hoch, daß nur das Wald-Weidenröschen es überragen konnte, und der Wald war durchtränkt von dem süßen Duft des Geißblatts und der wilden Rose.

Vom Menschen unbeachtet, waren all diese Elemente des Waldes – die feuchte Lauberde, die Pilze, die Blumen und Pflanzen, die Bienen, Wespen und andere Insekten, die Wühlmäuse, die Eichhörnchen, die Vögel und die Fledermäuse – so miteinander verbunden und verflochten, daß sie fast zu einer Einheit wurden. Und in der warmen, berauschenden Stille einer Sommernacht fühlte man ihre Kraft in einem leisen, sanften Pulsieren: dem Herzschlag der lebendigen Erde.

Die Dachse sind ein Teil des Waldes. Wenn es manchmal den

Anschein hat, daß sie von Zerstörungswut besessen sind, beispielsweise wenn sie das Nest einer Wühlmaus aufreißen oder auf der Suche nach Raupen einen morschen Baumstumpf auseinanderbrechen, so ist das eine Täuschung. Solch ein Verhalten, so willkürlich und zerstörerisch es scheinen mag, trägt dazu bei, die Grundstoffe der Natur in den Kreislauf zurückzuführen, damit das Leben in all seiner verwirrenden Vielfalt immer wieder neu geboren werden kann.

An einem Tag im Juni, an dem die Dachse weiter als sonst hinausgezogen waren, sah Borun zu seinem Erstaunen, daß sich seine Mutter in höchster Erregung an der obersten Schicht eines Erdwalls zu schaffen machte. Das rauhe Fell auf ihrem Rücken stand senkrecht in die Höhe, was sie doppelt so groß erscheinen ließ, als sie in Wirklichkeit war, und während sie grub, stieß sie hohe, grunzende und winselnde Töne aus. Eine kleine Schafherde stand dicht zusammengedrängt da und sah zu, wie sie einen Hagel von großen Steinen und Erde polternd auf ihr Feld hinunterschleuderte. Borun kletterte hinauf, um ihr zu helfen, aber sie beachtete ihn nicht, und da er nichts entdecken konnte, was diesen großen Kraftaufwand hätte rechtfertigen können, fing er bald an, sich zu langweilen, und verzog sich.

Der Wall war vor fast einem Jahrhundert aus lose aufgeschichteten Steinen, mit Erde abgedichtet und gedeckt, errichtet worden. So befestigt, hatte er jahraus, jahrein Wind und Wetter standgehalten, aber dem Ansturm eines Dachses konnte er nicht lange widerstehen. Als Borun zurückkehrte, hatte der Wall ein riesiges Loch, der Pfad war mit Steinen und Erde übersät, und Mela hatte ihre Beute freigelegt.

Es war ein großer Ball aus einer papierartigen braunen Masse, und einige schwarz-gelbe Insekten schwirrten schläfrig und benommen um ihn herum.

Mela brach den Ball auf, der mit zahllosen Reihen von fetten weißen Larven angefüllt war, und nachdem Borun sie gekostet hatte, verstand er, weshalb seine Mutter sich soviel Mühe gemacht hatte, sie auszugraben, denn für einen Dachs gibt es keinen größeren Leckerbissen auf der Welt als ein Wespennest.

Die Dachse beendeten ihr Festmahl, und nachdem sie noch eine Weile herumgeschnüffelt hatten, um sicher zu sein, daß ihnen auch nicht eine einzige Larve entgangen war, verschwanden sie in der Dunkelheit. Eine Stunde später verließen die Schafe, von einem alten Mutterschaf angeführt, durch die von Mela gegrabene Öffnung im Gänsemarsch das Feld und machten sich auf und davon.

FÜR Mr. Fletcher von der Bidewell-Farm begann dieser Tag wie jeder andere. Ohne zu ahnen, daß er einen Verlust erlitten hatte, machte er sich an seine übliche Arbeit, fütterte die Schweine und molk seine kleine Herde von ostfriesischen Kühen. Erst nach dem Frühstück nahm er seinen Stock und ging den Pfad entlang, der zum Tal führte.

Etwa drei Kilometer entfernt sah die alte Miß Ponsonby, die gerade dabei war, sich anzuziehen, zum Schlafzimmerfenster hinaus. Mit einem Schreckensschrei eilte sie in die Küche hinunter, griff nach einem Besen und stürmte durch die Hintertür in den Gemüsegarten, wo eine kleine Schafherde genüßlich ihren Kopfsalat fraß. Sie war eine energische alte Dame, und die Schafe, von dem Ungestüm ihres Angriffs in Panik versetzt, hasteten blökend auf die Straße hinaus. Miß Ponsonby verriegelte das Tor, dann kehrte sie eilig ins Haus zurück, denn sie war noch nicht ausreichend bekleidet, um sich in der Öffentlichkeit blicken zu lassen.

In diesem Augenblick starrte der Besitzer der Schafe entsetzt auf sein leeres Feld. Die verschwundene Herde war etwas ganz Besonderes. Es waren Ryeland-Schafe, sehr robust und widerstandsfähig gegen Krankheiten; sie lieferten erstklassiges Fleisch und schwere Vliese von weicher, feiner Wolle. Der Bauer hoffte, nicht nur ein gutes Geschäft mit ihnen zu machen, sondern auch an Ansehen zu gewinnen, wenn er sie bei den verschiedenen Landwirtschaftsausstellungen zeigte. Jetzt hatte er sie verloren.

Zuerst glaubte er, Viehdieben zum Opfer gefallen zu sein, doch dann entdeckte er das Loch im Erdwall. Einen Augenblick war er erleichtert, daß die Schafe nur herumstreunten, aber kurz darauf fand er die Überreste des Wespennestes, und sein Zorn wuchs, als er sich über die Identität des Missetäters klar wurde. Er eilte zur Farm zurück und riß die Tür auf. „Die Ryelands sind fort“, rief er. „Durch ein Loch im Wall entwischt – weiß der Himmel, wo sie jetzt sind.“

Mrs. Fletcher kam, sich die Hände an der Schürze abtrocknend, aus der Küche. Die Versessenheit ihres Mannes auf Ryeland-Schafe war ihr schon von jeher ein Dorn im Auge gewesen. „Wenn du deine wunderbaren Schafe behalten willst, mußt du dir mehr Zeit für deine Zäune nehmen“, bemerkte sie gereizt. „Sie sind in einem jämmerlichen Zustand.“

Fletchers Augen traten hervor, und sein Gesicht rötete sich. Er war ein großer, kräftiger Mann und für gewöhnlich friedlich und gelassen, aber in Augenblicken wie diesem verschlug der Zorn ihm die Sprache. Schließlich faßte er sich. „Es war ein Dachs, du dummes Frauenzimmer", erwiderte er. „Ein Dachs hat ein Loch in den Wall gerissen. Aber ich werd ihn kriegen. Und wenn ich jeden Dachs in der Grafschaft umbringen muß!"

In diesem Augenblick klingelte das Telefon. Mrs. Fletcher hob den Hörer ab, und dann rief sie ihrem Mann zu: „Für dich. Es scheint, daß Miß Ponsonby deine Schafe gefunden hat."

Mit zwei Schritten war Fletcher am Telefon. „Wo sind sie?" fragte er kurz angebunden.

„Nun, mittlerweile wohl unten im Dorf", erwiderte Miß Ponsonby. „Ich war gerade . . ."

Aber sie sprach nur noch in eine tote Leitung. Fletcher raste bereits zu seinem Landrover.

Er fand seine Schafe auf dem Kirchhof, wo sie friedlich zwischen den Grabsteinen grasten und sich den halbherzigen Bemühungen des Küsters, sie hinauszutreiben, hartnäckig widersetzten.

Auf dem Rückweg zur Farm mußte Fletcher eine peinliche Unterredung mit Miß Ponsonby durchstehen, die auf der Lauer gelegen hatte. Es war ein niedergeschlagener und erschöpfter Mann, der schließlich seine Schafe fest und sicher auf einem Feld unweit des Bauernhauses einpferchte.

Er brauchte fast einen ganzen Tag, um den Schaden zu beheben, den Mela am Erdwall angerichtet hatte, einen Tag Schwerarbeit unter glühender Sonne. Dann nahm er sich Zeit und stattete dem Eisenwarenhändler in der nächsten Ortschaft einen Besuch ab.

DAS Wetter blieb weiter heiß und trocken, mit wenig oder gar keinem Tau bei Nacht. Die Viehweiden wurden dürr und braun, und die Regenwürmer lagen, fest zusammengerollt, um Feuchtigkeit zu bewahren, tief in ihren Erdlöchern.

In dieser Zeit kamen Mela und Borun am hellichten Tag aus dem Bau, um im Wald auf Futtersuche zu gehen. Trotz der Trockenheit fanden die Dachse auch weiterhin genügend Nahrung. Es gab immer noch zahlreiche Nester mit jungen Kaninchen. Es gab fette braune Junikäfer, die in unbeholfenem, mühseligem Flug durch die Luft schwirrten und mit einem hörbaren dumpfen Aufschlag, der den Dachsen nie entging, auf die Erde fielen. Und immer gab es Mäuse und Wühlmäuse. Sich selbst überlassen, wären die Wühlmäuse imstande, die Welt zu vernichten. Auf vernachlässigtem Grasland würden sich bis zu fünfhundert Wühlmäuse pro Morgen breitmachen, und wenn sich ihre Zahl uneingeschränkt vermehren könnte, würden sie über zehn Tonnen pflanzliche Substanz pro Jahr verzehren, mehr, als der fruchtbarste Morgen Land hervorbringen kann.

Der Wühlmausbestand hatte jetzt seinen Höhepunkt erreicht. Jedes Weibchen war trächtig, jedes zog einen Wurf von fünf oder sechs Jungen auf. Binnen drei Wochen würde es diesen Wurf entwöhnt haben und einen neuen zur Welt bringen, während die Überlebenden ihres ersten Wurfes, falls es welche gab, sich rasch der Geschlechtsreife näherten. Zum Glück leben nur wenige Wühlmäuse länger als sechs Monate, und nicht eine von tausend bleibt über ein Jahr am Leben. Alle anderen werden von Füchsen, Katzen, Mardern, Wieseln, Falken, Krähen, Eulen, Reihern, Eichelhähern und Dachsen gefressen. Ringelnattern und Ottern holen sie aus ihren Nestern, und selbst die fette alte Kröte fängt hin und wieder ein Junges, wenn es sich zu nah an sie heranwagt. Es ist, als ob eine höhere Macht die Wühlmaus als eine fertigverpackte Überlebensration geschaffen hätte, die, nicht zu groß und nicht zu klein, alle wesentlichen Bestandteile – Blut, Knochen, Fell und Fleisch – in leicht zugänglicher Form enthält. Und um die Sache vollkommen zu machen, wurde bestimmt, daß der Vorrat vierundzwanzig Stunden am Tag verfügbar sei, denn die Wühlmaus teilt den ganzen Tag in zweistündige Zeitspannen der Tätigkeit ein, zwischen denen jeweils eine kurze Ruhepause liegt.

Bei solch einem Überfluß an Nahrung entwickelte sich Borun sehr schnell. Er war jetzt fast ausgewachsen und durchaus imstande, selbst nach Nahrung zu suchen; aber Dachse sind gesellige Tiere, und so blieben Mutter und Sohn auch weiterhin beisammen. Mela war jedoch nicht mehr die gleiche wie zuvor. Sie war gereizt und unzufrieden und oft verärgert über Borun, der immer noch erwartete, daß sie alle Nahrung, die sie fand, mit ihm teilte. Es gab häufig Streitigkeiten, und Borun wurde manchmal energisch gezwickt, weil er zu beharrlich bettelte. Mit einem Wort, Mela hätte einen Gefährten gebraucht, denn es war jetzt die Ranzzeit der Dachse.

Schließlich ging die Schönwetterperiode zu Ende. Tiefhängende Wolken verdeckten den Mond, und ein leichter Sprühregen befruchtete allmählich die trockene Erde. Die Regenwürmer, die die sich ausbreitende Nässe spürten, krochen aus der Erde, und Mela und Borun hatten so viel zu fressen, daß sie sich diesmal nicht um die Beute zu streiten brauchten.

Vielleicht war es die Freude über den Festschmaus, oder vielleicht war es das verhaltene Verlangen, das in ihr schwelte – irgend etwas ließ Mela unvorsichtig werden. Sie lief den Hügel hinunter, zwängte sich durch ein Loch in der Hecke und begann, die Böschung hinunterzurutschen. Im nächsten Augenblick wurde sie von einer sich zusammenziehenden Drahtschlinge festgehalten, die Fletcher vor einer Woche nicht allzu geschickt dort ausgelegt hatte und die sich jetzt um ihre Mitte straffte. Schreiend vor Zorn und Schmerz hing sie mit dem Kopf nach unten in der Luft, während Borun hinter ihr ängstlich winselte.

Die Schlaufe war zu weit gewesen, sonst hätte sie sich um Melas Hals gelegt und sie beim Fall erdrosselt. So war sie noch am Leben, aber gefangen. Es gelang ihr, die Krallen in die Erde zu schlagen, sich umzudrehen und sich wieder auf die Böschung zu ziehen, wo sie an den Wurzeln und Zweigen um sie herum zu beißen und zu zerren begann. Sie grub und kämpfte und kratzte, bis ihre Ballen zerfleischt, ihre Krallen zersplittert, ihr Gaumen blutig und wund waren, aber alles war vergebens. Der Bauer hatte die Schlinge an der Wurzel eines knorrigen Weißdorns befestigt, die dicker als ein Männerarm war und so fest und stark, daß sie einem Bären standgehalten hätte.

Beim Morgengrauen hörte Mela auf zu kämpfen und lag erschöpft da, das Fell mit klebriger Erde und Blut beschmiert. Borun hatte sich bemüht zu helfen, indem er versuchte, den Draht durchzubeißen, aber es war ihm nicht gelungen. Als er sich ihr jetzt näherte, schrie sie und schnappte nach ihm, halb wahnsinnig vor Angst, und so kauerte er sich schließlich furchtsam in einiger Entfernung nieder. Dort blieb er bis weit in den frühen Morgen hinein, während Mela inmitten der Überreste der Hecke lag, die sie in ihrem Kampf niedergerissen hatte.

Borun hörte Schritte. Sie kamen näher. Er verlor die Nerven und lief davon. Als er den Schutz des Waldes erreicht hatte, vernahm er den lauten Schuß einer Schrotflinte.

Den ganzen Tag und den größten Teil der folgenden Nacht blieb Borun im Bau. Kurz vor Morgengrauen kam er heraus und kroch ängstlich, fast widerwillig zu der Stelle, wo er seine Mutter zurückgelassen hatte. Die Böschung war wieder in Ordnung gebracht und das Loch in der Hecke mit Dornenzweigen verstopft worden. Melas Leiche lag noch in dem Graben, in den Fletcher sie geworfen hatte. Borun näherte sich ihr behutsam. Er stieß einen leisen, zögernden Gruß aus, aber es kam keine Antwort. Dann ging er näher heran und beschnüffelte ihren Kadaver. Als er den Geruch des Todes wahrnahm, wandte er sich ab und ging langsam in den Wald zurück. Von der Zeit an vermied er es, sich der Stelle zu nähern.

In den folgenden Tagen begann er allmählich, sie zu vergessen;

doch abends wanderte er oft verzweifelt im Bau umher, blieb an jedem Eingang stehen und lauschte, aber er hörte nichts außer der Stille des hohlen Hügels. Schließlich ging er hinaus und trottete den ausgetretenen Pfad hinunter, um sich auf seine einsame nächtliche Nahrungssuche zu begeben.

Seltsame Gefährten

Im Lauf der Jahre schien sich das Summercombe-Häuschen behaglich an den Berghang unmittelbar am Rand des Waldes von Summercombe geschmiegt zu haben, so daß jetzt das Strohdach, grün von Moos, mit dem Laub der Bäume verschmolz und die verwitterten Steinmauern genau zum Ton des sandigen gelben Bodens paßten. Efeuranken, die ihre Haftwurzeln tief in die Spalten zwischen den Steinen gesandt hatten, trugen noch dazu bei, seine Umrisse zu verwischen, und so war das kleine Haus von der anderen Seite des Tals nur dann zu sehen, wenn eine dünne, graue Rauchsäule aus seinem Schornstein aufstieg.

Den ganzen Tag hatte die Sonne geschienen und die fette, feuchte Erde des Gartens erwärmt, so daß das Gemüse – die Erbsen und Karotten, der Kohl, der grüne Kopfsalat und die goldenen Zwiebeln – von Stunde zu Stunde zusehends zu schwellen schienen. Jetzt zog die Sonne westwärts. Als sie die Rückseite des Hauses streifte, kurz ehe sie hinter dem Hügel verschwand, drangen ihre sanften, rosigen Strahlen durch ein Flügelfenster und fielen auf eine schlafende weiße Katze, die zusammengerollt am Fußende des Bettes im Gästezimmer lag.

Als Antwort auf die Liebkosung der Sonne zuckte ein Ohr, die Katze hob den Kopf, öffnete die Augen und gähnte. Dann lag sie still da, während ihre Sinne die Umgebung erforschten und ihr sagten, daß irgend etwas nicht in Ordnung war. Sie hätte den kräftigen Geruch von frisch zubereiteten Speisen wahrnehmen müssen, aber es lagen nur die verbrauchten Gerüche von gestern in der Luft. Sie hätte eine Vielfalt von kleinen Geräuschen hören müssen, jedes bedeutsam, jedes mit der Tageszeit verknüpft. Aber alles war still, abgesehen vom Ticken der Uhr im Wohnzimmer, dem leisen Knarren von Holz, als das Haus sich nach der Hitze des Tages abkühlte, und einem gelegentlichen Rascheln im Dach, als die Fledermäuse unter dem Stroh aus ihrem Tagschlaf aufzuwachen begannen.

Eine Zeitlang blieb die Katze, die Vandal hieß, noch auf dem Bett liegen, in der Hoffnung, zumindest ihre Lieblingsgeräusche zu hören, das Klirren einer Untertasse und das rhythmische Schaben eines Büchsenöffners – sichere Zeichen, daß eine Mahlzeit bereitstand. Aber Vandal wartete vergebens, und schließlich sprang sie vom Bett, streckte sich und schlich behutsam die Treppe hinunter. Wohnzimmer und Küche lagen verlassen da. Die Asche im Herd war kalt, und der Frühstückstisch war nicht abgeräumt. Vandal drehte sich um und ging wieder hinauf, um an der geschlossenen Tür neben der Treppe stehenzubleiben und zu kratzen. Dies hatte bei früheren Gelegenheiten stets eine Reaktion hervorgerufen. An diesem Abend geschah nichts.

Vandal kehrte in die Küche zurück. Die Situation war ihr nicht völlig neu. Sie war schon öfter allein gelassen worden, aber jedesmal hatte eine Schüssel mit Fressen für sie bereitgestanden und Milch in einer Untertasse unter dem Tisch. Diesmal gab es nur die vertrockneten Reste ihres Frühstücks, die sie eine Weile unschlüssig beschnüffelte und dann zurückwies, indem sie mit ihrer Pfote einen rituellen Begräbnisakt auf den Fliesen um den Teller herum vollzog.

Dann verließ sie das Haus durch die Katzenklappe. Draußen war die Luft kühl und frisch und durchtränkt von dem Duft des Geißblatts und des Holunders. Vandal saß eine Weile da und beobachtete die Hühner, die sich erwartungsvoll um die Tür des Hühnerhofs geschart hatten, als sie das Geräusch der Katzenklappe hörten. Den ganzen Tag hatten sie erfolglos auf der nackten Erde des Auslaufs nach Nahrungsresten gescharrt, und ihre Kröpfe waren leer. Jetzt gluckten sie hoffnungsvoll und blickten mit glänzenden Augen zum Haus hinüber.

Vandal, die froh war, nicht mehr allein zu sein, blieb eine Weile bei ihnen. Sie war gerade erst halb ausgewachsen und daher in dem Alter, wo sie sich nach Gesellschaft sehnte und noch nicht die Unabhängigkeit besaß, die ihre Art kennzeichnet. In ihrer Erinnerung schlummerten Bilder von einem breiten Schoß, in Tweed gekleidet, einem wogenden Satinbusen und einer sanften Stimme, die zärtlich zu ihr sprach, wenn sie mit vollem Magen im Halbschlummer vor dem flackernden Licht und der Wärme des Kaminfeuers lag.

Ohne die beruhigende Nähe solch eines Lebewesens fühlte sie sich unsicher. So blieb sie weiter vor dem Auslauf sitzen, bis die Nacht hereinbrach und die Hühner sich nacheinander in der muffigen Dunkelheit ihres Verschlags zur Ruhe begaben. Dann machte sie sich zögernd auf die Suche nach einem Abendessen.

Sie sprang auf die Mauer, ließ sich auf eine lichte Stelle zwischen dem Farn fallen, und sogleich umgab sie das Geheimnis der Nacht und nahm sie gefangen, so daß sie das Unbehagen der letzten Stunden vergaß. Die Luft war voll von leisen, verstohlenen Geräuschen, einem Rascheln in den dürren Blättern, einem plötzlichen Aufruhr im Geißblatt, einem Krachen in der Ferne. Vandal schlich vorsichtig, aber vertrauensvoll den Dachspfad entlang, ein Raubtier allein in einer Welt, deren Gefahren zu begegnen es hervorragend ausgerüstet war.

Ihre erste Beute, die sie rasch erlegte und verzehrte, war eine Feldmaus, nicht groß genug, um sie in den Zustand der Lethargie zu versetzen, der einer reichlichen Mahlzeit folgt. So zog sie weiter und überraschte eine zweite Maus, als diese gerade zu ihrem Nest aus trockenen Gräsern eilte. Diesmal spielte sie mit ihrem Opfer, warf es in die Luft und ließ es einen Meter zu seiner Zufluchtsstätte kriechen, ehe sie es am Rücken packte und mit sanften Pfoten tätschelte, bis es schließlich aus Angst starb. Sobald sie sicher war, daß die Maus nicht mehr fortlaufen würde, fraß Vandal sie. Als sie kurz darauf das leise Pfeifen vernahm, das aus dem nahe gelegenen Nest drang, machte sie sich mit einem Satz über die Jungen her und fraß sie allesamt.

So verging die Nacht; als es zu dämmern begann, zog es Vandal wieder zur Behaglichkeit und Sicherheit des kleinen Hauses. Sie nahm den gleichen Weg und hatte schon fast die Mauer erreicht, da sah sie sich plötzlich hinter einer Biegung des Pfades Borun, dem jungen Dachs, gegenüber.

Die Katze erstarrte, ebenso der Dachs. Sie standen regungslos im Dämmerlicht, und jeder von ihnen wartete, daß der andere sich zuerst bewegte. Etwa dreißig Sekunden lang rührte sich keines der beiden Tiere, dann ließ sich Borun seitlich niedersinken und begann, sich energisch mit der Hinterpfote zu kratzen. Selbst Vandal erkannte, daß in dieser Geste keine Feindseligkeit lag. Zum Zeichen ihrer eigenen Friedfertigkeit leckte sie sich die Pfoten und putzte ihre Brust. Dann setzte sie sich hin und wartete den nächsten Schritt des Dachses ab.

Borun nickte ein paarmal, sah die Katze aus kurzsichtigen Augen an, und dann ging er auf sie zu. Als er näher kam, bekam Vandal es allmählich mit der Angst zu tun, bis sie schließlich aufstand, bereit, zu fliehen oder anzugreifen. Borun trat zur Seite, und während Vandal sich um ihre eigene Achse drehte, um ihn im Auge zu behalten, ging er an ihr vorbei und trollte sich langsam davon.

Fünf Minuten später war die Katze wieder im Gastezimmer, wo sie sich nach einer ausgiebigen Toilette auf dem Bett zusammenrollte und einschlief. Von Zeit zu Zeit zuckte ihr Körper, während sie von Dachsen träumte und von Mäusen, die pfeifend in dem mit Silber besprenkelten Dunkel des mondbeschienenen Waldes umhereilten.

Fahrzeuggeräusche, die sich langsam dem Haus näherten, ließen sie erschreckt in die Höhe fahren. Sie hörte das Zuschlagen von Wagentüren, Schritte und ein Gewirr von fremden Stimmen, und dann schoß sie aus dem Haus und flüchtete sich in den Schutz des Holzschuppens, wo sie sich hinter einen Stapel Brennholz kauerte. Sie wartete lange, und obgleich sie in Versuchung war, hinauszuschleichen und Bekanntschaft mit diesen Menschen zu schließen, hielt die Angst sie zurück.

Vor der Haustür sprach der Dorfpolizist mit dem Arzt, während Sanitäter eine in ein weißes Tuch gehüllte Last zu der wartenden Ambulanz trugen. „Es war der Postbote, der es gemeldet hat. Ihm fiel auf, daß ein Päckchen, das er gestern gebracht hatte, noch im Schlitz des Briefkastens steckte. Es scheint, daß das alte Mädchen wie immer aufgestanden ist, die Katze gefüttert und gefrühstückt hat, und dann hat sie sich nicht wohl gefühlt und wieder hingelegt."

Der Arzt nickte geistesabwesend. In seiner Praxis warteten die Patienten, und er hatte es eilig wegzukommen. „Sie hat einen Bruder, soviel ich weiß?"

„Stimmt." Der Polizist nickte. „Er wohnt unten im Dorf. Ich gehe von hier aus direkt zu ihm und sag ihm Bescheid. Irgendjemand muß sich ja um die Hühner und so weiter kümmern. Ich nehme an, die Katze ist auch irgendwo in der Nähe."

„Wahrscheinlich hat sie sich mittlerweile in den Wald verzogen", sagte der Arzt. „Zumindest wird sie reichlich Nahrung finden. Seit der Myxomatose scheint es mehr Kaninchen denn je zu geben."

Nacheinander fuhren die Fahrzeuge fort, und über dem kleinen

Haus hing wieder die drückende Stille des Sommertages. Die stickige Hitze im Holzschuppen wurde allmählich unerträglich, und schließlich kroch Vandal hinaus. Diesmal kehrte sie jedoch nicht ins Gästezimmer zurück, sondern suchte den kühlen, grünen Schatten des Waldes auf. So wußte sie nichts von dem alten Mann, der kam, um die Hühner und das Kaninchen zu füttern. Und sie ahnte auch nicht, daß auf den Fliesen der Küche eine Untertasse mit frischer Milch und ein Teller mit Katzenfutter standen.

Der lange Sommertag war weit vorgeschritten, als Vandal das nächste Mal aufwachte. Eine Zeitlang lag sie still da, weich und behaglich auf einem Lager von welken Blättern, die die Höhlung eines alten Eschenstumpfes füllten, und hörte, wie die Geräusche des Tages denen der Nacht wichen. Irgendwo in der Ferne tuckerte der Motor eines Traktors, dann verstummte er, und ein Hund bellte kurz auf. Das dünne, trockene Blöken eines halbwüchsigen Schafes durchschnitt die Stille, und wie als Antwort rief eine Krähe, einmal, zweimal, während sie einsam über den Wald dahinflog.

Als ob dies ein Signal gewesen wäre, wurde es im Wald jetzt lebendig. Fledermäuse flatterten zwischen den Baumstämmen umher, und aus dem Unterholz kam ein schnelles Tappen, ein Scharren und ein gedämpftes Pfeifen, als zwei Mäuse, die kleinen Gemüter weißglühend vor Zorn, ein Liliput-Duell ausfochten. Der Ziegenmelker löste sich von seinem Schlafsitz auf dem kahlen Zweig einer Eiche und flog davon, um das Vieh auf der Weide zu umkreisen und Jagd auf die Fliegen zu machen, die um die Tiere herumschwärmten. Die Waldschnepfe im Farn öffnete die Augen und zog, geisterhaft zwischen den Bäumen, mit trägen Flügelschlägen dahin, um im Sumpf auf dem Boden des Tals nach Würmern zu suchen.

Vandal ließ sich zu Boden gleiten und trottete durch die Dunkelheit davon. Eine Haselmaus, die von einem Geißblatttrieb Rinde für ihr Nest abriß, erblickte sie, als sie unter ihr vorüberging, und floh hastig auf die oberen Zweige. Eine Waldwühlmaus fing ihren Geruch auf und erstarrte im Schutz eines herabgefallenen Astes. Ein junges Wildkaninchen, das zwischen den Farnkräutern nach Nahrung suchte, war nicht so wachsam. Vandal sprang, es gab einen kurzen Aufruhr, ein Aufblitzen von weißem Fell, und im nächsten Augenblick schleifte Vandal ihre leblose Beute ins schützende Gebüsch.

Eine halbe Stunde später lag die Katze ausgestreckt da, mehr als angenehm gesättigt und nicht bereit, irgend etwas zu unternehmen, bis ihr Abendessen verdaut war. Dann stand sie auf, um ziellos durch den Wald zu streifen. Die Erinnerung an das bequeme Bett in dem kleinen Haus weckte in ihr den Wunsch, dorthin zurückzukehren. Aber sie konnte ihr Unbehagen angesichts der stillen Leere des Hauses und des plötzlichen Eindringens so vieler fremder Menschen nicht vergessen. Und sie konnte auch nicht erwarten, ein vertrautes Wesen dort vorzufinden, denn irgendwie wußte sie, daß ihre Herrin das Häuschen verlassen hatte. So zog sie weiter und gelangte schließlich zum Dachspfad, den Borun genau im gleichen Augenblick in fünfzig Meter Entfernung betrat.

So begegneten die beiden Tiere sich abermals. Eine Zeitlang standen sie stocksteif da, und jedes wartete, daß das andere den ersten Schritt tat. Beide waren sicher, daß sie nichts voneinander zu fürchten hatten, beide waren jung und unreif, und beide trugen in ihrem Herzen das Gefühl von Verlust, von Einsamkeit und den Wunsch nach Gesellschaft. Langsam, unendlich langsam kroch Vandal immer näher an Borun heran, der wie angewurzelt dastand, bis sich schließlich ihre Nasen berührten. Dann folgte eine zögernde gegenseitige Begutachtung, wobei sie sich sorgsam beschnüffelten. Borun hatte wenig Geruch an sich, denn er war wie alle Dachse peinlich sauber. Vandal ihrerseits roch stark nach Kaninchen, was Borun verwirrte. Letztlich jedoch befriedigt, machte er sich auf und ging den Pfad entlang, während Vandal hinter ihm einhertänzelte.

In dieser ersten Nacht beobachtete Vandal verblüfft, wie Borun einen morschen Baumstumpf auseinanderbrach und die herausfallenden Käfer und anderen Insekten zusammenscharrte. Sie begann sich zu langweilen, als Borun zwischen dem Adlerfarn nach Wurzeln grub, wurde jedoch wieder munter, als er ein Nest von Wühlmäusen fand. Sie erledigte die fliehende Mutter mit einem Pfotenschlag, während Borun die Jungen verzehrte. Aber sie hatte kein Verlangen nach Nahrung und überließ dem Dachs bereitwillig ihre Beute.

Bis zum Morgengrauen hatten sie ein unterhaltsames Spiel erfunden, bei dem Borun erst auf Vandal losstürzte, die bis zum letzten Augenblick regungslos wie eine Statue dasaß und dann hoch in die Luft sprang, so daß Borun unter ihr hindurchschoß. Dann jagte Vandal hinter Borun her und schlug mit den Pfoten nach ihm, wobei sie jedoch sorgsam darauf bedacht war, nie ihre Krallen herauszustrekken. Borun, seit langem an weit heftigere Schläge gewöhnt, winselte nichtsdestoweniger in gespieltem Schrecken und schlug Purzelbäume, um Vandals Angriffen auszuweichen.

Das Spiel endete bei Sonnenaufgang. Vandal und Borun machten sich auf den Weg zur Quelle und löschten ihren Durst, dann kehrte Borun, wie gewohnt, zum Bau zurück. Vandal zögerte einen Augenblick vor dem Eingang, aber als Boruns stattliches Hinterteil in der Dunkelheit verschwand, folgte sie ihm. Das Lager aus Farn und Blättern war bequem und Boruns warme Flanken weich und beruhigend. Während der Traktor im Tal brummend sein Tagewerk begann, während der Ziegenmelker zu seinem Schlafplatz auf dem Eichenzweig zurückkehrte und die Sonne hoch am Himmel emporstieg, lagen die beiden seltsamen Gefährten in friedlichem Schlaf.

In den folgenden Tagen fanden die beiden Tiere nach und nach einen Modus der Koexistenz. Obgleich Vandal bereit war, Borun auf seiner nächtlichen Nahrungssuche zu begleiten und ihm, wenn nötig, behilflich zu sein, zog sie es vor, am frühen Abend, ehe die Wiesen von Tau durchnäßt waren, allein zu jagen und zu töten. Wenn Borun abends aus seinem Bau kam, wartete oft eine Portion Kaninchen auf ihn, was ihm sehr willkommen war, denn er stellte sich manchmal noch recht einfältig und ungeschickt bei seinen Bemühungen an, Nahrung zu finden.

Meist zog Vandal es auch vor, allein zu schlafen. Nach Art der Katzen liebte sie es, mal hier, mal dort zu ruhen, am frühen Morgen und am Spätnachmittag in der Sonne zu liegen, sich während der Mittagshitze jedoch einen schattigen Fleck zu suchen. So hatte sie eine Reihe von Schlafplätzen in der Nähe des Baus, die sie je nach Windrichtung und dem Einfallswinkel der Sonnenstrahlen wählte. Nur wenn es regnete, kam sie zu Borun in den Bau.

An einem frühen Morgen im August, als die Sonne an einem wolkenlosen Himmel stand und der Wind im reifen Weizen raschelte, wurde Vandal durch ein fernes, hohes Bellen aus dem Schlaf gerissen. Das Gekläff brach keinen Augenblick ab, stieg und fiel mit dem Wind und kam dabei ständig näher. Vandal, die jetzt hellwach war, stand sprungbereit da und lauschte.

Ein Terrier war kurz nach Tagesanbruch von dem Bauernhof entwischt, wo er die Ratten in Schach halten sollte, die in Scharen die Mieten heimsuchten. Er hatte nur den einen Wunsch, sich unter den Horden von Kaninchen auszutoben, die zwischen den Hecken herumwimmelten, und während er jagte und tötete, sein Ziel verfehlte und wieder jagte, geriet er langsam in Raserei, bellte die ganze Zeit hysterisch und stürmte von einem Kaninchenbau zum anderen, bis er schließlich über den Dachspfad in den Wald gelangte.

Vandal zögerte eine Sekunde zu lange. Der Terrier entdeckte sie und schoß mit freudigem Gekläff hinter ihr her, während Vandal auf den Schutz des Baus zustürzte. Den Terrier dicht auf den Fersen, erreichte sie den Eingang. Das Kratzen von Krallen auf der trockenen Erde und das erregte Hundegebell weckten den Dachs. Im nächsten Augenblick stürmte Vandal, den Terrier im Gefolge, in Boruns Schlafraum, und als die Katze sich umdrehte, um sich ihrem Feind zu stellen, sprang der Hund sie an; er zielte auf ihre Kehle, erwischte sie jedoch seitlich am Hals. Als Vandal schrie, ging Borun mit einem Sprung zum Angriff vor, und der von Angst gepackte Terrier fühlte, wie die Zähne des Dachses sich in seine Vorderpfote gruben.

Der Lärm und der Aufruhr in der Dunkelheit des Baus stürzten alle drei Tiere in größte Verwirrung. Der Terrier heulte auf, als Boruns Zähne auf Knochen knirschten; Borun ließ die Pfote des Terriers los und versuchte, ihn an der Kehle zu packen. Statt dessen erwischte er ihn hinter den Ohren, hielt ihn am Genick fest und hinderte ihn erfolgreich daran, noch weiter zu beißen. Der Hund bemühte sich verzweifelt, Borun abzuschütteln, und vergaß dabei Vandal, die den Zähnen des Hundes entkommen war, als der Terrier das Maul geöffnet hatte, um aufzuheulen.

Wütend sprang Vandal den Hund an, biß und hieb mit messerscharfen Zähnen und klammerte sich dabei die ganze Zeit fest an seinen Rücken. Schließlich nahm sie ihre kräftigen Hinterfüße zu Hilfe und zerriß die weichen Flanken des Terriers mit einem grausamen, krallenbewehrten Tritt.

Mit vereinten Kräften hätten es die zwei Gefährten vermutlich geschafft, den Terrier zu töten, wäre es ihm nicht mit letzter Anstrengung gelungen, den Gang zu erreichen und seine beiden Gegner abzuschütteln. Er kroch unter Schmerzen zum Bauernhof zurück, wo Fletcher, der vorgehabt hatte, den Ausreißer gehörig zu verprügeln, ihn nur erstaunt und bestürzt ansah. Er erzählte seinen Freunden abends im Wirtshaus davon. „Der arme kleine Kerl sah aus, als hätt' man ihn in eine Dreschmaschine gesteckt. Er is' zerschnitten und zerrissen und zerkratzt... Einen Schluck Milch hat er getrunken, und seitdem liegt er da wie tot. Ich kann mir nicht vorstellen, was für ein Tier ihn so übel zugerichtet haben könnte."

Das konnte übrigens auch sonst niemand. Die beiden Angreifer hatten durch ihr Abenteuer keinen nachhaltigen Schaden davongetragen. Borun hatte ein paar Kratzer, die Vandal ihm in der Hitze des Gefechts irrtümlich beigebracht hatte, und Vandal hatte einen bösen

Riß am Hals. Behutsam leisteten sie einander Erste Hilfe, leckten sich gegenseitig die Verletzungen, an die der andere nicht herankommen konnte, und ihre Wunden heilten ohne Komplikationen. Der Terrier erholte sich ebenfalls mit der Zeit, aber er traute sich nie wieder in die Nähe des Waldes.

Sobald Polly Shaw das kleine Haus sah, wußte sie, daß sie gefunden hatte, was sie suchte. Es war September, und der Garten war verwildert und von Unkraut überwuchert, aber sie sah ihn im Geist schon gepflegt und sauber, mit vielerlei Gemüse, das wieder üppig in dem fetten Boden gedieh. Der knorrige alte Baum mitten auf dem Rasen würde sich auch im nächsten Herbst unter der Last der Damaszener Pflaumen biegen. Im Frühling würden aus Knollen und Zwiebeln Blumen sprießen, zuerst Schneeglöckchen, dann Krokusse, lila, gelb und weiß, und dann Osterglocken, die im Winde nickten und in der bleichen Märzsonne mit ihren goldenen Trompeten prunkten. Es gab Apfelbäume, einen Pfirsichbaum und ein paar vernachlässigte Himbeersträucher; und hinter dem Haus stand eine Reihe von Nebengebäuden, einschließlich eines Holzschuppens, in dem noch trockenes Brennholz aufgeschichtet war.

Im Häuschen wanderte Polly gemächlich umher und stellte sich vor, wie ihr Silber und die Möbel, die sie im Lauf der Jahre so sorgsam angesammelt hatte, im Schein des Kaminfeuers schimmerten. Oben im Schlafzimmer bewunderte sie die weißen Wände und die mit Eichenbalken versehene Decke, die sich im Lauf der Jahre gesenkt hatte. Sie blickte durch das kleine Flügelfenster unter dem Strohdach in den schattigen Wald. „Chintz", sagte sie, „überall Chintz."

„Wie bitte?" fragte der Makler, ein schüchterner junger Mann von Anfang Zwanzig.

Polly errötete. Sie hatte nicht gemerkt, daß sie laut gedacht hatte. Ihr Entschluß war gefaßt. Sie würde das Summercombe-Häuschen kaufen. Und als sie diese Entscheidung traf, versanken die Jahre, Jahre in staubigen, nach Kreide riechenden Klassenzimmern mit Horden von ungezogenen, schreienden Kindern, Jahre des Zensierens von Prüfungsarbeiten und endloser akademischer Debatten in verräucherten Lehrerzimmern. Endlich war sie frei; es gab keinen Menschen auf der Welt, der ihr etwas vorschreiben konnte.

Der Makler war hoch erfreut, denn niemand kannte besser als er die Mängel des Summercombe-Häuschens – einsam, zugig, feucht und von Holzwürmern durchlöchert. Ihr Anwalt hielt sie für völlig verrückt und sagte es ihr unmißverständlich. Aber Polly gab nicht nach. Eine rundliche, energische kleine Gestalt, deren dunkles Haar im Nacken zu einem Knoten geschlungen war und deren Kinn vor Entschlossenheit bebte, widersetzte sie sich jedem Versuch, sie umzustimmen. So geschah es, daß sie nach bemerkenswert kurzer Zeit an einem Abend im Spätherbst ein Zündholz anstrich und das erste Kaminfeuer in ihrem neuen Heim anzündete. Als die gelben Flammen gierig an den trockenen Scheiten emporzüngelten, weckte der Geruch des brennenden Holzes Erinnerungen an lang vergangene Oktoberabende. Sie schenkte sich ein Glas Whisky ein und setzte sich mitten zwischen die Kisten, die auf dem Boden herumstanden, während draußen das letzte Tageslicht von den Hügeln verschwand. Das Auspacken eilte nicht. Sie konnte sich ihre Zeit einteilen, wie es ihr paßte, und sie hatte den ganzen Winter vor sich. Dann ging sie in den Garten.

Die Sterne glitzerten weiß über dem Hügelkamm. Allein in der kalten Dunkelheit, spürte sie die Nähe der Erde und fühlte sich eins mit dem Tal, den Hügeln und den stillen Bäumen. Dieses Gefühl verstärkte sich noch in den folgenden Wochen, in denen sie tagsüber im Garten arbeitete und am Abend an ihrer Nähmaschine saß oder die dunklen, einst von Spinnweben durchzogenen Winkel des kleinen Hauses mit weißer Farbe anstrich.

Als erstes brachte sie in den Zweigen des Pflaumenbaumes ein Futterbrett für Vögel an. An dieses Brett hängte sie kleine Blechnäpfe mit Erdnüssen und Sonnenblumenkernen, Talgklumpen, einen großen Markknochen und Streifen einer Speckschwarte. Ihre erste allmorgendliche Aufgabe war es, das Futterbrett wieder aufzufüllen, und dann konnte sie sich ruhig hinsetzen und ihr Frühstück genießen, während die Vögel kamen, sich das ihre zu holen.

Sie war erstaunt über die Vielfalt der Besucher. Amseln und Drosseln hüpften im Gras unter dem Baum umher. Buchfinken und Grünlinge, Heckenbraunellen und Hänflinge drängten sich auf dem Brett, rempelten sich an und stießen sich beiseite, um ihrerseits von einem einzelnen Rotkehlchen verdrängt zu werden. Es kamen Meisen – Blaumeisen, Kohlmeisen, eine Tannenmeise und ein Weidenmeisenpärchen –, solch eine Fülle von Färbung und Zeichnung, daß Polly sich ein Vogelbuch kaufen mußte, um sie alle bestimmen zu können. Kleiber gehörten zu den regelmäßigen Besuchern, und hin und wieder kam ein Buntspecht und nickte mit seinem schwarzweißroten Kopf, während er die dargebotenen Leckerbissen musterte.

Eines Abends saß Polly noch zu später Stunde am Fenster. Die Vorhänge waren nicht zugezogen, und das Fenster stand offen, denn das Wetter war immer noch gut, und die Nächte waren für die Jahreszeit ungewöhnlich warm. Ein Buch lag auf ihrem Schoß. Plötzlich wurde sie durch ein gedämpftes Quieken im Garten aus ihren Träumen gerissen. Sie blickte vorsichtig aus dem Fenster und wagte kaum zu atmen, um nicht zu verscheuchen, was immer es sein mochte. Aus dem Schatten der Bäume kam eine Igelfamilie, die wie lebende Nadelkissen aussahen, als sie auf ihren kurzen, krummen Beinen über den Rasen watschelten. Mit freudigem Quieken stürzten sie sich auf die Reste des Vogelfutters unter dem Pflaumenbaum und liefen eifrig suchend umher, wobei sie sich für solch plump aussehende Wesen erstaunlich schnell bewegten.

Polly beobachtete sie entzückt, bis sie sich schließlich davontrollten. Später im Bett fragte sie sich, was sie tun konnte, um sie zum Bleiben zu veranlassen. Sie hatte irgendwo gelesen, daß Igel in Gärten sehr nützlich waren, denn sie fraßen allerlei schädliches Ungeziefer. Aber selbst wenn das nicht stimmte, so sagte sie sich, lohnte es sich, sie ihrer Unterhaltsamkeit wegen im Garten zu behalten. Sie mußte am nächsten Tag ohnedies in die Stadt fahren, und so würde sie sehen, was sie für die Igel auftreiben konnte.

Nach dem Frieden von Summercombe kam ihr die Stadt heiß, laut und übelriechend vor. Polly war froh, als sie die Vorräte für eine Woche im Kofferraum ihres alten Morris verstaute und ins Tal zurückkehrte. Sie hielt vor dem Bauernhof an, um ihre Milch abzuholen und zu fragen, ob sie, zumindest während der nächsten Tage, einen zusätzlichen halben Liter bekommen könne.

„Erwarten Sie Besuch, Miß Shaw?“ Doch Mrs. Fletchers Neugier erhielt nicht genügend Nahrung, um befriedigt zu werden.

„Nein, aber –“, begann Polly, dann zögerte sie. Sie war im Begriff gewesen, Mrs. Fletcher von den Igeln zu erzählen, beschloß jedoch, es nicht zu tun. Sie wurde im Dorf schon ohnedies als leicht verschroben angesehen und wollte den Leuten keinen Anlaß zu weiterem Klatsch geben. „Die – die Gartenarbeit macht mich sehr durstig“, sagte sie statt dessen. Dann nahm sie ihren zusätzlichen halben Liter und machte sich eilig davon, ehe die Bäuerin sie weiter ausfragen konnte.

Mit einem fast überwältigenden Gefühl der Erleichterung kehrte sie in ihr kleines Haus zurück. Sie stellte den Karton mit den Lebensmitteln auf den Küchenboden und kramte darin herum, bis sie das Katzenfutter fand, das sie für die Igelfamilie gekauft hatte. Verpackt war es in einer grellroten Schachtel mit dem Bild einer fetten, selbstzufriedenen Katze, die sich genüßlich das Maul leckte. Polly öffnete die Packung: Der Inhalt sah ekelerregend aus. Sie leerte das Futter in zwei Schüsseln, goß den halben Liter Milch darüber, trug die Schüsseln in den Garten und stellte sie unter den Pflaumenbaum. Dann ging sie wieder hinein, um für sich selbst ein appetitlicheres Mahl zu bereiten, ehe sie ihren Beobachtungsposten am Fenster bezog.

Sie kamen kurz nach Einbruch der Dunkelheit, denn sie hatten sich daran erinnert, daß am vergangenen Abend unter dem Baum einige sehr interessante Leckerbissen zu finden gewesen waren. Polly fragte sich, ob sie nicht vielleicht das Katzenfutter ein wenig zu großzügig verteilt hatte, aber sie sah mit Staunen, wieviel die Igel zu verzehren imstande waren. Es war nicht bloße Freßsucht, die sie zur Völlerei trieb. Bald kam der erste Frost, und dann suchten sich die Igel eine Zufluchtsstätte, die geschützt und trocken war. Unter dürrem Gras und welken Blättern vergraben, würden sie dort überwintern. Ihre Körpertemperatur würde sinken, ihr Herzschlag sich verlangsamen, und sie würden beinahe aufhören zu atmen, während sie in einen immer tieferen Schlaf sanken, der bis zu den warmen Frühlingstagen anhielt. Um sich auf diese Zeit vorzubereiten, legten sich die Igel jetzt eine dicke Fettschicht zu, ausreichend Brennstoff, um die Tätigkeit aller Organe während der langen Wintermonate gerade noch in Gang zu halten. Deshalb fraßen die Igel unentwegt den ganzen Herbst hindurch.

Trotzdem gelang es ihnen nicht, die Schüsseln ganz zu leeren, ehe sie sich von dannen trollten, und Polly ließ die Reste des Fressens auf dem Rasen, für den Fall, daß die Igel später zurückkehrten. Hocherfreut über den Erfolg ihres Experiments, ging sie zu Bett und fragte sich beim Einschlafen, ob sich die Fabrikanten von KATZENSCHMAUS wohl jemals hätten träumen lassen, daß man ihr Produkt als Nahrung für Igel verwendete.

In diesem Augenblick betraten Borun und Vandal den Garten. Für beide Tiere war es in letzter Zeit schwieriger geworden, ausreichend Nahrung zu finden. Diejenigen Kaninchen, die die ersten Wochen ihres Daseins überlebt hatten, waren mager, flink und wachsam geworden. Und die lang anhaltende Trockenheit hatte auch nicht gerade dazu beigetragen, die Lage zu verbessern, denn die Regenwürmer hatten sich bis zum Beginn der Regenfälle tief in die Erde verkrochen. Und schlimmer noch für Borun war die Tatsache, daß es in diesem Jahr nur wenige Eicheln gab. Ebenso wie die Igel mußte sich

Borun jetzt eine Fettschicht zulegen, um für die Wintermonate vorzusorgen, in denen er, statt nach Nahrung zu suchen, die langen Nächte schlummernd in der Wärme und Sicherheit des Baus verbrachte. Für Vandal war das Problem nicht so ernst, obwohl sie normalerweise zu dieser Jahreszeit auch an Gewicht zugenommen hätte. Außerdem waren beide, sowohl sie als Borun, noch im Wachsen begriffen und brauchten reichlich Futter. Obwohl weit davon entfernt, Hunger zu leiden, hatten sie einen unbändigen Appetit, und so hatten sie sich angewöhnt, ihre Streifzüge weiter als sonst auszudehnen. An diesem Abend hatten sie sich ein Herz gefaßt und waren gekommen, um den Garten des kleinen Hauses auszukundschaften.

Sie entdeckten sofort das Fressen, das die Igel übriggelassen hatten, und Vandal, die seit langem weder Katzenfutter noch Milch gekostet hatte, leerte im Handumdrehen eine der Schüsseln. Borun, ein wenig mißtrauischer, beschnüffelte den Inhalt der anderen, probierte zögernd und fand ihn nach seinem Geschmack. Er leckte die Schüssel sauber, dann drehte er sie um, in der Hoffnung, noch mehr zu finden. Enttäuscht begann er schließlich, unter dem Pflaumenbaum nach Resten zu suchen, die vom Futterbrett der Vögel gefallen waren.

Der Geschmack des Katzenfutters hatte alte Erinnerungen in Vandal geweckt, und als Borun von seiner Nahrungssuche aufblickte, sah er die Katze um die Ecke des Hauses schleichen. Er folgte ihr und beobachtete, wie sie an der Hintertür schnupperte.

Die Katzenklappe war noch da. Vandal stieß sie behutsam an, und sie öffnete sich. Den Kopf in die Küche geschoben, blieb die Katze einen Augenblick stehen und horchte, ob sich irgend etwas regte. Doch alles blieb still; sie schlüpfte durch die Öffnung ins Haus, und die Klappe schloß sich hinter ihr. Nach kurzem Zögern folgte Borun ihrem Beispiel, und dann standen beide eine Weile regungslos da, begierig, ihre Entdeckungsreise zu beginnen, aber jeden Augenblick zur Flucht bereit.

Polly war noch nie eine ordentliche Hausfrau gewesen, und seitdem sie allein lebte, kümmerte sie sich kaum noch um die üblichen Gepflogenheiten. Der Karton mit den Lebensmitteln, die sie am Morgen dieses Tages gekauft hatte, stand immer noch auf dem Küchenboden. Der ewig neugierige Borun wollte wissen, was dieser seltsame eckige Baumstumpf wohl enthielt, und seine kräftigen Krallen rissen ungeduldig an Karton, Papier und Plastik. Als erstes zerriß eine Mehltüte, aber nachdem Borun ein paarmal an ihrem Inhalt

geleckt hatte, wandte er seine Aufmerksamkeit anderen Dingen zu. Haferflocken erwiesen sich als sehr viel schmackhafter. Borun schmatzte eine Zeitlang genüßlich, bis er den Zucker fand. Dies war besser als alle Wespennester von Somerset, und während Borun leckte und knirschend kaute, wühlte er sich immer tiefer in den Karton.

Vandal beobachtete ihn ohne besonderes Interesse. Was sie ersehnte, war ein Napf mit kühler Milch. Sie erinnerte sich, daß sie sich in vergangenen Zeiten nur an der Tür des Kühlschranks zu reiben und zu miauen brauchte, dann öffnete ihre Herrin die Tür, holte die Milch heraus und goß sie in eine Schüssel. Automatisch wiederholte Vandal jetzt ihr Maunzen, nicht einmal, sondern mehrmals. Nichts geschah. Niemand kam, und Borun, blind für alles außer dem Zucker, steckte immer noch tief im Karton. Und er wäre vermutlich die ganze Nacht dort geblieben, hätte er nicht in seiner Gier ein Paket Waschpulver aufgebrochen. Wie aus der Pistole geschossen kam er prustend und niesend rückwärts heraus. Als er sich ein wenig erholt hatte, sah er Vandal an der Tür des Kühlschranks kratzen.

Zu Pollys Unglück hatte die Tür einen Magnetverschluß, aber für Borun war dies kein Problem. Drei gebratene Speckscheiben, etwas Käse und ein Ei wanderten in den Magen des Dachses, während Vandal verzweifelt miaute und nach ihrer Milch verlangte, die in einem Krug auf einem der Tragroste stand. Als Borun sich auf die Hinterbeine stellte und seine kleine Schnauze gierig noch tiefer in den Kühlschrank steckte, kippte der Rost nach vorn. Der Krug rutschte herunter, und die von Vandal so heiß ersehnte Milch ergoß sich mit einem größeren Schwall, als ihr lieb war, über sie.

Der Lärm des herabfallenden Kruges weckte Polly. Einen Augenblick lag sie, vor Angst wie gelähmt, still da. Dann riß sie sich zusammen und stand auf. Falls Einbrecher im Haus waren, war es

besser, auf den Beinen zu sein, als wehrlos im Bett zu liegen. Vielleicht wußten sie nicht, daß sie allein im Haus war, und wenn sie ihnen zu verstehen gab, daß man sie gehört hatte, würden sie vielleicht fliehen.

Sie öffnete geräuschvoll die Schlafzimmertür, blieb kurz auf dem Treppenabsatz stehen, dann ging sie mit schweren Schritten die Treppe hinunter. Vor der Küchentür hielt sie inne und horchte; aber das einzige Geräusch, das sie vernahm, war das Ticken der Uhr, und so nahm sie schließlich all ihren Mut zusammen, öffnete die Tür und machte das Licht an.

Schrecken und Abscheu waren ihre erste Reaktion auf das Bild, das sich ihr bot. Die Reste dessen, was einst ein Karton gewesen war, enthielten ein grauenvolles Gemisch aus Mehl, Zucker und Haferflokken, alles mit Waschpulver vermengt. Der Boden war mit Fetzen von Papier und Pappe übersät und mit mehligen Fußspuren bedeckt. Die Tür des Kühlschranks stand offen, und das wenige, was von seinem Inhalt übriggeblieben war, schwamm in einer Milchlache.

Dann entdeckte Polly die milchfeuchten Spuren von kleinen Pfoten, die zur Katzenklappe führten, und ihr wurde klar, was geschehen sein mußte, obwohl sie sich nicht schlüssig war, wer ihr diesen nächtlichen Besuch abgestattet hatte. Zweifellos waren es keine Igel; einige der Spuren schienen von einer Katze zu stammen, aber es gab andere, die größer waren. Gewiß konnte eine Katze nicht solch eine Verwüstung anrichten. Plötzlich hörte sie im Geist Mrs. Fletchers Stimme. „Erwarten Sie Besuch, Miß Shaw?" Inmitten des Trümmerhaufens stehend, fing sie an zu lachen.

Sie ging wieder nach oben, zog sich an, und dann machte sie sich daran, ihre Küche in Ordnung zu bringen. Betrübt überlegte sie sich, daß sie noch einmal in die Stadt fahren mußte, um sich neue Vorräte zu besorgen. Als letztes, ehe sie zu Bett ging, nagelte sie eine starke Holzleiste über die Katzenklappe, um weiteren Besuchen vorzubeugen.

Es wurde beinahe Mittag, ehe Polly das nächste Mal aufwachte, und deshalb war sie zur gewohnten Schlafenszeit hellwach. Sie hatte abermals Futter für die Igel in den Garten gestellt, und sie waren dagewesen und wieder verschwunden. Aber Polly blieb weiter am Fenster sitzen, in der Hoffnung, daß die Besucher der vergangenen Nacht wiederkommen würden. Der Mond stieg auf und zog seine Bahn über den Himmel. Das Feuer im Kamin erlosch, und es wurde kalt im Zimmer. Da endlich ließ das Klappern der Schüsseln sie aufhorchen, und sie blickte vorsichtig aus dem Fenster. Sie sah sofort die Katze und dachte zunächst, daß sie wohl vom Bauernhof heraufgekommen war. Dann erinnerte sie sich, daß Mrs. Fletcher ihr von einem weißen Kätzchen erzählt hatte, das nach dem Tod der ehemaligen Hausbesitzerin verschwunden war, und sie fragte sich, ob das wohl die Katze sein mochte, die jetzt auf dem Rasen aus der Schüssel fraß.

Borun stand mit dem Rücken zum Fenster; sein grauer Rumpf war in der Dunkelheit kaum zu sehen, und im ersten Augenblick bemerkte sie ihn nicht. Dann drehte er sich plötzlich um, und Polly hielt überrascht und erfreut den Atem an. Während sie die Tiere wie gebannt beobachtete, verschwand Vandal hinter dem Haus, und sie hörte das Klappern der Katzenklappe. Plötzlich war ihr alles klar.

Vandals Versuch, in die Küche zu gelangen, schlug fehl, und sie gesellte sich wieder zu Borun. Erst als die beiden ganz sicher waren, daß sie auch nicht ein einziges Bröckchen übersehen hatten, zogen sie wieder in die Nacht hinaus und ließen Polly allein am Fenster zurück.

Danach kamen sie jeden Abend, und Polly sorgte dafür, daß sie stets genügend Nahrung vorfanden. Am dritten Abend stellte sie das Fressen wie üblich hinaus, und dann setzte sie sich, in einen warmen, dunklen Mantel gehüllt, unter den Pflaumenbaum.

Eine halbe Stunde verging, ehe Polly die weiße Gestalt der Katze in der Dunkelheit auftauchen sah. Dicht hinter ihr kam der junge Dachs, und beide Tiere begaben sich geradewegs zu den Futterschüsseln auf dem Rasen. Plötzlich blickte Vandal auf und sah Polly; eine Pfote in der Luft, hielt sie wie erstarrt inne, bereit, bei dem kleinsten Anzeichen von Gefahr zu fliehen, aber offensichtlich nicht geneigt, auf ihr Abendessen zu verzichten, wenn es nicht unbedingt nötig war.

Polly saß regungslos da und wagte kaum zu atmen, und schließlich entspannte Vandal sich, kroch vorwärts und begann zu fressen. Borun, durch ihr Verhalten ermutigt, folgte ihrem Beispiel und bemerkte zu seiner Freude, daß sich in seiner Schüssel außer der üblichen Katzennahrung und Milch eine Scheibe Brot mit Honig befand. Diese Entdeckung trug wesentlich zu seiner Beruhigung bei, und er leckte seinen Napf aus, ehe er Vandal half, ihre Schüssel zu leeren.

Polly stellte die Schüsseln jeden Abend ein wenig näher an den Pflaumenbaum, und binnen einer Woche fraßen die beiden Tiere zu ihren Füßen. Bald nahmen sie kleine Brocken aus ihrer Hand an, aber sowohl Vandal als auch Borun wichen zurück, wenn sie versuchte, sie zu berühren. Da es jetzt jeden Abend früher dunkel wurde, setzte sich

Polly nicht mehr unter den Baum, um ihre Gäste zu erwarten, sondern brachte ihnen einfach bei ihrer Ankunft die Schüsseln hinaus.

Dann lud Borun eines Abends Schuld und Schande auf sich. Es war abzusehen, daß früher oder später Borun und Vandal eintreffen würden, während die Igel noch beim Futtern waren. Polly hatte darüber nachgedacht, aber sie kannte den Trick der Igel, sich zu einer festen, stacheligen Kugel zusammenzurollen, wenn sie belästigt werden, und so war sie sicher, daß ihnen nichts geschehen würde. Sie wußte nicht, daß Dachse ihre eigene Methode haben, mit Igeln umzugehen.

Als die Begegnung schließlich stattfand, war Polly daher eher belustigt als besorgt und wartete gespannt, wie die Tiere sich verhalten würden. Drei der Igel liefen davon, aber der vierte, der seine Flucht zu lange hinausgezögert hatte, rollte sich zu einer Kugel zusammen. Borun schlenderte zu ihm hinüber. Er rollte ihn behutsam auf den Rücken, und dann, noch ehe Polly etwas unternehmen konnte, grub er seine Krallen tief in die Stelle, wo der Kopf des Igels mit seinem Schwanz zusammentraf, und stemmte das unglückliche Tier auf. Er biß einmal rasch zu, der Igel quiekte und starb, und Borun zerkaute bereits knirschend seinen Schädel, als Polly mit einem Besen auf ihn losging. Mit einem heiseren Angstgebell machte sich Borun, dem Vandal folgte, hastig aus dem Staub, und es blieb Polly überlassen, bestürzt über die Gewalt der dunklen Kräfte nachzudenken, die sie zu bändigen versucht hatte.

Am Abend darauf kam niemand zum Essen. Die Igel hatten Angst vor einer erneuten Begegnung mit dem Dachs, und Borun war verständlicherweise wenig geneigt, einer zornigen Frau gegenüberzutreten, die mit einem Besen bewaffnet war. Aber am nächsten Morgen sah Polly zu ihrem Erstaunen Vandal bei hellem Tageslicht auf der Gartenmauer sitzen. Sie brachte ihr eine Schüssel Milch, und Vandal schlürfte sie gierig, ehe sie wieder im Wald verschwand.

Danach erschien sie häufiger, lungerte oft stundenlang im Garten herum, und eines Nachts, als ein Sturm durch die Bäume fegte und im Schornstein heulte, kratzte sie an der Tür. Als Polly sie öffnete, kam Vandal herein und setzte sich auf den Teppich vor dem Kaminfeuer, als ob sie nie fort gewesen wäre.

Die Erklärung war ganz einfach. Borun verbrachte jetzt den größten Teil der Zeit schlafend im Bau, und mit zunehmender Kälte wurde das Leben im Wald für Vandal immer unerfreulicher. Sie konnte nicht mehr den lieben langen Tag in der Sonne dösen, und die dunklen, muffigen Räume des Baus fand sie nicht sehr angenehm. So war sie aus der freien Natur zurückgekehrt, und obwohl sie Borun noch von Zeit zu Zeit traf, waren sie nicht mehr solch unzertrennliche Gefährten wie zuvor. Die Partnerschaft, wenn man es so nennen will, hatte ihren Zweck erfüllt und jetzt ein Ende gefunden.

So blieb Vandal in ihrem ehemaligen Heim, nahm bereitwillig eine Schüssel Milch an, wenn sie ihr angeboten wurde, und hin und wieder auch einen Teller Katzenfutter, obwohl sie es im großen und ganzen vorzog, sich selbst ihre Nahrung zu suchen. Und Polly, die sich anfangs mit belustigtem Unwillen in ihre Rolle als unfreiwillige Katzenpflegemutter gefügt hatte, freute sich am Ende auf die Gesellschaft Vandals während der langen Winterabende und auf das beruhigende Geräusch ihres wohligen Schnurrens, wenn sie entspannt vor dem Kaminfeuer lag.

Wanderschaft

In den ersten Tagen des neuen Jahres, als der Januarmond weiß über dem Tal schien, das unter strengem, trockenem Frost erstarrt lag, kam Einauge, die Füchsin, nach Summercombe. Dort umwarb und gewann sie der alte Fuchsrüde, der am oberen Ende des Waldes hauste, und zwei Wochen lang hallten die Berghänge und der Wald von dem Schall ihrer Liebesrufe wider.

Die Zeit der jungen Liebe war kurz, und hinterher ging jeder seinen eigenen Weg, der Fuchsrüde wieder zu seinem alten Lager und die Füchsin in den Schutz eines Stechginsterdickichts am Hang des Hügels. Hier schlief sie während des Tages, wärmte sich in der blassen Wintersonne oder lag zusammengerollt da, die Pfoten dicht am Körper und das Gesicht unter dem buschigen Schweif geborgen, so daß die Kälte ihr nichts anhaben konnte. Bei Nacht jagte sie, flinker und leichtfüßiger als eine Katze und mit so viel Schlauheit und Geduld, daß sie damit den Verlust ihres Auges reichlich wettmachte.

Es war jetzt fast ein Jahr her, daß sie die Verletzung davongetragen hatte. Sie hatte sich an einem Spätnachmittag an einen Reiher herangepirscht, während dieser in dem seichten Wasser eines Baches stand, der träge zwischen eisverkrusteten Ufern dahinfloß. Als sie sprang, rutschte sie mit einem Hinterbein auf dem Eis aus; sie erwischte zwar ihre Beute, bekam sie jedoch am Flügel statt am Hals zu fassen. In dem darauffolgenden Kampf traf der dolchähnliche

Schnabel des Reihers sie am Auge. Wenig später starb der Reiher, als die scharfen Zähne der Füchsin sich um seinen Hals schlossen. In ihrer wilden Siegesfreude nahm sie kaum Notiz von ihrer eigenen Verletzung, aber mit der Zeit wurde die lädierte Hornhaut trüb und weiß, so daß sie auf einem Auge erblindete.

Während der folgenden Wochen erging es Einauge schlecht, denn sie mußte erst lernen, mit ihrer Behinderung zu leben. Infolgedessen paarte sie sich in jenem Jahr nicht. Die Jungen, die sie jetzt trug, würden ihr erster Wurf sein. So verging die Zeit, und während die eisigen Fesseln des Winters unter dem warmen Atem des Frühlings schmolzen, wurden Einauges Flanken runder. Wenn sie auch vielleicht nicht mehr ganz so flink war wie zuvor, so bedeutete das doch keine Atempause für die Kaninchen von Summercombe.

An einem sonnigen Tag Ende März, als die Osterglocken auf dem Friedhof gelb zwischen dem Grau der Grabsteine leuchteten und die Saatkrähen droben in den Ulmen gewichtig über die Methoden der Instandsetzung ihrer Nester berieten, versammelten sich die Fuchshunde von Nord-Somerset auf dem Dorfanger von Summercombe. Aus allen Richtungen kamen Reiter herbeigaloppiert, einige von ihnen in eleganten scharlachroten Jagdröcken. Sonnengebräunte Farmer in abgetragenen Tweedjacken ritten auf schweren Jagdpferden, und Kinder saßen nervös auf fetten Ponys. Der Jagdleiter stand ein wenig abseits, hob seine Reitgerte zur Begrüßung eines jeden Neuankömmlings und sprach leise mit seinem Reitknecht. Der Dorfwirt lief geschäftig umher und trieb seine Frau und seine Töchter zur Eile an, die auf Tabletts den traditionellen Abschiedstrunk reichten. Die übrigen Dorfbewohner standen dabei und sahen zu.

Als die Kirchenuhr elfmal schlug, brachen die Hunde auf und schossen als weiß-brauner Strom den Weg zur Bidewell-Farm hinauf. Leder knirschte und Geschirr klirrte, als ihnen die Pferde folgten, während sich diejenigen, die sich der Jagd zu Fuß oder mit dem Wagen anschließen wollten, ebenfalls auf den Weg machten, jeder darauf bedacht, einen Platz zu finden, der es ihm gestattete, die Jagd möglichst genau zu verfolgen.

Einauge, die im Stechginsterdickicht lag, hörte das Lärmen der Jagdhunde, als sie durch das Tal stürmten, und beobachtete, wie sie sich über den gegenüberliegenden Berghang verteilten und auf eine kleine Gruppe von Weißdornbüschen zustrebten, die kahl inmitten eines Meeres von rostrotem Adlerfarn aufragten. Nach einigen Minuten zogen sie weiter, krochen in Hecken hinein und wieder heraus, untersuchten jedes Dornengestrüpp, jeden von Unkraut überwucherten Steinhaufen und arbeiteten sich allmählich am Berghang vor, bis sie das Ende des Tals erreicht hatten. Dort beschrieben sie einen weiten Bogen und wandten sich dem Hügel zu, auf dem Einauge lag.

Erst jetzt kam sie aus dem Dickicht hervor und kletterte zu den Kalksteinfelsen hinauf. Dort erspähte ein Beobachter, der auf dem Gelände der alten Festung stand, ihren rotbraun schimmernden Pelz. Der Mann schwenkte seinen Hut und verständigte mit einem Ruf die Jäger, die der Meute auf schlammbespritzten Pferden folgten. Die Männer gaben den Tieren die Sporen. Hunde schwärmten aus, stürmten zwischen den Felsbrocken und dem welken Farn hindurch, und dann ertönte plötzlich ein lautes, freudiges Gebell, als sie auf die Fährte der Füchsin gestoßen waren. Einauge führte sie jetzt den Hang hinunter, zurück ins Tal und bis zu seinem Ende. Zweimal gelang es ihr, der Meute zu entkommen und sich ein paar Minuten auszuruhen: einmal, indem sie im Zickzack zwischen einer Herde von tödlich erschrockenen Schafen hindurchlief, und dann wieder, als sie in einem Entwässerungsrohr verschwand, das durch einen Erdwall führte und durch das die Hunde ihr nicht folgen konnten. Die Hunde bellten, außer sich vor Enttäuschung, am Zugang zum Rohr, bis ein älterer, erfahrener Hund auf den Wall stieg und Einauges Witterung auf der anderen Seite aufnahm.

Sie hatte etwas Zeit gewonnen, aber sie war jetzt langsamer geworden. Ihre Zunge hing heraus, und ihr gesundes Auge war glasig, als sie den Schutz des Waldes erreichte. Schwer atmend blieb sie einen Augenblick unter den Bäumen stehen und suchte die Geräusche der Verfolger auszumachen. Die Meute kam näher. Einauge schlug einen Bogen, trat aber nicht aus dem Wald heraus, und als sie weiter den Hang hinauflief, kam sie dicht am alten Fuchsrüden vorbei.

Sie war am Ende ihrer Kräfte. Beim Laufen taumelte sie, und einmal brach sie zusammen und blieb ein paar Sekunden auf der Seite liegen, ehe sie sich erhob und nun dem breiten Dachspfad folgte, der sich bergab durch das Gestrüpp schlängelte. Am Zugang zum Dachsbau blieb sie stehen, und in diesem Augenblick wurde ihr klar, daß die Meute ihr nicht mehr nachstellte, daß das schreckenerregende, jaulende Gebell, das sie stundenlang verfolgt hatte, allmählich schwächer geworden war. Erleichtert schlüpfte sie in den unterirdischen Gang, und als sie einen Raum fand, der mit altem, modrigem Laub ausgelegt war, brach sie endgültig zusammen.

Nach einer wilden Hatz, die die Meute in schnurgerader Linie querfeldein führte, die die Pferde weit zurückließ und zwei Reiter aus dem Sattel hob, wurde zehn Minuten später und zwei Kilometer entfernt der alte Fuchsrüde in Stücke gerissen. Er durchlitt keine Qualen. Sein altes Herz hatte versagt, noch ehe der erste Hund über ihn herfiel. Er erlangte eine Art Berühmtheit in den Annalen dieser Jagd als ein alter Kämpfer, der eine der längsten Hatzen des Jahrhunderts geliefert hatte. Nur der Jagdleiter ahnte, was in Wirklichkeit geschehen war, aber er war zu klug, um die Anfänge einer Legende im Keim zu ersticken.

Borun wurde sich der Anwesenheit seines ungeladenen Gastes nicht sofort bewußt. Die Zufluchtsstätte, die Einauge gewählt hatte, war die alte Kinderstube, ein Teil des Baus, den Borun selten aufsuchte. Erst als er in der Abenddämmerung ins Freie trat, bemerkte er den moschusartigen Fuchsgeruch in der Umgebung des Baus. Er verfolgte ihn bis zu seinem Ursprung, und nachdem sich sein Verdacht bestätigt hatte, machte er sich mißmutig brummend auf den Weg zu seiner nächtlichen Nahrungssuche. Es gab nichts, was er in dieser Angelegenheit hätte tun können. Füchse waren im Leben eines Dachses eine ebenso unvermeidliche Tatsache wie Frost und Schnee.

Sechzehn Stunden lag Einauge erschöpft da. Erst als sich das Grau der Morgendämmerung über der nebligen Landschaft in Silber verwandelte, kroch sie aus dem Bau und machte sich steifbeinig auf, um im Wald nach Wasser zu suchen. Sie entdeckte die Kalksteinquelle, und nachdem sie ihren Durst gelöscht hatte, schleppte sie sich mühsam zum Bau zurück. Dort begegnete sie Borun, und die zwei Tiere starrten sich feindselig an, ehe sie in ihren getrennten Behausungen verschwanden. Einauges Zeit war gekommen. Sie konnte jetzt den Bau nicht verlassen, selbst wenn sie es gewollt hätte.

Während der nächsten Stunden brachte sie vier Junge zur Welt. Trotz der ungeheuerlichen Strapazen, die sie ausgestanden hatte, waren die Jungen stark und gesund, und sie entwickelten sich gut. Nach drei Wochen erschienen sie zum erstenmal am Ausgang des Baus – kleine, nußbraune Kobolde mit einem dichten, seidigen Fell, glänzenden Augen, kurzen, spitzen Schnauzen und großen Ohren. Sie torkelten auf wackligen Beinen umher und wedelten mit lächerlich kleinen Schwanzbüscheln.

Etwa eine Woche lang spielten die Jungen vor dem Bau und tollten wie junge Hunde unter dem wachsamen Auge ihrer Mutter umher, aber wenn Borun vorbeikam, saßen sie ganz still da und zollten ihm den Respekt, den etwa ein Menschenkind einem schrullenhaften alten Onkel entgegenbringt.

Nach einigen weiteren Wochen begann Einauge, die Jungen zu entwöhnen. Im Wald und auf den Feldern des Tals wimmelte es von jungen Vögeln und anderen Tieren, die zu dumm und unerfahren waren, um lange zu überleben, und sie schleppte junge Kaninchen und Fasanenküken, Mäuse, Wühlmäuse und junge Hasen, Kiebitze, Rebhühner und Teichhühner in den Bau. Gelegentlich trug sie sogar Eidechsen und Blindschleichen herbei und einmal einen Grünspecht, den sie überrumpelt hatte, als er eines Abends im Gras des Waldbodens nach Raupen suchte. Mäuse und Wühlmäuse brachte sie meist paarweise an, die kleinen Körper quer zwischen die Kinnbacken gepreßt, so daß die Schwänze wie ein langer Schnurrbart an beiden Seiten ihrer Schnauze herunterhingen.

Nach einer Weile schaffte sie ihre Beutetiere lebend herbei und setzte sie vor dem Bau auf freien Fuß, damit die Jungen sie jagten und töteten. Da sie weit mehr anbrachte, als sie und die Jungen fressen konnten, war die Gegend um den Bau herum bald mit den Resten übersät; einiges – das Fell eines Kaninchens, den Flügel eines Teichhuhns, das Bein eines Fasans – benutzten die Jungen als Spielzeug.

So kam jetzt zur Ausdünstung der Füchse noch der widerliche süßliche Geruch der Verwesung hinzu, und während der warmen Sonnentage war die Luft erfüllt von dem Summen von Schmeißfliegen, die kamen, um in das verwesende Fleisch ihre Eier zu legen. Einige der Fliegen fanden sogar den Weg in Boruns Schlafraum und weckten ihn aus seinem Schlummer. Die ganze Sache wurde ihm allmählich unerträglich.

In einer Nacht im Juni erreichte das Drama seinen Höhepunkt. Einauge war schon seit einigen Tagen zu dem Schluß gelangt, daß der Kinderstubenbau mit der Zeit zu eng für sie und vier große, lebhafte Junge wurde. Die Luft war stickig, das Laub übelriechend und voller Ungeziefer. So nutzte sie Boruns Abwesenheit dazu aus, den Hauptbau zu untersuchen. Sie fand Boruns Schlafraum frisch mit Gras und welken Blättern ausgelegt vor und erkannte sofort, daß dies genau der richtige Platz für sie war. Kurz vor der Morgendämmerung führte sie ihre Jungen dorthin; das kleinste, das als letztes kam, schleifte sein Lieblingsspielzeug, das Kaninchenfell, hinter sich her und ließ es mitten im Gang des Hauptbaus liegen.

Als Borun zurückkehrte, schlug ihm bereits am Eingang der

Fuchsgestank entgegen, und er brauchte nicht den Beweis des Kaninchenfells, um zu erkennen, was geschehen war. Der ganze Bau war jetzt durch die Füchse verpestet.

Das war zuviel. Er konnte die Unbehaglichkeit und den Schmutz nicht länger ertragen. Entschlossen kehrte er dem Bau den Rücken und trottete durch den Wald davon. Für einen Augenblick war sein buckliger grauer Rumpf noch zwischen den Büschen zu sehen, dann verschwand er im Dunkel des Waldes.

Borun folgte dem Pfad, der zur Kuppe des Hügels führte, und als die Sonne den Horizont erreicht hatte, war er bei den gestrüppüberwucherten Felsen unterhalb der ehemaligen Festung angelangt. Dort schlief er, zu einer festen Kugel zusammengerollt, unter einem knorrigen alten Weißdorn, bis die Sonne hinter dem Hügel verschwunden war. Dann stand er auf, kratzte und schüttelte sich und machte sich auf den Weg in Richtung eines Gebiets, das Neuland für ihn war.

Er überquerte das windgepeitschte Plateau der alten Festung, las unterwegs hin und wieder einen Käfer aus dem kurzen, von Schafen abgeweideten Gras auf, wanderte aber die ganze Zeit zielbewußt nach Südosten, fort von seinem Heimattal. Bald trottete er wieder über Ackerland, über weite, mit Gerste oder Rüben bepflanzte Felder, die von sorgsam gepflegten Hecken und Wällen umgeben waren. Eine Schleiereule, die geisterhaft weiß dahinzog, wich überrascht zur Seite, als Borun seine schwarzweiße Schnauze gen Himmel hob, und ein jagendes Wiesel schnatterte zornig aus dem Schutz der verschlungenen Heckenwurzeln, als er vorbeiging.

Dann betrat er wieder einen Wald, eine sorgfältig eingezäunte Schonung junger Kiefern, die hoch über die verfaulenden Stümpfe dessen hinauswuchsen, was einst riesige Eichen gewesen waren, Bäume, die man gefällt hatte, weil die schneller wachsenden Koniferen dem Farmer mehr einbrachten. Borun ging um die Schonung herum, bis er zu einem schmalen, gefurchten Weg kam, der sich zwischen hohen Erdwällen hindurchschlängelte, die noch mit den Blättern des vergangenen Herbstes übersät waren. Auf den Wällen standen Buchen, deren Stämme silbern im Licht des Mondes schimmerten, der jetzt von einem sternklaren Himmel herabschien. Ihre knorrigen alten Wurzeln wanden und krümmten sich wie große graue Schlangen über den Wällen, während sich droben die Zweige zu anmutigen Bogen vereinigten und einen Baldachin aus Blättern bildeten, der schwarz und metallisch im Mondlicht glänzte.

Vor etwa zweihundert Jahren hatte ein Grundbesitzer sein Land in Felder aufgeteilt und jedes von ihnen mit einer Buchenhecke und einem Graben umgeben. Die jungen Buchen hatten eine undurchdringliche Mauer für das Vieh gebildet, und da sie ihre welken Blätter den Winter über nicht verloren, boten sie auch Schutz gegen Wind und Regen. Und dadurch, daß der Farmer Teile der Hecke nicht zurückschnitt, sicherte er sich gleichzeitig einen ständigen Vorrat an Brennholz. Dann kam die industrielle Revolution und mit ihr eine scheinbar unerschöpfliche Zufuhr von billiger Kohle. Ihr folgte ein Weltkrieg mit dem Mangel an Arbeitskräften und der Erfindung des Stacheldrahts. In diese Zeit paßten Buchenhecken nicht mehr. Jetzt waren von der Hecke nur noch eine Reihe hoher Bäume und ein verschlungenes Gitterwerk von Wurzeln übriggeblieben.

Und zwischen ihnen stieß Borun auf einen Bau. Es war kaum mehr als eine überwachsene Höhle, die Generationen von Kaninchen ausgegraben, ausgescharrt und mit einem unterirdischen Gang versehen hatten, aber sie war groß genug für Borun, und er kroch hinein. Schon bald erweiterte sich der Gang zu einem ziemlich großen Raum unter einem Buchenstamm, und dort überraschte Borun ein Kaninchen, das nicht die Geistesgegenwart besaß, rechtzeitig zu fliehen. Borun packte es, und zwanzig Minuten später legte er sich mit unbehaglich vollem Magen zum Schlafen nieder.

Kurz nach Sonnenaufgang weckte ihn das laute Bellen eines Hundes. Borun war sofort hellwach. Er lag still da und lauschte. Da vernahm er ein Kratzen am Eingang zum Bau, knapp einen Meter entfernt, wieder das Bellen und dann ein aufgeregtes, hohes Gewinsel, dem ein leises, schnüffelndes Geräusch folgte. Plötzlich war der Raum voll von Hundegeruch, und Borun zog sich an die hintere Wand zurück, den Kopf gesenkt, das Fell gesträubt, die Zähne gefletscht, zum Kampf auf Leben und Tod entschlossen. Doch im nächsten Augenblick sank er erleichtert zusammen, als der Hund sich plötzlich auf einen Pfiff hin entfernte.

Draußen auf dem Pfad knurrte der Wildhüter seinen Labrador-Retriever liebevoll an: „Wer hat dir erlaubt, möcht ich wissen, Kaninchen zu jagen? Bei Fuß!"

Der Hund schloß sich dem Mann an, der, das Gewehr bequem über den Arm gehängt, rasch weiterging. Dann redete er abermals, mehr zu sich selbst als zu dem Hund. „Wie ich sehe, haben die Fasane gut gefuttert. Die Blätter sind an Stellen aufgewühlt, wo sie's gestern noch nicht waren."

Borun verbrachte einen unangenehmen Tag in der Höhle unter der Buche. Lange vor Sonnenuntergang wartete er bereits am Eingang, begierig, so schnell wie möglich von diesem Ort wegzukommen, wo Gefahr von Menschen und Hunden drohte. Tatsächlich hatte sich Borun, ohne es zu ahnen, in einen Wildpark verirrt und in zweifacher Hinsicht Glück gehabt: erstens, daß der Hund ihn so kurz nach seiner Ankunft auf diesem Gelände vor der Gefahr, in der er sich befand, gewarnt hatte, und zweitens, daß der Wildhüter ihn bisher nicht bemerkt hatte.

Der alte Laubwald war nur der Fasane wegen verschont geblieben, die im Gebüsch scharrten. Im Herbst würden viele dieser Vögel sterben, abgeschossen von den Mitgliedern zahlreicher Jagdgesellschaften, die bereit waren, hohe Summen für den Jagdpachtvertrag zu zahlen, und so brachten die Fasane dem Farmer einen ebenso guten Ertrag wie das Getreide, das er anbaute. Boruns Anwesenheit wäre nicht lange unbemerkt geblieben und wäre nicht geduldet worden, obwohl sie kaum eine Gefahr für den Fasanenbestand darstellte.

Die Fasane flogen zu ihren Schlafplätzen, als Borun sein Versteck verließ; mit lauten Flügelschlägen brachen sie aus dem Unterholz hervor und setzten sich auf die Zweige der Bäume, wo sie sich als dunkle Silhouetten gegen den Nachthimmel abhoben. Borun trottete auf einem grasüberwachsenen Reitweg, der zwischen den Bäumen verlief, auf denen die Vögel saßen. Bald war er wieder in offenem Gelände und überquerte weite, fruchtbare Felder, die jählings an Steilhängen endeten. Unterhalb der Kalksteinfelsen ging ein breiter Waldstreifen in offenes Land über, wo vereinzelte hohe Bäume in dem hellen Mondlicht lange Schatten warfen. Jenseits dieses Gebiets wand sich schimmernd wie eine silberne Schlange ein breiter Fluß.

Der Fluß war uralt und tief, er schlängelte sich zwischen Wiesen hindurch und zog auf der letzten Etappe seiner Reise zum Meer gemächlich dahin. Er wurde von zahlreichen Nebenflüssen gespeist, deren Wasser aus den Hügeln im Osten und Süden kamen. Diese Wasser hatten einen besonderen Vorzug, denn sie sprudelten aus der Kreide hervor und waren reich an aufgelöstem Kalzium von den Skeletten längst ausgestorbener Lebewesen, die einmal in dem sonnenbeschienenen, seichten Wasser eines tropischen Meeres heimisch gewesen waren. Ruhig dahinfließend und von der Sonne erwärmt, unterhielt der Fluß eine unermeßliche Menge und Vielfalt von Lebewesen, denn Kalzium ist ein gehaltvolles alkalisches Element, das pflanzliches und tierisches Plankton üppig gedeihen läßt.

Dieses ernährt riesige Mengen von Süßwasserkrabben und Insekten, die ihrerseits zu der außergewöhnlichen Größe der Flußfische – der Döbel und Forellen, der Flußbarsche, Hechte und Plötzen – beitragen. So wird ein Erbe, das vor Millionen von Jahren hinterlassen worden war, von den Lebenden angetreten.

Borun nahm in dieser Nacht und der folgenden reichlich Nahrung zu sich. Tagsüber versteckte er sich tief im Inneren einer riesigen, hohlen Eiche, die ein nächtlicher Wintersturm zehn Jahre zuvor gefällt hatte. Jetzt lag sie, von dichtem Dornengestrüpp überwuchert, am Rande eines Feldes, glücklicherweise außer Sichtweite des Farmers. Spät am Abend des zweiten Tages vernahm Borun jedoch Stimmengewirr und seltsame Geräusche. Schritte waren am Flußufer zu hören. Irgendwo in der Ferne wurden Wagentüren zugeschlagen. Aus einem Transistorradio tönte blecherne Musik, und ein Spirituskocher zischte, als sich seine Flamme wie eine blaue Blüte unter dem Boden eines Kessels entfaltete.

Unmutig spähte Borun durch den Vorhang aus Blattwerk, der den Eingang zu seinem Versteck verbarg, und er war starr vor Staunen über den Anblick, der sich seinen Augen bot. So weit er in der schnell hereinbrechenden Dunkelheit sehen konnte, standen Männer in einer dichten Reihe an beiden Flußufern. Andere liefen über die Wiesen, jeder von ihnen mit einem Berg von Ausrüstungsgegenständen beladen und ein Bündel Angelruten in der Hand – Nachzügler auf der Suche nach einem freien Platz. Unterdessen waren diejenigen, die sich schon früher dort niedergelassen hatten, eifrig damit beschäftigt, ihre Angelruten zusammenzusetzen und große Sonnenschirme, Klappstühle und -liegen aufzustellen. Hier und dort schlugen einige sogar ein Zelt auf.

Was Borun mit ansah, war die Eröffnung der Saison für die Sportfischerei, eine Veranstaltung, die in England alljährlich als bedeutendes Ereignis begangen wurde. Niemand wußte, wie viele Angler es gab, aber der Verband, der die Angelerlaubnis für diesen Fluß erteilte, hatte über zehntausend Mitglieder. Diese Sportangler fischten nach allen Süßwasserarten außer Lachs und Forelle; sie angelten nur zum Vergnügen und warfen ihren Fang am Ende ihres Ausflugs in den Fluß zurück. Manche Fische starben dabei, aber die meisten überstanden die Prozedur und lebten weiter, um noch zu wachsen und ein andermal gefangen zu werden.

Nicht jedes Mitglied erschien am Eröffnungsabend, und viele von denen, die gekommen waren, kehrten am nächsten Morgen in die

Stadt zurück, um sich auszuschlafen oder sich gähnend durch einen langen Tag im Büro oder in der Fabrik zu schleppen. Dafür erschienen wieder andere Angler am Fluß, und so ging es den ganzen Sommer hindurch. Im Lauf der Zeit verlor sich der Reiz der Neuheit, und die Zahl der Teilnehmer nahm ab, aber irgend jemand war immer zugegen.

Der Besuch der Angler hatte eine nachhaltige Wirkung auf die Landschaft. Die Leute zertrampelten die Uferböschungen und vernichteten die Grasnarbe, so daß die nackte Erde im Winter vom Hochwasser fortgeschwemmt wurde.

Viele Angler benutzten auch große Mengen Brot als Grundköder, indem sie es in den Fluß warfen, um Fischschwärme in die Nähe ihrer Angelhaken zu locken. Oft wurde überschüssiges Brot am Ufer liegengelassen oder in die Binsen am Flußrand geworfen. Während ein großer Teil davon von Vögeln gefressen wurde, zog der Rest Ratten an, die sich am Fluß einnisteten. Andere Angler ließen Abfälle zurück, die immer unschön und oft gefährlich waren. Kleine Nagetiere zwängten sich in weggeworfene Flaschen und verhungerten, weil es ihnen nicht gelang, aus dem glitschigen Flaschenhals zu klettern. Vögel verfingen sich in Angelschnüren aus Nylon, die so sehr in ihre Beine schnitten, daß die Opfer, wenn sie nicht starben, sich nur unter Aufopferung eines Fußes befreien konnten. Die Mehrzahl der Angler mißbilligte derartige Nachlässigkeiten. Sosehr sie auch die Geselligkeit am Flußufer genossen, waren sich doch die meisten einig, daß sie Abgeschiedenheit und ein Stück Flußufer für sich allein bei weitem aller Kameradschaft vorgezogen hätten. Doch so, wie die Dinge lagen, trug gerade die Beliebtheit dieses Zeitvertreibs wesentlich dazu bei, alle Freude an ihm zunichte zu machen.

Als die Angler keine Anstalten machten, sich zu entfernen, schlüpfte Borun aus dem hohlen Baum, schlug einen großen Bogen um das Flußufer und zog stromaufwärts. Den Rest der Nacht suchte er erfolgreich und ungestört nach Nahrung, und beim Morgengrauen kroch er friedlich in ein Dickicht am Straßenrand, grunzte behaglich und schlief ein.

Das Gehölz, in dem Borun lag, bestand aus ein paar hohen Eschen, die von dichten Schlehdornbüschen umgeben waren. Es befand sich in einem Stück Ödland, das sich neben einem Wald an einer Straßenkreuzung erstreckte. Ein holpriger Weg, der von dem Dickicht gegen die Straße abgeschirmt war, verlief parallel zum Waldrand.

Der lange, sonnige Tag schien kein Ende nehmen zu wollen.

Einmal kam eine Elster geflogen. Als sie den im Schatten schlafenden Borun erspähte, zerriß ihr heiserer Schrei wie eine Gewehrsalve die Luft. Dann flog sie auf und verschwand jenseits des Waldes. Im Ödland war es wieder still, abgesehen von dem Summen zahlloser geschäftiger Insekten. Niemand befuhr die staubigen Straßen.

Der Nachmittag war fast vorüber, da hielt eine bunt zusammengewürfelte Gesellschaft dunkelhäutiger Reisender am Ödland an. Nacheinander bogen sie holpernd in den Weg ein und stellten ihre Fahrzeuge hinter dem Dickicht ab. Zuerst kam eine elegante Limousine mit einem großen schwarzweißen Wohnwagenanhänger, der mit weißen Spitzengardinen prunkte und mit verchromten Ornamenten bestückt war. Als nächstes erschien ein offener Lastwagen, mit einem Sammelsurium von Schrott, Lumpen und Holzkisten beladen, der ebenfalls einen Wohnwagen hinter sich herzog. Schließlich kam ein geschlossener Laster, der einen dritten Wohnwagen im Schlepp hatte und älteren Baujahrs als die anderen war, aber immer noch vor leuchtendgrüner Farbe glänzte.

Die Reisenden waren Zigeuner, deren Vorfahren vor Jahrhunderten aus Indien ausgewandert und nach Westen, nach Europa, gezogen waren. Diese Familie – ein älterer Mann und seine Frau, zwei Söhne und ihre Frauen mitsamt vier Kindern, einer Ziege, einem großen Weidenkorb mit Hühnern und einem Rudel magerer, ausgehungerter Hunde – hatte im Süden Erdbeeren gepflückt und zog jetzt langsam nordwärts in Richtung Gloucester, wo bald die Pflaumen-, Äpfel- und Hopfenernte begann. Sie lebten von Gelegenheitsarbeiten, und auf ihren Fahrten kauften – oder stahlen – sie Schrott, sammelten Lumpen und verkauften Wäscheklammern und künstliche Blumen. Dieses Ödland war seit ewigen Zeiten einer ihrer Lagerplätze. Da es völlig abgeschieden lag, hatten sie hier weder die Polizei noch zornige Grundbesitzer zu fürchten.

Als die Zigeuner sich hier einzurichten begannen, war es um die Stille des Ödlands geschehen. Die Kinder wurden ausgesandt, Brennholz zu sammeln. Die Frauen fingen an, das Abendessen zuzubereiten, und die Männer kuppelten die Wohnwagen ab und sorgten dafür, daß sie gerade standen. Nach kurzer Zeit hing ein großer schwarzer Kochtopf über einem knisternden Feuer, die Ziege war angebunden und graste zufrieden, und die Hühner pickten eifrig zwischen den Wohnwagen. Die Familie versammelte sich um das Feuer; die Männer hatten farbenfreudige Tücher um den Hals geschlungen, und die Frauen trugen ihr kastanienbraunes Haar in

einem Zopf um den Kopf gewunden. Die Kinder waren zerlumpt und schmutzig, aber glücklich und wohlgenährt. Sie scherzten und schwatzten eine Weile miteinander, und dann erinnerte sich einer der Söhne an die Hunde, die noch im hinteren Teil des Lasters eingepfercht waren.

Er ging zum Wagen und öffnete die Ladetür, und sie drängten heraus, eine freudige, kläffende, zusammengewürfelte Schar. Ein jeder von ihnen wurde wegen seiner besonderen Eigenschaften gehalten. Da war ein großes, graues Tier, halb Collie, halb Windhund, das einen Hasen innerhalb von fünfzig Metern zur Strecke brachte. Da war ein Labrador-Retriever, der ein Rebhuhnküken lebendig aushändigen konnte, so weich war sein Maul. Da waren zwei Whippets, die der Familie so viele Kaninchen lieferten, wie sie essen und verkaufen konnte, und ein kleiner brauner Rauhhaar-Foxterrier, der seinem Herrn manches Pfund eingebracht hatte, indem er Ratten tötete. Endlich aus ihrer Gefangenschaft in dem stickigen, dunklen Lieferwagen befreit, rasten sie eine Weile umher, jagten einander und balgten sich; dann, als sich der Freiheitsrausch ein wenig gelegt hatte, machten sie sich daran, ihre Umgebung auszukundschaften.

Während dieser ganzen Zeit lag Borun hellwach im Dickicht und

lauschte besorgt dem Durcheinander von Geräuschen. Obgleich er versucht war zu fliehen, blieb er und wartete auf die Dunkelheit, denn er befand sich in fremdem Gebiet und hatte keine Ahnung, welche Richtung er einschlagen sollte.

Der Foxterrier entdeckte ihn als erster, und sein hysterisches Kläffen lockte die anderen herbei. Borun preßte sich mit dem Rücken an den Stamm einer Esche und erwartete knurrend und mit gefletschten Zähnen die Meute. Er war zuversichtlich, daß er sowohl mit dem Foxterrier als auch mit den Whippets fertigwürde, sollten sie versuchen, sich mit ihm anzulegen. Als jedoch die größeren Hunde kamen, erkannte er, daß für ihn das Spiel aus war, und stürzte sich mit dem Mut der Verzweiflung zornig schreiend auf den Foxterrier.

Der kleine Hund sprang erschreckt jaulend zur Seite und gab Borun damit den Fluchtweg frei. Während die größeren Hunde, vom Gestrüpp behindert, vergeblich versuchten, ihm nachzustellen, stürmte Borun durch das Dickicht und schoß wie eine Kanonenkugel auf das Ödland hinaus, blieb jedoch erschreckt stehen, als er die Zigeunerfamilie sah, die in einem Halbkreis um das Feuer saß und ihn verblüfft anstarrte.

Borun zögerte nur einen Augenblick. Während einer der Männer aufsprang und nach einem dicken Stock griff, wandte er sich zur Seite und lief in Richtung des Waldes. Aber noch ehe er ein paar Meter zurückgelegt hatte, wußte er, daß er sein Ziel nie erreichen würde, denn der graue Hund hatte sich aus dem Dickicht befreit, war in einem weiten Bogen herumgerast und kam jetzt von der anderen Seite, um ihm den Weg abzuschneiden. Es gab nur eine Rettung für ihn: In einem letzten verzweifelten Versuch, eine Zuflucht zu finden, sprang er durch die offene Tür eines der Wohnwagen, während der Hund, der die schreckliche Strafe kannte, die ihn erwartete, wenn er dort eindrang, draußen stehenblieb und jaulte.

Der Mann mit dem Stock ging auf den Wohnwagen zu, überzeugt, Borun jetzt in seiner Gewalt zu haben. Er hatte gerade den Fuß auf die Stufe gesetzt, als der ältere Mann ihm zurief: „Warte!"

Murrend, aber gehorsam, wandte der Sohn sich um. „Worauf soll ich denn warten, Vater, wenn's dort drinnen ein Dachsfell gibt, das fünf Pfund wert ist, und Dachsschinken, den wir selbst räuchern können?"

Der Vater tat die Bemerkung mit einer ungeduldigen Handbewegung ab. „Du würdest ein schlechtes Geschäft machen, wenn du nicht wartest. Ich kenn einen Mann, nicht weit von hier, der nicht eine, sondern *vier* Fünfpfundnoten für diesen Dachs zahl'n würde, aber er muß lebendig abgeliefert werden und in 'ner guten Verfassung."

Der Sohn dachte einen Augenblick darüber nach, dann schloß er behutsam die Tür des Wohnwagens. „Na schön. Wer ist dieser Dummkopf, der so viel Geld für einen alten Dachs ausgeben will? Und wie willst du das Tier lebend einfangen? Es reißt dich in Stücke, wenn du dich ihm näherst."

„Geduld, Geduld", sagte der Alte. „Dieser Mann hat eine Art Zoo, nicht weit von hier, einen Wildpark, wie er's nennt. Ich hab ihm im Frühling junge Füchse verkauft, und da hat er mir gesagt, wenn ich jemals einen lebenden Dachs finde, wird er ihn kaufen. Und wenn du wissen willst, wie man ihn lebendig einfängt, sieh mir zu, dann wirst du's lernen." Er ging zum Lastwagen und zog aus einem Schrotthaufen ein Eisenrohr von etwa einem Meter fünfzig Länge. Dann nahm er aus dem Fahrerhaus eine starke, dünne Schnur. Ein Ende der Schnur befestigte er am Ende des Rohrs, dann zog er die Schnur hin und zurück durch die Röhre, so daß sich am anderen Ende eine Schlinge bildete. Als nächstes ging er in den Wald und schnitt eine lange Haselrute ab, von der er mit seinem Taschenmesser die Zweige und Blätter entfernte.

„Hol mir die Holzkiste hinten aus dem Lastwagen", befahl er seinem Sohn, „und einen Hammer und Nägel, um den Deckel drauf zu nageln."

Als alles fertig war, nahm er die Haselrute in die linke Hand und das Rohr mit der Schlinge in die rechte. Dann ging er in den Wohnwagen.

Borun kauerte auf einem winzigen Fleckchen zwischen dem Ofen und einer Schlafkoje. Die Haselrute auf ihn gerichtet und die Schlinge über die Rute gehängt, ging der alte Zigeuner langsam auf ihn zu. Borun beobachtete die Rute, die ihm am bedrohlichsten schien. Er bemerkte die Schlinge nicht. Als die Rute etwa fünfzehn Zentimeter von seiner Schnauze entfernt war, schnappte er nach ihr und packte sie mit den Zähnen. Da sie grün und biegsam war, brach sie nicht ab, sondern splitterte nur, und Borun hielt sie grimmig fest, während der alte Mann an der Rute zog. Die Schlinge glitt die Rute hinunter und legte sich um Boruns Genick. Im nächsten Augenblick hatte der Mann sie festgezogen.

Boruns Schrei erstarb in seiner Kehle, als er fühlte, wie er in die Luft geschwungen wurde. Nach Atem ringend, mit den Krallen nach seinem Hals greifend, zappelnd und sich windend wurde er aus dem Wohnwagen getragen und in die Kiste gesteckt. Als seine Füße den Holzboden berührten, wurde der Deckel auf die Kiste gelegt, und es wurde dunkel, aber glücklicherweise lockerte sich plötzlich die Schnur um seinen Hals, und er konnte wieder atmen. Ein paar Sekunden dröhnten ihm die Ohren von lauten Hammerschlägen, als der Deckel zugenagelt wurde, dann ließ man ihn in Frieden.

Sobald der Dachs in sicherem Gewahrsam war, setzten sich die Zigeuner abermals zu ihrer Abendmahlzeit nieder, und als sie fertig waren, luden sie die Kiste in den Laster und machten sich auf den Weg. Die Fahrt war kurz, aber für Borun war sie ein lärmerfüllter Alptraum, der noch verschlimmert wurde durch den Benzingestank und den verhaßten Hundegeruch. Zuerst versuchte er, sich mit Krallen und Zähnen aus der Lattenkiste zu befreien, aber sie war neu und stabil gebaut, und sosehr er sich auch bemühte, das Holz gab nicht nach. Erschöpft und halb erstickt legte er sich schließlich nieder.

Endlich hielt der Wagen, und der Motor wurde abgestellt. Borun, sofort wieder hellwach, wartete und lauschte, aber alles, was er hörte, waren Stimmen, die, bald laut, bald leise und bittend, kein Ende zu nehmen schienen. Dann wurde die Tür des Lasters geöffnet, die Kiste herausgehoben und fortgetragen, während Borun drinnen stand, die Beine gespreizt, um das Gleichgewicht zu bewahren. Sie wurde abgesetzt, die Nägel im Deckel wurden herausgezogen, und Borun fiel um, als die Kiste plötzlich auf die Seite gekippt wurde. Dann fiel der Deckel, und Licht flutete herein, Licht und wohltuend frische Luft. Borun hockte regungslos in einer Ecke der Kiste. Er hatte es nicht eilig herauszukommen, denn er roch die Männer draußen und hörte ihr lautes Atmen. Doch man ließ ihn nicht lange in Ruhe. Jemand schob einen Besen in die Kiste und stieß damit nach ihm. Borun schnappte zu und zerrte an den Borsten, aber sie stachen ihn in der Schnauze. Schließlich sprang er aus der Kiste.

In seiner Benommenheit und Verwirrung sah er nur, daß er sich in einem kleinen Raum mit glatten Wänden und einem Betonboden befand. Dann entdeckte er in einer Ecke einen Strohhaufen, stürzte sich hinein und vergrub sich in ihm, bis er nicht mehr zu sehen war. Der Besitzer des Wildparks zahlte, in der Überzeugung, einen lebenden Dachs in guter Verfassung zu haben, die versprochenen zwanzig Pfund, und die Zigeuner zogen zufrieden von dannen.

Der Besitzer hatte nicht mit Boruns Ankunft gerechnet, und da es keine passende Unterkunft für ihn gab, hatte er ihn vorläufig in einem seiner neuen Schweineställe untergebracht, aus dem zu entkommen völlig unmöglich schien. Dort überließ er es Borun, sich bei einer Schüssel Wasser, einem Teller Fleisch sowie zwei dick mit Honig bestrichenen Brotscheiben von seinem Schrecken zu erholen.

Es wurde dunkel, aber Borun, der sich wund und elend fühlte, rührte sich nicht aus seinem Versteck. Zitternd vor Angst blieb er lange wach, doch allmählich ließ das Hämmern seines Herzens nach, seine Gliedmaßen hörten auf zu zucken, und schließlich wagte er sich hinaus. Das Wasser belebte ihn, und er leckte den Honig vom Brot, ehe er seine Umgebung auszukundschaften begann.

Der Schweinestall bestand aus einem fensterlosen Schlafplatz mit einem Betonsockel und einem kleinen Außenhof mit einer eineinhalb Meter hohen Mauer und einem Eisentor. Es schien keinen Fluchtweg zu geben, aber nichtsdestoweniger fuhr Borun unbeirrt mit seinen Untersuchungen fort; er prüfte jeden Zoll der Mauer, stellte sich von Zeit zu Zeit auf die Hinterbeine und langte hoch hinauf, in der Hoffnung, einen Halt für seine Füße zu finden – vergebens.

Aber der Besitzer konnte nicht ahnen, daß der Maurer beim Bau des Schweinestalls gepfuscht hatte. Die Bauvorschriften hatten eine fünf Zentimeter dicke Betonschicht über einer Kieslage gefordert, aber in einer Ecke des Schlafplatzes war die Schicht nur etwa einen Zentimeter dick. Der Mann hatte gemerkt, daß ihm der Beton ausging, als es schon fast Feierabend war, und er hatte keine Lust gehabt, noch mehr zu mischen; so hatte er die Ecke mit lockerer Erde ausgefüllt und den Rest des Gemischs dünn darüber verteilt. Der Beton wurde rissig, aber in der Dunkelheit hatte niemand den Fehler bemerkt. Borun entdeckte ihn und fing an zu kratzen.

Nach und nach hob er die dünne Betonschicht hoch, bis es ihm schließlich gelang, seine kräftige Schnauze darunterzuzwängen. Drei schnelle Rucke, dann brach die Platte entzwei. Borun zog die beiden Hälften weg, so daß die weiche, lockere Erde freigelegt wurde. Jetzt begann er, emsig zu graben, lockerte die Erde noch mehr und warf sie nach hinten. Es dauerte nicht lange, da hatte ihn das Loch verschluckt, und der Boden des Schweinestalls war mit frischer Erde bedeckt.

Er kam zum Fundament der Mauer und grub weiter, bis er unter ihm hindurchkriechen konnte. Dann begann er, sich nach oben durchzugraben. Von Zeit zu Zeit ruhte er sich aus, und einmal kehrte er in den Stall zurück, um zu trinken. Es war noch dunkel, als er ins Freie kam.

Die Nacht war warm und windig, und die Sterne verbargen sich hinter einem Wolkenschleier. Borun wanderte umher und suchte nach einer Möglichkeit, aus dem Garten herauszukommen, aber jeder Pfad, dem er folgte, endete entweder an einer Backsteinmauer oder an einem Zaun aus feinmaschigem Drahtgeflecht oder an Käfigen, deren aufgescheuchte Bewohner ihn durch die Dunkelheit anstarrten. Ein Stachelschwein raschelte mit seinen Stacheln. Eine große Waldohreule schloß knackend den Schnabel und duckte sich auf ihrer Stange. Ein aufgeschreckter Pfau suchte schreiend und flügelschlagend das Weite, und ein ältlicher Luchs unterbrach seine nicht enden wollende Wanderung, um Borun warnend anzuknurren. Boruns Nerven waren zum Zerreißen gespannt, als er endlich durch Zufall den Haupteingang fand und unter dem Drehkreuz hindurch hinauslief.

Ein langer, gewundener Fahrweg zog sich quer durch ein mit alten Ulmen bestandenes Gelände. Ängstlich bemüht, noch vor der Morgendämmerung eine möglichst große Strecke zurückzulegen, trabte Borun eilig durch das dichte Gras. Aber ihm war klar, daß er nicht mehr weit laufen konnte. Er war zutiefst erschöpft und völlig ausgehungert.

Das baumbestandene Gelände endete jählings an einer Hauptverkehrsstraße. Hier hatte Borun Glück, denn am Straßenrand lag der noch warme Kadaver eines Kaninchens, das sich dort schwer verletzt im hohen Gras verkrochen hatte, nachdem es von einem Wagen angefahren worden war. Borun packte es, dann eilte er über die Straße und ließ sich im Schutz des Gebüschs zu einem verspäteten Abendessen nieder.

Es wurde hell, als er seine Mahlzeit beendet hatte, und die dunklen Wolken zerteilten sich in der kühlen Brise, die den Sonnenaufgang ankündigte. Borun erkannte weiter unten hügeliges Heideland, das dicht mit purpurfarbener Erika bewachsen und von Stechginstersträuchern, hoch aufgeschossenen, schlanken Birken und vereinzelten Gruppen von Nadelbäumen geprägt war. Jenseits des Heidelands lag ein Fluß und dahinter eine Hügelkette, die an einem Steilhang aus Kalkstein endete. Bei dem Blick auf die Hügel schlug eine Saite in Boruns Erinnerung an, aber er achtete nicht darauf. Er machte sich auf den Weg quer durch das Heidekraut und trottete einen schmalen, gewundenen Pfad entlang, der sich zwischen den weißen Blüten der Erika dahinschlängelte. Dann blieb er plötzlich stehen und beschnüffelte aufmerksam den Boden.

Es bestand kein Zweifel. Ein Artgenosse war hier entlanggegangen, und zwar erst vor kurzer Zeit. Die Erkenntnis erfüllte Borun mit einer seltsamen Erregung. Er folgte der Spur, bis er zu einer Mulde am Hang kam, wo der Boden nur spärlich bewachsen war. Am Fuß eines dichten alten Stechginsterstrauches war eine Höhle gegraben worden, und der süße Duft, der Borun so verwirrt und erregt hatte, umgab sie. Er näherte sich der Höhle und rief; es war ein sanfter, schnurrender Gruß, der aus seiner Kehle drang.

Er wartete, aber es kam keine Antwort. So rief er abermals, etwas lauter, und diesmal hörte er ein gedämpftes Tappen tief in der Erde. Respektvoll zog er sich ein wenig zurück und stand regungslos da, während der andere Dachs vorsichtig, Zoll um Zoll, herauskam. Es war eine Dächsin, kleiner als er, hübsch und schlank, und sie stand blinzelnd in der hellen Morgensonne, einen Vorderfuß erhoben und mit der Nase die Luft prüfend.

Borun bewegte sich ein wenig, und einen Augenblick tat sie, als ob sie in die Höhle zurückkehren wollte, aber dann kam sie näher, bis sich Boruns und ihre Schnauze berührten. Dann beschnüffelten sie sich gegenseitig das Gesicht, die Ohren und den Hals. Beide Tiere zitterten, Borun vor Erwartung, sie vor Aufregung.

Nach einer Weile drehte sie sich um und kroch in den Bau zurück. Borun blieb unschlüssig draußen stehen; er wäre ihr gern gefolgt, war aber nicht sicher, ob er willkommen war. Er wandte sich ab und hatte sich fast schon entschlossen fortzugehen, aber da hörte er sie rufen und sah, daß sie wieder am Eingang stand und ihn beobachtete. Als er auf sie zuging, bewegte sie sich langsam rückwärts und führte ihn hinunter in die kühle Dunkelheit des Baus.

Es gab nur einen einzigen unterirdischen Gang; er war ziemlich kurz und führte unter eine große Sandsteinplatte. Dort erweiterte er sich zu einem Schlafraum, der mit einer dicken Schicht Farnkräuter ausgelegt war. Borun spürte, daß die Dächsin in seiner Nähe herumschnüffelte und im Farn wühlte, dann übermannte ihn die Erschöpfung, und er fiel in einen tiefen Schlaf.

Handa

Handa war im selben Jahr wie Borun geboren worden. Sie und ihr Bruder hatten den Bau ihrer Eltern im vergangenen Herbst verlassen und danach eine Zeitlang zusammen in diesem Heideland gehaust. Dann war ihr Bruder vor einem Monat eines Nachts allein davongezogen und nicht zurückgekehrt. Seitdem hatte sie ein einsames und nicht allzu glückliches Dasein geführt. Jetzt war Borun in ihr Leben getreten.

Als Borun spätabends aufwachte, fand er sich allein im Schlafraum. Handa wartete vor dem Bau auf ihn und trottete ihm zur Begrüßung entgegen, als er herauskam. Die untergehende Sonne erhellte den Himmel im Westen und übergoß den Hang mit sanftem, rosigem Licht.

Die beiden Dachse lagen nebeneinander auf der nackten, harten Erde, die noch warm vom Sonnenschein war, und lauschten und warteten, während die ersten blassen Sterne sichtbar wurden und das letzte Licht langsam aus dem Tal verschwand. Droben flogen ein paar Krähen träge dahin, um nach dem schweren Tagewerk auf den Feldern zu ihren Schlafplätzen zurückzukehren, und eine Eule schwebte tief über dem Heidekraut, verschwand zwischen dem Gewirr der Pflanzen, dann erhob sie sich mit einer kleinen Last zwischen den Klauen wieder in die Luft.

Wie auf Verabredung stand das Paar auf und wanderte, Handa voran, den Hügel hinunter. Allmählich machte die Heide einem höckrigen Weideland Platz, das sauer, schlecht entwässert und mit Adlerfarn und Binsen durchsetzt war. Glühwürmchen leuchteten wie herabgefallene Sterne zwischen den Gräsern, und silberweiß glänzende Nachtfalter flatterten über dem Farn, um zwischen den dunklen Erlen zu verschwinden, die das Flußufer säumten. Schnecken nährten sich von den feuchten Pflanzen. Die beiden Dachse spürten sie auf, wählten die fettesten aus und rollten sie sorgfältig auf dem Gras herum, bis sie den Schleim entfernt hatten. Es war eine langwierige Angelegenheit, aber die Dachse waren nicht in Eile, als sie sich ihren Weg durch die sumpfige Weide bahnten.

Schließlich kamen sie zum Fluß, wo sie haltmachten, um zu trinken. Dort scheuchten sie ein Teichhuhn auf, das mit seinem halb ausgewachsenen Küken, dem einzigen überlebenden einer siebenköpfigen Brut, im Schilf hockte. Die Mutter flog aufs Wasser hinaus und beschwor das Junge, ihr zu folgen, aber das unerfahrene Küken geriet in Panik und lief vom Fluß fort. Handa setzte ihm nach und trieb es weiter aufs Feld. Borun folgte ihr. Aber sosehr sie sich auch bemühten, sie konnten das Küken nicht fangen, denn es war trotz seiner Kopflosigkeit weit schneller als sie. Die Verfolgung geriet für die Dachse mehr zu einem Spaß als zu einer ernsthaften Jagd, und als der unglückliche Vogel schließlich an Borun vorbeischlüpfte und in den Fluß tauchte, sahen sie ihn ohne großes Bedauern verschwinden. Sie trotteten Seite an Seite am Ufer entlang, rempelten sich an, pufften sich und zogen einander an den Ohren. Allmählich wurde ihr Spiel hitziger und wilder. Dann hielten sie plötzlich inne, und in diesem Augenblick paarte sich Borun mit Handa.

Ihre Flitterwochen dauerten fort, bis das Getreide geerntet war und die Wiesen gelbbraun und trocken unter der heißen Sonne lagen. Die beiden Dachse wurden allmählich fett, als sie das Korn auflasen, das zwischen die Stoppeln gefallen war, und sich an den Brombeeren labten, die dick und saftig in den Hecken schimmerten. Rings um sie herum strotzte die Erde von Fülle, während die reife Schönheit des Sommers langsam den Nebeln des Herbstes wich.

Dann kam die Eichelernte. Die harten Früchte prasselten aus den Zweigen der hohen Eichen nieder, während von den Kastanienbäumen stachlige grüne Kapseln fielen, aus denen dicke, glänzende braune Früchte hervorbrachen. In diesem Jahr reifte auch die Buchelmast, ein ungewöhnliches Ereignis, und die Eichhörnchen vergruben vor lauter Begeisterung viel mehr Eckern, als sie je verzehren konnten, selbst wenn es ihnen gelingen sollte, ihre Vorräte wiederzufinden.

Obgleich Handa zunahm und drei Monate vergangen waren, seit sie und Borun sich gepaart hatten, gab es noch keinerlei Anzeichen, daß sie trächtig war. Doch die geheimnisvollen Kräfte, die sie zusammengebracht hatten, arbeiteten in ihr, und es war alles in Ordnung. Drei befruchtete Eizellen lagen in Handas Schoß. Sie würden bis zur längsten Nacht des Jahres ruhen, und dann würde ihr Körper sie annehmen und ernähren. Warum die Natur das so bestimmt hat, ist eine Frage, auf die es bisher noch keine Antwort gibt. Es ist ein Mysterium, das möglicherweise die schweigenden Eichen verstehen, unter deren Wurzeln die Dachse seit unvorstellbar langer

Zeit leben, aber dem Verständnis des Menschen wird es sich vielleicht für alle Zeiten entziehen.

Das Blaurot der Erika verwandelte sich in sattes Braun, und der Stechginster, der eine Krone aus goldenen Blüten getragen hatte, nahm wieder seine düstere grüne Färbung an. Stürme kamen und raubten der Birke ihre goldgelben Blätter, und Regen peitschte die Erde und verwandelte den Fluß in einen schlammigen braunen Strom, in dem sich dunkle, ertrunkene Erlenblätter langsam und würdevoll wiegten. Dann schien die Sonne wieder, aber auf eine veränderte Welt, in der die Farben milchig und verschwommen waren, eine gedämpfte Landschaft aus verblichenem Braun und Grün, in der das Blaurot der kahlen Birkenzweige in seltener Schönheit leuchtete. Nachts hing ein weißlicher Mond am Himmel, und am Morgen versilberte Frost die Überreste der Sommerblumen.

Am Spätnachmittag eines grauen Herbsttages, an dem Nebel über dem Fluß lag und Nässe in den Bäumen hing, kamen Männer, mit Hacken und Spaten ausgerüstet, zum Bau der Dachse. Am nächsten Tag sollte eine Fuchsjagd stattfinden, und dem Jagdleiter lag viel daran, daß sie erfolgreich war. Die Bauern hatten sich beklagt, daß die Füchse zu zahlreich wurden und daß zu viele der Jagd entgingen, indem sie in den Bau einfuhren. Deshalb hatte der Jagdverein sich einverstanden erklärt, zwei Arbeiter anzustellen, die alle Höhleneingänge, die sie fanden, blockierten. Borun und Handa hörten das gedämpfte Poltern und Schlagen, als die Männer sich an ihre Arbeit machten, und sie warteten noch lange, nachdem die Geräusche verklungen waren, ehe sie sich aus ihrem Schlafraum wagten. Erst da entdeckten sie, daß ein großer Sandsteinblock, der einst ein Teil des Daches gewesen war, quer vor dem Eingang lag.

Der Block war zu fest verankert, als daß sie ihn hätten beiseite schieben können. So mußten sie stundenlang geduldig scharren und graben und die Erde, immer eine Pfotevoll auf einmal, in den Schlafraum schleppen, ehe es Handa endlich gelang, sich an dem großen Stein vorbeizuzwängen. Dann konnte sie von außen graben, und es dauerte nicht lange, bis Borun ebenfalls befreit war.

Draußen in der frischen, feuchten Luft schüttelten sich die Dachse kräftig, um ihr Fell von der Erde zu säubern. Dann begannen sie trotz ihrer Müdigkeit und ihres Hungers, sorgfältig ihr Heim zu inspizieren. Der Bau war rettungslos zerstört. Der unterirdische Gang war eingestürzt, und der Schlafraum war jetzt zugig und ungeschützt. Und zudem roch der Boden überall nach Menschen. Mit einem rauhen, zornigen Gebell stürmte Handa davon, und Borun folgte ihr im Galopp, ängstlich bestrebt, sie nicht zu verlieren.

Nachdem Handa erst einmal den Bau hinter sich gelassen hatte, beruhigte sie sich ein wenig. Und als Borun einen Vorrat an Eicheln entdeckte, die ein Eichhörnchen in der Lauberde unter dem Mutterbaum vergraben hatte, futterte sie mit gutem Appetit. Keines der beiden Tiere dachte daran, zu dem zerstörten Bau zurückzukehren, und die Aussicht, sich ein Obdach suchen zu müssen, beunruhigte sie nicht sonderlich. Jedes von ihnen konnte sich an ein Dutzend Zufluchtsstätten in der näheren Umgebung erinnern: Höhlen, die Füchse gegraben hatten, verlassene Dachsbauten und Gänge unter den Sandsteinfelsen auf den Hügeln. So ging Handa erst eine Stunde vor der Morgendämmerung Borun voran den Hang hinauf zu einer Stelle, wo, wie sie wußte, ein Felsspalt Zugang zu einer trockenen und geräumigen Höhle bot.

Aber sie hatten kein Glück. Der Eingang war durch eine massive Steinplatte versperrt worden. Handa wandte sich ab und trabte den Hügel hinunter zu einem alten Steinbruch, wo eine Füchsin in einem verborgenen Winkel ihre Jungen aufgezogen hatte. Der Platz war seit langem verlassen, und es gab keine Spur der ehemaligen Bewohner mehr, aber auch hier hatten die Männer ganze Arbeit geleistet: Ein Baumstumpf füllte jetzt den Eingang der Höhle aus. Hätten die Dachse mehr Zeit gehabt, wäre es ihnen vermutlich gelungen, das Hindernis zu beseitigen, aber es dämmerte bereits, und beide Tiere waren erschöpft.

Nun übernahm Borun die Führung und begab sich zu einem Erdhügel inmitten eines Buchenwäldchens. Es war ein alter Tumulus, das Grab eines Häuptlings aus der Bronzezeit. Borun wußte, daß am Fuß der ältesten Buche ein Weg hineinführte. Die Höhle existierte noch, und die Arbeiter hatten sie nicht entdeckt, doch sie wurde jetzt von einem mürrischen alten Dachs bewohnt, der halb wahnsinnig vor Zahnweh und Gelenkschmerzen war. Er stand knurrend und zähnefletschend im Eingang, und Borun, der kräftig genug gewesen wäre, mit dem alten Streithammel fertigzuwerden, wandte sich ab. Er gehorchte seinem Instinkt, der ihm befahl, die Gebietshoheit anderer zu respektieren. Borun und Handa verließen das Grab, und sein verdrießlicher alter Hüter zog sich murrend in die dunkle Tiefe zurück. Bald würden sich seine Knochen zu denen des vorzeitlichen Kriegers gesellen.

Es war hellichter Tag, als die beiden Dachse endlich einen

Unterschlupf in einer kleinen Höhle am Fuß eines niedrigen Sandsteinfelsens fanden. Dichtes Efeugeflecht verbarg den Eingang, deshalb hatten die Männer ihn übersehen. Es war jedoch eine recht trostlose Zufluchtsstätte, zugig, feucht und kalt, und die Dachse lagen dicht aneinandergeschmiegt auf einem Lager aus losen Steinen im trockensten Winkel, den sie finden konnten. Eine Zeitlang ließ der Schlaf sie ihr Unbehagen vergessen, aber bei Einbruch der Nacht wachte Borun auf und tappte ruhelos vor dem Höhleneingang hin und her. Auf der anderen Seite des Tals hob sich ein Steilhang aus Kalkstein gegen den winterlichen Himmel ab. Irgend etwas an ihm weckte Erinnerungen in Borun an ein Tal und einen Wald, wo die Wühlmäuse fett und zahlreich waren, wo sich Kaninchen zwischen den Farnkräutern tummelten und menschliche Wesen fern waren. Als es dunkel wurde, schlug er den Weg in Richtung des Flusses ein. Er trabte zielbewußt dahin und nahm sich nicht einmal die Zeit, nach Nahrung zu suchen. Handa folgte ihm, ohne zu wissen, wohin sie ging und warum. Sie war es zufrieden, einfach mit ihrem Gefährten zu gehen.

Borun selbst hatte keine klare Vorstellung, keinen festen Plan. Er wußte nur, daß er ruhig und zufrieden war, solange er in diese Richtung zog. Sobald er innehielt oder sich zur Seite wandte, kehrte seine Ruhelosigkeit wieder. So trottete er weiter, bis er sich schließlich am Ufer des Flusses sah, der jetzt schlammig und aufgewühlt vom Winterregen war. Dort blieb er einen Augenblick stehen. Dann wandte er sich instinktiv nach links und folgte dem Fluß stromabwärts. Handa trottete, geduldig und vertrauensvoll, hinter ihm her.

Boruns Instinkt hatte ihn nicht getäuscht. Nachdem die Zigeuner ihn gefangen hatten, brachten sie ihn im Lieferwagen über den Fluß. Gemerkt hatte der Dachs in seiner Kiste nichts davon. Mit dem Problem der Flußüberquerung hatte er sich allerdings noch nicht befaßt.

Die beiden Dachse trabten leichtfüßig den breiten Pfad entlang, den die Stiefel zahlloser Angler ausgetreten hatten, und sie kamen gut voran, bis Handa plötzlich meuterte. Ein Baumstamm lag neben dem Weg, seine Rinde war bröckelig und verfault. Der Gedanke, die Köstlichkeiten unter der Rinde unbeachtet links liegenzulassen, war mehr, als Handa ertragen konnte, und sie verlangte eine Pause, um sich satt zu fressen.

Nachdem Boruns Interesse an dem Baumstamm erst einmal geweckt war, schloß er sich ihr mit Freuden an, denn seine anfängliche Ruhelosigkeit hatte erheblich nachgelassen. Mit vereinten Kräften rissen sie den Stamm auseinander, leckten die grauen Staubläuse auf, die sich in alle Richtungen zerstreuen wollten, und zerkauten knirschend die Kolonien von überwinternden Schnecken. Unter der Rinde, in dem schwammigen Holz, lagen die fetten, weißen Larven von Bohrkäfern, und, besser noch als alles andere, im Boden unter dem Baumstamm fanden sie eine Ansammlung von Fröschen, die tief in ihren Winterschlaf versunken waren.

Nachdem Borun seinen Hunger gestillt hatte, war er bereit, seinen Weg fortzusetzen, aber Handa wollte sich vergewissern, ob unter dem Baumstamm nicht noch weitere Leckerbissen lagen. Borun, der es eilig hatte weiterzukommen, ließ sie jedoch nicht in Ruhe, und schließlich gab sie murrend, aber gehorsam nach.

Vor ihnen überspannte jetzt eine Brücke, deren Widerlager auf einem hohen Erdwall ruhten, den Fluß. Sie kletterten die Böschung hinauf und befanden sich auf einer breiten, ebenen Bahn, auf der Stahlschienen matt im Sternenlicht schimmerten. Borun näherte sich ihnen furchtsam, und Handa folgte ihm dicht auf den Fersen. Er war gerade über die erste Schiene geklettert, da merkte er, daß sie sang, und der Gesang, ein hohes Winseln, wurde, von einem rhythmischen, klickenden Geräusch begleitet, immer lauter.

Borun wich zurück, wobei er in seinem Schreck beinahe Handa umgeworfen hätte. Sie traten beide hastig den Rückzug an und kauerten sich ins Gras, während das Winseln zu einem geräuschvollen Orkan, einem ohrenbetäubenden Getöse, einem gewaltigen Stampfen anwuchs, das die Erde erzittern ließ. Regungslos vor Angst und Schrecken hockten Borun und Handa da. Lichter aus den Wagenfenstern huschten über ihre Köpfe, dann war der Zug fort, der Lärm verlor sich in der Ferne und erstarb.

Es dauerte länger als eine halbe Stunde, ehe sich Borun und Handa wieder auf die Gleise wagten, und diesmal näherten sie sich ihnen noch behutsamer als zuvor. Aber die Schienen waren still, und Borun ging als erster auf der Brücke über den Fluß.

Die beiden Dachse folgten der Bahnlinie etwa einen Kilometer, bis diese auf einen anderen Schienenstrang traf, der von Osten nach Westen verlief. Borun zögerte kurz, ehe er ihn überquerte. Sie rutschten die Böschung hinunter und trabten über ein Feld, dann stießen sie auf ein weiteres Hindernis, einen breiten Wasserlauf, der sich endlos nach links und rechts erstreckte.

Vor Jahren hatte auf dem Kanal reger Verkehr geherrscht. Schleppkähne beförderten tagaus, tagein Kohle, Holz, Eisenerz und Häute sowie zerbrechliche Gegenstände wie Glas und Töpferwaren, die eine holprige Fahrt auf den damaligen schlechten Straßen nicht überstanden hätten. Dann kam die Eisenbahn. Der Kanal wurde immer weniger genutzt, und die Natur forderte zurück, was ihr gehörte. Im Sommer bedeckten Seerosen das Wasser, und Schwertlilien blühten an den Ufern. Im Herbst starb das Unkraut ab und vermoderte zu dickem, schwarzem Schlamm. Ganz allmählich füllte sich der Kanal, und eines Tages würde er wieder Land sein.

Borun blieb stehen. Dann wandte er sich nach links und folgte dem überwachsenen Treidelpfad. Ein Teichhuhn schwamm vom Ufer fort, als sie sich näherten, ein Schwan erhob seinen langen weißen Hals, um sie anzuzischen, und eine aufgescheuchte Schermaus verschwand blitzschnell im Dickicht. Nach kurzer Zeit kamen sie zu einer schmalen Brücke, die über den Kanal und in ein kleines Gehölz führte. Hier fanden sie eine Fülle von festen, saftigen Hyazinthenzwiebeln in der weichen Lauberde. Sie futterten, bis die Morgendämmerung sie zwang, sich in einen hohlen Baumstamm zu verkriechen.

Bei Einbruch der Dunkelheit wollte Borun wieder so schnell wie möglich aufbrechen, doch Handa bestand darauf, zuerst zu fressen. Eine Zeitlang leistete Borun ihr dabei Gesellschaft, aber sobald sein Hunger gestillt war, trieb er sie zur Eile an, bis sie ihm schließlich folgte.

Borun wußte jetzt genau, welche Richtung er einschlagen mußte, aber der Weg war recht beschwerlich. Nachdem sie einige Felder überquert hatten, kamen sie auf eine schmale Straße. Hohe Erdwälle mit Drahtzäunen versperrten ihnen beiderseits den Zugang zu den Feldern, und einmal scherte ein vorbeikommender Wagen mit quietschenden Bremsen aus, um sie nicht zu überfahren, als sie in panischem Schrecken über die Straße schossen.

Der Weg führte sie durch ein Dorf, wo Hunde hinter verschlossenen Türen bellten, dann einen Hang hinauf, bis sie zu einem unzugänglichen, farnüberwucherten Gelände kamen, das von Felsbrocken übersät war. Dort blieb Borun stehen und schnüffelte zufrieden, ehe er Handa in den Wald von Summercombe führte.

Wenige Minuten später erreichten sie den Bau. Einauge war schon lange fortgezogen, und die Zeit hatte die Spuren ihrer Anwesenheit verwischt. Nach einer gründlichen Inspektion machte sich Handa daran, den Bau zu säubern. Unter den Bäumen gab es massenweise welke Farnkräuter und hohe Haufen von trockenen, wohlriechenden Blättern, die Handa hineinschleppte, bis der Schlafraum voll war. Schon lange vor Tagesanbruch war der Bau wieder bewohnbar.

Die Dachse waren in den Wald von Summercombe zurückgekehrt.

Zur Zeit der Wintersonnenwende, als der Polarstern über dem frosterstarrten Land leuchtete, nahm Handas Körper die ruhenden Eizellen in ihrem Inneren an und begann sie mit seinem Blut zu ernähren.

Mit eisigen Ostwinden, die unbarmherzig das Land peitschten, ging der Januar vorüber. Im Februar wehte der Wind von Westen und verwandelte den Schnee in grauen Matsch, der während einer Nacht verschwand. Eine Drossel rief vom obersten Zweig einer Esche, und die rundlichen Kätzchen an den Weiden schimmerten silbern in der Sonne.

Eines Abends, als die Sonne blutrot unter einer dichten Wolkenbank flammte, kam Handa allein aus dem Bau und verschwand in einem nahe gelegenen Stechpalmendickicht. Ein Kaninchen hatte dort einmal eine Höhle gegraben, und Handa begann, das Loch zu erweitern, bis es gerade groß genug für sie war.

Sie befand sich bereits ein gutes Stück unter der Erde, als Borun verschlafen heraustrottete und sich vor dem Bau niederließ, um sich ausgiebig zu kratzen. Er hörte Handa im Stechginsterdickicht scharren, aber er achtete kaum darauf.

Das Graben liegt den Dachsen im Blut, und sowohl Handa als auch Borun waren oft damit beschäftigt, Schutt aus einem unterirdischen Gang zu räumen oder einen Schlafraum zu vergrößern. Für den Augenblick gab sich Borun damit zufrieden, am Eingang zu liegen und zu warten, daß Handa kam, um mit ihm auf die nächtliche Futtersuche zu gehen.

Nach zwei Stunden wurde er jedoch ungeduldig und trottete zum Dickicht hinüber. Er hörte ein gedämpftes Gerumpel tief unter der Erde, aber als er gerade den Gang betreten wollte, kam Handa mit einem großen Stein zwischen den Vorderpfoten rückwärts heraus und stieß ihn beiseite.

Er rief, aber sie beachtete ihn nicht, sondern lief eilig wieder hinein, um gleich darauf mit einem Armvoll Erde zurückzukehren, von dem der größte Teil auf Borun niederging. Er setzte sich wartend vor den Bau, aber es wurde tiefe Nacht, ehe Handa sich herbeiließ, ihn auf der Suche nach Nahrung zu begleiten. Am nächsten Abend war sie wieder eifrig bei der Arbeit, und diesmal wartete Borun nicht auf sie, sondern machte sich allein auf die Futtersuche, kehrte jedoch von Zeit zu Zeit zurück, um sie zu rufen, bis sie schließlich bereit war, sich ihm anzuschließen.

Am dritten Abend brachte sie gegen Mitternacht Farn als Unterlage hinein. Der Bau, den sie für ihre Jungen angelegt hatte, war vorbildlich: Der Eingang war klein und unauffällig. Gleich dahinter bog der Gang in einem rechten Winkel ab und lief schräg nach oben zwischen zwei Felsen hindurch. Dann machte er wieder eine Biegung von neunzig Grad, diesmal zur anderen Seite, und führte tief in die Erde. Nur noch ein Schritt über eine Steinplatte, und dann war man in einer Kinderstube, aus der kein Junges entwischen und in die kein Bösewicht gelangen konnte. Die dicke Sandsteinplatte war ein strategisch günstiger Punkt, von dem aus die Mutter über jeden Eindringling herfallen konnte.

Erst als die Kinderstube zu Handas Zufriedenheit ausgelegt war, willigte sie ein, Borun bei der Nahrungssuche zu begleiten, aber auch da entfernte sie sich nicht weit vom Bau. Lange vor der Morgendämmerung kehrte sie mit Borun zurück und verschwand in ihrer neuen Behausung. Borun wartete eine Weile, aber sie kam nicht wieder heraus, und so zog er sich in den alten Bau zurück, um allein zu schlafen.

Am folgenden Abend rief er am Eingang des Kinderstubenbaus wieder nach ihr, erhielt jedoch keine Antwort, und schließlich trollte er sich. Er wußte noch nicht, daß er Vater von drei kräftigen Jungen, zwei weiblichen und einem männlichen, geworden war.

Vom Augenblick ihrer Geburt an gediehen die Jungen prächtig. Handa konnte sie mühelos ernähren, denn sie war jung und gesund. In der ersten Nacht ging sie kurz vor Tagesanbruch allein zur Quelle, um zu trinken. In der zweiten Nacht traf sie Borun, und die beiden begrüßten sich kurz, ehe Handa zu ihren Jungen zurückkehrte. In der dritten Nacht schloß sie sich ihm zu einer kurzen Futtersuche an, und von da an verließ sie ihre Jungen allnächtlich für eine kurze

Zeitspanne, während sie mit ihrem Gefährten nach Nahrung suchte.

Es herrschte kein Mangel an Kaninchen und Wühlmäusen, und war der Frühling auch kalt, so gab es doch einen guten Ertrag von frischem, grünem Gras. Während der Dürre des vergangenen Sommers hatten alle Bäume und Sträucher ihre Wurzeln auf der Suche nach Wasser tief in die Erde getrieben und dabei neue mineralhaltige Quellen angezapft. Jetzt zeigte sich der Erfolg. Jeder Baum versprach bei seiner Blüte einen ergiebigen Erntesegen. Die gelben Kätzchen der Haselsträucher waren dicker denn je zuvor, die weißen Schlehdornblüten breiteten sich aus wie Schnee, und die Blüten der Eichen, die für gewöhnlich kaum bemerkt werden, waren so üppig, daß die Bäume aussahen, als hätte man sie mit flüssigem Gold besprüht.

Mitte März war Handa zu dem Schluß gelangt, daß die Kinderstube nicht mehr groß genug war; so beschloß sie, mit ihren Jungen in den Hauptbau zu ziehen, und machte sich daran, dort eine alte, verlassene Stube neu herzurichten. Beim Graben brachte sie einen alten Schädel zum Vorschein, der gelb und brüchig war und längst keine Zähne mehr hatte.

Borun beschnüffelte ihn neugierig. Es war der Schädel seines Urgroßvaters, der in diesem Raum gestorben war.

Sobald die neue Kinderstube zu Handas Zufriedenheit ausgestattet war, brachte sie ihre Jungen nacheinander hinüber. So begegnete Borun jetzt zum erstenmal seiner Familie. Handa knurrte anfangs noch warnend, wenn er die Kinderstube zu betreten versuchte, aber mit der Zeit wurde sie duldsamer.

Inzwischen waren die Jungen stupsnasige Miniaturausgaben ihrer Eltern geworden; sie torkelten auf wackligen Beinen in der Kinderstube umher, und Borun spielte Kindermädchen und ließ sie an seinen Ohren und Haaren zupfen, während Handa sich oben im Freien eine sehr notwendige Ruhepause gönnte.

Begegnung im Wald

An einem strahlenden Aprilmorgen, an dem ein stürmischer Wind weiße Wolkenfetzen über einen Himmel fliegen ließ, der so blaugrün wie das Ei einer Singdrossel war, entdeckte Polly Shaw den Dachsbau.

Sie war an diesem Tag durch den von der Sonne besprenkelten Schatten des Waldes gegangen, unter den Füßen das raschelnde, trockene Laub des vergangenen Herbstes, als sie sich plötzlich auf dem

Dachspfad fand. Sie folgte ihm auf seinem gewundenen Lauf zwischen dem Gebüsch hindurch, bis er sich schließlich zu einer großen Arena unter den Bäumen erweiterte.

Auf den ersten Blick erkannte sie, daß es sich um einen Dachsbau handelte. Aber sie näherte sich ihm nicht, sondern ging im Kreis herum und suchte nach einem günstigen Platz, an den sie diesen Abend zurückkehren konnte. Sie hoffte, einen Dachs zu erspähen, vielleicht sogar denselben, den sie im vergangenen Herbst vor einem Jahr in ihrem Garten gefüttert hatte. Sie fand einen geeigneten Ausguck in einem alten Baumstumpf, der genau die Form eines großen Sessels hatte. Das einzige, was sie brauchte, um in ihm bequem zu sitzen, war ein Kissen.

Sie widmete sich den Rest des Tages ihrem Garten, setzte die letzten Frühlingspflanzen ein und stützte die Reisererbsen, die jetzt aus der Erde sprossen, mit Reisig ab. Der Nachmittag war beinahe vorüber, da wurde Polly durch das plötzliche Erscheinen Vandals daran erinnert, daß sie vergessen hatte, Milch zu holen. Sie war in Versuchung, darauf zu verzichten, aber sie wußte, daß Vandal, wenn sie ihre tägliche Ration nicht bekam, den Abend damit verbringen würde, sich am Kühlschrank zu reiben und lauthals zu miauen. Seufzend legte Polly ihre Gartengeräte beiseite und machte sich auf den Weg zum Bauernhof.

Mrs. Fletcher begrüßte sie mit der leicht triumphierenden Miene eines Menschen, der weiß, daß er eine wichtige Neuigkeit zu berichten hat. „Haben Sie die Zeitung gelesen, Miß Shaw?“ trompetete sie, als Polly den Hof überquerte. Sie war sicher, daß Polly noch keinen Blick in die Zeitung geworfen hatte. Deshalb lauerte sie schon den ganzen Tag ungeduldig auf diesen Augenblick.

Auf dem Küchentisch lag die *Rundschau* für Polly bereit. Riesige Schlagzeilen liefen über die ganze Breite der Titelseite: NEUE UMGEHUNGSSTRASSE GEPLANT. DER WALD VON SUMMERCOMBE BEDROHT. Polly ließ rasch die Augen über den folgenden kleingedruckten Text schweifen. „Wenn der Antrag des Grafschaftsrats vom Ministerium für Umweltfragen gebilligt wird, steht dem Bau einer neuen Umgehungsstraße nichts mehr im Wege. Sie soll künftig die Zufahrt zur Autobahn bilden und die gegenwärtige Straße, die durch das Dorf Summercombe führt, entlasten. Bereits seit einiger Zeit klagen die Bewohner über ständig zunehmenden Lärm und vermehrte Luftverschmutzung, und letzthin sind Befürchtungen laut geworden, daß das rapide angewachsene Verkehrsaufkommen eine Gefahr für

Leben und Besitz darstellen könnte. Die geplante Umgehungsstraße wird entlang des Hügels durch ein Gebiet führen, das zum größten Teil wertlos und unfruchtbar ist."

Auf einer Karte neben dem Text war die Trasse für die geplante neue Straße eingezeichnet. Polly sah, daß der Wald von Summercombe in Gefahr war, in seiner ganzen Länge zerschnitten zu werden; und, schlimmer noch, die Umgehungsstraße würde unmittelbar an ihrem Haus vorbeiführen.

Sie holte tief Luft und war entschlossen, Mrs. Fletcher nicht merken zu lassen, daß sie zutiefst beunruhigt war.

So lächelte sie, als sie sich Mrs. Fletcher zuwandte. „Ich fürchte, die *Rundschau* ist ein wenig voreilig. Schließlich ist das Ganze ja vorläufig nichts weiter als ein Plan."

Mrs. Fletcher war sichtlich gereizt. „Jeder, mit dem ich bis jetzt gesprochen habe, hält's für eine gute Idee. Ich selbst zweifle nicht daran, daß es durchkommen wird."

Polly nahm ihre Milch und floh. Trotz ihrer scheinbaren Unbekümmertheit war ihr schwer ums Herz, als sie nach Hause zurückkehrte. Sie hörte im Geist bereits das dumpfe Dröhnen von Dieselmotoren, sah eine nicht enden wollende Reihe von schweren Lastwagen, die Tag und Nacht vorbeidonnerten. Als sie das Gartentor öffnete, flog eine Amsel mit einem Wurm im Schnabel zur Hecke. Dort ließ sie sich einen Augenblick auf einem dürren Zweig nieder, um ein kleines Lied zu trillern.

Polly fragte sich, wie viele Menschen wohl wußten, daß eine Amsel mit einem Schnabel voll Würmern singen kann. Wie viele hatten je Gelegenheit, so etwas zu beobachten? Plötzlich wurde ihr bewußt, was für ein Glück es bedeutete, das Beste beider Welten genießen zu können. Sie nahm die Gaben des Fortschritts als etwas Selbstverständliches hin. Sie hatte elektrisches Licht, ihren Fernseher, ihren Plattenspieler und mehr persönlichen Besitz, als einer der früheren Bewohner des Hauses je gehabt hatte. Wenn sie all diese Dinge nicht hätte, würde sie dann trotzdem den Sinn für die Wunder der Natur bewahren, oder würde sie wie viele andere einfach ein sorgengebeugtes menschliches Wrack werden, schlecht ernährt und kränklich und eine ihr nicht gemäße Umwelt verwünschend?

Sie wußte es nicht, aber sie war ehrlich genug, um zuzugeben, daß sie kein Recht hatte, anderen den hohen Lebensstandard zu verweigern, den sie für sich selbst beanspruchte. Die neue Umgehungsstraße war als ein Teil jenes Systems geplant, durch das die Bedürfnisse des täglichen Lebens befriedigt wurden. Über die Straßen wurden Kartoffeln in die Städte gebracht und Düngemittel auf die Felder. Es wurde alles auf ihnen befördert, von Zucker bis zu Zigaretten, von neuen Büchern bis zu Nylonwäsche, und wenn das System auch nicht ideal war, so funktionierte es doch zumindest.

Die Umgehungsstraße würde zwar ihre eigene Lebensqualität beeinträchtigen, aber gleichzeitig würde sie die der Einwohner von Summercombe erheblich verbessern, und vielleicht konnten dann sie statt ihrer im Garten stehen und eine Amsel singen hören. Sie selbst war das Opfer – doch von Opfer konnte man hier eigentlich gar nicht reden. Sie war gut über die Mitte des Lebens hinaus, und bis die Umgehungsstraße fertig war, konnte sie längst tot sein oder zumindest außerstande, allein zurechtzukommen. Schon jetzt spürte sie nach der Gartenarbeit ein rheumatisches Reißen in den Gliedern. Eines war gewiß: Sie konnte gegen den Bau der Straße keinen Einspruch einlegen. Die Umgehungsstraße bedeutete zu viel für alle anderen.

Sie mußte einfach abwarten und sehen, was geschah. Schließlich währte kein Traum ewig.

Sie dachte an sich und ihren Garten. Sie sah in ihm gern eine Art Zufluchtsstätte für die Lebewesen der freien Natur, und doch vernichtete sie jede Woche rücksichtslos Schnecken, Raupen, Blattläuse und Ohrwürmer. Es war nicht zu leugnen, sie war ebenso schuldig wie jeder andere, was den Krieg gegen die Natur betraf, und die geplante Umgehungsstraße würde lediglich eine logische Fortsetzung dessen sein, was sie im Garten tat.

Sie grübelte immer noch, als sie sich auf den Weg in den Wald machte. Der Schlehdorn hatte seine Blüten abgeworfen, und die weißen Blütenblätter lagen wie Schnee zwischen dem Blaurot der Hyazinthen. Krähen schwatzten miteinander, während sie träge dahinschwebten, und eine Drossel sang in einem volltönenden Alt. Der Duft des Waldes stieg stark und sinnlich in der warmen Abendluft empor, und überall war die Schönheit des jungen, grünen Laubes überwältigend in der vibrierenden Vielfalt von Schattierungen und Strukturen.

Sie kam zu ihrem Baumstumpf und ließ sich bequem auf dem Kissen nieder, das sie mitgebracht hatte. Unter ihr lag die Lichtung still und verlassen da, während sich das grün gesprenkelte Tageslicht in der untergehenden Sonne langsam in Gelb verwandelte. Es wehte kein Wind, und während Polly beobachtend und lauschend dasaß, stimmten sich ihre Sinne langsam auf die kleinen Geräusche ein, die durch die Stille drangen – das Brummen eines Käfers, ein leichter Flügelschlag, ein langsames, sanftes Rascheln, das das Vorüberziehen einer Schlange kennzeichnet. Verstohlen, unaufdringlich warb der Zauber des Waldes um sie und ergriff Besitz von ihr, so daß sie eins schien mit den uralten Eichen und der süß duftenden, fruchtbaren Erde. Die Angelegenheiten der Menschheit wurden unwichtig und rückten in weite Ferne.

Plötzlich ließ ein lautes, schnüffelndes Geräusch sie aufmerken, und als sie auf die Lichtung hinunterspähte, sah sie zu ihrer Freude, daß ein Dachs aus einer der Öffnungen aufgetaucht war. Sein Kopf bewegte sich auf und ab, während er in die Bäume starrte. Dann ließ er sich zu Boden sinken und begann, sich energisch zu kratzen.

Pollys Mund war trocken, und ihr Herz klopfte wie wild. Sie hatte Angst, daß sie husten oder ein Geräusch machen könnte, das das Tier auf ihre Gegenwart aufmerksam machte. Dann erschien ein zweiter Dachs, und wenige Sekunden später war die Lichtung erfüllt von Getümmel und Lärm, als drei Junge aus dem Bau stürmten. Gebannt beobachtete Polly, wie sie wild umhertollten, durch die Büsche jagten, knurrten und kläfften und einander hinterherhetzten. Etwa zwanzig Minuten lang spielten die Jungen, lagen auf der Lauer und fielen übereinander her, bis das Spiel in einem langen, angestrengten Ringkampf endete, bei dem sich alle drei im Staub wälzten. Handa und Borun hielten Wache, sorgten dafür, daß keines der Kleinen sich zu weit entfernte, mischten sich aber sonst wenig in das lärmende Spiel der Dachskinder ein.

Dann folgte eine energische Reinigungsaktion. Handa inspizierte der Reihe nach jedes der sich heftig sträubenden Jungen, drückte es fest mit einer Vorderpfote nieder und ließ es erst los, wenn sie sich überzeugt hatte, daß das erforderliche Maß an Sauberkeit erreicht war. Es war mittlerweile spät geworden. Der Mond ging auf, füllte die Arena mit silbernem Licht und tauchte die Büsche in tiefe Schatten. Die Dachse verschwanden in der Nacht.

Polly war allein.

Sie wartete eine Weile in der schwachen Hoffnung, daß die Dachse zurückkehren würden, und sie ließ sich Zeit mit dem Aufbruch, um sie nicht zu erschrecken. Als sie ein paar Minuten später durch den Wald nach Hause ging, erinnerte sie sich plötzlich wieder an die Umgehungsstraße, und ihr wurde klar, daß sie nicht das einzige Opfer des Fortschritts war. Auch die Dachse würden vertrieben werden. Sie zwang sich beim Zubettgehen, das Problem aus ihren Gedanken zu verdrängen, aber sie schlief schlecht und mußte den ganzen nächsten Tag immer wieder daran denken, sosehr sie auch versuchte, sich mit Arbeit abzulenken.

Polly war erleichtert, als der Tag endlich weit genug vorgeschritten war, daß sie sich in den Wald flüchten konnte. Dort zumindest würde sie Trost finden. Der Abend war schwül und feucht, und das ferne Donnergrollen kündigte ein Gewitter an. Trotzdem machte sie sich auf den Weg und ging, das Kissen unter dem Arm, langsam zwischen den Bäumen hindurch.

Die Gewohnheit hatte sie gelehrt, sich lautlos einen Weg durch den Wald zu bahnen. So wurde sie durch unvergeßliche Einblicke in das Leben der Tiere belohnt: sie sah ein Wiesel, das auf einer Lichtung stand, eine Pfote erhoben, während es die Nase schnuppernd in die Luft hielt; ein Fasanenweibchen, das seine Küken ängstlich über einen Pfad trieb; eine Ringelnatter, die zusammengerollt zwischen den Farnkräutern lag. Polly achtete auch auf Geräusche und konnte genau unterscheiden zwischen dem kurzen, lebhaften Rascheln einer Waldwühlmaus, die hastig zu ihrem Nest trippelte, und dem Kratzen einer Eidechse, die auf der Suche nach Deckung über das welke Laub hastete – ein Geräusch, genau wie das Kratzen einer Feder auf Pergament.

So blieb sie lauschend stehen, als sie ein paar Meter zu ihrer Rechten ein Rascheln im Gebüsch vernahm. Es ertönte abermals, und dann hörte sie etwas, das wie ein ärgerliches Ächzen klang. Sie bewegte sich behutsam voran und fragte sich erstaunt, was das wohl für ein Tier sein mochte, das sich dort am Hang versteckte.

Ein bärtiges Gesicht starrte sie aus einem Holunderdickicht an, ein Gesicht mit durchdringenden, dunklen Augen und schwarzem, lockigem Haar. Das Gesicht sprach. „Ich frage mich, ob Sie wohl die Güte hätten, hier ein wenig Hilfe zu leisten?“

Während Polly den Hang hinaufkletterte, hätte sie am liebsten laut gelacht, so groß war ihre Erleichterung. Die Bitte klang so steif, daß sie in dieser Umgebung völlig fehl am Platz zu sein schien.

Der Mann, ein wenig über die besten Jahre hinaus, angetan mit einer adretten grünen Jacke, lag auf dem Rücken im Dickicht und stützte sich auf die Ellbogen. Als Polly sich ihm näherte, machte er nicht den Versuch aufzustehen, sondern hob nur grüßend die Hand.

„Ich bin leider in eine recht mißliche Lage geraten. Sie kommen in der Tat wie gerufen, Madam.“

„Was ist geschehen?“ fragte Polly.

Der Mann deutete auf seinen Fuß. „Ich bin ausgerutscht, und mein Fuß hat sich irgendwie unter einer Wurzel verkeilt."

Polly sah näher hin, und tatsächlich war das Bein des Mannes knapp oberhalb des Knöchels fest zwischen einer alten, knorrigen Holunderwurzel und einem Felsen eingeklemmt.

„Wenn ich Ihnen vielleicht den Stiefel ausziehen könnte...", setzte sie an.

„Ich fürchte, mein Fuß ist jetzt zu geschwollen; aber Sie täten mir einen Gefallen, wenn Sie die Schnürsenkel ein wenig lockern würden."

Er seufzte erleichtert auf, als Polly es tat, aber ihr war klar, daß sie den Schnürstiefel nicht ausziehen konnte, ohne ihn aufzuschneiden. Plötzlich kam ihr der Gedanke, daß es die beste Lösung wäre, die Wurzel durchzusägen.

„Haben Sie nur noch ein Weilchen Geduld", sagte sie. „Es ist nicht weit bis zu meinem Haus. Ich geh zurück und hol eine Säge, dann werden Sie bald befreit sein."

„Ich wäre Ihnen außerordentlich dankbar", erwiderte der Mann. „Und ich verspreche Ihnen, daß ich es stets bleiben werde."

Polly lachte. Dann fiel ihr das Kissen ein.

„Vielleicht wäre es bequemer, wenn Sie dies unter Ihren Kopf legten", sagte sie.

„Was für ein Luxus", seufzte der Mann, als er erleichtert zurücksank. „Ich bin so froh, daß Sie zufällig hier vorbeigekommen sind. Dürfte ich wohl noch eine kleine Bitte äußern? Ein Stückchen weiter oben liegt meine Proviianttasche mit Zigaretten und Streichhölzern. Sie fiel mir aus der Hand, als ich ausgerutscht bin. Eine Zigarette wird mir das Warten erleichtern."

Polly kletterte weiter den Hang hinauf und holte die Tasche. Sie war überraschend schwer, als ob sie mit Steinen gefüllt wäre, und unter der Klappe ragte der Griff eines Geologenhammers hervor. Erst als Polly schon fast zu Hause war, wurde ihr klar, was er zu bedeuten hatte. Aber sie hatte jetzt keine Zeit für lange Überlegungen, denn das drohende Gewitter kam immer näher. Der Himmel verdunkelte sich, und ein unheilverkündender Wind zerzauste die Bäume. Dennoch brachte sie ihre Frage in Form einer Bemerkung vor, während sie die Wurzel des Holunderbusches durchsägte. „Sie sind Geologe, Mister..."

„Firth, Madam. Rupert Firth. Ja, das stimmt. Das ist der Grund, warum ich hier bin, und zwar nur, weil ein paar größenwahnsinnige

Bürokraten sich einbilden, sie könnten hier eine Umgehungsstraße bauen."

In diesem Augenblick löste sich die Wurzel, und der Geologe war frei. Er stand behutsam auf und verlagerte vorsichtig sein Gewicht auf das Bein. „Nicht gebrochen. Verstaucht, nehm ich an", brummte er, „und geschwollen von der Einschnürung."

„Ich habe einen Besen mitgebracht", sagte Polly. „Wenn Sie das breite Ende unter Ihre Achselhöhle legen, können Sie ihn als Krücke benutzen."

„Eine glänzende Idee", murmelte Firth, und sie machten sich auf den Weg durch den Wald, er auf seine behelfsmäßige Krücke gestützt, sie hinter ihm, mit Kissen, Säge und Proviantasche beladen.

ZWANZIG Minuten später saß Rupert Firth, ein wohlgefülltes Glas Whisky in der Hand, im Wohnzimmer des kleinen Hauses, während Polly kalte Kompressen auf seinen Knöchel legte und sich draußen der Gewittersturm in seinem ganzen Ungestüm entlud. Rupert sah aus dem Fenster und schauderte.

„Miß Shaw", begann er, „ich weiß nicht, wie ich Ihnen jemals Ihre Findigkeit und Güte vergelten soll."

Polly wußte es, aber für den Augenblick sagte sie nichts.

„Es geht mich zwar nichts an", fuhr Firth fort, „aber könnten Sie nicht bitte meine vulgäre Neugier befriedigen und mir sagen, was eine Dame Ihres Alters zu dieser Stunde im Wald verloren hat – und obendrein mit einem Kissen unter dem Arm?"

„Sehr einfach", erwiderte Polly. „Ich wollte Dachse beobachten."

„Ach ja", sagte Firth kopfnickend, „ich habe heute morgen die Baue gesehen."

„Sie werden nicht mehr lange hier sein, wenn die Umgehungsstraße gebaut wird", bemerkte Polly leise.

Eine Weile herrschte Stille, während Firth an seinem Glas nippte. Schließlich brach er das Schweigen. „Was wissen Sie über Geologie?"

„Nichts."

„Sie sollten aber etwas darüber wissen", sagte Firth streng. „Sie können niemals die Hügel und Täler verstehen, wenn Sie nicht etwas über ihre Struktur wissen. Haben Sie ein paar Scheiben Brot?"

Polly sprang auf. „Oh, entschuldigen Sie, daß ich nicht selbst daran gedacht habe. Sie müssen ja völlig ausgehungert sein."

Firth lachte. „Aber bitte. Ich brauche das Brot zu einem ganz anderen Zweck. Holen Sie es, dann werden Sie sehen."

Polly brachte vier Brotscheiben auf einem Teller, und Firth stapelte sie aufeinander. „Die Felsen, die das Rückgrat dieses Hügels bilden, sind bis zu zweihundert Millionen Jahre alt“, begann er. „Es ist Sedimentgestein, Sand, den Flüsse hier abgelagert haben und der dann durch jüngere Sedimentmassen zusammengepreßt wurde. Daraus entstand Kalkstein. Das Sedimentgestein ist wie diese Brotschnitten aufeinandergeschichtet. Jetzt liegt die Erde in Ketten, aber von Zeit zu Zeit wird sie rege, bewegt sich und versucht, ihre Fesseln zu sprengen.“

Er faßte die Brotschnitten an den vier Ecken, drückte sie nach innen, so daß sich die Mitte der obersten Scheibe, von den darunterliegenden nach oben gepreßt, zu einem Buckel wölbte. „Manchmal geht das so vor sich, und dann heben und senken sich, wie Sie sehen, die Gesteinsschichten, die den Hügel bilden, so daß die Lagen, haute man in den Hang hinein, abrutschen würden.“

„Und dieser Hügel ist so entstanden?“ fragte Polly.

„Genau. Und sollte sich irgendjemand an ihm zu schaffen machen, könnte es an einem Abend wie diesem leicht passieren, daß Teile des Hügels in Bewegung geraten, weil Wasser zwischen die Gesteinsschichten sickert und sie zermürbt und zerbröckelt.“

„Könnte man den Hang nicht abstützen, um zu verhindern, daß er abrutscht?“

Firth nickte. „Gewiß. Aber jeder, der sich an dieses Unternehmen wagen wollte, müßte bereit sein, einen Blankoscheck auszustellen, denn es wäre unmöglich, einen genauen Kostenvoranschlag zu machen. Und niemand könnte garantieren, daß es gelingt, einen Felsrutsch zu verhindern.“

Polly atmete erleichtert auf. „So wird also die Umgehungsstraße nie gebaut werden?“

„Sie wird zweifellos irgendwo gebaut werden. Vermutlich längs der Talsohle auf der gegenüberliegenden Seite. Sie werden sie von hier aus sehen, aber sie wird an ihrem nächstgelegenen Punkt mindestens fünfzehnhundert Meter von Ihnen entfernt sein.“

Polly fühlte sich plötzlich zehn Jahre jünger. „Nun, Mister Firth, Sie haben mir meine Hilfe mehr als reichlich vergolten.“

„Nennen Sie mich Rupert“, bat Firth. „Und jetzt muß ich Sie auf irgendeine Art von der Last meiner Gegenwart befreien.“

„Bei diesem Wetter? Das kommt gar nicht in Frage. Sie können im Gästezimmer schlafen. Ich bin sicher, daß wir in unserem Alter von Anstandsformalitäten Abstand nehmen können. Morgen früh fahre ich Sie zum Arzt, damit er Ihr Bein untersucht." Plötzlich fiel ihr etwas ein. „Oh, ich habe gar nicht daran gedacht. Vielleicht macht sich jemand Sorgen um Sie..."

Firth schüttelte den Kopf. „Es gibt niemanden. Ich bin Witwer, schon seit vielen Jahren. Ich hatte vorgehabt, in einem Hotel zu übernachten."

„Dann ist der Fall erledigt", sagte Polly. „Schenken Sie sich bitte selbst nach, während ich ein paar Rühreier mache."

Sie wurde verlegen, als sie merkte, daß sie errötete, lief eilig in die Küche und schalt sich zornig eine törichte alte Jungfer. Nichtsdestoweniger fühlte sie sich glücklich bei dem Gedanken, daß dieser Abend den Grundstein zu einer – hoffentlich – lang andauernden Freundschaft gelegt haben könnte.

Nachwort

Die Arbeit an der neuen Umgehungsstraße auf der anderen Seite des Tals begann an einem Morgen Ende Dezember. Am Abend des ersten Tages, als die Bagger knirschend zum Stillstand kamen und die Arbeiter müde vornübergebeugt zu ihren Wagen gingen, stand Borun in einem Dornengebüsch verborgen, und sein gestreifter Kopf nickte leicht, während er prüfend den Schauplatz überblickte. Auch Polly starrte auf die offene gelbe Wunde im Tal, die jetzt barmherzig in Zwielicht gehüllt war.

Borun blickte zum Himmel empor, und ein Stern spiegelte sich in seinen Augen, derselbe Stern, der vor Tausenden von Jahren auf die Dachse geschienen hatte, die den Bau der eisenzeitlichen Festung von Summercombe beobachteten. Wie viele Veränderungen würde der Stern noch mit ansehen, ehe die Sonne ausbrannte und die Welt in einem Leichentuch aus Eis zurückließ? Für die Dachse von Summercombe und für die westliche Zivilisation lief die Zeit vielleicht schon ab. Aber vorläufig war den Dachsen zumindest eine kurze Gnadenfrist gewährt worden.

Ewan Clarkson

„So sieht die Welt aus, in der Meister Grimbart zu Hause ist." Ewan Clarkson hatte uns in ein Tal bei Lustleigh geführt, das nicht weit von seinem strohgedeckten Moss-Rose-Cottage entfernt liegt. Es goß in Strömen, und Nebelschleier senkten sich auf Tausende von Weißbirken, die vom schneidenden Märzwind zerzaust wurden. Ja – so mußte es in Somerset ausgesehen haben, ehe die Römer vor zweitausend Jahren nach Südengland kamen und die Wälder rodeten.

Ewan Clarksons Lieblingstal bevölkern nicht nur Dachse und unzählige Vögel, sondern auch wilde Nerze. „Ich könnte wochenlang hier sitzen, die Natur beobachten, nachdenken," meinte er lächelnd. „Vielleicht würde ich ab und zu angeln gehen. Welch ein herrliches Leben – fern von der mühseligen Schriftstellerei."

Mit vielerlei Tätigkeiten hat sich Ewan Clarkson seinen Lebensunterhalt verdient. Er war Busfahrer und Zoowärter, doch die Hauptsache blieb für ihn immer das Schreiben – über Tiere, über das Angeln und das Landleben. Geboren wurde er 1929 in Cumberland, seine Kindheit verbrachte er in Cheshire, gewohnt hat er eine Zeitlang in Bath, wo ihn der Bau der Autobahn M 4 und das Schicksal einer Dachsgemeinschaft zu seinem neuesten Buch inspirierten.

Heute lebt der Autor mit seiner Frau Jenny und ihren beiden Kindern in einem Häuschen, das sie selbst ausgebaut haben, um für weitere sieben Familienmitglieder Platz zu schaffen. Die Cottagebewohner sind eine unabhängige kleine Gemeinschaft. Jenny, als begabte Schneiderin, kann sogar einen Anzug für ihren Mann nähen. Und Ewan ist ein begeisterter Angler, der regelmäßig frischen Seebarsch und Makrelen vom Meer nach Hause bringt. Außerdem entlockt er dem Garten eine unglaubliche Fülle von Früchten und Gemüse, während der Rest der Familie die Felder und Wälder nach Leckerbissen wie Pilzen und Brombeeren absucht.

Die Erhaltung der Umwelt ist für Ewan Clarkson ein Problem von größter Bedeutung. Als sein Dorf von einem Straßenbauprojekt bedroht war, schrieb er Protestbriefe und startete eine Kampagne, die sich als äußerst erfolgreich erwies. Seitdem gehört der zugereiste Schriftsteller richtig zur Dorfgemeinschaft und wird von allen Einheimischen hoch geachtet.

NACHT
ÜBER DEM TAL

Eine Kurzfassung des Buches von
Wendelgard von Staden

Dieses Buch ist ein merkwürdiges Buch... Ich las und las, ohne abzusetzen, bis zur letzten Seite, ohne einen Satz auszulassen. Und ich hatte das Gefühl, noch nie sei so einfach und so greifbar deutlich das unentwirrbare Knäuel von Sein und Schein, von Schuld und Heldentum, Unsinn, Irrtum, Opfer, Verbrechen, Unschuld, Wiedergutmachung dargestellt worden, die jenes Tausendjährige Reich kennzeichneten...

Es handelt sich, wie man bei der Lektüre bald begreift, um einen kleinen Hof in einem stillen Tal Württembergs, wo das Leben in ehernem Gleichmaß seinen Lauf nimmt: Säen und Ernten, Sommer und Winter bestimmen das Jahr. Immer gibt es Arbeit, und immer sind die Finanzen knapp. An jedem Sonnabend werden die Höfe und die Dorfstraße gefegt, die Leiterwagen schön gerade ausgerichtet nebeneinander auf die Tenne geschoben; die Frauen wandern mit den Kuchenblechen zum Bäcker, und am Montag beginnt die Woche von neuem. Der Herr des Hauses ist mit den Bauern zusammen groß geworden, und jetzt wachsen wiederum seine Kinder mit deren Kindern auf...

Die Autorin ist vierzehn Jahre alt, als der Krieg ausbricht und Mächte der Finsternis in das stille Tal einbrechen – mit Stacheldraht, Wachtürmen und Polizeihunden. Grund und Boden werden enteignet, Baracken gebaut, das Tal für Zivilisten gesperrt.

Zunächst heißt es, ein Arbeitslager werde errichtet, aber als dann einige Insassen in schweren Holzschuhen auf den Hof schlurfen, um Stroh und Bohnen zu holen – es sind schwankende, kahlgeschorene, dürre Gestalten mit grünlichen Gesichtern in gestreiften Anzügen, die schlaff um ihren Körper hängen –, da weiß man, es sind Juden, schwerkranke, sterbende Menschen. Schrecken, ohnmächtiger Zorn, Verzweiflung ergreifen die Familie, vor allem den stets aktiven weiblichen Teil. Die junge Autorin und die temperamentvolle Mutter, die, anders als ihr Mann, das allmähliche Anwachsen des Nationalsozialismus schon immer als große Katastrophe angesehen hatte, beginnen Pläne zu schmieden, um wenigstens einigen jener Unglücklichen zu helfen. Dabei kommt ihnen ihr Name zugute.

Der Name Neurath bedeutete zu jener Zeit viel. Er war allenthalben bekannt, denn ein Bruder des Gutsherrn, Freiherr Konstantin von Neurath, war von 1932 bis 1938 Reichsaußenminister gewesen, erst unter Papen, dann unter Schleicher und schließlich unter Hitler. Im Frühjahr 1939 war er dann nach kurzer Zeit der Zurückgezogenheit unter dem vielversprechenden Titel „Reichsprotektor von Böhmen und Mähren" noch einmal aktiviert worden, nicht für lange. Drei Jahre später ließ er sich beurlauben, und bald darauf trat er dann auch in aller Form zurück. Aber bei den Nazi-Chargen im Lager galt der Name doch noch so viel, daß es Mutter und Tochter gelang, mit dem Kommandanten in Verbindung zu treten, um zu versuchen, ihre abenteuerlichen Pläne in die Tat umzusetzen; wobei sie sich wenig Gedanken darüber machten, daß dies sie in jenen letzten Monaten des Krieges leicht den Kopf hätte kosten können.

aus: Marion Gräfin Dönhoffs Einführung.

1

UNSER Dorf lag unweit einer langgestreckten Hügelkette inmitten von Obstgärten und Feldern. An Sonntagen im Sommer ging mein Vater manchmal zum Geiselspiel hinüber, dem alten Weinberg jenseits der Bahn, setzte sich am Waldrand unter einen Apfelbaum und malte die Landschaft mit dem Ort: den Hof vom Bauern Wenz, das Wirtshaus „Zur Krone", das Häuschen der alten Mathild, von der es hieß, sie sei eine Hexe; die Schmiede, das Schulhaus und das Bürgermeisteramt an der Hauptstraße, die Höfe von den Bauschens und dem Vollmer, darüber den viereckigen Turm unserer alten Kirche. Daneben zeichnete er das Viereck unseres Hofes mit seinen großen Dächern, das Herrenhaus mit der Eiche davor, die Heuscheuer, Ochsenställe und das Gesindehaus, das Haus des Verwalters aus rotem Backstein, den Pferdestall mit der Wagenscheuer, vor dem der Misthaufen lag. Mitten im Hof, über den Kartoffelkellern, wuchs ein Gebüsch aus altem Flieder. Der Hof war, wie die Häuser der Bauern, aus Fachwerk gebaut und gelb getüncht.

Hinter dem Herrenhaus begannen die Obstgärten und das Baumstück, das an den Park grenzte. An den hohen Jasminbüschen vorbei führten kleine Wege hinauf bis zu dem Acker mit dem dornenüberwachsenen Wasserreservoir, auf dem eine rostige Blechfahne den Wasserstand anzeigte. Weiter draußen, nach links hinüber, spiegelten sich die Gewächshäuser der Gärtnerei in der Sonne, und das „Weitfeld" dehnte sich bis zum Horizont. Zwischen den Feldern der Bauern lagen der breite Acker vom Hof, der Bürgerbronnenacker und das Feld ums Hasenwäldle. Im Hasenwäldle, einem kleinen Geviert, wuchsen Erlen und ein paar Tannen. Außerdem gab es da eine Unterstehhütte für die Feldarbeiter. An der unteren Seite vom „Weitfeld", zum Bahnhof hin, konnte man die große Feldscheuer sehen, in die zur Erntezeit der Weizen gefahren wurde.

Unterhalb der letzten Häuser vom Dorf, am Bach, lag der kleine Dorfbahnhof, auf dem ein- oder zweimal am Tag das „Bähnle" hielt. Es war der Zubringerzug von der Stadt Vaihingen an der Enz zum Reichsbahnhof, den die Bürger – als die Eisenbahnlinie gebaut wurde

– weit vom Ort entfernt errichteten, um möglichst wenig mit der „Teufelsbahn" zu tun zu haben.

Die Geleise vom „Bähnle" führten am Feuersee und der Jungviehweide vom Bauern Gutjahr entlang, durch den kleinen Steinbruch, von da aus an den Steinhalden des großen Steinbruchs und am Schloß vorbei nach Vaihingen.

Von einem Fenster unseres Hauses aus malte mein Vater auch die Stromberge im Norden. Das war ein weich geschwungener Höhenzug, an dem Weinberge steil nach oben, bis unter den Wald klommen, der wie eine Kappe die Hügel bedeckte. Unserem Hof gegenüber, auf der höchsten Erhebung, lag die Eselsburg, eine Ruine, die als Aussichtsturm benutzt wurde. Im Frühling, wenn im Wald die Maiglöckchen blühten und der Kuckuck von den Bäumen rief, stiegen wir Kinder die steilen Weinbergtreppen zur Eselsburg hinauf, von der man weit über das Land schauen konnte.

Im Wald hinter dem Bahngeleise saß mein Vater oft am Abend auf Rehe oder Wildschweine an, bis aus den Wiesen der Nebel stieg und im Dorf die ersten Lichter angingen. Mein Vater liebte die Jagd, und er liebte das Dorf, in dem er aufgewachsen war. Wenn er im Lodenmantel die kleinen Straßen hinunterging, mit dem Hund an der Leine und der Flinte über der Schulter, dann blieb er bei jedem stehen, den er traf. Die Frauen hörten auf zu fegen, die Bauern hielten das Kuhfuhrwerk an oder lehnten sich auf den Schippenstiel und schwätzten mit ihm. Eigentlich hatte mein Vater Förster werden wollen, aber das war ihm nicht erlaubt worden. Wie es bei uns früher üblich war für die nachgeborenen Söhne, mußte er Offizier werden. Er tat einige Jahre Dienst. Das war lange vor dem Ersten Weltkrieg. Dann wurde es ihm zu langweilig, und er wanderte nach Argentinien aus.

Im Sommer 1914 kam er mit einem Vermögen zurück und ging gleich in den Krieg. Mit seinem Regiment lag er in den Gräben an der Somme, und als der Krieg zu Ende war, kehrte er – vom Militär entlassen – nach Hause zurück. Sein Vermögen verlor er in der Inflation. Als meine Eltern 1922 heirateten, stand ihre Existenz auf wackligen Beinen. Sie versuchten, das elterliche Gut zu übernehmen, das seit langem verpachtet war. Ihre Mittel reichten dafür jedoch nicht aus. Nur einige Felder konnten sie aus der Pacht nehmen. Sie waren in den dreißiger Jahren bis über die Ohren verschuldet. Aus einem Acker, der „das Rohr" hieß, machten sie eine Gärtnerei und bauten darauf ein Gewächshaus. Viele Jahre lang fuhr meine Mutter morgens um fünf zur Markthalle in Stuttgart, um dort das Gemüse zu verkaufen. Doch trotz der wirtschaftlichen Not ging es in unserer Familie fröhlich zu.

Am Samstagabend wurde im ganzen Dorf gefegt, die Höfe und die Kandeln saubergemacht, die Frauen trugen volle Kuchenbleche zur Backstube. In der Backstube war es immer warm und interessant. Man saß auf den Stufen vor der Tür und sah zu, wie des Bäckers Fred die Laugenbrezeln machte, die Bleche mit der langen Stange aus dem Ofen holte, und man hörte, wie über die Ernte und das Vieh geschwätzt wurde. Und dort in der Backstube verabredeten wir uns zum Indianerspielen im Park.

Am Sonntagmorgen, im Sommer, frühstückten wir auf der Veranda. Es gab Laugenbrezeln mit Kräuterkäse. Danach durften wir in den Hofscheuern und im Park toben.

Der Park war unser Revier. Unten, an seinem Eingang, standen drei hohe Birken, weiter oben, hinter den beiden alten Linden, gab es ein Bienenhäuschen aus Baumrinde, eine Schlucht, von Ginster umwachsen, und eine große Eiche, auf die man klettern konnte. Mitten im Park lag ein großes rundes Bassin, das rissige Wände hatte und kein Wasser mehr hielt. Oben am Tor, zum „Reservoiracker" hin, war die Sillahopp, ein kleiner Hügel, auf dem eine Ulme wuchs und Überreste einer alten Bank standen. Mit unseren Freunden vom Dorf kämpften wir um die Sillahopp, versteckten uns in den hohen Büschen und machten Strickleitern für die Eiche.

Unsere Spiele dehnten wir bis zum Steinbruchwäldchen aus, wo unter den überwachsenen Steinen kleine Höhlen lagen, und sie endeten bei dem Wasserhaus. Es war ein feuchtes, dunkles, unbewohntes Backsteinhaus am unteren Waldrand. Das Wasserhaus lag am Ende eines kleinen Tales, das sich am Steinbruch entlangzog.

Durch das „Täle", wie es genannt wurde, floß der Brünnelesbach in Windungen, und es wuchs dort, weil wenig Sonne hineinschien, ziemlich saures Gras.

Wir bekamen nicht viel Besuch. Manchmal kamen von Nachbargütern Freunde meiner Eltern mit ihren Kindern, die wir dann gleich mit in den Park zogen. Am meisten freuten wir uns auf Stephan, unseren Vetter aus Potsdam. Er hatte einen Schopf dichter, blonder Haare und einen breiten Mund, dessen Winkel immer lachten.

Stephan war sechs oder sieben Jahre älter als wir. Er kam mit einer Gruppe von elf Jungen, alle in Lederhosen und grünen Hemden und mit vollgepackten Tornistern auf den Rücken, bei uns vorbei. Stephan und seine Freunde gehörten der Bündischen Jugend an, sie nannten sich das Fähnlein „Heinrich von Plauen“, nach dem Hochmeister des Deutschritterordens. Ihre Väter waren Offiziere gewesen, und ihre Familien lebten nun meistens in sehr beengten Verhältnissen.

Wenn die Schüsseln voller Gulasch und Nudeln geleert waren, machten die Jungen im Garten ein Feuer, hockten sich darum herum und begannen zu singen. Stephan begleitete die Lieder auf seiner Klampfe. Zum Schlafen wurden sie, mit Decken versehen, in die Feldscheuer geschickt. Dort saßen sie im Stroh noch zusammen und lasen aus Büchern vor, die sie im Tornister mitgebracht hatten. Es waren Geschichten von den Kreuzrittern und alten Preußen, Balladen und der „Cornet“ von Rilke. Denn sie glaubten an die Mannestugend und daran, daß der Mensch edel sein müsse, hilfreich und gut.

2

STEPHAN mit den Liedern am Feuer und seinen Idealen, über die er so ernst sprach, hatte auf mich großen Eindruck gemacht. Als die Hitler-Jugend bei uns gegründet wurde, konnte ich es deshalb kaum erwarten, bis sie mich in die Jungmädchenschar aufnahmen. Denn wie überall im Reich wurde auch unser Dorf nach 1933 organisiert. Der junge Schank, dessen Vater bei der Eisenbahn angestellt war, wurde Ortsgruppenleiter. Die NS-Frauenschaft kam abends zusammen unter dem Fräulein Ilg. Sie hatte eine tiefe, männliche Stimme und kurze schwarze Haare, die sie streng nach hinten kämmte.

Einmal in der Woche kamen die Gruppen der HJ zum Dienst im „Heim“ zusammen, einem großen Raum, der unten in unserem Haus leergestanden hatte. Ich war noch zu klein, um in die HJ aufgenommen zu werden. Aber ich fand mich ein beim Dienst und übte mit Exerzieren. „Stillgestanden. Rührt euch. Die Augen rechts und im Gleichschritt marsch.“ Wenn die Jungmädchenschar durchs Dorf zog, hinter dem Wimpel her, den sie genäht hatte und der an einem langen Stock im Winde flatterte, dann lief ich hinterdrein.

Die älteren Bauern gehörten eigentlich nur dem Verband alter Soldaten an, dem mein Vater vorstand. Sie gingen auf das Feld und sagten nicht viel. Aber sie hofften, daß die Zeiten besser würden. Sie dachten wie mein Vater, der sagte: „Im Herzen bin und bleibe ich Monarchist.“ Wir hätten eben den Krieg nicht verlieren dürfen, und jetzt müsse jeder sich anstrengen, damit Deutschland aus der Not herauskäme und wieder ein starkes, geachtetes Land würde.

Am 1. Mai, dem Tag der Arbeit, versammelte sich das ganze Dorf auf dem Sportplatz. Denn der Maientag war schon immer gefeiert worden. In der Nacht zuvor holten die Burschen im Wald eine junge Birke und stellten sie vor das Fenster eines Mädchens. Am Morgen wurde der Maienbaum aufgerichtet mit dem Maienkranz, von dem bunte Bänder herunterhingen. Die Mädchen vom BDM führten Volkstänze auf, die Jungen machten Würstleschnappen, und im leergeräumten Strohschuppen an der Ecke vom Sportplatz spielte der Emil Gutjahr mit der Ziehharmonika zum Tanz auf. Selbst die ältesten Bauern machten mit. Bis spät in die Nacht war das Wirtshaus „Zur Krone" voll. Im Oktober, am Erntedanktag, läuteten die Kirchenglocken zum Erntegottesdienst. Der Altar war von den Frauen mit Ährenkränzen und bunten Kürbissen, Herbstastern und Äpfeln geschmückt worden. Am Nachmittag gab es Zwiebelkuchen und neuen Most.

Jedes Jahr im November beging das Dorf den Heldengedenktag zu Ehren der im Ersten Weltkrieg Gefallenen. Zuerst besuchte alles den Gottesdienst. Danach stieg man, die Jugend in Uniform, das Treppchen zur Hauptstraße hinunter zum Kriegerdenkmal. Alles stand in einem Kreis um den großen Stein herum. In der ersten Reihe die Kriegerwitwen, mit schwarzen Kopftüchern und dunklen Mänteln, dahinter, barhäuptig, die Männer. Von unserem Dorf, das fünfhundert Einwohner zählte, waren im Ersten Weltkrieg vierundzwanzig Männer gefallen. Während mein Vater den Kranz am Stein niederlegte, stimmten alle das Lied vom guten Kameraden an: „Ich hatt' einen Kameraden, einen beßren findst du nit . . . "

Viele, die damals auf der Dorfstraße sangen, sind später dem Tod begegnet. Der junge Schank, der Wilhelm Gutjahr und der Günther vom Bahnhof. Aber damals wußten wir nicht, wie es kommen würde . . .

Das Jungvolk, zu dem mein Bruder gehörte, trug kurze schwarze Hosen und hatte Schulterriemen. Ich weiß noch, wie wir einmal alle zusammenliefen, als das Ensinger Jungvolk durch unseren Ort marschierte. Sie hatten große Landsknechtstrommeln, mit schwarzweißem Muster, zu deren Schlag sie gingen. Den Blick geradeaus gerichtet, zogen sie hochmütig die Straße hinauf. Ihre nackten Knie hoben und senkten sich in einer Reihe. „Zackig", sagten wir neidisch, denn wir hatten keine Trommeln.

Vor Ausbruch des Krieges ist das Fähnlein „Heinrich von Plauen" noch einmal zu uns auf den Hof gekommen; es war auf einer Fahrt in die Karpaten. Die Jungen trugen keine grünen Hemden mehr, sondern braune. Und sie sangen auch andere Lieder als früher. Sie waren der Berliner HJ beigetreten. Sie sagten, man habe sie gezwungen. Sie hätten arge Prügel bekommen, bis sie schließlich alle zusammen eingetreten seien, um beieinander bleiben zu können. Am Abend, im Garten am Feuer, schmunzelte Stephan in seine Klampfe: „Ich bin Soldat fallera und hab en Bart fallera, was wird mei Mutter sage ..."

Weil Stephan und seine Freunde damals gerade vor dem Abitur standen, sprachen sie auch darüber, welchen Beruf sie ergreifen wollten. Eigentlich wollte Stephan Geschichte studieren. „Um ein Professor zu werden", sagte er mit gerümpfter Nase. Aber alle meinten, es sei jetzt praktischer, Offizier zu werden. Meine Mutter widersprach dem heftig. Immer wieder wurde sie bei solchen Unterhaltungen heftig, und wir fürchteten uns davor. „Aber Tante Dette", meinte Stephan, „das deutsche Heer ist fabelhaft! Das mußt doch selbst du zugeben."

Als das Fähnlein „Heinrich von Plauen" sich verabschiedet hatte und die obere Gasse an der Kirche vorbei zum Bahnhof zog, baumelten die Stiefel der Jungen an den Tornistern, auf die rußige Blechtöpfe gebunden waren. Stephan hatte fröhlich seine Klampfe geschultert. Über unseren Garten klangen ihre hellen Stimmen: „Wildgänse rauschen durch die Nacht ..." Von der Kurve her, wo die Gasse in die Hauptstraße einbog, trug der Wind ihr Lied noch zu uns zurück: „... Und fahrn wir ohne Wiederkehr, rauscht uns im Herbst ein Amen."

3

Zu dieser Zeit hatte mein Onkel, der Bruder meines Vaters, eine hohe Stellung in der Reichsregierung inne, und unser Name war im ganzen Land bekannt. Der Erbteilung wegen war es zwischen den Brüdern zu einem Zerwürfnis gekommen. Unsere Familien verkehrten nicht miteinander.

Für uns Kinder aber spielte mein Onkel eine große Rolle. Meine Eltern sprachen oft von ihm über die Schulden, die sie ihm gegenüber hatten. Das Dorf war stolz auf ihn, denn er war, wie mein Vater, auf dem Hof aufgewachsen. Die Erinnerung an meine Großeltern und ihre drei Söhne war bei den Bauern noch ganz lebendig. War doch der

König selber manchmal zum Großvater zu Besuch gekommen und sogar Patenonkel der Jungen geworden. Wenn das große Auto durchs Dorf gefahren war, hatte man alles stehen- und liegengelassen und war gelaufen, um zu grüßen und zu winken.

Mein Bruder und ich rannten zur Hauptstraße hinunter, um das Auto meines Onkels zu sehen. Denn wir waren voller Bewunderung für ihn. Aber die Art meiner Mutter und die Ansichten, die sie vertrat, hatten das Zerwürfnis vertieft. Jedoch übertrug sich das Ansehen, das mein Onkel genoß, auch auf unsere Familie. Später, als wir etwas älter waren, wurden wir manchmal von meiner Tante zum Tee auf das Gut meines Onkels eingeladen, wo er lebte, wenn er nicht in Berlin war. Dann war ich sehr aufgeregt, holte mein Fahrrad, fuhr über die Feldwege, auf denen die Räder der Bauernwagen tiefe Spuren hinterlassen hatten, am Hasenwäldle vorbei über die Höhe hinunter zur Villa meines Onkels, die unter hohen Bäumen in einem kleinen Park stand.

Wann immer er auf dem Hof war, lief mein Onkel, genau wie mein Vater, in einer Lodenjacke und langen Lederhosen herum, ging mit der Flinte über der Schulter auf das Feld, um nach Rebhühnern oder Hasen zu sehen. Zu seinem Geburtstag kamen Gesangvereine und Jugendgruppen aus den umliegenden Dörfern, um ihm ein Ständchen zu bringen. Er war in der ganzen Gegend beliebt, und man glaubte, daß die Dinge nicht ganz falsch laufen könnten, solange er in der Regierung sei.

Es muß im Jahr 1937 gewesen sein, als ich den Führer selbst zu sehen bekam. Er hielt in der Stadthalle in Stuttgart eine seiner großen Ansprachen. Meine Eltern hatten Karten für diese Kundgebung bekommen und versprochen, uns mitzunehmen. Mich ergriff eine riesige Freude. Aber mein Vater weigerte sich plötzlich zu fahren. Ihm seien solche Sachen gräßlich, meinte er. Das ganze Getue und Gebrülle; wir Deutschen seien ein patziges, taktloses und maßlos aufgeblasenes Volk geworden! Schließlich fuhr er aber doch mit und steckte sich mit schiefem Gesicht das Parteiabzeichen an. Der Gemeinderat des Dorfes war ein Jahr zuvor geschlossen der Partei beigetreten, und mein Vater war schon immer Mitglied des Gemeinderates gewesen.

Wir fuhren auf schmalen Straßen durch die Ortschaften und kamen zu dem großen Parkplatz vor der Stadthalle. Der Abend begann sich zu senken. SA-Leute mit Taschenlampen wiesen die Wagen ein. Vor den Eingangstoren der Halle drängten sich Tausende. HJ-Formationen mit Fahnen marschierten an uns vorbei, Marschmusik tönte aus den Lautsprechern, Scheinwerfer bündelten sich am Himmel. Ich stand hinter der Absperrung im Mittelgang der Halle. Vor uns war eine große Tribüne aufgebaut, auf der sich die Würdenträger von Staat und Partei versammelten. Darunter standen Gruppen mit Fanfaren und Fahnen. In der Halle griff die Erregung um sich. Draußen hörte man Jubel aufbrausen. Die Fanfaren begannen zu blasen: „Jugend, Jugend, Jugend kennt keine Gefahren ..." Der Jubel draußen wurde zum Sturm. Die Absperrungsmannschaften richteten sich aus und nahmen Haltung an. Es wurde atemlos still in der Halle. Dann hörte man den Badenweiler Marsch, Kommandos erklangen, Scheinwerfer warfen ein grelles Licht auf die Decke der Halle. Ich drückte mein Gesicht an dem Arm des SA-Mannes vorbei und konnte den Gang zum Eingang hinuntersehen. Auf ihm näherte sich eine Gruppe von Männern. Ein paar Schritte vor ihnen, der Führer. Donnernder Jubel, „Heil, Heil" begleitete ihn rechts und links aus den Reihen, in denen die Menschen grüßend, mit erhobenem Arm, standen. Auf einmal war er vor mir. Ich sah das Braunhemd und den Schulterriemen, der Arm war zum Gruß angewinkelt, dunkles Haar fiel ihm in die Stirn. Er sah geradeaus, an allen vorbei. Die Augen waren ganz blau. Ich wollte schreien, aber meine Stimme versagte. Ich sah den langsam Schreitenden in den hohen Stiefeln, und ich sah die Augen. Dann war er vorbei. Als der Führer auf die Tribüne stieg und am Rednerpult stand, wurde es still in der Halle. Tausende sangen das „Deutschlandlied" und „Die Fahne hoch" zum Schmettern der Fanfaren.

Als unser Auto spät in der Nacht zum Hof einbog, konnte ich noch immer kein Wort herausbringen. Was meine Mutter sagte, das wollte ich nicht hören. Mein Gemüt war aufgewühlt. Ich schwor in meinem Herzen, daß ich für den Führer sterben würde, wenn er es wollte.

Wenig später in diesem Jahr fand in unserer Gegend die erste Mobilmachung statt. Plötzlich, mitten in der Nacht, wurde es im Dorf lebendig. Motorräder knatterten auf der Hauptstraße. Man hörte Stimmen und Kommandos. Kübelwagen fuhren in den Hof. Aus ihnen stiegen Offiziere in langen Mänteln. Ein ganzer Stab wurde bei uns und im Verwalterhaus einquartiert. Von überall her kamen junge Männer in Zivil, mit einem Köfferchen in der Hand. Schweigsam, steif und unbeholfen. Sie hatten den Gestellungsbefehl erhalten. Beim Licht von Taschenlampen wurden sie in Gruppen eingeteilt und auf Lastwagen davongefahren.

In dieser Nacht kam der Bauer Gutjahr zu meinem Vater in die Stube. Er drehte seine Mütze in der Hand und sagte gedrückt: „I han frage wolle, wird's denn jetzt Krieg gebe? Meine Buben sind doch in dem Alter. I kann die Wirtschaft net allei mache!"

Mein Vater beruhigte ihn: „Ach wo, das ischt nur zur Prob'. Es gibt kein' Krieg. Das könnet se net mache. Es ging ja alles kaputt!" Mit seinen schwieligen Bauernhänden drückte der Gutjahr meinem Vater dankbar die Hand.

Aber der Krieg ist doch gekommen. Der Sohn vom Bauern Gutjahr, der Wilhelm, mit dem wir oft im Park gespielt hatten, ein fleißiger, blasser Junge, mußte fort. Wie auch sein Bruder, der Emil. Und er ist nicht zurückgekommen. Die Wirtschaft hat der Bauer viele Jahre lang allein mit seiner Frau und der Tochter machen müssen.

4

LANGSAM und unaufhaltsam kam der Krieg auf uns zu, wie es meine Mutter vorhergesagt hatte. Bei uns in der Familie hatte es zu keiner Zeit an Kommentaren meiner Mutter zur politischen Lage gefehlt. Wir Kinder konnten es nicht leiden. Und meinen Vater ärgerte es oft. Wenn es ihm zuviel wurde, dann sagte er: „Jetzt sitz ich auf mei Gäule und reit im Trab davon" und ging ins Steinbruchwäldchen, um Tannenbäume zu pflanzen.

Meine Mutter war ein eigenartiger und leidenschaftlicher Mensch. Sie war auf einer Burg am Rhein aufgewachsen, die ihr Vater als Ruine gekauft und wieder aufgebaut hatte. Die französische Erzieherin muß es mit dem kleinen Mädchen nicht leicht gehabt haben. „Du bist so unerziehbar wie ein irischer Hund", hatte sie oft gesagt. Als meine Mutter vierzehn Jahre alt war, wollte sie weder weiterhin eine Erzieherin haben noch auf die Schule in der Stadt gehen, sondern Landwirtschaft lernen und mit Pferden auf den Feldern sein. Und das setzte sie auch bei ihren Eltern durch. Auf einem Hof in der Nähe erlernte sie die Landwirtschaft. Als der Erste Weltkrieg ausbrach, alle deutschen Landarbeiter zum Militär mußten und durch Kriegsgefangene ersetzt wurden, wurde sie nach Hause geholt, um für die Felder zu sorgen, die zur Burg gehörten.

Während sich hohe deutsche Offiziere, die auf der Burg einquartiert waren, im Rittersaal über die Lage an der Westfront berieten, pflückte sie mit den Kriegsgefangenen die Kirschen in den Obstgärten, handelte im Rheinhafen in der Nacht um Kohle und Saatgut und fuhr das Getreide den Weg hinunter zum Müller.

Unter den Gefangenen, die zur Feldarbeit eingesetzt waren, gab es einen langen, dunkelhaarigen Russen. Dieser hielt nachts in der Baracke, wo die Gefangenen untergebracht waren, Reden. Nicht nur für seine Mitgefangenen, sondern auch für Leute, die sich aus der Umgebung einfanden; er sprach gut Deutsch. Ständig wuchs die Zahl jener, die schon längst nicht mehr an einen Sieg glaubten, die genug hatten, Schluß machen wollten mit der Monarchie und vor allem mit dem Krieg. Denn es war schon alles knapp, das Mehl, die Kartoffeln, die Kohlen. Hunger und Kälte hatten Einzug gehalten. Und an der Front starben die Männer.

Meine Mutter schlich sich häufig an die dünne Holzwand der Baracke und hörte den Russen von der bolschewistischen Revolution reden, vom Umsturz der Gesellschaft, von der Solidarität der arbeitenden Massen. In diesen Nächten nahm sie Einblick in eine Welt, von der ihre Eltern nichts ahnten. Als ihr Vater nach dem verlorenen Krieg als Landrat der Rheinprovinz von den Franzosen ausgewiesen wurde und die Burg verkauft werden mußte, begann sie, sich mit politischer Literatur zu beschäftigen. Sie las Marx und Lenin, studierte die sozialdemokratischen Schriften und hoffte, daß die Republik von Weimar der Not im Lande Herr werden könne. Mit vielen teilte sie die zunehmende Verzweiflung über den Völkerbund und die Reparationen. Aber im Gegensatz zu meinem Vater hielt sie das Anwachsen der NS-Bewegung für eine Katastrophe und sah die Abgründe, die den meisten verborgen blieben.

An einem Winterabend im Jahr 1931 fand in der Stuttgarter Stadthalle eine Versammlung statt, bei der Hitler sprechen sollte. Mit einigen Leuten aus der Umgebung fuhr meine Mutter nach Stuttgart.

Mein Vater saß mit uns Kindern im Wohnzimmer und malte. Der Kachelofen brannte, denn draußen war es bitter kalt, und ein Schneegestöber hatte begonnen. Dann kam meine Mutter nach Hause. Den Mantel um die Schultern, mit dicken Stiefeln an den Füßen, stellte sie sich an den Kachelofen und drehte an der Zugscheibe. Ein roter Feuerschein fiel auf ihre Gestalt. „Ich habe den Hitler gesehen, der wird es machen. Die Leute sind wie betrunken. Wenn er's macht, dann rüstet er auf. Und wenn er aufrüstet, gibt's Krieg, und wenn es Krieg gibt, dann geht unser Land kaputt", sagte sie.

Mit heiserer Stimme den Text von einem dicken Bleistift ablesend, der bei der Kundgebung verteilt worden war, sang sie uns das Horst-Wessel-Lied vor: „Tausendmal werden wir dies Lied noch hören müssen." Mein Vater fand, daß sie wie gewöhnlich übertreibe, und beruhigte sie.

Nach der Machtübernahme hatte meine Mutter daran gedacht, ins Ausland zu gehen. Aber da war mein Vater, zwanzig Jahre älter als sie, da waren wir kleinen Kinder, da war der Hof. Und sie kannte das Ausland nicht.

Ihre Bücher wanderten in Obstkisten hinauf in das Bienenhäuschen im Park und wurden in leeren Bienenkästen versteckt. Später bin ich ab und zu dorthin gegangen und habe in ihnen gelesen.

Meine Mutter war bekümmert über die Lage der Frauen. „Sie müssen arbeiten und Kinder kriegen und haben nichts zu sagen. Sie sind unwissend, haben nichts gelernt und können sich nicht wehren ..." Und wenn ich mich genauer umsah, schien das auch so zu sein. Die Frauen im Dorf arbeiteten von früh bis nachts, sie standen über die Waschzuber gebeugt und wuschen die Hemden am Waschbrett. Mit offenen Beinen, die nicht heilen wollten, mußten sie aufs Feld, tagelang beim Dreschen im Staub der Dreschmaschine stehen und die Garben einlegen. Niemals, nicht einen einzigen Tag in ihrem Leben, hatten die Frauen frei. Am Sonntag vielleicht, ein paar Stunden nach dem Kirchgang und wenn vom Mittagessen alles gespült war, aber dann kamen schon gleich wieder das Melken und das Nachtessenrichten. Einmal schluchzte die Frau eines Knechtes meiner Mutter vor: „I gang ins Wasser, wenn i noch eines kriege muß." Sie hatte schon sechs Kinder, und die Familie war sehr arm.

Vielleicht war es deswegen, weil sie viel Elend sah, vielleicht war es nur ihre leidenschaftliche Natur oder weil sie fürchtete, zu sehr ein Außenseiter zu bleiben, oder weil sie doch – wie alle anderen – von den Erfolgen der neuen Regierung, von dem wirtschaftlichen Aufstieg während der ersten Jahre beeindruckt war – meine Mutter begann mitzumachen. Sie ging zu Abenden der NS-Frauenschaft, um Geschenke zu richten, so zum Beispiel für das zwölfte Kind der Familie Gittinger. Sie beteiligte sich bei Schulungen, die für Landfrauen abgehalten wurden, und hielt Vorträge vor den Mädchen des BDM über Fragen, die die Frau betrafen.

Aber als ihr klar wurde, daß der Krieg wirklich kommen würde, da nahm sie von allem Abstand. Mit den Kriegsgefangenen, die nach den jeweiligen Feldzügen im Dorf bei uns zur Arbeit eingesetzt wurden, schuf sie sich eine Welt, in die der Haß nicht hineinreichen sollte. Allen

– ob den Polen oder für kurze Zeit den Franzosen oder schließlich den Russen – erklärte meine Mutter sogleich bei ihrer Ankunft, daß hier der Krieg nicht stattfände, aber daß alle gemeinsam für das tägliche Brot zu arbeiten hätten. Als die deutsche Armee die Länder von Norwegen bis Afrika eroberte, schüttelte sie immer wieder den Kopf und sagte, wir würden uns nur zu Tode siegen.

Sie verlor völlig die Fassung, als der Rußlandfeldzug begann. Es war um die Mittagszeit. Josepha hatte das Geschirr und ein Tischtuch in die Stube getragen, um den Tisch zu decken. Wir standen um das Radio herum und lauschten den Berichten von der Front, die laufend durchgegeben wurden. Da nahm meine Mutter plötzlich in großer Erregung das Tischtuch und warf es über die Teller: „So wie dies Tuch die Teller deckt", rief sie, „so wird der russische Schnee unsere Soldaten zudecken. Unter dem Schnee, in der russischen Erde werden sie liegen, erschossen, erfroren, verhungert."

5

Eigentlich war man fast erleichtert, als der Krieg richtig losging. Wie eine dunkle, schwere Wolke hatte die Erwartung, daß etwas geschehen würde, in der Luft gelegen. Der Polenfeldzug war rasch vorüber. Die ersten Kriegsgefangenen kamen in das Dorf. Auch zu uns kam eine Gruppe von zwölf Mann. Diesen polnischen Soldaten saß die Angst vor den Sturzkampfflugzeugen noch in den Knochen. Als sie in die Gesindestube kamen in ihren dicken Mänteln, mit grauen Gesichtern und Pelzmützen auf dem Kopf, mußten sie sich erst einmal an den Tisch setzen und essen. Meine Mutter suchte unter ihnen einen, der deutsch sprechen konnte, um sie ein wenig auszufragen. Aber sie waren stumm und machten sich über die Kartoffeln her. Als sie eine Katze draußen vor der Tür hörten, fuhren sie erschrocken zusammen, denn das Miauen hatte sie an das Heulen der Stukas erinnert. Von dieser ersten Gruppe polnischer Kriegsgefangener blieben einige den ganzen Krieg über bei uns. Josef, ein Kellner aus Warschau, Szigmund, ein Bauer, und Franzishek, der stolz sagte, er habe bei der polnischen Kavallerie gedient.

Im Dorf wurde alles eingezogen, was kriegsdiensttauglich war. Bisher verpachtete Parzellen wurden meinen Eltern zur Bewirtschaftung angeboten, weil die Söhne fortmußten und die Väter es nicht mehr schaffen konnten. So bildete sich neben dem großen Hof unsere kleine Landwirtschaft mit Pferdegespann, Kühen und Schweinen und mit der Gärtnerei, in der das Gewächshaus stand. Die Wirtschaft führte meine Mutter, denn mein Vater wurde zum Wehrkreiskommando eingezogen. Es kamen auch Transporte aus Polen mit Mädchen, die bei den Bauern arbeiten sollten. Zu uns kamen Josepha, die in der Küche arbeitete, eine kleine, treuherzige, pummelige Person, und Jadga, die Typhus gehabt und alle Haare verloren hatte. Sie war noch keine vierzehn Jahre alt.

Von allen unseren Arbeitern konnte meine Mutter den Szigmund am besten leiden. Er war ein gedrungener blonder Mann, klug und fleißig. Er wurde über die anderen gesetzt und fuhr den Traktor, worauf er sehr stolz war. Meine Mutter erklärte Szigmund immer wieder, er solle hier lernen, was es zu lernen gäbe, damit er dies nachher in Polen auf seinem Hof verwenden könne. Nach und nach kamen auch Angehörige der Polen dazu – das war möglich, wenn man es mit den Behörden verstand. Jan, Szigmunds Bruder, kam mit einem Transport aus Polen. Felix, der Bruder von Franzishek, wurde aus einem Lager zu uns geholt. Auf Josefs Bitte holte meine Mutter seine Frau, Michalina, aus dem besetzten Warschau. Michalina war sehr mager und hustete den ganzen Tag. Es stellte sich heraus, daß sie Schwindsucht hatte. Sie kam ins Krankenhaus. Nach einer Weile wurde sie nach Warschau zurückgeschickt und ist bald darauf gestorben. Josef weinte lange. Dann tröstete er sich mit der dunkeläugigen Maruscha aus der Ukraine.

Da der Polenfeldzug so rasch beendet war und wir Frankreich besetzt hatten, nahm die Furcht vor dem Krieg, die im Dorf geherrscht hatte, etwas ab. Das aber änderte sich mit einem Schlag, als der Feldzug gegen Rußland begann. Nicht nur meine Mutter war außer sich, auch mein Vater sprach viel von der Armee Napoleons, die im russischen Winter steckengeblieben war. Ich war an jenem Tag ganz früh am Morgen geschickt worden, Wurst zu holen. Der Metzger, ein hagerer Mann, stand mit seiner weißen Schürze hinter dem Ladentisch und schnitt die Wurst auf, als die Nachricht durchs Radio kam. Er hatte hinter sich an der Wand einen kleinen Lautsprecher hängen. „Unsere Truppen haben heute morgen um drei Uhr fünfzehn die russische Grenze überschritten." Der Metzger legte das Messer hin und hörte zu. Dann schnitt er langsam an der Wurst herum und sagte: „Jetzt wird's bös. Jetzt geht's uns dreckig." Und das Gefühl hatten alle anderen auch.

Vom Dorf waren schon viele gefallen. Und jetzt wurde der Großteil der Truppen an die Ostfront verlegt. Bald hörten wir, daß unsere Truppen Hunderttausende von Gefangenen machten. Es waren so viele, daß sie gar nicht abtransportiert werden konnten und in großer Zahl verhungerten. Dann kam der erste russische Winter. Gerüchte verbreiteten sich, daß unsere Soldaten dafür gar nicht ausgerüstet waren. Daß sie in ihren dünnen Soldatenmänteln erfroren und die Knobelbecher vor Eis erstarrten. Einige kamen humpelnd auf Urlaub nach Hause. Ihre Zehen waren erfroren.

Auch Dr. Wetzel, unser Hausarzt, der eingezogen worden war, kam auf Urlaub. Er besuchte meine Mutter. Ich war im Zimmer, als er aufstand, um sich zu verabschieden. Aber an der Tür zögerte er, faßte meine Mutter plötzlich am Arm und meinte, er müsse ihr noch etwas zeigen. Aus der Tasche seiner Uniformjacke nestelte er einen Packen Fotos, die in Papier eingewickelt waren. „Sie werden es mir nicht glauben", sagte er gedrückt, „aber was ich in der Ukraine erlebt habe, das kann ich nicht verstehen. Und vergessen kann ich es auch nicht." Er hielt meiner Mutter Fotos hin, auf denen Männer und Frauen abgebildet waren, die auf Wagen verladen wurden. Bilder von großen Gruben, in denen Menschen übereinandergeschichtet lagen. Tot. Männer, Frauen und Kinder. „Juden", sagte Dr. Wetzel. „Hinter der Front säubern sie die Ortschaften von Juden. Sie fahren sie weg, und sie bringen sie um. Und die Ukrainer machen mit. Und", sagte er, die Hand noch immer am Arm meiner Mutter, „wir Soldaten von der Wehrmacht können gar nichts tun. Niemand darf wissen, daß ich die Bilder aufgenommen habe. Für so etwas können wir doch unseren Kopf nicht hinhalten." Dann rückte er seine Mütze zurecht und ging hinaus. Ein paar Tage später stand er wieder in seinem Lazarett an der Ostfront und mußte Tag und Nacht mit der Amputiersäge arbeiten.

Nach dem ersten russischen Winter kamen Transporte mit Zwangsarbeitern aus den besetzten russischen Gebieten. Wer Arbeiter brauchte, und das waren alle, Bauern und Geschäftsleute, Handwerker und Fabrikanten, der konnte zum Bahnhof gehen, wenn die Züge einliefen, und sie sich holen. Bei uns wurden immer mehr Felder mit Gemüse bebaut, und wir wurden mit der Arbeit nicht fertig. So fuhren wir mit Szigmund auf dem Traktor zum Stuttgarter Hauptbahnhof. Die Züge aus dem Osten liefen in der großen Bahnhofshalle ein. Es war am Abend. Auf dem Bahnsteig standen die Wachmannschaften. In weißen Dampfwolken hielten die großen Lokomotiven keuchend an. Aus den Waggons stiegen Frauen. „Ein Sklavenmarkt", sagte meine Mutter. Die Frauen trugen Pappkartons auf dem Kopf und hatten lange Röcke an mit weiten Blusen und schweren, wattierten Jacken darüber. Von den Wachen wurden uns zehn zugeteilt. Alles junge Mädchen. Sie kamen aus einem Dorf in der Ukraine. Auf dem Begleitpapier stand, daß es Vilika Vorvnianka hieß. Wir brachten die Mädchen im Haus bei der Gärtnerei unter. Sie bekamen ein großes Zimmer mit Betten und Waschschüsseln. Daneben hatten sie noch einen Raum mit Bänken und Tischen, wo sie essen konnten. Die Mädchen aus Vilika Vorvnianka blieben bis Ende des Krieges bei uns.

6

Mein Bruder und ich sind nach der Lateinschule in die Oberschule nach Ludwigsburg, ins frühere Knabengymnasium, gekommen. Wir waren wenige Mädchen in der Klasse. Ein Jahr vor dem Abitur, 1942, erhielten die Jungen das Notreifezeugnis, weil sie zum Militär mußten. Und auch mein Bruder rückte ein. Er war zwei Jahre älter als ich; da er jedoch zuckerkrank war, waren wir beide in derselben Klasse. Es war für ihn schlimm geworden. Er brauchte Insulin und mußte sich zweimal am Tag spritzen. Und das Insulin ging in den Apotheken aus. Alle seine Kameraden meldeten sich zum Militär, alle Jungen vom Dorf mußten in den Krieg, er aber wurde bei der Wehrmacht nicht angenommen. Doch er war stolz und wollte keine Ausnahme sein. Und so meldete er sich zur Waffen-SS, zur Nordischen Freiwilligen-Legion, die für den Krieg gegen Rußland gebildet worden war. Junge Schweizer, Holländer und Finnen gehörten dieser Truppe an. Mein Bruder kam zu einem Schweizer Arzt in ein Lazarett und wurde Kradmelder. Das Insulin bekam er. Bevor er an die Front ging, machte er noch einen Besuch zu Hause. Keiner von uns glaubte, daß wir ihn je wiedersehen würden.

Ich wurde zu einem Freund meiner Eltern nach Berlin geschickt. Dort sollte ich das Abitur ablegen. Der Onkel Fridl, wie wir ihn nannten, lebte zurückgezogen in einem großen Haus in Dahlem. Das Schicksal hatte ihn arg getroffen. Erst hatte ihn seine Frau verlassen, und er war mit seinen drei Kindern allein geblieben. Dann fiel Carl, sein einziger Sohn. Eva, die ältere Tochter, war zum weiblichen Arbeitsdienst eingezogen worden. Und es war nur noch Bärbel im Haus, die noch zur Schule ging.

Carl war ein schöner Bursche gewesen. Mit dichtem, schwarzem Haar und großen, dunklen Augen. Er hatte Maler werden wollen.

Vor Ausbruch des Krieges war unsere Familie einmal zu Besuch bei Onkel Fridl in Berlin gewesen. Carl nahm mich zu einer Ausstellung verbotener Bilder mit, die als entartete Kunst bezeichnet wurden. Die Bilder waren auf dem Dachboden über einer Buchhandlung aufgehängt, zu der Carl Zugang hatte. Zuerst war ich ganz entsetzt über diese Bilder. Sie schienen mir verzerrt. Aber Carl erklärte sie mir und schenkte mir ein kleines Bild von Franz Marc, als er sah, daß ich das schön fand.

Onkel Fridl machte sich Sorgen um Carl. Denn dieser ging abends oft mit einer Gruppe von Freunden weg, und niemand wußte, wohin. Wenn es ihm verboten wurde, sagte er, er würde ein Bad nehmen, ließ im Badezimmer Wasser laufen und stieg durch das Fenster hinaus.

Bei unserem Besuch damals, fast ein Jahr vor Kriegsausbruch, zeigte mir Carl ein Bild, das er gemalt hatte. Er nannte es „Stadt im Aufruhr". „Mensch, Carl, hast du denn Angst?" fragte ich ihn. Auf dem Bild waren grüne Häuser mit schiefen Wänden, der Himmel war violett, Röhren hingen von aufgerissenen Wänden ins Leere, eine Badewanne beulte sich im oberen Stock, die Menschen auf den Straßen hatten Scheiben und keine Gesichter. „Klar habe ich Angst", sagte Carl und stopfte das Bild wieder unter sein Bett.

An einem Abend hörte ich durch die angelehnte Tür der Bibliothek eine laute Unterhaltung zwischen Carl und seinem Vater. „Das kannst du nicht machen", rief Onkel Fridl empört, „das tust du nicht." Er holte meinen Vater zu Hilfe. „Ernstl", sagte er, „der Bub will desertieren. Mein Vater ist Soldat gewesen, ich war Offizier bei der Artillerie im letzten Krieg. Unsere Familie hat dem Vaterland immer treu gedient." Carl widersprach. Er habe mit Hitler nichts im Sinn und nichts mit dem Krieg. Er wolle in die Schweiz und wolle malen. Die beiden Väter sprachen auf Carl ein. Keiner wolle den Krieg, aber das Vaterland müsse verteidigt werden. Angst sei dazu da, überwunden zu werden. Es käme überhaupt nicht in Frage davonzulaufen. Im übrigen sei die Schweiz auch kein so sicherer Hafen. Es könne ja sein, daß man sie mit der Zeit besetzen müsse.

Carl ist geblieben. Er wurde eingezogen und war bald Offizier. Mit seinem Regiment ist er nach Rußland marschiert und bis zum Elbrus gekommen. Dann haben sie ihm ins Rückgrat geschossen. Ein paar Wochen war er gelähmt, dann ist er gestorben.

Als ich nach Berlin in die Schule kam, war Carl schon gefallen. Bei einem der ersten Luftangriffe, die Berlin trafen, halfen Bärbel und ich beim Löschen. Auf einmal sah ich Carls Bild in Wirklichkeit.

Häuserwände, die nicht mehr gerade standen, aufgerissene Fassaden, vor Kachelresten eine grüne, sich beulende Badewanne, Röhren, die ins Leere hingen, den unwirklich gefärbten Himmel, und es schien, als hätten auch die Menschen keine Gesichter mehr.

Um die Zeit des Luftangriffes herum kam die Nachricht von Stephans Tod. „Gefallen für Großdeutschland", stand in der Anzeige.

Unser Vetter Stephan war nach dem Abitur Offizier der Infanterie – wie sein Vater – geworden. Von dem Fähnlein „Heinrich von Plauen" war er der Zweitletzte, der im Felde fiel.

Er hatte uns während des Krieges noch einige Male besucht. Gleich nach dem Polenfeldzug kam er, leise und traurig, denn sein bester Freund war in der Tucheler Heide gefallen. Sie hatten ihn heimgeschafft und oben beim Schloß Solitude über Stuttgart beigesetzt. Dorthin fuhr Stephan am Morgen und saß am Grab in der Sonne. Abends kam er wortkarg zurück. Meine Mutter nahm seinen blonden Kopf in ihre Arme und weinte. Ein andermal besuchte er uns von Frankreich aus. „Was ihr nicht fertiggebracht habt, Onkel Ernst", sagte er stolz zu meinem Vater, „wir haben's geschafft. Wir haben die Franzosen besiegt. Die Somme war gar nicht so schwierig. Aber der Übergang über die Aisne, der hat es in sich gehabt."

Ganz zu Anfang des Ostfeldzuges kam er zum letzten Mal. Er hatte tiefe Falten auf der Stirn, und seine Mundwinkel lachten nicht mehr. Er war viel älter geworden. „Du kannst dir nicht vorstellen, wie hart die Russen sind", erzählte er meiner Mutter. „Ich habe einen gefangenen Kommissar durchsuchen müssen. Er hatte einen Mantel über den Schultern, stand aufrecht an einem Baum und rauchte eine Zigarette. Als ich den Mantel zurückschlug, bin ich zurückgefahren. Dem Russen fehlte die halbe Seite. Aber er stand aufrecht am Baum und rauchte." Stephan glaubte auch, daß es einen harten Feldzug geben würde, aber irgendwie würde man mit den Russen schon fertigwerden. Er wurde Oberleutnant im Regiment Großdeutschland. Als ein Streifschuß ihn verletzte, brachten sie ihn ins Lazarett. Dort hörte er, daß einer seiner Leute verwundet zwischen den Linien lag. Er ließ sich von seinem Fahrer wieder zurückfahren, um den Mann zu bergen. Dabei hat es ihn erwischt. Beide Beine wurden ihm abgeschossen, und er ist verblutet.

Nach Stephans Tod war von seiner Gruppe nur noch Rolf Potmann übrig. Er kam im Urlaub nach Berlin und rief ganz verzweifelt an. Ich besuchte ihn bei seiner Mutter. Sie war Kriegerwitwe. Ihr Mann war im Ersten Weltkrieg gefallen. „Du", sagte Rolf Potmann zu mir, „ich kann nicht als einziger übrigbleiben. Ich mag nicht ganz alleine davonkommen." Was immer ich zum Trost sagte, er hörte gar nicht zu. Ein paar Wochen danach ist er abgestürzt. Er war Stukaflieger.

Unsere Klasse erfuhr kurz vor dem Abitur, daß wir nach der Prüfung in den Osteinsatz kämen, die ganze Abiturklasse der Mädchenschule. Wir hatten schon oft unter uns darüber gesprochen, wie es wirklich an der Ostfront aussehe. Die meisten wußten das von ihren Vätern oder Brüdern. Ich wollte nicht in den Osten. Aus irgendeinem Grund war ich bei der Stelle, die den Einsatz leitete, nicht gemeldet worden. Und so konnte ich, als ich das Zeugnis in der Tasche hatte, meine Koffer packen und in einem überfüllten Zug von der Reichshauptstadt nach Hause fahren.

7

MEINE Eltern wohnten inzwischen nicht mehr im großen Haus. Die Bewirtschaftung der vielen Zimmer kam zu teuer. Es war an den weiblichen Arbeitsdienst vermietet worden.

Jeden Morgen zogen die Mädchen am Fahnenmast, der dicht beim Gebüsch über dem Kartoffelkeller aufgerichtet war, mit Gesang die Fahne hoch. Anschließend fuhren sie zu Bauern und kinderreichen Familien, um dort zu helfen.

Ich kam in die Nähe von Heilbronn auf einen Lehrhof, denn damit war ich von allen sonstigen Diensten befreit. Und da ich Landwirtschaft studieren wollte, mußte ich ohnehin ein Praktikum nachweisen. Dieses Praktikum war keine leichte Zeit für mich. Um halb fünf in der Früh läutete die Vesperglocke zum ersten Mal. Ich fuhr aus dem Schlaf, wusch mich schnell mit kaltem Wasser und stieg in die Hosen und in die Stiefel. Dann rannte ich hinunter zum Aufseher, der mir sagte, was ich zu tun hatte: Hacken schärfen am großen Schleifstein, Körbe herrichten, die in der Scheuer standen, Säcke zählen . . .

Von halb sieben bis sieben gab es Frühstück in der Knechtsstube mit dem Aufseher und den Mägden. Um sieben läutete die Vesperglocke wieder, und von der Haustreppe aus teilte der Chef alle zur Arbeit ein.

Der Chef war ein großer, schlanker, dunkelhaariger Mann, etwa Anfang Fünfzig. Er hatte einen kleinen Schnauzbart und war verschlossen und furchteinflößend. Er war Mennonit und bekannt als ein sehr guter Landwirt. Außer seinem jüngeren Bruder, dem Aufseher, der nicht kriegsdiensttauglich war, und mir gab es keine anderen Deutschen für die Arbeiten draußen. Alle übrigen – etwa achtzig Personen – waren Kriegsgefangene oder Zwangsarbeiter. Polen, Russen und Mädchen aus der Ukraine.

Während der ersten Wochen regnete es nur. Ich mußte mit den russischen Mädchen den Feldwegen entlang Brennesseln hacken. Bald hatte ich Blasen an Händen und Füßen, denn die Stiefel wurden nie trocken, und meine Socken klebten an den Fersen. Von den Mädchen lernte ich etwas Russisch. Auf dem Weg zur Arbeit gingen sie barfuß in langer Reihe und sangen melancholische Lieder. Als der Regen endlich aufhörte, begannen wir mit dem Erbsenhacken. Es waren kleine Pflänzchen in endloser Reihe. Die Hacke zog Stunde um Stunde durch den vom Regen schwer gewordenen Boden. Am Morgen lag der Reif auf den Feldern, und die Hände wurden kalt. Dann stieg die Sonne höher, und zu Mittag lief einem der Schweiß über das Gesicht. Das Mittagessen wurde zum Acker gebracht, Wurstbrote und Most; und wenn der Abend kam, liefen wir müde nach Hause. Als Abendbrot gab es immer das gleiche: weißen Käse mit Bratkartoffeln. Nur am Sonntag bekamen wir ein Stück Wurst dazu. Nach dem Erbsenhacken wurde es etwas besser. Ich mußte hinter der Maschine gehen, als der Weizen gesät wurde, und als die Zuckerrüben aufgegangen waren, gab mir der Chef ein Ochsengespann, mit dem ich Tag für Tag die Hackmaschine durch die Felder zog.

Auf dem Lehrhof wurde viel Feldgemüse angebaut, Stangenbohnen und Tomaten an Pfählen, Gurken und Kraut, das wir an regnerischen Tagen pflanzen mußten. Als im Juni die Erbsen reif wurden, kamen Hunderte von Erbsenpflückern, Frauen und Kinder aus der Stadt. Sie wurden morgens mit dem Traktor abgeholt und stiegen von den Anhängern herunter aufs Erbsenfeld. Ich mußte wiegen. An einem Klapptischchen neben der Waage schrieb ich das Gewicht der Säcke in die Hefte der Pflücker. Abends fuhr ich den letzten Wagen voller Erbsen in den Hof. Wochenlang habe ich Erbsen gewogen ... Bei der Arbeit unterbrochen wurden wir nur durch Luftangriffe, denn die Felder des Hofes grenzten an einen Flugplatz, auf dem Nachtjäger stationiert waren. Einmal war ich mit dem Ochsengespann auf das Feld gefahren. Der Wagen machte einen solchen Krach, daß ich sonst nichts mehr hören konnte. Als ich am Feld ankam, war niemand mehr da. Ich hielt die Ochsen an und sah mich um.

Da ertönte unter einem Baum die wütende Stimme des Chefs: „Wenn's Ihnen schon egal isch, wenn Sie hin sind, müssen dann auch die Ochsen kaputtgehn?" Die Flugzeuge waren über uns. Ich sprang vom Wagen und rannte zu einem Graben.

Mit Wendri, einem Polen, der von allen, auch vom Chef, behutsam behandelt wurde, weil er gleich das Messer zog, kam ich gut aus. Ich erzählte ihm, was für Nachrichten durchs Radio gekommen waren, und er lehrte mich, daß man nicht alles zu schleppen braucht, wenn es auch anders geht. „Nur net dumm, lieber recht faul", sagte er, nahm mir das schwere Wagscheit aus der Hand und hängte es dem Pferd ans Kummet. Wendri konnte die Russen nicht leiden. Aus seinen schrägstehenden grauen Augen guckte er mich manchmal an und sagte vorsichtig. „Hitler gut? Ja? Polen kaputt, Deutschland kaputt, Rußland, nix, nix kaputt", und dann fluchte er auf polnisch.

Der Chef baute auch Zuckerrüben an. Die Äcker waren große, plattgewalzte Flächen, auf denen die Reihen der Zuckerrübenpflanzen bis zum Horizont reichten. Und die Zuckerrüben mußten vereinzelt werden. Der ganze Hof trat dazu an. Alle Männer, alle Frauen und Mädchen. Die kleine Hacke mit kurzem Stiel mußte um die stärkste Pflanze herumgezogen werden, dann zupfte man mit den Fingern weg, was zu dicht aneinander wuchs. Morgens gingen wir noch gebückt über den Acker, nachher rutschten wir alle auf den Knien. In einer breiten Reihe, deren Tempo vom Schnellsten bestimmt wurde, arbeiteten wir uns durch das Feld. Ich begann, die Zuckerrüben zu hassen. Meine Knie wurden schwarz durch die Hosen hindurch, und mein Rücken tat jede Nacht weh. Wenn man sich aber auf dem Feld aufrichtete, war der Chef mit seinem Hund sofort in der Nähe und rief: „Weitermache! Auf!"

Es war beim Zuckerrübenvereinzeln, als uns die „Rotschwänzchen" auf dem Feld angriffen. Die kleinen französischen Jagdflugzeuge wurden so genannt, weil auf den Schwanz eine bunte Kokarde gemalt war. Ich hatte sie nicht kommen sehen, bis ich Wendris Stimme hörte. Sie kamen ganz dicht über den Boden, von dorther, wo das Feld ein wenig anstieg. Der Himmel war blau, und die Sonne schien golden. Man konnte an nichts Böses denken. Um mich herum spritzte der Boden auf. Die Leute waren im Nu in einem Graben verschwunden. Aber ehe ich überhaupt wußte, was eigentlich los war, waren die „Rotschwänzchen" schon vorbei. Auf dem Flugfeld hinter uns standen einige deutsche Flugzeuge in Flammen.

Die Zeit verging. Eine ganze Zeitlang arbeitete ich schon auf dem Hof. Ich konnte an gar nichts anderes mehr denken, als daß ich morgens nicht verschlafen durfte, daß ich abends nicht vergaß, das

Scheuerntor abzuschließen, und daß ich in der kurzen Zeit, die man für das Frühstück hatte, genug Brot mit Marmelade bekam.

Dabei brauchte ich alle meine Gedanken für die Gurkenpflückerei, die ich zu beaufsichtigen hatte. Denn die kleinen Essiggürkchen brachten mehr Geld als die großen, und der Chef wurde sehr wütend, wenn zu viele der grünen Gurken unter den Blättern hängengeblieben waren. Wir arbeiteten den ganzen Samstag und am Sonntag bis zum Mittagessen.

Eines Tages erhielt ich einen Feldpostbrief. An den, der ihn geschrieben hatte, konnte ich mich nicht mehr erinnern. In dem Feldpostbrief stand, daß er mich einmal in der Schule getroffen habe, daß er jetzt in Garnison liege und um ein Foto bäte. Er entschuldigte sich wegen des Briefes, aber er sei Fahnenjunker geworden und käme bald an die Front, und jeder Soldat brauche ein Mädchen, an das er denken könne. Mit der Antwort hatte ich große Mühe. Ich schickte ein Foto. Die Briefe kamen regelmäßig. Ich erfuhr, daß er Panzergrenadier und gerade neunzehn war und daß er einen Zug bekommen hatte. Dann kamen die Briefe von der Ostfront. Eines Tages, an einem Sonntagnachmittag, stand er vor der Tür, ein schlanker Offizier mit einem feinen Gesicht und dunkelblonden Haaren. Er nahm die Mütze ab und verbeugte sich. Wir waren beide sehr befangen und gingen spazieren. Was er vom Osten erzählte, war so anders, als ich es mir vorgestellt hatte. Er sprach nicht vom Krieg, sondern erzählte von kleinen Dörfern mit breiten Lehmstraßen in der Ukraine, von Nächten, in denen die Soldaten unter den Bäumen liegen und einer auf der Okarina bläst, wo die Nachtigallen in den Büschen schlagen und sich die Steppe im Mondlicht dehnt. Die Soldaten säßen da zusammen und dächten an die Heimat, an ihre Mädchen zu Hause. Als er sich ein paar Stunden später verabschiedete, sagte er beinahe schüchtern, dreiundzwanzig Tage sei jetzt die Lebenserwartung eines deutschen Leutnants an der Front. Ich habe noch lange Zeit Briefe bekommen. Dann blieben sie aus. Wo er gefallen ist, weiß man nicht.

Im Juli 1944 schnitt ich mit dem Traktor und dem Mähbinder den Weizen. Man gab mir ein Faß Rohöl mit, das Vesper und einen Krug Most. Den ganzen Tag, von morgens, wenn die Sonne den Tau getrocknet hatte, bis abends, wenn sie am Horizont unterging, saß ich allein auf dem Traktor und legte die Garben auf das Feld, eine Reihe nach der andern. Der Wind wehte über die einsamen weiten Felder. Ich dachte an den Leutnant und an Stephan, der nicht mehr lebte, und sang gegen den Motor des Traktors an.

Einmal, nach so einem langen Arbeitstag, fuhr ich abends in den Hof und sah, daß alles in Gruppen herumstand. Die Mädchen und die Russen, die Polen um den Wendri. Auch Bauern, die gekommen waren, um Stroh zu holen. „Haben Sie schon gehört?“ rief mir der Chef zu, „ein Attentat ist auf den Führer verübt worden.“ – „Ha“, rief ich, „ist er tot?“ Mit einem Schlag war die ganze Welt verändert. – „Nein“, rief der Chef, „der Führer lebt“, und etwas in seiner Stimme warnte mich, noch ein Wort mehr zu sagen. Wendri verzog sein Gesicht zu einer Grimasse. Die Mägde weinten. Die Bauern aber schimpften. Das seien Verräter gewesen. Ihre Söhne waren im Feld. Überall hatte der Feind begonnen, die deutschen Truppen anzugreifen. Dieselben Offiziere, die sie hinausgeführt hatten, an die Front, die wollten jetzt den Führer beseitigen. Sie haben es nicht verstanden, die Bauern.

Kurz danach holte mich meine Mutter. „Du mußt heimkommen“, sagte sie zu mir. „Selbst wenn es gelungen wäre, es kam zu spät. Es sei denn, die Westmächte hätten sofort Frieden geschlossen.“

Die Amerikaner waren schon in der Normandie gelandet und drangen durch Frankreich vor.

8

VIELES hatte sich verändert, als ich in den letzten Tagen des Juli 1944 nach Hause kam. Meine Eltern waren mager und abgearbeitet. Die Polen waren für Monate zum Bau von Verteidigungsanlagen im Westen abgezogen worden und gerade erst zurückgekommen. Ein neuer Mann war bei uns, ein Elsässer, der kränklich aussah und den man aus irgendeinem Grund mit seiner Familie aus dem Elsaß abgeschoben hatte. In der Gärtnerei krabbelte der Sohn von Josef, dem Kellner aus Warschau, und ein Kind von Szigmund lag in der Wiege bei Nina, die ihm ukrainische Lieder vorsang. Viele Felder waren zu bearbeiten. Wir hatten nur noch ein Pferd, und das war lahm. Rohöl war fast nicht mehr zu bekommen. Schwarzschlachten war streng verboten.

Meine Mutter hatte ein hartes, strenges Gesicht bekommen. Sie lief in einer langen Jacke herum, die der Dorfschneider aus einem khakifarbenen Beutestoff geschneidert hatte. Wenn mein Vater meinte, daß wir den Krieg vielleicht doch noch gewinnen könnten, weil eine Wunderwaffe entwickelt würde, die bald zum Einsatz käme, dann wurde meine Mutter furchtbar böse. Frieden müßten sie im Westen sofort schließen, sonst sei alles zu spät. Abends lief sie um das Haus herum, um zu sehen, ob niemand mehr in der Nähe war, dann machte sie alle Läden zu, stellte das Radio an und hörte den „Bericht zur Weltlage" aus der Schweiz.

Die Luftangriffe waren heftig geworden. An manchen Tagen, besonders wenn das Wetter klar war, begann gegen Mittag ein fernes Summen. Man stand auf dem Hof und schaute zum Himmel, an dem ganz hoch oben kleine silberne Flugzeuge auftauchten. Zwei, drei, zehn, immer mehr. Das ferne Brummen schwoll an zu einem Dröhnen mit immer drohenderem Ton. Dreißig, vierzig und noch mehr Flugzeuge sammelten sich in der blauen Luft. Sie formierten sich und flogen in einer Richtung davon. Das Dröhnen verebbte. Dann kamen die Sondermeldungen durch das Radio. Sie hatten Ludwigshafen angegriffen. Mannheim. Schweinfurt. Würzburg.

Es mußte verdunkelt werden. Diese Anordnung wurde streng überwacht. Wenn irgendwo ein Lichtschimmer war, kam gleich einer gelaufen, um es zu melden.

Abends, nach Einbruch der Dunkelheit, erschienen fremde Leute im Dorf und versuchten, bei den Bauern Lebensmittel zu erhandeln. Zwiebeln und Schmalz gegen Nägel und Draht. Die kommen vom OT-Lager, wurde erzählt. Es waren Ausländer. Sie seien von der Organisation Todt, die hinter der Front Waffenfabriken einrichtete und Verteidigungsanlagen und Straßen baute, so sagten sie. Ganze Zigeunerfamilien, die Männer mit schwarzen Schnurrbärten, die Frauen mit langen bunten Röcken, Franzosen und Ungarn, Esten und Letten zogen durch das Dorf.

Als meine Mutter erfuhr, daß diese Leute aus einem Lager kamen, das auf den Wiesen unterhalb des Wasserhauses gebaut wurde, nahm sie mich eines Abends mit, weil sie sich das ansehen wollte.

Beim Steinbruchwäldchen stießen wir auf einen Stacheldrahtverhau und auf Wachen. Meine Mutter verhandelte mit ihnen und wurde durchgelassen. Ich aber nicht. Es war schon ziemlich dunkel. Und weil wir früher so oft dort unten gespielt hatten, kannte ich jeden Baum und Strauch. Ich schlich unter den Tannen am Stacheldraht entlang, eine kleine Anhöhe hinauf. Dort lagen lockere Steinplatten. Ich zog sie weg und kroch unter dem Stacheldraht durch. Im Bogen schlich ich zu dem Weg, der in das Lager führte.

Dort unten war eine ganze Stadt entstanden. So weit man sehen konnte, standen Holzbaracken – die ganze Wiese hinunter. Überall liefen Leute herum, die in fremden Sprachen redeten. Man hörte kleine Kinder heulen, Männer standen beisammen oder hockten auf den Türschwellen. Man konnte das Feuer in den Holzöfen sehen, auf denen Suppe gekocht wurde.

Ich sah meine Mutter bei einer Gruppe von Männern stehen. Es waren Ungarn. Sie sprachen gebrochen Deutsch und erzählten, daß sie vor kurzem hierher transportiert worden seien und die Baracken gebaut hätten. Sie seien hier, um eine große unterirdische Fabrik zu errichten. Die Baustelle sei im großen Steinbruch. Zu essen hätten sie wenig. Deshalb klauten sie aus den Gerätebaracken alles, was sie fassen könnten, um es dann bei den Bauern gegen Lebensmittel einzutauschen. Jedenfalls konnten diese Menschen abends nach der Arbeit ungehindert das Lager verlassen. Man wollte jedoch nicht, daß Deutsche aus der Umgebung hereinkämen. Und ich glaube, außer meiner Mutter hat das auch keiner versucht.

Wir gingen über die kleine Holzbrücke zurück, die über den Brünnelesbach führte. Auch dort, gleich an der Brücke, lagen Rollen von Stacheldraht und Barackenteile. Dort käme ein Sonderlager hin, sagten die Ungarn. Spät in der Nacht kroch ich wieder unter dem Stacheldraht hindurch, schob die Steinplatten zurück und rannte meiner Mutter nach. Sie nahm meinen Arm unter den ihren und schüttelte den Kopf: „Das ganze, von uns unterworfene Europa auf der Wiese vor dem Wasserhaus!“

Ein paar Tage später, an einem grauen, regnerischen Tag, ging ich mit meinen Eltern zum großen Steinbruch hinüber, zur Baustelle, wie man von jetzt an sagte. Die Landschaft war kaum wiederzuerkennen. Auf den Feldern, die an die Baustelle grenzten, standen überall Baracken. Flache Planierwagen, von kleinen struppigen Russenpferden gezogen, fuhren auf den Lehmstraßen. Berge von Zementsäcken sah man liegen, Eisenstangen und Drahtrollen auf Haufen geschichtet. Weiter hinten auf den Äckern um den Steinbruch standen große Betonmaschinen.

Wir wurden von einem Offizier angehalten, der uns – nachdem meine Eltern sich ausgewiesen hatten – herumführte. Am Rand des Steinbruchs stehend, sahen wir in das weite, sechzig oder mehr Meter tiefe Loch. Leitern waren an den senkrechten Steinwänden festgemacht. Männer mit Säcken auf den Schultern stiegen sie hinunter. Auf der Sohle standen in regelmäßigen Reihen viereckige Eisengerüste, die wie rostige Finger nach oben drohten. An einem Drahtzaun vor uns schwenkte im Wind das Schild mit dem Namen der Firma, die seit vielen Jahren hier den Stein gebrochen hatte. „Firma Baresel und Söhne."

„Hier wird eine Fabrik entstehen", erklärte der Offizier. „Wir bauen mehrere Stockwerke übereinander. Die Eisengerüste sind für die Betonsäulen, die die Decken der einzelnen Werkshallen tragen sollen. Das Ganze soll mit lamellenartigen Halbbögen aus Beton überdacht werden und wird völlig bombensicher sein."

Mit leiser Stimme fügte der Offizier hinzu, er dürfe das alles natürlich nur meinem Vater anvertrauen. In dieser Fabrik würden neuartige Flugzeuge hergestellt, die direkt von den Stollen, die man in den Stein treiben würde, ins Flußtal hinaus starten könnten. Man brauche also gar kein Rollfeld mehr. Dieses Werk, so betonte er, sei für die Reichsregierung von allerhöchster Bedeutung.

„Die Wunderwaffe", sagte mein Vater auf dem Heimweg. „Siehst du, die Wunderwaffe wird doch gebaut!"

„Und das", entgegnete meine Mutter entsetzt, „so nah bei uns. Was für eine teuflische Sache ..."

9

UND zu einer Teufelssache sollte diese Baustelle auch werden. Regelmäßig griffen die „Rotschwänzchen" an. Sie überflogen die Baustelle mehrmals am Tag und schossen auf alles, was auf den Feldern arbeitete. Überall wurden Flakgeschütze aufgebaut. Die Splitter der Abwehrgranaten flogen bis zu unserem Hof herüber. Im Dorf wurde die Losung ausgegeben, man solle Tobruk-Stände bauen. Dies waren runde Löcher, in denen gerade eine Person Platz hatte. Man grub sie überall, am Dorfrand, im Baumstück und in der Gärtnerei. Dazu bastelte man aus zwei Brettern einen Deckel mit einem Griff auf der Unterseite. Zwischen die Bretter wurde Schlacke gestopft; sie sollte die Splitter abhalten. Wenn vom Bahnhof her die Sirenen heulten und man auf den Feldern nahe der Baustelle arbeitete, rannte man so schnell wie möglich zu den Tobruk-Ständen. Es war Herbst, und alle waren bis tief in die Nacht mit der Ernte beschäftigt.

Im Geiselspiel waren die Frühäpfel reif, und auf dem „Weitfeld" zog der Traktor den Schälpflug über die abgeernteten Felder zur Vorbereitung der neuen Saat. Im „Rohr" neben den Frühbeeten der Gärtnerei lag ein großes Feld mit Buschbohnen, die ebenfalls reif wurden.

Eines Tages fuhr ein Auto vor, SS-Offiziere stiegen aus und wollten meinen Vater sprechen. Sie wurden ins Wohnzimmer geführt, wo sie mit ihm verhandelten. Als sie wieder fort waren, erklärte mein Vater aufgeregt, das „Täle“ würde für militärische Zwecke gebraucht. Von jetzt an sei für die gesamte Bevölkerung der Zugang dorthin gesperrt. Doch auf seine dringende Bitte hin habe man ihm als große Ausnahme erlaubt, daß er und seine Familie noch in den Wald vom Steinbruch gehen dürften.

Von dort aus konnten wir dann auch sehen, wie im „Täle“ Baracken entstanden, wie Lastwagen von der anderen Seite über den Hügel gefahren kamen und Baumaterial entladen wurde. Hoher Drahtverhau und Wachtürme wurden auf den Feldern um die Wiese herum errichtet. Der Verhau war doppelt. Dazwischen lagen Rollen mit Stacheldraht. Alle hundert Meter stand ein Wachturm auf einem Holzgerüst, viereckig, mit einem kleinen Dach darauf. „Das ist das Sonderlager“, meinte meine Mutter, „und mit militärischen Zwecken hat das nichts zu tun.“ Dann konnten wir beobachten, wie Transporte von Gefangenen ankamen. Männer in grauen, gestreiften Anzügen. Die Wachtürme wurden besetzt. Tag für Tag zogen die Gefangenen unter schwerer Bewachung zur Baustelle hinüber.

Eines Tages kam vom Verpflegungsamt der Kreisstadt die Aufforderung an den Hof, wir sollten Stroh und Lebensmittel, vor allem Bohnen, ins Lager liefern. Meine Mutter erklärte, die Bohnen müßten erst gepflückt werden, und wir hätten im Augenblick nicht genügend Arbeitskräfte. Wenn das Verpflegungsamt Bohnen haben wolle, dann müsse es uns auch Leute stellen.

Josepha hatte das Frühstück gemacht. Ich kam vom Stall, wo ich beim Melken und Füttern geholfen hatte. Wir setzten uns um unseren alten, viereckigen Tisch im Wohnzimmer. Da hörte man draußen ein seltsames Schlurfen. Es klang, als würde etwas Schweres rhythmisch über den Boden gezogen. Meine Mutter ging an das Fenster. Sie stützte beide Hände auf die Brüstung und sah auf den Hof. Dann sagte sie leise: „Was um Gottes willen ist denn das.“ Ich ging zu ihr und sah einen Zug schwankender, dürrer Gestalten, kahlgeschoren und mit grünlichen Gesichtern. Gestreifte Jacken und Hosen hingen lose um ihre Körper. Ihre dünnen Beine steckten in Holzschuhen, die über den Boden schlurften. SS-Wachen, in grauer Kriegsuniform, mit Maschinenpistolen über der Schulter, den Kinnriemen der Mütze heruntergelassen, gingen nebenher.

Vor unserem Haus hielten sie an. Ein Wachmann kam zur Tür. Er sagte, sie seien das Kommando vom Lager „Wiesengrund“. Sie sollten

Stroh und Bohnen holen. Es war das erste Mal, daß wir das Wort „Wiesengrund" hörten. Was sie meinten, war unser „Täle". Was denn das für Gefangene seien, fragte meine Mutter, die sähen ja aus wie aus dem Irrenhaus. Das seien Juden, erklärte der Wachmann, sie sollten die Verpflegung holen.

Felix, der Bruder Franzisheks, und ich bekamen den Auftrag, einen Wagen anzuspannen und mit einem Teil der Kolonne zur Feldscheuer zu fahren, um Strohballen zu laden. Mit den anderen ging meine Mutter zum Bohnenfeld. Wir fuhren durch das Dorf zur Feldscheuer. Hinter dem Wagen liefen die Gefangenen. Wir mußten immer wieder anhalten, weil sie nicht so schnell folgen konnten. Die Wachen schimpften. An der Feldscheuer stellten wir den Wagen ab, und ich sagte, man solle die Ballen aufladen. Diese Strohballen waren ziemlich schwer. Sie waren dicht gepreßt, mit Draht zusammengehalten und etwa einen Meter lang. Und sie waren in einem hohen Stapel übereinandergeschichtet. Die Gefangenen versuchten, darauf zu klettern und die Ballen herunterzuholen. Doch sie glitten immer wieder ab, fielen mit den Ballen um. Die Wachen begannen dreinzuschlagen. Keinen Ton hörte man von diesen Menschen. Mit bleichen Gesichtern und großen Augen mühten sie sich keuchend und erfolglos mit den Strohballen ab. Felix fluchte und begann, selber zu laden. Er packte die Ballen am Draht und hob sie mit Leichtigkeit auf den Wagen. Ich drehte mich um und rannte nach Hause.

Die andere Gruppe der Gefangenen hockte am Gebüsch über dem Kartoffelkeller. Es hatte am Tag zuvor geregnet, und der Boden war aufgeweicht. Meine Mutter stand neben einem großen Kessel, in dem über Holzfeuer Kartoffeln kochten. „Die Leute sind total verhungert", sagte sie, „sie müssen zuerst einmal essen." Als die Kartoffeln gar waren, hoben zwei russische Mädchen den Kessel vom Feuer und gossen das Wasser auf die schmutzige Erde. Nun kam auch der andere Trupp von der Feldscheuer in den Hof gezogen, mit dem schlurfenden Geräusch der Holzschuhe. Meine Mutter hob den Deckel vom Kessel und sagte, die Kartoffeln seien fertig. Die Gefangenen stürzten zum Kessel. Er fiel um. Die heißen Kartoffeln rollten auf den Boden. Sie griffen danach, schlugen sich um sie, stopften sich die Kartoffeln mit beiden Händen in den Mund und knieten auf der lehmigen, nassen Erde, um noch mehr zu erhaschen. Sie kämpften um jede einzelne Kartoffel. Die Wachen stießen mit den Gewehrkolben in das Menschenknäuel und schimpften. „Was sind denn das für Menschen?" fragte meine Mutter entsetzt. „Das sind ja gar keine Menschen mehr!"

„Das sind Juden“, antwortete der Wachmann. „Untermenschen sind das. Das können Sie doch selber sehen.“

Ich stand neben meiner Mutter. Da hörten wir plötzlich eine Stimme hinter uns. „Wir waren nicht immer so“, zischte sie. „Ihr habt uns zu Tieren gemacht, und es wird über euch kommen, was ihr uns angetan habt.“ Wir drehten uns um und sahen in ein blasses, abgemagertes Gesicht, in riesengroße graue Augen, über denen ein kranker Schimmer lag. Auf dem glattrasierten Kopf saß eine runde Häftlingsmütze, wie ein merkwürdiger heller Ballon. Es war ein jüngerer Häftling. Er war der einzige, der sich nicht auf den Kessel gestürzt hatte. Er stand etwas abseits und beobachtete mit geballten Fäusten den Kampf um die Kartoffeln.

Meine Mutter war einen Augenblick ganz still. Dann sagte sie mit mühsam beherrschter Stimme zu den Wachen: „Hier wird nicht geschlagen. Hören Sie sofort auf. Ich will mit euch nichts zu tun haben. Gehen Sie weg!“ Und sie rief noch über die Schulter zurück: „Ich schicke euch das Zeug ins Lager.“ Dann zog sie mich weg. Wir gingen ins Haus.

Im Zimmer, wo das Frühstück noch unangetastet auf dem Tisch stand, hörten wir wieder das schlurfende Geräusch, das langsam verebbte. Mein Vater hatte vom Fenster aus zugesehen. Wir konnten nichts mehr essen. Meine Mutter ging in der Stube auf und ab, die Hände in den Taschen ihrer Jacke vergraben. „Weißt du, was das ist, das Sonderlager?“ wandte sie sich an meinen Vater. „Ein KZ ist das, es kann nur ein KZ sein. Und weißt du, was das heißt? Wenn die Front näher kommt, dann bringen sie die Leute um, wenn sie bis dahin nicht verhungert sind. Und wie gut sie die Lage ausgesucht haben! Ausgerechnet im Täle, so versteckt, daß es keiner finden kann.“

„Halt dich da raus“, sagte mein Vater drohend. „Das geht uns nichts an. Da können wir gar nichts machen.“ Er nahm seinen Stock und ging hinaus.

Meine Mutter lief wieder auf und ab und redete wie zu sich selbst: „Die Leute sind wahnsinnig vor Hunger. Wo kommen sie her? Der Mann hat recht. Wir haben sie zu Tieren gemacht, zu Untermenschen. Wir!“

Ich hatte nur einen Gedanken. Man mußte sofort etwas tun. Ich mußte zu meinem Onkel und ihn um Hilfe bitten. Er würde eingreifen. Er war zwar schon seit geraumer Zeit auf seinem Hof und nicht mehr aktiv in der Regierung. Aber er war ein bekannter Mann und würde seinen Einfluß geltend machen.

Ich holte das Fahrrad und fuhr die „Hohle" hinaus, an der Gärtnerei und dem Hasenwäldle vorbei, dem Bürgerbronnacker entlang, durchs „Weitfeld". Die Sonne schien, auf allen Feldern wurde gearbeitet.

Vor der angelehnten Tür der Villa warf ich das Rad ins Gras und lief ins Haus. Mein Onkel kam mir entgegen. „Nanu", sagte er freundlich, „was machst du denn hier?" – „Ich muß dich sprechen", rief ich. Ich erzählte ihm, was am Morgen bei uns geschehen war und daß meine Mutter meinte, daß das Lager ein KZ sei. Es wären Juden, halb wahnsinnig vor Hunger und so schwach, daß sie nicht einmal die Strohballen laden könnten. „Bitte, du mußt helfen!" Mein Onkel stand hoch aufgerichtet vor mir und sah auf mich herunter. Etwas in seinem Gesicht verschloß sich. „Laß mich in Frieden", sagte er scharf, „laß mich mit dieser Sache in Frieden!" Dann drehte er sich um und ging hinein. Auf der Fahrt zurück zum Hof holperte das Rad über den Feldweg. Der Sommerwind strich übers „Weitfeld". Aber ich konnte an nichts mehr denken. Die ganze Luft war erfüllt von dem schlurfenden Geräusch schleppender Holzschuhe.

Erst kurz vor seinem Tode, fast ein Dutzend Jahre später, als er nach einer langen und bitteren Haft nach Hause zurückkehrte, habe ich meinen Onkel noch einmal gesehen. Und lange brauchte ich, um zu begreifen, was damals in seinem Gesicht geschah, als ich ihn um Hilfe bat. Es war Verzweiflung gewesen, aufkommende, gleich wieder beherrschte Angst. Denn er wußte, daß er nichts, aber auch gar nichts machen konnte. Doch ich erkannte das damals noch nicht.

10

Es wurde ein goldener Herbst. Im kleinen Garten blühten Anfang September 1944 die Dahlien und Astern, an der Hofmauer bogen sich die Malven, und im Baumstück wurden die Goldparmänen und dicken Boskopäpfel reif. Die Birnen und Mostäpfel wurden unter den Bäumen, die die Feldwege säumten, aufgelesen und zum Mosten gebracht. Der Geruch des neuen Mostes mischte sich mit dem der Kartoffeln und des feuchten Laubes, das im Park unter den Bäumen lag. Der Weizen vom „Weitfeld" war schon abgeerntet. Nur die Zuckerrübenäcker lagen mit fetten, großen Blättern als ein breites Grün zwischen den Stoppelfeldern.

Zu dieser Zeit war Hanne, unsere Gärtnerin, schon nicht mehr bei uns. Eines Tages war sie in den Hof gewandert und vor unserem Haus stehengeblieben. Sie trug eine große Tasche und hatte eine dicke Brille auf. Ihr Haar war im Nacken zu einem Knoten geschlungen. Hanne suchte Arbeit. Sie sei Gärtnerin. Es kam uns merkwürdig vor, daß jemand wie sie nach Arbeit suchte, denn gerade solche Arbeitskräfte waren knapp. Vorsichtig begann meine Mutter die Unterhaltung. Bald stellte sich heraus, daß Hanne eine andere Anstellung verloren hatte, weil sie Halbjüdin war. Sie erzählte, daß sie die Tochter des früheren zweiten Bürgermeisters von Berlin sei und daß sie einen Unterschlupf suche.

Hanne blieb bei uns. Sie bekam ein Zimmer in der Gärtnerei, wo auch die Mädchen aus Rußland wohnten.

Den ganzen Tag arbeitete sie mit den Mädchen in der Gärtnerei. Das Mittagessen wurde hinausgeschickt. Nur zum Abendessen erschien sie bei uns im Haus.

Ende Juni wurde sie krank, und meine Mutter brachte sie zu einem befreundeten Arzt ins Krankenhaus. Nach dem zwanzigsten Juli, dem Tag, an dem das Attentat auf Hitler verübt wurde, überbrachte meine Mutter ihr einen Brief, in dem stand, daß ihre Eltern in Berlin verhaftet worden waren. Hanne wollte sofort abreisen, um ihnen zu helfen. „Das kannst du nicht", meinte meine Mutter traurig, „es wird dir nur etwas passieren." Hanne fuhr doch. Und wir hörten nichts mehr von ihr. Erst nach dem Krieg sahen wir sie wieder. Sie kam vom Lager Bergen-Belsen.

Wir waren jetzt noch die einzigen aus dem Dorf, die den Weg durch den kleinen Steinbruch benutzen durften. Und nur von ihm aus konnte man ins Lager hinuntersehen, wo Häftlinge in gestreiften Kitteln herumliefen und bewaffnete Wachmannschaften patrouillierten. Auf dem Hügel, der nach Norden hin das Tal abschloß, lag eine alte Lehmgrube. Dorthin bewegte sich auf einem schmalen Pfad jeden Morgen ein Zug mit Tragbahren, auf denen leblose Körper lagen. Sie wurden in das Loch gekippt, und etwas Weißes wurde darübergestreut. Dann ging der Zug wieder zurück ins Lager. Bald hing über dem Tal ein merkwürdiger Geruch.

An jenem Morgen, als das Kommando vom Lager das erste Mal auf den Hof gekommen war, mußte Felix Stroh und ein paar Säcke Bohnen hinunterfahren. Er hätte alles vor dem Drahtverhau abladen müssen, erzählte er hinterher. Sie hätten ihn nicht durch die Absperrung gelassen. „Isch Jud!" sagte Felix und spuckte aus.

Der eine Satz, den der Häftling bei dem Kartoffelkessel gezischt hatte, hatte bei meiner Mutter etwas in Gang gesetzt. Es war, als habe sie mit einemmal begriffen, was mit diesen Menschen eigentlich passierte. Und sie faßte einen Plan.

Einige Male versuchte sie, mit meinem Vater darüber zu sprechen. Doch er machte klar, daß es unmöglich wäre, irgend etwas für die Menschen zu tun, und er warnte sie davor, sich in alles einzumischen. Das „Täle" gehöre nicht mehr uns. Was dort vor sich ginge, sei nicht unsere Sache.

Eines Tages kam ein Bauer aus Vaihingen zu uns, der bei den Treibjagden dabeigewesen war, die mein Vater immer vor Weihnachten abgehalten hatte. Ihm gehörten einige Felder in der Nähe der „Baustelle", und er fragte, was denn da eigentlich vor sich ginge. Man sprach überall darüber. „Was soll denn des bloß werde?" fragte der Bauer, „des rettet doch den Krieg nimmer."

Meine Mutter wurde wortkarg. Sie war tagsüber völlig in Gedanken versunken. Man sah ihr an, daß sie etwas vorhatte. Doch sie sprach nicht darüber. Eines Tages bot sie dem Verpflegungsamt an, weiterhin Lebensmittel ins Lager zu liefern, wenn sie wieder ein Kommando von Häftlingen bekäme. Und dann machte sie einen Besuch beim Lagerkommandanten, zu dem sie mich mitnahm.

Der Kommandant wohnte in einer geräumigen Holzbaracke neben dem Wasserhaus. Nachdem uns die Wachen durch die Sperre, eine Schranke über den Feldweg, gelassen hatten, klopften wir an die Tür des Kommandanten. Eine Russin machte uns auf, eine stattliche Person mit einem hübschen Gesicht, mit hohen Backenknochen und einem vollen Mund. Ihre Augen aber waren dunkel und schmal und ihr Blick stechend. Eine „Katja" dachte ich. Man hatte ja von den Katjas gehört, die sich Soldaten hinter der Front in der Etappe hielten. Man nannte sie auch Bettvorleger . . .

Sie führte uns in den Raum, in dem der Kommandant an einem Schreibtisch saß. Er war – glaube ich – Major. Auf jeden Fall war er von der Wehrmacht und nicht von der SS. Er war ein schmächtiger Mann mit einem Schnauzbärtchen. Er begrüßte uns sehr höflich. Ich konnte sehen, wie meine Mutter ihn mit den Augen maß. In einem Korb, den ich trug, hatten wir Brot, Leberwurst und eine Flasche klaren Schnaps mitgebracht. Denn so viel wußte jeder, daß Schnaps in Kriegszeiten eine lebenswichtige Sache war.

„Was ist das für ein Lager, dem Sie hier vorstehen?" begann meine Mutter vorsichtig die Unterhaltung. – „Das ist ein Arbeitslager für die Baustelle. Wir sind aus Polen hierher verlegt worden." – „Wie viele

Häftlinge haben Sie denn?" – „So etwa zweieinhalbtausend sind jetzt im Lager. Dazu kommen dann noch die Wachmannschaften."

Leider, so meinte der Kommandant, sei der Gesundheitszustand der Häftlinge nicht gut. Es wäre eben alles sehr knapp. Vor allem seien ihm die Kohlen für die Entlausungsanstalt ausgegangen. Und dann sagte er nach einem weiteren Glas Schnaps, das er sich dankbar eingegossen hatte: „Ich habe eigentlich mit dem Lager selbst nichts zu tun. Ich bin nur für die Verwaltung hierher abkommandiert worden. Für die Häftlinge ist die SS verantwortlich."

Der Kommandant bot an, uns die Anlagen außerhalb des Lagers zu zeigen. Wir kamen zu einer großen Baracke, der Entlausungsanstalt, zu Holzhäusern, in denen die Wachen wohnten. Wir sahen die Kantine von außen und begegneten einigen Häftlingen. Beim Anblick des Kommandanten erstarrten sie und rissen die Kappe von ihrem kahlen Kopf.

Es kam auch – wie beiläufig – ein SS-Mann, der uns weiterbegleitete. An einer kurzen Leine führte er einen Wolfshund, eine Peitsche baumelte ihm vom Gürtel. Der Kommandant wurde einsilbig und ging mit uns in sein Büro zurück. Meine Mutter fragte ihn vorsichtig, ob er noch einmal ein Kommando schicken könne. Dann könne sie der Aufforderung des Verpflegungsamtes nachkommen. Nach einigem Zögern stimmte der Kommandant zu.

Auf dem Heimweg war meine Mutter sehr nachdenklich. „Ein schwacher Mann, der Kommandant", meinte sie, „er muß sich bei der Truppe etwas zuschulden haben kommen lassen, sonst wäre er nicht hier ... Vielleicht kann man etwas mit ihm machen." Nach einer Weile sagte sie: „Wenn wir Gefangene bekämen, dann könnten wir sie kräftigen. Man könnte erfahren, was im Lager los ist, und vielleicht könnte man sie sogar retten ..."

Und da der Kommandant vor dem Winter dringend Stroh brauchte und weil unser Name so bekannt war, daß kein Mißtrauen gehegt wurde, kam es, daß eines Tages wieder dreißig Häftlinge mit schlurfenden Holzschuhen auf den Hof zogen. Es waren dieselben, die sie schon einmal geschickt hatten.

Ich mußte die Wachen in den „Leute-Eßraum" holen. „Gib ihnen ein richtiges Vesper", sagte meine Mutter. Josepha brachte mit ängstlichem Blick Wurst und Brot. Einige Wachen waren draußen beim Kommando geblieben, und Szigmund sollte mit ihnen zum Bohnenfeld gehen. Wie angewurzelt blieb er aber im Gang stehen und schüttelte den Kopf: „Isch nix mit Jude schaffe." Felix und Janek nickten. „Wieso?“ fragte meine Mutter. „Sie sind doch Gefangene wie ihr.“ Szigmund fuhr auf: „Wir sind keine Jude – ich gute Mann, ich immer gut schaffe, ich nix mit dene Jude gehe!“ Es war nichts zu machen. So wurde der Elsässer mit hinausgeschickt, der eigentlich im Viehstall arbeitete.

Aber es dauerte nicht lange, da kam der Elsässer zurück. „Also des kann i net sehe“, sagte er aufgeregt zu meiner Mutter. „Die schlagen auf die armen Teufel drein. Das geht so net.“ Die Häftlinge auf dem Bohnenfeld boten einen merkwürdigen Anblick. Sie versuchten, in den Büschen Bohnen zu finden, aber es gelang ihnen nicht. Die Körbe fielen um, und sie stolperten darüber. Die Wachen fluchten und waren sofort mit den Gewehrkolben bei der Hand. Meine Mutter ließ alle mit der Arbeit innehalten und sagte, daß hier nicht geschlagen werde. Sie zeigte den Häftlingen, wie man Bohnen pflückt, und es wurde etwas ruhiger auf dem Feld. Die Wachen setzten sich ins Gras. Wir brachten Kartoffeln, Brot und weißen Käse hinaus und sahen, wie alles mit gieriger Hast und zitternden Händen verschlungen wurde.

Das ging eine ganze Woche so. Die Wachen schlugen nicht mehr und gewöhnten sich daran, die Häftlinge nicht fortwährend im Auge zu haben. Zum Teil stammten die Wachen aus Siebenbürgen in Rumänien. Allmählich tauten sie auf und begannen, ein wenig von sich zu erzählen. Sie hätten so an das große Deutsche Reich geglaubt. Ihre Familien hätten als Deutsche seit Jahrhunderten in einem fremden Land gelebt, und ihre Höfe wären die saubersten und schönsten gewesen. Sie waren stolz auf den guten Wein und den schweren Weizen, den sie angebaut hatten. Viele Generationen hindurch hätten sie in der fremden Umgebung die deutsche Sprache und die deutsche Art bewahrt. Als der Krieg kam, meldeten sie sich freiwillig zum deutschen Militär und kamen zur SS. Sie hätten nicht gewußt, was die SS sei. Man hätte sie dann für Lager eingesetzt, und da wären sie nicht mehr herausgekommen. Einer, er hatte zu Hause fünf Kinder, fing einmal sogar an zu weinen und sagte, er wäre soviel lieber an der Front gefallen, als in eine solche Sache zu geraten. Die Siebenbürger hatten jedoch Angst vor der Stammannschaft, wie sie sie nannten. Vor allem vor dem Hecker. Die Stammannschaft war die Gruppe der SS-Leute, die eine lange KZ-Erfahrung hatte, vom Lager Oranienburg her und danach von den Lagern in Polen. Es waren die Harten, die mit den Hunden; es waren wenige, aber sie herrschten im Lager.

Mit der Zeit lernte ich, die Häftlinge voneinander zu unterscheiden. Da war einer mit einer langen offenen Wunde am Bein, deren

Absonderung das Hosenbein näßte. „Ein Hungerödem", meinte meine Mutter. Einer hieß Macharowski, ein großer Mann mit dunklen Augen und einem kantigen Gesicht. Er war Schneider in Danzig gewesen. Der erste, der Vertrauen zu mir faßte, war ein junger Häftling aus Ungarn. Er war linkisch und sprach nur gebrochen deutsch. Einmal, als er etwas entfernt von den Wachen stand, zog er ein vergilbtes Foto aus dem Hemd: „Mein Vater, er ist tot." – „Ach, warum glaubst du das?" fragte ich. – „Majdanek", sagte der Ungar und sah sich ängstlich um. – „Was ist Majdanek?" – „Du nicht wissen? Majdanek ist Lager in Polen." Er flüsterte heiser: „Viel tausend kommen rein, dann dreht sich ganze Boden. Alles tot." – Er ist verrückt, dachte ich.

Ich lernte auch, was Kapos waren: Häftlinge, zwar in derselben Kleidung wie alle, aber sie konnten den anderen das Stück Brot wegnehmen, ohne daß die sich wehrten. Sie verrieten alles der Lagerleitung. Sie verschafften sich Vorteile auf Kosten der übrigen. Wenn ein Kapo in der Nähe war, verstummten die anderen.

Langsam, ohne es zu merken, begann ich mich von allem zu entfernen, was nichts mit dem Lager zu tun hatte. Ich tauchte in die Welt der Häftlinge ein. Das einzige, was für mich noch wichtig war, war das Lager.

Als der Bohnenacker abgeerntet war und das Obst im Baumstück reif wurde, pflückten die Häftlinge Äpfel. Jeder bekam einen Baum zugeteilt. Auf Leitern kletterten sie hinauf. Der Elsässer und ich halfen ihnen. Dann hatten sie für den Rest des Tages Ruhe. Sie hatten sich bereits etwas erholt. Auch die Hungerödeme heilten langsam. Ihre Schritte waren sicherer geworden, und ein ganz klein wenig – so dachten wir – war der stumpfe, kranke Ausdruck aus ihren Gesichtern gewichen. Es war jetzt einfacher, mit ihnen zu sprechen. Die meisten stammten aus Polen. Sie wußten nichts mehr von ihren Familien oder nur, daß sie nicht mehr lebten. In ihren Augen jedoch blieb die Furcht. „Wir sind Untermenschen", sagten sie manchmal plötzlich, wenn man sich mit ihnen unterhielt. Abends nahmen sie für ihre Kameraden im Lager immer so viel mit, wie sie verbergen konnten. Brot und Kartoffeln steckten sie in die Hose, die über den Stiefeln zugebunden war.

Die Luftangriffe waren in der Zwischenzeit so häufig geworden, daß die Baustelle im großen Steinbruch schließlich aufgegeben werden mußte; die Baracken mit dem Baumaterial wurden ausgeräumt. Nun wurde der „Wiesengrund" zum überfüllten Krankenlager. Außer den dreißig Häftlingen, die zu uns kamen, rückte niemand mehr zur Arbeit aus.

Meine Mutter wollte wissen, was im Lager eigentlich vor sich ging. Macharowski, der Schneider, der in ein leeres Zimmer in der Gärtnerei gesetzt worden war, um Kleider auszubessern und Leintücher zu flicken, hatte ihr Vertrauen. Und sie fragte ihn aus, wer unter den Häftlingen im Lager eine führende Rolle spiele. Macharowski nannte die Ärzte. Es gebe einen Belgier, der hieße Bongarz, und auch einen Norweger namens Paulsen. Es seien Gefangene aus vielen Ländern im „Wiesengrund", auch Franzosen und Polen.

Die Gedanken meiner Mutter kreisten fortwährend um das Lager. „Paulsen, Paulsen", wiederholte sie immer wieder. „Hatte nicht Henrik einen Freund dieses Namens in Oslo?" Henrik war der Bruder meiner Mutter. Er war Arzt. Und sie schrieb ihm wegen Paulsen. Doch es dauerte lange, bis eine Antwort kam, denn Onkel Henrik war an der Ostfront. Wegen des Flecktyphus hatten sie ihn dorthin geholt. Er antwortete meiner Mutter, daß Professor Paulsen aus Oslo einen Sohn habe, auch ein Mediziner, der verhaftet und, soviel er wisse, verschwunden sei.

Meine Mutter schrieb einen Brief an Dr. Paulsen im Lager „Wiesengrund". Sie erklärte, durch wen sie von ihm wisse, und bat ihn um Auskunft über die Struktur des Lagers, wie man helfen und wem man vertrauen könne. Ganz klein gefaltet, wanderte dieser Brief in den Stiefeln von Macharowski ins Lager. Dann wartete sie auf Antwort. Meine Mutter war überzeugt, daß irgendwann ein Befehl zur Liquidierung der Häftlinge kommen würde. Sie begann zu hoffen, daß sie den Kommandanten überreden könne, sich dem Befehl zu widersetzen. Sie nahm auch Kontakt mit dem Lagerarzt, Dr. Dischmann, auf. Er kam manchmal auf den Hof, ein jüngerer, dünner Mann mit einem weichen Gesicht. Er versuche alles, um den Gesundheitszustand der Häftlinge zu verbessern, versicherte er. Er schien Mitgefühl zu haben. Aber ich glaubte ihm kein Wort.

Zunächst kam statt einer Antwort von Dr. Paulsen ein anderer Brief im Stiefel von Macharowski. Er war in einer winzigen Schrift geschrieben – in Französisch. Ein katholischer Priester bat um Hostien, mit genauer Anweisung, wie man sie backen sollte. Es stürben so viele, die nach dem letzten Mahl verlangten.

Wir buken die Hostien und gaben sie Macharowski mit. Es wäre ein Wunder, dachten wir, wenn sie ankämen. Aber sie gelangten in die Hände des Priesters. Wir versuchten, Aspirin und wegen des Proteins auch Käse ins Lager mitzugeben – in den Taschen und Hosen derer, denen wir vertrauten. Doch nur wie eine Träne im Meer konnten unsere Versuche sein, den zweieinhalbtausend Menschen im „Wiesengrund" zu helfen.

Schließlich kam die Antwort von Dr. Paulsen. Abends, als die Fensterläden geschlossen waren, las meine Mutter viele Male den Brief. Er machte ihre Hoffnung zunichte. „Retten Sie sich selbst", stand da zu lesen. „Wir sind verloren. Krankheit und Hunger sind im Lager zu stark. Wir haben Typhus und Cholera und keine Medizin. Es gibt keine Rettung. Wir danken Ihnen für Ihr Gedenken."

Meine Mutter weinte beim Lesen. Sie hatte sich nämlich überlegt, daß man von innen und außen vielleicht gegen die Stammannschaft vorgehen könne.

An der zunehmenden Zurückhaltung der Wachen konnte man merken, daß die Lagerleitung Verdacht geschöpft hatte. Doch es schien, als würde sie es noch nicht wagen, uns das Arbeitskommando zu entziehen. Außerdem lieferten wir ja Lebensmittel.

Einmal arbeiteten die Häftlinge auf dem Feld, weit voneinander entfernt, und ich stand in der Nähe eines Mannes, den ich noch nicht kannte. Er war neu im Kommando. Plötzlich bemerkte ich, daß er mit weit aufgerissenen Augen an mir vorbeisah. Der SS-Führer Möller kam über den Acker, mit einem Wolfshund an der kurzen Leine und einer Peitsche am Gürtel. Er kam jetzt häufiger, der Möller, um zu sehen, wie die Häftlinge eingesetzt wurden. Er war ganz nah hinter mir. Der Häftling zitterte, und seine Hände hingen mit dem Schaufelstiel nach unten. „Kannst du nicht grüßen?", brüllte ihn der Möller an. Aber der Mann bewegte sich nicht. Da holte der Möller mit der Peitsche aus und schlug zu. Er traf mitten ins Gesicht. Der Häftling schrie auf und krümmte sich zusammen. Er preßte seine Hände auf das Gesicht. Als er sich wieder aufrichtete, war der Möller schon weitergegangen. Mit dem Gesicht war etwas passiert. Das Kinn war in eine andere Richtung gedreht, und die Wangen schwollen unförmig an. Sie wurden blaurot. Ganz langsam bewegte der Häftling wieder die Schaufel. Mir wurde schlecht vor Angst. Am nächsten Tag kam dieser Häftling nicht mehr.

Viele Wochen lang war auch der junge Mann bei dem Kommando, der beim Kartoffelkessel gesprochen hatte. Meine Mutter versuchte, ihn möglichst weit entfernt von den Wachen zu beschäftigen, weil sie mit ihm sprechen wollte. Er war immer gelassen, höflich und ruhig und sprach gut Deutsch. Von den anderen wurde er mit Hochachtung behandelt, als wenn er etwas Besonderes wäre. Sie nannten ihn Kuba, von Jakob.

Eines Tages war meine Mutter sehr aufgeregt: „Er hat mich gefragt, ob ich ihn verstecken und ihm zur Flucht verhelfen könne." Wir überlegten fieberhaft. Wir könnten ihm auf dem Heuboden hinten in der Scheuer über den Balken ein Versteck einrichten, aber die Hunde würden ihn finden. Oder ihn auf dem Anhänger des Traktors wegfahren. Aber die Polen ... Außerdem – wenn wir das versuchten –, dann würde der ganze Plan scheitern. Man konnte es nicht tun. Und Kuba fragte nie wieder.

Etwas später durchsuchte meine Mutter alle Bücherregale. „Er hat mich um ein Buch gebeten. Was für ein Buch kann man jemandem in dieser Situation geben?" Schließlich fiel ihr nichts anderes ein als ein kleines, schön gebundenes Bändchen von Jacob Burckhardt, „Weltgeschichtliche Betrachtungen". Was aber konnte er jetzt mit weltgeschichtlichen Betrachtungen anfangen? Für ihn und für uns war die Weltgeschichte am Punkt Null angelangt.

Als es draußen kalt wurde und die Sonne nicht mehr durch den Nebel drang, ließ meine Mutter die Häftlinge im Gewächshaus arbeiten. Dort war es warm. Sie konnten an den langen Tischen sitzen und die kleinen Gemüsepflanzen in die Töpfe stecken, die der Josef herstellte. Die Wachen saßen am Heizkessel. Einige fingen sogar an zu lesen. Das Gewächshaus glich einer Oase.

Trotzdem wurden in dieser Woche zwei Häftlinge wahnsinnig. Der eine lief plötzlich vom Tisch weg und wickelte mit verklärtem Gesicht Draht um Arme und Beine. Die anderen versuchten, auf ihn einzureden und ihn wieder vom Draht zu befreien. Aber unbeirrbar und mit einem Grinsen wickelte er sich gänzlich ein. Die Wachen zuckten die Schultern. Und am nächsten Tag kam er nicht mehr.

Ein anderer begann plötzlich zu toben. Er schlug mit den Fäusten auf den Brettertisch, brüllte mit Schaum vor dem Mund unverständliche Worte und schlug um sich, bis er festgebunden und abtransportiert wurde.

Mein Vater sah nicht viel von alldem. Er schüttelte nur den Kopf. Es war mehr, als er begreifen konnte. Einmal sah ich ihn, wie er vor dem Spiegel stand und sich rasierte. Mit dem Rasierschaum machte er sich einen weißen Bart und sagte: „Ich komme mir vor wie ein Fossil. Stell dir vor, ich bin 1877 geboren, und jetzt rage ich in diese Zeit hinein wie ein Fossil. Ich kann sie nicht mehr verstehen."

11

Eines Tages wollte meine Mutter den katholischen Pfarrer im Nachbarstädtchen besuchen. Er war als weiser und guter Mann bekannt. Sie bestand darauf, daß ich sie begleiten solle. Ich wollte nicht. Ich gehörte nirgendwohin, und von der Güte des Himmels wollte ich nichts hören.

Aber dann machte der Pfarrer doch Eindruck auf mich. Traurig hörte er sich an, was meine Mutter ihm schilderte, und schüttelte den Kopf. Aber er tröstete uns und sagte, es werde vorübergehen. Nach dem Krieg würde alles schöner und besser werden, und wir würden aus den Trümmern ein gutes Deutschland aufbauen. Der Pfarrer war der erste und einzige Mensch, der überhaupt über das „Nach-dem-Kriege" sprach. Ich konnte mir nicht mehr vorstellen, daß das, was jetzt unser Leben beherrschte, je zu einem Ende käme. Ich konnte mir nicht vorstellen, was darauf folgen würde. Der katholische Pfarrer kam mir vor wie ein Prediger in einer endlosen Wüste.

Es kam die Weihnachtszeit. Früher war Weihnachten bei uns das schönste Fest des Jahres gewesen. Alle Frauen im Dorf, und auch wir, buken viele Plätzchen. Jede Familie hatte ein besonderes Rezept. Auf Tellern schön gerichtet, wurden die Plätzchen im Dorf verteilt. Der Schmied bekam welche, der Metzger, die Bauern in der oberen Gasse. Mein Vater schickte Hasen mit einem Gruß und meine Mutter eine Gans. Am Morgen des Heiligen Abends wurde im Dorf, in den Höfen und Ställen aufgeräumt, die Straßen gefegt, die Weihnachtsbäume im Wald geholt. Und in der Backstube stand alles voll mit duftenden Blechen.

An diesem Heiligen Abend ließ meine Mutter in dem breiten Gang unseres Hauses Tische zusammenschieben und eine lange Tafel decken. Josepha kochte ein polnisches Weihnachtsgericht aus getrockneten Birnen und Erbsen. Neben jedem Teller lag ein kleines Geschenk. Zwischen Tannengrün brannten Kerzen. Es waren alle dabei. Die Polen und die Russen und die ukrainischen Mädchen, Josefs Sohn und Szigmunds Baby, alle. Mein Vater saß oben am Tischende, daneben meine Mutter und ich, der Elsässer und seine Frau. Mein Vater sprach ein Gebet. Es gab heißen Most, mit Zimt und Nelken gewürzt. Nach dem Essen sprach meine Mutter. Sie dankte allen für ihre Arbeit und ihre Treue, und sie sagte, daß der Krieg bald zu Ende gehen würde, daß dann alle in ihre Heimat zurückkehren und ihr Leben neu aufbauen könnten. Sie mußte dabei etwas weinen. Sie weinte immer, wenn sie bewegt war. Mein Vater stimmte ein Weihnachtslied an. Da wir aber nicht dieselben Lieder kannten, sangen die Mädchen ein russisches Lied.

Szigmund und Franzishek waren verschwunden. Es klopfte draußen an der Tür. Herein kamen zwei Weihnachtsmänner mit Säcken über den Schultern. Szigmund trug einen Bart aus Watte und hatte die Khakijacke meiner Mutter angezogen. Er stellte den Sack auf den Boden und sagte, er sei der heilige Nikolaus und käme aus Amerika. Der Friede käme dicht hinter ihm her. Vielleicht habe er sich verspätet. Zu Ostern sei der Friede aber da, ganz bestimmt. Alle wurden fröhlich und zogen ab in die Messe, die um Mitternacht in der Vaihinger Kirche gelesen wurde.

Es war nach Weihnachten, als die Epidemie unter den Häftlingen ausbrach. Sie saßen an den langen Tischen im Gewächshaus und steckten die Gemüsepflanzen in die Töpfe. Ich nahm die vollen Töpfe vom Bord und stellte leere hin. Ich kam zu einem Häftling, der seltsam zusammengesunken dasaß. „Sind Sie krank?" fragte ich und sah in sein Gesicht. Er hatte rote Flecken, die Lippen waren wund und rissig, seine Augen waren glasig vor Fieber. Er hatte Angst. „Bitte", murmelte er, „bitte nix sagen." Ich schob ihn an eine Säule, damit er den Kopf anlehnen konnte. Doch er kippte immer wieder nach vorne. Ich bat zwei Häftlinge, den Mann unauffällig in das Haus zu bringen. Sie brachten ihn in ein Zimmer, wo eine Pritsche stand. Dort legten wir ihn hin, und ich deckte ihn mit einer Decke zu. Er hatte Durst, und ich gab ihm Wasser. „Fleckfieber", sagte einer der Häftlinge, die ihn hierhergebracht hatten. „Im Lager ist Fleckfieber ausgebrochen. Wenn es die Lagerleitung merkt, werden wir erschossen."

Meine Mutter kam und sah den Mann. Sie wußte schon vom Fleckfieber. Zwei Tage lang schleppten sie den Häftling noch zu uns heraus. Ich legte ihn jedesmal auf die Pritsche und gab ihm zu trinken. Aber dann blieb er weg. Ich glaube, die anderen haben ihn getötet, damit die Wachen nichts vom Fleckfieber erfuhren.

12

IMMER häufiger griffen die feindlichen Flugzeuge nachts an. Wenn Fliegeralarm ertönte, liefen wir vor das Haus, um zu sehen, auf welches Ziel sich die Angriffe konzentrieren würden. Dies war ziemlich einfach zu erkennen, da die angreifenden Flugzeuge „Christbäumchen“ setzten. Die roten oder grünen Leuchtbomben, die an Fallschirmen ganz langsam zur Erde sanken, zeigten den Angreifern das Ziel. Sie steckten es gewissermaßen ab. Dann sah man die hellen Wölkchen der Flakgeschosse. Lag das Angriffsziel in der Nähe, war es ratsam, sich der Splitter wegen wieder ins Haus zurückzuziehen.

An jenem Winterabend saßen wir noch im Wohnzimmer zusammen, als vom Bahnhof und vom Dach des Bürgermeisteramtes die Sirenen langgezogen aufheulten. Kurz darauf hörte man die nahenden Flugzeuge. Im Westen wurden Leuchtbomben in einem großen Viereck ganz nah bei uns abgeworfen. Die Polen rannten hinaus zu den Erdlöchern, und auch wir liefen hinauf zum Baumstück und sprangen in die Tobruk-Stände. Ich hatte den Deckel etwas angehoben und schaute hinaus. Langsam und schwer, wie ein großer, torkelnder Vogel, kam ein Flugzeug dicht über die Bäume geflogen. Sein dunkler Schatten war durch die Äste zu sehen.

Immer mehr Flugzeuge flogen über uns hinweg. Die Flak vom großen Bahnhof begann sich einzuschießen. Es würde ein großer Angriff werden; das sah man. In der Ferne rumpelte es, als würden Säcke auf Brettern in den Keller rutschen, es klang wie beim Kartoffelabladen. Es folgten die Detonationen. Eine nach der anderen. Der Boden bebte. Vom nahen Flugplatz stiegen Nachtjäger auf. Direkt über uns fanden Luftkämpfe statt. Ich sah ein Flugzeug in Flammen aufgehen und abstürzen. Ein heller Feuerschein breitete sich am westlichen Nachthimmel aus. Der Angriff dauerte keine dreißig Minuten. Es wurde ruhiger, ab und zu noch eine Detonation und wegziehendes Motorengeräusch. Schließlich blieb nichts als der rote Feuerschein. Sie hatten in dreiundzwanzig Minuten ganz Pforzheim zerstört, das nicht weiter als zwanzig Kilometer von unserem Hof entfernt lag.

Seit einiger Zeit half eine Kriegerwitwe mit einem kleinen Mädchen meiner Mutter im Büro. Sie kam mit der Bahn aus Pforzheim, wann immer die Bahnlinie nicht zerstört war. Am Morgen nach dem Angriff schickte meine Mutter Josef und mich in die Stadt, um nach dieser Frau zu suchen. Wir sollten sie auf den Hof bringen, falls ihr Haus zerstört worden sei. Unterwegs sollten wir auch noch Kunstdünger laden. Ein Waggon war auf der Bahnstrecke liegengeblieben, und man mußte den Dünger dort abholen. Es war ein kalter Tag. Trotz meiner Decke fror ich auf dem Traktor und wurde nicht warm.

Über der ganzen Gegend hing Brandgeruch. Als wir an den

Stadtrand kamen und über die Enzbrücke fuhren, hielt Josef plötzlich an. Überall lagen Trümmer. Im Fluß trieben Leichen zwischen Eisschollen, verkohlten Balken und Brettern. Wir fuhren weiter in die Stadt hinein. Menschen löschten noch brennende Häuser oder gruben in Steinhaufen, die gestern noch ein Haus gewesen waren. Wir fragten nach der Straße, in der die Frau gewohnt hatte. Ihr Haus war nicht mehr da. Einfach nichts mehr stand da, außer hier und da eine halbe Häuserwand. Keiner, bei dem wir uns nach dieser Frau erkundigten, konnte uns weiterhelfen. Schließlich kehrten wir um. Josef sagte kein Wort. Mir war kälter als je zuvor in meinem Leben. Später erfuhren wir, daß die Frau und ihre kleine Tochter in den Trümmern umgekommen waren.

Als ich von der Brücke in den Fluß sah, fiel mir auf einmal Rolf Potmann wieder ein, der Freund von Stephan, der letzte vom Fähnlein „Heinrich von Plauen". Er war ja Stukaflieger gewesen und hatte uns bei einem Besuch erzählt, wie er mit seinem Geschwader bei einem der ersten Luftangriffe auf London die Themse hinaufgeflogen war. Er hatte uns genau geschildert, wie sie gewagt hatten, im Morgengrauen den Fluß entlang in die Stadt hineinzufliegen, nur wenige Meter über dem Wasser. Man hatte sie nicht erwartet. Für die Abwehr flogen sie zu tief. Und Rolf Potmann hatte berichtet, wie sie dann plötzlich aufstiegen aus dem Fluß, mitten in der Stadt, um ihre Bomben abzuwerfen. Er hatte es als eine große und kühne Leistung der deutschen Luftwaffe geschildert. Aber er war danach nicht durch die Trümmer gefahren, die seine Bomben hinterlassen hatten. Er hatte nicht auf der Brücke gestanden und in den Fluß geschaut, wo zwischen verkohlten Balken Leichen schwammen. Oder am Wegrand gehalten, wo angefrorene Menschen kaum mehr vom schmutzigen Schnee zu unterscheiden waren. Rolf Potmann war lange tot, als ich dies alles sah, an unserem kleinen Fluß, der Enz.

Die große Bahnlinie, die unter dem Geiselspiel, dem alten Weinberg, vorbeiführte, war fast ununterbrochen zerbombt. Doch sie wurde immer wieder von russischen Kriegsgefangenen geflickt. Züge blieben liegen und fuhren später wieder weiter. Auf ihren Waggons verkündeten Schilder: „Räder müssen rollen für den Sieg."

Eines Morgens herrschte im Dorf große Aufregung. „Hen'd Sie schon g'hört", rief man sich gegenseitig zu, „da steckt e Zug grad bei der Schranke." Es war ein langer Güterzug aus Frankreich. Überall im Dorf wurde angespannt. Auch unsere Polen waren nicht zu halten. Felix fragte, ob er den Wagen mit dem Pferd haben könnte. Szigmund nahm unsere Mädchen mit. Alle zogen zur großen Bahnlinie. Auch von anderen Dörfern waren sie gekommen. Es ging nicht schön her am Zug. Sie stiegen in die Waggons und holten alles heraus, Sommerkleider, Röcke und Schürzen. Vieles landete auf der Erde und wurde in den Schmutz getreten. Man stieß sich gegenseitig weg und beschimpfte sich. Man wurde böse. Es war wie ein Rausch, der alle erfaßt hatte. Soldaten, die den Zug begleiteten, sollen versucht haben einzugreifen. Aber sie ließen es sein, als sie die Gesichter der raffenden Menschen sahen. Es herrschte eine spannungsgeladene Atmosphäre. Gefährlich für den, der zuviel auflud, aber auch für den, der den Zug schützen wollte. Es war eine ungute Erfahrung für das Dorf. Danach sprach niemand mehr über die Sache. Nur: Viele Kopftücher und Schürzen waren aus dem gleichen Stoff mit dem Blumenmuster auf schwarzem Grund.

13

DAS Jahr 1945 rückte vor. Die Sonne stieg höher und schien wärmer durch die Scheiben des Gewächshauses. Die Pflänzchen in den Töpfen bekamen schon das zweite Blatt. Nach Ostern würden sie auf das Feld gepflanzt werden. Jeden Morgen lief ich in die Gärtnerei.

Wenn die Mädchen die Frühbeetfenster abgedeckt hatten, kamen die von den Wachen begleiteten Häftlinge und gingen an die Arbeit, die sie nun schon gut kannten. Und wenn die Wachen weit genug fort waren, setzte ich mich zu den Häftlingen und sprach mit ihnen. Vom Lager Majdanek wußte ich ja schon. Von Auschwitz aber hörte ich jetzt zum ersten Mal. Der Gefangene saß am Beetrand und pflanzte langsam die Stecklinge in die Erde: „Daß se geben Seife und auch Tuch, daß se mache de Daume hoch oder ab, daß se sind de Kind und de Fraue und de Mann, daß se stehn in der Reih viel hundert tief, daß se gehen durch das große Tor und de große Hall, daß se drehn auf de Gas und daß se sind tot, de Fraue und de Kind, de Manne und de Weibe…“

Von Auschwitz hatte auch schon der Häftling Kuba meiner Mutter erzählt, denn er war von dort in das Lager „Wiesengrund“ gekommen. Sie hatten ihn in Auschwitz als arbeitsfähig ausgesondert. Auch Macharowski, der Schneider, sprach davon und von dem Ghetto in Warschau. Dort hätten Gefangene versucht, durch die Abwasserkanäle zu fliehen. Doch an den Ausgängen hätten Polen gestanden und sie erschlagen. Er erzählte, während er bedächtig weiternähte, von seiner Frau, die man beim Abtransport vor seinen Augen erschossen hatte.

Im Dorf betrachteten sie mit gemischten Gefühlen den Zug von Häftlingen, der jeden Morgen zu uns kam. Die eine oder andere Frau steckte ihnen etwas zu, wenn sie durch die obere Gasse hinauszogen. Die Familien, deren Sohn in Rußland in Gefangenschaft war, hatten Angst, auch er könnte so daherkommen wie diese Gefangenen. Doch sie verstanden nicht, warum meine Mutter das Arbeitskommando hatte. Das Lager konnten sie nicht sehen, denn sie durften nicht mehr auf die angrenzenden Äcker. Man hatte sie abgesperrt. Und die Transporte mit neuen Häftlingen kamen in der Nacht an. Daß der Zug zur alten Lehmgrube im Tal morgens immer länger wurde, daß es siebzig, achtzig Tragbahren waren, die dorthin getragen wurden, das konnte nur der sehen, der den Weg ins Wäldchen gehen durfte. Und das waren nur wir. Im Dorf wußte man, daß da drunten im „Täle“ das Lager war, aber viel mehr wußte man nicht.

Als das Frühjahr Einzug in die Wälder hielt, die Schneeglöckchen blühten und die Forsythiensträucher ihre gelben Knospen öffneten, hörten wir vom Westen her Kanonendonner rollen. In der Milchsammelstelle sprach man von Gewittern, obwohl jeder wußte, daß es die Front war, die näher kam. Meine Mutter hoffte auf irgendeine Initiative von irgendeiner Seite, die den Frieden mit den westlichen Alliierten herbeiführen sollte. Aber diese wollten den Frieden mit uns gar nicht mehr.

Die Baustelle lag verwaist. Die Baracken standen leer. Die OT-Leute waren verschwunden. Auf der Sohle des Steinbruchs ragten die Eisenpfeiler in den Himmel. Die Leitern an den Steinwänden brachen auseinander. Meine Mutter unterbreitete dem Lagerkommandanten ihren Plan. Er war ihr eingefallen, als sie die leeren Stollen bei der Baustelle gesehen hatte, die als unterirdische Startbahnen gedacht gewesen waren.

Er müsse das Lager retten, erklärte sie ihm eindringlich. Dann würden alle aus der ganzen Umgebung für ihn aussagen, wenn die fremden Armeen uns besetzt hätten. Es würden die Amerikaner sein, die ja schon kurz vor Köln standen. Er, der Kommandant, müsse dafür sorgen, daß die Häftlinge in die leeren Stollen kämen, an die wir Luftschutztüren aus Stahl anbringen würden. Sicherlich könnte man sie irgendwo auftreiben. Wir würden Verpflegung in die Stollen bringen, so daß die Häftlinge einige Tage dort durchhalten könnten. Und dann würde man sich gegen die Stammannschaft der SS verteidigen können. Der Einmarsch der Alliierten stehe ja bevor. Der Kommandant stimmte dem Plan zu. Er versprach meiner Mutter in die Hand mitzumachen.

Daher begannen die Polen, die Eingänge der leeren Stollen mit Luftschutztüren zu versehen. Wir schafften Stroh und Säcke mit getrockneten Kartoffeln in die riesigen Bunker hinunter.

Es war ein schöner Frühling. Schon der Februar war sonnig und warm. Die Bauern zogen mit den Eggen hinaus und bereiteten die Saat vor. Im Gewächshaus wurden die Pflanzen zum Aussetzen fertig.

Eines Mittags fuhr der Funkwagen einer Fliegerabwehrtruppe in den Hof. Breit und auffällig stand er mitten auf dem Platz. Der ganze Luftraum über uns war voller feindlicher Flugzeuge. Meine Mutter verhandelte mit dem Offizier. Es würde keine Stunde dauern und der Funkwagen wäre für die feindlichen Flugzeuge ein Angriffsziel. Doch der Benzintank war leer. So schoben und zogen alle zur Verfügung stehenden Arbeitskräfte den Funkwagen in die Feldscheuer und deckten ihn mit Strohballen zu. Die Mannschaft war froh. Nur der Offizier hatte eine Weile gezögert und sich überlegt, ob er nicht doch mitten im Hof, mitten am Tag funken solle.

Durch das Dorf zogen jetzt auch Gruppen von Zwangsarbeitern. Männer und Frauen aus Fabriken, die durch Bombenangriffe zerstört worden waren. Sie boten an, für Essen zu arbeiten. Sie lagerten im Stroh der Feldscheuern und zogen ziellos auf den Straßen hin. Zwölf Millionen Gefangene und Zwangsarbeiter waren gegen Ende des Krieges zur Arbeit in Deutschland eingesetzt.

Eine solche Gruppe kam eines Abends vor unser Haus. Es waren etwa zwanzig Russen. Die Frauen hatten wattierte Kittel an und Kopftücher umgebunden. Eine trug ein kleines Kind auf dem Arm. Ihr Wortführer war ein großer, hagerer Mann, der ganz gut Deutsch sprach. Er bat für alle um Unterkunft. „Alles kaputt“, sagte er, „nix essen, nix arbeiten, nix Platz.“ Die Baracken und Werkhallen der Fabrik in der Nähe von Karlsruhe, wo sie gearbeitet hatten, waren ausgebrannt. Der Staat begann zusammenzubrechen. Das war ganz deutlich zu sehen.

Meine Mutter brachte es nicht über sich, diese Menschen in die Nacht hinauszuschicken. Sie führte sie in die Gärtnerei, und wir kochten Suppe für sie. „Die sollen bleiben, bis alles vorbei ist“, erklärte meine Mutter. Eine Kompanie der deutschen Infanterie, die in das Dorf kam, wurde einquartiert. Am nächsten Tag sollten sie noch an die Front. Bei dieser Gruppe war ein Vetter von uns, den sie in letzter Stunde eingezogen hatten. Er wollte aber nicht mehr kämpfen. Er war verzweifelt und fühlte sich nicht wohl. Meine Mutter sprach mit dem kommandierenden Offizier und erklärte diesem, der Mann sei sehr krank. Sie schrieb sogar einen Brief über die Symptome der Krankheit. Am nächsten Morgen hatte man das Gefühl, die Gruppe der Soldaten sei kleiner geworden. Als der Rest der Kompanie weiterzog, blieb mein Vetter im Bett. Später machte er sich auf den Weg nach Hause. „Wenigstens einer ist davongekommen", meinte meine Mutter trocken.

Nach diesen letzten Soldaten tauchten ältere Männer in zusammengestoppelten Uniformen auf, die den Volkssturm in unserer Gegend organisierten. Die im Dorf verbliebenen Männer, die halbwüchsigen Jungen und die Frauen mußten nachts Barrikaden errichten und Sprengkörper an die Brücken legen, über die unsere Straßen führten.

Der März wurde so warm, daß man sogar schon mit dem Kartoffelstecken beginnen konnte. Wir sortierten die Kartoffelhaufen. Die kleinen fuhren wir zum Acker, und die großen transportierten wir in Kisten in den Bunker. Wir luden Lebensmittel ab und bauten sogar einen kleinen Stall im Bunker, für den Fall, daß wir Vieh hinbringen müßten. Während der letzten Tage, an denen die Häftlinge zu uns kamen, gab meine Mutter dem Schneider Macharowski eine besondere Arbeit, von der niemand etwas wissen durfte. Er hatte schon so lange allein in dem Zimmer in der Gärtnerei gesessen, daß sich die Wachen daran gewöhnt hatten. Macharowski mußte Bettücher zusammennähen. Ich brachte Fahnentuch, aus dem wir Buchstaben ausschnitten, die er dann auf das Leinen nähte.

Durch die Sendungen des Schweizer Rundfunks war meine Mutter einigermaßen darüber informiert, wo die Alliierten standen. Sie war sicher, daß wir von den Amerikanern besetzt würden. Und weil der Kommandant versprochen hatte, die Häftlinge in den Stollen unterzubringen, wollte sie mit einem auffälligen Signal an der Steinwand zum Flußtal hin die Aufmerksamkeit der Besetzer auf sie lenken. Unter den Händen von Macharowski entstand die große Leinwand, auf der in roten Buchstaben stand:

Here are 2000 men in greatest depression.
Come and help.

Der Kanonendonner wurde immer lauter. Bei der Milchsammelstelle sprach niemand mehr von Gewittern. Nachts zogen deutsche Soldaten in kleinen Gruppen die Feldwege entlang. Mein Vater meinte, die Enz würde zur letzten deutschen Verteidigungslinie und es würden sich noch einmal deutsche Truppen in unserer Gegend zusammenziehen. Wir begannen Wertgegenstände zu vergraben.

Und eines Tages kamen die Häftlinge nicht mehr. Es schien, als würde der Kommandant Wort halten. Meine Mutter hatte als erste den Zug aus dem Lager zu den Stollen gesehen. In langen Reihen liefen die Häftlinge mit Säcken auf dem Rücken zur Baustelle. Sie wurden von schwerbewaffneten Wachen begleitet.

Meine Mutter war sehr aufgeregt. Sie kam ins Wohnzimmer gelaufen und rief: „Er hält Wort." Aber mein Vater meinte, das glaube er nicht. Es würde ihn wundern, wenn man dem Kerl trauen könne. Von ferne beobachteten wir den Zug zu den Stollen. Wir konnten allerdings nicht verstehen, warum sie die vielen gebeugten Gestalten wieder zum Lager zurückführten. Darum machte sich meine Mutter auf, um mit dem Kommandanten zu sprechen. Als sie jedoch an die erste Absperrung kam, wurde sie von den Wachen nicht weiter vorgelassen. Sie wurde angeschrien, sie solle sich möglichst rasch aus dem Staube machen. Und sie nahmen die Maschinenpistolen von der Schulter und richteten sie auf meine Mutter. Völlig verzweifelt kam sie nach Hause.

Am Tag danach, es war Samstag, wurden abends, wie an jedem Wochenende, alle Wagen im Hof vor die Getreidescheuer gestellt. Der kleine Wagen mit den Autoreifen, die großen Leiterwagen, die Anhänger für die Traktoren. Noch am Sonntagmorgen standen sie da, in der Sonne. Es war gegen Mittag, als wir das Schlurfen von vielen, unzählig vielen Holzschuhen hörten. In den Hof zogen Häftlinge zu Hunderten, bepackt mit Bündeln und Tornistern, die den Wachen gehörten. Dazwischen liefen SS-Wachen, die Maschinenpistolen im Arm. Die Hunde an den Leinen bellten.

Das Gepäck wurde auf die Wagen geladen. Im Hof ertönten scharfe Kommandos. Häftlinge wurden an die Deichseln gestellt. Andere mußten schieben. In einem langen Zug zogen sie mit den Wagen die Hauptstraße hinauf. Alle unsere Wagen rollten davon.

Meine Mutter schrie außer sich: „Was macht ihr, was soll das? Wo ist der Kommandant?" Das ganze Dorf war auf den Beinen. Die Bauern säumten die Straße. Mein Vater lief hinter meiner Mutter her, um sie zurückzuhalten. Einer der SS-Leute drehte sich um und kam ihr drohend entgegen. „Wir kennen Sie", brüllte er, „Sie haben Verrat geübt. Ich sollte Sie zusammenschießen", und er faßte an seine Maschinenpistole. Sein Gesicht war vor Wut verzerrt. Die Leute vom

Dorf wichen zurück. Mein Vater packte meine Mutter an beiden Armen und zog sie zurück. Auch zwei Bauern griffen zu und schützten sie. Sie zitterte vor Erregung und sah dem Zug der Wagen nach. Einige Häftlinge, die die Wagen schoben, drehten sich nach ihr um. In ihren Gesichtern lag Verzweiflung.

„Sie hen'd sie am Bahnhof verlade", berichtete jemand am Abend. Meine Mutter hatte verloren. Und mein Vater hatte recht behalten.

Am nächsten Tag standen die Wachtürme des Lagers leer. Es gab keinen Zweifel mehr: Sie räumten das Lager. Auf den Schienen lagen Uniformstücke, Jacken, Koppel und Mützen. Die Wachen hatten sich dort umgezogen. Aber der Drahtverhau um die Baracken im „Wiesengrund" war dicht verschlossen. Hinter dem Tor patrouillierten schwerbewaffnete Wachen.

14

IN DEN ersten Apriltagen kamen noch immer vereinzelt deutsche Soldaten durch das Dorf. Aufgeregt zogen sie Geschütze die Dorfstraße hinauf. Auch hinter dem Hof, an der kleinen Feldscheuer, wurde ein Geschütz eingegraben. Die Polen verfolgten dies mit bedenklichen Gesichtern. Meine Mutter nahm eine Flasche Schnaps, den wir im Winter gebrannt hatten, und ging zu der Stellung. „Der Hof steht seit mehr als vierhundert Jahren", sagte sie zu den Soldaten, die neben dem Geschütz hockten, „muß er jetzt noch kaputtgehen? Geht nach Hause, denn der Krieg ist aus." Bald danach stand das Geschütz verlassen da. Die Polen versteckten es unter Stroh.

Am siebten April wurde es still. Man sah niemanden mehr auf dem Feld. Keinen Menschen mehr auf der Straße. Auf der Türschwelle zur Gärtnerei saßen die Russen.

Meine Eltern beschlossen, die nächsten Tage im Bunker der Baustelle zu verbringen. Vielleicht würde ja doch noch um das Dorf gekämpft werden. Wir nahmen alle mit, die mitkommen wollten, und bezogen Quartier im unteren Stollen. In die oberen hatte sich schon eine Gruppe aus Vaihingen einquartiert. Tief drinnen im Bunker machten wir ein Holzfeuer und setzten uns wartend auf das Stroh.

Der achte April kam mit rosiger Farbe über den Horizont. Vom Flußtal stieg Nebel auf. Krähen flogen über die Felder mit dem Winterweizen. Ganz früh, als alle noch schliefen, schlich ich die Steintreppen auf die Rampe hinauf. Ein junger Russe, der Lor hieß, saß schon oben an den Bahngeleisen, dicht am Boden gekauert. Er zeigte auf den runden Hügel, jenseits der Enz, auf den die ersten Sonnenstrahlen fielen. Und da sah ich sie zum ersten Mal. Die anderen! Eine lange, glitzernde Schlange von Panzerfahrzeugen schob sich über den Hügel. Ihre Geschütze waren gegen die Baustelle gerichtet.

Da fiel mir die Leinwand ein, die noch aufgerollt im Bunker lag. Wir rannten hinunter, um sie zu holen. Zwei viereckige Stangen lagen dabei, die wir auch mitnahmen. Noch immer schlief alles im Bunker. Mit den Händen schoben wir Steine unter den Schienen beiseite und steckten die Stangen hindurch. Die Leinwand banden wir an ihnen fest. Und dann stießen wir sie über den Rand der Steinwand. Sie entrollte sich. Es waren zwar keine zweitausend Häftlinge mehr, die Hilfe brauchten. Und sie waren auch nicht – wie es geplant war – in den Stollen. Doch da lag das Lager hinter dem Wäldchen im Tal. Und es waren sicherlich doch noch einige hundert, die vom Drahtverhau eingeschlossen waren. Wir lagen bäuchlings auf den Schienen und beobachteten die sich langsam vorwärts bewegende Schlange am Horizont. Es fiel kein einziger Schuß. Der Wind trug lediglich das mahlende Geräusch von Ketten zu uns herüber. Dann tauchten Flugzeuge am Himmel auf, und wir hörten die Kanonen hinter dem Dorf.

Den ganzen Tag über blieben wir in den Stollen. Als die Nacht kam, sahen wir von der Nußdorfer Höhe her einen großen Feuerschein. Aus unserem Dorf kamen Bauern angelaufen. „Die Franzosen sind im Dorf", berichteten sie. „Sie schlagen die Türen ein und gehen in alle Häuser. Die Feldscheuer vom Hof brennt. Es sind fremde Kerle, dunkelbraun, und man versteht kein einziges Wort. Sie suchet die Weiber", sagten sie. Es wäre ganz egal wie alt. Sie nähmet alle her. Mein Vater riet, sie sollten hierbleiben und nicht zurückgehen. Man könne nun nichts anderes tun als abwarten.

Als ich von der brennenden Feldscheuer hörte, und daß niemand Anstalten machte, sie zu löschen, dachte ich, sie wären alle feige. Sie ließen es im Hof einfach brennen und hatten nur Angst. Ich schlich hinaus und rannte die Geleise entlang, quer über die Felder zum Dorf hin. Es war stockdunkel. Aber im Baumstück vom Hermann Schneider, dort, wo es an die Straße grenzte, kam ich nicht weiter. Dort zogen Truppen mit Wagen. Es klirrte wie Waffen bei einem Gefecht, und ich hörte fremde, kehlige Laute. Auf dem Bauch kroch ich fast bis zum Straßengraben. Von dort konnte ich gegen den

Nachthimmel die Umrisse der Soldaten sehen, die auf der Straße liefen. Im Hintergrund standen die Bäume vom Park. Sie waren von dem roten Schimmer der brennenden Feldscheuer beleuchtet. Vom Dorf her hörte ich Schreie von Frauen und das Schlagen von Gewehrkolben an Türen. Auch ein paar Schüsse knallten, dünne, bellende Gewehrschüsse. Das Löschen vergaß ich. Ich lag im Dunkeln unter den Bäumen, und dann kroch ich zurück. Ich lief so schnell über die Äcker, wie ich noch selten gelaufen war.

Im Bunker hatte man mich bereits vermißt. „Wo warst du?" fragte meine Mutter aufgebracht. Und als ich sagte, ich sei bis zur Straße gekommen, da holte sie aus und gab mir eine schallende Ohrfeige. „Die hast du wirklich verdient", meinte mein Vater dazu. Dann wurde Josef geholt, der den Polen immer die Haare schnitt. Meine langen, lockigen Haare wurden so kurz wie Streichhölzer geschnitten.

Am nächsten Morgen verließen die Polen als erste den Bunker. Ich ging mit ihnen. Wir liefen die steilen Steintreppen zum Bahngeleise hinauf. Die Stangen mit der Leinwand lagen noch da. Eine Schützenkette kam uns entgegen. Der erste hatte einen Messinghelm auf und einen großen roten Schnurrbart. Er hatte die Maschinenpistole im Arm und eine kaffeebraune, glänzende Haut. Die Polen riefen und winkten, deuteten auf das Zeichen auf ihrer Jacke. Josef umarmte den mit dem Schnurrbart. Die fremden Soldaten lachten und streckten uns Kaugummi und Bonbons entgegen. Auch ich bekam ein Bonbon und wurde von einem Soldaten umarmt, der ein Zeichen auf seiner braunen, zerfurchten Stirn eintätowiert hatte.

Im Dorf war alles völlig verändert. Überall saßen, standen und hockten fremde Soldaten. Der Hof stand voller Panzerwagen. Die Scheuer brannte nicht mehr. Die Soldaten zerrten Vieh aus den Ställen. Vor dem Kartoffelkeller brannte ein Feuer, auf dem sie etwas brieten. An der Tür unseres Hauses lehnte ein Offizier mit einer hohen Mütze, die schief auf seinem Kopf saß. Er streckte Szigmund, der neben mir stand, die Hand entgegen und fragte freundlich: „Gehören Sie hierher?" Er fragte es in Deutsch. – „Ja", meinte Szigmund. – „Ich bin Österreicher. Wir sind die Fremdenlegion." Der Offizier sprach mit schwerer Zunge. Er war ziemlich betrunken. Im Haus standen alle Schränke offen. Einige Türen waren eingeschlagen. Überall lagen Gewehre und dicke Filzmäntel herum. Alle Spiegel im Gang waren zerschlagen. Auf dem Parkett im Wohnzimmer brannte ein kleines Feuer. In unseren Betten lagen Soldaten. Andere hockten auf der Treppe und schliefen, oder sie putzten an ihren Gewehren herum.

Meine Eltern kamen etwas nach uns auf den Hof. Mein Vater war sehr gefaßt. Er begrüßte den österreichischen Offizier, der sich inzwischen auf der Bank vor dem Haus niedergelassen hatte.

Die Bauern wurden von den Franzosen in ihre Keller gesperrt. Auch meinen Vater hatten sie irgendwo eingeschlossen, und erst nach vielen Stunden war er wieder bei uns. Und der Bauer Kühner war erschossen worden. Keiner wußte, wie es geschehen war. Wahrscheinlich war es einer der marokkanischen Soldaten gewesen. Vielleicht hatte der Bauer Kühner seine Tochter schützen wollen. Er war der einzige vom Dorf, der den Einmarsch der fremden Truppen nicht überlebte.

15

DAS Lager „Wiesengrund“ wurde von den Franzosen jedoch nicht entdeckt. Das „Täle“ lag abseits zwischen dem Wäldchen und dem Hügel mit der alten Lehmgrube. Noch immer war das Lager verschlossen und bewacht.

Nach drei Tagen beschloß meine Mutter, die Aufmerksamkeit der Franzosen auf das „Täle“ zu lenken. Sie fragte nach dem kommandierenden Offizier und wurde zum Haus des alten Schank gewiesen. Ich ging mit ihr. Mit den kurzen Haaren und in der Jacke von Josef, auf die das Polenzeichen genäht war, fühlte ich mich ganz sicher vor den fremden Soldaten. Vor dem Quartier des französischen Offiziers standen Ordonnanzen. Ein junger Leutnant mit freundlichen, braunen Augen lehnte an der Tür. Er erklärte uns, daß niemand hereingelassen würde. Aber meine Mutter bat inständig, und er verschwand im Haus. Kurz darauf betraten wir die gute Stube vom alten Schank, wo ein Offizier über Karten gebeugt hinter dem Tisch saß. Als wir eintraten, erhob er sich langsam vom Stuhl. Es war ein eleganter Herr, mit einem feinen Gesicht und welligen, dunklen Haaren, die er mit seiner schmalen Hand lässig nach hinten strich. „Was wollen Sie hier?“ fragte er kühl und abweisend. Mit dem Französisch, das sie als Kind gelernt und seit vielen Jahren nicht mehr gebraucht hatte, versuchte meine Mutter, ihm zu erklären, daß da unten im Tal ein Lager sei, in dem viele Häftlinge eingeschlossen wären. Sie brauchten so schnell wie möglich Hilfe. Und sie beschrieb ihm den Weg zum Lager. Schweigend hörte der Franzose zu und wies uns mit einer Kopfbewegung die Tür.

Vom „Weitfeld" her tönten wieder Schüsse. Es konnte nur noch eine ganz dünne deutsche Linie sein, die noch kämpfte.

Da wir nicht auf dem Hof bleiben konnten, liefen wir zur Baustelle zurück. Dort stießen wir auf ein Militärfahrzeug, das am Weg unter den Stollen angehalten hatte. In einem offenen Jeep standen zwei Soldaten und sahen mit dem Fernglas zur Leinwand hoch. Sie fotografierten und fragten, was sie bedeuten solle. Meine Mutter deutete zum Lager hinüber, das hinter den Bäumen versteckt lag.

Es waren französische Kriegsberichterstatter. Sie fuhren zum Lager, das gerade von den französischen Soldaten geöffnet worden war. In der französischen Soldatenzeitung *Patrie* vom 18. April haben sie ihren Bericht veröffentlicht:

Von blühenden Kirschbäumen gesäumt führt die Straße durch das Enztal. Bei einer kleinen Brücke wird die Aufmerksamkeit des Passanten auf ein großes, weißes Leintuch gelenkt, das in einem zum Tal hin offenen Steinbruch herunterhängt:

„Wir sind zweitausend Gefangene in Not.
Retten Sie uns."

steht dort in großen, roten Buchstaben in englischer Sprache geschrieben.

Ein schmaler, steiniger Weg führt zum Lager. Es besteht aus etwa dreißig verwitterten, graugrün gestrichenen Holzbaracken. Der doppelte Stacheldrahtzaun und die Wachtürme mit den Scheinwerfern erinnern an viele andere Lager. Wir werden sofort von einer Anzahl abgemagerter Gefangener in zerlumpten, blau-grau gestreiften KZ-Anzügen umringt. Ein großer, hagerer Pole drückt mir die Hand und sagt in seinem Französisch: „Es lebe Frankreich."

Von weitem hört man noch das Geräusch der schweren Maschinengewehre, der Kanonen und das anhaltende Brummen unserer Luftwaffe, die nach und nach die letzten Verteidigungsstellungen des Feindes niedermäht. Wir sind in Vaihingen, siebenundzwanzig Kilometer von Stuttgart entfernt.

Hier in diesem Lager gibt es keine Verbrennungsöfen, keine Gaskammern. Hier gibt es ganz einfach nur den Tod, den Tod durch Unterernährung zum Beispiel, durch Tuberkulose oder Fleckfieber. Ursprünglich war das Lager in Vaihingen ein Konzentrationslager für die polnischen Juden aus Radom. Beim Rückzug im Oktober 1944 mußten die Deutschen jedoch eine große Anzahl der Gefangenen evakuieren. So wurde das Lager „Wiesengrund" errichtet. Hierher schickte man alle jene Gefangenen, die zu schwach oder durch Krankheit arbeitsunfähig waren. Aus ganz Deutschland kamen sie: von Neckarelz, von Trier, von Dachau. Es waren bis zu zweitausendvierhundert

Franzosen, Polen, Rumänen, Russen. Ohne Öfen, ohne Decken, nackt unter der Uniform. Während des letzten Winters schliefen sie zu zweit auf einer Pritsche, um sich warm zu halten, bedeckt mit Ungeziefer. Unzählige starben an der Ruhr, an blutiger Darmentzündung, an Unterernährung und an Tuberkulose. Dreißig Tote täglich. Zu alldem brach im Januar eine Fleckfieberepidemie aus . . . Zweitausend Tote wurden in den Gruben um das Lager herum begraben. Die, die überlebten, mußten arbeiten.

Eintausenddreihundert Gefangene blieben am 1. April zurück. Die französischen Truppen rückten näher, und die Deutschen evakuierten alle jene, die marschfähig waren, ungefähr sechshundert. Sechshundertachtzig wurden nun befreit. Drei Tage schon hatten sie nichts mehr gegessen.

Die Zeitung fanden wir in unserem Haus. Und wir sahen dort die Bilder von Häftlingen. Wir hatten viel vom Lager gewußt. Aber wie es in seiner ganzen Wirklichkeit war, das hatten wir selbst nicht einmal geahnt. Die Franzosen hatten das Lager geöffnet. Sie hatten einfach die Tore aufgeschlossen, die verbliebenen SS-Wachen erschossen oder gefangengenommen. Vom Lager setzte sich nun ein Zug in Bewegung: Todkranke, sterbende, schwankende, kriechende Menschen kamen den Weg hinauf zum Hof vom Hermann Schneider und die Dorfstraße hinunter. Zum Wirtshaus „Zur Krone" und in das Haus vom Bausch. In die Bäckerei und in den Hof. Überallhin bewegten sich die dürren Gestalten, barfuß oder in den schlurfenden Holzschuhen, bedeckt mit Wunden und von Läusen geplagt. Hätte ich es nicht mit eigenen Augen gesehen – wie sie am Wegrand liegenblieben und starben; wie sie versuchten, Hühner zu erhaschen, hinfielen und nicht mehr hochkamen; wie sie sich mit den Würsten aus den Speisekammern der Bauern auf die Straße setzten und sie aßen; wie sie sich Sonntagsanzüge überzerrten und Zylinder aufsetzten – hätte ich das alles nicht selbst gesehen, ich würde es keinem glauben, der es mir erzählte. Einige versuchten gemeinsam, ein Huhn zu rupfen. Einer fuhr auf einem Kinderfahrrad und fiel immer wieder hin. Sie krochen ins Göpelhaus, wo die Kartoffeln lagerten, und aßen sie roh. Andere krochen von Schwäche übermannt in die Betten der Bauern. Und wieder andere wanden sich in Magenkrämpfen vor der Mauer am Kirchgarten. Manche starben lächelnd, weil sie seit Jahren zum ersten Mal wieder den Magen gefüllt hatten.

Mit schweigender Verzweiflung sah meine Mutter zu: „Sie müssen doch ärztliche Hilfe bringen. Sie können das doch nicht einfach so lassen!" Das Wasser war bereits unsauber geworden. Man wurde gewarnt, davon zu trinken. Im Dorf brach Typhus aus. Tagsüber war es sehr warm und trocken. Die Gefahr einer Seuche wurde immer größer. Die Frühjahrssonne schien heiß. Überall blühte es. Doch zwischen Himmel und Erde bestand kein Zusammenhang mehr.

Eine Gruppe von Häftlingen kam in unser Haus. Suchend gingen sie durch alle Zimmer und machten halt am Schuhschrank, der voller Stiefel stand. Vor ihm setzten sie sich auf den Boden, legten alle Stiefel auf einen Haufen und suchten nach passenden Größen. Meine Mutter riet ihnen, mit dem Essen vorsichtig zu sein. Ihre Mägen müßten sich erst erholen. Sie wolle ihnen Suppe kochen. Doch sie hörten gar nicht hin. Die Arbeit mit den Stiefeln nahm sie völlig gefangen. Da hörte man im Gang jemand laut rufen. Zur Tür herein kam der junge Mann, den sie Kuba genannt hatten. Er wollte meine Mutter begrüßen. Er war totenblaß. Der Häftlingskittel hing weit um seine Schultern. Sein Gesicht war ganz schmal, fast durchsichtig. Mit seinen großen graublauen Augen sah er sich um und sagte zu den am Boden Sitzenden: „Was macht ihr hier? Wißt ihr nicht, wo ihr seid? In diesem Haus dürft ihr nichts nehmen.“ Die Häftlinge standen schweigend auf und gingen hinaus.

Kuba erzählte, daß sie das Lager von den Marschfähigen geräumt hatten. Er habe sich krank gestellt. Er sei einfach auf der Pritsche zwischen einem Sterbenden und einem Toten liegengeblieben. Der Hecker habe ihn angerufen und umgedreht. Doch er hätte nur gestöhnt. Da hätten sie ihn liegen lassen. Keiner hätte ihn verraten. Wenn er sich erholt habe, meinte er, dann müsse er gleich nach Polen fahren, um nach seiner Schwester zu suchen. Denn es könne ja sein, daß sie noch am Leben sei. Seine Eltern wären tot, das wisse er sicher.

Drei Tage nach Öffnung des Lagers, als der Weg zum Steinbruch von toten Häftlingen gesäumt war, als sie in Bauernbetten starben und noch immer keine ärztliche Hilfe von den Franzosen geleistet wurde, ging meine Mutter noch einmal zu dem Offizier. Derselbe junge Leutnant mit den braunen Augen ließ uns eintreten. Der elegante Offizier stand wieder hinter dem Schreibtisch auf. Er sah müde aus. Meine Mutter erklärte ihm, daß dringend etwas geschehen müsse. Die Häftlinge stürben wie die Fliegen. Sie flehte ihn an: „Mein Herr, ich bitte Sie von ganzem Herzen, retten Sie doch diese Menschen.“ Der Offizier sah uns aus dunklen, schmalen Augen an: „Ihr seid es doch gewesen, ihr Deutschen, die solche brutale Schweinerei begangen habt. Lassen Sie mich doch in Ruhe, Madame.“ Damit ging er zur Tür, riß sie auf und deutete auf die Straße. Doch er sprang mit einem

Satz zurück. Auf der Schwelle kniete ein Häftling. Bis hierher war er gekrochen. Die Ordonnanzen hatten ihn nicht gesehen. Er hob das Gesicht zu uns, die wir hinausgehen wollten. Ein Gesicht, das einem Totenkopf glich, mit Wunden überdeckt. Er bewegte lautlos die Lippen, hob die Hände flehend zu uns auf und sank dann in sich zusammen. Meine Mutter drehte sich nach dem Offizier um. Es fiel kein Wort. Aber in ihren Augen lagen Wut und Verzweiflung. Wortlos stiegen wir über den zusammengesunkenen Häftling und gingen zur Straße.

Kurz danach fuhren Lastwagen durch das Dorf. Die Häftlinge wurden eingesammelt. Wie Säcke wurden sie von den Soldaten gepackt, auf die Wagen geworfen und zurück ins Lager „Wiesengrund" transportiert. Die Tore wurden wieder verschlossen.

Der Kommandeur der Truppen im Ort gab dem Bürgermeister den Befehl, für das Lager sofort Verpflegung aufzubringen. Zwei Unteroffiziere erschienen bei uns, um meine Mutter als Dolmetscherin mitzunehmen. Der Bürgermeister werde erschossen, wenn er nicht in den nächsten Stunden Verpflegung für sechshundert Menschen ins Lager schaffen ließe. Über diese Sache hat meine Mutter folgende Aufzeichnungen hinterlassen:

Die Franzosen brachten den Bürgermeister und mich in einem Auto zum Lager. Dort, wo als Absperrung die Schranke über den Feldweg gezogen war, ließen sie uns aussteigen. Die Offiziere führten uns einen kleinen ausgetretenen Pfad hinauf zur Lehmgrube. Dort sahen wir die Wirklichkeit des Lagers „Wiesengrund". Die Offiziere zogen vor den Toten in der Grube ihre Mützen und standen schweigend davor. Dann sagte einer zu uns: „Für diese Heldentaten ist Ihr Volk verantwortlich." Sie führten uns zurück zum Lagerzaun, vor dessen Tor Posten mit aufgepflanztem Bajonett standen. Plötzlich stürzte ein großer Häftling an den Zaun, riß an den Gittern und brüllte: „Verbrannte, vergaste Familien. Das habt ihr getan. Mit meinen Händen werde ich euch zerreißen. Auch mein kleiner Sohn. Drei Jahre war er alt. Meine Mutter. Meine Frau. Alle habt ihr getötet." Der Offizier sah uns an. Er sagte kein Wort. Wir versuchten, die Verpflegung für das Lager zu beschaffen. Der Bürgermeister sollte alle Deutschen im Dorf für diese Arbeit holen. Aber es schien fast unmöglich, genügend Helfer zu finden. Die Frauen und Mädchen hielten sich noch immer in den Stollen versteckt. Ich bat die Polen und die Russen, mit uns zu kommen. Sie saßen in ihren Unterkünften mit den marokkanischen Soldaten zusammen. Der Rotwein floß in Strömen. Erst zögerten sie, aber dann standen sie doch auf und halfen.

Alle männlichen Einwohner wurden verpflichtet, beim Abtransport der Lagerinsassen in Krankenhäuser und Sanatorien zu helfen. Sie kamen abends zurück, voller Entsetzen über das, was sie gesehen hatten: „Die Kranken auf den nackten Pritschen", so erzählten sie, „die wenigen Decken sind fortgelaufen vor lauter Läusen. Die Wanzen haben die Läuse gefressen. So etwas hat der liebe Herrgott noch net gesehen. Wir haben die Toten in das Loch tragen müssen. Leicht sind sie gewesen, nix mehr dran. Und jetzt kommen wir in das Lager." Das glaubten wir alle. Wir waren sicher, daß die Franzosen das ganze Dorf in die Baracken sperren und den Stacheldraht hinter uns schließen würden.

Doch die Franzosen zündeten die Baracken an. Mit dickem Qualm brannten sie nieder, ein paar Tage und Nächte lang. Das ganze Dorf atmete auf. Das „Täle" war wieder frei. Lediglich verkohlte Balken lagen noch auf der Wiese. Auf der früheren Lehmgrube wurde ein Kreuz errichtet für die zweieinhalbtausend, die dort begraben lagen und deren Namen man nicht kannte. Im Sommer blühte im ganzen „Täle" der rote Mohn. Er blühte dort nur dieses eine Jahr.

Mit dem Verblühen des roten Mohns verschwand das Lager „Wiesengrund" aus dem Leben der meisten von uns. Geradeso, wie es gekommen war: wie ein Spuk oder ein böser Traum. Die sauren Wiesen wuchsen wieder um den krummen Bach, und das Wasserhaus stand leer. Im großen Steinbruch begann man bald wieder, den Kalksandstein zu brechen, und die Bauern zogen mit dem Pflug auf die Felder, die ihnen der Stacheldraht verwehrt hatte.

Sobald es nur ging, begannen auch wir mit der Frühjahrsbestellung der Felder. Und dabei halfen uns noch immer alle diejenigen, die aus den besetzten Ländern zu uns geschickt worden waren.

Die ersten, die verschwanden, waren die zwanzig Russen, die vor dem Einmarsch zu uns gekommen waren. Ihr Wortführer tauchte bald darauf mit einem Kommissar aus der Sowjetunion auf, dem er half, die Russen aus der Gegend für den Heimtransport in Lagern zu sammeln.

Die Polen warteten darauf, nach Hause zu können. Doch sie wußten nicht, ob sie in eine Heimat zurückkehren sollten, die von den Russen besetzt war. Josef meldete sich bei den Amerikanern. Mit ihm gingen zwei andere. Sie kamen mit guten Anzügen und der Mütze in der Hand, um ade zu sagen. Alle anderen arbeiteten weiter.

Und dann kam ein Lastwagen mit einem sowjetischen Kommissar, um die Mädchen aus Vilika Vorvnianka abzuholen. So wie sie gekommen waren, gingen sie, mit nackten Füßen, den langen Röcken und den wattierten Jacken, ihre Habseligkeiten in einem Bündel auf dem Kopf. Sie sagten leise „Do widzenia" und stiegen auf die Wagen. Als sie zur Straße hinausfuhren, winkten sie uns noch zu. Wir waren sehr traurig. Vier Jahre lang hatten sie unser Leben geteilt, und wir hatten sie liebgewonnen.

Die Deutschen wurden aufgefordert, alle Waffen und Gewehre beim Bürgermeisteramt abzuliefern. Es war erstaunlich, was da alles zusammenkam. Maschinenpistolen, die irgendwo liegengeblieben waren, Revolver vom Volkssturm und die Hasenflinten, die der Hermann Schneider brachte und die so lange sein ganzer Stolz gewesen waren. Auch mein Vater mußte seine Gewehre holen, die er im Park vergraben hatte. Jeder wußte ja von den Gewehren meines Vaters, weil er sein Leben lang durch den Ort zur Jagd hinüber in den Wald gegangen war. Als er die Gewehre brachte, standen viele Menschen um den Waffenberg herum. Vater war sehr blaß und hatte seinen Mund zu einem schmalen Strich zusammengekniffen. Alle schauten zu, wie er seine Gewehre aus dem Sack zog und einzeln auf den Haufen warf. Das von seinem Vater, dessen Name in Messing eingelegt war, hielt er zuletzt in der Hand und sah sich hilflos um. Dann hob er es hoch und schlug es gegen die Wand, daß es zersplitterte.

16

Es MUSS im Mai gewesen sein, als wir die Pferde in Ludwigsburg holten. Es hieß, ein deutsches Regiment hätte Hunderte von Pferden auf einer Wiese in Ludwigsburg stehenlassen. Die Pferde seien am Verhungern, und jeder könne holen, soviel er wolle. Ich wurde mit Franzishek auf die Wiese geschickt. Überall standen oder lagen Pferde, Bauern gingen zwischen ihnen umher. Franz und ich suchten uns fünf Pferde aus, drei Schimmel, einen Braunen und einen Grauen. Mit diesen zogen wir über die Feldwege bis zur zerstörten Enzbrücke. Über die Pfeiler, die aus dem Wasser ragten, waren ein paar schmale Bretter gelegt worden. Ohne zu zögern gingen die Pferde über den schwankenden Steg. Auf dem Hof banden wir sie im großen Stall an, der schon lange leer stand. Unsere schweren belgischen Pferde hatten wir an das Militär abgeben müssen.

Manchmal besuchten uns ehemalige Häftlinge, die aus Sanatorien kamen und nun auf ihre Auswanderung warteten. Einige wollten nach Israel gehen, andere bereiteten sich auf ihre Ausreise nach Amerika vor. Wir hörten ihren Berichten über die „Haganah" zu, einer Organisation, die die Einwanderung nach Palästina organisierte. Sie erzählten, daß die Engländer die Schiffe mit den Einwanderern nicht passieren ließen und daß in Palästina Kämpfe um das Land stattfänden, aus dem vor vielen Jahrhunderten ihre Vorfahren weggezogen waren.

Einige wollten in unserer Gegend eine Schule aufmachen, wo man in Kursen über Landwirtschaft auf das Leben in den Kibbuzim vorbereitet werden sollte. Kibbuzim, so erklärten sie, seien Kooperative, einmal, um das Land zu bestellen, und zum anderen, um es zu verteidigen. Auch der ehemalige Häftling Rubin kam zu Besuch. Wir saßen gerade beim Essen. Rubin war bei dem Arbeitskommando vom Lager gewesen. Er war jetzt neu eingekleidet. Mit einer überlangen Jacke, hellen Lederschuhen und einer Mütze, die er die ganze Zeit über nicht absetzte. Er schien keinerlei Eile zu haben, irgendwohin auszuwandern. Jedesmal, wenn er kam, brachte er etwas mit – eine Dose Kaffee, eine Rolle Leder – und machte dann den Vorschlag, dies gegen Wurst oder Butter einzutauschen.

Eines Sonntagmorgens kam auch Kuba. Seine Haare waren gewachsen. Sie waren tiefschwarz. Sein Gesicht war nicht mehr so schmal und durchsichtig. Er kam in hellen Reithosen und einer dunkelgrünen leinenen Jacke, die er offen über dem Hemd trug. Er und ein Freund von ihm, der Oleg hieß und auch im Lager gewesen war, sagten, daß sie nach Amerika auswandern wollten. Das fand ich nicht richtig. Ich verstand nicht, warum sie nicht nach Palästina gehen wollten, um dort zu helfen, den neuen Staat für die Juden aufzubauen. Wenn sie immer wieder Verfolgungen ausgesetzt waren, dann wäre doch der einzige Ausweg, ein Land für sich selbst zu haben.

Es war ein sonniger Vormittag, und die Glocken läuteten vom alten Turm unserer Kirche. Ich hatte von den Pferden erzählt. Meine Mutter wollte unserem Besuch eine Freude machen und schlug vor auszureiten. So kam es, daß ich mit Kuba zum Wald hinüberritt und den Weg an der Bahn entlangtrabte, der durch eine Schlehenhecke von dem Geleise getrennt war. Ich war sehr fröhlich! Der Krieg war vorbei, und mein Bruder lebte. Ich war fast neunzehn Jahre alt. Davon waren fünf Jahre Krieg gewesen. Ich wollte laut singen. Aber da dachte ich an den Mann, der neben mir ritt und vor kurzem noch im Lager gewesen war. Und ich hörte wieder das Schlurfen der Holzschuhe. Plötzlich ritt er an mir vorbei und lachte mir ins Gesicht.

Dann zügelte er sein Pferd zu scharf. Es stürzte. Er lag daneben. Jetzt hat er sich den Hals gebrochen, dachte ich voller Schreck. Doch er stand auf, hielt das Pferd am Zügel, und mich traf ein dunkler Blick aus großen, grauen, aufmerksamen Augen.

Ich weiß nicht mehr genau, wann die Nachricht zu uns kam, daß die Franzosen abrücken und wir von den Amerikanern besetzt würden. Überall wo die französischen Truppen lagen, wurde gepackt. An der Bahn verluden sie Waffen, Fahrzeuge, Geschütze, Kanonen. Es hieß, sie kämen nach Indochina.

Der Kommandeur der Truppen in Vaihingen kam zu einem Abschiedsbesuch. Er saß mit meinen Eltern am Tisch im Wohnzimmer, und sie sprachen vom Elsaß, vom Hartmannsweilerkopf, wo sich Tausende von Gräbern aus dem Ersten Weltkrieg gegenüberliegen. „Mort pour la France" steht auf den Kreuzen der einen Seite, „Sie starben für Deutschland" auf denen der anderen. Und nun seien wieder so viele Gräber hinzugekommen. Es müsse jetzt Frieden geschlossen werden zwischen den Franzosen und den Deutschen, meinte der Offizier. Und das meinten meine Eltern ebenfalls.

Auch der französische Priester aus dem Lager, der um Hostien gebeten hatte, schrieb einen Abschiedsbrief, bevor er in die Heimat zurückkehrte. Nach seiner Freilassung aus dem Lager hatte er meine Eltern oft besucht.

... ich möchte Deutschland nicht verlassen, ohne mich endlich bei Ihnen zu bedanken. Ich war sehr glücklich über Ihre Gastfreundschaft, aber auch darüber, daß Sie meine Besorgnis über die Zukunft unserer beiden Völker teilten. Ich wollte nicht zu optimistisch sein in bezug auf eine baldige Wiederaussöhnung, denn dies wäre nicht von Herzen gekommen. Ich zog es vor, Ihnen meine Traurigkeit über die augenblickliche Lage zu zeigen. Die für eine Versöhnung notwendigen psychologischen Voraussetzungen sind noch lange nicht gegeben.

Gestern unterhielt ich mich auf dem Bahnsteig mit einem jungen Soldaten. Er sagte: „Das soll ein Mensch verstehen. Ich habe einen Kameraden, der für zwei Monate ins Gefängnis muß, nur weil er sich mit einem Deutschen geprügelt hat." – „Er hatte vielleicht unrecht", sagte ich, „man kann kein Unrecht zulassen." – „Warum? Sie haben doch auch uns gegenüber genügend Unrecht getan", antwortete er. Es war schwer für ihn zu verstehen, daß dies noch lange kein Grund ist, Übel zu rechtfertigen. Aber neben diesem armen kleinen Soldaten gibt es auch andere, ernsthafte Menschen, die mit großer Geduld an einer besseren Verständigung arbeiten. Möge dieser Geist siegen!

In der ganzen Gegend hatte man große Erwartungen in die Amerikaner gesetzt. Sie hätten alles, hieß es. Öl, Konserven, Kaffee, Schokolade, Milchpulver. Aber zunächst kamen sie gar nicht in unser Dorf. Sie rückten in Vaihingen ein, stellten ihre Jeeps ab und begannen, auf dem Marktplatz Ball zu spielen. Sie kauten Kaugummi und lachten viel. Mit Staunen verfolgte man, wie sie die Milchsammelstelle in der Stadt gründlich desinfizierten und wieviel Aufhebens sie um die Reinigung der Milchkannen und die Sauberkeit der Milch machten. Sie waren völlig anders als die Franzosen.

Sie setzten eine amerikanische Militärregierung ein, die die neue Verwaltung in den Orten nach dem Prinzip der Selbstverwaltung zu organisieren begann. Die Bürgermeister wurden nicht mehr ernannt, sondern man sollte sie wählen. Unser Dorf wählte den Trostel, einen schmalen, dunkelhaarigen, wortkargen Mann, der bis dahin Bauer gewesen war. Er saß nun im Bürgermeisteramt zwischen vielen Papieren, Anträgen für die Zuteilung von Kunstdünger, Saatgut, Rohöl und für die Lebensmittelkarten.

Die Arbeit auf den Feldern und in der Gärtnerei mußten wir nun mit Arbeitskräften aus der Stadt machen, die dort keine Beschäftigung fanden. Und mit entlassenen Soldaten, die bei den Bauern Essen und Unterkunft suchten. Auch ein Holländer kam. Er hieß Pieter, kam aus Hoek van Holland und war ein guter Gärtner. Aber er sprach kaum. Meine Mutter meinte, er sei bei der freiwilligen SS gewesen. Er arbeitete verbissen und blieb lange bei uns.

Und dann kamen die ersten Flüchtlinge aus dem Osten. Sie kamen in Transporten, wie damals die Mädchen aus der Ukraine. Sie trugen alles, was sie noch besaßen, in Kartons oder alten Pappkoffern. Zu uns kamen eine Familie aus dem Sudetenland, ein Förster aus Ostpreußen mit seiner Frau, eine Familie aus Oberschlesien und eine aus der Lausitz. Sie waren verwirrt, fühlten sich fremd in diesem Teil Deutschlands und hatten Angst vor der Zukunft. Die meisten hatten eine schwere Flucht hinter sich. Sie waren von den Polen vertrieben worden oder vor den russischen Panzern im Winter geflohen. Ihre Heimat war verloren. Sie erzählten von ihren schönen Feldern, von dem Städtchen, in dem sie aufgewachsen waren. Die größte Angst hatten sie vor der Roten Armee. Und alle waren fest davon überzeugt, daß die Russen auch hierher, in den Süden Deutschlands, kämen.

Als die Amerikaner die Militärregierung eingesetzt hatten, wurden in jedes Haus Fragebogen geschickt, die man ausfüllen mußte. Fragen nach der Vergangenheit. Es wurden Büros für die Entnazifizierung eingerichtet. In der Stadt bildeten sich politische Gruppen. Die Kommunisten waren die ersten. Zu ihnen gehörten ein Lehrer, der lange im Gefängnis und noch länger arbeitslos gewesen war, und auch Arbeiter, die vor 1933 auf Ernst Thälmann geschworen hatten. Diese Gruppe nannte sich Antifaschisten, trug rote Abzeichen und ging bei der Militärregierung ein und aus. Hier und da hörte man von Verhaftungen, erst vereinzelt, dann immer häufiger. Mitglieder der Antifa, wie die Gruppe sich kurz nannte, fuhren mit einem kleinen Auto auf die Dörfer und holten ab: frühere Bürgermeister, Ortsgruppenleiter der Partei, Führerinnen der Frauenschaft, Gemeinderatsvorsitzende, Lehrer, Mädchen, die Führerinnen im Arbeitsdienst gewesen waren. Es wurden Menschen abgeholt, bei denen man fand, daß sie es verdient hätten, aber auch solche, bei denen man es nicht verstand. Und man wußte nicht, aus welchem Grund sie verhaftet wurden. Überall saß man ängstlich über den Fragebögen: „Haben Sie der NSDAP angehört? Hatten Sie eine Stellung in der Partei inne, wenn ja, welche? Haben Sie sich aktiv in der Partei betätigt? Ja. Nein. Haben Sie die NS-Regierung in irgendeiner Weise unterstützt? Ja. Nein . . ."

Das kleine Auto von der Antifa kam eines Tages auch vor unser Haus gefahren. Ein Mann stieg aus und fragte: „Ischt Ihre Mutter daheim?" Sein Begleiter blieb am Steuer sitzen. „Sie soll mitkomme und e warme Decke mitnehme." Er nestelte einen amerikanischen Haftbefehl aus der Tasche. Ich ging zu meiner Mutter, die im Büro saß. „Sie holen dich ab", sagte ich zu ihr. Einen Moment lang war meine Mutter stumm. Dann lachte sie auf. „Die Kommunisten", sagte sie, „die Amerikaner stützen sich auf die Kommunisten." Sie zog die alte Khakijacke an und ging hinaus. „Im Kamin habe ich Geld in einem Umschlag hängen. Geh vorsichtig damit um." Mein Vater stand die ganze Zeit über an der Haustür und hielt ein kleines Beil umklammert. Er schlägt sie zusammen, dachte ich. Meine Mutter gab ihm die Hand und meinte, es würde sich bald aufklären. Es handle sich sicherlich nur um ein Verhör. Wie vom Donner gerührt standen wir da, als das kleine Auto zum Hof hinausfuhr. „Diese Sauhunde", fluchte mein Vater und lief in den Wald. Er kam erst spät nach Hause.

Am Abend brachte jemand einen Zettel aus der Stadt mit. Meine Mutter sei mit anderen aus der Umgebung in das Kreisgefängnis eingeliefert worden, stand darauf zu lesen.

Es war schwer zu verstehen, was geschehen war. Wie ein Tiger im Käfig lief mein Vater im Wohnzimmer herum. „Immer hat sie sich engagieren müssen", klagte er, „immer alles mit Leidenschaft. Wie oft habe ich sie gebeten, die Finger von der Politik zu lassen, von Sachen, die sie nichts angehen!“ Es war wahr. Meine Mutter hatte leidenschaftlich die Politik der Sozialdemokraten vertreten, Kritik an den Deutschnationalen und Konservativen geübt. Sie hatte sich engagiert und Vorträge gehalten, die von den Parteistellen organisiert worden waren. Aber was war in den letzten zwölf Jahren nicht von der Partei organisiert worden? Sie hatte sich eingesetzt für eine bessere Ausbildung der Frauen. Dann war sie leidenschaftlich verzweifelt gewesen, als der Krieg begann, und hatte fast geweint, als die Züge mit den singenden Truppen am Bahnhof hielten: „Denn wir fahren, denn wir fahren gegen Engelland.“ Schließlich hatte sie versucht, den Menschen im Lager zu helfen, obwohl jeder vernünftige Mensch wußte, daß man sich von so etwas so weit wie möglich fernhalten sollte. Wer schwere Zeiten überleben will, muß vorsichtig sein und Schlingen vermeiden. Er darf sich nach keiner Seite hin exponieren.

Und jetzt war meine Mutter in eine fremde Maschinerie geraten, die bei uns Deutschen etwas entwirren und richten wollte, was viel zu sehr verschlungen war. Denn verworren waren die deutschen Gefühle. Die alten Gefühle von der deutschen Größe, der deutschen Ehre, dem schönen Land der Treu, dem Sterbenmüssen fürs Vaterland waren vermischt worden mit etwas anderem, etwas Grauenhaftem, das wir bei uns im „Täle“ gesehen hatten. Es war ein so schönes Bild gewesen, das wir von uns als Deutsche in uns getragen hatten. Nur – es war eine andere Seite gewachsen, die Unmenschlichkeit, die berechnete Vernichtung einer ganzen Rasse. Für mich war in den letzten Monaten vor Kriegsende mein Vaterland gestorben. Mit jedem Namen, der auf der Tafel der Gefallenen auf dem Friedhof hinzugefügt wurde, hatte sich das Bild von meinem Vaterland immer mehr im Nebel verloren. Und im „Täle“ hatte es der SS-Sturmführer Möller mit der Peitsche erschlagen.

Am Tag nachdem sie meine Mutter geholt hatten, nahm ich mein Fahrrad und fuhr auf unserem alten Schulweg nach Vaihingen. Ich fuhr zum Landratsamt, in dem die Amerikaner saßen. An der Bahnunterführung mußte ich anhalten. Eine Truppe zog an mir vorbei. Hochgewachsene Männer in Uniform mit Gewehren über der Schulter zogen auf der Straße hin. Ihre Helme hingen am Koppel, flache englische Stahlhelme. „Des isch e jüdisches Regiment“, sagte einer neben mir. „Die sind jetzt in die Stadt komme.“ Ich konnte es kaum glauben, denn ich kannte die Juden nur in gestreiften Kitteln und vom Tode gezeichnet.

Zum Offizier der Militärregierung wurde ich nicht vorgelassen. Aber hinter dem vergitterten Fenster vom Kreisgefängnis sah ich einen Moment lang das Gesicht meiner Mutter.

Ein paar Tage später hieß es, sie hätten alle vom Kreisgefängnis in ein großes Lager auf dem Asperg gebracht. Tausende wären dort unter amerikanischer Bewachung gefangen. Es gäbe ein großes Frauenlager und ein weiteres für Männer. Meine Mutter schrieb uns, es ginge ihr ganz gut. Wir sollten uns keine Sorgen um sie machen. Sobald sie verhört worden sei, käme sie wieder nach Hause.

Auch meinen Bruder hatten sie verhaftet. Er war aus dem Lazarett entlassen worden. Daß sie ihn einsperren würden, wunderte uns gar nicht. Denn daß die Nordische Freiwilligen-Legion der Waffen-SS nichts mit dem zu tun gehabt hatte, was nun in allen Zeitungen und Nachrichten mehr und mehr ans Tageslicht gebracht wurde, das konnte man keiner Besatzungsmacht begreiflich machen. Die Freiwilligen-Legion hatte ja wie die SS auf dem Ärmel ihrer Felduniform den Adler. Mein Bruder war im Gefängnis in tiefe Ohnmacht gefallen, und sie riefen mich. Er lag auf einer Pritsche. In einem Becher mit Kaffee steckte zusammengerollt der Fragebogen. Er wurde ins Krankenhaus gebracht und dann entlassen. Aber meine Mutter kam nicht zurück.

Bis zu diesem Zeitpunkt hatte ich wie ein Zuschauer all das Leid erlebt, das sich um uns ausgebreitet hatte. Erst das Lager und nun in anderer Weise die Flüchtlinge aus dem Osten. Die Altmutter der Familie aus dem Sudetenland, die immer in einem schwarzen Rock und mit einem dicken, schwarzen Kopftuch herumlief, weinte viel. Mit ihren verarbeiteten Bauernhänden wischte sie sich die Tränen von den Wangen und klagte über ihr Schicksal. Der Förster aus Ostpreußen arbeitete still und fleißig vor sich hin. Die entlassenen Soldaten stahlen alle Eier aus dem Hühnerstall. Es wurde überhaupt viel gestohlen zu dieser Zeit. Ganze Säcke mit Mehl verschwanden aus der Speisekammer. Aus der Küche wurden Teller fortgetragen.

Mein Vater sprach kaum noch. Nachts lag ich wach und überlegte verzweifelt, wie ich meiner Mutter helfen könnte. Und es kam mir eine Idee. Einige der früheren Häftlinge waren doch noch in Stuttgart. Sie würden mir sicherlich helfen. Sie würden Zeugen sein dafür, daß meine Mutter es nicht verdient hatte, eingesperrt zu werden. Ich fuhr also mit dem Zug nach Stuttgart und erkundigte mich nach dem Weg zu dem von Deutschen evakuierten Viertel. In den Straßen dieses Viertels wimmelte es von Menschen. Und alle handelten. Hunderte liefen hier herum, die die Haft in den KZs überlebt hatten und nicht nach Palästina ausgewandert waren. Endlich fand ich das Haus und klingelte. Eine Dame öffnete. Sie hatte rötliche Haare und ein schmales Gesicht, das noch schön war, obwohl es die Spuren von dem trug, was sie mitgemacht hatte.

Ich stellte mich vor. Sie begrüßte mich freundlich, denn sie hatte schon von meiner Mutter gehört. Ihr Mann war ein Arzt im Lager „Wiesengrund" gewesen. Ich fragte nach Kuba. Sie klopfte an einer Tür und schob mich in das Zimmer. Es war ein kleines Zimmer mit vielen Büchern und einem Schreibtisch. Der Mann am Schreibtisch drehte sich um und stand mit fragendem Gesicht langsam auf. Ich erzählte ihm alles. Kuba dachte nach und meinte dann, er würde einen Brief an die Militärregierung verfassen und Unterschriften von den ehemaligen Häftlingen sammeln, die noch hier wären.

Ein paar Tage später rief er an. Es wäre besser, wenn man den Brief mit den Unterschriften selbst zum Hauptquartier der Amerikaner brächte, und wenn ich wollte, würde er mich begleiten.

Ich traf Kuba in der großen Bahnhofshalle in Stuttgart, um mit ihm nach Frankfurt zu fahren. Die Bahnhofshalle war voller amerikanischer Soldaten. Schwarzhändler standen herum. Und deutsche Mädchen, in hohen Stöckelschuhen und mit rotgeschminkten Lippen. Dazwischen kamen aus der Gefangenschaft heimkehrende Landser an. Sie gingen in ihren zerschlissenen Uniformen durch die Halle, ohne einen Blick nach rechts oder links zu werfen. Sie wollten nach Hause. Sie hatten ihr Vaterland verteidigt, waren aus den „Kesseln" der Russen entkommen oder hatten sich den ganzen Weg durch Frankreich zurückgekämpft. Ihre Gesichter waren wie versteinert.

Im Zug türmten sich Säcke, Körbe und Koffer übereinander. Die Menschen drängten sich in den Gängen. Kuba und ich standen nebeneinander. Ich fragte, was er nun vorhabe. Er sagte, er warte auf sein Visum für Amerika. Er sei in Polen gewesen, um nach seiner Schwester zu suchen. Aber er hätte keine Spur von ihr gefunden. Dort ginge es zu wie im Dschungel. Alle gegen alle. Und nichts zu essen. Und dann begann er, ein wenig von sich zu erzählen.

Er war mit seinem Vater in den Bergen gewesen, als die Deutschen in Polen einfielen. Sie hatten versucht, nach Kattowitz zurückzukommen, denn Mutter und Schwester waren zu Hause geblieben. Aber der deutsche Vormarsch ging so schnell vor sich, daß sie es nicht mehr schafften. Sie wurden verhaftet und in das Ghetto nach Warschau gebracht. Sein Vater wollte, daß Kuba fliehen sollte, und zwar allein.

Ihn sollte er zurücklassen. Kuba war dann auch geflohen. Da er aber keine Papiere hatte, wurde er wieder gefaßt und als Gefangener in eine Munitionsfabrik geschickt. Den Vater hatte er nicht wiedergesehen. Er war in Warschau umgekommen. Ihn hatten sie dann in das Lager nach Auschwitz gebracht. Weil er kräftig war, wurde er für den Arbeitseinsatz ausgesondert und landete schließlich im Lager „Wiesengrund".

In Frankfurt angekommen, gingen wir zusammen zum Hauptquartier, einem hohen Gebäude mit einer Drehtür. Auf den langen Gängen liefen Amerikaner in Uniform hin und her. Während Kuba zu einem der Offiziere ging, wartete ich auf dem Gang. Ich hatte mich an die Wand gelehnt und sah auf meine dicken, braunen Halbschuhe, die der Schuster mir gemacht hatte. Braune Halbschuhe für das Feld und nicht für die Stadt. Kuba kam zurück und sagte, wir müßten nach Heidelberg zum CIC (Counter Intelligence Corps). Aber es fuhr an diesem Abend kein Zug mehr. Es war kalt und regnete. Wir mieteten zwei Zimmer in einem Hotel.

Meine Haare waren noch kurz und sahen unordentlich aus. Ich wollte unbedingt zum Friseur. An der Ecke, nahe beim Bahnhof, fand ich einen. Die Frau, die meine Haare nach dem Waschen auskämmte, hielt plötzlich inne: „Sie wissen, daß Sie Läuse haben?" – „Was?" schrie ich auf. – „Ja, das gibt's jetzt oft. Ich sollte Sie ja nicht bedienen, aber Ihr Haar ist kurz. Da kämmt's sich raus." – Ich wäre am liebsten gestorben, einfach tot umgefallen. Niedergeschlagen ging ich ins Hotel zurück.

Als ich das Zimmer aufgeschlossen hatte und mich auf das Bett setzen wollte, klopfte es. Kuba trat ein. Wir standen uns in dem kleinen, kalten Hotelzimmer gegenüber. Er schaute mich seltsam an. Und plötzlich zog er mich an sich und legte seinen Kopf auf meine Schulter. Heftig murmelte er: „O Boże drogi." Verwirrung ergriff mich. Eine mächtige Faust griff nach meinem Herzen. Einen Moment lang fielen mir die Läuse ein. Und die Mädchen von den amerikanischen Soldaten, die mit den Stöckelschuhen und den rotbemalten Lippen. Sie verkauften sich für Schokolade und Zigaretten. O Boże drogi, dachte auch ich. Ach du lieber, lieber Herrgott. Ich bat ihn, er möge gehen. Und er ging.

Am nächsten Morgen fuhren wir nach Heidelberg zum CIC. Die Stadt war nicht zerstört worden. Es wimmelte von amerikanischen Soldaten. Kuba ging zum CIC-Gebäude und gab dort die Erklärungen in Sachen meiner Mutter ab. Ich wartete draußen. Nachher stiegen wir zusammen den Weg hinauf zum alten Schloß und liefen durch den Burghof. Auf der Terrasse, von der aus man das alte Städtchen sehen konnte, standen wir nebeneinander. Unter uns, in der Abendsonne, lag das Gewirr der Dächer.

Zurück in Vaihingen, bewirtschafteten wir den Hof, so gut wir konnten. Was immer mit dem Brief an das CIC geschehen war, meine Mutter kam nicht nach Hause. Das Geld im Kamin wurde weniger.

Kuba besuchte mich. Wir gingen zusammen über die Felder und versuchten, uns voneinander zu erzählen. Er sprach von seinem Großvater, der ein Weiser gewesen war, und von den Texten, die er aus dem Hebräischen übersetzt hatte. Und ich erzählte von meinem Großvater, zu dem der König zu Besuch gekommen war, und von meiner Schulzeit in Berlin. Über seine Zukunftspläne sprach Kuba nicht. Er hatte gerade das Gymnasium beendet, als er in Gefangenschaft kam. Er hatte keine Ahnung, wie seine Zukunft aussehen sollte.

Mein Vater beobachtete diese Besuche mit wachsender Sorge. Er nahm mich einmal am Arm und sagte: „Ich finde diesen Mann ja sehr nett, und er hat einen starken Charakter. Aber was du machst, mein liebes Kind, das geht nicht."

Das wußte ich selbst. Ich sah, daß sich die Bauern umdrehten, wenn ich mit ihnen sprechen wollte. Sie hatten plötzlich Eiliges zu tun, wenn ich wie gewohnt an der Milchsammelstelle stehenblieb. Eine Nachbarsfrau hielt mich am Ärmel fest und sagte, den Rechen in der Hand: „Des hed i also net von dir denkt. Daß du mit em fremde Mann gescht, wo dei Mutter nit da isch. Mit so em arg fremde Mann." Was sie eigentlich sagen wollte, das wußte ich schon. Aber das sagte jetzt niemand mehr, wo sich die Zeiten geändert hatten.

Einmal kamen amerikanische Offiziere in die Gärtnerei, als ich dort arbeitete. Sie waren von einem Rundfunksender und wollten, daß ich im Radio über das Lager „Wiesengrund" berichtete. „Schildern Sie es, wie es gewesen war. Sie haben es doch gesehen!"

Ja, ich hatte es gesehen. Aber da waren jetzt all die Flüchtlinge aus dem Osten, die Flüchtlingswelle hörte nicht auf. Und die Nachrichten aus den von den Russen besetzten Gebieten waren schrecklich. Mit Panzern war die Rote Armee den Flüchtlingszügen nachgefahren, hatte sie eingeholt und in den Schnee gewalzt, mit den Panzerketten sich auf ihnen gedreht, bis nichts mehr übrig war. Wo immer sie hinkamen, hatten sie die Frauen vergewaltigt, von denen viele sich nachher das Leben nahmen. Was die Alliierten gefunden hatten, die Waggons mit den Toten vor Dachau, was sie gefunden hatten in den

Lagern von Buchenwald und Bergen-Belsen, das alles wurde überall mit Bildern veröffentlicht. Und die Besatzer verstanden nicht, warum die Deutschen dies nicht glauben wollten. Doch wenige hatten davon gewußt. Und ganz wenige nur hatten es wirklich gesehen. Und jetzt hatten sie dafür keinen Platz mehr in den Seelen, die voll waren von der Zerstörung der Städte, von der Flucht vor den Russen. Von der verlorenen Heimat und vom Hunger. Wir hatten all die Jahre über so viel Propaganda gehört, nun hielt man diese Berichte eigentlich eher für eine Greuelpropaganda der Besatzungsmacht.

Ich sagte den amerikanischen Offizieren, daß ich nicht darüber sprechen wollte.

Manchmal fuhr ich sonntags nach Stuttgart, um Kuba zu besuchen. Ich lernte seine Freunde kennen. Oleg und Nathan, den Mann von der Frau mit den rötlichen Haaren, der im Lager Arzt gewesen war. Mietek, einen Bildhauer, der von Polen nach Rußland geflohen war, als die Deutschen die polnische Grenze überquerten, und den sie dann in der Ukraine gefangengenommen hatten. Wenn ich die Straße zu Kubas Wohnung hinaufging, liefen die Schwarzhändler hinter mir her und versuchten, mit mir zu handeln. Wie ein fremdartiger Basar sah das ganze Viertel aus. Und ich schämte mich, weil es so aussah, als wäre ich eine von denen, die mit der Besatzungsmacht schnell gemeinsame Sache machten, nur wegen Kaffee und Zigaretten.

Ich war streng erzogen worden. Ich fuhr also am Abend wieder nach Hause. Dort stand ich dann am Fenster und träumte von Kuba. Ich sah ihn überall. Er erfüllte meine Seele. In der Nacht lief ich in den Park, hockte mich an den Stamm der Birke und betete, daß sich einer gnädig meiner Not erbarmen wolle.

Ich war in ein Labyrinth geraten, aus dem ich den Weg nicht mehr fand. Meine alte Welt war zerbrochen. Eine neue konnte ich nicht erkennen. Ich wollte warten, bis meine Mutter heimkam. Sie würde mir helfen. Ich würde ihr sagen, daß ich mit Kuba wegginge. Weg vom Hof und vom Park mit den alten Linden. Weg vom Weinberg, wo mein Vater das Dorf gemalt hatte, und weg von der alten Kirche. Meine Mutter würde es verstehen.

Und eines Tages kam sie heim. In der alten Khakijacke, die Decke unter dem Arm, kam sie in den Hof. Sie hatte zugenommen. Sie war ganz fröhlich. Die Amerikaner hatten sie aus dem Lager entlassen, ohne Verhör, ohne Verhandlung.

Es dauerte nicht lange, bis sie merkte, was mit mir los war. Ihre Erzählungen vom Lager der Amerikaner, von den Tausenden von

Frauen, die sie dort eingesperrt hatten, gingen an mir vorbei. Am Abend kam sie in mein Zimmer und setzte sich auf mein Bett. Sie hörte mir zu. Dann sagte sie langsam, daß sie mich verstehen könne, und sie würde mit Kuba sprechen.

Die Franzosen hatten in Rastatt ein Militärtribunal gebildet, das über die inhaftierten Wachmannschaften des Lagers „Wiesengrund" zu richten hatte. Meine Mutter wurde aufgefordert, als Zeugin zu erscheinen. Der Kommandant saß auf der Anklagebank, der Lagerarzt Dischmann, die SS-Führer Hecker, Pill und Sommer. Auch der Möller war da. Er war durch eine Krankheit erblindet. Die ganze Geschichte des Lagers wurde vor dem Tribunal aufgerollt. Dr. Paulsen aus Norwegen war geladen worden und hatte ausgesagt: „Die Eindrücke menschlichen Elends, die ich während meiner Gefangenschaft in diesem Lager empfangen habe, werde ich niemals vergessen können." Meine Mutter kam aus Rastatt zurück und berichtete. Die Tränen liefen ihr dabei über das Gesicht. Als sie in den Zeugenstand getreten sei, habe sich das Gericht erhoben und der Vorsitzende habe gesagt: „Sie haben als Deutsche geholfen, die Zivilisation zu retten, und haben nach Ehre und Barmherzigkeit gehandelt. Dafür dankt Ihnen dieses Gericht heute . . ."

Eines Tages saß ich unter einem blühenden Baum in den Anlagen neben dem zerstörten Bahnhof in Stuttgart. Es war im späten Frühling. Meine Mutter war zu Kuba gegangen. Überall blühte es. Und ich war voller Hoffnung. Ich dachte an Kuba: Er ist wie aus einem Stück, fest und sicher, und nichts kann ihn erschüttern. Der Zweifel, der an mir genagt hatte, war für einen Moment gewichen. Ich vergaß die Amerikaner und die Franzosen, die Landser und die Schwarzhändler, die Polen und die Russen. Und ich vergaß die Juden und die Deutschen. Nur eines war wesentlich: er und ich. Da kam meine Mutter zurück. Sie setzte sich leise neben mich und faltete ihre Hände im Schoß: „Ich bin dort gewesen. Ich kann dir nur sagen, es ist ein besonderer Mensch. Er ist mir fast wie ein Sohn ans Herz gewachsen. Aber du kannst es nicht machen. Du weißt, was er hinter sich hat. Es sind Deutsche gewesen, die ihm das angetan haben, und er muß uns darum für immer hassen. Jetzt ist er allein. Er muß sich ein neues Leben aufbauen. Dort, wo ihn nichts mehr daran erinnert. Und auch du wirst deine Heimat nicht vergessen können. Und auch nicht deine Familie. Die seine ist vernichtet. Laß ihn gehen und komm nach Hause." – „Es ist mein Leben", rief ich, „und ich will mit ihm gehen." – Meine Mutter saß ganz still neben mir. „Laß ihn gehen, mein Kind, und komm zurück." Und ganz leise fügte sie hinzu: „Er hat ein anderes Mädchen, weißt du, das kann auch gar nicht anders sein. Ich habe sie gesehen. Sie ist hübsch, ihr Bild steht auf seinem Schreibtisch. Komm nach Hause!" Mein Kopf war hohl. Mit meinem Herzen war etwas passiert. Es war entzweigebrochen.

Ich bin dann nicht mehr lange zu Hause geblieben. Ich wurde an der Universität angenommen und begann Landwirtschaft zu studieren. Meine Studienkollegen waren Offiziere und Soldaten, die aus der Gefangenschaft gekommen waren. Sie hatten anderes erlebt als ich. Sie hatten einen Arm oder ein Bein im Krieg verloren, kamen aus Danzig und aus Schlesien, hatten keine Heimat mehr. Niemand wußte, wie die Zukunft aussehen würde. Wir glaubten alle, daß die Russen doch noch einmarschieren würden. Meine Mitstudenten sagten, daß sie wohl noch einmal versuchen würden zu kämpfen; aber einem anderen befehlen, was er zu tun hätte, das täten sie niemals wieder.

Eines Tages kam ein kurzer Brief, als ich in meiner kleinen Bude saß, die ich mit einer anderen Studentin teilte, und mich durch die Bücher arbeitete. Kuba wollte mich sprechen.

Wir trafen uns an der Straßenbahnhaltestelle in der Nähe des Universitätsgebäudes. Im botanischen Versuchsgarten, zwischen den Beeten und den niedrigen Buchsbaumhecken, gingen wir spazieren. „Ich fahre jetzt nach Amerika. Kommst du mit?" Wir gingen mit fast gleichen Schritten nebeneinander. Die Augen mit dem grauen Schimmer waren aufmerksam auf mich gerichtet. „Es geht nicht. Ich kann nicht", hörte ich mich wie aus weiter Ferne sagen. Wir gingen wortlos weiter. Zwischen uns herrschte Gleichklang – die Schritte und die Traurigkeit. Wir waren am falschen Ort geboren, von falschen Eltern und sicherlich zu einer falschen Zeit.

Die Straßenbahn wartete an der Haltestelle. Die Wagen waren erleuchtet. Er stieg die Tritte hinauf. Im Wagen stellte er sich in den Gang und griff – um sich zu halten – mit beiden Händen in die Schlaufen. Ich stand reglos da. Studenten gingen grüßend vorbei. Er stand in dem beleuchteten Wagen mit ausgebreiteten Armen. Den Kopf ein wenig geneigt, sah er mit großen dunklen Augen zu mir herunter. Wie der Herr Jesus am Kreuz, mußte ich denken. Die Straßenbahn fuhr an und bog um die Ecke.

Wendelgard von Staden

Oft hat Wendelgard von Staden in den vergangenen drei Jahrzehnten den Entschluß gefaßt, einen Bericht über „ihre Jugend in Deutschland" niederzuschreiben. Aber immer gab es so viel zu tun: da waren die Jahre als Austauschstudentin in den USA, da war die Zeit als Legationsrätin an der deutschen Botschaft in Washington, da waren die Ehejahre mit Berndt von Staden, dem deutschen Botschafter in den USA, da kamen die Kinder...

Als Wendelgard von Staden zu schreiben begann – während der Herbstferien am Meer, in der weiten Landschaft mit den endlosen Stränden –, da wollte sie nicht aufzeichnen, wie alles seinen Anfang genommen hatte. „Das haben andere längst vor mir untersucht", sagt sie. „Ich wollte nur berichten, wie es uns zumute war, als wir all das erlebten, mit unserem Horizont, der kaum über die Kartoffeläcker hinausreichte."

Die Ferien gingen zu Ende, und Wendelgard von Staden hatte ihren Bericht beendet. Zu Hause aber legte sie das Manuskript in eine Schublade, gab es erst später einer guten Freundin zu lesen. „Genauso ist es gewesen, du mußt es veröffentlichen!" rief diese begeistert.

Es folgten Telefonate und ein Briefwechsel mit einem Verleger in Köln, der Flug über den Atlantik, lange Nächte über dem Manuskript, ein wenig Zweifel, ob das alles denn heute noch Interesse fände.

An einem Sonntag unternahm Wendelgard von Staden eine Reise in die Vergangenheit. Sie besuchte ihr Heimatdorf. Der Ort aber lag in dichtem Novembernebel. „Man konnte kaum etwas erkennen", berichtet die Autorin, „nur, daß eine Straße statt des Feldweges zum Tal hinunterführte und daß eine Seite des Steinbruchs abgetragen worden war. Ich kam zu dem Friedhof an der Lehmgrube: lange Reihen von Steinen mit Nummern im Nebel." Und plötzlich wurde Wendelgard von Staden selbst klar, wie wichtig ihr Buch ist. „Denn wer weiß schon noch, wie der Friedhof zustande kam?"

EINE KURZFASSUNG DES BUCHES VON LOUIS CHARBONNEAU

INS DEUTSCHE ÜBERTRAGEN VON OTTO BAYER

ILLUSTRATIONEN VON WALTER RANE

RACHE PER
COMPUTER

Ein alter Mann erfriert in seinem Haus, als ihm der Strom abgeschaltet wird. Ohne ersichtlichen Grund fallen Verkehrsampeln aus, versagen wichtige Alarmsysteme. Die städtischen Angestellten erhalten falsche Gehälter, unbescholtene Bürger mysteriöse Vorstrafenregister. Angst und Schrecken breiten sich in der Stadt Hollister aus. Irgendwie hatte man dem neuen Computernetz, von dem sich James Conway, der schwungvolle junge Bürgermeister, so viel versprochen hatte, schon immer ein wenig mißtraut. Denn dort hatten sie ja alle ihren Ursprung, diese verhängnisvollen „Irrtümer" …

Nicht nur James Conway steht vor einem Rätsel. Vor allem die Angestellten des Rechenzentrums von Hollister, denen die Zwischenfälle angelastet werden, fühlen sich betroffen. Jennifer Tyson zum Beispiel, die hübsche junge Operatorin, kann sich keinen Reim auf die seltsamen Computerfehler machen, die die Öffentlichkeit erschüttern. Oder Michael Egan, der neue Sicherheitsdirektor des Rechenzentrums, der zwar wenig von elektronischer Datenverarbeitung versteht, als ehemaliger FBI-Mann dafür aber eine Menge von raffinierten Verbrechensmethoden. Gemeinsam versuchen sie, Licht in das Dunkel der Ereignisse zu bringen, und schon bald stellt sich ein bestimmter Verdacht ein.

Erster Teil

DER EINBRUCH

Freitag, 28. Januar, 15.00 Uhr

Art Prochaska wußte nicht, wie ihm geschah. Er zahlte seine Rechnungen doch immer pünktlich – und auch die letzte Stromrechnung hatte er prompt beglichen. Da hatte wohl dieser dämliche Computer wieder alles durcheinandergeworfen.

„Ich war schon einmal bei Ihnen", sagte er zu der Angestellten der Stadtwerke am Telefon, „und habe mit Mrs. Hemmings gesprochen. Sie hat gesagt, ich bekäme entweder eine neue Rechnung oder der Fehler würde bei der nächsten Abrechnung korrigiert."

„Mrs. Hemmings ist gerade zu Tisch", sagte die Frau nicht gerade freundlich. „Wenn Sie einen Augenblick warten, versuche ich, Ihre Akte zu finden."

Beißzange, dachte Art Prochaska. Nicht wie Mrs. Hemmings, die sich besorgt und hilfsbereit gezeigt hatte, als Art zum erstenmal hingegangen war, um sich zu beschweren. Sie war ihm auf Anhieb sympathisch gewesen. Erinnerte ihn sehr an Wilma. Sie trug die gleiche kleine Lesebrille, die Wilma immer zum Lesen oder Sticken aufgesetzt hatte. Mrs. Hemmings hatte sich die beanstandete Rechnung angesehen, die Akte geprüft und ihm bestätigt, daß ein Irrtum vorliegen müsse. Aus unerfindlichen Gründen war Prochaska noch einmal mit einem Rechnungsbetrag belastet worden, den er längst bezahlt hatte. Mrs. Hemmings hatte ihm erklärt, daß sie die Korrektur nicht selbst vornehmen könne; so einfach sei das nicht mehr, seit die Abrechnungen vom Computer erstellt würden. Eines von den jungen Mädchen, die am Computer ausgebildet seien, müsse die Korrektur eingeben.

Jetzt aber, zwei Wochen später, hatte er statt der korrigierten

Abrechnung eine Mahnung bekommen, verbunden mit der Drohung, daß ihm der Strom abgeschaltet werde. Eine nüchterne, unpersönliche Notiz stand in Computerschrift unten auf der Mahnung: MITTEILUNG AN DEN SCHULDNER – STROMABSCHALTUNG BEI NICHTBEZAHLUNG DES RECHNUNGSBETRAGES AM 28. JAN., 17.00 UHR.

Das war heute, und Prochaska hatte die Mitteilung erst kurz nach zwei mit der Post bekommen. Die Angestellte meldete sich wieder und sagte, mit Prochaskas Rechnung scheine wirklich etwas nicht zu stimmen. Er solle doch lieber persönlich vorbeikommen.

„Heute nachmittag geht das nicht mehr. Meine Arthritis ist so schlimm geworden, daß ich nicht Auto fahren kann, und heute finde ich keinen mehr, der mich in die Stadt bringt. Hören Sie, ich will nicht, daß mir gegen meinen Willen der Strom gesperrt wird. Ich bezahle immer pünktlich meine Rechnungen. Der Fehler liegt bei Ihnen, nicht bei mir."

„Sie brauchen sich nicht aufzuregen, Mr. Prochaska. Niemand wird Ihnen den Strom abschalten. Der Computer verschickt diese Mitteilungen automatisch, wenn eine Zahlung nicht eingeht. Aber ich habe mit der Operatorin gesprochen, und die sagt, daß die Berichtigung eingegeben wurde, als Sie neulich hier waren. Aus irgendeinem Grund ist die Berichtigung aber nicht beim Rechenzentrum angekommen, wo jetzt unsere Abrechnungen gemacht werden. Ich habe einen Vermerk zu Ihrer Akte gelegt, und so bald wie möglich wird einer unserer Leute zu Ihnen kommen und Ihren Zähler ablesen."

Ein wenig besänftigt legte Prochaska auf. Er humpelte in die Küche, wobei er das linke Bein nachzog. Die Operation, bei der man ihm damals die künstliche Hüftpfanne eingesetzt hatte, hatte nicht den gewünschten Erfolg gehabt, und nun litt er unter ständigen Schmerzen. Er durchstöberte das schmutzige Geschirr auf dem Spültisch und fischte eine Tasse heraus, die er kurz unter den Wasserhahn hielt. Schließlich goß er sich aus der Kanne, die dampfend auf dem Herd stand, Kaffee ein. Es war noch der Rest vom Frühstück, ein starkes, schwarzes Gebräu. Einen Augenblick blieb er gedankenverloren stehen und erinnerte sich an den guten aromatischen Kaffee, den Wilma immer gekocht hatte.

Mit einem Kopfschütteln nahm er die Tasse und trug sie ins Wohnzimmer. Die Tropfenspur, die er dabei auf dem Fußboden hinterließ, kümmerte ihn nicht. Prochaska sah auch schon längst die Staubschicht nicht mehr, die auf allem lag, oder das speckige Sofa. Irgendwann einmal hatte er eine alte Bettdecke über seinen Lieblingssessel gelegt, aber alles andere war ihm zuviel. Erleichtert ließ er sich in den Sessel sinken und starrte zum Fenster hinaus.

Das Haus am Rande des alten Stadtkerns von Hollister im Staate New York lag in einiger Entfernung von der Straße im Schutz großer alter Eichen und Nadelbäume. Es war kaum zu sehen, so daß es die meisten, die auf der Fernstraße vorbeifuhren, gar nicht bemerkten. Direkte Nachbarn gab es keine. Am nächsten wohnte Mrs. Ringer, die Frau mit den vielen Hunden. Sie ließ die Hunde immer aus ihrem Garten heraus, damit sie seinen Rasen beschmutzten und nicht den ihren. Aber mit dem Rasen war ohnehin nicht mehr viel los. Letzten Sommer hatte Evelyns Sohn Johnny ihm ein paarmal den Garten besorgt, wenn sie aus Mount Washington zu Besuch kamen. Prochaska lächelte gequält, als er an die kurzlebige Begeisterung seines Enkels für diese Arbeit denken mußte. Das Lächeln schwand wieder. Evelyn kam nicht mehr oft nach Hollister, sie rief auch kaum mehr an.

Er fand es plötzlich kühl. Ein Sturm war im Anzug. Zu so einer Zeit droht man einem Menschen nicht mit einer Stromsperre, dachte er, nicht einmal einem, der seine Rechnung wirklich nicht bezahlt hat. Art Prochaska war stolz darauf, daß er immer seine Schulden bezahlte. Außer der Hypothek fürs Haus hatten Wilma und er alles, was sie brauchten, immer bar bezahlt. Mit der Tankstelle war es freilich wieder anders gewesen. Öl und Benzin kaufte man von der Gesellschaft auf Kredit, und den meisten Kunden verkaufte man es auch wieder auf Kredit. Manchmal hatte er den ganzen Tag kein Bargeld eingenommen, weil alles auf Kreditkarte tankte.

Sechs Jahre waren vergangen, seit Art die Tankstelle verkauft hatte. Damals war er siebzig gewesen. Als sie seinen Eintritt in den Ruhestand feierten, hatte er mit Wilma darüber gesprochen, ob sie sich nicht einen Wohnwagen kaufen und ein bißchen herumreisen sollten. Aber noch im selben Jahr war Wilma gestorben. Nun wohnte er allein in dem großen Haus . . .

Art schüttelte den Anfall von Selbstmitleid ab. Unter Schmerzen schlurfte er zum Fernseher und schaltete ihn ein. Er sah gar nicht immer hin, aber der Apparat bedeutete Gesellschaft, und darum ließ er ihn laufen. Doch während er nun in seinem Wohnzimmer saß und auf die Fünfuhrnachrichten wartete, ging plötzlich die Lampe neben seinem Sessel aus, das Fernsehbild schrumpfte zu einem kleinen Lichtpünktchen zusammen und verschwand. Wie vom Schlag gerührt saß Art Prochaska in der winterlichen Dämmerung. In der plötzlichen Stille hörte er das dumpfe Grollen der Heizanlage sterben.

GEGEN neun Uhr wählte Art Prochaska die Nummer seines alten Freundes Joe Peltier. Er wollte sich noch einen dummen Spruch ausdenken, mit dem er Joe die Panne mit seiner Stromrechnung am besten erklären konnte, daher dauerte es eine ganze Weile, bis er merkte, daß aus dem Hörer kein Wählton kam. Die Leitung war tot. Prochaska erschrak für einen Augenblick. Es war ein merkwürdiger Zufall, daß am selben Abend, an dem man ihm den Strom sperrte, auch das Telefon ausfiel. Aber draußen tobte der Sturm, und wahrscheinlich waren ein paar Leitungen heruntergerissen worden.

Da stand er nun im Dunkeln und spürte, wie die Kälte langsam das ganze Haus durchdrang. Am frühen Abend hatte er noch ein Feuer im Kamin angezündet und seinen ganzen Holzvorrat verbrannt. Jetzt glommen nur noch ein paar rote Punkte in der Asche. In seinem Schlafzimmer war es sicher schon eiskalt.

Prochaska fluchte in ohnmächtiger Wut. Kurz nach fünf, als das Telefon noch ging, hatte er versucht, bei den Stadtwerken anzurufen. Er hatte keine Verbindung bekommen. Das war das einzige, was dort vorzüglich klappte, dachte er. Sie machten pünktlich Feierabend. Und es war Freitag. Vor Montag traf er da niemanden mehr an.

Ein Schauer überlief ihn, und nie war ihm die trostlose Einsamkeit des leeren Hauses deutlicher zu Bewußtsein gekommen. Nein. Irgend jemand würde diese Verkettung von Irrtümern bemerken. Sie würden jemanden zu ihm herausschicken, hatte diese Frau gesagt. Wann? Art erinnerte sich nicht genau. Oder wagte er sich nur nicht einzugestehen, daß der Mann von den Stadtwerken wohl kaum an einem Wochenende kam?

Bis zum anderen Morgen war es drinnen schon so kalt wie draußen. In der Nacht hatte es heftig geschneit. Art Prochaska lag im Bett, er hatte sich tief in die Kissen vergraben und mochte nicht aufstehen. Selbst an Tagen, an denen es ihm gutging, tat ihm jede Bewegung weh. Er sah keinen besonderen Grund, ausgerechnet heute aufzustehen. Niemand brauchte ihn. Niemand würde zu ihm kommen. Nach einer Weile wurde er wieder schläfrig, und dann schlief und wachte er abwechselnd. Das Haus knisterte und knackte unter der eisernen Umklammerung der Kälte, aber er rührte sich nicht.

Als er wieder einmal richtig aufwachte, war es Abend und dunkel. Er wußte, daß er sich nun aufrappeln mußte, daß es aus irgendeinem Grunde wichtig war aufzustehen, aber eine große Gleichgültigkeit hatte ihn überkommen.

Das Haus, in dem ich wohne, ist schmutzig, vernachlässigt und heruntergekommen, dachte er. Er wunderte sich, daß er das alles jetzt im Dunkeln mit solch wunderbarer Klarheit sah, während er doch im Bett lag – als könne er seinen Körper verlassen und wie ein Geist durch die leeren Zimmer schweben. Er müßte jemanden benachrichtigen, daß man ihm den Strom abgeschaltet hatte und es in seinem Haus unerträglich kalt war. Aber zu Fuß würde er durch den hohen Schnee nicht weit kommen. Der einzige Mensch, der nah genug wohnte, war Mrs. Ringer, und die sprach nicht mehr mit ihm, seit er sich zuletzt über ihre Hunde beschwert hatte. Zu ihr mochte er nicht gehen und um Hilfe bitten, selbst wenn er durch den Schnee käme.

Endlich schlief er ein, wachte auf, schlief wieder ein, sein Schlaf wurde jedesmal tiefer. Und mit jedem Mal wurde der Aufstieg aus diesem großen dunklen Tal, in das er hineinzurutschen drohte, länger, beschwerlicher, bis er zuletzt das Gefühl hatte, etwas loszulassen, und mit einem langen, tiefen Seufzer zurückfiel.

Montag, 31. Januar, 23.00 Uhr

Am späten Abend hörte Norma Hooper plötzlich in der Wohnung über ihr ein Poltern und Krachen. Vor Schreck sprang sie aus dem Bett und blieb zitternd in der Schlafzimmertür stehen. Auf ihrem tragbaren Fernsehgerät erschien soeben ein Werbespot, nachdem die Elfuhrnachrichten, die sie sich angesehen hatte, zu Ende waren. Ein braungebrannter Mann sprang elegant von einer Klippe in die Bucht von Acapulco, am Handgelenk eine Timex-Uhr. Gerade als er ins Wasser eintauchte, krachte in der Wohnung über ihr ein Glas auf den Boden und zersplitterte mit lautem Knall.

Norma flüchtete aus dem Schlafzimmer. Als sie zur Wohnungstür eilte, fiel oben ein schwerer Gegenstand so heftig um, daß die Decke wackelte. War es ein Möbelstück? Mit zitternden Fingern schloß Norma die Tür auf. Der Hausmeister wohnte direkt gegenüber. Sie klopfte angstvoll. Keine Antwort. Während sie, den Hausmantel fest um sich geschlungen, unsicher im Korridor stand, ertönte aus dem oberen Stockwerk ein einzelner, gequälter Schrei.

Dann Stille. Was sollte sie tun?

Ihre Angst ließ nach. Oben war jetzt alles still, und sie wollte ja kein Aufsehen machen. Der Bewohner von 211 war noch nie als Ruhestörer aufgefallen, die meiste Zeit verbrachte er still in seiner Wohnung. Was konnte ihn plötzlich zu diesem Wutausbruch veranlaßt haben? Sie fror allmählich auf dem kalten Korridor und erinnerte sich mit Schaudern an die Meldung, die sie gerade in den Nachrichten gehört hatte, bevor oben der Krach losgegangen war. Eine schreckliche Geschichte von einem alten Mann, den man in seinem Haus am Rande von Hollister erfroren aufgefunden hatte. Wie es schien, hatten ihm die Stadtwerke versehentlich Strom und Heizung abgeschaltet.

Er lag in seiner Wohnung auf dem Bett, auf das er sich geworfen hatte. Fürs erste hatte er sich ausgetobt. Noch lauerte der Schrecken in den dunklen Winkeln seines Gehirns. Es war ein Unfall, ein dämlicher Unfall. Niemand hatte ahnen können, daß der Alte wirklich erfrieren würde.

Als er die Meldung hörte, hatte er einen entsetzlichen Augenblick lang alles um sich herum zusammenbrechen sehen, alles nur wegen einer einzigen Fehlkalkulation. Als ob er dieses ganze gigantische, geniale Gebäude – das mühsame Werk von Jahren – nur errichtet hätte, um am Vorabend der Vollendung einen dummen Anfängerfehler zu machen.

Als er schließlich bei klarem Verstand war, ordnete sich das empfindliche Gebilde in seinem Gehirn wieder. Arthur Prochaskas vorzeitiger Tod änderte nichts. Er machte sich daran, das Wohnzimmer aufzuräumen. Die Glasscherben, die Keramiksplitter eines Aschenbechers, die abgesprungenen Holzstückchen von dem umgeworfenen Stuhl waren wie winzige Bauteilchen, die von diesem imaginären Turm abgebrochen waren.

Aber der Rest würde halten. Es war zu gut ausgeklügelt, um so leicht einzustürzen.

DIENSTAG, 1. FEBRUAR, 7.30 UHR

MICHAEL EGAN hatte sich ein Häuschen am Terry-See gemietet, dreißig Kilometer außerhalb der Stadt. Eigentlich war es ein Sommerhaus, beheizbar nur mit einem frei stehenden Eisenofen, was wahrscheinlich der Grund war, warum er hundert Dollar weniger Miete bezahlen mußte als für eine Wohnung in der Stadt. Kurz nach Beginn des Wintersemesters an der Universität Hollister war er hierhergekommen, um seine neue Stelle als Sicherheitschef des regionalen Rechenzentrums anzutreten, das auf dem Universitätsgelände untergebracht war.

Die einsame Lage dieses Häuschens hatte es ihm angetan. Viele der Sommerhäuser am See standen jetzt leer, und er genoß die Ruhe. Das war es wohl auch, was den Gegensatz zu Los Angeles ausmachte. Los Angeles und der fünfjährige Kampf mit verstopften Autobahnen, von Menschen wimmelnden Straßen und überfüllten Restaurants.

Los Angeles und Joan Wellman. Er war reif gewesen für eine Veränderung, konnte eine Zeit des Alleinseins vertragen.

Die Universität Hollister lag am nördlichen Stadtrand, knapp zehn Kilometer vom Zentrum entfernt. Als Michael Egan am Dienstagmorgen auf den Parkplatz für die Angestellten des Rechenzentrums einbog, kamen in seinem Autoradio gerade die Achtuhrnachrichten. Sie begannen mit einer Lokalmeldung. Ein alter Mann war gestern in seinem ungeheizten Haus tot aufgefunden worden, ein Opfer des jüngsten Sturms.

Egan parkte ein, stellte den Motor ab und blieb zuerst noch eine Weile still sitzen. Es war schlimm genug, mit fünfunddreißig allein zu sein. Aber allein zu sein, wenn man alt war... Egan hatte in seiner FBI-Zeit so manchen Menschen sterben sehen. Aber er hatte sich nie daran gewöhnen können. Wenn ein Mensch sterben mußte – gleichgültig, ob er etwas verbrochen hatte oder nicht –, fand er es immer deprimierend. Er öffnete die Wagentür.

Das neue Verwaltungsgebäude war der Stolz der Universität Hollister, ein nackter Turm aus Beton und Rauchglas, zwölf Stockwerke hoch. Auf beiden Seiten wurde er flankiert von zwei völlig gleich aussehenden, gedrungenen Betonwürfeln. Im südlichen Bau war die Technische Hochschule untergebracht; der nördliche beherbergte das regionale Rechenzentrum. Die ganze Gruppe versinnbildlichte den Riesenschritt der Universität in die Zukunft. Egan gefielen die niedrigen roten, meist mit Efeu überwachsenen Ziegelbauten, die der Vergangenheit der Universität angehörten, eigentlich besser.

Von seinem Büro aus konnte Egan über eine hausinterne Fernsehanlage das ganze Rechenzentrum kontrollieren – den Computerraum, die umliegenden Korridore und alle Ein- und Ausgänge. Am Schaltpult der Warnzentrale konnte man zugleich auch das Funktionieren der technischen Einrichtungen überwachen, die Klimatisierung und die Alarmsysteme, die vor Feuer, Stromausfall und Versuchen unbefugten Eindringens warnten. Die Monitoren wurden rund um die Uhr von Sicherheitsbeamten beobachtet.

Der Computerraum selbst war ein Würfel innerhalb eines Würfels. Er befand sich mitten in dem Gebäude, völlig abgeschirmt hinter massiven, fensterlosen Wänden und umgeben von Büros, einem Magnetbandarchiv und Versorgungseinrichtungen. Noch vor nicht allzu langer Zeit hatte man Computerräume stolz in einem Glaskasten mitten in der Eingangshalle untergebracht. Doch seit den Unruhen der sechziger Jahre hatte sich das geändert. Auf dem Höhepunkt der Vietnamkrise waren an den Universitäten von Fresno, Boston, Kansas und Wisconsin Computerzentren durch Bombenanschläge beschädigt worden. Daraus hatte man eine Lehre gezogen.

Zugang zum Computerraum hatte man nur durch einen Vorraum, der bei den Mitarbeitern des Rechenzentrums „die Mausefalle“ hieß. Programmierer, Operatoren und alles übrige Personal öffneten die äußere Tür zur Mausefalle mittels ihrer persönlichen Ausweiskarte, die neben einem Paßfoto einen unsichtbaren Magnetstreifen hatte. Das Schloß der Innentür gehorchte einem bestimmten Code und konnte nur auf ein Signal hin von drinnen geöffnet werden; die Innentür wurde zusätzlich vom Computer selbst kontrolliert. Wer das Vorzimmer betrat und nicht weitergelassen wurde, war gefangen, denn er konnte weder vor noch zurück.

Wenn Egan, wie heute morgen, diesen Computerraum auf dem Monitor betrachtete, diese Reihen blitzender Apparate mit ihren Bildschirmen, Eingabetastaturen, Schnelldruckern und Kartensätzen, kam ihm jedesmal zum Bewußtsein, daß dies ganz und gar nicht sein Fach war. Nach drei Monaten war er im regionalen Rechenzentrum von Hollister immer noch ein Außenseiter.

Man hatte ihn als neuen Sicherheitsdirektor von außerhalb geholt, aber noch schlimmer war, daß er nicht einmal etwas von Computern verstand. Schon des öfteren hatte Egan sich gewundert, wieso Del Thomas, der Leiter des Rechenzentrums, ausgerechnet ihn genommen hatte. Eine Empfehlung von einem Freund und ehemaligen FBI-Kollegen, der jetzt an einflußreicher Stelle saß, erschien ihm nicht ausreichend.

Egan warf einen Blick auf seinen Tischkalender und sah, daß er um halb zehn mit Thomas zu einem Gespräch über einige sicherheitstechnische Details verabredet war.

In seinem Büro hatte Del Thomas einen besänftigenden Ton angeschlagen, der sein Gegenüber, eine schlanke, dunkelhaarige junge Frau, nur noch mehr reizte.

„Beruhigen Sie sich doch, Mrs. Tyson. Es gibt gar keinen Grund, sich aufzuregen.“

Jennifer Tyson arbeitete am Rechenzentrum in der Abteilung „Qualitätskontrolle“. Dort beschäftigte man sich hauptsächlich mit allen möglichen Fehlern, die im System auftauchten. „Und ob!“ rief sie hitzig. „Ein Mensch ist tot!“

Thomas machte ein gequältes Gesicht. „Das kann man uns doch kaum zum Vorwurf machen."

„Man hat ihm den Strom abgeschaltet", sagte sie zornig. „Er ist gestorben, weil er allein war und weil ihn der Sturm in seinem ungeheizten Haus überrascht hat. Der Computer hat ihm den Strom gesperrt."

„Oh." Thomas ließ sich in seinen Sessel zurücksinken, als hätte man ihn gestoßen. „Jetzt verstehe ich, was Sie meinen. Ein gefundenes Fressen für die Medien. Es wird wohl heute abend in den Nachrichten kommen."

„Das meine ich nicht..." Sie unterdrückte eine bissige Antwort. Del Thomas war nicht der Mann, der Kritik vertrug. Sie mußte kurz an Robert Greiner denken, einen früheren Mitarbeiter des Rechenzentrums. Greiner war ein Außenseiter gewesen, der gar nicht erst versuchte, seine Antipathie für Thomas zu verbergen. Das war wohl noch mehr als sein Hang, nach eigenen Regeln zu arbeiten und sich von niemandem dreinreden zu lassen, der Grund für seine Entlassung gewesen.

Jenny fuhr in ruhigerem Ton fort: „Sehen Sie, Mr. Thomas, es war ein Irrtum. Prochaska hatte seine Rechnung bezahlt. Sein Konto war tatsächlich ausgeglichen."

Jetzt runzelte Del Thomas die Stirn. Schlimm genug, wenn die Medien ein unglückliches Vorkommnis aufbauschten. Aber die Vorstellung, daß ein Irrtum des Computers vorliegen könnte – darauf würden sich die Zeitungen stürzen! Es hatte in Hollister schon genug Widerstand gegen die immer größer werdende Abhängigkeit der Stadtverwaltung vom Rechenzentrum gegeben.

„Wie konnte das passieren?" fragte er. „Warum wurde keine entsprechende Korrektur eingegeben, Mrs. Tyson?"

„Die Korrektur wurde vor über zwei Wochen eingegeben. Ich habe es heute früh nachgeprüft. Prochaska hat die Rechnung in der ersten Januarwoche bekommen, aber erst am vierzehnten Einspruch erhoben. Den Stadtwerken muß bei der Dateneingabe ein Fehler unterlaufen sein, so daß ihm seine letzte Zahlung nicht gutgeschrieben worden war. Aber das Journal zeigt, daß noch am selben Tag, nämlich am vierzehnten Januar, eine Berichtigung eingegeben wurde."

Thomas sah sie an, als hätte sie ihm soeben das Ende der Welt angekündigt. „Das ist doch unmöglich", sagte er. „Was wollen Sie eigentlich damit sagen, Mrs. Tyson?"

„Ich will damit sagen, daß die Berichtigung ordnungsgemäß ins

System eingegeben wurde." Sie wartete kurz, bevor sie weitersprach, damit ihre Bemerkung die richtige Wirkung hinterließ. „Aber der Computer hat die Korrektur nicht angenommen", sagte sie schließlich erbost.

GERADE als Michael Egan das Büro des Direktors betreten wollte, flog plötzlich die Tür auf. Er grinste vergnügt, als er Jennifer Tyson sah, aber sie rauschte wortlos an ihm vorbei und marschierte den Korridor hinunter, wobei ihr enganliegender grauer Rock ihren langen Beinen sichtlich im Weg war. Egan wunderte sich, was wohl mit ihr los war. Jenny Tyson gab sich stets kühl und reserviert, aber sie war doch immer freundlich. In letzter Zeit hatte Egan sich sogar eingebildet, ihr gelegentliches Lächeln sei etwas herzlicher, persönlicher geworden. Na schön. Er zuckte mit den Achseln und trat in Del Thomas' Büro.

In den nächsten zehn Minuten erläuterte Egan seine kürzlich fertiggestellte Bestandsaufnahme zur Computersicherheit. Thomas hörte ihm nachdenklich und schweigend zu und fuhr sich mit einem Finger abwechselnd erst über die eine, dann über die andere Hälfte seines ordentlich gestutzten Schnurrbarts. Egan war sich nicht sicher, ob er überhaupt zuhörte.

Ein Computerzentrum war, mehr noch als andere moderne hochtechnische Anlagen, anfällig sowohl für höhere Gewalt als auch für Anschläge jeder Art. Ein Feuer zum Beispiel konnte verheerend sein. Schon Hitze allein konnte ein ganzes System zusammenbrechen lassen. Egan erinnerte sich, einmal von so einem Vorfall gelesen zu haben. In den Büros einer Rennbahn war einmal eine Klimaanlage ausgefallen. Sofort spielte der rennbahneigene Computer verrückt und ließ unrichtige Gewinnzahlen auf der Anzeigetafel erscheinen, was unter den erzürnten Wettern einen kleinen Aufstand entfachte. Michael Egans Aufgabe war es, dafür zu sorgen, daß solche Dinge beim regionalen Rechenzentrum nicht passierten. Er mußte also darauf achten, daß in einem bestimmten Umkreis immer gleiche Bedingungen herrschten, die Temperaturen nicht schwankten und Anschläge verhindert wurden.

Ein Gebiet, das Egan besonderes Kopfzerbrechen bereitet hatte, war die Feuergefahr. Jetzt kam er auf dieses Thema zu sprechen. „Es gefällt mir nicht, daß die Feuerlöschanlage mit Kohlendioxyd arbeitet", sagte er. „Das ist zu gefährlich."

„So?" Thomas hatte die Angewohnheit, fragend eine Augenbraue hochzuziehen. „Die Anlage ist aber feuerpolizeilich genehmigt worden."

„Ich weiß. Aber ich meine, wir sollten etwas Besseres finden."

„Wasser können wir nicht nehmen", sagte Thomas. „Wenn zur Hitze eines Feuers auch noch Wasser aus dem Sprinkler kommt, haben wir hohe Temperaturen plus Feuchtigkeit, eine Kombination, bei der die Bänder im Nu kaputtgehen."

„Es gäbe auch noch Halon 1301", ließ Egan nicht locker. „Das ist ein Gas, genauso wirkungsvoll wie Kohlendioxyd, aber nicht annähernd so gefährlich."

„Das haben wir alles schon durchgesprochen, bevor Sie kamen, Egan. Soviel ich weiß, gibt es mit Halon auch Probleme. Ich weiß wirklich nicht, was Sie gegen das derzeitige System haben."

„Es kann lebensgefährlich werden", antwortete Egan freiheraus. „Dieser Computerraum ist ein in sich abgeschlossenes System. Wenn jemand darin eingeschlossen ist, wird ihn das Gas noch vor dem Feuer töten."

Thomas sah ihn schweigend an. Er begann wieder mit seinem Schnurrbart zu spielen, zupfte zuerst an der einen Seite, dann an der anderen. Seine Finger waren blaß, seine Hände weich, wie der ganze Mann. Thomas war größer und kräftiger gebaut als Egan, aber er hatte etwas an sich, das ihn ganz weich erscheinen ließ, als ob unter der blassen Haut weder Muskeln noch Knochen wären. „Wie lange sind Sie jetzt bei uns, Egan? Drei Monate, ja? Finden Sie nicht, Sie sollten noch ein Weilchen warten, bevor Sie grundlegende Veränderungen vorschlagen?"

„So grundlegend sind die nicht", widersprach Egan.

„Die Umstellung würde Geld kosten", sagte Thomas und kam auf den Kern der Sache. „Wir können nicht alles tun, was wir wollen. Geben wir uns noch ein Weilchen damit zufrieden, ja?"

Lektion begriffen, dachte Egan. Bereite dich nächstes Mal darauf vor, über Geld zu sprechen, wenn du Änderungen vorschlägst. Er konnte nur hoffen, daß in dem hermetisch abgeschlossenen Computerraum kein Feuer ausbrach, bevor er seine Idee ein zweites Mal an den Mann bringen konnte.

An diesem Dienstagmorgen fanden in Hollister noch mehrere Besprechungen statt, eine davon im städtischen Leichenschauhaus. John Toland, der Polizeidirektor, nahm Leonard Hauss, den Leichenbeschauer, kurz beiseite. „Was meinen Sie, Doktor?"

„Es muß natürlich eine Untersuchung geben."

„Das ist mir klar."

Leonard Hauss betrachtete Toland mit verschlagenem Blick. „Ich sehe keine Probleme, John. Allerdings ist in Wachtmeister Ramseys Polizeibericht noch eine Sache unklar. Ramsey schreibt, es bestehe die Möglichkeit, daß die Telefonleitung zu Prochaskas Haus durchgeschnitten wurde. Wie steht's damit?"

„Nichts dergleichen." Toland schob den Pistolengürtel an seinem dicken, muskulösen Bauch ein Stückchen tiefer. „Die Leitung war ab, das stimmt schon, aber am Wochenende sind überall in der Gegend Telefonleitungen durch Schnee und Eis heruntergerissen worden."

„Würde man einen Schnitt nicht erkennen können?"

„Wer hätte dem alten Mann die Telefonleitung durchschneiden sollen?" fragte Toland ungehalten. „Hören Sie, Leonard, wir wollen aus der Geschichte keine Staatsaffäre machen. Außerdem haben sich die Reporter heute das Haus des Alten sowieso schon angesehen."

„Schon gut, John. Ich verstehe. Der Fall Prochaska sieht ganz nach Routine aus. Gut so?"

„Eben. Der Mann ist alt geworden und dann gestorben."

James Conway, seit drei Jahren Bürgermeister von Hollister, wurde von seinem Pressereferenten Kenny Nance abgefangen, als er vom Parkplatz hinter dem Rathaus kam. „Die Geier warten schon", sagte Nance. „Diese Prochaska-Geschichte riecht ein bißchen nach Stunk. Wollen Sie sich durch den Hintereingang ins Haus schleichen? Ich könnte die Reporter vertrösten, bis wir uns eine Ausrede zurechtgelegt haben."

„Keine Ausreden, Kenny", sagte Conway kurz angebunden. „Berufen Sie eine kurze Konferenz ein. Und noch bin ich nicht so weit, daß ich mich durch den Hintereingang schleichen muß."

Sie traten zusammen in den Aufzug, zwei gegensätzliche Gestalten – sehr beherrscht der Bürgermeister, eine hagere, fast asketische Erscheinung; Nance pummelig und zerknittert, die Finger nikotinfleckig. Bereits an Conways erstem Tag im Amt hatten sie Freundschaft geschlossen, für Nance eigentlich eher überraschend. Er hatte nicht damit gerechnet, Conway leiden zu können. Jetzt waren sie Freunde.

Die Reporter in Conways Vorzimmer bombardierten den Bürgermeister mit Fragen, kaum daß er eingetreten war.

Conway bat sie in sein Amtszimmer und erklärte ihnen offen, daß er selbst bisher noch keinen detaillierten Bericht über den Vorfall bekommen habe.

„Der Computer hat sich geirrt“, belehrte ihn ein Reporter. „Ist Ihre Einstellung zum Rechenzentrum auch daraufhin noch die gleiche?“

Die Frage hatte es in sich, aber Conway wich ihr nicht aus. „Wissen Sie, um wieviel die Verwaltungskosten hier in den letzten zehn Jahren gestiegen sind, Bob? Um einhundertfünfundsiebzig Prozent! Das heißt, wir müssen Wege finden, die Kosten zu begrenzen, ohne die Dienstleistungen einzuschränken, die uns von der Bevölkerung abverlangt werden, sonst steht uns ein Aufstand der Steuerzahler ins Haus. Die Frage ist nicht, ob wir Computer benutzen sollen oder nicht; wir *müssen* sie benutzen. Die Frage ist, wie wir sie sicher und verantwortungsvoll einsetzen können.“

Ein junger Fernsehreporter warf scharf dazwischen: „Bei Prochaska konnte man von Sicherheit wohl nicht reden.“

„Was im Falle Prochaska geschah, war, indirekt zumindest, ein Fehler bei der Rechnungsstellung. Es ist eine schlimme Sache, aber solche Fehler passieren nicht erst, seit es Computer gibt. Im Gegenteil, heutzutage kommen weit weniger Fehler vor.“

Die übrigen Fragen waren freundlich. Ein paar Minuten später warf Conway seinem Pressechef einen Blick zu, und Nance komplimentierte die Reporter hinaus. Als die Tür hinter ihnen zu war, ließ Conway sich in seinen altmodischen ledernen Drehsessel fallen. Sein Gesicht war ernst. „Nun, Kenny?“

„Sie haben das Richtige gesagt.“

„Ob Prochaskas Tochter das auch finden wird?“

„Für Sie ist es wichtiger, was fünfzigtausend Wähler denken“, sagte Nance nüchtern.

Conway antwortete mit einem sarkastischen Blick. Nance zuckte nur mit den Achseln. Manchmal wurde er noch immer nicht recht schlau aus dem Mann, dessen Ansehen in der Öffentlichkeit er so eifrig wahrte.

Dreißig Jahre Öffentlichkeitsarbeit hatten Kenny Nance zu einem hartgesottenen Zyniker gemacht. Conway war viel zu gutmütig für einen Politiker. Nance wartete immer noch darauf, wann er zum erstenmal stolpern würde. Früher oder später würde er eine schwierige Wahl treffen müssen zwischen dem, was richtig war, und dem, was politisch geboten schien. Wenn dieser Augenblick kam, würde Nance sein im schweren Geschäft der Politik erworbenes Menschenbild gewiß bestätigt finden.

„Man wird immer wieder auf dem Computer herumhacken", sagte Nance jetzt. „Und damit kann man Sie böse in die Pfanne hauen. Für die breite Masse waren Sie es, der unsern Anschluß ans Rechenzentrum betrieben hat, obwohl das Projekt schon lange geplant war, als Sie es aufgriffen."

„Wie man mich in die Pfanne hauen wird, soll nicht Ihre Sorge sein, Kenny." Conway gab seinem Stuhl eine Drehung und starrte zum Fenster hinaus.

Wie so viele andere Städte hatte auch Hollister seine Schwierigkeiten. Conway fragte sich, und das nicht zum erstenmal, wie er wohl in einer echten Krise reagieren würde. Da gab es die zunehmende Treibstoffknappheit, die niemand so recht wahrhaben wollte – sie würde im nächsten Winter schlimmer werden. Die städtischen Einnahmen sanken, und die Wirtschaft, die eigentliche Quelle dieser Einnahmen, zeigte Aushöhlungstendenzen. Und nun tauchte auch noch das Gespenst eines einsamen alten Mannes auf, um den die Gesellschaft sich zuwenig gekümmert hatte. Der Fall Arthur Prochaska wirkte sich vielleicht noch unheilvoller aus als alle anderen Probleme – weil das Rechenzentrum darin verwickelt war.

Die Leute identifizierten Conway mit dem Rechenzentrum. Als er für den Bürgermeisterposten kandidierte, wurde das Kernstück der Anlage, das man im Anschluß an einen unverhofften Geldsegen aus Washington installiert hatte, noch vorwiegend von der Universität Hollister für mathematische Spielereien benutzt. Conway hatte die Möglichkeiten erkannt, die in dem System steckten, und um die Mittel für seinen Ausbau gekämpft. Trotz dieser Prochaska-Geschichte war Conway nach wie vor davon überzeugt, daß es für die Stadt, wollte man Hollister als lebensfähiges Gemeinwesen erhalten, der einzig richtige Schritt gewesen war, möglichst viele Dienstleistungen dem Computer zu übertragen.

Conway brach das Schweigen. „Kein Mensch sollte auf so schreckliche Weise umkommen müssen. Ich möchte wissen, wie das geschehen konnte, Kenny."

„Suchen Sie jetzt einen Sündenbock?"

Conways blaue Augen erstarrten: „Der würde mir im Augenblick kaum etwas nützen."

Nance wechselte das Thema. „Ich höre, daß Stadtrat Burton eine eigene Pressekonferenz abhält."

„Und?"

„Er war der einzige im Stadtrat, der sich leidenschaftlich gegen das

Rechenzentrum gewandt hat. Er ist ja dann auch gegen Sie unterlegen, als es um den Bürgermeistersessel ging, falls Sie's vergessen haben. Sie glauben doch nicht, daß er sich die Chance entgehen läßt, jetzt lautstark darauf hinzuweisen, daß er's ja gleich gesagt hat. Glauben Sie mir, Euer Ehren, es gibt viele Leute, die etwas gegen Computer haben. Sie haben Angst davor."

„Wenn Sie Euer Ehren zu mir sagen, Kenny, fange ich wirklich an, mir Sorgen zu machen." Conway dachte kurz nach. „Wieso sollten die Leute Angst vor Computern haben? Es sind doch nur Maschinen."

Kenny Nance seufzte. Wenn James Conway eine Schwäche hatte, so war es die, daß er manchmal die Ängste und Unsicherheiten nicht verstand, unter denen fast alle andern täglich zu leiden hatten. Conway dagegen schien vom Glück begünstigt. Er war der jüngste Bürgermeister weit und breit. Seine Frau war eine Schönheit, ein ehemaliges Fotomodell. Er war überlegen und intelligent und hatte entweder vergessen oder nie kennengelernt, wie es war, wenn eine Karriere am seidenen Faden hing.

Nance sagte: „Es sind nicht nur irgendwelche Maschinen. Es sind Maschinen, die Menschenleben manipulieren. Sie sind Teile der großen Bürokratie und des großen Managements, die ihrerseits immer komplizierter und unüberschaubarer werden, so daß es letzten Endes überhaupt nicht mehr um Menschen geht. Einem Computer ist alles egal. Mit Computern kann man weder streiten noch schimpfen. Man kann sie auch nicht zwingen, einem zuzuhören, wenn etwas schiefgeht. Sie geben einem nur immer wieder dieselbe Antwort. Sie sagen uns, wie so vieles andere, daß wir auf das Tagesgeschehen einfach keinen Einfluß haben. Die Leute jedenfalls sehen von alledem nur diese Prochaska-Geschichte."

Conway sah ihn lange an. „Ich wußte doch, daß ich einen Grund hatte, Sie in meiner Nähe zu halten, Kenny. Abgesehen davon, daß Sie mein Gewissen sind." Er schenkte Nance dieses kurze, selten gewordene Lächeln, das damals im Wahlkampf so gute Dienste geleistet hatte. „Sie fürchten, daß Burton mich in die Pfanne hauen wird?"

„Er wird's versuchen."

In diesem Augenblick sprach Stadtrat Jay Burton, wie Nance vorhergesagt hatte, schon mit den Reportern. „Das zeigt nur wieder, wohin es führt, wenn die Behörden sich zu sehr in das Leben des einzelnen einmischen. Eine tragische Geschichte. Ich darf Sie daran erinnern, daß ich von Anfang an schwerste Bedenken dagegen hatte, die Stadtverwaltung zu sehr vom Rechenzentrum abhängig zu machen, und ich habe meine Bedenken laut geäußert."

„Arbeiten Sie in Ihrem Betrieb nicht auch mit Computern?" fragte ein Reporter.

„Allerdings", räumte Stadtrat Burton ein. Als Inhaber der Speditionsfirma Burton war er ein Mann von bescheidenem Wohlstand. „Wir lassen sie unsere Fahrpläne und Abrechnungen machen, denn so etwas können Computer hervorragend. Aber ich habe nicht vor, einem Computer die Leitung der Spedition zu übertragen. Das gäbe einen heißen Tag in Hollister, wenn ich mir das einfallen ließe."

Einige der zuhörenden Journalisten notierten sich gleich diesen Satz. In der gegenwärtigen Kälteperiode war er eine Schlagzeile wert.

Dienstag, 1. Februar, 17.00 Uhr

Von einem Büro im Physikgebäude der Universität Hollister aus beobachtete Jennifer Tyson den Leiter des Instituts, Dr. Linus Webster, der sich in einem der angrenzenden Labors mit jemandem unterhielt. Dieser junge Mann, der vor dem laboreigenen Minicomputer saß, war ein Assistent namens George Devoto; Linus Webster war Jennys Vater. Der Minicomputer stand mit der Zentraleinheit im Rechenzentrum in Verbindung. Mit seiner Hilfe konnte Webster jetzt seine mathematischen Theorien in Bruchteilen der Zeit überprüfen, die früher einmal nötig gewesen war. Probleme, für deren Lösung ein ganzes Team früher Jahre gebraucht hätte, konnte ein Assistent ohne spezielle Ausbildung jetzt in Tagen oder nur Stunden durchrechnen lassen. Kaum eine Revolution konnte ähnliche Erfolge für sich beanspruchen.

Webster wußte nicht, daß Jenny da war. Er war ein reservierter, hochintelligenter und schwieriger Mann von zweiundsechzig Jahren, groß und kräftig gebaut, mit der für große Männer charakteristischen, vornübergebeugten Haltung, die im Alter besonders ausgeprägt war. Seiner Tochter war er während ihrer ganzen Kindheit immer ein Fremder gewesen, ein Mann, der eher Ehrfurcht als Liebe einflößte. Sie fand es immer noch ein wenig seltsam, daß sie, nachdem sie acht Jahre lang auf sich selbst gestellt gewesen war – verheiratet und in einer anderen Stadt –, nun wieder mit ihm unter einem Dach lebte. Nicht einmal als ihr Mann, der mit dem Flugzeug irgendwo über Vietnam abgestürzt war, als vermißt gemeldet wurde, nicht einmal als ihre Mutter starb, war sie hiergeblieben; erst der Herzinfarkt, den ihr Vater vor kurzem erlitten hatte, hatte sie nach Hollister zurückgeführt.

Mit Jennys Vater war nicht leicht zu leben. Wenn er mit seinen Gedanken bei irgendeinem mathematischen oder physikalischen Problem war, behandelte er jeden, der ihn beim Denken störte, wie einen lästigen Ignoranten. Jenny hatte immer geglaubt, daß ihre Mutter an dieser schroffen Unduldsamkeit völlig verzweifelt und schließlich zugrunde gegangen sei. Sie hatte es gar nicht fassen können, als ihr Vater beim Begräbnis ihrer Mutter schluchzend zusammenbrach. Da sah sie, daß sie ihn nie richtig gekannt hatte.

Jetzt steckte sie den Kopf ins Labor. „Bald fertig, Paps?"

Er hob geistesabwesend die Hand, ohne überhaupt aufzusehen. Sie hörte, wie er seinen Assistenten in scharfem Ton anwies: „Machen Sie nur ja alles richtig, George. Ein Computer korrigiert Ihre Fehler nicht, er verewigt sie nur."

George Devoto war ein komischer Kauz, fand sie. Ihr Vater schien mit Vorliebe die unglaublichsten Leute als Assistenten einzustellen. Wie einer aussah, wie er sich kleidete oder sein Haar trug, interessierte ihn überhaupt nicht. Für ihn war nur wichtig, daß er ebenso einseitig besessen war wie er selbst. George Devoto schien dieser Anforderung zu genügen. Ach ja, richtig, dachte sie, er kommt ja am Freitag zum Abendessen! Eine dieser unberechenbaren Gesten ihres Vaters, die mit Sicherheit zur Katastrophe führten.

Während ihr Vater seinen Mantel holte, lächelte sie Devoto freundlich an. „Hoffentlich läßt mein Vater Sie nicht wieder die Nacht durcharbeiten."

„Nein."

Welch geistreicher Dialog, dachte sie. „Haben Sie die Wohnung bekommen, die Sie haben wollten? Paps hat erzählt, Sie hätten jemanden gefunden, der Sie in seiner Wohnung in der Nähe der Uni aufnehmen wollte." Was für ein Mensch mochte das sein, der George Devoto zu seinem Zimmergenossen wählte?

„Ja." Er funkelte sie an, als hätte sie ihm nachspioniert.

„Freut mich, daß es geklappt hat. Wir sehen uns dann am Freitag."

„Ja."

Der junge Mann starrte ihr nach, als sie das Büro verließ. Er gab keine Antwort, als sie gute Nacht sagte. Dieser Freitagabend würde ja lustig werden.

Als Jenny und ihr Vater in dem hübschen Backsteinhaus ankamen, das sie zusammen bewohnten, ging Webster geradewegs in sein Arbeitszimmer, und Jenny brachte ihm wie jeden Abend sein Glas Wein.

„Ich habe eine Kartoffel in den Backofen gelegt, und ein Stück Roastbeef ist noch da“, sagte sie. „Ich esse heute abend mit Rob Greiner.“

„Warum hast du mir nichts davon gesagt? Da hätte ich länger arbeiten können.“

„Du arbeitest lange genug. Und außerdem, wie wärst du nach Hause gekommen?“ Webster fuhr nicht mehr Auto. Er hatte seinen Herzanfall am Steuer erlitten, und jetzt mied er das Autofahren um jeden Preis.

„George hätte mich heimfahren können.“

„Hat George ein Auto?“

„Ja, meine Liebe, er ist ein ganz normaler Mensch.“

„Sehr gesellig ist er nicht gerade.“

„Ich bezahle ihn nicht fürs Geselligsein. Er ist intelligent und gewissenhaft. Jetzt sieh schon zu, daß du zu Robert kommst. Ich komme schon zurecht.“

Sie ging in die Küche zurück und machte sich ein wenig Gewissensbisse, daß sie ihn allein ließ.

Die „Mühle“, ein großes, zweigeschossiges Gebäude, das aus einer richtigen Mühle zum Restaurant umgebaut worden war, erfreute sich bei den Leuten von der Uni großer Beliebtheit. Jenny und Rob Greiner saßen an der Bar und warteten, bis ein Tisch frei wurde. Im Spiegel über der Bar fiel Jenny George Devotos bärtiges Gesicht auf. Er schlenderte vorbei, wohl auf der Suche nach einem freien Barhocker; sein Blick war wachsam, als fürchtete er, erkannt zu werden. Sie drehte sich um und sagte fröhlich: „Guten Abend, George!“

Er sah sie an und sagte kein Wort.

„Tun Sie nicht so, als ob Sie mich nicht kennten“, sagte sie und schlug gleich diesen begütigenden Ton an, zu dem sein Anblick sie unweigerlich verführte. „Ich glaube, ich muß Dr. Webster mal erzählen, wo Sie Ihre Abende verbringen.“

„Ich glaube kaum, daß ihn das interessiert“, brummelte Devoto. Er senkte den Kopf zu einem kurzen Nicken und verzog sich schnell.

„Wer war denn das?“ fragte Greiner.

„Paps' neuester Assistent. Er ist im Herbst gekommen, etwa um die Zeit, als du vom Rechenzentrum weggegangen bist.“

„Warum hast du ihn so aufgezogen?“

„Hab ich gar nicht“, protestierte Jenny. „Er ist nur ein hoffnungsloser Fall in puncto Konversation. Eigentlich ist er dir da ziemlich ähnlich, wenn du es darauf anlegst – allerdings glaube ich, daß er wirklich Angst vor Frauen hat.“ Sie seufzte theatralisch. „Und ich muß Freitag abend wieder die lustige Jennifer spielen. Paps hat ihn zum Abendessen eingeladen.“

Greiner sah sie lange an, die schwarzen Brauen herabgezogen. Er sieht gut aus, wenn er so ein Gesicht macht, dachte sie. Greiner war schlank und wirkte elegant, obwohl er immer nur Jeans und geblümte Hemden trug. Mit seinem fast schulterlangen Haar, seinem fernöstlich wirkenden Schnauzer und einem kurzen, ungestutzten Kinnbärtchen sah er ein bißchen wie Bob Dylan aus. Wenn sie etwas jünger gewesen wäre, fand Jenny, wäre sie vielleicht sofort auf ihn geflogen, was er allerdings wohl halb von ihr erwartete.

„Warum machst du das eigentlich alles mit?“ fragte Greiner. „Das hast du doch nicht nötig. Warum ziehst du nicht einfach aus?“

„Geht nicht . . . seit Paps den Herzinfarkt hatte . . .“

„Komm mir nicht damit.“

Sie wurde ärgerlich. „Ich bin ihm das schuldig. Er ist mein Vater.“

„Niemand ist irgend jemandem etwas schuldig! Hast du das noch immer nicht begriffen?“ Diese Bemerkung war typisch Greiner, trotzig und streitlustig.

„Das glaube ich nicht. Was wären wir denn, wenn wir uns immer nur um uns kümmerten?“

„Hör zu. Du mußt zuerst an dich selbst denken. Die alte Biertischweisheit stimmt schon: Man lebt nur einmal. Du mußt mitnehmen, was du kriegen kannst, sonst hast du am Ende umsonst gelebt.“

Sein Grinsen nahm den Worten die Schärfe, aber beim Essen kehrten Jennys Gedanken immer wieder zu Greiners Thesen zurück. Sie stimmten nur zum Teil. Die Menschen waren einander doch etwas schuldig. Selbst Menschen, die sich fern standen und nur rein zufällig miteinander zu tun hatten – wie sie und Arthur Prochaska.

Sie wartete bis zum Kaffee, bevor sie die Sache mit Prochaska zur Sprache brachte. Greiner hörte ihr mit gleichgültigem Lächeln zu, aber sie wußte, daß Computerprobleme ihn immer interessierten, wenn auch nicht die davon betroffenen Menschen. „Was hältst du davon?“ bohrte sie, als er weiter schwieg. „Wie kommt es, daß die Korrektur nicht angenommen wurde?“

Greiner zuckte mit den Achseln. „Das soll Del Thomas doch rauskriegen."

„Schön, ich weiß, Thomas hat dich rausgeschmissen, und nun freut es dich, daß er in der Luft hängt und zu zappeln anfängt. Aber betrachte es mal als mein Problem, nicht seins."

Greiner runzelte die Stirn. Endlich sagte er: „Da hat sich irgend jemand für einen Witzbold gehalten. Derjenige wird es natürlich jetzt nicht zugeben – das kann er im Augenblick nicht. Aber für mich sieht es so aus."

„Könntest du das für weniger schlaue Leute etwas näher erklären?"

„Jemand im Computerraum hat sich ein Spielchen erlaubt. Das ist nichts Neues, das kommt alle Tage vor. Aber diesmal ist es schiefgegangen. Wahrscheinlich wäre der Alte ja sowieso gestorben. Aber es sieht so aus, als hätte da einer mit dem Stromrechnungsprogramm herumgespielt. Jeder in diesem Raum könnte dein Codewort und deine Kennummer benutzt haben . . ."

„Die habe ich doch niemandem gesagt!"

„Brauchst du auch nicht. Die meisten kannte ich selbst, auch deine. Manche von diesen Spaßvögeln können sich die ihren nämlich nicht merken. Sieh dich nur mal um. Manchmal kleben sie am Terminal. Bei den übrigen kannst du sie auch herauskriegen, wenn du sie lange genug beobachtest. Außerdem gibt es Mittel und Wege, solche Informationen aus dem System selbst herauszuholen."

„Aber wenn jemand eine Veränderung vorgenommen hätte, müßte die doch irgendwo gespeichert sein. Ich finde nur keine!"

„Wenn er's richtig gemacht hat, wirst du auch keine finden. Jemand könnte eine Korrektur eingegeben und den Computer angewiesen haben, diese Information sofort wieder zu löschen. Ganz einfach."

Sie war erschüttert. „Und warum sollte einer das tun? Du sprichst von Leuten, die ich kenne, Rob."

„Ich verlange ja nicht, daß du's mir glaubst. Ich sage nur, daß es so gewesen sein kann. Außerdem konnte der Betreffende nicht wissen, daß der alte Mann erfrieren würde." Er überlegte. „Sind noch mehr solcher Pannen passiert?"

„Nein . . . wenigstens nicht daß ich wüßte."

„Dann war's ein Einzelfall. Der Übeltäter hat seinen Spaß gehabt, aber nach dem, was passiert ist, wird er's nicht noch mal versuchen. Oder sie."

„Sie?"

„Warum nicht? Kann doch jeder gewesen sein. Jeder x-beliebige.

Sogar jemand an einem der Außenterminals, oder sogar unser umsichtiger Freund Carl."

„Carl MacAdam, der Assistent von Thomas? Du machst Witze."

„Nicht bei so was. Ich gebe zu, daß MacAdam keinerlei Sinn für Humor hat, aber es kann eben doch jeder gewesen sein." Greiner sah sie lauernd an. Er fand, daß sie eine gewisse Ausstrahlung besaß, die jede andere Frau im Raum in den Schatten stellte. „Was hältst du davon, wenn wir zu mir nach Hause gehen?"

„Das Thema haben wir doch längst ausdiskutiert, Rob."

„Was stimmt denn an mir nicht? Ich bin nicht unbedingt häßlich."

Sie lächelte wehmütig. „Das war David auch nicht."

„Erzähl mir jetzt nicht die Geschichte von deinem vermißten Mann. Die kenne ich schon auswendig."

„Als ob du dich je dafür interessiert hättest! Du hast doch kein Herz, das hast du sogar selbst gesagt. Höchstens eine Maschine in der Brust, die Blut pumpt."

„Jawohl!" triumphierte Greiner, als sei jetzt seine große Stunde gekommen. „Mehr habe ich nicht, und du auch nicht. Mehr hat überhaupt niemand. Das versuche ich dir ja die ganze Zeit klarzumachen."

Sie schüttelte eigensinnig den Kopf. „So einfach ist das nicht, Rob. Man kann nicht immer hingehen und sich nehmen, was man kriegen kann. Dieser alte Mann zum Beispiel, der letztes Wochenende in seinem Haus gestorben ist, weil sich niemand um ihn gekümmert hat – irgendwie fühle ich mich doch mitschuldig."

„Du bist ein hoffnungsloser Fall. Ich weiß gar nicht, warum ich's bei dir immer noch versuche."

„Vielleicht fühlst du dich in diesem Fall auch ein wenig mitschuldig", antwortete sie lachend. Aber dann wurde sie rasch wieder ernst. „Würdest du mir einen Gefallen tun, Rob, ob du ihn mir nun schuldest oder nicht?"

Seine Antwort fiel vorsichtig aus. „Vielleicht."

„Denk mal über den Fall Prochaska nach. Wenn es keiner vom Rechenzentrum war, wer dann? Was kann da passiert sein?"

Er schwieg eine Weile, bevor er widerwillig antwortete: „Ich werde darüber nachdenken. Weil du's bist. Aber mehr auch nicht."

EDDIE HAMILTON und Joe Martinez saßen in der Cafeteria des Kreiskrankenhauses von Hollister beim Kaffee. Hamilton war Medizinstudent und arbeitete hier halbtags als Krankenpfleger. Martinez, ein dunkelhäutiger, untersetzter Mann mit gezwirbeltem Schnurrbart und glänzendem schwarzem Haar, war Assistenzarzt.

„Da ist er schon wieder“, sagte Martinez mit einem Blick aus dem Fenster.

„Wer?“

„Dieser Lieferwagen auf dem Ärzteparkplatz. Keiner vom Personal hat so ein Ding, und er besetzt unsere Parkplätze. Heute abend mußte ich schon auf den Besucherparkplatz ausweichen.“

„Es wird wohl einer sein, der seine Frau im Krankenhaus besucht“, meinte Hamilton leichthin. „Oder meinen Sie, es ist ein geisteskranker Bombenleger?“

„Na schön, vielleicht irre ich mich.“ Martinez blickte sichtlich ungeduldig nach den Fahrstühlen.

Hamilton schob seine leere Tasse fort und sah auf die Uhr. „Ich muß meinen Besen schwingen. Kommt Maggie heute nicht?“

„Sie wollte es versuchen. Eigentlich darf sie ja ihren Platz am Computerterminal nicht verlassen, aber es ist die einzige Möglichkeit für uns, uns mal schnell guten Tag zu sagen. Wir könnten ja gleich auf zwei verschiedenen Planeten leben.“

„Sie werden ja nicht immer Nachtdienst haben“, sagte Hamilton mitfühlend. Er stieß seinen Stuhl zurück, gerade als eine junge Krankenschwester aus dem Fahrstuhl trat. „Dann will ich euch zwei Verliebte mal allein lassen.“

Martinez' Laune besserte sich, als Maggie Henderson zwischen den Tischreihen auf ihn zukam. Sie setzte sich auf den Stuhl, den Hamilton eben geräumt hatte – atemloser, als die schnelle Fahrt mit dem Aufzug aus dem sechsten Stock es gerechtfertigt hätte. „Ich kann nicht lange bleiben“, flüsterte sie. „Du weißt ja, ich darf nicht weg, wenn Junior in Betrieb ist...“ Sie sah in Martinez' sanftbraune Augen und fühlte, wie ihr Herz den wohlvertrauten Satz machte. In den nächsten zwanzig Minuten dachte sie nicht mehr an Junior, ihr unbewachtes Terminal.

Der Name stand handgeschrieben auf einem Stück Klebeband am Terminal: Junior. Der Eindringling hatte nicht einmal ein Lächeln dafür übrig. Die Operatorin hatte es wieder einmal unterlassen, das Gerät abzuschalten. Diese Unterlassung war ihm sehr gelegen gekommen, als er sich zum erstenmal über dieses Terminal Zugang zum Rechenzentrum verschafft hatte. Er brauchte nur noch die Dateneingabe über die offene Leitung fortzusetzen. Codewort und Kennummer der Operatorin hatte er dadurch bekommen, daß er einfach um Wiederholung der bisherigen Eingaben gebeten hatte. Der Computer war nicht darauf programmiert, in solchen Fällen das Codewort zu unterdrücken, so daß er nun nicht einmal mehr auf eine offene Leitung angewiesen war.

Er tippte seine Frage ein. Auf dem Datensichtgerät erschien unverzüglich die Antwort.

SYSTEM IN BETRIEB. IHRE BENUTZUNGSZEIT BEGINNT IN 2 MINUTEN 28 SEKUNDEN. DERZEITIGE REIHENFOLGE:
1. IMMATRIKULATION UNIVERSITAET HOLLISTER
2. AVL
3. KREISKRANKENHAUS HOLLISTER

Der Eindringling wartete, denn er stand bereits an dritter Stelle. Sein Herz schlug schneller. Er hatte Glück. Er konnte gleich zwei wichtige Eigenschaften des Hollister-Systems auf einmal ausnutzen. Zum einen war dies das Benutzungszeitprogramm, ein Dienst am Kunden, der dem Benutzer mitteilte, wer gerade dran war und wie lange er warten mußte. Dadurch hatte er wertvolle Informationen darüber erhalten, welche Programme im Augenblick liefen und wie lange. Zum andern wurde der Kurzspeicher für das unmittelbar vorher abgelaufene Programm nicht sofort gelöscht, so daß der nächste Benutzer die Möglichkeit hatte, zumindest die letzte Seite der zuletzt eingegebenen Daten zu lesen.

Der Eindringling bat um eine Wiederholung seiner eigenen Eingabe. Mit ihr bekam er auch, was er wollte: einige Daten aus dem Programm des AVL, des Automatischen Verkehrsleitsystems von Hollister.

Mittwoch, 2. Februar, 8.00 Uhr

Heute war der Tag, an dem Ralph Lambert es in der Welt zu etwas bringen sollte. Die Textilfirma Banner stellte einen neuen Vertriebsdirektor ein. Er war überzeugt, daß die Vorgespräche gut ausgefallen waren. Seine Verkaufstätigkeit hatte Lambert zu einem guten Menschenkenner gemacht, und er war sicher, daß die Leute, die bei Banner das Sagen hatten, angenehm von ihm beeindruckt waren.

Natürlich hatte der Personalchef von Banner seine Vergangenheit unter die Lupe genommen, das taten schließlich alle großen Firmen, wenn sie eine Führungskraft einstellten. Bei der Kreditauskunft hatte man sich erkundigt, ob er Geldprobleme hatte. Seine Gesundheit und alles hatte man durchleuchtet. Lambert wußte genau, welches Bild sich aus alledem ergab. Keine ernst zu nehmenden Schulden außer der

Hypothek auf seinem neuen Haus am Sunset Circle Drive. Fünfzehn Jahre bei seiner letzten Firma. Verheiratet, drei Kinder. Ein grundsolider, verläßlicher Mann.

All dies ließ er sich an diesem Morgen beim Rasieren durch den Kopf gehen. Er fühlte Überschwang und Tatendurst in sich. Zehn Tage hatte man ihn seit seinem letzten Gespräch mit Lew Wallerstein, dem Firmenchef, warten lassen. Dann hatte ihn Bud Taylor, sein Golfpartner, der ihm den Tip mit der offenen Stelle gegeben hatte, angerufen und für heute, ein Uhr, diesen Termin mit ihm vereinbart. Lambert war sicher, daß man ihm die Stelle bei Banner anbieten würde.

MITTAGS herrschte starker Andrang in der Kantine des Rechenzentrums. Michael Egan setzte sich, nachdem er kein bekanntes Gesicht gesehen hatte, an eines der kleinen Tischchen bei den Fenstern. Als er einen Augenblick später aufsah, stand Jennifer Tyson vor ihm. „Darf ich mich zu Ihnen setzen?"

„Fragen Sie das im Ernst? Davon träume ich schon lange."

Sie setzte sich auf den Stuhl gegenüber, und sie sprachen planlos übers Wetter, die Aussichten auf weiteren Schnee, den Kaffee. Sie war überrascht, als sie hörte, daß er am Terry-See in solcher Abgeschiedenheit lebte. Diese Enthüllung veranlaßte sie, ihn sich etwas näher anzusehen.

Egan hatte eine kräftige, sportliche Figur, wie bei seiner FBI-Vergangenheit nicht anders zu erwarten war. Als sie ihm gestern vor Del Thomas' Büro begegnet war, hatte sie festgestellt, daß er größer war, als er von fern wirkte, etwa einsachtzig. Sein Haar war dunkelblond, seine Augen braun, sein Blick ruhig.

Sie merkte, daß Egan sie neugierig betrachtete. „Herzlichen Glückwunsch, Mrs. Tyson", sagte er. „Sie haben mich noch nicht gefragt, ob ich schon einmal den Wetterfröschen nachspioniert oder das Liebesnest eines Abgeordneten angezapft habe."

„Werden Sie so was oft gefragt?"

„Es ist zur Zeit große Mode. Ich war mal beim FBI. Früher hat man immer nach Hoover gefragt, unserem damaligen Boß. Heute…, sagen wir, unser Ruf hat ein bißchen gelitten. Aber darüber wollten Sie ja nicht mit mir reden."

„Hat man mir's so deutlich angesehen?" Während er sprach, versuchte sie ihn abzuschätzen und erkannte, daß diese Augen, die sie so offen ansahen, in Wirklichkeit wenig preisgaben. Er war ein Mann, der sich fest in der Gewalt hatte, und das gab ihr Mut. „Sie haben recht, ich wollte mit Ihnen über etwas sprechen. Es hat mit der Sicherheit zu tun. Darum habe ich mir Sie ausgesucht."

„Schade", sagte er mit einem spöttischen Seufzer. „Vielleicht klappt's das nächstemal..."

Sie lächelte nicht. „Gibt es irgendeine Möglichkeit, daß jemand in den Computerraum hineinkommen könnte, der da nichts zu suchen hat?"

„Möglich ist alles, aber ich würde sagen, nein. Erstens käme ein Außenstehender nicht hinein, ohne durch die Mausefalle zu müssen. Da sitzt man fest, bis man von drinnen eingelassen wird, und wir führen über jeden Buch, der hinein- und wieder hinausgeht. Jeder, der Zutritt erhält und nicht zu den Mitarbeitern gehört, wird fotografiert. Die Fotos kommen in eine Akte."

„Es kommen also gelegentlich Besucher hinein?"

„Ja. Aber immer nur in Begleitung. Meist übernimmt das Carl MacAdam, Thomas' Assistent. Und wenn der verhindert ist, wird jemand anders damit beauftragt." Er überlegte kurz. „Unter uns, das System hat schon eine Schwachstelle. Die Überwachung all dessen, was im Computerraum selbst vor sich geht, ist nicht gerade perfekt. Warum fragen Sie?"

Die Frage kam so plötzlich, daß sie momentan in Verlegenheit geriet. Sie hatte von Anfang an gewußt, daß sie ihr ungutes Gefühl nicht einleuchtend begründen konnte, und sie wollte sich nicht gern lächerlich machen. Aber dann dachte sie: Sollen sie doch von dir denken, was sie wollen. Und sie erzählte ihm die Geschichte mit Art Prochaska. „Der springende Punkt ist, daß die Berichtigung eingegeben wurde, so daß es unerklärlich ist, wieso dem alten Mann der Strom abgeschaltet wurde."

„Sofern sich nicht jemand unbefugt Zugang zu dem Programm verschafft und die Korrektur wieder aufgehoben hat. Wollen Sie das sagen?"

„Ja, so ungefähr."

„Haben Sie schon mit Thomas darüber gesprochen?"

Sie lächelte gequält. „Er meint, da muß jemand einen Fehler gemacht haben."

„Wie steht's denn mit dem Computer? Der kann doch sicher auch Fehler machen?"

Jenny Tyson schüttelte den Kopf. „Nein. Computer können das buchstäblich nicht. Ein Programmierer kann vielleicht einmal ein schlechtes Programm schreiben, ein Operator kann eine falsche Eingabe machen – sogar den Ingenieuren kann ein Fehler unterlaufen sein. Aber nicht dem Computer selbst. Wenn kein Mensch einen Fehler macht, gibt der Computer immer die richtige Antwort."

„Aber immerhin kommt es auch zu Materialfehlern, zum Beispiel durch Überhitzung."

„Ja, das passiert gelegentlich", gab Jenny Tyson zu. „Aber das System überwacht sich selbst. Es registriert das geringste Versagen und schaltet sich dann sofort ab oder zeigt an, daß etwas nicht stimmt."

„Und diesmal zeigte er an, daß alles stimmte?"

„Ja. Ich weiß, wie sich das alles anhört, Mr. Egan..."

„Michael."

„Michael." Sie lächelte kurz. „Ich weiß, was Mr. Thomas denkt. Es hört sich so an, als ob ich nur mich selbst reinwaschen wollte. Fehler kommen immer mal vor, aber diesmal ist aufgrund eines Fehlers ein Mensch gestorben. Für die Fehlerdiagnose bin ich zuständig, und nun sieht es so aus, als ob ich versagt hätte und die Schuld von mir abwälzen wollte. So ist es aber nicht. Ich habe alles nachgeprüft. Ich habe mir die entsprechenden Daten ausdrucken lassen, und die Berichtigung ist einwandfrei eingegeben worden. Der Computer wurde mit der richtigen Information gefüttert, ein technischer Fehler lag nicht vor, aber die falsche Antwort ist herausgekommen. Und das", schloß sie, „ist unmöglich."

Egans Blick schweifte von ihr ab. Er glaubt mir auch nicht, dachte sie enttäuscht.

„Ich habe von der Prochaska-Geschichte gehört", sagte er. „Soviel ich weiß, wird er morgen beerdigt." Jenny schwieg. „Ich habe so wenig Ahnung von Computern", fuhr er fort. „Vielleicht können wir uns gegenseitig helfen."

„Heißt das, Sie werden eine Akte Prochaska anlegen?"

Michael Egan lächelte sie an. „Habe ich schon", sagte er.

Vor sechs Monaten war Egan noch Spezialagent bei der FBI-Außenstelle Los Angeles gewesen. Runde zehn Jahre hatte er beim FBI gearbeitet. Erst nach dem Tod des Chefs waren ihm einige Auflösungserscheinungen aufgefallen – Intrigen und Machtkämpfe zwischen den orthodoxen Hoover-Anhängern und den Vertretern einer unabhängigeren Richtung. Sein Glaube an das FBI geriet ins Wanken, und da wurde ihm klar, daß es Zeit für ihn wurde, den Dienst zu quittieren. Er glaubte noch immer an die Aufgaben des FBI und bewunderte die Männer, die dazugehörten. Letzten Endes war das alles ein menschliches Problem.

Wie Hoover selbst war auch seine Organisation fehlbar – und sterblich.

Er hatte nicht gerade den besten Zeitpunkt gewählt, sich einen neuen Job zu suchen. Der Wirtschaft ging es schlecht, und die Geschäftsleute blickten unsicher in die Zukunft. Als ihm die Stelle beim Rechenzentrum Hollister angeboten wurde – über den früheren Kollegen vom FBI –, hatte er ohne Zögern zugegriffen. Er verstand sich auf Papierkram und Menschen, Wachpläne und Budgets. Computer standen auf einem anderen Blatt.

Er fragte sich, ob er nicht doch damit überfordert war.

DATUM: 14. 1. 77 * ZEIT: 08.02
RZ/NR: L 1279863 * GEB/DAT: 03. 06. 35 * NAME: LAMBERT RALPH RICHARD
WOHNH: 1431 SUNSET CIRCLE DR HOLLISTER 95260
VORSTRAFEN:
ALKOHOL AM STEUER/DAT: 02. 01. 72 * VERURTLG/DAT: 05. 02. 72
VERKEHRSGEFAEHRDG/DAT: 11. 05. 73 * VERURTLG/DAT: 01. 07. 73
ALKOHOL AM STEUER/DAT: 15. 11. 76 * VERURTLG/DAT: 17. 12. 76
ALKOHOL AM STEUER/DAT: 01. 01. 77 * LFD VERF
FAHRZ/KENNZ: SOR 026
UNFAELLE: 11. 05. 73 * 01. 01. 77 * VERLETZTE: 02

„Was heißt denn das?" fragte Ralph Lambert ungläubig. „Soll das ein Witz sein?"

„Hier lacht aber keiner, Ralph", sagte Bud Taylor. „Der Fall ist klar. Wie sind Sie nur auf die Idee gekommen, das verheimlichen zu wollen?"

Lambert starrte den Computerausdruck an, den Taylor ihm herübergereicht hatte. „Moment mal . . ."

„Nein, jetzt hören Sie mal einen Moment zu." Taylors Gesicht war alles andere als freundlich. „Ich habe mich für Sie eingesetzt. *Mir* hätten Sie das wenigstens sagen können. Vielleicht hätten wir es noch irgendwie deichseln können, wenn Sie Ihre Karten offen auf den Tisch gelegt hätten."

„Bud, können Sie mir mal kurz zuhören? Das ist verrückt. Ich habe noch nie im Leben wegen Alkohol am Steuer vor Gericht gestanden!"

„Ach, hören Sie doch auf!" rief Taylor ungehalten. „Hier steht es schwarz auf weiß!"

„Aber es stimmt nicht!" Lambert war aufgesprungen, seine Stimme zitterte vor Erregung. „Bud, Sie kennen mich. Haben Sie mich jemals richtig betrunken erlebt? Hier liegt irgendein Fehler vor, eine Verwechslung."

„Keine Verwechslung." Aber auf Taylors Stirn zeigte sich eine Falte des Zweifels. „Sie bleiben dabei, ja?"

„Natürlich bleibe ich dabei!" Lamberts Zorn machte zunehmend der Verzweiflung Platz. „Bud, hier geht es um mein Leben. Diese Prozeßtermine..., ich kann beweisen, daß ich da nie vor Gericht gestanden habe."

„Nun mal mit der Ruhe, Ralph. Setzen Sie sich. Vielleicht gibt es noch eine Chance. Wenn Sie die Wahrheit sagen..."

„Ich sage die Wahrheit", seufzte Lambert, plötzlich erschöpft.

„Na schön, ich will nicht so tun, als hätte das nicht gesessen. Aber Wallerstein ist ein vernünftiger Mann. Mal sehen, was ich tun kann."

Ralph Lambert fühlte sich wie gelähmt. Er wußte, daß Taylor sein Bestes tun würde. Mußte er ja, denn seine eigene Urteilsfähigkeit stand schließlich in Frage. Aber das ist doch unglaublich, dachte er. Irgendeine Maschine spinnt, macht einen einzigen dummen Fehler, und zwanzig Jahre harter Arbeit wären einfach weggewischt. Wie konnte so etwas passieren?

Am Mittwochabend um zweiundzwanzig Uhr einunddreißig saß Maggie Henderson vor ihrem Terminal im Kreiskrankenhaus von Hollister und tippte die neuesten Daten in die Tastatur. Das meiste davon waren normale Krankengeschichten, darunter auch Material, das die Öffentlichkeit interessierte wie Angaben über ansteckende Krankheiten. Der Computer war darauf programmiert, alle Daten, die Rückschlüsse auf Personen zuließen, zu unterdrücken und nur die gewünschten statistischen Angaben an die zuständigen Behörden wie das Gesundheitsamt und die neugeschaffene Zentrale Medizinische Datenbank weiterzuleiten. Maggie hielt mit der Arbeit inne und sah auf die Uhr. Joe saß jetzt sicher in der Cafeteria und wartete auf sie.

Sie hatte ihm gesagt, daß sie heute abend vielleicht nicht kommen könne. Sie konnte sich nicht immerzu von der Arbeit davonstehlen. Ihre Arbeitszeit wurde ihr vom Rechenzentrum zugewiesen. Letztes Mal hatte sie es sogar versäumt, die Verbindung zu unterbrechen, und nun mußte das Krankenhaus die beanspruchte Computerzeit bezahlen, obwohl der Computer gar nicht benutzt worden war. Aber sobald sie an Joe Martinez dachte, war es aus mit allen vernünftigen Gedanken. Sie mußte ihn sehen. Diesmal dachte sie aber wenigstens daran, sich auszublenden.

Der Eindringling verlangte nach Akte Nummer 382-ELC. Dann wartete er. Solche Anfangsbuchstaben waren immer ein Risiko. Warum ging er es ein? Er schob die Frage mit arrogantem Selbstvertrauen beiseite.

Die Akte, die er angefordert hatte, war rein fiktiv, und die Antwort des Computers kam automatisch. Er wartete, bis der Computer seine Speicher nach 382-ELC abgefragt hatte. In Sekundenschnelle erschien die Antwort auf dem Bildschirm:

AKTE EXISTIERT NICHT.

Der Eindringling antwortete höflich:

PARDON, IRRTUM MEINERSEITS. ERBITTE SPEICHERAUSZUG FUER KORREKTUR.

Der Speicherauszug – der Ausdruck des gesamten Informationsprogramms des Krankenhauses – kam fast unverzüglich. Während er schnell das letzte Blatt überflog, jubelte er innerlich. Diesmal hatte er Gold gefunden. Ohne rückzufragen, hatte das System ihm eine Aufzeichnung seiner eigenen vergeblichen Suche in den Magnetspeichern nach der „fehlenden" Akte gegeben, nach der er kurz zuvor gefragt hatte. Die willkürlichen Daten, die bei so einer Suche zum Vorschein kamen, nannte man „Abfall", aber der Eindringling wußte, wieviel Wertvolles er darin finden konnte, wenn er den Müll durchsiebte. Aktenstandorte, Datensequenzen, Benutzerzeiten. Sogar Personenkennummern.

Improvisieren, improvisieren. Er würde nehmen, was sich ihm bot. Hier eine Änderung eingeben, da ein Codewort stehlen, dort falsche Daten einfügen oder Programminstruktionen ändern. Er würde sie schlagen, wo er sie nur traf. Er würde es so machen wie ein Rudel Delphine, das einen Hai so lange jagte, bis er so rasend war, daß er sich ins eigne Fleisch biß.

DONNERSTAG, 3. FEBRUAR, 9.00 UHR

AN DIESEM MORGEN saß Michael Egan mit Tom Ames, dem Sicherheitsdirektor der Universität Hollister, bei Kaffee und Gebäck. Ames war ein ehemaliger New Yorker Polizist. Zwar war das Rechenzentrum für seine innere Sicherheit selbst zuständig und lag somit nicht in Ames' Aufgabenbereich, aber Egan legte Wert darauf, wenigstens einmal die Woche mit ihm zusammenzukommen. Irgendwann würden sie einander vielleicht brauchen. Im Augenblick hatte Ames jedoch andere Sorgen als das Rechenzentrum.

„Drei Vergewaltigungen letzten Monat", sagte Ames. „Jede Woche eine, bis auf letzte Woche. Die Uni steht kopf."

„Meinen Sie, es ist immer derselbe Täter?"

„Es sieht ganz danach aus."

„Warum dann vorige Woche nichts? Ist er da in Deckung gegangen?"

„Ganz einfach. Es sind Semesterferien, da ist er daheim bei seinen Leuten."

„Das heißt, Sie vermuten ihn unter den Studenten?"

„Wo denn sonst? Es ist einer, der sich hier auskennt. Ich habe nicht die Leute, um das ganze Universitätsgelände zu überwachen, darum setze ich jetzt Studentenstreifen und Begleitdienste ein. Kein Mädchen soll irgendwohin allein gehen." Ames seufzte. „Das nützt dieser einen natürlich nichts mehr. Er hat sie sich im Flur ihres Studentenwohnheims geschnappt."

„In ihrem eigenen Wohnheim?" fragte Egan überrascht.

„Ja, und sie dann in den Keller geschleppt."

„Wo hat er die beiden anderen angegriffen?"

„Eine in der Bibliothek, hinten im Magazin. Da hatten wir schon immer Probleme mit der Sicherheit. Das andere Mädchen unter freiem Himmel. So ein kleines Ding, das sogar noch zuviel Angst hatte, um zu schreien. Es war am späten Nachmittag, einer relativ ruhigen Tageszeit, da hat er sie hinter die Garagen in der Südwestecke des Geländes geschleppt. Das war ganz schön riskant für ihn, am hellichten Tage."

„Kann ihn keines der Opfer beschreiben?"

Ames schüttelte den Kopf. „Vielleicht könnte die letzte es, aber sie ist noch viel zu sehr durcheinander, um darüber zu reden. Die in der Bibliothek hat er von hinten gepackt und ihr gleich den Pullover über den Kopf gezogen. Und die im Wohnheim konnte sein Gesicht schlecht erkennen, weil alles zu schnell ging und er im Keller das Licht ausgemacht hat. Sie weiß nur, daß er nicht allzu groß war und einen Bart hatte." Ames reichte Egan eine Phantomzeichnung von einem jungen Mann mit dunklem Haar und schwarzem Bart. Das Bild paßte auf mindestens tausend Studenten der Universität Hollister.

„Ich behalte das mal", sagte Egan. „Wahrscheinlich wird er's noch mal versuchen."

„Er kann wahrscheinlich nicht anders." Ames leerte seine Tasse. „Wie sieht's bei Ihnen aus, Mike? Gibt's da irgendwelche Probleme?"

„Nicht solche wie bei Ihnen."

„Ich beneide Sie um diesen Posten nicht, das steht mal fest. Diese Computer – irgendwo stecken wir da alle drin, nicht? Jeder einzelne." Ames schüttelte den Kopf. „Ich weiß wenigstens, womit ich es zu tun habe."

An diesem Nachmittag hatte James Conway eine Besprechung mit dem Arbeitskreis Fußgängerzone, dem auch Stadtrat Jay Burton angehörte. Burton war besonders kampflustig gestimmt, und die Sitzung artete in ein Wettbrüllen aus. Conway vertagte die Sitzung – gegen Burtons Einspruch. „Was hat er nur?" fragte Conway hinterher Kenny Nance.

„Burton ist nun mal Burton. Das heißt, er steht noch immer gegen Sie im Wahlkampf."

Conway zuckte ärgerlich mit den Achseln. Jay Burton war eine Plage, aber im Augenblick war er nicht sein eigentliches Problem. „Haben Sie mit den Leuten vom Rechenzentrum noch einmal über die Sache Prochaska gesprochen?"

„Ich habe mich mit Del Thomas unterhalten, dem Direktor. Und mit dem neuen Sicherheitsdirektor, Egan. Thomas ist ein eingebildeter Pinsel, aber Egan scheint in Ordnung zu sein. Soviel ich verstanden habe, läßt sich schwer feststellen, wer schuld ist. Angeblich sind die richtigen Daten eingegeben worden. Nur was rauskam, war nicht richtig. Sie versuchen noch herauszufinden, warum. Liegt Ihnen das noch immer auf der Seele?"

„Prochaska ist heute morgen beerdigt worden, das liegt mir auf der Seele."

„Machen Sie doch einfach mal einen Abend blau", riet Nance. „Tun Sie, was alle schönen Leute zu Hause tun."

„Fangen Sie nicht auch noch an."

Nance grinste. Die Einwohnerschaft nannte ihren Bürgermeister und seine junge Frau nicht ohne Stolz das „schöne Paar" von Hollister. Dabei war Conway, auch wenn er schlank und drahtig war und sich in Form hielt, kaum schön zu nennen. Aber Toni, seine Frau, war schön.

Nance meinte: „Eine Frau, die so gut aussieht wie Toni, sollte man nicht oft allein lassen."

„Kenny, jetzt hatten Sie einmal eine gute Idee."

Ein paar Stunden später erinnerte Conway sich wieder an Nance'

Worte, als er seiner schönen Frau ins Gesicht sah, das jetzt halb unter ihrem schwarzen Haar verborgen war. Vielleicht, dachte er, hat Nance mit dem, „was die schönen Leute tun", etwas anderes gemeint, aber für den Anfang war's nicht schlecht.

Ermattet von der Liebe, lagen sie eng umschlungen und genossen es einfach, sich so nah zu sein. Verspielt fuhr Toni ihm mit einer Fingerspitze über die Lippen, zeichnete ihre Konturen nach. „Wenn deine Wähler dich jetzt sehen könnten! Was würde dein Freund Burton wohl tun, was meinst du?"

„Hoffentlich sagst du's ihm nicht. Oder den andern."

„Warum nicht?"

„Weil sie so schon neidisch genug auf mich sind. Besonders Jay Burton. Es heißt ja, er hat ein Auge auf Frauen."

„Was, wirklich? Dieser scheinheilige Patron! Er hat übrigens auch ein Auge auf deine Computer."

Conway drehte den Kopf auf dem Kissen und sah sie lange an. „Das sind nicht meine Computer. Aber wieso kommst du darauf?"

„Ich habe ihn in den Nachrichten reden hören . . . von diesem alten Mann, der am Wochenende gestorben ist. Bei ihm klingt es so, als ob das alles deine Schuld wäre."

„Er ist eben ein Politiker. Klappern gehört zum Handwerk."

Das Telefon klingelte. Zuerst mochten sie sich gar nicht rühren. Anrufe um diese Zeit bedeuteten gewöhnlich Ärger. Schließlich löste er sich aus ihrer Umarmung und griff nach dem Hörer.

Toni konnte die dünne, rasselnde Stimme im Apparat hören, aber die meisten Worte verstand sie nicht. Die Stimme klang erregt. Sie beobachtete Conways Reaktion. Er schien zur Statue zu erstarren. „Das ist infam", sagte er nur.

Toni hörte den Anrufer sagen: „Und wie. Ich glaube, da hat es einer auf Sie abgesehen."

„Was werden Sie damit anfangen?" Es folgte ein kurzes Schweigen, dann eine knappe Antwort. Conway sagte: „Danke. Das wäre mir sehr lieb."

Als er auflegte, sah Toni ihn besorgt an. Sie hatte Angst, ohne zu wissen, warum. Sie hatte sein Gesicht noch nie so kalt und hart gesehen. „Wer war das?" fragte sie nervös.

„Ein Redakteur der *Hollister Times.*" Sein Blick war unpersönlich, abwesend. „Jemand hat ein Vorstrafenregister in die Finger bekommen und eine Kopie an die *Hollister Times* geschickt. Der Mann, der mich angerufen hat, Greenberg – das ist der Redakteur für Politik –,

wird keinen Gebrauch davon machen, aber er meint, ich sollte Bescheid wissen. Er weiß nicht, ob noch jemand anders eine Kopie bekommen hat."

„Aber was hat das mit dir zu tun? Ist es... einer von deinen Mitarbeitern?"

Er sah sie nur an und antwortete nicht. Sie glaubte, wenn sie jetzt mit dem Finger über seine Lippen führe, würde sie sich daran schneiden.

„Wer ist es?" fragte Toni. Ein dumpfes Angstgefühl blähte sich in ihrer Brust wie ein Ballon. „Jim, was ist das für ein Vorstrafenregister?"

„Es geht um ein Sittlichkeitsdelikt", antwortete Conway ausweichend.

„Jimmy! Ist es jemand, den ich kenne? Sag mir doch, was los ist."

Er betrachtete sie wieder eine Weile, bevor er nur kurz den Kopf schüttelte. Sie fühlte sich ausgeschlossen, aber sie sagte sich schnell, daß er wohl nur etwas Häßliches von ihr fernhalten wollte – und das akzeptierte sie.

Ein wenig später schlief sie, den Kopf an seiner Schulter, nicht ahnend, daß er immer noch wie erstarrt neben ihr lag und keinen Schlaf fand.

DAS Kaufhaus Grayson war in Hollister eine Institution. 1910 gegründet, konservativ und auf Qualität bedacht, verdankte es seinen Erfolg weitgehend der Devise, daß der Kunde immer recht hat. Wenn man bei Grayson etwas gekauft hatte und nicht zufrieden damit war, konnte man es zurückbringen, auch noch einen Monat später.

Laurence Grayson, der Enkel des Gründers, war der gegenwärtige Direktor. Er hatte ein paar Neuerungen eingeführt, unter anderem die Aufstellung eines IBM-Computers. Dieser war so programmiert, daß er fast die gesamte Verwaltungsarbeit des großen Kaufhauses erledigen konnte. Das Rechnungswesen war voll automatisiert, der Computer bewältigte alle Arbeitsgänge von dem Augenblick, in dem die Kreditkarte eines Kunden in das Terminal an der Kasse gesteckt wurde, bis zur Versendung der Monatsrechnung. Praktisch bekam niemand mehr irgendwelche Informationen zu Gesicht.

An diesem Freitag gingen die Monatsrechnungen hinaus wie gewöhnlich. Es sollte bis Montag dauern, bis die ersten Beschwerden kamen.

James Conway verließ kurz vor acht das Haus. Toni stand im Flur, schlank und zart in ihrem blauen Morgenmantel, und hob ihm die Lippen entgegen. Er gab ihr einen flüchtigen Kuß und wandte sich schnell ab. Auf der Fahrt zum Rathaus dachte Conway an nichts anderes mehr als an Tonis Lippen, die sich ihm entgegenreckten – ein Bild der Unschuld.

Er erinnerte sich, wie er sie kennengelernt hatte. Auf einer Party in Greenwich Village, obwohl sie damals, wie er später erfuhr, selten ausging. Sie war blaß vor Überarbeitung gewesen, unglaublich schön, elegant und zerbrechlich wie eine Figur aus feinstem Porzellan. Es hatte ihn wie unter Zwang zu ihr hingezogen. Wer mochte sie sein, und warum war sie so reserviert? Es hieß, sie sei ein bekanntes Fotomodell, Antonia Wells, und sei in diesem Jahr schon auf sechs Titelblättern abgebildet gewesen. „Ein Eiszapfen", sagte jemand. „Da verschwenden Sie nur Ihre Zeit."

Aber sie waren miteinander ins Gespräch gekommen, und Conway hatte festgestellt, daß sie an Politik und Weltgeschehen interessiert war und wohldurchdachte Ansichten hatte.

Zuletzt hatte er sie angegrinst. „Und Sie sind angeblich das hirnlose Mannequin", sagte er.

„Wer sagt das?" fragte sie.

„Spielt ja keine Rolle. Offenbar kennt derjenige Sie nicht."

„Sie kennen mich auch nicht."

„Stimmt", entgegnete Conway, „aber das möchte ich ändern."

Die Erinnerung an dieses kühne Versprechen ließ ihn wieder an Herb Greenbergs Anruf denken. Er sträubte sich dagegen, mochte sich nicht die Einzelheiten dieses Vorstrafenregisters ins Gedächtnis zurückrufen, das der Journalist ihm vorgelesen hatte. Aber er konnte diesen Gedanken nicht mehr ausweichen – sowenig wie den vielen unbeantworteten Fragen, die seit Greenbergs Anruf über diese Frau, mit der er nun verheiratet war, aufgetaucht waren.

Herb Greenberg, ein Fünfziger mit traurigem Blick, kam kurz nach eins aufs Rathaus. Kaum war er mit dem Bürgermeister allein, reichte er ihm schweigend den großen braunen Umschlag, der ihm in sein Büro bei der *Hollister Times* geschickt worden war.

Conway riß ihn auf, zog den Computerausdruck heraus und las ihn. Als er wieder aufsah, erschrak Greenberg über den schmerzlichen Ausdruck in seinem Gesicht. „Wie haben Sie das bekommen?" fragte Conway.

„Mit der Post." Greenberg hatte eine sanfte, freundliche Stimme, die schon so manchen dazu verführt hatte, ihn zu unterschätzen. „Übers Rechenzentrum und an mein Büro adressiert. Sogar die Adresse ist vom Computer geschrieben.“ Er sah betroffen aus. „Ich wußte gar nicht, daß der Computer mich kennt.“

„Sie sind Steuerzahler“, sagte Conway. „Und Hausbesitzer. Das sind schon zwei Akten. Bei der Volkszählung sind Sie auch erfaßt worden. Sie haben eine Lebens- und Krankenversicherung, und das heißt, daß man Sie unter die Lupe genommen hat.“

„Von den Daten, die Sie da genannt haben, sind einige gar nicht hier registriert. Heißt das, man kommt trotzdem an sie alle heran?“

„Amtspersonen, ja.“ Conway sah noch einmal auf den Computerausdruck. „Daten über Straftaten sind eigentlich nur der Staatsanwaltschaft und Regierungsbehörden zugänglich. Aber in diesem Staat haben auch gewisse Leute, die kraft Kreistagsbeschluß dazu ermächtigt sind, Zugang zu geheimen Daten. Und damit natürlich auch deren Freunde.“

Greenberg ließ sich das langsam durch den Kopf gehen. „Wenn ich also ein Vorstrafenregister hätte, käme da jeder heran, der am richtigen Hebel sitzt?“

„So ist das Leben, Herb.“

„Noch eines“, sagte Greenberg. „Das Rechenzentrum würde doch von sich aus kein Vorstrafenregister verschicken. Jemand muß das angefordert haben. Können Sie sich denken, wer?“

„Nein.“

Greenberg nickte. Conway hatte bis jetzt noch keine Bitten an ihn geäußert. Das gefiel ihm an dem jungen Bürgermeister. Aber etwas mußte doch noch gesagt werden. „Wie ich Ihnen schon am Telefon erklärte, werden wir keinen Gebrauch davon machen. Es sei denn . . .“ Er zögerte. Es wollte ihm nicht leicht von den Lippen. „Wenn andere Medien, Fernsehen und so weiter, das in die Finger bekommen, müssen wir natürlich auch etwas darüber bringen.“

„Sie haben vermutlich noch eine Kopie?“

„Ja, aber die hat außer mir noch niemand gesehen, und es wird sie auch keiner sehen.“

Um sechs Uhr abends war Conway zum erstenmal seit Tagesanbruch allein. Sein Blick ging widerstrebend zum Telefon. Toni würde seinen Anruf erwarten.

Während er noch zögerte, streckte Jerry Devine, der Leiter des Rechnungsamts, den Kopf zur Tür herein. Ob Conway einen Augenblick Zeit habe?

Conway nickte. Devine war ein kleiner, adretter Mann, der leicht zu stottern anfing, wenn er erregt war. Er räusperte sich nervös. „W-wir haben ein P-problem. Ich weiß nicht genau, w-wie ich es ausdrücken soll... ich meine, es gibt k-keinen Sinn... Sie wissen, daß die neue M-müllverwertungsanlage anfängt, sich zu rentieren. Wir nehmen etwas, das bisher nur K-kostenfaktor war, und m-machen etwas V-verwertbares daraus, z-zum Beispiel das aufbereitete Altpapier. Aber es hat in letzter Zeit ein paar P-pannen gegeben. Die Anlage ist zu neunzig Prozent computergesteuert – man muß immerfort die T-temperatur und Feuchtigkeit und den Druck k-kontrollieren, und der C-computer ist ideal für die Überwachung der Armaturen..."

Conway rutschte unbehaglich auf seinem Stuhl herum. „Und wo liegt nun das Problem?"

„Letzte W-woche hat die Papierstraße zweimal verrückt gespielt. Sie ist programmiert, P-packpapier zu produzieren, aber heraus kommt T-toilettenpapier. Wir ertrinken in Toilettenpapier, das wir nicht b-brauchen."

Conway schwieg; seine dunklen Vorahnungen wurden immer mächtiger. „Der Computer der Anlage ist ans Rechenzentrum angeschlossen, nicht?"

„Stimmt. Das Rechenzentrum hält alles fest – Bestand, Aufträge und so weiter."

Conway fragte nachdenklich: „Haben diese Pannen wieder aufgehört?"

„Ja, aber das Komische ist, daß keiner feststellen konnte, wie es dazu gekommen ist. Die Anlage war programmiert, etwas Bestimmtes zu tun, und hat einfach etwas anderes getan."

Der Bürgermeister starrte ihn nur an. Wieder das Rechenzentrum.

Nachdem Devine gegangen war, rief Conway Kenny Nance zu sich. „Haben Sie's eilig, nach Hause zu kommen?"

„Heute abend hätte ich mir nur die Fernsehshow mit Johnny Carson angesehen. Sonst ist nichts."

„Ich möchte mit Ihnen über etwas sprechen. Fahren wir bei der ‚Mühle' vorbei – sie liegt am Weg."

In einer ruhigen Nische des Restaurants las Kenny Nance verwundert die zahlreichen Kürzel des computergedruckten Vorstrafenregisters, das der Bürgermeister ihm gegeben hatte. Was zum Beispiel fing man mit einer Zeile an, die lautete: VERHFTG BESITZ NARK? Offenbar Narkotika. Aber was für welche? Welche Menge? Unter welchen

Umständen? Und mit der folgenden Zeile, die sich fast zimperlich ausnahm: VERHFTG SITTL DEL: BEIH VERF MINDJ: VERURTLG 05.07.73: BEWHRG? Oder mit der: VERHFTG ERR OEFFTL AERG: 13.11.73: EINSTLLG MANG BEW?

„Dieser letzte Punkt dürfte gar nicht draufstehen“, bemerkte Nance. „Das Verfahren wurde eingestellt, weil die Beweise nicht ausreichten oder die Anklage auf schwachen Beinen stand.“

„Um Himmels willen, Kenny!“

Nance sah Conway an, und was er sah, erschütterte ihn. „He, sagen Sie bloß nicht, Sie glauben davon auch nur ein Wort!“

„Was soll ich glauben? Das ist keine Fälschung. Es kommt von den Justizbehörden des Staates New York – über unser Rechenzentrum.“

Nance explodierte. „Hören Sie mal, *Sie* sind mit Toni verheiratet, nicht ich – aber *ich* weiß, daß sie das nicht ist!“

Diese unerwartete Feststellung machte Conway so stutzig, daß er sein rundliches Gegenüber nur groß ansehen konnte. „Ich will es ja auch nicht glauben“, sagte der Bürgermeister, „aber . . .“

„Aber!“ Endlich hatte Nance seinen Goldjungen doch noch versagen sehen. „Wann haben Sie das alles erfahren?“

„Gestern abend. Greenberg hat mich zu Hause angerufen. Soviel ich weiß, ist er der einzige, dem man das geschickt hat – bisher wenigstens.“

„Das hätten Sie mir heute morgen schon sagen sollen. Weiß Toni davon?“

Conway schüttelte den Kopf. „Nein . . . Ich konnte es ihr nicht sagen.“

„Warum nicht? Sie ist Ihre Frau. Sie hätten es ihr sagen müssen.“

„*Sie* hätte es *mir* sagen müssen! Kenny, die Frau in dieser Akte wurde schuldig gesprochen.“

„Das kann man ja nachprüfen. Polizeidirektor Toland kann eine Anfrage durchgeben und die Antwort sofort bekommen.“

„Nein“, sagte Conway entschieden. „Der soll das nicht in die Finger kriegen.“

„Na schön. Dann spreche ich mal mit Egan vom Rechenzentrum. Er ist ein ehemaliger FBI-Mann und dürfte noch einige Verbindungen haben. Er kann die Sache nachprüfen, und ich glaube, er würde den Mund halten.“

„Setzen Sie sich mit ihm zusammen, Kenny.“ Conway ließ sich in die Lehne zurücksinken. Sein Gesicht war gequält.

Freitag, 4. Februar, 19.00 Uhr

George Devoto kam mit Verspätung bei Linus Webster an, der ihn für diesen Abend zum Essen eingeladen hatte. Gegen Abend war es bitter kalt geworden. Ein scharfer Wind trieb den Schnee wie eisigen Sand vor sich her. Devoto hatte sich tief in seine mit Lammfell gefütterte Jacke gehüllt und die Pudelmütze fast übers ganze Gesicht gezogen. Als Jennifer ihm öffnete, bemerkte sie verwundert die Eiszapfen an seinen Augenbrauen. In der Einfahrt sah sie keinen Wagen stehen. „Sind Sie zu Fuß gekommen?“ fragte sie überrascht.

Devoto trat ein. „Laufen ist gesund.“

„Bei dieser Kälte? Wo liegt denn Ihre neue Wohnung?“

„Keine zwei Kilometer von hier“, antwortete Devoto ausweichend. „Und heute abend habe ich die Karre sowieso meinem Zimmergenossen geliehen“, fügte er widerstrebend hinzu.

Sie fragte sich, plötzlich leicht belustigt, ob Devotos „Zimmergenosse“ nicht in Wirklichkeit eine Zimmergenossin war. Erklärte das seine Verschwiegenheit?

Der bärtige Gast war während des Essens wortkarg wie eh und je, erst beim Dessert taute er ein wenig auf, und Jenny stellte fest, daß er durchaus entschiedene Ansichten hatte. Vieles davon entsprach freilich der gängigen Anschauung der meisten amerikanischen Studenten nach der Watergate-Affäre. Seine Verachtung galt den Juden und Arabern im Nahen Osten, den Katholiken und Protestanten in Nordirland, den Politikern und Umweltschützern in Amerika. Alles, was irgendwie „groß“ war, war unten durch: das große Geschäft, das große Öl, sogar die großen Gewerkschaften.

„Sie urteilen zu allgemein, anhand zu weniger Beispiele“, sagte Linus Webster. „Das ist unwissenschaftlich, George.“

Halb lächelnd über den Kommentar ihres Vaters, fragte Jenny, was Devoto von Jimmy Carter halte. Er meinte, es spiele keine große Rolle, wer im Weißen Haus sitze. Jenny sah sich in die Rolle gedrängt, Carter verteidigen zu müssen, obwohl ihre eigene Meinung über ihn zwiespältig war. „Ein Präsident kann sich durchaus bemerkbar machen“, sagte sie. „Was sagen Sie zum Beispiel zur Amnestie für Wehrdienstverweigerer? Das hätte außer Carter niemand gekonnt.“

Devoto funkelte sie an. „Woher wissen Sie das?“ fragte er barsch.

„Was? Woher weiß ich was, George?“

„Daß ich einer war. Ein Wehrdienstverweigerer.“

„Was waren Sie?“

Devoto war mit der Reaktion, die er hervorgerufen hatte, offenbar zufrieden.

„Aber . . . davon hatte ich keine Ahnung!" begehrte Jenny auf. „Ich habe überhaupt nicht an Sie gedacht, als ich auf die Wehrdienstverweigerer zu sprechen kam. Nun, wenn Sie einer sind . . . ich meine, wenn Sie einer waren, sollten Sie Carter doch dankbar sein."

„Dankbar dafür, daß ich all die Jahre meines Lebens verloren habe?"

„Waren Sie im Ausland, George?" fragte Webster, ohne daß sein Ton irgendwelches Erstaunen über Devotos Enthüllung verriet.

„Die meiste Zeit, ja. In Kanada."

„War es nicht gefährlich für Sie, früher zurückzukommen – vor der Amnestie?"

„So gefährlich nicht, Dr. Webster. Die haben gar nicht mehr richtig nach mir gesucht."

Wenn Jenny den beiden so zuhörte, wurde Devoto ihr zum erstenmal fast sympathisch. „Jetzt ist das ja wenigstens vorbei", meinte sie.

„Das ja. Aber erwarten Sie keine Dankbarkeit."

Devoto blieb noch eine halbe Stunde nach dem Essen, offenbar ein Zugeständnis an ihren Vater, dachte Jenny. Dann zwängte er sich in seine dicke Jacke, zog sich die grellbunte Pudelmütze über den Kopf und trottete davon.

Als Jenny die Tür hinter ihm schloß, fühlte sie, wieviel Spannung mit ihm das Haus verließ, wie schnell sich die haßerfüllte Atmosphäre, die Devoto verbreitet hatte, entspannte.

Der Eindringling sah auf die Uhr. Zwanzig vor elf. Gerade geschafft. Er runzelte die Stirn, als vom Hauptcomputer im Rechenzentrum eine Antwort kam, die er nicht erwartet hatte.

ANFRAGE UNZULAESSIG.
ERBITTE BESTAETIGUNG DER IDENTIFIKATION.

Man hatte also doch die Sicherheitsvorkehrungen für die Außenterminals verschärft. Na ja, lange genug hatte es gedauert, bis sie auf die Möglichkeit gestoßen waren, daß jemand sich von außen Zugang verschafft haben könnte. Jetzt würden sie alle Außenterminals streng überwachen. Aber niemand rechnete damit, daß so ein Störenfried auch das richtige Codewort und die richtige Benutzernummer haben könnte. Mit einem dünnen Lächeln gab er die Nummer ein und fügte hinzu:

IRRTUM ZUGEGEBEN. ENDE.

Dieses Eingeständnis, zusammen mit der richtigen Identifikation, würde akzeptiert werden. Sie ließ seine „unzulässige Anfrage" – er hatte weitere Daten über das Betriebsprogramm der städtischen Müllverwertungsanlage zu erhalten versucht – als gewöhnlichen Irrtum eines Operators erscheinen.

Er hatte dieses Terminal sowieso zum letztenmal benutzt. Egal. In den letzten Wochen hatte er sein Wissen über das Computersystem schon sehr erweitert. Er wußte bereits, wo er das nächstemal zuschlagen würde.

UM VIERTEL vor elf verließ Maggie Henderson an diesem Freitagabend widerwillig die Cafeteria und kehrte mit dem Aufzug in den sechsten Stock zurück. Sie war mit den Gedanken noch bei Joe Martinez, als sie am Schwesternzimmer vorbeikam. Die Schwester vom Dienst mußte ihren Namen zweimal rufen. „Maggie? Maggie! Wo kommen Sie denn her? Ich könnte schwören, ich habe Sie eben noch auf dem Computer herumtippen hören. Das Ding führt doch nicht etwa Selbstgespräche?"

„Nein. Und überhaupt ist das kein Computer, sondern nur ein Terminal. Es druckt Nachrichten vom Hauptcomputer aus. Das war es, was Sie gehört haben müssen." Maggie lief schnell über den Flur. Wahrscheinlich gab es keinen Anlaß zur Besorgnis, aber sie mußte an die Extrazeiten denken, mit denen sie im letzten Monat belastet worden war – dreimal waren Benutzungszeiten berechnet worden, die sie nicht belegen konnte.

Sie riß die Tür zu ihrem Büro auf.

Das Zimmer war leer. Das Terminal war stumm. Ihr Blick ging rasch zum letzten Ausdruck. Angst schlang sich um ihre Brust. Es lag kein neuer Ausdruck vor. Die Schwester hatte den Drucker klappern hören, aber Maggie konnte keine Erklärung dafür finden.

Jemand war in ihrer Abwesenheit an ihrem Terminal gewesen.

SAMSTAG, 5. FEBRUAR, 10.00 UHR

KENNY NANCE erreichte Egan telefonisch in seinem Häuschen am See. Nance klärte den Sicherheitsdirektor des Rechenzentrums in aller Kürze über die Sache mit dem Vorstrafenregister auf, das Herb Greenberg bei der *Hollister Times* zugeschickt worden war. Ob Egan der Sache nachgehen könne? Der Bürgermeister werde das als persönlichen Gefallen werten. Interessant wäre auch zu erfahren, wer die Akte angefordert habe. Natürlich seien die Erkundigungen unter den gegebenen Umständen vertraulich.

Nachdem er aufgelegt hatte, saß Egan an dem wackligen Korbtischchen, auf dem das Telefon stand, und sah auf den zugefrorenen See hinaus. Wieder ein „Irrtum", dachte er. Wieder so ein merkwürdiges, unerklärliches Ereignis mit einem schlimmen Beigeschmack, und wieder hatte es irgendwie mit dem Rechenzentrum zu tun.

Egan führte ein Ferngespräch mit der nächstgelegenen FBI-Außenstelle. Er nannte seinen Namen und seine Telefonnummer und legte auf. Das FBI schien sich unverzüglich über die Herkunft seines Anrufs vergewissern zu wollen, denn sein Telefon klingelte schon kurze Zeit später. Der Außenstellenleiter, mit dem Egan früher einmal zusammengearbeitet hatte, war vor Montag nicht zu erreichen. Egan erklärte sein Anliegen und ließ seinem früheren Kollegen ausrichten, er möge ihn zurückrufen.

Er ging in die Küche, machte sich etwas Suppe warm und setzte sich damit an den Holztisch. Er dachte an den relativ jungen Bürgermeister von Hollister – Conway war etwa so alt wie er. Er hatte ihn einige Male in der Stadt gesehen, und die Bilder von Conways schöner Frau waren ihm in der Zeitung aufgefallen. Ein ehemaliges Fotomodell, hatte er gelesen. So sah sie auch aus. Er machte sich keine Gedanken über den Wahrheitsgehalt des Vorstrafenregisters; daran zu zweifeln, schien es keinen Grund zu geben. Was Egan beschäftigte, war die Frage, wie und warum es aus dem Computer gekommen war.

Er spülte seinen Teller unter dem Wasserhahn ab. Während er sich die Hände an einem Papierhandtuch abtrocknete, faßte er einen Entschluß, und fünf Minuten später steuerte er seinen Wagen über die vereisten Straßen zur Autobahn.

Zur selben Zeit, als Egan vom See in Richtung Stadt fuhr, genoß Evelyn Burton, die Frau des Stadtrats Jay Burton, ihre Schlankheitsmahlzeit. „Genießen" war wohl nicht ganz das richtige Wort, fand sie, aber der Erfolg – sie hatte fünfzehn Pfund abgenommen – war es wert.

Sie hatte Jay Burton vor einundzwanzig Jahren geheiratet. Sie hatte ihm Kinder geboren und sie großgezogen. Sie hatte ihn geliebt und liebte ihn immer noch. Jetzt kämpfte sie darum, ihre Ehe zu retten. Wenn das eine Hungerkur bedeutete, eine Gymnastikstunde jeden Freitagnachmittag und eine andere Haarfarbe, so war sie dazu bereit – und zu mehr.

Nicht daß Jays Schürzenjägerei etwas Neues gewesen wäre. Aber diesmal war es anders. Er benahm sich recht merkwürdig, suchte jeder Berührung aus dem Wege zu gehen. Wenn er sich früher anderweitig amüsiert hatte, war er manchmal auch bei ihr ein feurigerer Liebhaber gewesen, ganz als wollte er jeden Verdacht Lügen strafen. Diesmal aber nicht. Das machte ihr angst. Vielleicht war es diesmal ernst.

Wieder einmal dachte Evelyn an Terri Helms, diese Neunzehnjährige mit der umwerfenden Figur, die Jay angestellt hatte. Er brauchte eine Kraft, die in der Hauptniederlassung der Spedition Burton im Vorzimmer saß und Geschäftsfreunde empfing. Jedenfalls sagte er das.

Lance, Evelyns Zwergpudel, stimmte ein wütendes Gebell an. Evelyn sah auf die Küchenuhr. Das mußte der Postbote sein. Sie ging an die Haustür und holte zwei Briefe aus dem Briefkasten. Beide waren an Jay adressiert, aber auf einem fiel ihr gleich der Absender ins Auge. Er kam vom Kreiskrankenhaus in Hollister und sah nach einer Rechnung aus.

Evelyn überlief ein Frösteln. Weder sie noch Jay waren im Krankenhaus gewesen. Wieso sollten sie eine Rechnung bekommen? Hatte Jay ihr etwas verheimlicht? Erklärte das vielleicht, warum er..?

Sie ging mit dem Umschlag in die Küche. Dort hielt sie ihn voller Schuldgefühle über die Tülle des Kupferkessels. Ihr Teewasser war noch heiß, und bald dampfte es wieder. Sie versengte sich zwar die Finger, aber dann löste sich die Gummierung des Umschlags. Ein Computerausdruck mit seltsamen Abkürzungen kam zum Vorschein. Aber die Bedeutung des Ganzen war nur zu klar.

> VON: B BULLOCK: ABTLG ANSTECK KRANKH: HIER: GESCHL-KRANKH: KREISKRH HOLLISTER: DIAGNOSE GONORRHOE 59 PENICILLIN ABGES 27. 1. 77 * WEITERBEHDLG MIT TROBIZIN. ENDE.

Lange Zeit saß Evelyn Burton reglos da; ihren Tee, der inzwischen kalt geworden war, hatte sie vergessen. Oben auf dem Blatt standen Name und Adresse des Patienten. Sie wußte nicht, warum und wie diese Mitteilung hierhergeschickt worden war. Das spielte auch kaum eine Rolle. Eine Rolle spielte nur, daß der Patient Jay Randolph Burton war.

DAS Rechenzentrum arbeitete sieben Tage in der Woche rund um die Uhr, aber der Wochenendbetrieb war stark eingeschränkt. Als Egan am Samstagnachmittag ankam, waren im Computerraum nur drei Leute zu sehen. Er suchte Ted Davis auf, einen Operator, der Zugang zu vertraulichen Daten hatte, und sagte ihm, was er von ihm wollte. „Das ist starker Tobak", meinte Davis.

„Es bleibt vertraulich."

„Wirklich kein Scherz?" meinte Davis ironisch.

Fünf Minuten später hatte Egan eine Kopie von Toni Wells-Conways Vorstrafenregister in der Hand. Davis hatte sie in der Ablage vom letzten Mittwoch gefunden, dem Tag, an dem der Bericht durchs Rechenzentrum gelaufen und an die *Hollister Times* geschickt worden war. Egan hatte in seiner FBI-Zeit schon Tausende solcher Akten gesehen und konnte nichts daran entdecken, was ihn an der Echtheit dieses Strafregisters zweifeln ließ.

Nur ein Rätsel blieb. Davis fand nichts, was Aufschluß darüber gegeben hätte, wer das Register von den New Yorker Justizbehörden angefordert hatte – und schon gar keinen Anhaltspunkt für etwas, das die Versendung an einen Journalisten gerechtfertigt hätte. Egan zögerte nur kurz, dann rief er Jennifer Tyson zu Hause an, die sich sehr erstaunt zeigte.

„Ich weiß, daß Samstag ist", sagte er, „aber hier hat sich was ergeben, was Sie bestimmt interessieren wird. Es hat mit einem weiteren Computerfehler zu tun."

„Bitte, nicht schon wieder einer." Aus Jennys Erstaunen wurde Bestürzung.

„Doch. Das heißt, es scheint weniger ein Fehler zu sein als vielmehr ein unerlaubter Austausch von Informationen, die dem Datenschutz unterliegen. Ich bin in die Stadt gekommen, um dem nachzugehen, und da ich einmal hier bin, dachte ich, ich könnte mal sehen, ob Sie gerade nichts zu tun haben. Sagen Sie's ruhig, wenn Sie schon etwas vorhaben."

Er druckste ein bißchen herum, worüber sie lächeln mußte. „Nein, eigentlich habe ich nichts zu tun."

„Wie wär's dann mit einem Abendessen?" Aus Egans Stimme klang Erleichterung. „Sie können es als rein geschäftlich betrachten, wenn Sie wollen. Ich möchte Sie wirklich gern ein bißchen aushorchen."

„So möchte ich es lieber nicht sehen, wenn Sie nichts dagegen haben."

Er lachte. „Gut. Kann ich Sie in einer Stunde abholen?"

Kurz nach sechs saßen sie zusammen an einem Ecktisch in „Lonnie's Grill", einem Steakhaus, das Jenny besonders mochte. Wiederum stellte Jenny fest, daß mit Michael Egan leicht auszukommen war; sie fühlte sich in seiner Gesellschaft wohl und ließ sich das gute Essen schmecken.

Beim Kognak nach dem Essen brachte Egan das merkwürdige Vorstrafenregister zur Sprache, das der *Hollister Times* zugespielt worden war. Er wußte, daß er sich auf Jennys Diskretion verlassen konnte. Sie war schockiert, zumal sie ihm eine ähnliche Geschichte berichten konnte, die einen Textilkaufmann aus Hollister betraf. Seinem künftigen Arbeitgeber war ein falsches Vorstrafenregister zugeschickt worden, das den Mann als Verkehrssünder belastete.

„Heißt das, er hat die Delikte gar nicht begangen?"

„Genau. Die Anfrage ist bei uns durchgelaufen, und die Antwort darauf war falsch. Als auf Bitten des Arbeitgebers die Angaben direkt über das polizeieigene Fernschreibnetz nachgeprüft wurden, also ohne durch den Computer zu laufen, stellte sich heraus, daß von alledem gar nichts in seiner Akte stand. Da haben sich anscheinend zwei Berichte, die wir gleichzeitig angefordert hatten, überlagert. Vielleicht ist das Vorstrafenregister der Bürgermeistersfrau auch falsch."

„Mir kam es auf jeden Fall echt vor." Egan schüttelte den Kopf. „Ich verstehe einfach noch nicht genug von diesen Apparaten, die ihr da habt, Jenny."

„Ich bin nur Operatorin, Michael. Ich kenne das System auch nicht so in- und auswendig wie zum Beispiel Rob Greiner."

„Greiner? Den kenne ich nicht, glaube ich."

„Er hat das Rechenzentrum etwa um die Zeit verlassen, als Sie kamen. Das heißt... man hat ihn gefeuert. Er kam mit Thomas nicht aus."

„Ein Freund von Ihnen?" Egans Blick war unverhüllt neugierig.

„Ja." Sie ließ es dabei bewenden.

„Na ja, vielleicht können Sie mir trotzdem etwas auf die Sprünge helfen. Wenn es Sie nicht langweilt, dumme Fragen zu beantworten."

„Sie langweilen mich überhaupt nicht, Michael."

Egan grinste. „Dann ist der Abend schon ein Erfolg. Na gut. Sie haben mich neulich gefragt, ob im Rechenzentrum in letzter Zeit viele Besucher waren. Es war jedoch niemand da, über den nicht genau Rechenschaft abgelegt werden kann. Demnach hat also entweder jemand vom Rechenzentrum selbst dumme Spielchen getrieben, oder es liegt eine Serie unwahrscheinlicher Fehler vor. Oder jemand von außerhalb hat eine Möglichkeit gefunden, in das System einzudringen. Soviel ich weiß, ist das möglich. Aber ist es auch wahrscheinlich?"

„Nicht sehr." Sie überlegte, ob sie ihm Greiners Verdacht mitteilen sollte, daß es jemand vom Rechenzentrum war. Sie entschied sich dagegen. „Theoretisch könnte das aber vorkommen."

„Dann stellen wir so eine Theorie mal auf. Jemand hat das System geknackt und verursacht absichtlich Fehler. Wie würde er das machen? Wie verwundbar ist denn ein System wie das Rechenzentrum überhaupt?"

„Es ist gar nicht so schwer, sich über ein Außenterminal Zugang zu verschaffen", antwortete Jenny langsam. „Obwohl wir verschiedene Zugangsebenen haben. Einige Programme – zum Beispiel das für die Stromrechnungen – sind nicht vertraulich. Man rechnet einfach nicht damit, daß jemand sie interessant genug findet, um ihretwegen das System zu knacken. Das ist ja das Verrückte am Fall Prochaska."

„Damit ich richtig verstehe – wenn jemand das Stromrechnungsprogramm oder ein anderes, das ebenfalls nicht als sicherheitsempfindlich gilt, knackt, heißt das noch nicht, daß er gleichzeitig auch an vertrauliche Daten herankommen kann, ja? Zum Beispiel an Strafakten."

„Richtig. Das heißt, zumindest theoretisch. Aber wenn einer geschickt vorgeht, findet er vielleicht auch Zugang zu anderen Daten. Wir arbeiten mit einem Time-sharing-, On-line-System ..."

„Autsch!" unterbrach er sie mit schmerzlich verzogenem Gesicht. „Würde es Ihnen etwas ausmachen, mir das Schritt für Schritt zu erklären?"

Sie lächelte. „Wie sind Sie eigentlich an diesen Posten gekommen?"

„Unter uns gesagt, ich glaube, ich bin genau das, was unser beider Chef, Del Thomas, gesucht hat. Wenn ich ihn richtig durchschaue, betrachtet er den Computer mehr oder weniger als sein Eigentum. Er will das Rechenzentrum geschützt wissen, kann aber keinen brauchen, der ihm auf seinem ureigensten Gebiet dreinredet. Also hat er sich nach einem guten Wachhund umgeschaut, einem ehemaligen Polizisten zum Beispiel. Und dabei hat er mich gefunden. So etwas sieht Thomas doch ähnlich, oder nicht?"

Das mußte sie zugeben, obwohl ihr dabei nicht recht wohl war. Es sah so aus, als wollte Thomas die innere Sicherheit des Rechenzentrums unbedingt in eigener Hand behalten. Was für Folgen würde das haben, wenn einmal wirklich etwas Schlimmes passierte?

„Sie wollten mir die Begriffe Time-sharing und On-line erklären", half er nach.

Sie nippte an ihrem Kognak und dachte nach, wie sie es ihm am besten darlegen sollte. „Gut. Also, je komplizierter ein System ist, desto verwundbarer wird es. Das Rechenzentrum ist ein Time-sharing-System, was bedeutet, daß mehrere Benutzer den Computer gleichzeitig in Anspruch nehmen können – sich buchstäblich die Zeit teilen, daher der Name. Der Computer arbeitet so schnell, daß er Dutzende von Benutzern mehr oder weniger gleichzeitig bedienen kann. Und On-line bedeutet, daß alle Daten direkt ins System gehen, während der Computer die Transaktion vornimmt. Was zugleich heißt, daß eine *neue* Eingabe auch die Transaktion selbst beeinflussen kann. Kommen Sie noch mit?"

„Halbwegs." Er lächelte. Sie fand, es war ein hübsches Lächeln, dessen Entstehen man von den Augen bis zum Mund nachvollziehen konnte.

„Wir haben auch alle möglichen verschiedenen Programme", fuhr sie fort, „die für verschiedene Benutzer und auf verschiedenen Sicherheitsebenen gleichzeitig ablaufen können. Und das alles spielt sich nicht im Rechenzentrum ab. Da befindet sich nur die zentrale Arbeitseinheit, durch die alles läuft, aber die Außenterminals sind über die ganze Stadt verteilt und stehen nur alle irgendwie über Fernmeldeleitungen mit dem System in Verbindung."

„Wie stellt ein Benutzer die Verbindung von einem Außenterminal zum Zentralcomputer her?"

„Indem er an der Wählscheibe dreht. Er muß seine Kennummer angeben – jeder Benutzer hat eine – und das Codewort für den Datenblock, an den er heranwill. Nicht jeder Benutzer ist zu allem befugt. Der eine darf nur Daten abrufen, das heißt, er kann sich bestimmte Informationen ausdrucken lassen, sonst aber nichts. Ein anderer hat vielleicht die Befugnis, Daten einzugeben, kann aber nichts aus den Speichern abrufen. Und so weiter, bis hinauf zu denen, die vollständigen Zugang zu jedem Programm, ja sogar zum System selbst haben. Diese Befugnis hat natürlich niemand von außerhalb."

„Wie wird kontrolliert, wer was darf?"

„Durch den Zugangscode – die Kennummer und das Codewort. Das gehört zum internen Sicherheitsprogramm. Wenn Sie das System anwählen, vergleicht es automatisch Ihre Kennummer und das Codewort mit seiner Zugangsliste, um festzustellen, was Sie dürfen. Wenn alles stimmt, sind Sie drin. Es ist ein Sesam-öffne-dich-Spiel. All dies läßt sich freilich auch von einem Außenterminal aus durchführen."

Egan ließ sich das durch den Kopf gehen. „Das heißt mit andern Worten", sagte er, „wenn ich das Codewort und die Kennummer eines rechtmäßigen Benutzers habe und mir Zugang zu seinem Terminal verschaffe, kann ich einfach den Computer anwählen, so tun, als ob ich der Benutzer wäre, und dem System Anweisungen erteilen, was es mir sagen oder für mich tun soll. Und solange die Anweisungen sich im Rahmen dessen halten, was der betreffende Benutzer darf, gehorcht mir der Computer?"

„Ja. Der Computer kann einen befugten Benutzer, der von einem Außenterminal aus anruft, nicht von einem unbefugten unterscheiden, solange dieser die richtigen Zugangsdaten hat."

„Angenommen, jemand würde eine Telefonleitung anzapfen, die zu einem der Terminals führt –"

„Von Telefonanzapfen habe ich nichts gesagt." Sie betrachtete ihn kühl. „Ich glaube fast, davon verstehen Sie mehr, als Sie sich anmerken lassen."

„Wirklich nicht, Jenny. Glauben Sie mir." Sein Blick war direkt und offen. „Angenommen, unser hypothetischer Eindringling hat Zugang zu einem Terminal", fuhr er fort, „wie lange würde er brauchen, um Schaden anrichten zu können?"

Sie lachte ihm ins Gesicht. „Bruchteile von Sekunden."

Egan stieß einen lautlosen Pfiff aus. „Ich hätte nie gedacht, daß Computer so anfällig sind."

„Solche Dinge sind möglich, aber das heißt noch nicht, daß sie im Rechenzentrum vorgekommen sind, Michael. Und es gibt Mittel und Wege, unbefugten Zugang zu verhindern. Zum Beispiel werden die Codeworte regelmäßig geändert. Bei einigen sicherheitsempfindlichen Daten kann der Computer auch die Anfrage vorerst festhalten und auf dem Sichtgerät in der Zentrale melden, daß da jemand um bestimmte Informationen ersucht hat. Dann muß der Operator an der Konsole die Transaktion bestätigen, bevor sie stattfinden kann."

Egan mußte über Jennys Erläuterungen erst einmal lange nachdenken. „Ich verstehe jetzt, was Sie vorhin gesagt haben – daß Stromrechnungen für niemanden interessant seien. Dieses Programm ist demnach nicht vertraulich. Aber Strafakten sind ja nun was anderes. Die sind vertraulich. Wer könnte an sie heran?"

„Außer der Staatsanwaltschaft? Das weiß ich nicht genau. Die Stadtverwaltung Hollister ist mit Abstand unser größter Kunde. Und wenn im Rathaus auch nur einer mit der entsprechenden Zugangsbefugnis an einem Terminal sitzt, besteht immer das Risiko, daß jemand anderes seinen Code kennt. Die Leute gehen so sorglos damit um."

„Wir sprechen demnach von beliebig vielen Leuten außerhalb des Rechenzentrums – und von fast allen innerhalb", sagte Egan.

„Und das heißt, wir sind in der Frage, was eigentlich passiert ist, noch kein Stückchen weiter."

„Das stimmt nicht ganz. Eines weiß ich jetzt sicher, was ich bisher nicht wußte. Wenn jemand auf irgendeine der Arten, über die wir soeben gesprochen haben, mit dem Computer herumgespielt hat, so war es mit Sicherheit kein Laie. Es muß ein Computerfachmann gewesen sein."

Sie schwiegen beide eine Zeitlang, Egan nachdenklich, Jenny, weil für den Augenblick alles gesagt war. Sie sah sich Egans Hände an. Groß, kräftig, ruhig. Sie verrieten keine Nervosität.

Sie hatten kaum über persönliche Dinge gesprochen, überlegte sie. Keine Enthüllungen. Sie wußte zum Beispiel noch immer nicht, ob er je verheiratet war, und wenn nicht, warum. War dieses Abendessen am Ende doch rein geschäftlich? Nicht daß es ihr etwas ausgemacht hätte, aber – schon gut. Die Wahrheit war, daß Michael Egan ihre Vorurteile durcheinandergebracht hatte. So ein Ordnungstyp wäre der letzte Mann, zu dem sie sich hingezogen fühlen würde. Aber aus irgendeinem Grunde fand sie Egan in einer Weise attraktiv, wie sie es seit... David nicht mehr empfunden hatte. Jenny unterdrückte ein Schaudern. So weit war sie noch nicht. David konnte noch am Leben sein.

Aber sie liebte David Tyson nicht mehr. Das war schon lange vorbei gewesen, bevor er nach Vietnam ging. Nur die quälende Ungewißheit über sein Schicksal war schuld daran, daß sie noch so oft an ihn denken mußte und nach wie vor dieses kleine Armband mit Davids Namen trug. An der zusätzlichen Aufschrift „vermißt" konnte jeder sehen, daß ihr Mann nicht mehr aus dem Krieg heimgekehrt war – doch sicher trug sie das Armband auch als Schutz vor persönlichen Bindungen, Schutz vor Risiken.

„Bringen Sie mich nach Hause... Michael?"

„Wie? Oh – entschuldigen Sie. Ich war im Geiste hinter unserm Phantomverbrecher her."

Auf der Heimfahrt in seinem Wagen schwieg sie. Als er vor ihrem Haus hielt, sagte sie: „Danke für den Anruf, Michael. Es war sehr nett."

Dann hatte sie schon die Wagentür geöffnet und war zum Haus gelaufen, noch ehe er reagieren konnte.

Geschlagen sank er in seinen Sitz zurück. Eine Zeitlang hatte er das Gefühl gehabt, die Dinge ließen sich ganz gut an. Was hatte er getan, um sie so gründlich zu brüskieren?

Sonntag, 6. Februar, 22.00 Uhr

James und Toni Conway waren am Samstagmorgen mit dem Zug zum Skull Mountain ins Skiwochenende gefahren. Sie waren nach einem Nachmittag auf den Hängen völlig erschöpft und gingen früh zu Bett. James Conway hatte kaum den Kopf auf dem Kissen, da schlief er schon. Als es am Sonntag regnete und die Pisten vereisten, fuhren sie mit dem Nachmittagszug nach Hollister zurück und kamen müde und leicht verdrossen zu Hause an.

Conway war, wie schon das ganze Wochenende, nachdenklich, still und verschlossen. Warum nur? grübelte Toni. War es diese Prochaska-Geschichte? Die Treibstoffknappheit? Dieser seltsame Telefonanruf am Donnerstagabend?

Sie sagte ihm lächelnd, daß sie zu Bett gehe. Sie konnte noch den Fernseher laufen hören, als sie bibbernd unter die kalte Bettdecke kroch. Sie wartete auf ihn. Nach einer Weile tauchte wieder diese Angst auf, die sie zu verdrängen suchte. Irgend etwas mußte passiert sein.

Der Anruf. Mit diesem Anruf hatte es angefangen. Von Panik erfaßt, versuchte Toni sich klarzumachen, wie stark sie von ihrem Mann eigentlich abhängig war, wie sehr sie auf die Gewißheit seiner Liebe angewiesen war.

Sie war in Provo im Staate Utah aufgewachsen, stets überzeugt von ihrer Häßlichkeit und Dummheit, denn beide Eigenschaften wurden ihr von ihrer Mutter unermüdlich eingeredet. Betty Ann Wells hatte ihren Ärger über das Scheitern ihrer Ehe auf deren einzig sichtbarer Hinterlassenschaft abgeladen – denn Tonis Vater hatte sich schon vor langer Zeit abgesetzt. Toni fand das vernichtende Urteil ihrer Mutter bei jedem Blick in den Spiegel sowie durch ihre mittelmäßigen Leistungen in der Schule bestätigt.

Als Heranwachsende suchte sie Zuflucht in kalter Gleichgültigkeit. Aber als sie achtzehn war, geschah plötzlich etwas. Ihr bis dahin nur knochiges Gesicht bekam exotische Züge. Sie hatte einen makellosen Teint und große Augen. Ihre schlanke Figur brachte sämtliche Kleider zur Geltung, und sie bewegte sich mit einer unbewußten Eleganz.

Auf dem College wurde sie durch Zufall von einem Fotografen

entdeckt. Drei Monate nachdem seine Kamera zum erstenmal „klick" gemacht hatte, arbeitete sie in New York als Fotomodell, zu einer Anfangsgage von hundert Dollar pro Stunde. Ihre drei Jahre dauernde Karriere erschien ihr heute noch wie ein Traum. Sie sagte sich, sie sei eben zufällig in eine Zeit geplatzt, in der fremdartige Typen gefragt waren.

Auf dem Höhepunkt ihrer kurzen Laufbahn, mit zweiundzwanzig Jahren, begegnete sie James Conway.

Obwohl Conway sie von Anfang an schön fand, ließ er sich lange Zeit, bevor er es ihr sagte. Er gab sich nicht schnell zufrieden, fragte immer nach ihren Vorstellungen, Ansichten und Gefühlen, zwang sie, Überzeugungen zu formulieren, die sie nie in Worte gefaßt hatte. Er war zehn Jahre älter, und sie lernte schnell, daß er in hohem Maße an Politik interessiert war. Bald sah sie sich von seiner Ernsthaftigkeit angesteckt. Und er genoß es offensichtlich, wenn er mit ihr zusammen war, daß sie sich ihrer Schönheit zum erstenmal in ihrem Leben ganz bewußt wurde. Was hatte ihn jetzt so verändert?

Sie lag im Bett und fürchtete sich, eine erwachsene Frau, die entdeckte, daß sie ganz tief drinnen noch immer das einsame kleine Mädchen von früher war.

Der Eindringling sah der sich entfernenden Streife nach. Die Sicherheitsbeamten auf dem Universitätsgelände sollten ihre Rundgänge zwar bewußt in unregelmäßigen Abständen einlegen, aber er hatte trotzdem ein gewisses Schema erkannt, aus dem man Schlüsse ziehen konnte. Jetzt würde sich für mindestens eine halbe Stunde niemand mehr in der Nähe des naturwissenschaftlichen Gebäudekomplexes blicken lassen.

Er überquerte rasch den offenen Hof und drückte sich in den Schatten des Chemiegebäudes.

Hier waren die Sicherheitsvorkehrungen kaum der Rede wert. Wissenschaftler ließen sich nicht gern von Alarmanlagen und versteckten Fernsehkameras in ihrer Bewegungsfreiheit einengen. Wer einen Schlüssel hatte, konnte hier einfach hineingehen, und er hatte sich einen eigenen Schlüssel zu diesem Gebäude anfertigen lassen.

Zielstrebig lief er die Treppe hinab in den Keller. Sein Ziel war ein Verteilerkasten in einem Betriebsraum. Er hatte den Kasten vor einem Monat entdeckt und wochenlang heimlich studiert, um die verschiedenen Kabel und Anschlüsse zu identifizieren. Der Kasten lag in einer Reihe mit mehreren anderen, denn hier liefen die Verbindungskabel zwischen den Außenterminals und dem Rechenzentrum zusammen. Solange er das Krankenhausterminal herankam, hatte er es nicht nötig gehabt, Leitungen anzuzapfen. Aber nun war ihm das nicht mehr sicher genug.

Blitzschnell machte er sich am Verteilerkasten zu schaffen. An ein paar unscheinbaren Lötstellen befestigte er die mitgebrachten Krokodilklemmen, die mit Kabeln verbunden waren. So hatte er in kürzester Zeit einen der Außenterminals der Stadtverwaltung und den Computer des Rechenzentrums an eine zum Anzapfen sorgfältig ausgesuchte Telefonleitung angeschlossen.

Jeder Fernmeldetechniker hätte die Manipulation auf den ersten Blick erkannt, aber der Eindringling beabsichtigte, diese angezapfte Leitung nur für kurze Zeit zu benutzen. Selbst wenn sie entdeckt würde, geriet er selbst nicht in Gefahr. Es war nicht sein Telefon. Er verließ das Gebäude auf demselben Wege, auf dem er es betreten hatte. Er hatte sich keine fünf Minuten darin aufgehalten. Hämisch grinsend ging er fort.

Montag, 7. Februar, 10.00 Uhr

Das einzige Ungewöhnliche zu Beginn der Einschreibungen für das Sommersemester an der Universität Hollister war, daß sämtliche vorhandenen Parkplätze auf dem Unigelände sehr schnell voll waren. Die parkenden Wagen quollen in erstaunlicher Zahl in die umliegenden Straßen über.

Um zehn Uhr wurden die Hausmeister in der Eingangshalle des Verwaltungsgebäudes kaum noch mit den langen Schlangen junger Leute fertig, die alle ihre offiziellen Immatrikulationszulassungen vorwiesen. Um Viertel nach zehn, als die Schlange die ganze Länge der Eingangshalle erreichte und sich bereits in eine enge S-Form zwängen mußte, hängten die Studienberater Listen an die große Anschlagtafel. Sofort bildete sich davor eine große Traube von Studenten. „Was ist denn da los?“ fragte ein Mädchen. „Das sind die Hörerlisten“, antwortete ein junger Mann. „Die Seminare sind alle schon voll.“

„Wie können die voll sein, wenn sich hier so viele noch gar nicht eingeschrieben haben?“

Auf der anderen Seite der Halle, an einem der Einschreibtische, erklärte gerade ein heftig belagerter Studienberater einem unzufriedenen Immatrikulanten: „Der Computer verschickt die Immatrikulationszulassungen und berücksichtigt dabei die Hörsaalkapazitäten. Wir nehmen nicht mehr Bewerber an, als wir auch unterbringen können.“

„Schon gut, Mann, aber was ist mit mir?“ Ein Student schwenkte eine Handvoll Formulare. „Ich bin angenommen. Und wieso sagen Sie jetzt, daß ich es nicht bin?"

„Da muß irgend etwas durcheinandergekommen sein ... ein Fehler des Computers. Wir müssen zu viele Bewerber angenommen haben. Ich weiß auch nicht, wie das passieren konnte ..."

Einige Studenten, die vor der Anschlagtafel standen, begannen mit den Füßen zu stampfen. Andere schlossen sich an. Aus dem Lärm in der Halle waren aufrührerische Stimmen herauszuhören. Ein Student an einem der Einschreibtische fing an zu schreien, und der Studienberater verlor die Nerven und schrie zurück. Ein uniformierter Sicherheitsbeamter bahnte sich einen Weg in Richtung des Unruheherdes. Als er den wütenden Immatrikulanten erreichte, mußte er selbst schreien, um gehört zu werden. „Was ist denn hier los?"

Der Student, ein junger Mann mit einem kantigen Gesicht, schrie mit schriller Stimme: „Bleiben Sie mir vom Leibe!"

Der Beamte faßte den jungen Mann am Arm. „Nun mal immer mit der Ruhe", sagte er.

„Mit der Ruhe!" Der Student riß sich los. Wütend setzte der Beamte ihm nach. Plötzlich waren die beiden von anderen Studenten umringt, die den Beamten anrempelten und beschimpften. Er hatte keine Pistole, wohl aber einen langen Gummiknüppel am Gürtel hängen. Schnell hatte er den Schlagstock zur Hand und führte einen kurzen, trockenen Rückhandschlag damit aus ... Von der anderen Seite der Halle kamen zwei Kollegen angerannt.

„Beruhigen Sie sich doch bitte!" Vergebens versuchte der Studienberater sich in dem Chaos Gehör zu verschaffen.

Dann packte ein athletisch gebauter Student mit beiden Händen den Registriertisch und riß ihn hoch. Der Tisch sauste durch die Luft. Der Studienberater versuchte nach hinten auszuweichen, stolperte über seinen Stuhl und fiel zu Boden. Papiere flogen überall herum.

In diesem Augenblick alarmierte der Sicherheitsdirektor der Universität bereits das benachbarte Rechenzentrum. „Egan?" Tom Ames' Stimme im Funkgerät klang aufgeregt. „Wir haben einen Aufruhr hier im Verwaltungsgebäude."

„Brauchen Sie Hilfe?"

„Behalten Sie Ihre Leute lieber da, wo sie sind."

„Was ist mit der Polizei?"

„Schon unterwegs", sagte Ames. „Es sieht nach irgendeinem Computerschlamassel aus, die kommen also womöglich noch zu Ihnen. Passen Sie auf Ihre Türen auf."

Der diensthabende Sicherheitsbeamte an den Monitoren war an diesem Morgen ein junger Mann namens Riskind. Er gehörte zu jener neuen Generation von Wachleuten, die keinerlei praktische Polizeierfahrung besaß. Er war Egans erste Neueinstellung, und Egan hatte ihn einem fünfundfünfzigjährigen pensionierten Polizisten vorgezogen. Nach Egans Meinung war das Rechenzentrum einer Universität genau der richtige Platz für einen reaktionsschnellen, flexiblen jungen Wachmann. Jetzt würde sich ja zeigen, ob er die richtige Wahl getroffen hatte.

„Schließen Sie den Computerraum ab", sagte er. „Alarmstufe Gelb."

„Jawohl, Sir", sagte Riskind und drückte umgehend auf zwei Knöpfe an seiner Konsole. Der Computer war darauf programmiert, bei einem Notfall die volle Kontrolle über alle Eingänge zu übernehmen. Der erste Knopf, den Riskind drückte, schaltete die automatische Zugangskontrolle für den Computerraum auf Alarmstufe Gelb. Der zweite Knopf schloß automatisch alle Türen des Gebäudes ab. Beide Anweisungen konnten jetzt nur noch von der Konsole im Wachraum aus rückgängig gemacht werden.

Egan behielt den Monitor für die Haupteingangshalle im Auge, konnte aber von einem Übergreifen der Krawalle nichts feststellen.

Del Thomas meldete sich über die Sprechanlage. „Egan, was ist los?"

„Nebenan gibt's Ärger, Mr. Thomas. Ein Aufruhr unter den Studenten."

„Aufruhr? Ist Ihre Reaktion nicht ein bißchen übertrieben?"

„Da kommen sie schon, Sir!" sagte Riskind.

„Ich melde mich gleich wieder", war Egans knappe Antwort an Thomas.

Seine Sicherheitstruppe hatte sich auf den Alarm hin sofort auf den Weg zur Haupteingangshalle gemacht. „Wir schalten auf Rot", sagte Egan zu Riskind. „Aber lassen Sie mich zuerst die Halle räumen. Ich gehe nach vorn." Der junge Mann ist in Ordnung, dachte er. Normalerweise bedurfte es langer Erfahrung, um zu begreifen, wieviel Zeit mit überflüssigen Fragen vertan werden konnte.

Egan erreichte die Vorhalle gerade in dem Moment, als eine Studentenvorhut die Treppe zur Glastür heraufgerannt kam. Das Glas war zwölf Millimeter dick und durch eine eingelegte, durchsichtige Kunststoffschicht verstärkt. Die brüllende Meute warf sich dagegen, aber die Türen hielten.

In der Vorhalle war die Empfangsdame aufgesprungen und sah mit offenem Mund dem Ansturm der Masse zu. „Sie sind im Korridor sicherer aufgehoben“, sagte Egan ruhig zu ihr. „Schalten Sie auf Rot“, wies er dann den Wachmann in der Halle an, der den Befehl an Riskind im Kontrollraum weitergab. Die Trenntüren zwischen der Vorhalle und dem Gebäudeinnern glitten lautlos zu.

Je weiter man ins Rechenzentrum vordrang, desto näher kam man dem Computerraum und desto strenger wurden die Sicherheitsvorkehrungen. Die Korridortüren waren aus massivem Stahl. Sollte der Mob die Haupteingangstür durchbrechen, gelangte er nicht mehr weiter. Etwas kam aus der Menge geflogen und knallte gegen das dicke Glas. Egan behielt die Türen im Auge. Keine geplante Demonstration, dachte er, sonst hätten sie sich mit etwas anderem als mit einer Bierflasche bewaffnet – einer Bombe vielleicht, oder einem Molotowcocktail.

Angesichts der unnachgiebigen Glasbarriere begann der Studentenhaufen sich aufzulösen, zuerst langsam, dann in immer größerem Durcheinander. Man räumte die Treppe. Ein Polizeiwagen kam angerast und bremste hart. Ein zweiter folgte mit heulender Sirene.

Egan konnte aufatmen. „Zurück auf Stufe Gelb“, sagte er zu dem Wachmann. „Aber den Haupteingang bedienen wir lieber von Hand. Keiner kommt ohne Kennkarte raus oder rein.“

So schnell, wie alles angefangen hatte, war es vorüber. Einen Computerschlamassel hatte es Tom Ames genannt. Das konnte alles mögliche bedeuten, aber Egan wollte es jetzt wissen.

Minuten später verließ Egan das Verwaltungsgebäude. Der Immatrikulationsausschuß hatte Ames' Meldung bestätigt, daß der Computer versagt hatte. Statt nur denen eine Aufnahmebestätigung zu schicken, die angenommen worden waren, hatte er jedem Bewerber eine geschickt – weit mehr, als Studienplätze vorhanden waren.

Bei seiner Rückkehr ins Rechenzentrum erwarteten Egan zwei Nachrichten: eine vom FBI, die andere von Jennifer Tyson. Zuerst rief er das FBI an. Der diensthabende Beamte war höflich, schien sich aber über Egans Anfrage zu wundern.

„Sie wollten das Vorstrafenregister einer gewissen Toni Conway, richtig? Mädchenname Antonia Wells, geboren in Provo, Utah. Jetzt verheiratet mit Ihrem Bürgermeister in Hollister. Ist das die Dame?“

„Ja. Was haben Sie gefunden?“

„Nichts", sagte der FBI-Mann.

„Sind Sie sicher?"

„Klar bin ich sicher. Ich habe den Namen nach New York durchgegeben und dann aus reiner Neugier noch zum Bundeskriminalarchiv in Washington. Die Dame ist sauber, Egan. Keine Strafakten, nichts. War's das, was Sie wissen wollten?"

Jedenfalls war's das, was der Bürgermeister gern hören würde, dachte Egan. Nachdem er aufgelegt hatte, blieb er eine Weile stumm sitzen und versuchte seine zunehmende Erregung zu dämpfen. Aber ein dumpfes Gefühl blieb zurück, eine innere Überzeugung, daß er auf etwas Handfestes gestoßen war.

Er rief Jenny Tyson im Computerraum an. „Ich habe eben mit den Leuten von der Immatrikulation gesprochen. Ich glaube, wir beide sind uns einig, was dieser neue Vorfall bedeutet."

„Gewiß, Michael. Auch hier geht man zur Zeit der Sache nach. MacAdam und die andern meinen, es sei wahrscheinlich irgendwo ein Schaltfehler oder ein Ausfall. Ich glaube das nicht."

„Ich auch nicht. Und ich habe noch einen Grund." Er erzählte ihr von den Erkundigungen des FBI. „Es steht fest, Toni Conway hat kein Vorstrafenregister."

„Und genau das gleiche ist diesem Mr. Lambert passiert – diesem Textilkaufmann, von dem ich Ihnen erzählt habe." Sie machte eine kurze Pause. „Das Problem liegt hier, Michael. Im Rechenzentrum."

„Stimmt. Aber davon müssen wir erst mal Thomas überzeugen. Ich wäre froh, wenn Sie mich dabei unterstützen könnten."

„Was wollen Sie ihm sagen?"

„Was wir beide wissen. Daß jemand ins System eingedrungen ist."

Zweiter Teil

Übernahme

Dienstag, 8. Februar, 9.45 Uhr

Elinor Crane erhielt ihren Kontoauszug vom Kaufhaus Grayson am Montag, aber sie kam erst am nächsten Tag dazu, sich ihn anzusehen, als sie sich an ihren Schreibtisch setzte, um sich den kleinen

Stapel Rechnungen vorzunehmen. Der Schreibtisch war ein hübsches Stück aus massivem Kirschenholz mit eingelegter Lederfläche und Blattgoldverzierungen. Als sie die Rechnung von Grayson sah, runzelte sie die Stirn. Man wußte doch heutzutage wirklich nicht mehr, wohin das Geld ging. Hundertdreiundvierzig Dollar! Um Himmels willen, wofür?

Sie war einmal zum Winterschlußverkauf bei Grayson gewesen und dann noch einmal zu einer Kosmetikberatung. Aber das war alles. Dabei hatte sie auf keinen Fall fast hundertfünfzig Dollar ausgegeben. Schade, daß sie einem keine Kopien mehr von den einzelnen Belegen mitschickten, nur noch diese vom Computer aufgestellte Rechnung, und wer wurde daraus noch schlau?

Elinor seufzte. Sicherlich war das Kaufhaus Grayson im Recht. Kopfschüttelnd schrieb sie den Scheck aus.

Aber in der Buchhaltung bei Grayson gingen nach und nach die Beschwerden ein – erzürnte Kunden, die steif und fest behaupteten, man habe ihnen Waren in Rechnung gestellt, die sie nie gekauft hätten. Dienstag mittag lag ein Bericht auf dem Schreibtisch des Abteilungsleiters für Kundenkonten. Annähernd tausend Stammkunden des Hauses Grayson hatten falsche Monatsabrechnungen bekommen. Die Namen stammten alle aus derselben Alphabetgruppe – A bis H. Das bedeutete, daß die Rechnungen alle aus demselben Datenspeicher kamen.

NACHMITTAGS kurz nach drei Uhr kamen Michael Egan und Jennifer Tyson aus Del Thomas' Zimmer.

„Wie wär's mit einer Tasse Kaffee?“ schlug Egan vor.

Sie sah ihn mit zusammengekniffenen Lippen an. „Er hat überhaupt nicht zugehört. Sein einziger Kommentar war, daß die Vorfälle von den zuständigen Leuten untersucht würden, ja nicht einmal von der Sicherheitsabteilung. Und daß es für unsere Annahme, daß sich jemand ins System eingeschlichen hat, keine Anhaltspunkte gebe!“

„Vielleicht haben wir nicht das Richtige gesagt.“

Sie schien beinahe zu platzen. „Tun Sie doch nicht immer so entschuldigend! Sie *wirken* ja nicht mal wütend. Sie sind viel vernünftiger, als Ihnen selbst guttut, Mr. Egan.“

„Und Sie tragen Ihr Herz auf der Zunge, Mrs. Tyson.“

Es war eine Weile still. Er faßte sie beim Arm und lenkte sie in Richtung Kantine. Als sie mit dem Kaffee am Tisch saßen, meinte sie: „Ihre letzte Bemerkung hat mir nicht so recht gefallen.“

„Ich hab's nicht so gemeint, wie es klang." Egan begriff, daß sein Kommentar ein wenig über das Problem mit Thomas hinausgegangen war.

Jenny sah ihn an, und ihr Zorn schien allmählich zu verrauchen. „Entschuldigung. Man sollte meinen, ich mache Sie dafür verantwortlich, daß Thomas so . . . kleinkariert ist."

„Es ist nun mal sein Territorium. Das macht seine Reaktion verständlich."

„Michael, neulich haben Sie gesagt, Thomas habe Sie womöglich eingestellt, gerade weil Sie nichts von Computern verstehen. Könnte nicht vielleicht – ich meine, könnte er aus dem einen, ganz besonderen Grund keinen Computerfachmann um sich herum haben wollen? Ich muß immer wieder daran denken, daß er sich ja auch Rob Greiner vom Hals geschafft hat. Rob war unser bester Systemanalytiker."

„Diesen Gedanken können Sie vergessen. Das Rechenzentrum bedeutet Thomas viel zuviel."

„Aber daran gedacht haben Sie auch?"

„Es war eine der ersten Fragen, die ich mir gestellt habe."

„Und was ist mit mir? Haben Sie auch einmal an mich gedacht?"

„Ich habe so manches Mal an Sie gedacht, aber nicht in diesem Zusammenhang."

Na gut, dachte sie, du hast so geschickt gefragt, daß er schließlich gesagt hat, was du gern hören wolltest. Trotzdem freute sie sich. Doch dann vergällte er ihr die Freude wieder. „Ich habe aber auch über jemand andern nachgedacht. Sein Name taucht immer wieder auf. Sie wissen, wen ich meine, ja?"

Sie wußte es sofort, trotzdem fragte sie: „Wen denn?"

„Rob Greiner."

GREINER betrachtete verdrießlich das stumme Telefon auf seinem Schreibtisch. Er war direkt wütend auf den Apparat, weil er ihm keine Arbeit brachte. Unmittelbar nach seinem Weggang vom Rechenzentrum hatte so großes Interesse an Computern bestanden, daß er überzeugt war, als EDV-Berater gar nicht scheitern zu können. Viele Leute in der Industrie hatten eine gute Meinung von ihm. Keiner verstand mehr von Computern als er.

Anfangs hatte er auch durchaus sein Auskommen gehabt.

Aber im Dezember war das Wetter umgeschlagen, und das Interesse an Greiners EDV-Beratung hatte nachgelassen. Im Januar war das Wetter noch schlechter geworden, und überall gingen die Geschäfte zurück.

Er dachte an Jenny Tysons Bitte, er solle sich einmal Gedanken über die Krise im Rechenzentrum machen. Wenn er noch dort arbeitete, hätte man ihn damit beauftragt, diesen sogenannten Irrtümern nachzugehen. Der Zentralcomputer war sein Baby, eine wunderschöne Maschine. Er wußte auf alle ihre Launen einzugehen. Er hätte es nicht geduldet, daß sie jemand mißhandelte.

Das Rechenzentrum war einer der Gründe, warum er Hollister noch nicht den Rücken gekehrt hatte. Der andere war Jenny Tyson. Mit beiden mochte er nicht die letzte Verbindung abreißen lassen. Wenn er es sich recht überlegte, war er am Rechenzentrum glücklich gewesen. Wenn er mit Del Thomas hätte auskommen können, wäre er dort nie fortgegangen.

Aber er konnte einfach nicht nach Thomas' Vorstellungen arbeiten. Er brauchte Freiheit bei der Arbeit, einen Spielraum. Del Thomas war ein Tyrann, für den Regelmäßigkeit mehr zählte als Leistung. Als Greiner sich geweigert hatte, sich dem zu beugen, auf die Minute zu kommen und immer „Jawohl, Sir" zu sagen, hatte er gehen müssen.

Das Telefon klingelte.

Greiner starrte den Apparat erst eine Weile an, ohne sich zu rühren. Dann nahm er ab.

Der Anruf kam vom Kaufhaus Grayson. In der Buchhaltung gab es Schwierigkeiten mit den Computerrechnungen. Ob Greiner Zeit habe? Sofort?

„Na klar", sagte Greiner ohne langes Getue.

„Könnten Sie mal zu uns kommen? Das heißt, wenn Sie nicht gerade anderweitig beschäftigt sind."

„Ich kann mich freimachen", sagte Greiner gut gelaunt.

Um die Abendessenszeit war das Physikalische Institut leer und verlassen. Der Eindringling wartete, bis er sicher war, daß alle fort waren, dann verschaffte er sich Einlaß.

Seine Besetzung des Rechenzentrums trat in eine neue Phase.

Solange er noch vom Terminal des Kreiskrankenhauses aus arbeitete, hatte er herausgefunden, wie er die Befugnisse der Operatorin, die eigentlich nur Daten eingeben durfte, überschreiten konnte. Er sammelte einfach willkürliche Informationsbrocken und testete die Reaktionen des Systems auf seine verschiedenen Vorstöße. Es war erstaunlich, wieviel man da machen konnte, einfach indem man den Computer veranlaßte, für einen zu arbeiten. Er war ein sehr gehorsamer Diener. Wenn man ihm eine logische Frage stellte, war er stets um eine logische Antwort bemüht.

Zugegeben, damals die Daten aus dem Programm des Automatischen Verkehrsleitsystems waren ein reiner Glückstreffer gewesen. Die Seite war einfach dagewesen, hinterlassen vom Vorbenutzer. Und eines hatte das andere ergeben. Er wußte jetzt, wann das AVL-Programm allabendlich auf den neuesten Stand gebracht wurde, und hatte sich die Kennummern dafür beschaffen können.

Das System stellte sein Zugangsersuchen mit Eingabegenehmigung nicht in Frage. Er identifizierte die gewünschte Seitenzahl und gab eine einzige, vorübergehende, aber sofort vollziehbare Änderung ein.

DICK POPOLANO war fast den ganzen Dienstag mit dem Wagen des Tierschutzvereins unterwegs gewesen. Die Gesellschaft war knapp an Personal; jetzt war es schon sechs Uhr vorbei, und Popolano, der herrenlose Hunde betreute, machte unbezahlte Überstunden. Müde sah er auf seiner Liste nach. Noch eine Adresse, dann war sein Tagewerk getan.

Es war ein junger Hund, ein Colliemischling. Er begrüßte Dick wie einen lange vermißten Freund. „Ich habe ihn gefüttert", sagte die Frau. Sie war grauhaarig, stand zitternd vor Kälte unter der offenen Haustür und schien bei Popolano um Verständnis zu ringen. „Er treibt sich hier schon seit drei Tagen herum. Ich würde ihn ja behalten, wenn ich dürfte, aber der Hauswirt erlaubt keine Hunde. Es steht sogar im Vertrag."

„Verstehe", sagte Popolano. Vielleicht war es diesmal sogar die Wahrheit.

„Meinen Sie, daß Sie ein gutes Zuhause für ihn finden können? Jemand wird bestimmt einen guten Hund an ihm haben."

„Irgendwer scheint da anderer Meinung gewesen zu sein", antwortete Popolano, plötzlich ungehalten. Als er die Verwirrung im Gesicht der Frau sah, bedauerte er den Ausrutscher. „Machen Sie sich keine Sorgen", sagte er. „Jemand wird ihn bestimmt gern haben und ihm ein Zuhause geben." Falls ihn jemand zu sich nahm.

Er ging zum Wagen zurück, hob den Hund in einen Käfig und schloß ab. Der Hund leistete keinen Widerstand. Dann wendete Popolano den Wagen und fuhr durch die Stadt in Richtung Tierheim. Ein paar Häuserblocks weiter bog er in die Third Street ein, die jetzt Einbahnstraße war und computergesteuerte Ampeln hatte. Wenn man gleichmäßig mit fünfzig Stundenkilometern fuhr und der

Verkehr nicht zu dicht war, kam man durch die ganze Stadt, ohne einmal anzuhalten. Die meisten Straßen waren inzwischen schnee- und eisfrei, aber an einigen Stellen war es schon noch glatt. Je seltener Popolano mit seinem Wagen voller Tiere, die hinter ihm in den Käfigen unruhig hin und her rutschten, auf der tückischen Fahrbahn anhalten mußte, desto lieber war es ihm.

Sechs junge Leute saßen dicht gedrängt in dem kleinen Saab. Es war ein altertümliches Dreizylinder-Töfftöff, eigentlich nur für vier Personen zugelassen.

Bud Packer grinste, als er um die Ecke in die Hill Street einbog und das Fahrzeug zur Seite ausbrach; er wußte, daß der Vorderradantrieb ihn schon durchziehen würde.

„He, Mann, willst du uns allesamt zu Brei fahren?" rief Jack Hurley von der Rückbank. Bud Packer fühlte, wie Julie Kramers Hände sich angstvoll um seinen Arm klammerten.

Aber wie vorgesehen brachte Bud den Saab gleich wieder auf Kurs, und sein Grinsen wurde noch breiter. „Fandst du das vielleicht schon zum Fürchten?" hänselte er Hurley über die Schulter. „Dann macht euch mal fertig zur Schlittenfahrt!"

„Bud, bitte nicht!" bettelte Julie. Aber die andern lachten und juchzten, und Jean Towns auf der Rückbank kicherte – sie saß zusammengequetscht zwischen drei Jungs.

Der Wagen nahm auf der abschüssigen Straße schnell Fahrt auf, und sogar Bud Packer spürte ein prickelndes Gefühl der Gefahr. Aber er war ein guter Fahrer. Er mußte nur das Grünlicht am Renaldo abpassen. Wenn er das schaffte, erwischte er auch noch die Ampel an der Third Street, wenn er unten am Fuß des Hügels aus der Rutschbahn geschossen kam.

Bud sah vor sich die Ampel am Renaldo; sie war rot, wechselte aber auf Grün, als er dicht davor war, und er grinste. Mit achtzig Sachen fuhr er über die Kreuzung, und wenn er bei diesem Tempo blieb, erwischte er unten auch wieder Grün: freie Fahrt durch die ganze Stadt.

Dick Popolano, der auf der Third Street in Richtung Osten fuhr, wunderte sich, als die Ampel unversehens auf Rot sprang und er plötzlich bremsen mußte. Was war denn da los? Die Ampeln waren doch auf grüne Welle geschaltet. Knurrend gab er Gas, als er wieder Grün bekam. Jetzt fuhr er aber vorsichtiger, und richtig, ein paar

Straßen weiter mußte er wieder bei Rot anhalten. Die grüne Welle schien abgeschaltet zu sein.

Als er sich der Hill Street näherte, fuhr er nur noch vierzig, aber diesmal schien die Grünphase länger zu dauern als normal; er sollte wohl Glück haben. Noch bei Grün fuhr er in die Kreuzung ein, nicht etwa erst bei Gelb, aber sicherheitshalber zögerte er bis zur letzten Sekunde mit dem Gasgeben. Er hatte noch immer Grün, als er mitten auf der Kreuzung den dünnen, hohen Hupton des andern Wagens hörte.

Die Wucht des Zusammenstoßes war wie eine Bombenexplosion. Einen Augenblick später erfolgte eine zweite Explosion, und hochschießende Flammen tauchten die Kreuzung in ein grelles Licht. Der Saab war mit zusammengedrückter Vorderfront und in den Fahrgastraum zurückgeschobenem Motorblock von der Seite des Kleinlastwagens abgeprallt, quer über die Kreuzung geschleudert worden, gegen den Randstein gestoßen und hatte sich dort überschlagen. Der Laster scherte steuerlos nach links, prallte gegen eine Hauswand und ging in Flammen auf.

Auf den kurzen Höllenspektakel folgte Totenstille. Dann waren leise Töne zu vernehmen. Ein Mädchen, Julie Kramer, lag wimmernd auf dem Trottoir. Sie war aus dem Wagen geschleudert worden, als die Beifahrertür des Saab aufgesprungen war. Noch ein Insasse des überfüllten Kleinwagens war am Leben: Jack Hurley war wie durch ein Wunder von der Rückbank ins Freie geschleudert worden. Hemmungslos schluchzend saß er auf dem Randstein und starrte in den Feuerball, der die Fahrerkabine des Kleinlasters umhüllte. Drinnen saß Dick Popolano, von der Lenksäule aufgespießt.

Nach nicht einmal einer Minute traf schon das erste Polizeifahrzeug ein. Als die Polizisten die Türen des Lasters aufrissen, suchte ein Hund jaulend das Weite. Böse humpelnd rannte er die Straße hinauf, bevor er noch einen Blick zurückwarf. Sieht aus wie ein Collie, dachte einer der Beamten. Der Hund lief weiter.

Die Bremsspuren auf der glatten Fahrbahn erzählten den Unfallhergang. Jack Hurley bestätigte ihn. Der Fahrer des Saab, sagte er, habe in letzter Sekunde zu bremsen versucht, aber er sei mit achtzig auf der vereisten Straße gefahren.

Die Ampel, versicherte Hurley immer wieder, habe nicht umgeschaltet, als sie eigentlich sollte.

Mittwoch, 9. Februar, 10.00 Uhr

Als der Bürgermeister an diesem Morgen sein Amtszimmer betrat, lag schon ein ausführlicher Bericht über den Ausfall des Automatischen Verkehrsleitsystems auf seinem Tisch. Am Dienstagabend zwischen sechs und sieben Uhr hatten sich in dem Abschnitt des Verkehrsregelungssystems, zu dem Third Street und Hill Street gehörten, vierzehn Unfälle ereignet. Was passiert war, ließ sich nicht genau feststellen. Die Ampeln waren in Betrieb gewesen, aber ihre Phaseneinteilung hatte nicht gestimmt.

Conway las den Bericht ein zweites Mal durch, bevor er nach der Tasse Kaffee auf seinem Schreibtisch griff und zu Kenny Nance aufsah. „Was bedeutet das, Kenny? Was ist da los?"

„Verlangen Sie nicht von mir, daß ich aus dem Rechenzentrum schlau werde."

„Da ist irgend etwas faul." Conway schaltete zu seiner Sekretärin durch. „Verbinden Sie mich mit Del Thomas vom Rechenzentrum." Die Verbindung war sofort da. „Thomas? Hier Conway. Was zum Teufel war da gestern abend los?"

„Wir sind dabei, dem nachzugehen, Sir, das kann ich Ihnen versichern", sagte Thomas steif. „Das System arbeitet zur Zeit einwandfrei."

„Können Sie mir auch versichern, daß es heute abend um sechs noch einwandfrei arbeiten wird? Und morgen abend?"

„Wir tun, was wir können." Thomas geriet in Verlegenheit.

„Soll ich das etwa den Eltern dieser vier jungen Leute sagen, die gestern abend umgekommen sind? Um Himmels willen, Thomas, wie kann das Verkehrsregelungsprogramm geändert worden sein, ohne daß einer was davon weiß?"

„Wir... versuchen das herauszubekommen. Natürlich könnten wir die ganze Anlage abschalten. Dann könnten wir das System durchtesten."

„Und wie soll in der Zwischenzeit das Leben in der Stadt weitergehen?"

Darauf wußte Thomas keine Antwort. Wir können nicht zurück, dachte Conway. Wir sind auf den Computer angewiesen. Für die Stromversorgung, den Verkehr, Feuerwehr und Polizei, Beschaffungen, Bestandskontrolle, Gehaltsabrechnungen. Das Computersystem beherrschte buchstäblich das Leben der ganzen Stadt.

Conway fand es an der Zeit, Thomas wieder etwas Luft zu lassen.

Der Mann war fix und fertig, und wenn er schließlich durchdrehte, würde das auch nichts nützen. „Passen Sie auf, Del. Sobald Sie etwas gefunden haben, möchte ich es wissen. Wenn in der Zwischenzeit die Presse zu Ihnen kommt, können Sie eine vorübergehende Panne in der Verkehrsregelung bestätigen, aber jetzt läuft alles wieder normal. Das ist unser Stichwort: normal. Verstanden?"

„Natürlich." Thomas legte erleichtert auf, und Conway wandte sich wieder Kenny Nance zu. „Nun?"

„Sie haben keine andere Wahl."

Conway seufzte. Er wurde ein Gefühl drohenden Unheils nicht los. Es waren zu viele unerklärliche Irrtümer. Zu viele seltsame Vorkommnisse, wie Tonis angebliches Vorstrafenregister. In diesem Falle war ja Gott sei Dank kein wirklicher Schaden entstanden, aber wie konnte so etwas überhaupt passieren? „Kenny", sagte er, „erinnern Sie sich an das Zitat von Thomas Paine, das ich in meiner Rede zur Amtsübernahme gebraucht habe?"

„Ja, ich weiß noch. ‚Es steht in unserer Macht, die Welt noch einmal ganz neu aufzubauen.' Fand ich gut."

„Das gilt aber auch fürs Gegenteil. Wir können sie über Nacht niederreißen, ohne überhaupt zu wissen, was wir getan haben."

Um diese Zeit wies Egan im Kontrollraum des Rechenzentrums Riskind in seine Aufgabe ein. Der junge Sicherheitsbeamte sagte: „Glauben Sie wirklich, daß sich all diese Scherze im Computerraum abspielen? Daß es einer von unsern eigenen Leuten ist?"

„Ich vermute gar nichts, aber es ist eine Möglichkeit unter anderen. Ich habe einfach das ungute Gefühl, daß es sich hier nicht einfach um eine Serie von technischen Pannen handelt. Wir haben es mit einem Einzeltäter zu tun, und einer unserer ersten Schritte muß sein, Unschuldige auszusondern. Das ist der eigentliche Zweck Ihrer ganzen Hintergrundermittlungen. Ich hoffe, daß wir nichts finden, aber suchen müssen wir." Nach Egans Anweisungen hatte Riskind eine Liste aller Personen zusammengestellt, die während der letzten zwölf Monate am Rechenzentrum beschäftigt waren. Dabei hatte man niemanden ausgenommen – nicht einmal Del Thomas.

„Jeder, der im Rechenzentrum arbeitet, ist vor seiner Einstellung überprüft worden", sagte Egan, „aber das waren Routinekontrollen. Ich will Näheres wissen. Ich möchte, daß Sie sich über jeden mit irgend jemandem unterhalten, der ihn von seiner früheren Arbeitsstelle her kennt."

„Die Liste ist aber lang“, meinte Riskind.

„Und das ist erst der Anfang. Da können Sie mal sehen, woraus Ermittlungsarbeit eigentlich besteht.“

Als Riskind gegangen war, dachte Egan über sein Tun nach. Del Thomas würde an die Decke gehen, wenn er davon erfuhr. Warum verbrannte er sich die Finger? Er dachte an sein kurzes Gespräch mit Carl MacAdam, Thomas' gescheitem jungem Assistenten. Er hatte gewußt, daß er MacAdam in Verlegenheit brachte, als er ihn ansprach, aber er fand, ein Versuch könne sich lohnen.

„Sie müssen eines wissen, Egan“, hatte MacAdam vorsichtig formuliert. „Del Thomas ist ein ausgezeichneter Administrator. Aber mit der technischen Seite hier hat er nichts mehr zu tun.“

„Was heißt das genau, Carl? Wollen Sie sagen, daß er nicht mehr ganz im Bilde ist?“

„Das soll heißen, daß er es versteht, für sich arbeiten zu lassen – von andern. Dafür ist er ja auch da. Er braucht nicht alles selbst zu tun.“

„Kennt er dieses System, und weiß er, was für Fehler vorkommen können? Nur das muß ich wissen. Es ist ein Streitpunkt zwischen uns ...“

„Ich weiß von Ihrer Diskussion mit Thomas.“ MacAdam ließ sich so schnell nicht überfahren. Er war ein schlank gebauter, gutaussehender junger Mann mit einem Kopf voll blonder Locken und wirkte reifer, als seine jugendliche Erscheinung vermuten ließ. Wie Thomas trug er einen Schnurrbart, aber anders als der Direktor schien er ihn nie anzufassen. MacAdam war kein nervöser Mensch, fand Egan. Er war sehr selbstsicher. Überlegen.

„Dann wissen Sie auch, was mir im Magen liegt.“

MacAdam antwortete ihm darauf nicht direkt. Statt dessen sagte er: „Thomas war in der Pionierzeit der Computertechnik ein Elektroniker der Spitzenklasse. Bei den Systemen der ersten und zweiten Generation hat er sich einen landesweiten Ruf erworben. Aber man bleibt nicht auf einer Stufe stehen, Egan. Wenn man gut ist, kommt man weiter.“

„Das war vor zwanzig Jahren, wenn ich richtig rechne. In zwanzig Jahren hat sich auf Ihrem Gebiet viel getan.“

MacAdams Blick war unverbindlich. „Die Automaten sind kleiner und schneller geworden.“

„Hören Sie, Carl, irgend etwas geht hier vor, und Thomas will es nicht zugeben. Sie haben mehr mit der Technik zu tun als er. Sie müssen wissen, was los ist. Wenn Sie mal mit ihm reden ...“

„Sie verlangen etwas von mir, was ich nicht tun kann."

„Aber wenn jemand ins System eingedrungen ist..." Egan verstummte. MacAdam blieb loyal. Thomas hatte ihn eingestellt und zu seinem Assistenten gemacht; er war der Mann, der es auf der Leiter des Erfolgs weiterbringen konnte. Egan hatte den Eindruck, daß MacAdam es eilig hatte. Er änderte jetzt seine Taktik und sagte: „Wenn die Sache ernst ist, tun Sie Thomas keinen Gefallen, indem Sie die Augen davor verschließen."

„Wir kümmern uns ja darum. Wenn wir etwas finden, erfahren Sie es."

„Von wem?" fragte Egan ironisch. „Von Thomas oder von Ihnen?"

MacAdam lächelte dünn. „Thomas gibt hier den Ton an, Egan. So ist das nun mal."

MacAdam ist ein Realist, dachte Egan. Warum nicht auf Nummer Sicher gehen und es ihm nachmachen? Er schüttelte sich. Er konnte seine Aufgabe nicht links liegenlassen, mochte das persönliche Risiko noch so hoch sein. Seiner Ansicht nach steckte das Rechenzentrum nun mal in der Klemme. Es stand unter Belagerung, ganz so, als befände sich ein bewaffneter Terrorist im Computerraum.

AN DIESEM Abend fuhr Rob Greiner nach dem Essen zu Websters. Es überraschte ihn selbst, als ihm klar wurde, daß er das letztemal in den Ferien uneingeladen hierhergekommen war, um Jenny zu sehen. Als sie beide noch im Rechenzentrum arbeiteten, waren sie sich näher gewesen.

Jenny Tyson machte ein erschrockenes Gesicht, als sie ihm öffnete. „Rob? Um Himmels willen, komm rein!" Sie führte ihn ins Arbeitszimmer, wo sie mit ihrem Vater gerade Kaffee trank.

„Was treiben Sie denn so, Rob?" fragte Webster. „Wie lebt sich's als EDV-Berater?"

„Es könnte bessergehen. Und wie steht's mit Ihrem Projekt, Sir?" Linus Webster war einer der ganz wenigen, die Greiner ohne Vorbehalte mit „Sir" ansprechen konnte. „Ist Ihr Modell fertig?"

„Leider nicht, Rob. Aber es geht voran. Es geht voran."

Linus Webster beschäftigte sich zur Zeit mit der Aufstellung eines neuen mathematischen Modells für den riesigen Stromnetzverbund, der die verschiedenen Kraftwerke landesweit zusammenfassen sollte. Der Physikprofessor hatte dafür sowohl einen Auftrag von der Regierung erhalten als auch einen Vertrag mit den Elektrizitätsgesellschaften. Die Aufgabenstellung hatte Greiner immer interessiert, weil sie notwendigerweise auch mit elektronischer Datenverarbeitung zu tun hatte. Ohne Computer hätte Webster sein Leben lang allein mit den komplizierten mathematischen Gleichungen zu tun gehabt.

Während Webster und Greiner sich über das Modell unterhielten, fragte sich Jenny, was Greiner heute abend hierhergeführt hatte. War ihm vielleicht etwas zu der Serie von Mißgeschicken am Rechenzentrum eingefallen?

„Das Kaufhaus Grayson hat mich engagiert, Jenny", wandte er sich jetzt an sie. „Dort gab's Probleme."

„So? Was für welche?"

„Erzähl mir erst mal, was sich bei euch getan hat. Wieder was Ähnliches, wie ich höre."

Jenny nickte finster. Sie erzählte von dem Aufruhr und dem falschen Vorstrafenregister der Bürgermeistersfrau. Dann erklärte sie ihm die Sache mit dem vorübergehenden Ausfall des Verkehrsregelungsprogramms, der am Abend zuvor zu einer Serie von Unfällen geführt hatte.

„Ich habe von dem Blutbad in der Hill Street gehört. Aber davon, daß die Ampelanlagen nicht funktioniert hätten, stand nichts in der Zeitung."

„Die Ampeln haben funktioniert. Nur nicht nach dem regulären Schema."

„Mein Gott, davon hast du mir ja noch gar nichts gesagt!" rief Linus Webster.

„Ich dachte, du hättest genug am Hals, Paps."

„Zuviel, um mich um deine Sorgen zu kümmern, wie?"

Sie sah ihn überrascht an. „So habe ich es nicht gemeint. Außerdem sollen wir außerhalb des Rechenzentrums sowieso nicht über diese Vorgänge sprechen."

„Befehl von Del Thomas?" mutmaßte Greiner.

„Natürlich."

„Was geschieht denn nun? Was sagt Thomas dazu?" fragte Greiner.

„Er bleibt dabei, daß es sich um technische Pannen handelt. Michael und ich haben ihm klarzumachen versucht..."

„Michael?"

„Michael Egan, der neue Sicherheitsdirektor."

„Ach so", meinte Greiner trocken. „Michael."

„Sei nicht albern, Rob", sagte sie, aber ihre Wangen hatten Farbe bekommen. „Jedenfalls wünscht Thomas nicht, daß sich jemand einmischt. Er muß das auf seine Art machen."

„Kommt mir so bekannt vor." Greiner betrachtete sie nachdenklich. „Ich frage mich ..., ich hab dir doch gesagt, daß es bei Grayson ein Problem gab."

„So was Ähnliches wie bei uns?"

Greiner erklärte, was in dem Kaufhaus passiert war. An die tausend Kundenkonten, alle auf derselben Magnetplatte gespeichert, waren durcheinandergeraten. „Das System ist, so wie sie's benutzen, recht primitiv", sagte Greiner. „Wie eine gute alte Additionsmaschine. Und von Sicherheit kann da nicht groß die Rede sein."

„Aber die Verwechslungen waren doch wohl Zufall", gab Webster zu bedenken. „Ist das System von Grayson nicht autonom? Man kann zwischen den beiden Problemen noch keinen Zusammenhang sehen, nur weil sie zur gleichen Zeit eingetreten sind."

„Grayson hat ein System für sich", räumte Greiner ein. „Und Fehler kommen bei Computern nicht so selten vor, daß nicht zwei Systeme gleichzeitig Schwierigkeiten machen können. Trotzdem ..."

„Rede doch du mal mit Thomas darüber", drängte Jenny.

„Er schert sich einen Dreck um meine Meinung", erwiderte Greiner, nicht ohne seine Bitterkeit zu genießen. Dann lenkte er ein. „Aber ich will dir einen Gefallen tun, Jenny, und dir alles erzählen, wenn ich bei Grayson etwas herausfinde. Wenigstens kann ich deren System vorübergehend abschalten, wenn es sein muß."

„Wieso geht das nicht beim Rechenzentrum?" fragte Webster. „Das scheint mir das einzig Vernünftige zu sein."

Greiner schüttelte den Kopf. „Es ist ein einmaliges System. Der Computer wurde eigens für das Rechenzentrum gebaut und hat keine Reserveeinheit. Man arbeitet zur Zeit an einem Zweitsystem, ist aber damit noch nicht fertig geworden." Er schwieg und sah Jenny ernst an. „Du möchtest wissen, was ich denke? Also, ich bin davon abgekommen, daß es einer vom Rechenzentrum selbst ist. Das Ganze ist kein Spaß mehr. Da ist jemand von außen eingedrungen. Und der Betreffende, wer es auch ist, weiß todsicher, daß ihr nicht einfach abschalten könnt!"

Als er in seine Wohnung zurückkam, packte er rasch die Sachen zusammen, die er für sein Vorhaben heute nacht brauchte. Er wollte das Haus gerade verlassen und ging die Treppe hinunter, als plötzlich rechts von ihm eine Tür aufging und Norma Hooper aus ihrer Wohnung trat. Beide blieben stehen. Warum starrte sie ihn so an? Ahnte sie etwas? Konnte sie die Wahrheit in seinen Augen lesen?

Ärgerlich verwarf er diesen Gedanken wieder. Er ging die beiden letzten Stufen hinunter, so daß er direkt neben ihr stand, und zwang sich zu einem Lächeln. „Guten Abend, Miß Hooper. Wollen Sie ausgehen?“

„Nun, ich ... ich wollte gerade ...“

Sie hatte Angst. Vor ihm? Oder vor der Welt im allgemeinen? Sie hatte so etwas Verkniffenes an sich, nicht nur in den angstvoll verengten Augen, nein, in ihrem ganzen Körper. Er hatte sie oft mit diesen trippelnden, vorsichtigen Schritten über die Straße gehen sehen. Hatte sie jemals Intimität gekannt? Hatte sie je geliebt? Der Gedanke war fast grotesk. Irgend etwas wäre davon zurückgeblieben, wenigstens ein weicherer Zug.

Von neuem packte ihn die Wut, aber diesmal schaute er rechtzeitig weg, um sich nichts anmerken zu lassen. Und um die Tränen zu verbergen. O mein Gott, dachte er, sieben Jahre, und ich kann den Gedanken an sie noch immer nicht ertragen. Noch immer erinnere ich mich an jede Minute mit ihr, an alles, was sie tat, an alles, was geschehen ist.

Seine Stimme blieb ruhig. „Kann ich Sie ein Stück mitnehmen?“

„Danke ... nein. Ich möchte lieber zu Fuß gehen.“

Hastig drehte sie sich um, öffnete die Haustür und flüchtete. Nein, dachte er. Sie hatte in seinen Augen nichts gesehen. Liebe war unmöglich zu verbergen, aber über Haß konnte man leichter hinwegtäuschen, und darin hatte er jahrelange Übung. Sogar Mord konnte man hinter einem Lächeln verbergen.

Es war das erste Mal, daß er sich dieses Wort gestattete, und er schrak nicht davor zurück. Er hatte den Tod dieser übermütigen jungen Leute im Auto weder geplant noch unmittelbar verursacht. Er hatte ihn nur möglich gemacht. Und er hatte immer gewußt, daß bei der Ausführung seines Plans irgendwer zu Schaden kommen würde. Das war unvermeidlich, sogar notwendig. Sonst würden sie nie genug Angst vor ihm bekommen, um ihn ernst zu nehmen. Sie hatten sich das alles selbst zuzuschreiben. Unschuldig war keiner.

DIE Henry-Adams-High-School von Hollister bestand aus einem festen Ziegelbau und zwei „provisorischen“ Baracken, die nun schon seit fünfzehn Jahren in Gebrauch waren. Am Mittwochabend war dort in einem Klassenzimmer ein Papierkorb umgestürzt und der Inhalt mit Benzin übergossen worden.

Von hier bis zur Tür führte eine lange Schnur, deren eines Ende langsam brannte. Im Papierhaufen lag das andere Ende. Dort war die Schnur um die Mitte eines dicken, briefähnlichen Umschlags geknotet und teilte diesen so in zwei Beutel, die chemische Substanzen enthielten. Die improvisierte Zündschnur brauchte fast fünfzehn

Minuten, um den Umschlag zu erreichen. Als die Schnur schließlich auch an dieser Stelle abbrannte, kam der Umschlag frei, und die beiden chemischen Substanzen rieselten ineinander.

Es gab eine kleine Explosion und fast unmittelbar danach eine Stichflamme, als sich der benzingetränkte Papierhaufen entzündete. Ein Brand entstand, und als die Hitze groß genug war, löste sie den Wärmemelder an der Decke der Baracke aus. Doch bis dahin hatte sich das Feuer schon stark ausgebreitet.

Obwohl die Stadt Hollister jetzt über ein computergesteuertes Brandbekämpfungsprogramm verfügte, ertönte an der Henry-Adams-High-School lediglich eine einzige Feuerglocke. Da der Hausmeister in einem Wohnwagen auf der anderen Seite des Schulsportplatzes wohnte, hatte das Schulamt wegen der zusätzlichen Kosten gegen einen Direktanschluß an die Alarmzentrale der Feuerwehr gestimmt.

Das Schrillen der Glocke machte dem betagten Hausmeister Beine. Erst mußte er keuchend über den ganzen schneebedeckten Sportplatz rennen, bevor er die Flammen sah. Dann lief er den weiten Weg zu seinem Wohnwagen zurück und riß den Hörer vom Telefon.

Diesmal benutzte er die angezapfte Telefonleitung.

Es gab alle möglichen Spielchen und Tricks, mit denen Spaßvögel sich Zugang zu Computersystemen verschafften, und die meisten davon waren den Elektronikstudenten, mit denen er Umgang gepflegt hatte, wohlbekannt. So hatte ihm einmal ein ebenso pfiffiger wie übermütiger Student namens Olsen erklärt, wie das „Huckepack"-Verfahren funktionierte. „Geht ganz einfach. Du baust einen anderen Computer in eine Leitung zwischen einem Außenterminal und dem Hauptcomputer ein. Dann gaukelst du mit Hilfe des Minicomputers, oder was du sonst hast, dem Operator am anderen Ende vor, daß er mit dem Hauptsystem in Verbindung stehe. Du bestätigst seinen Zugangscode und nimmst seine Eingabe an. Die bestätigst du womöglich auch noch, und dann wartest du, bis er sich wieder ausschaltet. Wenn du willst, kannst du jetzt seine Eingabe verändern. Du reitest sozusagen huckepack auf der Leitung des Außenbenutzers. Natürlich brauchst du gewisse Apparate, um das zu machen, und du mußt die Leitung anzapfen."

Die Meldung vom Außenterminal der Feuerwehrzentrale ans Rechenzentrum kam um dreizehn Minuten nach neun, und das automatische Brandbekämpfungsprogramm konnte in Aktion treten.

Der Eindringling fing die Meldung ab. Mit Hilfe des Minicomputers aus dem Physikalischen Institut spielte er die Rolle des Hauptcomputers, indem er die Eingabe entgegennahm. Gemeldet wurde ein Feuer in der Henry-Adams-High-School, McKinney Road 1313, Brandbekämpfungszone 6. Der Computer war darauf programmiert, verfügbare Löschzüge an die Brandstelle zu dirigieren.

Nachdem der Operator sich ausgeschaltet hatte, gab der Eindringling die Mitteilung unter Verwendung des eben empfangenen Zugangscodes an den Hauptcomputer weiter. Er nahm dabei lediglich zwei kleine Änderungen vor. Die Adresse lautete jetzt McKinney Road 3113, Brandbekämpfungszone 9. Jede spätere Nachprüfung würde nur eine Zahlenverwechslung feststellen können, wie sie alle Tage vorkommen konnte.

MICHAEL EGAN erhielt selten Anrufe, aber in dieser Nacht klingelte das Telefon in seinem Häuschen am Terry-See gleich zweimal.

Das erste Gespräch kam aus Kalifornien. Joan Wellman war am Apparat. Sie hatte schon einmal angerufen, seit er Los Angeles verlassen hatte, um ihm ein gutes neues Jahr zu wünschen. Er hatte sie seither nicht angerufen, und das hielt sie ihm vor. „Schmollst du etwa immer noch?“ fragte sie.

Er lächelte. „Du verstehst mich eben nicht.“

„Aber natürlich verstehe ich. Wer hier nicht versteht, das bist du.“ Es war ein alter, sinnloser Streit. Da er sein Stichwort nicht aufnahm, sagte sie: „Du hattest recht wegen Howard. Er . . . ist ausgezogen.“

„Tut mir leid.“

„Warum sollte es das?“ Sie lachte hellauf.

Egan sagte nichts darauf. Es war Howard gewesen, der den Bruch zwischen ihm und Joan herbeigeführt hatte. Drei Jahre waren sie miteinander gegangen, und Egan hatte es als selbstverständlich angesehen, daß sie heiraten würden. Aber für einen Kriminalisten war er ziemlich blind gewesen. Er hatte als letzter von ihrer Affäre mit Howard Simpson – einer von vielen – erfahren. Er hatte sich dumm und betrogen gefühlt und war wütend gewesen.

„Jedenfalls . . .“, fuhr Joan fort, und ihre Stimme klang wehmütig, „würde ich dich gern mal wiedersehen. Nächsten Monat komme ich nach New York. Das dürfte doch für dich nicht zu weit sein, oder?“ Sie will mich auf eigenem Boden treffen, dachte Egan. Sie hatte ihn einmal umgarnt und wollte es noch einmal versuchen. Er stellte fest, daß er jetzt darüber lächeln konnte.

„Ruf mich an“, sagte er. „Wenn ich mich freimachen kann, komme ich.“

Sekunden später legte sie auf, und Egan beschäftigte sich mit der

Tatsache, daß es ihn nicht mehr wütend machte, ihre Stimme zu hören – aber er empfand auch sonst nichts dabei. Er war mit sich zufrieden.

Der zweite Anruf, der ihn kurz vor Mitternacht weckte, kam von Bürgermeister Conway.

„Entschuldigen Sie, daß ich Sie um diese Zeit störe", sagte der Bürgermeister, „aber können Sie morgen früh um sieben bei mir im Rathaus sein?"

„Gewiß, Sir", antwortete Egan. Conway verschwendet keine Worte, dachte er.

„Gut." Es klang, als ob der Bürgermeister gleich wieder auflegen wollte, so daß Egan rasch fragte: „Ist etwas passiert, Sir?"

Es war kurz still, dann sagte Conway: „Wir hatten schon wieder einen Schlamassel in einem der Computerprogramme der Stadt." Er erklärte kurz die Sache mit der brennenden Schule und den an die verkehrte Adresse dirigierten Löschfahrzeugen. Die Feuerwehr hatte dadurch eine halbe Stunde verloren, bevor sie an der Brandstelle eintraf.

„Ich habe schon mit Ihrem Direktor, Del Thomas, gesprochen", fuhr Conway fort, „und er scheint nicht davon überzeugt zu sein, daß diese Vorfälle absichtlich herbeigeführt werden. Kenny Nance sagt, Sie seien anderer Meinung. Stimmt das?"

Egan hatte Nance seinen Verdacht mitgeteilt, nachdem er die Angelegenheit mit Toni Conways falschem Vorstrafenregister geklärt hatte. Jetzt zögerte er nicht, obwohl er wußte, daß es Del Thomas nicht recht sein würde.

„Ja, das stimmt. Ich bin der Ansicht, daß sich jemand Zugang zum System verschafft hat."

Stille. „Ist das Ihr Ernst?"

„Ja, Sir."

„Ich wünschte fast, ich hätte nicht gefragt." Conway ließ ein kurzes, freudloses Lachen ertönen. „Also bis um sieben bei mir."

Conway legte auf, Egan ließ sich aufs Bett fallen und ging in Gedanken noch einmal die Ereignisse der letzten zehn Tage durch. Der Eindringling war noch nicht sichtbar, aber es gab ihn.

Zuerst hatte er nur die Muskeln spielen lassen. Arthur Prochaskas Tod mußte eine Panne gewesen sein. Seine anfänglichen Streiche waren mehr oder weniger boshafte Spielchen gewesen. Das war jetzt anders geworden. Nun hatte der Eindringling Blut an den Händen.

DONNERSTAG, 10. FEBRUAR, 7.00 UHR

JAMES CONWAY erwartete Egan bereits in seinem Büro. „Schön, daß Sie gekommen sind, Egan. Kenny Nance kennen Sie schon, nicht wahr?"

Egan begrüßte den liebenswürdigen Pressereferenten. Dann fragte Conway: „Haben Sie über das nachgedacht, was ich Ihnen gestern abend gesagt habe?"

Egan nickte. „Paßt genau ins Schema."

Conway sah sein Gegenüber scharf an. „Sie glauben immer noch, daß es ein Systemknacker ist?"

Conway liebt es wohl, Leuten auf den Zahn zu fühlen, dachte Egan. „Davon bin ich überzeugt. Ich bin kein Experte in Sachen Computer, aber ich bin bereit, meine Stellung für die Behauptung zu riskieren, daß wir es mit einem Einzeltäter zu tun haben – einem Computerverbrecher neuer Art."

„Genau dieses Risiko gehen Sie wirklich ein. Ihr Chef dürfte in wenigen Minuten hier sein, und er ist nicht ganz Ihrer Meinung." Conway ließ ihm keine Zeit, sich mit dieser Ankündigung vertraut zu machen. „Nehmen wir an, Sie haben recht, Egan, und es gibt diesen Menschen. Glauben Sie, daß er gestern abend die Absicht hatte, jemanden zu Schaden zu bringen? Bevor Sie antworten, will ich Ihnen sagen, daß es vorläufig nach Brandstiftung aussieht."

„Vor ein paar Tagen hätte ich das noch verneint", antwortete Egan nachdenklich. „Aber als das Schaltschema der Ampeln geändert wurde, sind Menschen dabei umgekommen – und trotzdem hat unser Mann heute nacht dieses Feuer gelegt." Er machte eine sorgenvolle Pause. „Sie sagten doch Brandstiftung?"

„Ja, alles deutet darauf hin."

„Das unterscheidet diesen Vorfall allerdings von den andern", stellte Egan fest. „Brandstiftung bedeutet, daß er dort war, in der Schule, und ein Streichholz angezündet hat. Das ist eine ganz andere Art von Verbrechen."

„Schon, aber was ist mit der Fehlreaktion des Alarmsystems? Die hatte wieder mit dem Computer zu tun."

„Ich weiß, und darum bin ich überzeugt, daß dieses Feuer das Werk desselben Mannes war. Vielleicht war die Brandstiftung das einzige Mittel, um das gewünschte Ergebnis zu erzielen. Oder er tritt in eine neue Phase ein. Ich will nicht so tun, als verstände ich seine Motive. Aber sein ursprünglicher Plan könnte sich geändert haben." Egan überlegte. „Er wird langsam überheblich. Es interessiert ihn nicht mehr, ob wir wissen, daß es ihn gibt. Ich bekomme allmählich das Gefühl" – Conway und Nance sahen ihn beide in stummer Erwartung an –, „daß in der ganzen Geschichte eins aufs andere abgestimmt ist. Und daß die bisherigen Vorkommnisse ein Zuckerlecken waren gegenüber dem, was uns noch erwartet."

AUSSER Del Thomas erschienen zum frühmorgendlichen Kriegsrat des Bürgermeisters noch Carl MacAdam vom Rechenzentrum und Polizeichef John Toland. Thomas' Gesicht lief rot an, während er sich die Zusammenfassung des Bürgermeisters von den Zwischenfällen der letzten zwei Wochen anhörte, die alle dem Computer zuzuschreiben waren. Als Conway die Möglichkeit erwähnte, irgend jemand könnte sich unbefugt Zugang zum System verschafft haben, unterbrach Thomas ihn ärgerlich. „Wir gehen diesen Vorfällen nach. Fragen Sie Carl MacAdam." Aber er ließ seinem stillen Assistenten keine Zeit zum Antworten. „Und es gibt einfach keinen Hinweis darauf, daß jemand das System geknackt haben könnte."

„Mir scheint, als ob wir für gar nichts irgendwelche Hinweise hätten", sagte Toland. „Bisher haben wir nur eine Handvoll Pannen, die mit dem Computer zusammenhängen. So ungewöhnlich ist das ja auch wieder nicht. Ich habe den Eindruck – nichts für ungut, Euer Ehren –, daß man inzwischen schon überall Verschwörungen wittert."

Überraschtes Schweigen quittierte Tolands Bemerkung. Egan dachte, daß der Polizeichef vielleicht nur deshalb so aggressiv war, weil der Bürgermeister ihn bei der Überprüfung der angeblichen Strafakte seiner Frau übergangen hatte.

„Ich glaube nicht, daß hier jemand an Verschwörung gedacht hat", sagte Conway schließlich. „Aber es liegt genug vor, um eine Untersuchung zu rechtfertigen."

Del Thomas zupfte ärgerlich an einem Schnurrbartzipfel. „Es ist ein internes Problem des Rechenzentrums", sagte er. „Das Computersystem werden wir selbst unter die Lupe nehmen. Wir sind schließlich die einzigen, die dazu in der Lage sind."

„Das genügt mir nicht." Conways Blick war kühl und herausfordernd. „Nichts für ungut, um mit unserm Polizeichef zu sprechen, aber wir können nicht einfach warten, bis Sie das System nach technischen Pannen oder Programmierfehlern durchleuchtet haben, die vielleicht gar nicht existieren. Egan sagt, daß er schon eine

Überprüfung des Personals veranlaßt hat. Ich möchte, daß dies so schnell wie möglich geschieht." Seine erhobene Hand wehrte Thomas' Einspruch ab. „Ich will niemandem am Rechenzentrum etwas unterstellen – noch nicht. Aber es ist wohl nicht daran zu zweifeln, daß am ehesten jemand in Frage kommt, der Zugang zum Computer hat." Plötzlich sah er Carl MacAdam an. „Was haben Sie bis jetzt im Rechenzentrum unternommen?"

MacAdam zögerte, räusperte sich und warf einen Blick zu Thomas, der nickte. Ein völlig loyaler Mann, dachte Egan – oder nur vorsichtig. Er würde nur sagen, was Thomas hören wollte, und solange ihm bei seinen Nachforschungen nicht etwas gleich so in die Augen sprang, daß es weh tat, würde er auch nur herausfinden, was Thomas finden wollte. „Wir nehmen uns die Programme vor, bei denen es die Schwierigkeiten gegeben hat", sagte MacAdam. „Sie wissen natürlich, daß es kompliziert und teuer wäre, jeden Vorgang in so einem großen System wie dem unsern aufzuzeichnen. In der Vergangenheit haben wir darum Aufzeichnungen nur auszugsweise gemacht – Meßaufzeichnungen, wie wir das nennen –, die uns Aufschluß über bedeutende Abweichungen vom normalen Betrieb geben."

„So etwas wie Stichproben?" warf Conway ein.

„Nun, ja, so könnte man es nennen. Aber jetzt führen wir genaue Aufzeichnungen über sämtliche Aktivitäten. Wir halten jede Unstimmigkeit bei der Identifikation fest, jedes fehlerhafte Codewort, jede unerlaubte Dateneingabe oder -abfrage. Meist handelt es sich dabei natürlich um reine Versehen. So etwas bedeutet noch lange nicht, daß jemand das System zu knacken versucht. Aber wir halten es jetzt wenigstens fest."

„Das heißt, selbst wenn es in der Vergangenheit unbefugte Eingriffe ins System gegeben hätte, könnte so etwas jetzt nicht mehr vorkommen?"

„Nicht, ohne daß wir es erfahren. Höchstens, wenn ..." MacAdam zögerte wieder und sah zu seinem Chef hinüber, als erwarte er Hilfe von ihm.

„Höchstens, wenn was?" fragte Conway barsch.

„Höchstens, wenn er sogar an unser Betriebssystem herangekommen ist, das zur Steuerung und Überwachung der Anlage dient."

Conway fragte langsam: „Ist das möglich?"

Del Thomas mischte sich ein. „Natürlich ist das möglich", sagte er gereizt. „Möglich ist fast alles."

„Lassen Sie mich etwas anderes fragen", sagte Conway. „Wenn das Betriebssystem selbst geknackt wurde, können wir dann noch etwas tun?"

Thomas zögerte und schien die Antwort nur ungern geben zu wollen. Endlich sagte er: „Wir besitzen seit neuestem eine überprüfte Kopie unseres Betriebssystems, auf die wir in Notfällen zurückgreifen können. Sie befindet sich unter doppeltem Verschluß – keiner kann den Safe allein öffnen –, also ist es ausgeschlossen, daß daran herummanipuliert wurde. Wir können es uns nicht leisten, das System für längere Zeit abzuschalten, aber vielleicht können wir es gerade lange genug tun, um diese Kopie einzugeben. Wir müßten alle Terminals und Außenanlagen vom System trennen und nach einer Überprüfung wieder neu anschließen."

„Del, das ist die Lösung!" rief Conway. „Wie lange würden Sie dafür brauchen? Wann könnten Sie das machen?"

Thomas wirkte recht unglücklich. Er funkelte MacAdam an, als machte er es ihm zum Vorwurf, daß er die Möglichkeit mit dem geknackten Betriebssystem überhaupt zur Sprache gebracht hatte. Endlich sagte er: „Wir könnten heute nacht anfangen und das neue System eingeben. Dann kommt ein dreitägiges verlängertes Wochenende, an dem nicht viel los sein wird. Bis Montag könnten wir wieder voll einsatzbereit sein."

Conway grinste. Er war so erleichtert wie schon lange nicht mehr. „Tun Sie das, Del. Fangen Sie sofort an. Wenn es einen Systembrecher gibt und er jetzt wieder etwas versucht, wird er sein blaues Wunder erleben!"

AM SPÄTNACHMITTAG saß Herb Greenberg von der *Hollister Times* bei der Arbeit, als ein Volontär an seinen Schreibtisch kam. „Mr. Greenberg? Draußen ist eine Dame, die Sie sprechen will." Der junge Mann grinste. „Dufte Biene, sag ich Ihnen."

Sie wartete draußen am Empfang. Greenberg erkannte sie sofort. „Mrs. Conway!"

„Sind Sie Mr. Greenberg?"

„Ja. Kann ich etwas für Sie tun?"

„Mein Mann sagt, Sie seien vertrauenswürdig."

Greenberg lächelte. „Das hört man gern."

Sie sah sich in der Empfangshalle um. „Können wir uns hier irgendwo unterhalten?"

„Wir könnten in mein Büro gehen." Sie folgte ihm in die Redaktion und ließ sich graziös auf der Kante eines einfachen Holzstuhls nieder, den er ihr rasch herbeigeholt hatte. „Was gibt es denn, Mrs. Conway?" fragte er freundlich.

Sie blickte ihn forschend an. Nach einer Weile schien sie zufrieden zu sein mit dem Ergebnis, denn sie fragte geradeheraus: „Ich möchte gern diese Strafakte sehen, die Ihnen zugeschickt wurde – die meine angeblichen Vorstrafen enthält."

„Nun, ich weiß nicht... Hat Ihnen der Bürgermeister davon erzählt?"

„Ja, aber..., er war so wütend, daß er sein Exemplar vernichtet hat. Er hatte es mir nicht gezeigt und konnte sich nicht mehr an alle Einzelheiten erinnern."

„Vielleicht ist das auch besser so, Mrs. Conway."

Sie lächelte. „Wären Sie nicht neugierig, Mr. Greenberg, wenn solche Sachen von Ihnen behauptet würden?"

„Vermutlich doch."

„Ich habe Jim gesagt, daß ich Sie danach fragen würde. Haben Sie Ihr Exemplar vielleicht auch vernichtet, Mr. Greenberg?"

Er zögerte eine Sekunde zu lange und sah, daß sie es bemerkt hatte. Sie war intelligent. Selbstsicher und intelligent. Greenberg fühlte sich überfahren.

„Es ist wichtig, Mr. Greenberg. Wenn ich mich gegen solche Anschuldigungen wehren soll, muß ich wissen, was drinsteht."

„Sie brauchen sich nicht zu wehren, Mrs. Conway. Kein Mensch hat dieses Register ernst genommen."

„Dann kann es ja auch nicht schaden, wenn ich es zu sehen bekomme, oder?"

Greenberg nickte widerstrebend. Er wußte genau, wo das Schriftstück lag – in einem Aktendeckel hinten in seiner Schublade. Er holte es heraus und reichte es ihr. Er sah, wie ihre Augen über die Zeilen wanderten und ihre Pupillen sich weiteten. Dann faltete sie das Blatt zusammen. „Kann ich das haben?"

„Lassen Sie es mich vernichten, Mrs. Conway."

Sie erhob keinen Einwand. Als sie es ihm zurückreichte, glaubte er, ihre Hände leicht zittern zu sehen. Aber sie lächelte ihn an und stand auf. „Danke, Mr. Greenberg. Ich finde schon allein hinaus." Und fort war sie, verfolgt von sämtlichen Augenpaaren in der Lokalredaktion.

Etwa zur selben Zeit wollte James Conway zu Hause anrufen, um Toni zu sagen, daß er später kommen werde, doch es meldete sich zu seiner Überraschung niemand. Als er schließlich zu Hause ankam, war die Garage leer, und alles war still im Haus. Verwundert sah er in der Küche nach, ob Toni vielleicht noch etwas einkaufen gegangen war. Aber von Vorbereitungen fürs Abendessen war nichts zu sehen. Wo war sie nur?

Dann fand er oben im Schlafzimmer den Zettel; er war an ihr Hochzeitsfoto auf der Kommode gesteckt. Er lautete:

> Liebster Jim,
> ich bedauere, was ich tun muß, aber mir bleibt nichts anderes übrig. Heute war ich bei Mr. Greenberg, und er hat mir diesen gemeinen Wisch gezeigt, der mein angebliches Vorstrafenregister enthielt. Sei ihm nicht böse – ich habe ihm gesagt, Du seist damit einverstanden. Jetzt weiß ich, was los war. Ich verstehe, daß es schwierig für Dich war, das alles von mir glauben zu müssen. Am letzten Wochenende mußt Du dann irgendwie darüber hinweggekommen sein, was ich Dir hoch anrechne. Aber Du hast Dich mir gegenüber auch nicht offen ausgesprochen, woraus ich schließe, daß Du noch immer irgendwie betroffen warst. Du siehst also, daß ich darüber erst einmal in Ruhe nachdenken muß. Das kann ich zu Hause nicht. Ich wünschte, Du hättest mich rundheraus gefragt, aber wie Du ja selbst immer sagst, können Wünsche allein keine Brücken bauen. Versuch bitte nicht, mich zu suchen. Ich muß mit mir ins reine kommen und mir darüber klarwerden, wie es um uns steht.
>
> Alles Liebe,
> Toni

Conway saß auf der Bettkante und fühlte den Schmerz, der hinter diesen Worten steckte. Niedergeschlagen nahm er die Spuren ihrer hastigen Abreise wahr: die geöffneten Schubladen, den Freizeitanzug, der noch auf dem Boden des Kleiderschranks lag, wie er vom Bügel gefallen war. Wie hatte er diese Verleumdung auch nur einen Augenblick glauben können?

Im ersten Drang, ihr nachzufahren, sprang er auf. Aber genau das war es ja, was sie nicht wollte. Er dachte an sich, an seine eigenen Bedürfnisse. Ihr Bedürfnis war es jetzt, allein zu sein. Er konnte nur warten. Warten und sich fragen, wann sie zurückkommen würde . . . falls überhaupt.

Freitag, 11. Februar, 13.00 Uhr

In Hollister fanden an jenem Tag die Feiern anläßlich Lincolns Geburtstag statt. Da Feiertag war, war Jenny Tyson zu Hause, als Rob Greiner gegen ein Uhr anrief. „Wußtest du davon?" fragte er. „Hat der liebe gute Michael Egan dich eingeweiht?"

„Eingeweiht in was? Wovon redest du, Rob?"

Zornig berichtete er ihr in wenigen Sätzen, was geschehen war. Als er heute morgen nach dem Frühstück in seine Wohnung zurückgekommen war, hatte ein Polizeiwagen vor dem Haus gestanden. Zwei Beamte waren Greiner nach drinnen gefolgt. „Polizeichef Toland, ihr ‚Anführer', wie sie sagten, wolle mit mir reden. Ich sei nicht direkt verhaftet. Aber sie haben mir verdammt unmißverständlich klargemacht, daß ich mitzukommen habe, um mich wegen der Vorgänge im Rechenzentrum ausfragen zu lassen."

„Das verstehe ich nicht", sagte Jenny. „Wieso kommt Polizeichef Toland ausgerechnet auf dich?"

„Ganz einfach. Irgend jemand hat ihm meinen Namen geflüstert. Und es gibt jemanden, der mich liebend gern den Hunden zum Fraß vorwerfen würde – vielleicht traut er mir sogar wirklich zu, daß ich ins System einbreche."

„Del Thomas", sagte sie. Natürlich. Thomas hatte Greiner nie verziehen, was er ihm ins Gesicht gesagt hatte, als er die Kündigung bekam. Das entbehrte nicht der Ironie, denn Thomas war anfangs recht nachsichtig gewesen, wenn Greiner sich allerhand Freiheiten herausnahm. Als Thomas' Haltung ihm gegenüber sich änderte, hatte Greiner stets behauptet, daß jemand – er nannte nie einen Namen – seine Stellung beim Chef des Rechenzentrums untergraben haben müsse.

„Es muß Thomas gewesen sein", sagte Greiner, „der Toland mit Dreck über mich gefüttert hat." Er schwieg kurz. „Ich habe zu keinem Zeitpunkt angenommen, daß du die Finger im Spiel hattest. Allerdings bin ich mir da bei deinem Michael nicht so sicher."

„Er ist nicht *mein* Michael. Wir sind nur zufällig derselben Meinung über die Vorgänge beim Rechenzentrum, das ist alles."

„So. Hör mal, mein Kind, falls du noch nicht wissen solltest, daß deine Stimme anders klingt, wenn du von ihm redest, erwarte bitte nicht von mir, daß ich dich jedesmal darauf hinweise."

In ihrer ersten Bestürzung glaubte sie abstreiten zu müssen, was er da andeutete. Ob sie für Egan ebenso leicht durchschaubar war? Es war eine Zeitlang still, dann fuhr Greiner fort: „Ich kenne ihn ja nicht – ich will ihn nicht mal kennenlernen –, aber er ist auf jeden Fall ein Glückspilz."

„Rob, ich möchte, daß du mit Michael redest."

Greiner schnaubte. „Wir haben uns nichts zu sagen. Was sollen wir denn miteinander reden? Erfahrungen austauschen?"

„Sei nicht so ekelhaft. Du sollst mit ihm über das Computersystem reden. Du kannst uns helfen, Rob – ich weiß, daß du es kannst!"

Greiner antwortete in ungerührtem, endgültigem Ton: „Nach dem, was Thomas veranstaltet hat, kann ich nur wünschen, daß sie den Kerl nie finden, der euerm Computer den Kopf verdreht."

Nachdem Greiner aufgelegt hatte, versuchte Jenny sofort Egan zu erreichen. Zu Hause meldete er sich nicht, und als sie im Rechenzentrum anrief, sagte ihr der diensthabende Sicherheitsbeamte nur, er wisse auch nicht, wo Egan zu erreichen sei. Er sei kurz vor Mittag gegangen.

„Also, wenn er sich meldet, dann ... sagen Sie ihm nur, daß ich angerufen habe."

Obwohl Freitag ein Feiertag war, ging George Devoto wie üblich ins Physikalische Institut. „Ich dachte, Sie wollten heute nachmittag vielleicht das Modell testen", sagte er beim Eintreten zu Linus Webster. „Ich meine, weil doch jetzt alles vorbereitet ist."

„Nein, George. Das Rechenzentrum hat gestern abend alle Außenterminals abgeschaltet."

„Wie bitte?"

„Nur vorübergehend." Webster erinnerte sich, daß er Jenny versprochen hatte, sich über die Vorgänge im Rechenzentrum zurückhaltend zu äußern. „Eine Revision oder so was. Wir werden natürlich wieder angeschlossen, aber wahrscheinlich nicht vor Montag."

„Aha, nun ja ..., ich hätte gern gesehen, wie das Programm läuft."

Webster schenkte seinem jungen Assistenten ein geistesabwesendes Lächeln. „Ungeduldig, George? Machen Sie sich nur keine Sorgen um Ihr Programm. Ab Montag früh werden wir das Modell anhand echter Zahlen testen, die wir von den Elektrizitätsgesellschaften bekommen. Wir erhalten einen wirklichkeitsbezogenen Überblick, wenn wir damit am ersten Tag einer normalen Woche anfangen."

George Devoto antwortete nicht. Seine Enttäuschung war deutlich zu spüren.

Samstag, 12. Februar, 15.00 Uhr

Auf halbem Wege zum Terry-See beschlichen Jennifer Tyson Bedenken. Offenbar hatte Michael Egan die Nachricht nicht erhalten, die sie für ihn im Rechenzentrum hinterlassen hatte, und heute morgen hatte sie noch mehrere Male versucht, ihn in seinem Häuschen anzurufen, aber ohne Erfolg. Schließlich hatte sie die Vermittlung angerufen und erfahren, daß die Leitung gestört sei. Natürlich konnte er auch verreist sein. Weshalb? Im Zuge seiner Ermittlungen? Oder aus einem persönlichen Grund?

Hör auf damit, ermahnte sie sich. Das einzig Wichtige ist, daß du so bald wie möglich mit ihm redest. Er würde wissen wollen, welche Maßnahmen Del Thomas und der Polizeichef eingeleitet hatten. Allzuweit war es ja nicht zum Terry-See. Der angekündigte Sturm ließ vorerst noch auf sich warten. Wenn Egan nicht zu Hause war, hatte sie eben eine nette Spazierfahrt gemacht.

Und wenn er da ist? fragte sie sich, gerade als ein heftiger Windstoß den Wagen packte, so daß sie kräftig gegensteuern mußte. Es begann jetzt auch zu schneien, ganz als habe das Unwetter nur gewartet, bis sie unterwegs war.

Welche Erklärung würde sie Egan geben, wenn sie mitten in einem Schneesturm bei ihm aufkreuzte? Sie sollte vielleicht doch lieber umkehren. Hier herauszufahren war töricht gewesen.

Aber da zweigte links von ihr schon der Weg zum See ab. Der Wegweiser war durch das Schneegestöber fast nicht mehr zu erkennen. Nach momentanem Zögern bog sie in den Weg ein.

In der weißen Dämmerung tauchte ein Haus auf, halb versteckt hinter Bäumen. Sie fuhr auf dem Kiesweg vor, dann sah sie ihn – zuerst hinterm Fenster, dann kam er schon die Treppe heruntergesprungen. Er öffnete ihre Wagentür und schaltete die Zündung aus. „Sie müssen ja verrückt sein, bei diesem Wetter hierherzukommen!" rief er. „Aber ich freue mich doch, daß Sie da sind." In diesem Augenblick war ihre Nervosität wie weggeblasen.

Drinnen bullerte der Eisenofen. „Wie's aussieht, sitzen Sie jetzt hier eine Weile fest", meinte Egan grinsend. „Wie schön, daß im Kühlschrank zwei Steaks liegen."

„O nein . . ."

„O doch", sagte er bestimmt. „Sie fahren erst zurück, wenn es zu schneien aufhört. Wie wär's mit einem Schluck Wein?"

„Nun . . ." Ihr strahlendes Lächeln strafte ihr Zaudern Lügen.

Sie berichtete Egan von Greiners zornigem Anruf, und Egan überraschte sie mit der Mitteilung, daß er seinerseits Greiners Hilfe zu gewinnen hoffe – er habe durch einen alten Freund in der FBI-Außenstelle Greiners Vergangenheit durchleuchten lassen. „Darum war ich gestern weg", sagte er.

Jenny beurteilte die Chancen, Greiner zur Mitarbeit zu bewegen, nicht gerade günstig, aber auch sie fand, daß es einen Versuch wert sei.

„Wie war's denn, mal wieder in der alten Umgebung zu sein?" fragte Jenny. „Haben Sie kein Heimweh nach dem FBI bekommen?"

„Nein – das ist vorbei."

„Na, ich weiß nicht", meinte sie skeptisch. „Wenn man so lange dabei war wie Sie, das ist doch so, als wenn man mal Priester oder Ordensbruder gewesen wäre..."

Egan reagierte prompt. „Das nenne ich fernsehgebildet."

„Was soll denn das nun wieder heißen?" Sie warf beleidigt den Kopf in den Nacken.

„Was wissen Sie denn wirklich über das FBI? Ich meine, abgesehen von der Fernsehserie mit Efrem Zimbalist? Die Fernsehversion vom FBI war eine einzige Komödie – aber immerhin gut für unser Ansehen. Darum hat der alte Hoover sie so geliebt. Aber die derzeitige Hexenjagd – dieser übertriebene Zynismus über FBI und CIA – ist ebenso dämlich und unrealistisch."

Sie musterte ihn mit nachsichtigem Lächeln. Dann sagte sie: „Sie scheinen sich wirklich über die viele Kritik zu ärgern."

„Ich war zehn Jahre beim FBI und glaube immer noch an das, wofür wir gearbeitet haben."

„Und was meinen Sie damit?"

Er zögerte. „Die... Raubtiere unter Kontrolle zu halten. Wenigstens einen Zaun um sie herumzubauen."

„Wissen Sie, was Sie sind, Michael Egan? Sie sind ein Spießer, wie er im Buche steht."

„Sie auch." Er sagte es lächelnd.

„Das war eine Retourkutsche."

„Nein. Ich habe nur eine andere Auffassung von dem, was Sie Spießer nennen. Die meisten Menschen in diesem Land sind Spießer, und das muß ja nicht von vornherein schlecht sein. Sie haben recht, es sind die Spießer, die zum FBI gehen. Viele von ihnen gehen sonntags in die Kirche, die meisten zur Wahl. Sie gehen auch zur Armee, wenn das Land im Krieg ist. Auf dem Heldenfriedhof Arlington liegen lauter Spießer."

„Sie sagen, ich sei auch eine Spießerin. Nun... ich wäre zum Beispiel nicht nach Vietnam gegangen."

„Vietnam war für Spießer wie Nichtspießer gleichermaßen problematisch", stimmte Egan ihr zu. „Aber kehren wir zu Ihnen zurück. Spießer halten auf Tradition, Leben, Freiheit, Eigentum. Sie, Jenny, arbeiten ja auch, um einen gewissen Lebensstandard zu halten. Sie sind nach Hause zurückgekehrt und wohnen bei Ihrem Vater, weil er Sie braucht. Sie zerbrechen sich den Kopf über irgendeinen alten Mann, den Sie früher kaum gesehen haben. Alles sehr spießig."

Jenny schwieg. Sie sah sich selbst eher als liberal, nicht unbedingt als spießig an. Aber es stimmte, sie war nach Hause gekommen, als ihr Vater krank wurde. Und sie konnte Rob Greiners Ansicht nicht akzeptieren, daß keiner dem anderen etwas schuldig sei. „Eines wissen Sie aber nicht von mir", sagte sie schließlich. „Ich habe einen Mann verlassen, der nach Vietnam unterwegs war. Eine echte Spießerin hätte durchgehalten, oder nicht?"

„Möchten Sie darüber reden?"

„Nein."

„Dann erzählen Sie mir etwas anderes von sich."

Sie lächelte zuerst, dann lachte sie sogar. „Na ja, ich bin in einem Spießernest aufgewachsen – Mount Airy in Pennsylvania. Das war, bevor mein Vater eine Professur in Purdue bekam. Ich war sogar einmal bei einem Heimatabend Zweite bei der Mißwahl. Ist das traditionsbewußt genug?"

Sie verstummte verlegen. „Warum erzähle ich Ihnen das alles?" Die gute Laune wich aus ihrem Blick. „Das war die gute Seite. Noch auf dem College habe ich geheiratet. Es war eine Heirat, wie sie damals groß in Mode war. Wir haben uns Gedichte vorgelesen, und meine beste Freundin hat Gitarre gespielt. Ich dachte, alles müsse so schön werden wie dieser Tag."

Sie merkte, daß sie genau das tat, was sie eigentlich nicht wollte – sie kam immer wieder auf sich und David zu sprechen. Unversehens erzählte sie von ihrer Ehe, die damals schon allmählich auseinanderbrach, und was dieses Scheitern für sie bedeutete. Von Davids Eintritt in die Air Force. Von ihren Streitereien und der Trennung, bevor er nach Südostasien ging. Sie hatte die Scheidung noch nicht eingereicht, weil ihr das unrecht erschienen wäre, solange er im Krieg war. Und als der Absturz seines Flugzeuges gemeldet wurde, hatte sie sich verpflichtet gefühlt zu warten. Und zu warten...

Sie wollte, daß Michael Egan sie verstand, aber sie machte sich dabei auch selbst etwas klar, was sie schon viel zu lange verdrängt hatte. David Tyson war tot – sie wußte es schon so lange –, aber die seelischen Wunden, die ihr die Ehe mit ihm zugefügt hatte, waren noch nicht verheilt.

„David war scheinbar so unkompliziert. Er war ein ziemlich guter

Golfspieler, der beste Verteidiger in der Footballmannschaft und so weiter und so fort. Er erwartete eine Art Heldenverehrung." Sie schwieg kurz. „Er betrachtete es sogar als sein gutes Recht, andere Frauen zu haben. Sie gaben ihm etwas, was ich ihm nicht gab, wie er mir so schön ins Gesicht gesagt hat, als es zum großen Krach kam. Sie waren dankbar. Kein Wunder. Er war ein gutaussehender Mann, und vielen Frauen genügt das ja schon."

Sie klopfte ein Sofakissen zurecht und ging zu den Fenstern, wo sie stehenblieb und auf die grellweiße Landschaft hinaussah. Egan beobachtete sie und widerstand dem Drang, hinzugehen, sie in den Arm zu nehmen und zu trösten, wie man ein trauriges Kind tröstet. Sie war kein Kind mehr, und sie war noch nicht soweit, sich trösten zu lassen.

Jenny wandte sich zu ihm um. „Soll ich weiterreden?"

„Sie haben abgebrochen, weil Sie verbittert wurden. Sie müssen nicht weitererzählen, aber ich habe das Gefühl, Sie würden es gerne loswerden."

Sie musterte ihn eingehend, erstaunt über seinen Scharfblick. „Das Schreckliche war, daß ich lange glaubte, mit *mir* müsse etwas nicht stimmen. David sagte, ich sei frigid, und das hieß für mich, daß ich es war. Gefühlskalt. Ich war überzeugt, daß er recht hatte, denn sonst hätte ich doch etwas dabei empfunden, wenn er mich berührte." Sie unterbrach sich wieder und sah Egan fest an. Bringe ich dich aus der Fassung, Liebling? dachte sie und fragte sich erschrocken, wann sie wohl zum letztenmal einen Mann so genannt hatte. Langsam und stockend sagte sie: „Ich habe lange gebraucht, bis ich an mich selbst glaubte. Jetzt habe ich festen Boden unter den Füßen, Michael Egan, und ich bin nicht sicher, ob ich mich noch einmal in den Sumpf wagen möchte."

„Aber Sie können nicht ewig an derselben Stelle bleiben, Jenny. Früher oder später müssen Sie es darauf ankommen lassen und erkunden, ob auf der anderen Seite des Sumpfes nicht auch fester Boden ist."

„Sehr klug gesagt, Mr. Egan."

„Ich habe nicht die Absicht, klug daherzureden. Was ich sagen will, ist, glaube ich..., daß wir beide alt genug sind, uns Zeit zu lassen, nichts zu überstürzen. Sie müssen nur eines, Jenny, immer schön einen Schritt nach dem andern tun."

Sie schwieg und sah ihn ernst an. Und er begriff, daß es Zeit war, mit Reden aufzuhören. Er ging zu ihr, legte ihr beide Hände auf die

Schultern und zog sie an sich. Lange sah er ihr in die Augen. Dann küßte er ihre Lider, das eine, dann das andere. Er fuhr ihr mit der Fingerspitze über die Nase. Als er sie küßte, preßte sie ihren Körper fest an den seinen. Dann riß sie sich mit einem allzu strahlenden Lächeln los. „Hast du nicht etwas von zwei Steaks im Kühlschrank gesagt?"

„Bist du sicher, daß du darauf Appetit hast?"

„Ja ... bitte, Michael. Ich ... brauche Zeit."

„Wir haben soviel Zeit, wie wir nur wollen", sagte er zärtlich.

Sonntag, 13. Februar, 20.00 Uhr

Das Rattern eines Schneepflugs hallte über das Gelände der Universität Hollister. Der Schneeräumtrupp machte die Wege frei, denn morgen begann das neue Semester. George Devoto lauschte nervös dem Dröhnen der sich entfernenden Maschine und fragte sich, ob sie wohl noch einmal zurückkommen werde.

Das Mädchen hastete den frisch geräumten Pfad vor dem Chemiegebäude entlang. Ihr war nicht wohl dabei, daß sie um diese Zeit hier allein herumlief, und darum beeilte sie sich.

Als sie um die Ecke kam, trat er ihr in den Weg. Ihre Augen weiteten sich. Viel mehr konnte er von ihr nicht sehen; sie hatte sich zum Schutz gegen die Kälte einen Schal um die untere Gesichtshälfte geschlungen. Auch sie sah von ihm nicht viel mehr. Er hatte sich eine dieser Skimasken übers Gesicht gezogen, die nur Mund und Augen frei ließen. Er hob lässig grüßend die Hand und ging auf sie zu. Das war ein Fehler. Wegen der Maske sah sie sein Lächeln nicht.

Das Mädchen schrie.

Er versuchte sie zu packen und ihr den Mund zuzuhalten, aber sie wich taumelnd zurück. „Nein – rühren Sie mich nicht an!" Sie griff sich an die Kehle, fand die Pfeife, die sie seit den Überfällen um den Hals trug, und blies verzweifelt hinein. Der schrille Ton zerrte an Devotos Nerven, bohrte sich in sein Gehirn. Er drehte sich um und lief.

Das schrille Pfeifen verfolgte ihn. Er wandte sich nach links über den freien Hof. Der tiefe Schnee behinderte seine Flucht, während der Pfeifton in einem anderen, tieferen Laut unterging – der Sirene des Streifenwagens. Hol sie der Teufel! Wenn sie solche Angst hatte, was trieb sie sich dann nachts allein herum? Sie forderte es doch heraus!

Er erreichte einen geräumten Fußweg und atmete laut auf vor

Erleichterung. Er hatte einen sicheren Vorsprung. Von jetzt an würde er keine Spuren mehr hinterlassen, denen sie folgen konnten. Er wandte sich nach rechts, auf die Studentenwohnheime zu, die vorn auftauchten. Hinter einem der Männerwohnheime hatte er seinen Wagen abgestellt, denn dort fiel er zwischen den vielen anderen nicht weiter auf.

Da hörte er einen Ruf: „Er läuft zu den Wohnheimen!"

Er hielt inne. Der Ruf war von dem kleinen Hügel vor ihm gekommen. Verzweifelt blickte er sich um. Ein Stück weiter lief der Fußweg in den Schutz einer großen Eiche. Er machte einen Satz, der ihn weg vom Weg in den Schatten dieser Eiche brachte, ohne daß er im Schnee eine Spur hinterließ. Zitternd ließ er sich gegen den mächtigen Stamm sinken. Von seinem Plätzchen im schützenden Dunkel aus sah er oben auf der Anhöhe mehrere Gestalten. Der Durchgang zu den Wohnheimen war ihm versperrt. Er konnte nicht zu seinem Wagen. Man hatte ihm den Weg abgeschnitten.

Zwei neue Gestalten kamen durch die Schneewehen gerannt, direkt auf ihn zu. Es waren Studenten, keine Wächter, aber er zweifelte nicht, daß sie hinter ihm her waren. Er rührte sich nicht. Sogar sein Herz schien stillzustehen. Keuchend erreichten die beiden Studenten den schmalen Weg und liefen an der Eiche vorbei. Sie schauten nicht einmal in seine Richtung. Als sie weit genug weg waren, sprang er wieder auf den Weg und lief so zurück, wie er gekommen war. Der einzige Ort, an dem sie ihn nicht suchen würden, war dort hinten bei den naturwissenschaftlichen Gebäuden.

Der Weg kam ihm jetzt steiler vor, der Schnee tiefer. Als er fast oben war, glitt er aus, ruderte wild mit den Armen durch die Luft und fiel. Einen Augenblick war er versucht, einfach liegenzubleiben. Er war völlig erschöpft. Nicht nur erschöpft von dieser nächtlichen Jagd, sondern von all den Jahren des Verlangens und der bitteren Enttäuschung. Die Wurzel des Übels lag in seinem kläglichen Versagen bei Frauen. Zum Teufel mit ihnen! Sie waren doch alle gleich. Sie spielten mit einem, lockten mit ihrem Sex, und wenn man dann bereit war, ihnen zu geben, was sie verlangten, wehrten sie plötzlich ab. Oder schrien. Oder – und das war das schlimmste – sie lachten. Die Wut brachte ihn wieder auf die Beine.

Das Physikalische Institut war ganz nah. Er lief darauf zu, als er wieder die Rufe hörte, diesmal näher: „Hierher! Er ist zurückgelaufen!" Und dann ein schriller Schrei: „Da ist er!"

Er blieb nicht stehen, um sich umzusehen. Er lief um das dunkle alte

Gemäuer herum zum Seiteneingang. Den Schlüsselbund hatte er schon in der Hand. Er wußte genau, wie sich der Schlüssel zum Labor anfühlte – er benutzte ihn ja fast täglich.

Seine Verfolger kamen um die Gebäudeecke gestürmt, als er ins Haus huschte. Er sprang die Treppe drei Stufen auf einmal hinauf und fummelte am Vorzimmerschloß herum, als er sie hinter sich auf der Treppe hörte. Er schlüpfte ins dunkle Vorzimmer und schloß die Tür. Das Schloß schnappte mit leisem Klicken zu. Dann stand er reglos in der Dunkelheit. Seine Brust hob und senkte sich, seine Beine zitterten.

Die Tür bebte, als eine Hand energisch die Klinke probierte. George Devoto wartete, aber nichts weiter geschah. Die Studentenstreife hatte sicher keine Schlüssel zu den Büroräumen. Sekunden später rasselte es an einer anderen Tür, dann wieder an einer anderen, noch weiter weg. Sie probierten alle Türen auf diesem Flur aus, um sich zu vergewissern, daß alle abgeschlossen waren und sich dem flüchtigen Frauenschänder hier nirgends ein Versteck bot. Auf den Gedanken, daß er zum Institut gehörte und einen Schlüssel zu diesem Büro haben könnte, kamen sie nicht.

Nach einer Weile war es dann still. Aber er traute dem Frieden noch nicht ganz. Vor allem fürchtete er aber, daß er noch nicht genug Kraft in den Beinen besaß, um erneut zu fliehen. Er konnte jedoch hier warten – bis morgen früh, wenn es sein mußte; dann würde Dr. Webster ihn eben etwas verfrüht an seinem Schreibtisch finden.

Er zog sich aus dem Büro nach hinten ins Labor zurück. Auch im Dunkeln bewegte er sich sicher zwischen den vertrauten Regalen und Spülbecken. Am Computer blieb er verwundert stehen. Durch die Fenster drang gerade genug Licht, daß er den frisch ausgedruckten Bogen sehen konnte, eine Aufzeichnung des letzten Rechengangs.

George Devoto runzelte die Stirn. Er nahm das Blatt in die Hand und sah es sich näher an; dabei erkannte er sofort das Programm für Linus Websters Stromverteilungsmodell. Devoto hatte das Programm selbst erstellt und am Freitagnachmittag testen wollen. Aber er hatte es nicht durchlaufen lassen können. Diesen Computerausdruck durfte es gar nicht geben. Auch am Schema des Programms fiel ihm etwas auf, irgend etwas Eigenartiges. Es war dasselbe Programm, und doch ...

Er hob den Blick vom Papier und blähte die Nasenflügel, denn es roch plötzlich so seltsam. Zigarettenrauch. Dr. Webster ließ nicht zu, daß in seinem Labor geraucht wurde. Keiner von seinen Mitarbeitern hätte es gewagt, hier zu rauchen, nicht einmal, wenn er nachts alleine war. Es war jemand anders hier. Jetzt hörte er auch etwas. Es kam von der anderen Seite des Raumes, schwache Geräusche, die sich von ihm entfernten, aufs Büro zu. Er glaubte einen Schatten an der Tür zu sehen.

Plötzlich flammte im Büro Licht auf. Die Außentür flog auf, und jemand rief aufgeregt: „Er ist hier! Hier drinnen! Er hält sich im Labor versteckt!“

Sekunden später kamen schwere Schritte den Flur entlang. Vor dem Büro entstand ein großer Tumult. Hilflos vor Schrecken und Verwirrung stand George Devoto da, unfähig, sich zu rühren. Wer war hier im Labor gewesen? Was hatte er hier getan?

Die Lampen im Labor überfluteten ihn mit ihrem grellen Licht – eine zitternde Gestalt, noch in Mantel und Skimaske. Es gab keinen Ausweg. Devoto starrte in die grimmigen Gesichter der Studenten, die ihn gejagt hatten und sich ins Labor drängten. Hinter ihnen huschte jemand aus dem Vorzimmer auf den Korridor; nur ganz kurz war sein Rücken zu sehen, dann war er verschwunden.

Die Studenten bildeten vor dem Physikalischen Institut eine große Traube. „Habt ihr ihn?“ fragte einer. Er nickte. Sie hielten ihn für einen von der Streife.

Ohne Eile entfernte er sich von dem Gebäude. Armer George, dachte er ohne Rührung. Armer, dummer, zorniger George. So zornig und dabei so erpicht darauf, diesen Zorn jemandem mitzuteilen, der ihm nur den kleinen Finger dazu reichte – so schnell bereit, seine schale Wut über die Ufer treten zu lassen!

Er hatte zugehört, wenn George redete, hatte ihn ermutigt, ihn sogar nach seiner Arbeit im Labor ausgefragt, nach dem Computer, den er benutzte, dem Projekt, an dem Professor Webster arbeitete. George hatte ihm alles erzählt. Alles, was er wissen mußte.

Und mehr. Eines Abends hatte er das Blut an George' Hose gesehen, als er in die Wohnung zurückgekehrt war, die sie seit einigen Wochen miteinander teilten. Am andern Morgen hatte man dann von dem Überfall auf eine Studentin gehört. George war sonderbar erleichtert gewesen, daß jemand Bescheid wußte. Er hatte die Läuterung einer Beichte gebraucht.

Wenn George sich nur nicht ausgerechnet den heutigen Abend für eine seiner Eskapaden ausgesucht hätte! Oder wenn er sich wenigstens ein anderes Versteck gesucht hätte, als er verfolgt wurde! Aber dadurch, daß Devoto ins Physiklabor geflohen war, wäre er, der Eindringling, um ein Haar entdeckt worden. Hier im Labor, in das er mit Hilfe des Zweitschlüssels, den er sich von Devotos Schlüssel hatte machen lassen, gelangt war. Am Computer, wo er sich dank George' Kennummer mit dem Rechenzentrum in Verbindung gesetzt hatte. Mit George' Programm in der Hand, an dem er gerade herummanipuliert hatte. Ihm war nichts anderes übriggeblieben, als Alarm zu schlagen.

Am Rande des Universitätsgeländes hielt der Eindringling inne. Er hatte keine Zeit mehr gehabt, den Computerausdruck des Programms an sich zu nehmen, als er durch Devotos plötzliches Auftauchen gestört wurde. Konnte er es wagen, noch einmal ins Labor zurückzugehen, selbst nachdem der Menschenauflauf sich zerstreut hatte? Nein. Es konnte noch jemand dort sein.

Würde Dr. Webster am Morgen Verdacht schöpfen, wenn er dieses Programm sah? Würde er die eine kleine Änderung bemerken, die der Eindringling in die Anweisungen hineingeschmuggelt hatte? Würde er das Programm noch einmal nachprüfen, bevor er es durch den Computer im Rechenzentrum laufen ließ?

Das Risiko schien minimal zu sein. George hatte ihm gesagt, der Physiker pflege seine Arbeit nicht mehr zu kontrollieren, solange es sich um Auftragsarbeiten handelte, die ihm ohnehin enge Grenzen steckten. Diese Versicherung war es gewesen, die dem Eindringling den Mut zum Handeln gegeben hatte.

Er hatte von Anfang an vorgehabt, sich so etwas wie ein trojanisches Pferd zu bauen, sobald sich die Gelegenheit bot. Dazu brauchte er Zugang zu einem Computer, der mit dem Rechenzentrum in Verbindung stand. Er brauchte irgendein unschuldiges, häufig benutztes Programm, das nicht in Frage gestellt werden würde. Das Routineprogramm, an dem Linus Websters mathematisches Modell für die Energieverteilung getestet werden sollte, erfüllte alle Voraussetzungen. Es befand sich jetzt im Speicher des Minicomputers, bereit für den Einsatz. Der Eindringling hatte nur George Devotos Programm durch sein eigenes ersetzt. Sie waren identisch, bis auf eine Kleinigkeit, ein trojanisches Pferd, dessen Falltür sich erst öffnen würde, wenn das Programm lief. Und sowie dies geschehen wäre, würde die geheime Anweisung sich selbsttätig löschen und jeden Hinweis darauf zerstören, daß sie je existiert hatte.

Der Eindringling konnte dieses manipulierte Programm nicht selbst in den Hauptcomputer beim Rechenzentrum füttern. Diese Befugnis hatte George Devoto nicht. Das konnte nur Webster persönlich. Wenn er es tat, wurde das Programm auf seiner Zugangsebene aktiviert – in der höchsten Sicherheitsstufe, die nur ganz wenigen vorbehalten war. Dort würde die Falltür sich öffnen und es dem Eindringling möglich machen, endlich ins Herz des Systems vorzudringen.

Ein Schauer überlief ihn, aber nicht vor Kälte. Am Montag würde es geschehen. George Devoto hatte gesagt, an diesem Tage würde Webster mit dem Probelauf beginnen. Es war nicht sehr wahrscheinlich, daß die schockierende Nachricht vom Schicksal seines jungen Assistenten ihn davon abhalten würde. Montag. Sieben Jahre hatte er gewartet. Jetzt konnte er auch noch diesen einen Tag warten ...

WÄHREND des ganzen Montagvormittags liefen bei Linus Webster die Daten über den Energieverbrauch ein. Sie kamen von der Atomenergiekommission, Consolidated Edison und anderen Elektrizitätsgesellschaften, die sich an seinen Forschungen beteiligten. Jetzt war es an der Zeit, sein Programm mit echten Problemen zu konfrontieren – Stromausfall in Lansing, Michigan; eine Explosion an einem Verteiler in Berkeley, Kalifornien; wieder ein Schneesturm in den Rocky Mountains – alles geschah an ein und demselben Morgen und war eine ziemliche Belastungsprobe für den landesweiten Elektrizitätsverbund.

Webster konzentrierte sich so auf seine Aufgabe, daß er von den Gerüchten, die in allen Ecken des Universitätsgeländes umliefen, gar nichts mitbekam. Es waren Gerüchte über seinen Assistenten George Devoto. Webster hatte nur gemerkt, daß Devoto nicht zur Arbeit erschienen war. Wenn man bedachte, wie versessen er noch am Freitag darauf gewesen war, das Programm zu testen, war seine Abwesenheit schon merkwürdig. Bei einem Blick zum laboreigenen Computer sah Webster, daß Devoto das Programm sogar noch überprüft hatte, denn es lag ein Computerausdruck da.

Um halb elf fand Webster sich zähneknirschend damit ab, daß er für heute wohl auf seinen Assistenten verzichten mußte, und um drei Minuten nach halb elf stellte er die Verbindung mit dem Hauptcomputer im Rechenzentrum her. Der Computer bestätigte seine Zugangsbefugnis für die höchste Sicherheitsstufe und gab das System frei. Webster aktivierte unverzüglich das von George Devoto erstellte Testprogramm. Das Programm lief reibungslos ein. Ohne es zu merken, hatte er auch das trojanische Pferd eingeschleust.

DIENSTAG, 15. FEBRUAR, 11.00 UHR

DIENSTAG war Zahltag für alle städtischen Bediensteten, und auf Kenny Nance' Gehaltsabrechnung fehlten fünfzig Dollar. Grinsend ging er damit in James Conways Amtszimmer. „Schon gut", sagte er,

„ich weiß ja, daß wir sparen müssen, aber warum müssen wir ausgerechnet bei mir damit anfangen?“

Conways Gesichtsausdruck ließ ihn verstummen. „Es geht nicht nur Ihnen so, Kenny. Bei sämtlichen städtischen Bediensteten ist das gleiche passiert.“

Am Nachmittag, als Del Thomas bleich im Amtszimmer des Bürgermeisters eintraf, waren schon Einzelheiten bekannt. Man hatte sich das ganze Gehaltszahlungsprogramm, das Montag abend durch den Computer gelaufen war, ausdrucken lassen. In das Programm war die Anweisung eingebaut worden, von jedem Gehalt fünfzig Dollar abzuziehen und dieses Geld auf Konten bei drei verschiedenen örtlichen Banken zu überweisen. Erstaunlicherweise war keinerlei Versuch unternommen worden, die Transaktion zu tarnen. Die Konten waren vor kurzem auf die drei Namen Anderson, Benson und Cole eröffnet worden.

„Was ist mit dem Geld auf diesen Konten geschehen?“ fragte Conway.

Thomas war die Ratlosigkeit in Person. „Es... wurde nicht angerührt.“

Conway ließ ihn zappeln. „Und Sie haben keine Ahnung, wie diese Anweisung ins Programm gekommen ist? Oder wann?“

„Nein.“ Die Antwort war kaum hörbar.

„Könnte es passiert sein, bevor Sie Donnerstag abend abgeschaltet haben? Bevor Sie Ihr sogenanntes ‚sauberes Betriebssystem‘ eingebaut haben?“

„Meine Leute sagen, nein. Nachdem das neue Betriebssystem eingegeben wurde, haben wir alle Arbeitsprogramme geprüft, bevor sie reaktiviert wurden. Auch das Gehaltsabrechnungsprogramm.“

„Was Sie da sagen, heißt also, daß unser Unbekannter erneut ins System eingedrungen ist, nachdem Sie abgeschaltet und mit dem sauberen Betriebssystem die Arbeit wiederaufgenommen haben.“

Der Direktor des Rechenzentrums nickte widerstrebend.

„Und weshalb sind Sie ihm diesmal so leicht auf die Spur gekommen? Bei allen anderen Streichen, die er uns bisher gespielt hat, konnten Sie nicht feststellen, wie er es gemacht hat. Aber hier finden Sie es auf den ersten Blick. Das hat doch etwas zu bedeuten, oder?“

„Ich... weiß nicht recht.“ Thomas wollte sich nicht festlegen.

„Er wollte, daß wir die Anweisung finden“, sagte Conway. „Er hatte nie die Absicht, dieses Geld abzuheben. Er läßt uns nur wissen, daß er mit dem System anstellen kann, was er will.“

Die erste direkte Nachricht des Eindringlings, die am selben Nachmittag kurz vor vier Uhr eintraf, bestätigte Conways Befürchtung. Sie war an James Conway, Bürgermeister, adressiert, als STRENG GEHEIM gekennzeichnet und erschien nur auf dem Terminal in Del Thomas' Büro im Rechenzentrum, wo sie ganz kurz auf dem Bildschirm aufleuchtete. Unmittelbar darauf kam sie schwarz auf weiß aus dem Drucker. Sie lautete:

AN DIE STADT HOLLISTER ERGEHT DIE AUFFORDERUNG ZUR ZAHLUNG VON 5 – IN WORTEN FÜNF – MILLIONEN DOLLAR SCHMERZENSGELD. ANWEISUNGEN FOLGEN. ENDE.

Eine zweite Nachricht war kürzer und wurde begleitet von einem gleichzeitigen Systemzusammenbruch, der für eine Minute alle Aktivität im Rechenzentrum lahmlegte, außer auf dem Terminal in Thomas' Büro. Der Ausfall begann um 16.00 Uhr. Um 16.01 Uhr nahm das System – sehr zu Verblüffung der anwesenden Programmierer und Operatoren – seine Arbeit ganz normal wieder auf.

Thomas rief MacAdam in sein Büro, als die zweite Nachricht auf dem Bildschirm erschien. Sie starrten wie benommen auf die ständig wiederholte Mitteilung. Sie lautete:

DAS SYSTEM IST MEIN
DAS SYSTEM IST MEIN
DAS SYSTEM IST MEIN
DAS SYSTEM IST MEIN

DRITTER TEIL

ENDSPIEL

MITTWOCH, 16. FEBRUAR, 8.00 UHR

EGAN suchte den Sicherheitschef der Universität in seinem Büro auf und informierte den stämmigen Expolizisten über die Vorgänge am Rechenzentrum, die in der Übernahme des Rechenzentrums durch den Eindringling gipfelten.

„Was kann ich für euch tun?" fragte Tom Ames.

„Ich brauche ein paar zusätzliche Kräfte", sagte Egan. „Eine der

Möglichkeiten, ein Computersystem zu unterwandern, besteht im Anzapfen einer Leitung. Das heißt, daß man an eine solche Leitung herankommen oder mit Hilfe entsprechender Geräte Signale von so einer Leitung aus der Luft auffangen muß."

„Klingt ein bißchen abwegig."

„Ist es in diesem Fall wohl auch, aber nur, weil unser Störenfried dann wahrscheinlich aufgefallen wäre. Es handelt sich im wesentlichen um die letzten paar Wochen. Es wäre nicht einfach für ihn gewesen, so lange mit einem entsprechend ausgerüsteten Fahrzeug in der Gegend herumzufahren, ohne gesehen zu werden."

„Und wenn es einer dieser buntbemalten Lieferwagen war, mit denen die Studenten hier herumfahren?" meinte Ames. „Die könnte ich mal überprüfen. Was noch?"

„Ich habe hier eine Skizze von allen Fernmeldeleitungen, die ins Rechenzentrum führen. Jeder einzelne Verteilerkasten im Universitätsbereich muß auf eventuell angezapfte Leitungen hin untersucht werden. Ich habe mir sagen lassen, daß es möglich ist, an so eine Leitung einen andern Computer anzuschließen, ohne daß es einer merkt. Auf so etwas wäre ich scharf."

„In Ordnung", meinte Ames zweifelnd. „War's das?"

Egan zögerte. Jetzt kam erst das, was er eigentlich wollte. „Ich brauche Namen", sagte er. „Namen von Studenten, Adressen, Leumundszeugnisse, persönliche Daten. Dasselbe vom Lehrkörper und von den Verwaltungsangestellten, überhaupt von jedem, der in letzter Zeit auf dem Universitätsgelände war."

„Was suchen Sie denn eigentlich?"

„Ich weiß es noch nicht genau", räumte Egan ein. „Aber wenn ich es gefunden habe, weiß ich es."

Als Egan in sein Büro zurückkam, lag eine Nachricht von Del Thomas auf dem Schreibtisch, und Egan meldete sich sofort bei ihm. „Wir haben etwas für Sie", sagte Thomas kurz angebunden. „Ich selbst bin in der nächsten Stunde nicht zu sprechen, aber MacAdam wird Sie informieren."

Carl MacAdam erwartete ihn schon, verriet aber keinerlei Erregung, als er Egan mit einer Handbewegung aufforderte, Platz zu nehmen. Sein Büro war wie der Mann selbst – kühl, spartanisch, zweckmäßig –, die Schreibtischplatte war fast leer.

„Hoffentlich haben Sie was Gutes", sagte Egan. „Ich könnte zur Abwechslung mal eine gute Nachricht brauchen."

MacAdam hob abbittend die Schultern. Er machte den Eindruck, als ob für ihn die Sache mit dem Eindringling nur wieder so ein ärgerlicher Programmierfehler sei. Er begann mit einer kurzen, arrogant klingenden Erklärung. „In die Arbeitsprogramme sind bestimmte Prüfpunkte eingebaut. Sie sind dazu da, daß man nicht alles von vorn bis hinten durchgehen muß, um einen Fehler oder einen unbefugten Eingriff aufzuspüren. Man braucht nur bis zum nächsten Prüfpunkt zurückzugehen, weil man weiß, daß bis dahin alles stimmt." Er zog fragend eine Augenbraue hoch.

„Bis dahin kann ich Ihnen noch folgen", sagte Egan.

„Einige der Fehler, die in letzter Zeit vorgekommen sind und die wir diesem Eindringling zuschreiben, hatten mit Informationen von andern Datenbanken zu tun", fuhr MacAdam fort. „Auch die Fehlinformationen im Falle der Vorstrafenregister, die angeblich zu Ralph Lambert und Mrs. Conway gehörten. Unser System kann solche Informationen abrufen. Zum Beispiel kann die Stadtverwaltung Vorstrafenregister von Stellenbewerbern anfordern, während solche Informationen im privaten Sektor nicht gegeben werden."

Egan nickte. Die leichte Abrufbarkeit von Daten aus den Archiven der Justizbehörden war die Erklärung dafür, daß der Eindringling die falschen Dokumente so echt hatte aussehen lassen können. Sie waren eben echt. Sie gehörten nur zu andern Leuten, nicht zu Lambert oder Toni Conway.

„Leider wissen wir noch immer nicht, wie er's gemacht hat", gestand MacAdam. „Der Eindringling hat es fertiggebracht, alle Spuren seiner Manipulationen, die wir hätten finden können, zu verwischen. Aber durch die Kontrolle bestimmter Prüfpunkte in einem Datenspeicher war es uns möglich, festzustellen, daß am Programm der Universitätsverwaltung am Abend des 16. Dezember manipuliert wurde, als die Einschreibzulassungen fürs Sommersemester durchliefen. Der Computer hatte bereits die Namen aller Bewerber gespeichert. Wir können den Zeitpunkt deshalb so genau feststellen, weil die Liste mit den Namen der zugelassenen Bewerber an jenem Donnerstag erst am späten Nachmittag fertiggestellt wurde, so gegen fünf Uhr. Danach wurden erst die Benachrichtigungen ausgedruckt und die Lochkarten registriert."

Er machte eine Pause, um auszukosten, wie Egan ihm an den Lippen hing. „Das Ausdrucken einer solchen Menge von Daten erfordert Zeit, selbst bei einem Computer, weshalb man das Programm zu einer Zeit hat durchlaufen lassen, als sonst nicht viel los war. Daher wissen wir eines: Am Donnerstag, dem 16. Dezember, irgendwann zwischen fünf Uhr nachmittags und Mitternacht, wurde dem System die Anweisung erteilt, sämtlichen Bewerbern eine Einschreibzulassung zu schicken, nicht nur denen, die wirklich aufgenommen worden waren."

MacAdam nahm ein paar Blätter Papier zur Hand, ordnete sie zu einem sauberen Stoß und reichte sie Egan. „Wenn Sie sich das einmal vornehmen, können Sie sehen, was wir sonst noch herausgefunden haben. Wir haben für die Zeit zwischen 17 und 24 Uhr dieses Tages die Benutzungszeiten aller Außenterminals überprüft. Die haben wir dann mit den jeweiligen Benutzungszeiten der vorangegangenen beiden Monate verglichen. Dabei haben wir ungewöhnliche Aktivitäten an einem Terminal festgestellt – überdurchschnittlich lange Leerzeiten und besonders hohe Fehlerquoten, immer abends. Sie finden das alles da drin, einschließlich der letzten Aufzeichnung einer unbefugten Anfrage am Freitag, dem 4. Februar. Seitdem wurde an diesem Terminal nichts Außergewöhnliches mehr registriert."

„Wo steht das Terminal?" fragte Egan.

„Im Kreiskrankenhaus Hollister."

Maggie Henderson, die am Computerterminal des Krankenhauses Spätschicht hatte, trat ihren Dienst erst um vier Uhr an. Egan ließ sich von der Krankenhausverwaltung ihre Adresse geben. Sie hatte mit einem Assistenzarzt des Krankenhauses eine gemeinsame Wohnung.

Der junge Mann, der ihm öffnete, war dunkelhäutig und schwarzhaarig. Er war noch keine dreißig, schätzte Egan, aber er hatte müde Augen.

„Mr. Martinez?"

„Egal, was Sie haben, wir kaufen nichts."

„Ich will auch nichts verkaufen. Ist Miß Henderson da? Ich muß mit ihr sprechen, es ist wichtig." Egan zückte seinen Ausweis.

„Joe, wer ist das?" rief eine Frauenstimme.

Martinez gab widerstrebend den Weg frei, als Egan eintrat. Er schien sich seiner Rolle nicht sicher zu sein.

Die Frau war groß und langbeinig, mit vollen, weichen Lippen und plötzlich angstvollen Augen. „Er kommt vom Rechenzentrum", sagte Martinez kurz. Es klang wie eine Warnung.

„O nein! Joe, ich hab dir doch gesagt..." Sie brach ab und starrte Egan an. „Sie wissen Bescheid, ja?"

„Wie wär's, wenn Sie mir's erzählten?" meinte Egan. Er lächelte, um sie zu beruhigen. „Ist das Kaffee, was ich da rieche?"

„Ja, äh – möchten Sie eine Tasse?"

Beim Kaffee machte sie reinen Tisch. Sie habe die ganze Zeit gewußt, sagte sie, daß man beim Rechenzentrum früher oder später auf ihre Verstöße gegen die Sicherheitsvorkehrungen am Terminal kommen würde.

„Hatten Sie je den Verdacht, daß jemand anders das Terminal benutzen könnte?"

„Ja ... aber ich habe mir keinen Grund denken können, wieso."

„Hätten nicht Krankenakten gestohlen werden können?"

„Doch, aber was sollte einer denn damit anfangen?"

Egan sagte ihr nicht, daß sehr viele Leute sich für solche Daten interessierten – Versicherungsunternehmen und Kreditinstitute, Arbeitgeber, Freunde und Feinde des Betreffenden. „Warum haben Sie Ihren Verdacht nicht gemeldet?" fragte er.

„Ich ... hatte Angst, meine Stelle zu verlieren."

Egan nickte. Ihr einziges Vergehen war Nachlässigkeit, dachte er, und ihr Geständnis brachte ihn dem Eindringling kein bißchen näher; es bestätigte höchstens, daß dieser das Terminal des Krankenhauses benutzt hatte, um sich Zugang zum Rechenzentrum zu verschaffen.

„Könnten Sie mir irgendeinen Hinweis geben, wer das Terminal ohne Ihr Wissen benutzt haben könnte?"

Maggie Henderson schüttelte stumm den Kopf. Viel mehr konnte Egan nicht aus ihr herausbringen. Und nun durfte er die gesamte Belegschaft eines großen Krankenhauses in seine Verdächtigenliste einbeziehen.

Aber wie hatte der Eindringling wissen können, daß Maggies Terminal zeitweise unbeaufsichtigt war? Vielleicht hatte er, wie Egan schon gegenüber Tom Ames angedeutet hatte, einen gut ausgerüsteten Lieferwagen auf dem Parkplatz stehen gehabt und die vom Terminal ausgehenden Signale einfach abgehört. Andererseits hatte er eine solche Beobachtung vor Ort gar nicht nötig gehabt, wenn er zum Rechenzentrum gehörte und die Aufzeichnungen über die Benutzungszeiten der einzelnen Außenterminals einsehen konnte. Er mochte dabei auf wiederholte Lücken in den abendlichen Benutzungszeiten gestoßen sein und daraus geschlossen haben, daß das Terminal während dieser Zeiten nicht besetzt war. Egan schüttelte ärgerlich den Kopf. Es waren noch zu viele Möglichkeiten offen. Für den Eindringling arbeitete einfach alles – einschließlich der Zeit.

Am Mittwoch war Conways Vorzimmer den ganzen Morgen über belagert. Ein Anwalt, der eines der Unfallopfer von der Hill Street vertrat, drohte, die Stadt zu verklagen. Ein Mitglied des Schulausschusses erzürnte sich über das Unvermögen der Feuerwehr, wenigstens einen Teil der Klassenzimmer in der Henry-Adams-High-School zu retten. Skeptische Reporter suchten nach einer Antwort auf die Gerüchte, die über die großen Schwierigkeiten im Rechenzentrum umliefen.

Die Stadt wird unruhig, dachte Conway. Eine unsichtbare, willkürliche Gefahr wirkt immer am bedrohlichsten. Wie eine Seuche, die sich ihre Opfer wahllos herausgreift. Genau diese Angst hatte dieser Störenfried über die Stadt gebracht.

Conway starrte finster brütend aus dem Fenster – und dachte an Toni. Wo war sie? Ob er Nance bitten sollte, sie ausfindig zu machen? Er wollte doch nur wissen, wie es ihr ging. Aber er konnte es auch nicht darauf ankommen lassen, daß sie sich überwacht fühlte. Er wußte, daß er sie enttäuscht hatte.

In mancher Hinsicht war sie naiv für ihr Alter. Als sie geheiratet hatten, war ihm klargeworden, daß Toni noch sehr jung war. Und auch ihre Mannequinzeit war für sie nur eine kurze Episode gewesen, in der sie schöne Kleider trug und von jedermann bewundert wurde. Sie hatte mit einem unschuldigen Vertrauen an ihn geglaubt, das er nicht hatte erwidern können. Seine größte Sorge war jetzt, daß sie einfach „Ich pfeif auf alles“ sagen könnte.

Er gab sich einen Ruck. Noch war er hier Bürgermeister, und seine Stadt saß wahrhaftig ärger in der Klemme als er persönlich. Dieser Eindringling hatte die Krise heraufbeschworen, die Conway in Gedanken schon oft beschäftigt hatte. Nun war sie da, und er war sich seiner selbst noch immer nicht sicher. Ereignisse – ob im öffentlichen oder privaten Bereich – hatte man nicht immer unter Kontrolle. Zur Zeit hatte er weder das Schicksal Hollisters noch das seiner Ehe in der Hand. In beiden Fällen schien jemand anderes Herr der Lage zu sein.

Am Mittag traf sich der Krisenstab des Bürgermeisters im Nebenraum eines Grillrestaurants unweit des Rathauses. Dem Stab gehörten an: Jay Burton für den Stadtrat, Jerry Devine, als Leiter des Rechnungsamts, Keith Simpson von der Handelsbank, Laurence Grayson vom Kaufhaus Grayson und Michael Egan von der Sicherheitsabteilung des Rechenzentrums. Egan hatte gerade ein vertrauliches Gespräch mit einem ebenfalls anwesenden FBI-Agenten geführt, einem schwergewichtigen Mann mit wachem Blick. Man hatte die Mittagsstunde gewählt, um der Besprechung den Anstrich eines normalen Arbeitsessens zu geben.

„Ich verstehe nicht, warum Sie mich hier mit hinzugezogen haben, Mr. Conway", sagte Laurence Grayson.

„Sie werden es gleich verstehen", versicherte ihm Conway.

Dann sprach Conway zehn Minuten lang ruhig und beherrscht zu den Versammelten. Er umriß ihnen den absurden Feldzug, den der Eindringling gegen die Stadt Hollister führte. Schon nach wenigen Worten herrschte andächtige Stille. Niemand aß. Als letztes nannte er die Geldforderung. „Er will fünf Millionen Dollar haben."

„Ungeheuerlich!" schrie Burton. „Das ist Ihr Werk, Conway – Sie mit Ihrem Computersystem!"

„Das k-können wir nicht b-bezahlen", stotterte Jerry Devine vor Aufregung. „Das würde uns b-bankrott machen."

„Können Sie das System nicht einfach abschalten?" fragte Laurence Grayson.

„Richtig!" rief Burton. „Abschalten. Einfach den Hahn zudrehen. Dann kann er sich das Geld auf der Straße zusammensuchen."

Conway verbiß sich eine ungehaltene Antwort. Er hatte Burton nicht bei dieser Besprechung dabeihaben wollen, aber was immer entschieden werden mußte – er brauchte dazu die Unterstützung des Stadtrats. „Wir können nicht abschalten, ohne das Problem an die Öffentlichkeit zu bringen", sagte er. „Das wäre etwa so, als wenn man im Theater ‚Feuer!' riefe. Außerdem hat uns der Eindringling gedroht, unser gesamtes Betriebssystem sowie alle Arbeitsprogramme und Datenspeicher zu löschen, wenn wir abzuschalten versuchen. Selbst wenn wir alles wiederherstellen könnten, was fraglich ist, ginge der Aufwand an Zeit und Geld ins Unendliche."

„Kann er denn das System so einfach kaputtmachen?" fragte Keith Simpson, der Bankier.

„Wenn er es voll unter Kontrolle hat, ja", sagte Laurence Grayson. Er war mit Computertechnik besser vertraut als die andern. „Aber wenn wir dem Rechenzentrum den Strom abschalten?"

„Daran haben wir auch schon gedacht", antwortete Conway. „Leider gibt es keine Möglichkeit, den Strom abzuschalten, ohne daß unser Eindringling es merkt. Womöglich hat er das System sogar darauf programmiert, sich selbst zu vernichten, falls der Strom abgeschaltet wird. Und in jedem Falle würde eine Stromabschaltung uns die gleichen Probleme bescheren wie eine Abschaltung des Systems."

Conway spürte die Bestürzung seiner Zuhörer, als sie den Ernst der Situation begriffen.

„Dann müssen wir zahlen", sagte Grayson. „Unter den gegebenen Umständen würde ich sagen, er läßt uns sogar noch billig davonkommen."

„Billig!" protestierte Jerry Devine. „Fünf Millionen Dollar, das nennen Sie billig?"

„Überlegen Sie mal einen Augenblick, was er alles anstellen könnte", sagte der Kaufhausbesitzer. „Nehmen wir an, er würde das Verkehrslenkungs- und das Brandbekämpfungsprogramm völlig lahmlegen. Oder sämtliche Grundbuch- und Steuerunterlagen durcheinanderbringen. Ich will damit sagen, daß dieser Störenfried uns erst einen Bruchteil von dem gezeigt hat, was er alles anrichten kann."

„Eben", sagte Conway langsam, „und er kann wie jeder Erpresser ständig seine Forderungen höherschrauben. Wir können nur versuchen, Zeit zu gewinnen, bis wir ihn erwischen."

„Erwischen!" rief Keith Simpson. „Ist das denn überhaupt noch möglich?"

„Die Chancen stehen nicht gerade gut, aber wir haben noch nicht aufgegeben. Polizeichef Toland arbeitet an dem Fall, und das FBI ist eingeschaltet." Conway wandte sich, obwohl ihm bestimmt nicht danach zumute war, mit zuversichtlicher Miene an Egan. „Mr. Egan ist der neue Sicherheitsdirektor am Rechenzentrum. Er arbeitet an einem Plan, der zur Identifizierung des Täters führen soll. Könnten Sie den Herren sagen, was Sie im Sinn haben, Mike?"

„Ich habe vor", sagte Egan, „den Eindringling mit seinen eigenen Waffen zu schlagen, mit Computern. Dazu brauche ich einen Computer, der vollkommen vom Rechenzentrum abgekoppelt werden kann. Und ich brauche einen Computerfachmann, der mit mir zusammenarbeitet. Um es kurz zu sagen, wir werden versuchen, im ganzen Land Informationen zusammenzutragen, die eine Verbindung zwischen diesem Mann und Hollister herstellen. Ich spreche von einer Computerfahndung, von Anfragen bei sämtlichen Datenbanken, die möglicherweise irgendeinen Hinweis für uns enthalten könnten."

„Das kann allerdings lange dauern", sagte Laurence Grayson. „Haben Sie Ihren Experten schon?"

„Der Mann, an den ich denke, ist ein in Hollister ansässiger EDV-Berater, der früher am Rechenzentrum gearbeitet hat. Greiner heißt er. Ich glaube, er kümmert sich gerade um die Probleme, die Sie in Ihrem Kaufhaus mit dem Computer haben."

„Und hatten Sie an ein bestimmtes System gedacht?"

„Ja, Sir. An Ihres."

Im ersten Augenblick blieb Hollisters führender Geschäftsmann stumm. Dann nickte er. „Sie sollen es haben."

„Danke, Laurence", sagte Conway rasch. „Jetzt wissen Sie, warum ich Sie hierhergebeten habe."

Im Raum herrschte nachdenkliche Stille.

„Dann werden Sie alles zur Zahlung vorbereiten?" fragte der FBI-Mann ruhig. Es war das erste Mal, daß er etwas von sich gab.

Conway zögerte. „Wie mir der Rechtsberater der Stadt mitteilt, habe ich weitreichende Befugnis, in Krisensituationen über unsern Notfonds zu verfügen. Aber ich weiß nicht, wie sich der Stadtrat dazu stellen würde..."

Alle blickten auf Jay Burton. Der Stadtrat starrte Conway feindselig an, aber in seinem Blick lag noch etwas anderes, eine Unruhe, die mehr war als Zorn.

„Er könnte uns ruinieren", sagte Burton leise. „Mir wurde etwas mit der Post ins Haus geschickt. Ein... ärztlicher Bericht. Ich brauche Ihnen nicht zu sagen, was er enthielt, außer daß er... peinlich war. Und er kam vom Rechenzentrum. Sie können das der Liste dieser schmutzigen Streiche hinzufügen", fuhr er grimmig fort. „Sie haben uns die Suppe eingebrockt, Conway. Sie werden sie auch auslöffeln."

Conway räusperte sich. „Dann wäre das abgemacht." Er wandte sich Michael Egan zu. „Vielleicht sind Sie unsere einzige Hoffnung, Mike. Am besten fangen Sie gleich an."

Die Möbelpacker fuhren am Mittwochnachmittag vor dem Haus vor, in dem Norma Hooper ihre Wohnung hatte.

Der Hausverwalter hatte gegen ihre Kündigung protestiert. Es gebe keinen Grund zum Ausziehen, hatte er ihr immer wieder gesagt. Weder er selbst noch der andere Mieter von 211 könne für die Taten irgendeines Irren verantwortlich gemacht werden. „Er hat mir gesagt, daß er George Devotos Namen am Anschlagbrett der Universität gelesen hat, vor kaum einem Monat. Wie hätte er das wissen können?" Überhaupt sitze Devoto jetzt im Kittchen – und selbst wenn er wieder herauskäme, hier ließe er sich bestimmt nicht mehr blicken.

Norma wollte eigentlich gar nicht ausziehen. Sie wohnte seit fast fünf Jahren in dieser Wohnung und fühlte sich hier zu Hause. Aber sie konnte nachts nicht mehr schlafen. Immerzu mußte sie auf Geräusche aus der Wohnung über ihr lauschen, die oft mitten in der Nacht zu hören waren. Sie würde nie mehr ruhig schlafen können, wenn sie nicht fortzog aus diesem Haus, wo sie nichtsahnend mit einem Sittlichkeitsverbrecher unter einem Dach gewohnt hatte.

SIE waren wie zwei völlig verschiedenartige Tiere, fand Egan, die man unerwartet zusammen in einen Käfig gesperrt hatte, wo sie einander nun mißtrauisch umkreisten. Der Käfig war der Computerraum im sechsten Stock des Kaufhauses Grayson. Leitungen verbanden den Computer direkt mit der Zentrale der Telefongesellschaft. Zur Zeit wurde noch untersucht, ob diese Leitungen angezapft worden waren.

„Haben Sie mit dem Bürgermeister gesprochen?" fragte Egan Rob Greiner. „Machen Sie mit?"

„Ich habe gesagt, ich will's mir mal anhören. Die Stadt zahlt mir ein Honorar, wenn ich annehme. Was haben Sie denn für eine großartige Idee?"

„Ich bin kein Computerfachmann", begann Egan, „aber ich verstehe einiges von den Einsatzmöglichkeiten eines Computersystems. Ich war beim FBI –"

„Mein Lieblingsverein."

Egan ging nicht auf die bissige Bemerkung ein. „Mein Standpunkt ist, daß die meisten Fälle dadurch gelöst werden, daß man auf bereits vorhandene Informationen zurückgreift."

„Das verstehe ich nicht ganz. Wie sollen wir Informationen über jemanden benutzen, von dem wir überhaupt nichts wissen?"

„Wir spannen die Datenbanken dieses Landes ein. Und suchen eine Person, auf die alle gefundenen verdächtigen Daten passen."

„Gut. Aber das ist wie mit einer Liebesgeschichte. Dazu braucht man zwei. Und Sie wissen über den Eindringling überhaupt nichts."

„Ein wenig wissen wir. Er hat eine Beziehung zu Hollister, die wahrscheinlich eine Weile zurückliegt. Ihm scheint irgendein ‚Unrecht' geschehen zu sein, weil er ‚Schmerzensgeld' verlangt, und er führt aufgrund dieses vermeintlichen Unrechts einen Rachefeldzug gegen die Stadt. Es muß sich um etwas gehandelt haben, was bedeutend genug war, um aufzufallen. Also fangen wir an, indem wir uns die hiesigen standesamtlichen Unterlagen ansehen – Geburten, Todesfälle, Eheschließungen, Scheidungen."

„Sie vergessen etwas. Die Daten sind alle im Rechenzentrum. Sobald Sie da nachzuforschen anfangen, weiß Ihr Mann Bescheid."

„Das ist mir klar, und darum wird das FBI zusammen mit der Polizei von Hollister sämtliche Akten von Hand durchgehen."

Greiner zuckte mit den Achseln. „Sie brauchen immer noch einen Namen, bei dem Sie anfangen können. Das FBI hat ein Jahr gebraucht, um Patty Hearst zu finden, dabei wußte man, wer sie war."

„Ich weiß, daß es nicht leicht sein wird. Überhaupt rechne ich damit, daß dieser Eindringling eine Fahndung hier am Ort vorhergesehen und Vorsorge getroffen hat. Darum werden wir woanders suchen. Wir wissen, daß er sich mit Computern gut auskennt; folglich muß er irgendwo Computertechnik studiert haben. Das ist ein weiterer Faktor. Wir haben also drei Anhaltspunkte: seine Beziehung zu Hollister, seinen Groll gegen die Stadt und seine Vorgeschichte mit Computern. Was Namen angeht", fuhr Egan fort, „davon haben wir genug. Mehr als genug. Zum Beispiel alle Mitarbeiter des Rechenzentrums. Ich habe von allen die Akten vorliegen, von den meisten auch eine zweifache Überprüfung des Vorlebens. Dann hätten wir alle Studenten der Universität, die schon einmal mit Computern zu tun hatten. Und dann haben wir die Opfer, das heißt alle Personen, die von den bisherigen Umtrieben dieses Störenfrieds betroffen sind. Vielleicht waren das gar keine zufälligen Opfer."

„Jetzt klammern Sie sich aber wirklich an einen Strohhalm."

Egan zog gereizt die Schultern hoch. „Kann schon sein. Aber es ist den Versuch wert. Die Leute glauben immer, sie hinterließen keine Spuren, aber sie hinterlassen immer welche. Dieses Land ist ein einziges Netz von Erfassungssystemen. Auf Landesebene gibt es Verkehrssünderkarteien, Verbrecherkarteien, Karteien bei Arbeitsämtern und Finanzämtern. Dieser Bundesstaat besitzt ein zentrales, computergesteuertes Erfassungssystem für Studenten, und viele andere haben das auch. Und wenn Sie auf Bundesebene hinaufgehen, finden Sie Hunderte von Datenbanken. Das Erziehungsministerium erfaßt zum Beispiel alle Studenten, die die Universität wechseln. Das Justizministerium führt Akten über alle Fälle von Landfriedensbruch und unterhält eine interministerielle Aufklärungsabteilung. Das Militär hat Akten, das FBI, das Finanzministerium . . ."

„Aufhören!" protestierte Greiner. „Ich habe verstanden."

„Eine Fahndung, so wie ich sie vorhabe, wäre vor ein paar Jahren noch gar nicht möglich gewesen. Ich spreche von einer bundesweiten Fahndung, Greiner. Von sämtlichen Datenbanken, die wir in Anspruch nehmen können. Wie lange braucht überhaupt ein Computer, um seine eigenen Speicher zu sichten?"

„Kommt darauf an. Wenn die Daten on-line sind, nicht lange. Ein mittelgroßer Computer kann in der Sekunde etwa eine Million Befehle ausführen." Egan bemerkte bei Greiner ein gewisses Interesse, das vor ein paar Minuten noch nicht dagewesen war. Das war wichtig. Wenn Rob Greiner die Sache als eine Herausforderung ansah, bei der er allein dem Eindringling gegenüberstand, Mann gegen Mann im Wettstreit von Scharfsinn und Können, würde er sein Bestes geben.

„Sie wollen also eine Analyse des Falles haben", sagte Greiner langsam. „Alles, was wir über den Eindringling wissen, was er getan hat und wem er es angetan hat. Und Sie wollen, daß ich in sämtlichen Datenbanken des Landes nach jemandem suche, zu dem dies passen würde?"

„Ganz recht."

„Verrückt", sagte Greiner. Plötzlich lächelte er. „Ob er damit auch gerechnet hat? Wenn ich darauf aus wäre, eine ganze Stadt zu terrorisieren und um fünf Millionen Dollar zu erleichtern, würde ich mir eine völlig neue Persönlichkeit zulegen und Rob Greiner aus allen Unterlagen tilgen."

„Meine Idee beruht darauf, daß er eben nicht alle Spuren tilgen konnte."

„Richtig. In alle Systeme konnte er sicher nicht hinein. Je höher man kommt, desto strenger werden die Sicherheitsmaßnahmen. Übrigens, wie kommen wir überhaupt an die Daten heran?"

„Manche Stellen werden die Suche selbst durchführen, falls sie uns überhaupt etwas geben. Manche werden einfach ablehnen. Aber es handelt sich hier um das Problem einer Stadtverwaltung, da werden wir bei den meisten Stellen Unterstützung finden. Und hier und da kann auch das FBI nachhelfen."

„Sie haben das gründlich durchdacht", gab Greiner zähneknirschend zu.

Egan lächelte. Es war nur ein kleines Scharmützel geworden, dachte er, aber der Sieg war entscheidend. Er hatte Greiner gewonnen. „Wie lange wird es dauern, bis alle Informationen, die wir haben, ein Bild ergeben?"

Greiner zuckte mit den Achseln. „Gibt's keine Möglichkeit, die Liste zu kürzen? Zum Beispiel können wir die Universitätsakten nicht ohne weiteres durchgehen. Die sind im Rechenzentrum gespeichert."

„Eine Namensliste der Studenten habe ich schon", sagte Egan ohne weitere Erklärung, dankbar, daß Tom Ames so schnell gearbeitet hatte. „Wir können aber den Kreis schon einengen. Zum Beispiel suchen wir höchstwahrscheinlich nach einem Mann. Frauen zapfen selten Leitungen an oder legen Brände."

„Gut." Aus Greiners Stimme klang so etwas wie Ungeduld. „Bearbeiten Sie Ihre Liste – und nennen Sie mir die Prioritäten. Welches sind die wichtigsten Namen oder Fakten, welches die zweitwichtigsten und so weiter."

KURZ nach fünf Uhr traf Bürgermeister Conway im Rechenzentrum ein. Del Thomas führte ihn in sein Büro. „Bedaure, daß ich Sie zu mir rufen mußte", erklärte Thomas aufgeregt. „Aber der... dieser Eindringling besteht darauf, von jetzt an nur noch mit Ihnen direkt zu verhandeln. Ich soll... nur noch die Knöpfe drücken", fügte er gekränkt hinzu.

Im rechten Winkel zum Schreibtisch des Direktors stand eine Konsole, die eine kleine Einheit des Computersystems mit Eingabetastatur und Bildschirm beherbergte. „Wir sollen ihm Bescheid geben, wenn Sie da sind", sagte Thomas. Er tippte hastig auf der Tastatur herum, und die Worte erschienen auf dem Bildschirm.

BUERGERMEISTER CONWAY IST BEREIT, IHRE NACHRICHT ENTGEGENZUNEHMEN.

Sekunden später wanderte die Antwort über den Schirm.

SIE SIND SPAET DRAN, BUERGERMEISTER CONWAY. TUN SIE DAS NICHT WIEDER. HALTEN SIE SICH KURZFRISTIG BEREIT, MEINE ANWEISUNGEN AUF DIESEM TERMINAL ZU EMPFANGEN. HABEN SIE DIE VORBEREITUNGEN ZUR ZAHLUNG DER VEREINBARTEN 5 MILLIONEN DOLLAR GETROFFEN?

Conway versuchte, aus der kalten elektronischen Schrift eine Gefühlsregung herauszulesen. Eine humorlose Arroganz war darin zu erkennen, das war sicher. Ein Hauch von Naßforschheit: Der Mann war noch jung. Einem Bürgermeister Beine zu machen war offensichtlich etwas Neues für ihn. Aber noch etwas steckte hinter den unpersönlichen elektronischen Zeichen auf der Mattscheibe: Ungeduld; Nervosität. War er sich seiner doch nicht so sicher, wie sein Verhalten in den letzten Wochen angedeutet hatte? Oder beunruhigte ihn etwas anderes?

Conway sah Thomas an. „Sagen Sie ihm, ich hätte die Sache in die Hand genommen, aber ich brauche zuerst die Zustimmung des Stadtrats."

Die Antwort des Eindringlings auf Conways Mitteilung kam prompt:

VERZOEGERUNG UNANNEHMBAR.
SIE HABEN GENAU 48 STUNDEN ZUR VORBEREITUNG DER UEBERGABE. DAS GELD HAT AUF DEM STAEDTISCHEN KONTO BEI DER HANDELSBANK BEREITZULIEGEN, FREIGEGEBEN ZUR TELEGRAFISCHEN UEBERWEISUNG AUF ABRUF AB FREITAG, 17.00 UHR.
SIE WERDEN SICH MORGEN UM DIESE ZEIT ZUR VERFUEGUNG HALTEN, UM DIE LETZTEN INSTRUKTIONEN ENTGEGENZUNEHMEN.
ENDE.

Die Schrift verschwand. Conway starrte auf den leeren Schirm und empfand eine ohnmächtige Wut. Telegrafische Überweisung! Also kein Bargeld, das man kennzeichnen und verfolgen konnte. Etwas Unsichtbares: ein elektronischer Geldtransfer, ein Informationsaustausch zwischen zwei oder mehreren Computern. Sofortige Überweisung von Hollister auf ein geheimes Nummernkonto irgendwo auf der Welt.

Der Möbelwagen fuhr gerade ab, als der Eindringling vor dem Appartementhaus vorfuhr. Er sah ihn schwerfällig um die Ecke nach Norden abbiegen. Jetzt fühlte er sich niedergeschlagen, wie nach einem Abstieg aus ganz großer Höhe. Wie übermütig war er eben noch gewesen, als er Bürgermeister Conway am andern Ende der Leitung hatte tanzen lassen. Jetzt war er mit einemmal ernüchtert.

Je näher der Zeitpunkt rückte, desto leichter geriet er in Wut.

Als er ins Haus trat, sah er, daß Norma Hoopers Wohnungstür offenstand, und er blieb einen Augenblick stehen und starrte in das leere Zimmer. Die ängstliche Miß Hooper lief also davon. Im ersten Moment hatte er das Gefühl, ihre Flucht sei eine persönliche Kränkung, für die sie bestraft werden müsse. Er hatte ihr schließlich nichts getan.

War Norma Hooper geflohen, weil sie so viel Schlimmes über George Devoto gehört hatte, der für kurze Zeit ihr Nachbar gewesen war, oder weil sie spürte, daß es da noch eine viel größere Gefahr gab, die keine drei Meter von ihr entfernt existierte, nämlich unmittelbar über ihr?

Er ging hinauf in seine Wohnung. Wütend stampfte er auf dem Fußboden herum, als rechnete er damit, daß Norma Hooper vielleicht doch noch da war und gerade die letzten ihrer erbärmlichen Erinnerungsstücke eines ungelebten Lebens einpackte. Warum machte sie ihn so wütend? Weil sie ihn so sehr an jenes andere Leben erinnerte, das so sinnlos verschwendet worden war?

Minutenlang gab er sich seiner Wut hin, die jetzt von seinem Schmerz nur noch schwer zu unterscheiden war. Dann fiel ihm die Szene mit Bürgermeister Conway wieder ein, und neuer Übermut packte ihn.

„WENN du mich immerzu zum Essen einlädst, fühle ich mich am Ende noch verpflichtet", sagte Jenny Tyson.

„Das ist ja mein Hintergedanke", entgegnete Egan liebenswürdig.

Es war Mittwoch abend, schon neun Uhr vorbei, und sie verzehrten gerade am Schnellimbißstand einen Hamburger mit Pommes frites. Jenny starrte in ihren Pappbecher mit Kaffee. „Hörst du noch von ihr, Michael?"

„Von wem?"

„Das weißt du doch. Miß Kalifornien. Die Frau, die du verlassen hast."

„Woher weißt du davon?"

„Hab ich dir nicht gesagt, daß ich Hellseherin bin? Du bist nicht ganz fair, weißt du? Da habe ich nun am Samstag eine große Generalbeichte abgelegt, und du hast diese Dame noch mit keinem Wort erwähnt." Sie zögerte. „Bist du noch immer in sie verliebt? Möchtest du darum nicht von ihr reden?"

Egan war schlagartig ernüchtert. „Das ist lange vorbei. Und was das Verliebtsein angeht – wirklich in jemanden verliebt sein –, ich glaube, ich bekomme erst jetzt eine richtige Vorstellung davon, was das eigentlich ist."

Nun schien sie sich nicht mehr für Miß Kalifornien zu interessieren, aber jetzt wollte er darüber sprechen. „Da gibt's nicht viel zu erzählen", sagte er, und damit begann er, ihr von Joan Wellman zu berichten.

Er erzählte die Geschichte ohne Beschönigungen, so als legte er ein Geständnis ab. Die Wahrheit, die ganze Wahrheit und nichts als die Wahrheit.

„Ich war nur eines ihrer Ausstellungsstücke", sagte er endlich. „Der FBI-Mann. Außerdem gab es den Schauspieler, den Börsenmakler, den Jachtbesitzer, alles, was du willst. Das habe ich während eines denkwürdigen Streitgesprächs erfahren. Ich glaube, ich hätte mich länger geärgert, wenn es nur der Börsenmakler gewesen wäre. Aber man kann nicht lange wütend oder eifersüchtig sein, wenn man feststellt, daß man nur so etwas wie ein Rädchen in einer Maschine war."

„Mmmm." Jenny fand, sie habe genug von Joan Wellman, ihrem Mercedes und ihrer Verehrerschar gehört. Aber dieser Entschluß war kaum gefaßt, da rutschte ihr ungebeten schon die nächste Frage heraus. „Ruft sie noch an?"

„Nein."

„Ein bißchen zu lange gezögert, Mr. Egan." O wie falsch, wie falsch! Sie führte sich auf wie eine eifersüchtige Gans. Aber sie konnte nicht anders. „Bedeutet sie dir noch viel, Michael?"

„Nein – aber du. Vergiß sie, Jenny. Sie gehört einer andern Welt an. Und nicht einmal einer wichtigen."

„Machst du Witze? Sie vergessen? Ich werde nicht einmal mit einem toten Ehemann fertig, geschweige denn mit einer lebenden Miß Sunkist." Sie stockte. „Jetzt habe ich alles gesagt, wie? Über David, meine ich."

„Laut und deutlich. Er ist *tot*, Jenny. Und daran trägst du keine Schuld. Nach allem, was du mir erzählt hast, war er da, wo er sein wollte."

„Ich weiß." Sie seufzte. „Aber jetzt haben wir ein Problem."

„Das glaube ich nicht."

„Was weißt denn du schon!" Ihre Augen blickten ihn voll an, und sie sagte ruhig: „Ich habe mich in dich verliebt."

Es verging eine ganze Weile, bis Egan sagte: „Wird auch Zeit, daß du es zugibst. Und ich hatte dich für so ein kühles Wesen gehalten."

„Denken Sie noch einmal scharf nach, Sir."

Sie lächelten einander verschämt zu. Endlich sagte Egan: „Wir haben wieder einmal einen denkbar schlechten Zeitpunkt gewählt. Ich muß diese Namensliste zu Greiner bringen."

„Du brauchst dich nicht zu entschuldigen, Michael", sagte sie. „Ich war ja diejenige, die dich da hineingezogen hat, weißt du nicht mehr? Ich war es, die zuerst an einen Eindringling gedacht hat." Das Glück der letzten Sekunden war noch in ihrem Gesicht zu lesen, aber sie war nachdenklich geworden. „Du und Greiner. Ich habe mich gewundert, daß du dich für Rob entschieden hast. Ich nahm an, du hättest ihn im Verdacht."

„Ich habe ihn auch noch nicht ganz von der Liste gestrichen. Aber wenn du in so einer Situation jemanden verdächtigst, ist es besser, ihn in der Nähe zu haben, damit du ihn beobachten kannst. Ich glaube sowieso nicht, daß er der Eindringling ist. Das ist nämlich einer, der nicht weiter auffällt, weil er nicht ist, was er scheint. Greiner steht viel zu sehr im Blickfeld."

„Glaubst du, daß du wirklich eine Chance hast, ihn über die Datenbank zu entlarven?"

„Ich halte einiges von dieser Idee, aber..." Egan riß plötzlich die Arme hoch. „Was bin ich für ein Trottel! Jenny – du könntest die Sache sehr beschleunigen! Du könntest mit Greiner zusammenarbeiten. Das heißt, wenn es dich nicht stört, ein paar Tage mit wenig Schlaf auszukommen."

„Das macht mir doch nichts aus", sagte sie eifrig.

„Ich bitte Thomas, dich an uns auszuleihen. Er hat sicher nichts dagegen. Ich habe ein schwerwiegendes Argument auf meiner Seite – fünf Millionen Dollar."

„Fünf Millionen", sagte Jenny fast ehrfürchtig. „War es das, worauf er es die ganze Zeit abgesehen hatte?"

Diese Frage beschäftigte Egan, seit der Erpresser seine Geldforderung gestellt hatte. Das Motiv war bei Verbrechen immer ein wichtiger Faktor. „Ich glaube, es ist nur zum Teil das Geld", sagte er schließlich. „Was auch geschehen sein mag – was es auch immer ist, wofür er Hollister verantwortlich macht –, es war für ihn jedenfalls ausschlaggebender als das Geld. Zumindest am Anfang..."

Nachdem er Jenny nach Hause gebracht hatte, fuhr er ins Rechenzentrum zurück, um die Namensliste nach vorrangigen Personengruppen zu ordnen. Es war schon Mitternacht vorbei, als er sie im Kaufhaus Grayson ablieferte. „Ich komme morgen früh wieder", sagte er zu Greiner. „Und dann bringe ich Ihnen Hilfe mit."

„Ich brauche keine Hilfe", sagte Greiner schnell.

„Sie haben eine Menge Namen durchzuarbeiten, und wir haben keine achtundvierzig Stunden mehr. Das ist der Termin, den er dem Bürgermeister gesetzt hat. Außerdem glaube ich, daß Sie mit dieser Hilfskraft gut auskommen werden. Jenny Tyson."

Greiner schluckte seinen Widerspruch hinunter. Er sah Egan eine Weile stumm an, dann sagte er: „Warum sind Sie so scharf darauf, diesen Kerl zu kriegen?"

„Es ist mein Beruf. Außerdem ist er in meinen Augen ein Mörder."

„Vielleicht wollte er gar nicht, daß jemand zu Schaden kam."

„Das ist ja der Haken bei Verbrechen. Man glaubt, die Sache im Griff zu haben. Hat man aber nicht. Nehmen wir einmal an, Sie wollen eine Bank überfallen und haben nichts weiter im Sinn, als den Leuten dort Angst einzujagen, damit sie tun, was Sie verlangen. Und plötzlich kommt genau im falschen Augenblick ein altes Mütterchen herein, jemandem gehen die Nerven durch, und schon werden ein paar Leute erschossen. Das ‚harmlose kleine Verbrechen' gibt es nicht."

„Hm. Na schön, Egan, aber jetzt habe ich noch eine Frage an Sie. Wie kommt es, daß der Eindringling dem Bürgermeister achtundvierzig Stunden Zeit mit der Zahlung läßt? Haben Sie darüber schon einmal nachgedacht?"

„Vielleicht glaubt er, Conway braucht so lange, um die Genehmigung zu bekommen und die Zahlung zu arrangieren."

„Soso. Der erweist der Stadt keine Gefälligkeiten. Er hat irgendeinen Grund für diesen Aufschub. Versuchen Sie mal herauszukriegen, welchen, Egan, denn ich glaube, er führt noch etwas im Schilde."

DONNERSTAG, 17. FEBRUAR, 17.00 UHR

AM späten Nachmittag lief die Computerfahndung nach dem Eindringling auf vollen Touren. Die Auskünfte der Datenbanken stapelten sich in Form langer Fahnen weißer Computerausdrucke auf dem Fußboden im Kaufhaus Grayson. Für jeden Namen auf Egans Liste war eine Lochkarte gestanzt – Jenny Tyson hatte dies übernommen – und in den Computer gefüttert worden. Bei jedem Namen war die gleiche Frage gestellt worden. Die zeitraubendste Arbeit war es gewesen, die bekannten Informationen zu ordnen, computergerecht zu programmieren und in die Lochkarten zu stanzen.

Die Suche bei den einzelnen Datenbanken selbst war dagegen einfacher. Die wiederholte Durchführung stets gleicher Schritte mit atemberaubender Geschwindigkeit war genau das, was Computer am besten konnten. Es war für jeden Computer eine schnelle und leichte Aufgabe, seine Speicher abzufragen und Daten herauszupicken, die auf Personen mit einem bestimmten Hintergrund paßten – Hollister, Computerausbildung, Verletzung oder Unfall.

Die Computerfahndung hatte in allen städtischen und in einigen landes- oder bundeseigenen Archiven begonnen – bei Kraftfahrtämtern, Gesundheitsbehörden, Versicherungen und Landeskriminalämtern. Sämtliche Personen waren nach Städten überprüft worden, in denen sie gewohnt hatten, Schulen, die sie besucht hatten, Organisationen, denen sie angehört hatten. Ein Student der Universität Hollister hatte sechzehn unbezahlte Strafmandate auf dem Konto. Einige waren schon einmal für kleinere Gesetzesverstöße bestraft worden. Jeder gemeldete Vorfall, jeder aktenkundig gewordene Name hatte sorgfältig geprüft werden müssen, aber bisher war dabei noch kein Hinweis auf ein Motiv des Eindringlings oder auf seine Identität herausgekommen.

Die Fahndung war dann auf Bundesebene ausgedehnt worden. Einige Datenbanken waren sehr groß – die Sozialversicherung allein hatte über hundertfünfzig Millionen Bürger registriert. Die Datenbanken der Veteranenfürsorge und des Verteidigungsministeriums waren fast genauso groß.

Gerade wurden die Kreditunternehmen befragt, als Egan den Computerraum verließ, um im Zimmer nebenan eine Zigarette zu rauchen. Sein Spiegelbild im Fenster starrte ihn düster an, als er auf die Stadt hinausblickte, die im Dunkel versank. Noch ein Spiegelbild erschien auf der Scheibe, und er drehte sich rasch um. „Enttäuscht?" fragte Jenny.

„Sagen wir, ich fühle mich nicht gerade ermutigt."

„Wir haben noch ein schönes Stück Arbeit vor uns."

„Und weniger als vierundzwanzig Stunden zur Verfügung."

„Das ist für einen Computer eine Menge Zeit", sagte sie.

Der Eindringling entfernte sich mit raschen Schritten vom Physikalischen Institut. Im Labor im zweiten Stock brannte Licht, und jemand erschien für kurze Zeit am Fenster.

Für solche Fälle hatte er vorgesorgt.

Seitdem er unmittelbar mit dem Computer im Rechenzentrum in Verbindung stand, hatte er ein kleines, tragbares Handterminal zur direkten Eingabe in den Hauptcomputer umrüsten können. Der größere Aktionsradius des Minicomputers im Labor wäre ihm lieber gewesen, aber für die Nachricht, die er heute übermitteln wollte, reichte das Handterminal. Er wollte nur dem Bürgermeister eine letzte Warnung geben.

Seine Hand schloß sich um das Gerät in seiner Tasche. Es hatte eine winzige Eingabetastatur und eine Miniaturanzeige, die auf einer Seite aus dem Gerät hervorstand.

Zwei Häuserblocks von der Universität entfernt, fand er, was er suchte – zwei öffentliche Telefonzellen vor einer Tankstelle, die bereits geschlossen hatte. Beide Apparate waren mit Drucktasten ausgerüstet. Er betrat eine der Zellen und schloß die Tür. Er brauchte nur ein paar Sekunden, um das Handterminal an das Telefon anzuschließen. Dann wählte er das Rechenzentrum an.

Seine Botschaft, die wiederum in Del Thomas' Büro eintraf, wies Bürgermeister Conway an, sich am Freitagnachmittag ab fünf Uhr im Computerraum des Rechenzentrums zur Verfügung zu halten. Alles Personal habe sich aus dem Raum zurückzuziehen. Conway solle dort warten, und außer ihm dürfe sich nur noch ein Operator im Raum befinden.

Bis fünf Uhr solle Conway alles für den Geldtransfer vorbereitet haben. Er solle sich bereit halten, die Auszahlung zu genehmigen, und der Operator solle die Anweisungen ausführen, wie der Eindringling sie gebe. Sonst dürfe niemand anwesend sein. Nicht nur der Computerraum, sondern das ganze Rechenzentrum müsse geräumt werden.

„Das ist ungeheuerlich“, protestierte Del Thomas. „Ich verlasse doch nicht . . .“

„Die ganze Geschichte ist ungeheuerlich“, schnitt Conway ihm das Wort ab. „Aber wir werden tun, was er sagt. Wir haben keine andere Wahl.“

Die zweite Nachricht des Eindringlings war kürzer. Sie lautete:

EINEN WEITEREN VORGESCHMACK AUF DAS, WAS PASSIERT, WENN MEINE ANWEISUNGEN NICHT BEFOLGT WERDEN, BEKOMMEN SIE INNERHALB EINER STUNDE. ENDE.

Für die Dauer der nächsten Stunde lag eine gespannte Atmosphäre über Del Thomas' Büro. Gesprochen wurde kaum. Es wurde sechs Uhr, und nichts geschah. Conway brach ein langes Schweigen. „Kann mir einer sagen, was die letzte Drohung bedeutete? Warum haben wir noch nichts von ihm gehört?“

„Es wäre möglich, daß ihm etwas mißlungen ist“, meinte Thomas. „Vielleicht kann er doch nicht alles, was er zu können behauptet.“

Conway sah ihn kalt an. „Was er kann, reicht uns schon. Wahrscheinlich ist es eine reine Frage der Zeit, bis wir von der neuesten Katastrophe erfahren.“

Der Anruf kam um halb sieben – von Kenny Nance. Conway nahm das Gespräch an, und während er Nance zuhörte, wich alle Farbe aus seinem Gesicht. „Das Schwein!“ sagte er heiser. Er legte auf und blieb erst noch ein paar Sekunden schweigend stehen. Seine Stimme klang dumpf, als er sprach. „Er hat dem Krankenhaus den Strom abgeschaltet“, sagte er. „Vor fünf Minuten.“

Vier Stunden nach Nance' Anruf bog Conway in die Auffahrt vor seinem Haus ein. Das Krankenhaus wurde durch Notstromaggregate versorgt. Es war ein Bild der Verwirrung und Besorgnis, man sah improvisiertes Heldentum bei der Notaufnahme, verängstigte Angehörige und Patienten – und stellte Fragen, die Conway nicht beantworten konnte.

Seine Erschöpfung war mehr als Müdigkeit. Das Zermürbendste war die Niederlage. Zu wissen, daß man geschlagen war und nichts dagegen tun konnte. Plötzlich fuhr sein Kopf hoch. Er saß noch im Wagen und hatte lange gebraucht, um auf etwas ganz Alltägliches zu reagieren, das allerdings zur Zeit nicht alltäglich war. In seinem Haus brannte Licht. Unten im Arbeitszimmer und in der Küche. Auch auf der Veranda. Und oben fiel Licht durch die Fenster des vorderen Schlafzimmers.

Conway stürzte aus dem Wagen, alle Lethargie war von ihm abgefallen. Noch ehe er die Haustür erreicht und aufgestoßen hatte, rief er: „Toni? Ich kann's nicht glauben! Toni, wo bist du?"

Sie kam ihm aus dem Schlafzimmer entgegen und blieb an der Treppe stehen, eine Hand auf dem Geländer, mit der andern den Morgenmantel zuhaltend. „Du bist wieder da", sagte er mit einer Stimme, die jeden Augenblick umzukippen drohte. Sie nickte.

Er ging langsam zu ihr hinauf, denn ein Instinkt mahnte ihn zur Vorsicht. Oben blieb er stehen und sah sie an. Der Morgenmantel und das ausgekämmte Haar deuteten darauf hin, daß sie zurückgekommen war, um zu bleiben. Aber in ihrem Blick lag ein Ernst, der ihn unsicher machte. „Warum bist du zurückgekommen?" fragte er.

„Ich gehöre hierher."

„Ja", sagte er glücklich. „Das ist wahr."

„Solange das auch deine Meinung ist."

„Ich liebe dich, Toni – seit dem Abend, an dem wir uns zum erstenmal begegnet sind. Ich würde dich auch dann lieben, wenn all dieser Schmutz in diesem Bericht wahr wäre."

„Davon warst du aber zuerst nicht so überzeugt."

„Jetzt bin ich es."

Sie sah ihn fest an, noch immer mit diesem ernsten Blick. Conway begriff, daß dieses schöne Kind, das er geheiratet hatte, entweder im Laufe der Zeit oder über Nacht erwachsen geworden war.

„Ich habe über alles nachdenken müssen", sagte sie endlich. „Mit mir selbst ins reine kommen."

„Und – bist du es?"

Sie lächelte. Und dann kam sie ohne jedes Zögern in seine Arme.

In dem kleinen Büro neben dem Computerraum im Kaufhaus Grayson rüttelte Greiner Egan wach. „Egan. Eine Nachricht für Sie."

Die Nachricht stand oben auf der Papierrolle des Druckers im Nebenzimmer.

SIE VERGEUDEN IHRE ZEIT. DER MANN, DEN SIE SUCHEN, EXISTIERT NICHT MEHR. BRECHEN SIE DIE SUCHE AB, SONST MUESSEN SIE DIE FOLGEN TRAGEN. ENDE.

„Wie ist er nur an das System von Grayson herangekommen, um uns das zu übermitteln?" fragte Egan. „Woher weiß er, was wir tun?"

Greiner schnaubte verächtlich. „Bis vor ein paar Tagen war es noch ganz leicht, in dieses System zu gelangen. Er könnte eine Anweisung darin zurückgelassen haben, so daß er jederzeit Zugang hat."

„Warum hat er dieses System nicht weiter benutzt?"

„Weil er der Stadt an den Kragen will, nicht dem Kaufhaus. Dazu mußte er das Rechenzentrum unterwandern. Ich würde sagen, unser Eindringling war neugierig, hat mal schnell hier hereingehorcht und festgestellt, was wir treiben. Viel mehr kann er aber nicht wissen. Die Leute von Grayson halten jetzt den Laden dicht und überwachen alle Aktivitäten."

„Er weiß aber, daß wir nach ihm suchen."

„Das weiß er sowieso."

Egan nickte langsam. Er hielt seine Wut im Zaum.

„Was machen wir mit seiner Warnung?" meinte Greiner, indem er auf den ausgedruckten Text deutete. „Brechen Sie die Suche ab, sonst müssen Sie die Folgen tragen."

„Das können wir vergessen."

„So? Der Bürgermeister ist da vielleicht anderer Meinung."

„Der Eindringling wird unseretwegen nichts tun, was seine Pläne gefährden könnte", antwortete Egan gelassen. „Dafür ist er seinem Ziel viel zu nah. Außerdem hat er wahrscheinlich guten Grund zu der Annahme, daß wir tatsächlich unsere Zeit vergeuden. Sie haben es selbst gesagt, und er hat es uns jetzt bestätigt. Er lebt unter einer anderen Identität. Das ist das einzige, was er mit seiner Botschaft gemeint haben kann. Der Mann, den wir suchen, existiert nicht mehr."

„Sie wollen Conway also nicht einmal etwas davon sagen?"

Egans Blick war ruhig und hart. „Stimmt genau."

Freitag, 18. Februar, 8.00 Uhr

Egan hatte auf einem Klappbett im Aufenthaltsraum der Universitätswache geschlafen. Er war schon wach, als Tom Ames am Morgen eintraf. „Ich glaube, wir haben die Stelle gefunden, wo die Leitung angezapft war", sagte Ames. „Die Leute von der Telefongesellschaft haben sie in einem Verteilerkasten im Keller des Chemiegebäudes an einer Leitung des Rechenzentrums gefunden. Der Täter hat seine Anlage aber wieder ausgebaut. Tut mir leid, Mike – das hilft Ihnen auch nicht viel weiter."

„Es sagt uns immerhin, daß er auf dem Universitätsgelände war und sich hier auskannte."

„Hat Ihre Computerfahndung schon was ergeben?" fragte Ames.

Egan schüttelte den Kopf. „Und langsam gehen uns bei diesem Spiel die Trümpfe aus."

„Dann wird also heute abend alles so laufen, wie es der Eindringling befohlen hat."

„Sieht so aus. Sie halten Ihre Leute bereit, ja? Wir haben uns darauf geeinigt, daß keine Polizei auf dem Universitätsgelände sein wird. Die wäre zu auffällig."

„Wir sind bereit", sagte Ames.

Egan nickte. „Ich muß noch telefonieren", sagte er. „Und dann sollte ich mal sehen, wo ich mir einen Rasierapparat ausborgen kann."

JENNY TYSON saß mit ihrem Vater beim Frühstück, als Egan anrief. Als sie nach dem Gespräch wieder in die Küche kam, ließ sie sich gähnend neben ihrem Vater auf einen Stuhl fallen. „Du hast kaum geschlafen", sagte Linus Webster.

„Nach heute abend werde ich genug Zeit zum Schlafen haben." Sie hatte ihrem Vater vom Ultimatum des Eindringlings erzählt – mit Michael Egans Billigung.

„Bist du sicher, daß dann alles zu Ende ist?"

„Michael meint, ja."

„Ach so, ja . . . war das vorhin Michael am Telefon?"

„Er rief an, um zu sagen, daß das Krankenhaus noch immer keinen Strom hat und nach wie vor aus dem Notaggregat gespeist wird."

Webster machte ein nachdenkliches Gesicht. Langsam schlürfte er seinen Kaffee. „Komisch", meinte er nach einer Weile. „Euer Eindringling scheint sich erstaunlich gut im Stromnetz auszukennen. So einen Stromausfall ausschließlich in einem einzigen Gebäude herbeizuführen – das System ist doch sehr kompliziert."

„Bestimmt nicht für einen Computer."

„Nein . . ."

„Was hast du? Woran denkst du?"

Er schüttelte den Kopf. „Nichts, was euch helfen könnte, fürchte ich." Er sah seine Tochter liebevoll an. „Wird's nicht langsam Zeit, daß du mir deinen Verehrer mal vorstellst?"

Sie mußte über dieses altmodische Ansinnen unwillkürlich lachen. „Du wirst ihn kennenlernen, wenn die ganze Geschichte vorbei ist. Ich glaube, daß Michael dir gefallen wird."

„Vermutlich. David hat mir übrigens auch gefallen. Aber er war nicht der richtige Mann für dich. Du solltest vielleicht wieder ans Heiraten denken, mein Kind."

Sie lachte wieder, diesmal aber nervös.

„Und das Armband, das du da trägst – findest du nicht, es wäre an der Zeit, es abzulegen?"

Sie starrte das Armband an und drehte das Handgelenk so, daß sie die eingravierte Schrift lesen konnte. DAVID TYSON – VERMISST. Wie mochte ihr Arm ohne es aussehen?

IN ORLANDO in Florida ging an diesem Morgen Rick Harmon, ein Datenauswerter in der Bundeszentrale für Kreditauskünfte, sofort an seine Konsole. Gestern hatte er eine große Anfrageliste vom Kaufhaus Grayson in Hollister bekommen, und ein Rest von diesem Auftrag war noch zu bearbeiten. Harmon war ein wenig verärgert darüber. Was glaubten die eigentlich, wozu eine Kreditauskunft da war? Solche En-gros-Anfragen wollten ihm gar nicht gefallen, auch wenn hinter Grayson die Stadt Hollister stand. Und das FBI.

Die Anfrageliste aus Hollister enthielt über zweihundertfünfzig Namen, und er sollte mit den Nachforschungen so weit zurückgehen, wie die Akten der Kreditauskunft es zuließen. Das Ganze nahm viel Zeit in Anspruch, selbst bei dem Tempo, mit dem der Computer arbeitete.

Um zehn Uhr zweiundvierzig hatte Harmon die letzte Anfrage durch. Und alles umsonst. Bei zwei Dritteln der Namen handelte es sich um Studenten, von denen die meisten noch nie einen Kredit in Anspruch genommen hatten. Ein paar gepfändete Kraftfahrzeuge, ein Konkurs und die übliche Zahl säumiger Zahler. Aber nichts Ungewöhnliches. Rick Harmon wählte den Computer bei Grayson an, gab den vereinbarten Code durch, und Sekunden später flossen die Daten in Richtung Norden. Arbeit beendet.

Als er an seinen Schreibtisch zurückging, zögerte er plötzlich. Irgend etwas spukte in seinem Kopf herum. Es hatte mit Hollister und dem Kaufhaus Grayson zu tun. Dann fiel es ihm wieder ein. Er rief in

Tampa an, wo der Hilfsrechner stand und die Zweitbänder lagen. Um gegen Katastrophen wie Brände oder Wirbelstürme gewappnet zu sein, unterhielt man das Parallelsystem in einer anderen Stadt.

„Janice? Hier ist Rick Harmon. Passen Sie mal auf. Ich schicke Ihnen gleich eine Liste mit Namen durch. In ein paar Minuten müßten sie bei Ihnen aus dem Apparat kommen. Ich sag's Ihnen lieber gleich, bevor Sie einen Schrei loslassen. Es sind viele."

„Worum geht's denn?"

„Genau weiß ich das auch nicht, aber ... vor ein paar Wochen habe ich vom Kaufhaus Grayson in Hollister, einem unserer Großkunden, eine Reihe von Anfragen bekommen. Routinekram, aber ich weiß noch, daß ich gedacht habe, der Operator von dort ruft ein bißchen oft an. Ich meine, zuerst rief er wegen einer Überprüfung an, und eine halbe Stunde später war er schon wieder da. Es sah ganz so aus, als wenn er herauskriegen wollte, wie unser System reagiert."

„Und?" fragte Janice kühl.

„Mir kommt es eben nur ein bißchen komisch vor. Und die in Hollister sind im Augenblick hinter etwas Wichtigem her. Lassen Sie doch bitte die Namen mal durchlaufen, um zu sehen, ob da irgendwelche Merkwürdigkeiten vorkommen. Wenn Sie auf etwas stoßen, sagen Sie mir Bescheid, ja? Und bearbeiten Sie das mit Vorrang – dringende Sonderanfrage."

„Wie immer", sagte Janice.

AN DIESEM Morgen hatte Conway alles für die Auszahlung des Lösegeldes arrangiert. Laut Forderung des Eindringlings sollte es bei der Handelsbank zur Überweisung bereitliegen. Kurz nach zwei Uhr verließ er sein Dienstzimmer und fuhr langsam zum Kaufhaus Grayson hinüber, um mit dem dortigen Fahndungsteam zu sprechen. In weniger als drei Stunden sollte er im Computerraum des Rechenzentrums sein.

Bei Grayson konnte ihm auch niemand einen guten Grund nennen, sich die Auszahlung des Geldes, wie sie für heute abend gefordert war, noch einmal anders zu überlegen. Aber Michael Egan hielt überhaupt nichts von dem Plan, daß Conway sich persönlich in den Computerraum begab. „Das finde ich gar nicht gut", sagte er.

„Meine Idee war das nicht", antwortete Conway. „Er verlangt es."

„Warum wartet er bis heute abend?" fragte Egan mit einem Blick zu Greiner, der diese Frage zuerst gestellt hatte. „Warum hat er es zum Beispiel nicht gestern abend schon machen wollen?"

„Haben Sie eine Erklärung anzubieten?"

„Vielleicht. Zum einen will er die fünf Millionen Dollar über das Gironetz der Banken telegrafisch überwiesen haben. Um das Geld aus der Handelsbank herauszubekommen, braucht er jemanden, der darüber verfügen kann. Aber wenn das erst erledigt ist, kann er es um die halbe Welt reisen lassen. Das Geld selbst rührt sich dabei nicht vom Fleck; der Computer der einen Bank registriert nur eine Lastschrift und der Computer einer anderen Bank eine Gutschrift über die gleiche Summe. Und es gibt einen guten Grund, das erst am Freitagabend nach fünf Uhr abzuwickeln."

„Da haben die Banken geschlossen", sagte Conway.

„Offiziell haben sie geschlossen, aber in Wirklichkeit herrscht im Bankengeschäft um diese Zeit noch reger Betrieb. Egal, wo das Geld zuletzt ankommt – in der Schweiz, in Argentinien, in Hongkong –, der Eindringling will dort sein, um es abzuholen. Er hat es zeitlich so eingerichtet, daß er ein ganzes Wochenende Vorsprung hat." Egan machte eine Pause. „Verstehen Sie, was mich beunruhigt, Mr. Conway?"

„Ich weiß nicht recht..."

„Was ist mit den zwei Leuten, die im Computerraum sind und ihm helfen sollen, das Geld zu bekommen? Wenn die wissen, was er macht, und wenn sie den Weg des Geldes verfolgen können, kann er nicht mehr hingehen und es abholen. Denn dann würden wir ihn dort schon erwarten."

„Wir können vielleicht gar nicht feststellen, was er damit macht."

„Kann er sich darauf verlassen? Selbst wenn er die ganze Transaktion im Griff hat? Ich kann mir nicht recht vorstellen, daß er dieses Risiko eingeht."

„Worauf wollen Sie eigentlich hinaus, Egan?"

„Wer heute abend den Computerraum betritt, betritt ihn als Geisel. Der Eindringling will für immer verschwinden – mit dem Geld. Er mag dieses ganze Spielchen angefangen haben, um sich für irgend etwas zu rächen, aber das reicht ihm jetzt nicht mehr. Er will auch das Geld haben."

„Ich sehe noch immer nicht ganz, worauf..."

„Und da ist noch etwas", fuhr Egan verbissen fort. „Warum will er unbedingt, daß Sie dort sind? Sie könnten die Überweisung auch freigeben, ohne im Computerraum zu sein."

„Na schön – also, warum?"

„Weil Sie der Bürgermeister von Hollister sind. Sie repräsentieren diese Stadt. Und aus ebendiesem Grunde sollten Sie nicht in den Computerraum gehen. Er kann nämlich nicht zulassen, daß derjenige, der das Geld überweist, hinterher redet."

„Damit schlägt er zwei Fliegen mit einer Klappe!" rief Greiner dazwischen. „Das gefällt mir, Egan. Das klingt plausibel."

Es herrschte gespannte Stille. „Was könnte er uns denn tun?" fragte Conway schließlich.

„Das weiß ich nicht", gab Egan zu. „Aber er weiß es. Machen Sie ihm einen Strich durch die Rechnung. Sagen Sie ihm, daß Sie bezahlen, aber nicht auf diese Weise."

Conway schüttelte langsam den Kopf. „Darauf wird er sich nicht einlassen", sagte er. „Das hat er nicht nötig. Und ich darf es nicht darauf ankommen lassen, was er der Stadt sonst noch alles antun kann."

„Aber jeder, der mit Ihnen in den Computerraum geht, begibt sich in die gleiche Gefahr", sagte Egan.

„Das weiß ich. Ich kann niemandem befehlen mitzukommen."

„Das brauchen Sie auch nicht", sagte Rob Greiner. Die andern sahen ihn überrascht an. „Wenn es einen gibt, der das System noch besser kennt als dieser Eindringling, dann bin ich das. Und wenn einer eine Möglichkeit finden kann, ihn mit seinen eigenen Waffen zu schlagen, dann ich. Wenn ich da drinnen bin, wenn ich an die Apparate direkt herankomme, vielleicht . . ."

„Vielleicht was?" fragte Conway. „Was haben Sie vor?"

Greiner musterte den Bürgermeister mit kalter Arroganz. „Kann ich nun mitkommen oder nicht?"

„Einer muß ja mit", sagte Conway nach kurzer Überlegung. „Da es ein Freiwilliger sein muß, warum nicht Sie? Aber ich will nicht, daß Sie etwas probieren, was den Mann reizen könnte. Das ist ein Befehl."

„Keine Bange", sagte Greiner. „Ich habe noch nicht einmal gesagt, daß ich mit Bestimmtheit etwas ausrichten kann, aber ich würde mir die Sache gern mal ansehen."

„Gut", sagte Conway. „Um fünf Uhr gehen wir rein."

„Lassen Sie mich eine halbe Stunde vorher rein", sagte Greiner schnell. „Sehen Sie zu, daß das Rechenzentrum um halb fünf geschlossen wird. Es soll sich dort niemand mehr herumtreiben, der mich sehen könnte. Nach fünf Uhr haben wir vielleicht keine Zeit mehr, irgend etwas zu unternehmen."

Michael Egan hatte einen Augenblick ein mulmiges Gefühl – schließlich hatte er Greiner schon im Verdacht gehabt, selbst der

Eindringling zu sein. Wie konnte der Mann seinen Coup besser vollenden, als wenn er die letzten Handgriffe selbst besorgte? Aber er mußte sich jetzt auf seinen Riecher verlassen. „Geben Sie ihm die Zeit, Mr. Conway", drängte er. „Es ist womöglich unsere einzige Chance."

IN ORLANDO nahm Rick Harmon einen Anruf aus Tampa an. „Wie bitte, wer ist am Apparat?" fragte er.

„Janice", sagte die Stimme am andern Ende schnippisch. „Sagen Sie bloß nicht, Sie haben Ihre hochvorrangige Blitzanfrage schon wieder vergessen."

„Wie könnte ich Sie vergessen, Janice? Haben Sie was gefunden?"

„Na ja, einer von diesen Namen ist aufgetaucht." Sie las ihm den kurzen Bericht vor. „Kommt Ihnen da was komisch vor?"

„Wie ist denn das möglich?" fragte Harmon, während seine Gedanken sich mit der Tatsache auseinandersetzten, daß auf dem Zweitband ein Vorgang festgehalten war, den das Originalband nicht verzeichnete. Das eine war doch eine absolut genaue Kopie des andern. Er mußte wieder an die vielen Anfragen denken, die er vor ein paar Wochen von Grayson bekommen hatte. Hatte sich damit jemand ins System eingeschlichen, um eine ganze Akte zu *löschen?*

„Das Datum", sagte Janice, „ist der 18. Februar 1970. Heute vor sieben Jahren."

„Richtig", sagte Harmon.

„Und genau sieben Jahre müssen wir unsere Akten aufbewahren, ja?"

„Stimmt." Belastendes Material mußte laut Gesetz sieben Jahre lang festgehalten werden, bevor es vernichtet wurde.

„Wir bereiten gerade die Überarbeitung vor", sagte Janice. „Wenn Sie wegen dieser Information nächste Woche angerufen hätten, wäre sie nicht mehr hiergewesen."

„Das ist wirklich ein merkwürdiger Zufall. Also, Janice, vielen Dank." Harmon legte auf und starrte seine Notizen an. Nach viel sah es nicht aus, fand er, und außerdem war es sieben Jahre her. Trotzdem . . . man konnte nie wissen.

„EDWARD LEE CRADDOCK?" fragte Michael Egan am Telefon.

„So lautet der Name", antwortete Rick Harmon. „Und wie gesagt, es ist sieben Jahre her. Ich meine, auf den Tag genau! 18. Februar 1970."

Egan sah Jenny Tyson an. Sein Gesicht verriet ein ungläubiges Staunen. „Mr. Harmon ..., könnten Sie mir das noch einmal wiederholen? Noch mal ganz von vorn?"

„Er stand auf einer Sperrliste", sagte die helle, nach Sonne klingende Stimme aus Florida. „Er war einundzwanzig Jahre alt und von Fort Benning desertiert. Geboren in Detroit. Anscheinend wollte er mittels Kreditkarte nach Kanada. Den ganzen Weg von Georgia nach Norden, bis zu Ihnen rauf, hat er die Kreditkarte dieser Tankstellenkette benutzt, und niemand hat's rechtzeitig gemerkt. Die Erdölgesellschaft gibt eine Sperrliste mit faulen Kreditkarten heraus und zahlt zehn Dollar Belohnung für jede Karte, die an sie zurückgeschickt wird. Na ja, und an dieser Tankstelle in Hollister hat der Besitzer auf der Sperrliste nachgesehen, als der Junge mit seiner Kreditkarte tanken wollte. Er hat die Karte eingezogen. Damit war Craddock seine Kreditkarte los und hatte obendrein kein Benzin. Der Tankstellenbesitzer hat die Karte später eingeschickt und seine zehn Dollar kassiert. Ich dachte, das könnte wichtig sein, Mr. Egan, denn der Tankstellenbesitzer stand auf Ihrer Liste. Sein Name ist Prochaska – Arthur J. Prochaska."

„Mein Gott!" keuchte Egan.

„Wissen Sie was?" meinte Rick Harmon. „Sie können von Glück sagen, daß Sie das überhaupt noch erfahren haben. Es war gar nicht auf unserm regulären Band drauf, aber ich hatte so ein komisches Gefühl und habe zur Sicherheit in Tampa zurückgefragt, und da war's tatsächlich." Er schwieg einen Augenblick. „Ich glaube, jemand hat sich bei uns ins System eingeschlichen und die ursprüngliche Akte gelöscht. Und das dürfte für mich dieser Craddock gewesen sein."

„Haben Sie auf Ihren Bändern irgendwelche persönlichen Informationen über Craddock?"

„Nur daß er verheiratet war und seine Frau ein Kind erwartete."

Rob Greiner war seit halb fünf im Computerraum des Rechenzentrums und hatte den Anruf aus Florida beim Krisenstab im Kaufhaus Grayson nicht mitbekommen. Alles Personal war nach Hause geschickt und das Rechenzentrum praktisch geschlossen worden, als plötzlich der Summer ertönte.

Greiner blickte auf und sah Bürgermeister Conway in der „Mausefalle" stehen. Greiner tippte den Code für die Innentür, und diese ging sofort auf.

„Wir haben einen Namen!" rief Conway. „Egan hat's geschafft!"

Conway berichtete, was Egan ihm über den Anruf aus Orlando gesagt hatte. „Ich weiß zwar noch nicht, wie alles zusammenhängt", schloß Conway, „aber dieser alte Mann ist in seinem Haus gestorben, weil der Computer ihm eine falsche Stromrechnung geschickt hat, und das kann kein Zufall sein."

„Richtig", stimmte Greiner ihm zu. „Aber keiner rächt sich nach sieben Jahren noch dafür, daß er kein Benzin bekommen hat."

„Ich weiß, es muß mehr dahinterstecken – aber zumindest haben wir jetzt seinen richtigen Namen. Es dürfte nicht lange dauern, bis wir wissen, wer er ist."

„Darauf würde ich mich nicht verlassen", sagte Greiner. „Sie sagen, Craddock hat sich in die Speicher der Kreditauskunft eingeschlichen, um seine Akte zu tilgen. Er ist zwar über das Reserveband gestolpert, aber jetzt wissen wir, daß er versucht hat, überall seine Existenz zu löschen."

Conways Überschwang ebbte ab. Daß sie den wirklichen Namen des Täters kannten, mochte zwar letzten Endes zu seiner Entlarvung führen – aber nicht schnell genug. „Könnte er sich wirklich eine Identität zugelegt haben, die wir nicht knacken können? Ist das möglich?"

Greiner zuckte mit den Achseln. „Ich könnte das. Man braucht sich nur eine Stadt auszusuchen, in der alle wichtigen Daten im Computer sind, dann kann man völlig neu geboren werden, mit neuem Namen. Sie würden lange forschen müssen, bis Sie erführen, daß die liebe Mama und der Herr Papa nur auf einem Stück Magnetband existieren. Und wenn er seine Geburt erst im Speicher hat, kann er damit alles andere in die Wege leiten – Sozialversicherungsnummer, Führerschein, den ganzen Kram." Greiner überlegte. „Tja, er dürfte schwer zu finden sein."

Conway fühlte sich auf den Boden der Tatsachen zurückgeholt. Er warf einen Blick auf die Digitaluhr an einer der Konsolen. Noch fünf Minuten.

„Also", meinte Greiner, „was machen wir?"

Greiner hatte plötzlich ein Leuchten in den Augen, das Conway aufmerken ließ. „Haben Sie etwas entdeckt, Greiner? Haben Sie eine Möglichkeit gefunden, ihm einen Strich durch die Rechnung zu machen?"

„Nein, aber ich hab mir den da mal gründlich vorgenommen." Er blickte zum Hauptrechner. „Das Ding hat Löcher. Die hat jedes System. Und wenn man die Löcher findet, kann man in die Speicher hinein und den Inhalt verändern. Das hab ich getan, genau wie Ihr Störenfried."

„Wenn er so schlau ist, wie es den Anschein hat, weiß er genau, was Sie gemacht haben!"

„Trauen Sie mir auch mal was zu!" schnauzte Greiner zurück. „Passen Sie auf, ich will's Ihnen erklären. Wenn man ein System gut genug kennt, und das tue ich, kann man es für sich arbeiten lassen. Ich nehme an, daß Craddock mit Schwierigkeiten rechnet; er rechnet damit, daß wir nichts unversucht lassen. Darum wird er laufend Kontrollsignale eingeben, um nach eventuellen Korrekturen zu suchen, die wir vorgenommen haben könnten. Aber dem kann man ausweichen. Man kann Änderungen eingeben, die nur dem Eingeber selbst zugänglich sind. Nur er kann sie abrufen. Da kann der andere kontrollieren, soviel er will, die Veränderung läßt sich einfach nicht blicken. Sie stellt sich tot, verstehen Sie?"

„Ich glaube, ja", sagte Conway langsam. „Was haben Sie nun gemacht?"

„Ich nehme an, er will auf keinen Fall, daß wir den Weg des Geldes verfolgen. Er wird jeden Ausdruck blockieren und seine Anweisungen rückgängig machen, sobald eine Transaktion erfolgt ist, so daß wir hinterher nichts mehr herauslesen können." Greiner machte eine Pause, und jetzt war das Leuchten in seinen Augen nicht mehr zu übersehen. „Ich habe nur dafür gesorgt, daß er uns doch ein paar Spuren hinterläßt, weiter nichts."

LINUS WEBSTER schloß das Labor früh ab. Jenny hatte ihm nicht mit Bestimmtheit sagen können, ob sie mit ihrer Arbeit so zeitig fertig wurde, um ihn nach Hause fahren zu können. Also hatte er sich wegen der Heimfahrt mit Barry Westfield, einem jungen Professor seines Instituts, verabredet. Westfield war fertig zum Gehen, als Webster bei seinem Büro ankam.

„Alles klar, Doktor? Bin gleich soweit."

Linus Webster faßte einen plötzlichen Entschluß. „Es ist nicht mehr nötig, Barry. Meine Tochter wird mich ja doch abholen. Ich brauche Sie nicht zu belästigen."

„Von Belästigung kann keine Rede sein, Dr. Webster", antwortete Westfield gut gelaunt. „Erwartet sie Sie auf dem Parkplatz? Dann gehe ich mit Ihnen hinunter."

Der Mann scheint nie müde zu sein, dachte Webster, nicht ohne einen kleinen Anflug von Mißgunst. Zu den Problemen des Altwerdens gehörte auch, daß man seine Müdigkeit nicht mehr einfach ignorieren konnte. Einen Augenblick lang überlegte er, wie er nun tatsächlich heimkam. Doch dann schien ihm dies müßig, und er dachte wieder an etwas anderes.

Die beiden Männer trennten sich bei den Parkplätzen. Um die Zeit totzuschlagen, trank er in der Kantine eine Tasse Kaffee. Dann verließ er die Kantine und ging langsam den Weg zurück, den er gekommen war.

Das Physikalische Institut war wie ausgestorben, als er es betrat. Es war Freitag nachmittag, kurz vor fünf, und selbst die Übereifrigen hatten es eilig, nach Hause zu kommen. Er sah niemanden, als er die Treppe in den zweiten Stock hinaufging. Sein Büro lag im Dunkeln. Durch die Milchglasscheibe sah er einen Lichtschimmer im Labor dahinter. Er schloß die Tür auf.

An der gegenüberliegenden Laborwand saß ein junger Mann über den Minicomputer gebeugt. Sein Gesicht verriet Schrecken, als er den alten Mann an der Tür stehen sah; sein Blick huschte angstvoll hierhin und dorthin, als suchte er einen Fluchtweg. Dann aber heftete er seine Augen auf den Physiker, und Webster sah, wie sie plötzlich einen harten Ausdruck annahmen.

Webster hatte ihn auf den ersten Blick erkannt – zumindest unter dem Namen, mit dem er sich in Hollister getarnt hatte. Aber das dumpfe Gefühl, das den Physiker heute abend noch einmal in sein Labor geführt hatte, flüsterte ihm einen anderen Namen ein. „Sie müssen Eddie sein", sagte Linus Webster.

Freitag, 18. Februar, 17.00 Uhr

Jetzt galt es nur noch einem Namen nachzugehen im Labyrinth der Datenbanken: Edward Lee Craddock. Vom Kaufhaus Grayson aus hatte man eine Standleitung zum regionalen FBI-Büro eingerichtet, und Egan war unablässig am Telefon. Jenny Tyson saß am Computerterminal und forderte von den zuvor schon abgefragten Stellen Daten über Craddock an.

Aber es kam nichts. Es war kein Edward Lee Craddock zu finden, der 1970 einundzwanzig Jahre alt gewesen war.

Nach den Unterlagen der Kreditauskunft kam Craddock aus Detroit. Aber nach den Detroiter Unterlagen war Edward Lee Craddock dort nicht geboren worden, nie zur Schule gegangen oder der Schule ferngeblieben, nie bei der Sozialfürsorge geführt worden.

Er hatte nie ein Auto besessen oder einen Führerschein gemacht. In den Akten existierte er einfach nicht.

Egan trat aus dem kleinen Büro in den Computerraum. „Nichts über ihn zu finden. Keine einzige Zeile. Ich kann's nicht glauben."

„Genau das hat er dir aber gesagt", erinnerte ihn Jenny.

„Ich weiß." Egan zog nachdenklich die Stirn in Falten. „Das Paradoxe ist, daß er das alles gar nicht hätte machen können, wenn wir noch nach alter Väter Sitte schriftliche Aufzeichnungen führten." Egan verstummte, denn plötzlich war ihm ein Gedanke gekommen. „Er hat seit 1970 viel Zeit gehabt, seine Gemeinheiten vorzubereiten. Wo hat er die ganze Zeit gesteckt?"

„Vielleicht in Kanada? Ob wir da mal nachforschen?"

„Darauf setzen wir das FBI an. Die sollen ihre Verbindungen zu ihren kanadischen Kollegen spielen lassen. Daß Craddock als Deserteur auf der Flucht war, ist immer noch der beste Anhaltspunkt, den wir haben."

In diesem Augenblick klingelte das Telefon im Computerraum. Jenny nahm den Hörer ab, lauschte kurz und reichte ihn dann Egan. „Herb Greenberg von der *Hollister Times*", sagte sie. Hinterher erinnerte Egan sich, daß er noch auf die Uhr gesehen hatte, bevor er den Hörer nahm. Es war eine Minute nach fünf. Was mochte zu dieser Zeit im Rechenzentrum los sein?

DER Eindringling betrachtete Linus Webster mit kaltem Blick. Er war jetzt ganz ruhig. „Warum haben Sie mich Eddie genannt?" fragte er.

„George Devoto hat den Namen einmal fallengelassen, als er von seinem Zimmergenossen sprach. Und dann hatte ich den Eindruck, als ob er sich am liebsten die Zunge abgebissen hätte. Damals habe ich mir nicht viel dabei gedacht. Warum war George so erschrocken? Ist Eddie Ihr richtiger Name?"

Als der junge Mann nicht antwortete, überlegte Webster laut weiter. „Ich weiß von George, daß er den Kriegsdienst verweigert hat. Er war immer sehr verbittert, wenn er über diese Zeit sprach. Von daher kannte er Sie wohl – aus Kanada?"

„Wenn Sie glauben, George habe etwas von dem gewußt, was ich getan habe, sind Sie verrückt."

„Aber Sie haben ihn benutzt. Sie haben Ihrem Freund übel mitgespielt." Linus Webster schüttelte den Kopf, als tadelte er sich selbst. „Ich hätte es ahnen müssen, aber tat es nicht. Erst der Eingriff in die Stromversorgung des Krankenhauses hat mich stutzig gemacht. Und heute habe ich dann unternommen, was ich schon früher hätte tun müssen. Ich habe das Programm überprüft, an dem George für mich gearbeitet hat."

Der alte Mann schwieg kurz. „Sie haben meinen Computer und mein Programm benutzt, um sich des Rechenzentrums zu bemächtigen", sagte er schließlich.

„Wenn es nicht Ihr Programm gewesen wäre, dann eben ein anderes. Aber wenn Sie sich denken konnten, was sich abgespielt hat, warum sind Sie dann allein hierher zurückgekommen?"

„Aus Neugier, fürchte ich. Eine Schwäche meines Berufs."

„Haben Sie sonst niemandem etwas gesagt?"

Der alte Mann lächelte über das durchsichtige Motiv, das hinter dieser Frage steckte. „Wissenschaftler hängen ihre Vermutungen nicht gern an die große Glocke."

Der junge Mann blieb eine ganze Weile stumm, bevor er sagte: „Spielt keine Rolle. Ich habe keinen Grund, Ihnen was zu tun."

Linus Webster empfand bei dieser Lüge eine unsagbare Müdigkeit. Er ließ sich auf einen Hocker sinken und überlegte, ob er nicht eine seiner Pillen nehmen sollte. Normalerweise kam er mit zweien am Tag aus, aber für den Fall plötzlich auftretender Streßsituationen hatte er immer ein Schächtelchen bei sich. Er beschloß, noch zu warten. Von seinem schwachen Herzen hatte er weniger zu befürchten als von diesem jungen Mann.

„Warum haben Sie den Computer in Ihre Gewalt gebracht, Eddie?" fragte er. „Sie müssen doch einen starken Beweggrund dafür gehabt haben. Das Geld allein war es nicht, oder? Das kann ich nicht recht glauben."

Der Eindringling lachte, aber Webster hörte das Unbehagen des jungen Mannes heraus. „Ich will das Geld haben, weil das die einzige Möglichkeit ist, ihnen wirklich weh zu tun. Ich lasse sie bluten, und zwar an Geld, denn damit treffe ich sie am Lebensnerv."

Der alte Mann nickte, als ob das eine durchaus vernünftige Erklärung sei. „Es wird Zeit, daß Sie einmal jemandem erzählen, warum Sie es für nötig halten, diese Stadt zu bestrafen. Wollen Sie nicht, daß es jemand erfährt? Es muß etwas sein, was vor langer Zeit passiert ist, nicht?" köderte er ihn.

„Ja. Vor sieben Jahren ..." Der Eindringling stockte, von Argwohn gepackt. „Warum stellen Sie so viele Fragen?"

„Weil ich Sie verstehen möchte. Vielleicht, um zu helfen."

„Mir kann keiner helfen. Jetzt nicht mehr. Und verstehen würden Sie sowieso nichts."

„Lassen Sie's mal darauf ankommen."

Der junge Mann schwieg; er kämpfte mit sich. Zu seiner eigenen Überraschung merkte er, daß er sein Wissen wirklich mit jemandem teilen wollte – auch wenn er nicht zulassen durfte, daß Webster dieses Wissen mit sich forttrug. „Sie haben sie umgebracht", sagte er fast unhörbar.

„Wer hat wen umgebracht, Eddie?"

„Meine Frau haben sie umgebracht! Mary Jane, und ... und ..."

Websters Brust krampfte sich schmerzhaft zusammen. Er holte vorsichtig Luft. „Wer hat das getan? Was wollen Sie damit sagen?"

„Diese Stadt – diese Leute – alle miteinander!" schrie Eddie. „Keiner hat sich darum gekümmert – keiner hat einen Finger gerührt! Sie haben sie einfach sterben lassen. Und jetzt werden sie dafür bezahlen! Ja, ich habe Ihr Programm benutzt. George Devoto wußte nichts davon, aber er hätte mich beinahe erwischt. Ich war letzten Sonntagabend hier, als George sich hier verstecken wollte. Ich hatte an seinem Programm gearbeitet. Ich mußte ihn verraten. Ich wollte ihm nichts tun. Er konnte ja nichts dafür!"

„Die andern, denen Sie etwas getan haben, waren sicher auch nicht schuld an dem, was vor sieben Jahren passiert ist", sagte Webster sanft.

„Was wissen Sie denn schon? Sie wissen gar nichts!"

„Dann erzählen Sie es mir doch!" donnerte Webster, und es klang wie ein Befehl. „Um Himmels willen, Mann, Sie müssen es jemandem erzählen!"

Der Eindringling starrte den alten Mann entgeistert an und wußte, daß er recht hatte.

„SIE haben vor kurzem wegen dieses Craddock angerufen", sagte Herb Greenberg, der mit Egan von der Redaktion aus telefonierte.

„Was haben Sie gefunden?" fragte Egan ungeduldig.

„Nachdem ich einen Namen und ein Datum hatte, war es leicht", sagte Greenberg. „Ich habe unter diesem Datum vor sieben Jahren nach dem Namen Craddock gesucht und ihn in den Todesanzeigen des nächsten Tages gefunden." Egan hielt den Atem an.

„Unter den Sterbefällen des 18. Februar 1970 steht eine Mary Jane Craddock mit einem namenlosen Kind. Hinterbliebener Ehemann: Edward Lee Craddock." Greenberg schwieg. „Viel ist das nicht."

„Es ist viel mehr, als Sie glauben, Herb."

Greenberg war wieder eine Weile still, bevor er sagte: „Das könnte wohl das Motiv sein."

„Wahrscheinlich", sagte Egan, doch während er auflegte, fragte er sich, was die von Arthur J. Prochaska eingezogene Kreditkarte mit dem Tod von Mary Jane Craddock und ihrem Baby zu tun haben konnte.

Egan nahm den Hörer gleich wieder auf und rief im Krankenhaus an. Die handschriftliche Akte Craddock lag wohlverwahrt in einem Safe im Kellerarchiv.

„Das Kind wurde noch im Mutterleib von der Nabelschnur erdrosselt", lautete die knappe Auskunft. „Der Fetus blockierte den Uterusausgang, und bei der Mutter stellten sich schwere Blutungen ein. Verspätete Hilfe kann in so einem Fall tödlich sein, und in diesem Fall war es so."

„Ich hätte gern eine Abschrift von dieser Akte", sagte Egan. Nun wußte er also, was mit Edward Lee Craddocks Frau und ihrem ungeborenen Kind passiert war.

DER Eindringling hatte alle Lichter im Labor gelöscht, bis auf das in der Nische, wo der Minicomputer stand. Kälte und Totenstille herrschten in dem leeren Gebäude. Webster fühlte sich einsam wie ein Verbannter.

Der Eindringling sprach von einem noch einsameren, härteren Exil, das nicht enden wollte. „Ich brauchte nichts weiter als einen Kanister Benzin", sagte er. „Kurz vor der Stadt war uns das Benzin ausgegangen. Ich hatte gedacht, es würde uns noch bis Hollister reichen, aber wir haben es nicht mehr geschafft. Es war kalt und hat geschneit, und ich wollte nicht, daß sie laufen mußte, wo doch jeden Moment das Kind kommen konnte, also mußte ich sie im Wagen lassen." Er machte eine lange Pause. Webster sagte nichts. „Sie fühlte sich noch ganz wohl, als ich sie verließ. Ich bin einen knappen Kilometer zurückgegangen, denn da hatte ich die Tankstelle gesehen, und es war eine, für die meine Kreditkarte galt. Geld hatten wir keins mehr. Völlig abgebrannt. Von den letzten zehn Cent hatte ich Mary zum Mittagessen ein Stück Schokolade gekauft." Er stockte, und sein Gesicht war verzerrt. „Dieser Alte war allein da. Er war von vornherein mißtrauisch. Ich hatte lange Haare und einen Bart und muß ihm wohl gefährlich vorgekommen sein. ‚Ich verkaufe an Hippies nichts auf Kredit', sagte er. Ich sagte ihm, ich hätte aber eine

Kreditkarte. Da hat er die Karte genommen und gesagt, ich könne mir einen Kanister Benzin abfüllen. Dann ist er nach drinnen gegangen, und als er wiederkam, hatte er eine Schrotflinte in der Hand. Die hat er auf mich gerichtet und mich gewarnt: ‚Das Benzin kannst du gleich hierlassen.' Dann hat er gesagt, daß meine Kreditkarte gesperrt sei, und wenn ich nicht in zehn Sekunden verschwunden sei, würde er die Polizei rufen.

Ich wollte ihm erklären, daß Mary Jane im Wagen saß und wartete und daß sie schwanger war und ins Krankenhaus mußte. Darauf hat er nur gesagt, ich sei ein Lügner." Der Eindringling verzog den Mund vor Wut. „Ich hätte ihm da gleich an die Kehle gehen sollen, aber der Kerl sah so aus, als wenn er nur darauf wartete abzudrücken."

„Wie ist es Ihrer Frau ergangen?" fragte Webster.

„Wie es ihr ergangen ist?" Wilder Zorn flammte in Eddies Augen auf und erlosch wieder. Den Rest der Geschichte erzählte er mit monotoner Stimme. „Als ich zum Wagen zurückkam, blutete sie schon stark und flehte mich an, sie ins Krankenhaus zu bringen. ‚Schnell!' hat sie immer wieder gesagt. ‚Schnell!' Aber wir mußten zu Fuß gehen, und immerzu fuhren die vielen Autos vorbei, alle nach Hollister. Nach einiger Zeit mußte ich sie tragen. Ich habe versucht, jemanden anzuhalten, aber keiner hat gehalten. Keiner. Alle die guten Bürger dieser wunderschönen Stadt sind einfach an uns vorbeigefahren.

Wir waren schon fast beim Krankenhaus, als der Krankenwagen angefahren kam. Mir lief ihr Blut an den Beinen hinunter, und anscheinend haben sie die roten Spuren im Schnee gesehen. Sie haben uns zum Krankenhaus gefahren, und meine Frau hat geschrien, als man sie hineingetragen hat. Aber es war zu spät..."

Linus Webster hob abwehrend eine zitternde Hand.

„Ich habe mir geschworen zurückzukommen", fuhr Eddie mit derselben monotonen Stimme fort. „Sowie sich mir die Möglichkeit bot, wollte ich zurückkommen und sie dafür büßen lassen – alle die wohlanständigen Bürger dieser schönen Stadt, die sie haben sterben lassen."

„Sie haben all die Jahre gewartet?"

„Ich mußte erst raus aus diesem Land!" Seine Wut flammte wieder auf. „Sie waren ja noch nicht fertig mit mir. Meine Frau und mein Kind genügten ihnen nicht, sie wollten auch *mein* Leben! Ich konnte also nur warten und mir ausdenken, wie ich sie büßen lassen könnte. Ich hatte ja viel Zeit zum Nachdenken."

Sieben Jahre, dachte Webster. Für den trauernden jungen Ehemann sieben Jahre des Brütens, des Pläneschmiedens – sieben Jahre, in denen er seinen Schmerz am Leben hielt, indem er ihn zu seinem Lebensinhalt machte. In diesem langen Schüren seiner Rache steckte Wahnsinn.

„Wie sind Sie auf die Idee gekommen, das Computersystem gegen die Stadt einzusetzen?“ fragte Webster ruhig.

„Sie haben es gegen mich eingesetzt – warum sollte ich es nicht gegen sie einsetzen? Anfangs wußte ich nicht, wie, aber ich wußte, daß es einen Weg geben mußte. Ich verstand schon ein wenig von Computern, aber dann habe ich Kurse besucht und alles über Datenverarbeitung gelernt, was es zu lernen gab. Und als ich dann vor drei Jahren in so einem Café in Montreal saß und in einer Zeitschrift einen Artikel über Städte las, die auf elektronische Datenverarbeitung umstellen wollten, ist mir der Name sofort in die Augen gesprungen: Hollister! In dem Artikel stand, Hollister wolle so ein wunderbares EDV-System in Betrieb nehmen, das sämtliche wichtigen Funktionen

der Stadt übernehmen werde. Im selben Moment, als ich das las, wußte ich, daß es genau das war, was ich brauchte. Das war besser als jede Bombe. Ich wollte ja nicht nur ein Gebäude in die Luft sprengen. Es waren Menschen, die Mary Jane das angetan hatten, also würden auch Menschen dafür bezahlen müssen. Wie dieser Prochaska, der mir nicht geglaubt hat."

„Prochaska? Der Mann, der erfroren ist . . ., war das der?"

„Er ist viel zu gut davongekommen", sagte Eddie verbittert. „Wissen Sie, was ich mit ihm vorhatte? Ich wollte seine Kreditwürdigkeit untergraben, ihn ruinieren, damit er mal gesehen hätte, wie es ist, wenn man um einen Kanister Benzin betteln muß. Aber können Sie sich das vorstellen? Der Mann kaufte nirgendwo auf Kredit – dieser Dummkopf hat immer alles bar bezahlt! Da mußte ich etwas finden, was er nicht bar bezahlen konnte – wie seine Stromrechnung. Also habe ich dafür gesorgt, daß ihm der Strom abgeschaltet wurde. Ich habe auch sein Telefon lahmgelegt. Aber ich wollte nicht, daß er starb – nicht so früh und nicht so leicht! Es sollte schön langsam gehen . . ."

Plötzlich unterbrach sich der junge Mann und sagte: „Sie denken wohl, Sie seien sehr schlau, Professor. Mich so am Reden zu halten."

Webster schüttelte den Kopf. „Sie brauchten mal jemanden, mit dem Sie reden konnten."

„Ich brauche Sie nicht. Ich brauche überhaupt niemanden – nicht mehr. Der einzige Mensch, den ich brauchte, war sie. Sie war die einzige, der etwas an mir lag."

„Und Ihre Eltern?"

„Sie sind köstlich, Professor, wirklich köstlich." Eddie gab ein freudloses Lachen von sich. „Kommen Sie mir bloß nicht mit Eltern! Mein Alter hätte mich bei der Polizei abgeliefert, wenn ich mich zu Hause hätte blicken lassen, nachdem ich untergetaucht war. Als ich von der Schule flog, weil ich gegen den Vietnamkrieg und so weiter protestiert hatte, war er so wütend, daß er sich meiner am liebsten, wie er immer sagte, entledigt hätte. Da bin ich ihm zuvorgekommen und habe mich seiner entledigt. Ich habe keine Eltern. Sie existieren nicht." Er beugte sich vor. „Ich habe Ihnen doch vorhin gesagt, daß ich heute vor sieben Jahren völlig pleite war. Na ja, am Tag zuvor habe ich es riskiert, meinen Leuten zu telegrafieren und sie um Geld zu bitten. Aber ich hatte so ein dummes Gefühl und habe auf der andern Straßenseite gegenüber dem Postamt gewartet. Und wissen Sie, wer kam? Das FBI!"

„Vielleicht war das Telegramm abgefangen worden."

„Vielleicht. Vielleicht hat ihnen aber auch jemand einen Tip gegeben." Eddie zuckte mit den Achseln, als ob das nun nicht mehr wichtig wäre. „Mary war die einzige, die mich nie angelogen hat. Nur ihretwegen habe ich mich zum Militär einziehen lassen. Für sie war das eine Pflicht und Ehrensache, sozusagen für Gott und das Vaterland. Ich hab's probiert, Mann, aber ich bin einfach nicht damit fertiggeworden. Haben Sie sich schon einmal von jemandem erklären lassen müssen, wie Sie einem Menschen ein Bajonett in den Bauch zu stoßen und ihn aufzuschlitzen haben? Und das sollte ich üben!"

Webster spürte einen neuen Krampf in der Brust. Der Schmerz des jungen Mannes war wie sein eigener. Er sagte: „Aber jetzt sind Sie bereit, Menschenleben zu opfern ..."

„Halten Sie den Mund!" schrie Eddie. „Das ist nicht dasselbe. Das ist eine *Bestrafung!* Ich habe sie geliebt, hören Sie? Und diese Stadt hat sie mir weggenommen!" Er bemühte sich um Beherrschung. „Wissen Sie, was diese kranke Gesellschaft gut nennt? ‚Gut ist, was dir guttut.' Na bitte, und mir tut es gut, wenn ich diese Stadt bluten lassen kann."

„Man wird Sie finden, Eddie. Es ist nur eine Frage der Zeit."

„Wie denn? Weil Sie mich verraten?" Eddies Blick zeigte kein Erbarmen. „Nein, ich habe Sie nicht gebeten hierherzukommen. Aber jetzt sind Sie hier, und Sie werden zu niemandem ein Wort sagen." Er wandte sich dem Minicomputer zu. „Bleiben Sie nur, wo Sie sind, Alter. Sie dürfen mir zusehen, bis ich fertig bin." Er grinste hämisch.

„Was haben Sie denn vor?"

„Abwarten, Professor. Und zusehen."

FREITAG, 18. FEBRUAR, 17.25 UHR

EDWARD LEE CRADDOCK existierte nicht mehr.

Außer auf dem Reserveband einer Kreditauskunftei in Tampa in Florida.

Außer in einem verstaubten Archiv der *Hollister Times*.

Außer in den Archiven des Verteidigungsministeriums in Fort Holabird in Maryland.

Vom Kaufhaus Grayson aus hatte Jenny Tyson versucht, ihren Vater zu erreichen. Zu Hause ging niemand ans Telefon. Sie hatte in seinem Büro angerufen und es ein dutzendmal klingeln lassen. Soeben suchte sie Barry Westfields Nummer heraus, als sie Michael Egan nebenan einen Triumphschrei ausstoßen hörte.

„Wir haben ihn!" rief er begeistert, als er zu ihr herüberkam. „Endlich hat sich das Verteidigungsministerium gemeldet – alles, was wir brauchten, war Craddocks richtiger Name. Sie haben seine Entlassungsakte gefunden – wegen Fahnenflucht unehrenhaft entlassen."

„Demnach hat er seine Existenz doch nicht überall löschen können."

„Wahrscheinlich hat er's versucht", sagte Egan. „Aber das Verteidigungsministerium dürfte die schärfsten Sicherheitsvorschriften der Welt haben, da kriegt keiner so schnell etwas raus. Und wahrscheinlich hat er sowieso nicht damit gerechnet, daß wir seinen Namen erfahren."

„Aber, Michael, wir wissen damit noch immer nicht, wie er aussieht – wir wissen nicht, wer dieser Mann heute ist."

„Ich weiß. Aber wenn er erst einmal identifiziert ist, findet man bestimmt irgendwo Akten – von Hand zusammengestellte Akten. Er war in der Armee und ist desertiert. Die haben bestimmt eine Akte über ihn, mit allen möglichen persönlichen Daten." Er überlegte kurz.

„Aber du hast recht. Solange wir keine Fingerabdrücke oder ein Foto von ihm haben, finden wir ihn nicht. Und die Zeit arbeitet gegen uns."

Wir sind so dicht dran, dachte Jenny, und kriegen ihn dennoch nicht zu fassen. „Ich frage mich nur, warum er sich nicht auch an die Krankenhausunterlagen herangemacht hat", sagte sie. „Man sollte meinen . . ."

„Die waren unter Verschluß."

„Aber er hat sich doch solche Mühe gegeben, jede Spur zu tilgen. Und wir wissen, daß er im Krankenhaus war und das dortige Terminal benutzt hat."

„Ich glaube, ich kann das verstehen", sagte Egan nachdenklich. „Was da im Krankenhaus passiert ist, ist ja der Dreh- und Angelpunkt von allem. Dort hat es angefangen. Es war ihm vielleicht psychologisch nicht möglich, den einzigen Beweis dafür zu vernichten, daß es sein Kind je gegeben hat – zugleich war es der Nachweis über den Tod seiner Frau. Außerdem, wenn wir nicht bei der Kreditauskunft über ihn gestolpert wären, hätten die Krankenhausunterlagen keine Gefahr für ihn bedeutet. Die hätten dort für alle Zeit liegen können, ein Dokument, das alles, was er hier in Hollister getan hat, rechtfertigte."

„In seinen Augen."

„Jeder sieht die Welt mit seinen Augen."

Im Computerraum des Rechenzentrums fragte Bürgermeister Conway: „Wieso haben wir noch nichts von ihm gehört? Er hat verlangt, daß wir um fünf Uhr hier sind. Da muß etwas schiefgegangen sein. Vielleicht weiß er, was Sie angestellt haben."

Greiner schüttelte überheblich den Kopf. „Er sucht vielleicht, aber finden wird er nichts. Nur mit der Ruhe, Bürgermeister. Sie werden noch früh genug von ihm hören. Ich hätte es da nicht so eilig."

Die EDV-Leute der Handelsbank hatten die Überweisungsmodalitäten ausgearbeitet. Direkten Zugang zum Gironetz der Banken konnte man dem Eindringling nicht geben. Statt dessen sollte er seine Anweisungen an Greiner übermitteln, der sie dann mit dem erforderlichen Zugangscode weitergab. Der Code enthielt die Information, daß es sich um eine einmalige Angelegenheit handelte. Dadurch verhinderte man, daß der Eindringling ihn auf eigene Faust weiterbenutzte.

Conway hatte Zweifel angemeldet, ob der Eindringling sich darauf einlassen würde. „Er hat nichts zu verlieren", hatte Greiner geantwortet. „Wir besorgen für ihn die Überweisungen, aber er hat unser System unter Kontrolle und kann alles beobachten, was wir tun. Und er kann verhindern, daß die Daten ausgedruckt werden. Es bleiben also keine dauerhaften Belege zurück. Er selbst braucht ja keinen. Für ihn ist nur wichtig, wo das Geld schließlich landet."

Plötzlich begann es am Hauptrechner zu klappern. Als schließlich die Anweisungen des Eindringlings auf dem Bildschirm erschienen, kamen die Zeichen in schneller Folge, oft jedoch mit minutenlangen Unterbrechungen. Keith Simpson hatte Conway eine Liste mit den Leitzahlen der größten amerikanischen Banken zur Verfügung gestellt, und Conway erkannte einige von ihnen wieder, als auf dem Bildschirm immer wieder für kurze Zeit Zahlenreihen aufleuchteten. Greiner befolgte die Anweisungen des Eindringlings und überwies die fünf Millionen Dollar von der Handelsbank Hollister auf ein Nummernkonto einer New Yorker Bank. Von dort wanderte es nach Chikago, wieder zurück nach New York, dann nach Atlanta. Und dann verlor Conway den Anschluß.

„Werden die Computer im Gironetz dieses viele Hin und Her nicht als ungewöhnlich registrieren?" fragte er in eine der Pausen hinein.

Greiner zog die Schultern hoch. „Jeder Mensch würde ein solches Hin und Her in Frage stellen, ein Computer aber nicht. Ein Computer findet an solchen elektronischen Umbuchungen nichts Unlogisches, egal ob diese einmal, hundertmal oder unendliche Male getätigt werden. Die hundertste Überweisung ist für ihn so logisch wie die erste."

Auf dem Bildschirm tat sich wieder etwas. Erneut tippte Greiner die Anweisungen des Eindringlings ein. Dann folgte wieder Stille. „Wo ist das Geld jetzt?" fragte Conway nach einer Weile.

„In Übersee, nehme ich an. Schweiz... Luxemburg?" Greiner lachte leise. „Das weiß allein der Wind."

„Ich finde das nicht lustig, Greiner! Was haben Sie mit diesem Apparat angestellt, bevor ich kam? Ist das Geld nun weg oder nicht?"

Greiners Blick blieb kühl. „Immer mit der Ruhe, Conway. Das Spiel ist noch nicht aus. Spielen wir es erst mal zu Ende."

Conway sank auf einen Stuhl. Er war zum Nichtstun verurteilt. Von jetzt an standen sich in diesem Spiel nur noch Greiner und der Eindringling gegenüber.

„DIE Justizbehörden haben eine Akte über ihn ausgegraben", sagte Egan. „Er war nicht nur Deserteur, sondern auch Rädelsführer bei Studentenunruhen. Anscheinend hat er sich 1969 an der Besetzung des

Rechenzentrums der Universität von Michigan beteiligt – also wissen wir, daß er damals schon etwas von Computern verstanden haben muß. . ." Er unterbrach sich. „Was ist los, Jenny?"

Jenny zog sich gerade ihren Mantel an. Sie sah sehr besorgt aus, denn niemand hatte ihre Anrufe entgegengenommen. „Ich weiß nicht, Michael – ich kann meinen Vater nirgends auftreiben. Und ich habe . . . ein ganz merkwürdiges Gefühl."

„Sollte er nicht von einem anderen Professor nach Hause gefahren werden? Wahrscheinlich sitzen sie noch irgendwo zusammen."

„Ich weiß, daß das wahrscheinlich der Fall sein wird, aber ich muß Gewißheit haben. Barry Westfields Nummer steht nicht im Telefonbuch, aber in Vaters Notizbuch zu Hause müßte ich sie finden. Du brauchst mich jetzt hier sowieso nicht mehr, und mir wird wohler sein, wenn ich weiß, wo er ist, mehr nicht."

Egan war überzeugt, daß sie sich grundlos Sorgen machte, aber er verstand ihre Unruhe. Er legte ihr die Arme um die Schultern und küßte sie sanft. „Fahr nur nach Hause. Hier können wir beide sowieso nicht mehr viel tun, bevor wir nicht eine Personenbeschreibung von Craddock bekommen. Wir unterhalten uns später."

Im Physiklabor war es schon eine ganze Weile still gewesen, seit das Telefon zum letztenmal geklingelt hatte. Linus Webster beobachtete den jungen Mann, den er jetzt unter dem Namen Eddie kannte, und überlegte, ob er einen Fluchtversuch wagen sollte. Aber er kam zu dem Schluß, daß seine Chance zu gering war.

Zwischen Eddies Übermittlungen ans Rechenzentrum hatte es verschiedene lange Pausen gegeben. Aber diesmal schienen sie schon viel länger zu warten als die übrigen Male. Warum ließ er sich soviel Zeit?

Jetzt drehte Eddie sich zu ihm um. „Geschafft", sagte er ruhig und sachlich. „Können Sie sich das vorstellen? Fünf Millionen Dollar! Und die kommen da nie mehr ran!"

„Dann lassen Sie es jetzt genug sein", sagte Webster. „Sagen Sie dem Bürgermeister, daß es vorbei ist."

Langsam schüttelte Eddie den Kopf. „Glauben Sie, ich wüßte nicht, daß die versucht haben, mich reinzulegen? Greiner kennt das System in- und auswendig. Was hat er also die ganze Zeit dort getrieben? Wahrscheinlich hat er dafür gesorgt, daß es eine Aufzeichnung über alles gibt, was ich gemacht habe, obwohl ich verhindert habe, daß etwas ausgedruckt wurde." Der junge Mann lief rot an. „Aber das spielt keine Rolle. Es geht denen nämlich genau wie Ihnen. Sie wissen zuviel."

„Ich könnte niemandem sagen, wo das Geld ist", sagte Webster.

„Das nicht, aber Sie können mich identifizieren."

„Aha." Webster lächelte spöttisch. „Und was haben Sie nun mit mir vor? Mich zu erdrosseln – im Gedenken an Ihre Frau?"

„Schnauze!" Eddie erhob sich. „Da gibt es andere Möglichkeiten."

„O ja, viele sogar. Aber Mord ist nicht dasselbe wie Knöpfedrükken. Es ist eher wie... Zustechen mit dem Bajonett. Ob Sie dazu den Mumm haben, Eddie? Und wie wollen Sie dem Bürgermeister und Greiner im Computerraum etwas antun? Sie können schlecht hingehen."

„Das brauche ich auch nicht", sagte der junge Mann schroff. „Ich habe dazu nur einen von diesen Knöpfen zu drücken brauchen, Dr. Webster. Alles schon geschehen. Verstehen Sie jetzt? Es ist alles schon programmiert und wird zu dem Zeitpunkt eintreten, an dem ich es will!" Er war froh, daß er in Webster einen Zeugen für diesen Augenblick hatte. Aber er fühlte auch, wie seine kurze Euphorie abebbte. Die Zeit rückte ihm wieder ins Bewußtsein – die Minuten und Sekunden, die der unerträglichen Erinnerung an das Geschehen in jener Nacht vor sieben Jahren unermüdlich entgegenrannen.

„Auf, Professor", sagte er kalt. „Ich brauche Sie nicht zu erdrosseln. Sie haben ein krankes Herz, nicht? Ich habe Sie vor einer Weile mit diesen Pillen hantieren sehen." Während er sprach, kam er mit einer raschen Bewegung Webster zuvor. Seine Hand fuhr in die Tasche des alten Mannes und tauchte mit der Pillenschachtel wieder auf. „Die behalte ich lieber, Dr. Webster, während Sie und ich einen schönen langen Dauerlauf machen."

NOCH immer stand die letzte Nachricht des Eindringlings auf der Mattscheibe im Rechenzentrum:

MILLIONENFACHEN DANK, HERR BUERGERMEISTER.
ICH MOECHTE SAGEN: FUENFMILLIONENFACHEN DANK!
ENDE DER DURCHSAGE.

„Er hat es also erreicht", sagte Conway nach einer kleinen Weile. Er schüttelte den Kopf. „Aber es sieht ihm nicht ähnlich, es damit gut sein zu lassen. Irgendeine große Geste fehlt noch. Etwas Dramatisches. Er hatte immer so etwas Theatralisches an sich, warum sollte sich das zu guter Letzt geändert haben?"

„Ich weiß nicht, aber das ist jetzt ja auch nicht so wichtig“, meinte Greiner. „Im Augenblick weiß ich nur, daß ich jetzt gern hier raus möchte. Es ist alles ein wenig gruslig hier, heute abend. Und um das Geld machen Sie sich mal keine Sorgen, Conway. Ich weiß, wie wir rauskriegen, wohin es gegangen ist. Ich habe unsern Schlaumeier hier gebeten, eine Wiederholung von den Transaktionen unseres Freundes zu speichern, und zwar so, daß er nichts davon weiß.“

„Sie setzen sich auch ganz gern in Szene, was, Greiner?“

„Tut doch jeder, oder? Kommen Sie, Bürgermeister, ich mache uns die Tür auf.“

Conway nickte. Auch ihm war in der Einsamkeit des Computerraumes, im Herzen des leeren Gebäudes, nicht ganz wohl. An der Tür blickte er sich verwundert um. „Na los, Greiner, machen Sie die Tür auf...“

Er sah, wie Greiner blaß wurde. „Ich habe schon den Ausgangscode getippt“, sagte Greiner langsam. „Er funktioniert nicht. Er hat den Code geändert, mit dem sich die Tür öffnen läßt.“

Greiners Blick huschte durch den Raum zu der schweren Brandschutztür – sie ließ sich nur von innen öffnen. „Hier raus!“

Er war vor Conway an der Tür und riß die Verriegelungsstange zurück. Aber die Stange bewegte sich keine zwei Zentimeter, und die Tür rührte sich überhaupt nicht. Greiner starrte sie keuchend an.

„Die Tür ist von außen verrammelt – das muß er schon vorher getan haben. Ich hätte es mir denken müssen! Er hat gewußt, was ich hier vorhatte, und hat darauf gepfiffen! Er wußte, daß es ihm nichts anhaben konnte!“

„Greiner, was wollen Sie damit sagen? Was kann er uns denn tun?“

„Er hat es schon getan.“ Greiner sah sich langsam im Computerraum um. Sein Blick blieb an den kleinen, unauffälligen Ventilen in der Decke hängen – den Öffnungen für die automatische Feuerlöschanlage. Er sprach ganz ruhig. „Begreifen Sie nicht, Conway? Er hatte nie die Absicht, uns hier je wieder herauszulassen. Wir sitzen in der Falle!“

EGAN nahm Jenny Tysons Anruf entgegen. „Michael, er ist nicht hier! Und ich habe eben mit Dr. Westfield gesprochen. Vater ist nicht bei ihm. Er hat zu Dr. Westfield gesagt, ich würde ihn abholen. Aber er wußte doch, daß ich nicht konnte, Michael – warum hat er es dann gesagt?“

„Vielleicht hatte er's vergessen.“

„Nein. Er tut zwar oft geistesabwesend, ist es aber nicht. Und noch etwas. Heute früh hat ihn der Stromausfall im Krankenhaus irgendwie neugierig gemacht. Als ich ihn fragte, warum, hat er abgewehrt."

„Was hat das hiermit zu ..."

„Daran hat doch Vater die letzten Jahre gearbeitet. Er ist mit dem Laborcomputer ans Rechenzentrum angeschlossen und arbeitet an Problemen des Stromverbrauchs. Ich weiß, es klingt verrückt, aber wenn nun der Eindringling diesen Laborcomputer genauso benutzt hat wie das Terminal im Krankenhaus? Und wenn Vater heute abend noch einmal zurückgegangen ist, um sich Gewißheit zu verschaffen?"

Egan überlief es kalt. „Zieh mal keine voreiligen Schlüsse."

„In Vaters Unterlagen sind Informationen über das Stromnetz von Hollister enthalten. Und der Eindringling hat es fertiggebracht, dem Krankenhaus den Strom abzuschalten. Ich glaube, das hat Vater heute früh so stutzig gemacht. Und dann hat er Dr. Westfield mit dem Nachhausefahren angelogen. Er ist dageblieben, Michael. Er ist noch in der Uni, aber an seinem Telefon nimmt keiner ab."

Egan unterbrach sie. „Ich fahre hin, Jenny. Mach dir keine Sorgen."

„Beeil dich, Michael! Ich treffe dich dort!"

Freitag, 18. Februar, 18.00 Uhr

„Los, weiter, Professor!"

Eddie stieß Linus Webster vor sich her, zwang ihn zu einem schwerfälligen, taumelnden Trab. Der Physiker versuchte sich loszureißen, aber Eddie war jünger, größer und erstaunlich stark. „Man wird uns doch sehen", keuchte Webster. „Seien Sie nicht so dumm, Eddie."

„Zwei Trimmtraber? Wer guckt da schon zweimal hin?"

Websters Herz arbeitete angestrengt, und er fühlte stechende Schmerzen im linken Arm. Wie lange noch bis zum Herzanfall? Als sie aus dem Physikalischen Institut gekommen waren, hatte er fest damit gerechnet, daß jemand sie sehen würde – ein Wächter, ein Student, ein anderer Dozent – und daß er, Webster, um Hilfe rufen könnte. Aber draußen auf den Wegen war keine Menschenseele zu sehen gewesen. Dann hatte Eddie den Weg quer übers Universitätsgelände eingeschlagen und Webster halb zerrend, halb schiebend durch den tiefen Schnee gejagt, bis das gewaltige Sportstadion vor ihnen auftauchte.

Das Stadion war die größte Anlage des Sportzentrums im Westen des Universitätsgeländes. Es lag dunkel und verlassen da, aber man hatte die Tore für Freizeitsportler offengelassen und die Aschenbahn, die um das Spielfeld führte, von Schnee geräumt. Linus Webster und Eddie waren allein auf der Bahn, abgeschirmt vom übrigen Universitätsgelände durch die hohen Stadionmauern.

Webster stürzte schwer. Der Schmerz ließ jetzt gar nicht mehr nach, er umspannte seine Brust wie ein Eisenband. Eddie hob ihn hoch und stieß ihn grob weiter. Websters Wut war stärker als der Schmerz. „Hast du sie auch so drangsaliert, Eddie? Als du sie zu Fuß zum Krankenhaus gejagt hast?"

Der junge Mann stockte mitten im Schritt. Als Webster den Schrecken in seinem Gesicht sah, wußte er, daß er ihn an einer empfindlichen Stelle getroffen hatte. Auch Eddie hatte seinen wunden Punkt. Webster hielt plötzlich an, zwang Eddie zum Stehenbleiben. „Warst du wütend auf sie, Eddie? Hast du sie angeschrien? Was war los? Ist sie vielleicht auch hingefallen?"

„Halten Sie den Mund!" Die beiden starrten einander auf der leeren Bahn an. Linus Webster krümmte sich vor Schmerz; er hielt die Arme um den Leib geschlungen. Das Sprechen fiel ihm schwer, aber er wußte, daß er Eddie keine Ruhe mehr lassen durfte.

„Wie war das mit dem leeren Benzintank, Eddie? Wessen Schuld war das? Und warum wart ihr in dieser Nacht unterwegs, als sie im Krankenhaus hätte liegen müssen?" Der junge Mann schien wie gelähmt, und ein gequälter Blick war in seine Augen getreten. Webster fuhr unbarmherzig fort. „Bestrafst du uns hier, weil du dir sieben Jahre lang selbst Vorwürfe gemacht hast und weil du dich eigentlich selbst bestrafen müßtest?"

„Nein! Nein, das ist falsch ..."

„Wollte sie überhaupt, daß du vor allem davonranntest, Eddie?" Er las die Antwort im verzerrten Gesicht des jungen Mannes. „Wollte sie auch einfach fortlaufen? Nach Kanada flüchten? Oder wollte sie, daß du geblieben wärest, um für das einzutreten, woran du geglaubt hast? Mein Gott, ja, so war es, nicht? Sie hat nie gewollt, daß du desertierst ..."

Mit einem schrillen Schrei stürzte sich Eddie auf den alten Mann.

Jenny Tyson raste wie besessen über die vereisten Straßen zum Universitätsgelände. Der Parkplatz beim Physikalischen Institut war leer. Sie fand den Eingang zu dem Gebäude unverschlossen und rannte unverzüglich hinauf in den zweiten Stock. Die Tür zu Linus Websters Büro stand offen. Im Labor war es dunkel, bis auf den Arbeitsplatz am Computer.

„Paps?“ rief sie laut. „Bist du hier?“ Stille.

Tür offengelassen, beim Computer das Licht an. Aus freien Stücken wäre er nie hier hinausgegangen, ohne die Tür abzuschließen. Ihre Gedanken waren klar und logisch – eine Barriere, errichtet gegen ihre unvernünftige Angst. Er kann noch im Haus sein, sagte sie sich. Die Verbindung zu Craddock war nur Spekulation.

Aber sie hatte nicht falsch vermutet! Der Zigarettenrauch, der noch in der Luft hing, schien ihren Verdacht zu bestätigen. Beim Computer fand sie mehrere Kippen auf dem Fußboden. Von Panik erfaßt rannte sie aus dem Haus.

Als sie draußen war, wußte sie nicht, wohin sie laufen sollte. Die Wege waren vom Schnee geräumt und wiesen keine Spuren auf. Wo war Michael – was hatte ihn aufgehalten? Sie rannte um das Gebäude herum, die Parkplätze hinter sich lassend, denn von dort war sie ja vorhin gekommen. In der Nähe des Seitenausgangs an der Westseite sah sie frische Spuren, die den geräumten Weg verließen und einen Pfad durch den tiefen Schnee zogen. Die eine Spur war unregelmäßig, als ob hier jemand entlanggezerrt worden wäre, dessen Beine nicht mitkamen.

Sie folgte dem Pfad mit wildem Herzklopfen. Ihr Vater und Craddock – er war also doch ins Labor gegangen; er hatte sogar damit gerechnet, Craddock dort anzutreffen.

Der Pfad endete am Stadioneingang. Jenny blieb stehen, ihr verzweifelter Blick fand keine Spur in irgendeiner Richtung. Da hörte sie einen Schrei. War es ein Schmerzensschrei oder ein Wutschrei?

Der Eindringling wälzte sich mit dem alten Mann in den Schneehaufen neben der Aschenbahn. Seine dicke Jacke behinderte ihn, und in seiner verzweifelten Wut schlug er blind um sich. Webster war durch seine schwere Kleidung geschützt. Die Fäuste des Eindringlings glitten immer wieder von der wattierten Schulter, von Websters erhobenem Arm ab. Ein Schlag streifte den Professor am Kinn.

Der zähe Widerstand des alten Mannes überraschte den Eindringling. Doch seine blinde Wut machte allmählich klareren Gedanken Platz. Bring ihn auf die Beine, dachte er. Lauf ihn tot. Er bekam die Mantelaufschläge des Professors zu fassen und riß ihn hoch. Eine Frau schrie. Der Eindringling hob den Kopf und sah, daß die Frau schon durchs Tor am Ende des Stadions war. „Aufhören, Craddock!" rief sie.

Es war der Name, der ihn in Panik versetzte. Sein Name! Sie konnte ihn unmöglich kennen. Er hatte den Namen begraben wie alles, was in seiner Vergangenheit von Bedeutung gewesen war.

„Craddock!"

Der Name brach seine Wut. Die Frau war immer noch ein gutes Stück weit fort, aber er erkannte sie – Websters Tochter! Woher wußte sie Bescheid? Er stieß den alten Physiker von sich, aber plötzlich schienen sie die Rollen getauscht zu haben. Jetzt hing Webster an ihm und wollte ihn um keinen Preis loslassen. Der Eindringling zerrte und wand sich, aber der alte Mann hielt ihn fest, mit rasselndem Atem. Webster fiel auf die Knie, aber seine Arme umklammerten noch immer die Beine des jungen Mannes.

Die Frau war dicht herangekommen. In seiner Verzweiflung faßte der Eindringling in seine Manteltasche. Er zog das tragbare Terminal heraus, das er bei sich hatte, und versetzte Webster damit einen harten Schlag auf den Kopf. Mit einem leisen Stöhnen sank der alte Mann zu Boden.

Jetzt war Jenny Tyson fast bei ihnen. Der Eindringling rannte durch den Schnee auf die Haupttribüne zu, übersprang ein niedriges Geländer und kämpfte sich die Stufen hinauf. Am Eingang zum nächstgelegenen Zuschauerdurchlaß schaute er zurück. Die Frau war neben dem gestürzten Physiker auf die Knie gesunken. Ihr Gesicht blickte jedoch zu ihm herüber. Noch einmal schrie sie seinen Namen. „Craddock – Sie sind erledigt!"

Der Eindringling lief in den Tribünentunnel und verschwand im Labyrinth der Stadionanlagen.

ALARMIERT durch einen Anruf von Tom Ames, den er über sein Autofunkgerät erhalten hatte, fuhr Egan sofort zur Universitätswache. Webster lag auf einer Tragbahre, die man auf ein Klappbett gelegt hatte. Sein Gesicht war kalkweiß, so daß die blutverkrustete tiefe Platzwunde an der Schläfe besonders hervorstach. Aber er lebte.

Egan schickte einen mitfühlenden Blick zu Jenny. Sie schien ruhiger geworden zu sein, seit er hier war, als ob sie sich in seiner Gegenwart sicherer fühlte. „Der Krankenwagen muß jeden Augenblick dasein", sagte sie. „Mr. Ames und einer von seinen Leuten haben Vater hierhergebracht." Sie berichtete Egan kurz, wie sie ihrem Vater und dem Eindringling ins Stadion gefolgt war.

„Was wollte er da? Weshalb hat er ihn dorthin gebracht?"

„Um ihn zu töten! Er ließ ihn auf der Aschenbahn Runden drehen!" Sie lächelte bitter. „Anscheinend wußte er über Vaters Herz Bescheid.

Aber offenbar wußte er nicht, daß Vaters Arzt seinen Herzpatienten zum Dauerlaufen rät."

Egan hörte das anschwellende Heulen der Krankenwagensirene. Er warf noch einmal einen Blick zu Linus Webster. Seine Lippen waren zu einem zornigen, schmalen Strich zusammengekniffen. Wieder ein Opfer – das erste, das der Eindringling wirklich mit eigenen Händen niedergestreckt hatte.

„Ich fahre mit zum Krankenhaus", sagte Jenny. Als er in ihre Augen sah, fand er darin ein Funkeln, das seiner eigenen Wut nicht nachstand. „Du mußt Craddock finden, Michael. Du mußt ihm das Handwerk legen."

„Keine Bange, das werden wir."

Der Krankenwagen fuhr vor. Zwei weißgekleidete junge Ärzte kümmerten sich sogleich um Webster. Jenny folgte ihnen, als sie ihren Vater auf der Bahre forttrugen. An der Tür faßte Egan sie noch einmal am Arm. „Noch eins – hast du Craddock von nah genug gesehen, um ihn zu erkennen?"

Sie schüttelte den Kopf. „Es war zu dunkel."

„Und dein Vater? Hat er . . .?"

„Er war schon bewußtlos, als ich bei ihm ankam." Sie riß sich schluchzend los und stieg in den Krankenwagen.

Egan hatte sich ursprünglich der Treibjagd auf dem Universitätsgelände anschließen wollen, aber plötzlich wurde ihm klar, daß sie Craddock hier nicht irgendwo hinter einem Busch oder in einem dunklen Hauseingang versteckt finden würden. Craddock wußte, daß man ihn erkannt hatte. Damit wußte er auch, daß sein Spiel verloren war. Er war nicht mehr auf der Flucht.

Es stürzte alles um ihn herum zusammen, das ganze raffiniert ausgeklügelte Kartenhaus, das er in langer Arbeit so sorgsam aufgebaut hatte. Irgendwo hatte er einen wichtigen Belastungspunkt übersehen, eine notwendige Stütze vergessen. Wo hatte er den Fehler gemacht? Wie hatten sie ihn identifiziert?

Im leeren Clubhaus in der Nähe des Stadions fand er ein Drucktastentelefon. Er schloß sein tragbares Terminal an und stellte die Verbindung zum Rechenzentrum her. Er hatte das System angewiesen, das Gebäude hermetisch zu verschließen, sobald Conway und Greiner drinnen und sämtliche Zimmer und Gänge geräumt waren. Jetzt wollte er die Eingangshalle geöffnet haben.

Er fühlte eine große innere Leere. Aus heiterem Himmel mußte er plötzlich wieder an den Augenblick denken, als er sein Elternhaus endgültig verlassen hatte. Als er die Haustür zugeschlagen hatte, nach dieser Auseinandersetzung mit seinem Vater, einem Mann von der gleichen Starrheit und Furcht vor Veränderungen wie Arthur Prochaska, hatte er sich im ersten Augenblick sehr erleichtert gefühlt. Dann war mit schockierender Plötzlichkeit dieses schreckliche Gefühl der Leere eingetreten, das Gefühl, ausgenommen worden zu sein wie eine Weihnachtsgans . . .

Er schüttelte sich, um die Erinnerung loszuwerden. Damals war er über den Verlust hinweggekommen. Er konnte ihn auch jetzt überleben.

Nachdem er seine Anweisung durchgegeben hatte, verließ er die Telefonzelle. Sekunden später tauchte vor ihm das Rechenzentrum auf. Er schleppte sich die Treppe hinauf. Überall auf dem Universitätsgelände suchte man ihn jetzt in den dunkelsten Ecken, aber hier hielt ihn niemand auf. Als er die Eingangshalle betrat, fühlte er sich erleichtert, befreit. Hier im Rechenzentrum war er der Hausherr.

Er bog sofort in den Hauptkorridor ein. Er konnte es kaum erwarten, in den Computerraum zu schauen – die beiden Männer zu sehen, die darin gefangen saßen. Das Monument, das er errichtet hatte, brach zusammen und würde ihn unter sich begraben – aber nicht ihn allein.

Er sah besorgt auf die Uhr. Er war noch rechtzeitig gekommen. Soviel hatte er immerhin noch für sie, seine geliebte Mary Jane, tun können. Er hatte es möglich gemacht, daß sie im Schlußakt seiner Rache eine Rolle spielen konnte. „Ich bestimme den Zeitpunkt nach dir", hatte er ihr in diesem endlosen Dialog versprochen, der einen Teil dieser grenzenlosen Phantasie bildete, mit der er sie am Leben hielt. „Damit sie nie vergessen, warum ich es tun mußte."

Er ging den Flur entlang. An Flucht war nicht mehr zu denken. Jetzt blieb ihm nur noch, die Erfüllung seines Planes mit eigenen Augen zu sehen. Er würde Zeuge sein. Dieser alte Professor irrte sich. Er konnte nicht nur aus der Ferne Knöpfe drücken.

Er war fast am Ziel, als er weit hinter sich Schritte hörte. Er drehte sich schnell um. Michael Egan stand in der Eingangshalle am Beginn des Korridors. „Stehenbleiben, Craddock!" rief der Sicherheitsdirektor.

Der Eindringling setzte sich in Trab. Das Zimmer, in das er wollte, war ganz nah. Dort würde er sich gerade lange genug einschließen können. Er stockte. Andere Schritte nahten jetzt von vorn. Ein uniformierter Wachmann kam um die Ecke gerannt. Der Weg war ihm abgeschnitten.

Der Wachmann versuchte anzuhalten, glitt auf dem Steinfußboden aus und schlitterte gegen die Wand. Nur mit Mühe behielt er im Fallen die Pistole in der Hand.

Der Eindringling machte kehrt, rannte auf Egan zu. Das tragbare Terminal, das er noch immer bei sich hatte, trug er so, daß die überstehende

Miniaturanzeige auf Egan deutete. Er hob das Gerät hoch, wie um es Egan zu zeigen.

„Es ist noch nicht vorbei . . .", rief er.

Der Eindringling hörte den Schuß, hundertfach verstärkt durch die widerhallenden Wände des Korridors. Die Wucht des Treffers riß ihn von den Beinen und schleuderte ihn nach vorn.

Dann wußte er, was geschah.

Was hatte er vergessen? fragte er sich, während die Trümmer seines schrecklichen Traumgebildes rundum auf ihn herunterprasselten. Was war schiefgegangen?

„Ich hatte es für eine Pistole gehalten", sagte Riskind immer wieder. „Ich hatte es für eine Pistole gehalten!"

Egan konnte ihm nicht antworten. Er kniete neben Craddocks Leiche und brachte es nicht über sich, zu Riskind aufzusehen. Er sagte sich, daß nicht der junge Beamte schuld war, sondern er selbst. Er hatte Riskind die Pistole in die Hand gedrückt. In wohlmeinender Absicht hatte er der Jugend, Geistesgegenwart und Schnelligkeit den Vorzug vor Alter, Festigkeit und Erfahrung gegeben. Und vielleicht sprach noch immer einiges dafür, daß er recht getan hatte.

Aber weil er diese Wahl getroffen hatte, war der Eindringling jetzt tot.

Der ganze Fall schien sich einem Prinzip zu unterwerfen, dachte Egan bitter. Wir haben neue, unvertraute Werkzeuge in die Hände von Leuten gegeben, die sie noch nicht richtig zu gebrauchen wußten. Werkzeuge, die zugleich Waffen waren. Er hatte den gleichen Fehler begangen wie Bürgermeister Conway – den gleichen Fehler wie die Stadt Hollister selbst. Für einen Augenblick hatte Egan die Vision einer Welt voll wohlmeinender Toren, die alle genau das zerstörten, was sie hatten aufbauen wollen. Bürgermeister Conway mit seinem Rechenzentrum. Michael Egan mit seinem Jugendwahn. Und Edward Lee Craddock . . .

Er starrte auf den Mann, den er als Carl MacAdam gekannt hatte.

Riskind holte ihn in die Wirklichkeit zurück. „Ich verstehe das nicht", sagte der junge Mann. Er hatte Tränen in den Augen. „Er wäre doch nie damit durchgekommen. Wenn er vorhatte zu verschwinden, hätten wir doch gewußt, daß er es war. Sowie wir sein Verschwinden bemerkt hätten."

„Ob uns das was genützt hätte? Ich glaube nicht, Riskind. Nicht ohne seine wirkliche Identität zu kennen. Wir hätten die ganze Welt nach Carl MacAdam abgesucht, der längst nicht mehr existierte. Und Edward Lee Craddock hätte in Frieden und Freuden gelebt."

Sie schwiegen eine Weile, bis Riskind sagte: „Was hat er damit gemeint? Seine letzten Worte waren: ‚Es ist noch nicht vorbei.' Wie kann er das gemeint haben?"

Im nächsten Augenblick zerriß das Gebrüll der Feuersirene die Stille in dem leeren Gebäude. Gleichzeitig fiel Egan ein, daß sich Leute im Rechenzentrum aufhielten – und er dachte an das Feuerlöschgas, das er hatte ersetzen wollen, das tödliche Kohlendioxyd, das jetzt in den Computerraum strömte.

„Das hat er gemeint." Egan sprang auf. „Es ist noch nicht vorbei."

VOM Wachraum aus sprach Egan über die Lautsprecheranlage mit Bürgermeister Conway und Rob Greiner. Er teilte ihnen kurz mit, daß Craddock – Carl MacAdam – tot war. Dann richtete er eine Frage an Greiner. „War MacAdam der Mann, den Sie im Verdacht hatten, Ihre Entlassung vorangetrieben zu haben?"

„Ja." Greiner runzelte düster die Stirn. „Also MacAdam! Dann weiß ich natürlich auch, wie er ins System der Kreditauskunftei hineingekommen ist, ohne bei Grayson eine Spur zu hinterlassen. Dort hat er sich lediglich den Code besorgt, den er brauchte, und dann als Visitenkarte noch ein paar Kundenkonten durcheinandergebracht. Alles andere muß er übers Rechenzentrum gemacht haben."

Egan nickte. Wahrscheinlich hatte MacAdam auch seine, Michael Egans, Anstellung vorangetrieben – ein Sicherheits-„Experte", der nichts von Computern verstand. Er sagte: „Dann brauchen wir jetzt nur noch Sie beide da herauszuholen."

„Wieviel Zeit haben wir?" fragte Conway ruhig in das Geheul der Alarmsirenen hinein. Auf dem Monitor sah Egan deutlich die Anspannung im Gesicht des Bürgermeisters.

Egan warf einen Blick auf die Countdown-Skala an der Konsole. Damit noch Zeit für eine eventuelle Evakuierung blieb, war zwischen dem ersten Alarm und dem Öffnen der Löschgasventile eine Verzögerung von fünf Minuten eingebaut. „Noch knapp vier Minuten. Wir versuchen jetzt einzubrechen. Leider wurde das Haus nicht so gebaut, daß einem das Einbrechen leichtgemacht wird..."

„Hat Craddock nichts mehr über die verschlossenen Türen gesagt, Egan?" unterbrach ihn Greiner. „Kein Geständnis in letzter Sekunde?"

„Nichts. Aber ich glaube, daß Craddock die Türen hätte öffnen können, wenn er gewollt hätte. Offenbar hat er den Code geändert, aber er hatte ein tragbares Terminal bei sich. Vielleicht hätte er noch aufgemacht, wenn er Zeit gehabt hätte..." Egan beendete die nutzlose Spekulation mit einem Achselzucken. „Das Problem ist, wie kriegen wir den neuen Code heraus? Ich habe mich während der letzten Tage immerzu gefragt, warum er bis Freitag abend gewartet hat. Warum nicht Dienstag, Mittwoch, Donnerstag? Da hatte er die Dinge doch bereits völlig im Griff. Ich glaube zwar, daß ihm das Wochenende zum Verschwinden am geeignetsten erschien, aber das ist kein ausreichender Grund, um das Risiko einzugehen und bis heute abend zu warten. Ich glaube, er *mußte* bis heute abend warten."

„Warum?" fragte Greiner ungeduldig.

Egan behielt den Countdown im Auge. Nur noch knapp drei Minuten. „Seine Frau ist heute vor sieben Jahren gestorben. Das war bei ihm eine fixe Idee. Er hat für heute abend alles so geplant, daß es dem Ablauf von damals entsprach. Ich weiß, das sind reine Vermutungen, Greiner, aber wir haben sonst nichts. Haben Sie schon versucht, den Code zu knacken?"

„Was glauben Sie wohl, was ich in der letzten halben Stunde getan habe? Aber er kann alles mögliche dafür hergenommen haben – willkürliche Zahlen."

„Nein, er nicht", sagte Egan. „Er bestimmt nicht. Warum soll er sich nicht das ausgesucht haben, was ihm so wichtig war? Datum und Uhrzeit der Geschichte heute vor sieben Jahren! Geben Sie die mal in den Computer ein, Greiner!"

„Welche Uhrzeit war es?"

„Das weiß ich nicht – aber es war abends."

„Macht nichts, macht nichts." Greiner saß schon an der Tastatur der Hauptkonsole. „Lassen wir unsere Dicke Berta mal mit Zahlen jonglieren. So was kann sie gut."

„Sie haben noch zwei Minuten", sagte Egan.

Es waren die längsten zwei Minuten seines Lebens. Er sah Greiner wie wild auf den Tasten herumhämmern, den letztmöglichen Code eingeben und den Computer auf das Durchrechnen aller möglichen Kombinationen programmieren. Der Computer konnte eine Million Einzelberechnungen in der Sekunde ausführen, aber Greiners Arbeit an der Tastatur ging so entsetzlich langsam.

Dann ließ Greiner sich gegen die Lehne seines Stuhls zurücksinken. Seine Arbeit war getan.

Die letzte Minute verrann.

Um halb sieben brach plötzlich das Schrillen der Alarmanlagen ab.

Michael Egan starrte hilflos die beiden im Computerraum eingesperrten Männer an, wissend, daß sich jetzt die Ventile an der Decke öffneten und ihr erstickendes Gas einströmen ließen.

Der Bildschirm an der Konsole neben dem Hauptrechner wurde bereits von einer dichten weißen Gaswolke eingehüllt, als eine einzelne Zahlenfolge über die Mattscheibe flimmerte:

18 02 70 18.31

Conway und Greiner waren mit einem Satz bei der Tür. Sie öffnete sich.

Egan zitterte vor Erleichterung, als er die Lautsprecheranlage einschaltete. „Abbrechen und zurückziehen!" befahl er der Wachmannschaft, die soeben versuchte, aus der Datei in den Computerraum einzubrechen. „Gebäude räumen. Einsatz beendet."

Während er aufstand, ging sein Blick noch einmal zu dem Bildschirm im Computerraum. Er konnte ihn jetzt durch die Gaswolken hindurch kaum noch sehen, aber die flimmernden Zahlen waren noch immer schwach zu erkennen: der Code, der Tag, Monat, Jahr, Stunde und Minute des Todes von Mary Jane Craddock enthielt.

Freitag, 18. Februar, 23.55 Uhr

Kurz vor Mitternacht begann es zu schneien. Jenny und Egan rannten aus dem Krankenhaus durch das weiße Gestöber zu Egans Vega.

Er fuhr zurück zur Universität Hollister, wo Jenny ihren Wagen stehenlassen hatte, als sie ihren Vater im Krankenwagen begleitete. Egan sah sie an. „Er wird wieder auf die Beine kommen", sagte er.

„Ja, das glaube ich auch. MacAdam hat ihn unterschätzt." Sie schwiegen eine Weile. „Ich hätte nie gedacht, daß es MacAdam war."

„Vielleicht hätte ich gerade deshalb auf ihn kommen müssen. Er hatte so eine ausgesprochene Gabe, nicht aufzufallen."

„Das trifft auf Dutzende von Leuten zu, nicht nur auf MacAdam."

„Es kamen noch andere Dinge hinzu . . ."

„Welche?" fragte Jenny.

„Nun, zum Beispiel war MacAdam an der hausinternen Suche nach irgendwelchen Hinweisen beteiligt, aber was er fand, war immer zu wenig und kam zu spät. Dann war es sehr auffällig, wie der Eindringling allen unseren Versuchen, seine Eingriffe zu vereiteln, immer einen Schritt voraus zu sein schien. Und dann sieh dir mal an, wie er für heute abend alles arrangiert und eine vollständige Räumung des Rechenzentrums verlangt hatte. Das kam ihm in mehreren Punkten gelegen, aber einer davon war, daß Carl MacAdam seine Abwesenheit nicht zu erklären brauchte." Er bremste vorsichtig vor einer Kreuzung. „Das alles ließ auf einen Mann vom Rechenzentrum schließen, wir haben es nur nicht glauben wollen."

„Warum hat er denn nicht einfach von drinnen aus operiert? Warum die ganze Mühe mit dem Anzapfen von Leitungen und der Benutzung fremder Außenterminals?"

„Damit es so aussah, als ob es einer von draußen wäre, und keiner ihn genauer unter die Lupe nahm. Statt ein paar Dutzend Leuten mußten wir uns ein paar hundert vornehmen. Das war der Trick, der uns erst so richtig ins Hintertreffen gebracht hat."

Egan bog im Schrittempo auf das Universitätsgelände ein. Vor Müdigkeit konnte er kaum mehr lenken, und er fühlte sich völlig erschöpft.

„Ich hätte noch eine Frage", bohrte Jenny weiter. „Wieso konnte MacAdam durch deine Sicherheitsüberprüfung schlüpfen? Du hast doch die Vergangenheit aller Mitarbeiter des Rechenzentrums durchleuchtet."

„Riskind hat sich Carl MacAdam vorgenommen", räumte Egan ein. „Er hat alles nachgeprüft. Studienabschluß an der Universität Boston, einwandfreies Zeugnis von einer großen EDV-Beratungsfirma. Er hatte diese Daten zu den computergespeicherten Akten geschmuggelt. Und sie sahen zu echt aus, um Riskind nicht zu täuschen. Ich kann ihm eigentlich nicht einmal einen Vorwurf machen."

Er runzelte die Stirn. „Da war noch etwas. Mich hat es seinerzeit sogar ein bißchen stutzig gemacht, aber ich hab's dann nicht weiterverfolgt. Das war im Laufe der ersten Krisenstabssitzung, an der ich teilnahm. MacAdam war auch da und ließ die Möglichkeit durchblicken, daß das ganze System unterwandert sein könnte. Dadurch war Thomas gezwungen, dem Bürgermeister zu gestehen, daß eine komplette, einwandfreie Kopie des Betriebsprogramms existierte, die sich unter Verschluß befand. Das war das Reserveprogramm des Rechenzentrums, und sowie es aus dem Safe geholt und eingebaut war, konnte der Eindringling den letzten Schritt tun und das Rechenzentrum ganz in seine Gewalt bringen. Thomas wollte das Reserveprogramm nicht einsetzen, das habe ich genau gemerkt. Ich habe nur dem Manöver, mit dem MacAdam ihn dazu zwang, nicht genug Beachtung geschenkt."

Jenny seufzte, als resignierte sie vor der harten Wirklichkeit. „Man ist vor Überraschungen nie sicher."

Egan antwortete nicht. Vorn tauchte vor einem verschwommenen Mitternachtshimmel das moderne Verwaltungsgebäude auf. Egan fuhr am Rechenzentrum vorbei und warf einen nachdenklichen Blick zur beleuchteten Eingangshalle. Sekunden später bog er auf den Parkplatz hinter dem Physikalischen Institut ein. Jennys Wagen stand dort ganz allein.

Plötzlich richtete sie sich auf. „Was tun wir eigentlich hier?"

„Deinen Wagen holen", sagte Egan.

„Wir brauchen doch heute nacht nicht mehr als einen Wagen, oder?"

Egan sah sie groß an. Das drückende Gefühl der Erschöpfung war wie weggeblasen. „Ich glaube nicht", meinte er und lächelte zögernd.

Sie kuschelte sich an ihn, ganz entspannt und ihrer Sache sicher. „Zu mir nach Hause ist es näher", sagte sie.

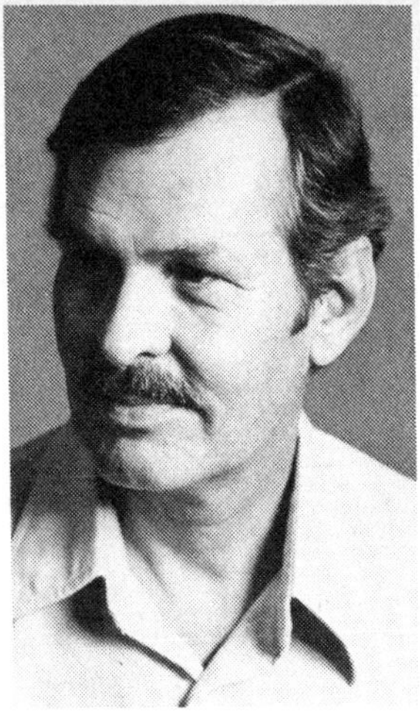

Louis Charbonneau

Eines der Hauptmerkmale an Louis Charbonneaus Schriftstellerei ist der Fleiß. Siebenundzwanzig Romane hat der Autor vor *Rache per Computer* verfaßt, und im Augenblick arbeitet er schon an seinem neunundzwanzigsten, der sich um das FBI dreht. Die Vermutung liegt nahe, daß Charbonneau auch im „Zivilberuf" mit dem Schreiben zu tun hat. In einem Verlagshaus, das überwiegend Bücher über Strafrecht und Sicherheitsfragen herausgibt, ist er als Lektor tätig. Bei der Durchsicht eines Manuskripts, das sich mit Computersystemen befaßte, kam ihm eines Tages die Idee zu *Rache per Computer.*

Natürlich war Charbonneau sehr erstaunt, als ihm bei der Arbeit an seinem neuen Roman zum Bewußtsein kam, daß vertrauliches Datenmaterial, das in den Computern der Behörden gespeichert wird, sehr leicht zugänglich ist.

„Die Zahl derer, die ohne Berechtigung die großen, bundeseigenen Datenbanken durchkämmen, ist erschreckend", sagt Charbonneau. „Der Datenschutz wird bei den Behörden viel zu lasch gehandhabt." Freilich, überall, wo Computer einen Teil der Verwaltung übernommen haben, und nicht nur in den USA, ist man auf die Probleme des Datenschutzes aufmerksam geworden.

Louis Charbonneau stammt aus dem amerikanischen Mittelwesten, heute lebt er in Pasadena in Kalifornien. In seiner Freizeit widmet er sich der Pudelzucht, einem Hobby, das er mit seiner Frau Hilda teilt. Beide arbeiten auch im Tierschutzverein von Pasadena mit, auch dort gilt ihre Liebe vor allem den Hunden. „Eigentlich hätte ich in *Rache per Computer* noch eine ganze Menge über Hunde sagen wollen, die von ihren Besitzern ausgesetzt werden", sagt Charbonneau augenzwinkernd. „Aber da es in dem Roman hauptsächlich um Computer ging und auch mein Verleger noch ein Wörtchen mitzureden hatte..."

STURMWIND DER ZEIT
Deutsche Buchausgabe: „Sturmwind der Zeit“
(The Passing Bells)
Marion von Schröder Verlag GmbH, Düsseldorf, 1980

DIE DACHSE VON SUMMERCOMBE
Originalausgabe: „The Badgers of Summercombe“
erschienen bei E. P. Dutton, New York

NACHT ÜBER DEM TAL

RACHE PER COMPUTER
Originalausgabe: „Intruder“
erschienen bei Doubleday & Company, Inc.,
New York, 1979

Die ungekürzte Ausgabe von
„Nacht über dem Tal“
ist im Buchhandel erhältlich.
Die ungekürzte Ausgabe von
„Sturmwind der Zeit“
wird demnächst erhältlich sein.